苏州市职业大学年鉴2020

Suzhou Vocational University Yearbook

苏州市职业大学年鉴编纂委员会　编

古吴轩出版社

图书在版编目（CIP）数据

苏州市职业大学年鉴．2020 / 苏州市职业大学年鉴编纂委员会编．-- 苏州：古吴轩出版社，2020.12
ISBN 978-7-5546-1627-7

Ⅰ．①苏… Ⅱ．①苏… Ⅲ．①苏州市职业大学—2020—年鉴 Ⅳ．① G719.285.33-54

中国版本图书馆 CIP 数据核字（2020）第 204219 号

责任编辑：李爱华
见习编辑：祝文秀
责任校对：周　娇
责任照排：吴　静

书　　名：苏州市职业大学年鉴（2020）
编　　者：苏州市职业大学年鉴编纂委员会
出版发行：古吴轩出版社
地址：苏州市八达街118号苏州新闻大厦30F　　邮编：215123
电话：0512-65233679　　传真：0512-65220750
出 版 人：尹剑峰
印　　刷：苏州市墨利印刷有限公司
开　　本：889 × 1194　1/16
印　　张：28　　插页：40
版　　次：2020年12月第1版　第1次印刷
书　　号：ISBN 978-7-5546-1627-7
定　　价：150.00元

7月29日，苏州市政协主席、党组书记周伟强（左一）一行到校指导

4月26日，苏州市委常委、宣传部部长金洁到校参加2019“智汇苏州”论坛

3 月 18 日，江苏省教育厅副巡视员李金泉（右一）一行到校调研

1 月 3 日，苏州市人大常委会副主任、党组副书记，苏州市老科技工作者协会会长王少东（左二）等到校调研

2 月 25 日，苏州市政协副主席程华国（左二）、苏州市人力资源和社会保障局副局长沈伟（左一）一行到校调研

“不忘初心、牢记使命”主题教育

9 月 17 日，学校召开“不忘初心、牢记使命”主题教育动员大会

9 月 29 日，学校召开“不忘初心、牢记使命”主题教育推进会

10 月 8 日，学校全体校领导、全体中层正职干部到苏州革命博物馆、苏州主题教育实践馆开展现场集中学习

10 月 17 日，学校召开“不忘初心、牢记使命”主题教育领导小组会议

10 月 31 日，学校召开“不忘初心、牢记使命”主题教育调研成果交流会

2019 年专业竞争力提升重点建设年

4 月 10—13 日，学校举办教学资源库信息化教学能力提升培训班

4 月 30 日，学校举行苏州市职业大学第十次教学工作暨专业竞争力提升重点建设年推进会

2018 年度综合表彰暨科技创新重点建设年总结大会

3 月 6 日，学校召开 2018 年度综合表彰暨科技创新重点建设年总结大会

校长曹毓民宣读学校《关于公布 2018 年度综合表彰项目及内涵质量建设创新工作项目的决定》

校党委书记钮雪林为受表彰“特别贡献项目”颁发奖杯

校长曹毓民为受表彰“突破项目”颁发奖杯

校党委副书记、副校长刘丹，副校长熊贵营、陶亦亦为受表彰“创优项目”颁发奖杯

副校长张健、校纪委书记蔡晓平为受表彰“特色项目”颁发奖杯

副校长陶亦亦做科技创新重点建设年工作总结报告并宣读学校科技创新重点建设年表彰单位决定

校长曹毓民为受表彰科技创新重点建设年先进单位颁发奖牌

校党委副书记、副校长刘丹为受表彰优秀单位颁发奖牌

副校长熊贵营、张健为“十佳优质示范课”获奖人员颁发荣誉证书

校党委书记钮雪林做总结讲话

3 月 6 日，学校召开 2019 年工作部署暨党风廉政建设工作会议

3 月 29 日，学校召开第七届教职工代表大会第二次会议

4 月 10 日，学校召开 2019 年安全工作暨平安校园建设工作会议

4 月 26 日，学校举行 2019 "智汇苏州" 论坛，苏州市哲学社会科学界联合会主席刘伯高（右二）、校长曹毓民（左二）为 "石湖智库" 揭牌

4 月 30 日，学校召开 2019 年学生工作暨“五四”表彰大会

6 月 19 日，学校举行 2019 届毕业典礼

6 月 28 日，学校召开科学技术协会第二次代表大会

7 月 1 日，学校召开纪念中国共产党建党 98 周年暨第十三届“先锋论坛”总结表彰大会

7 月 3 日，学校召开 2019 年学校发展研讨会

10 月 30 日，学校举行 2019 级国际学生开学典礼

12 月 16 日，学校召开 2019 年度党总支书记述党建、思政及意识形态、党风廉政建设工作汇报会议

12 月 18 日，学校举行绿色新能源科普园开园暨支部共建基地揭牌仪式

3月20日，学校举行学生事务与发展中心暨抗挫折教育体验馆的启用仪式

4月1日，学校开展2019年辅导员政治理论素养培训

4月11日，学校召开智能控制技术专业教学资源库建设工作会议

6月11日，学校艺术学院与吴昌硕纪念馆共建美育社会实践基地

7 月 17—18 日，学校参加第五届全国职业大学办学经验交流会

8 月 22—25 日，学校参加职业教育智能控制技术专业教学资源库建设推进会

9 月 25 日，学校举行与苏州华成集团有限公司“华成奖助学金”签约仪式

10 月 26—27 日，学校举办第十届“外研社杯”全国高等职业院校英语写作大赛江苏赛区比赛

11月6日，学校召开全国工业和信息化职业教育教学指导委员会2019通信专指委工作会议

11月13日，学校召开高职与普通本科分段培养项目研讨会

12月20日，学校举行与苏州市物联网协会、中国电信股份有限公司苏州分公司翼云电信5G物联网应用联合实验室揭牌仪式

4月29—31日，学校召开“陶渊明与吴文化暨园林文化研究”学术研讨会

5月21日，学校召开《精致苏州与工匠精神》首发式暨研讨会

6月14日，学校召开2019年江苏省高校档案馆馆长论坛

10 月 10 日，北京科技大学杨荃教授到校做“在线无损检测和机器感知——助力智能无人化未来梦工厂”学术报告

10 月 18 日，西北工业大学教授许英杰到校做“航空先进复合材料结构设计、成型与应用”学术报告

11 月 16 日，学校召开国家社科基金项目“大运河流域体育文化产业创新发展研究”开题报告会

12 月 7—8 日，学校召开江苏省地域文化研究会第七届年会暨纪念顾野王诞辰 1500 周年学术研讨会

12 月 25 日，学校召开哲学社会科学优秀成果奖教师分享会

4 月 11 日，学校举行与苏州丝绸行业协会共建丝绸技术创新中心签约仪式

5 月 29 日，学校举行与深圳市汇川技术股份有限公司合作成立的“苏州市职业大学汇川产业联盟学院”挂牌仪式

6 月 14 日，学校举行与苏州市吴中区人民政府越溪街道办事处校地合作项目签约仪式

6 月 18 日，学校举行与中国电子科技集团有限公司第三研究所校所合作协议签约仪式

6 月 21 日，学校举行与施耐德电气（中国）有限公司校企合作协议签约仪式，共建“施耐德工业学院”

8 月 7 日，学校举行与苏州智能制造研究院合作协议签约仪式

10 月 12 日，学校举行与苏州太湖雪丝绸股份有限公司合作开发的江苏省丝绸新产品“防踢智能蚕丝被”项目鉴定会暨“苏州市职业大学—太湖雪产学研合作”签约仪式

10 月 29 日，学校举行与赛迪工业和信息化研究院集团（苏州）有限公司战略合作协议签约仪式

11 月 5 日，学校举行与京东教育文化有限公司校企合作协议签约仪式

11 月 10 日，学校举行与华中师范大学合作办学协议签约仪式

11 月 27 日，学校举行与思必驰信息科技有限公司校企合作签约仪式，共建“思必驰企业学院”

12 月 9 日，学校举行与苏州市吴江区七都镇校地战略合作签约仪式

3月1日，陕西铁路工程职业技术学院一行到校交流

4月24日，苏州经贸职业技术学院一行到校调研

5月7日，河北省秦皇岛市教育局副局长韩和平、秦皇岛市广播电视大学副校长杨运洪等一行到校调研

5月31日，株洲广播电视大学一行到校交流

6 月 24 日，南通职业大学一行到校交流

9 月 17 日，中国劳动学会、中关村佳德职业教育创新联盟到校调研

11 月 4 日，宜春职业技术学院一行到校交流考察

11 月 15 日，苏州工业职业技术学院一行到校参观调研

11 月 15 日，苏州干部学院一行到校调研交流

4 月 29 日，印度尼西亚高等教育代表团队到校访问交流

5 月 21 日，南非高教部工业与制造业培训署、南非中国中心领导到校访问交流

6 月 12 日，学校举行 2018 级南非留学生结业典礼

9 月 9 日，刚果共和国黑角市副市长到校访问交流

10月11—13日，南非高等教育与培训部文化艺术旅游体育培训署代表团到校访问交流

10月25日，英国伦敦纽汉学院一行到校访问交流

10月29日，学校召开东南亚协同育人产教融合大会暨东南亚职业教育产教融合联盟成立大会

12月3日，中马文化交流协会副主席 Ali Waheed Hassan Manik 带领马尔代夫青少年代表团到校访问

喜迎 2019 级新生

校园招聘会

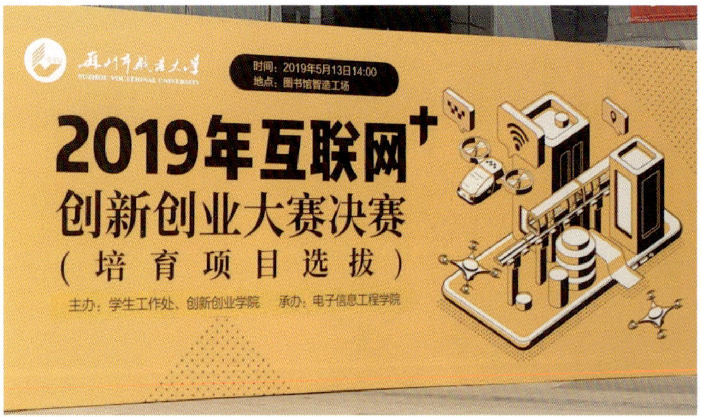

5月13日，学校举办2019年“互联网+”创新创业大赛

11月1—10日，学校举办苏州市职业大学创新创业周暨大学生创新创业成果展

12月13日，学校举办第三届“挑战杯——彩虹人生”创新创效创业大赛

2019 年校园阅读节

4 月 25 日，知名青年作家刘同《别做那只迷途的候鸟》高校宣讲会

5 月 29 日，第五届“午间‘识’堂”教师专场活动

6 月 26 日，第二届“悦·暑假”夏令营活动

9 月 28 日，校园阅读节“文化之旅”

10 月 23 日，第二届 3D 打印大赛决赛

10 月 23 日，“超星杯 Readers 来挑战”——第三届图书馆馆藏利用大赛（教师组）

11 月 9 日，苏州地区高校图书馆“万方数据杯”信息检索大赛

12 月 4—5 日，学校教师张学梅获首届全国高职院校信息素养大赛全国总决赛教师说课赛二等奖

“太湖春晓”蒯惠中山水作品画展

归去来兮——吴民先书画艺术展

“青春颂祖国　逐梦新时代”——2019 年校园十佳歌手大赛

“青春展风采　逐梦新时代”——2019 年新生才艺大赛

2019 级新生军训成果汇报会

2019 年师生趣味运动会

2019年田径运动会

获 2018 年度综合表彰的荣誉奖项

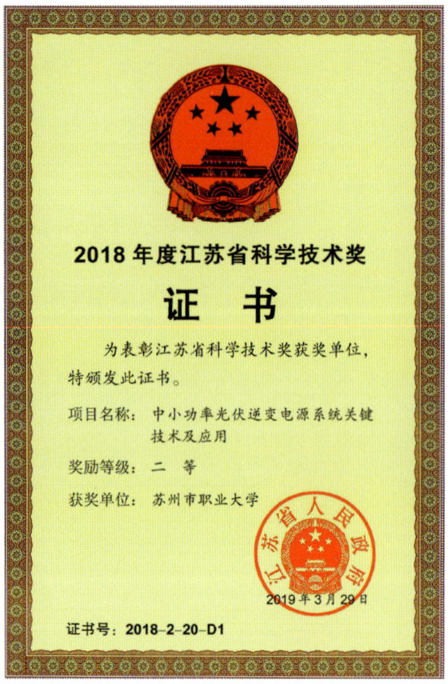

3 月，学校主持科研成果“中小功率光伏逆变电源系统关键技术及应用”获 2018 年度江苏省科学技术奖二等奖

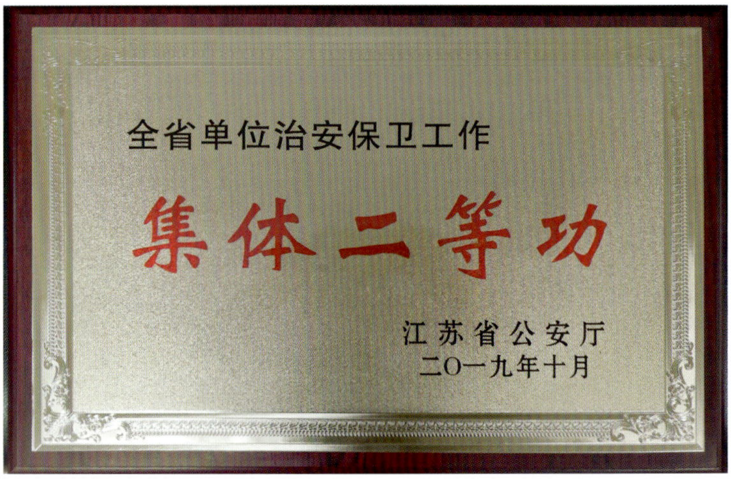

10 月，学校保卫处荣获江苏省单位治安保卫工作集体二等功

12 月，学校获 2016—2018 年度“江苏省文明校园”荣誉称号

获 2018 年度综合表彰的荣誉奖项

获奖证书

苏州市职业大学

王丽华老师荣获江苏省高校第六届数学基础课青年教师授课竞赛专科组一等奖。

江苏省高等学校数学教学研究会

江苏省高校数学基础课青年教师授课竞赛组委会

二〇一九年十月

10 月，学校教师王丽华获江苏省高校第六届数学基础课青年教师授课竞赛专科组一等奖

6 月，学校参赛队获 2019 年全国职业院校技能大赛（高职组）“虚拟现实（VR）设计与制作”赛项一等奖

11 月，学校参赛项目获第五届中国“互联网+”大学生创新创业大赛铜奖

1月，《苏州市职业大学年鉴（2017）》分获第六届年鉴编纂出版质量评比综合三等奖及4个单项三等奖

11月，学校入选“2018年高等职业院校教学资源50强”

9月，学校赛艇代表队获2019年第八届大学生国际赛艇比赛（威尼斯）季军

11月，学校参赛队获2019第三届金砖国家技能发展与技术创新大赛俄罗斯欧亚公开赛“逆向工程”赛项银牌

11月，学校教师赵阳团队获全国高校教师教学创新大赛——第五届外语微课大赛国赛三等奖、省赛一等奖

12月，学校教师杨光作品获2019中国设计红星奖

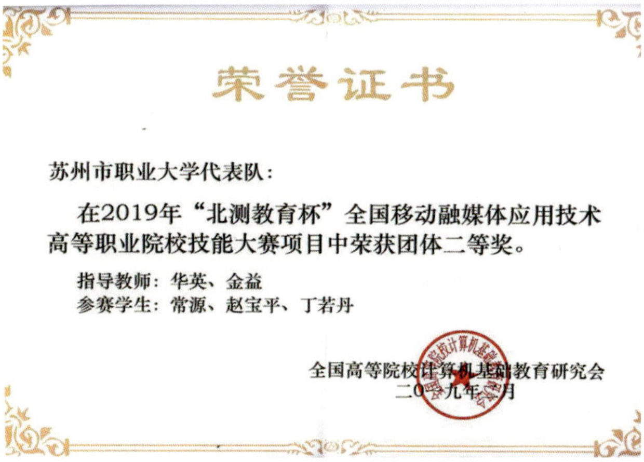
荣誉证书

苏州市职业大学代表队：

在2019年“北测教育杯”全国移动融媒体应用技术高等职业院校技能大赛项目中荣获团体二等奖。

指导教师：华英、金益

参赛学生：常源、赵宝平、丁若丹

全国高等院校计算机基础教育研究会

二〇一九年二月

2月，学校参赛队获2019年“北测教育杯”全国移动融媒体应用技术高等职业院校技能大赛团体二等奖

5月，学校参赛队获第九届全国商务秘书职业技能大赛专科组团体二等奖、个人三等奖

5月，学校参赛队获第十届蓝桥杯全国软件和信息技术专业人才大赛全国总决赛二等奖1项、三等奖2项

6月，学校参赛队获2019年全国职业院校技能大赛（高职组）"计算机网络应用"赛项二等奖

6月，学校参赛队获第九届全国大学生计算机应用能力与信息素养大赛（高职组）"人工智能技术与应用"赛项一等奖

苏州市职业大学

学　生：丁　玥
韩仲洋
黄天宇

指导老师：王　庆

荣获二零一九年高教社杯全国大学生数学建模竞赛专科组二等奖。

中国工业与应用数学学会
全国大学生数学建模竞赛组织委员会
二零一九年十一月

9月，学校参赛队获2019高教社杯全国大学生数学建模竞赛专科组二等奖（11月颁发证书）

10 月，学校参赛队获第八届全国高等职业院校日语技能大赛个人二等奖、优秀奖及团体三等奖

11 月，学校参赛队获第九届全国大学生外贸跟单（纺织）+跨境电商职业能力大赛个人二等奖、三等奖及团队三等奖

12 月，学校参赛队在第十二届全国美育教学成果展评中取得佳绩

12 月，学校参赛队获 2019 年“畅享杯”全国新商科技能大赛跨境电子商务技能竞赛团体三等奖

苏州市职业大学教学校区平面图

干将路校区

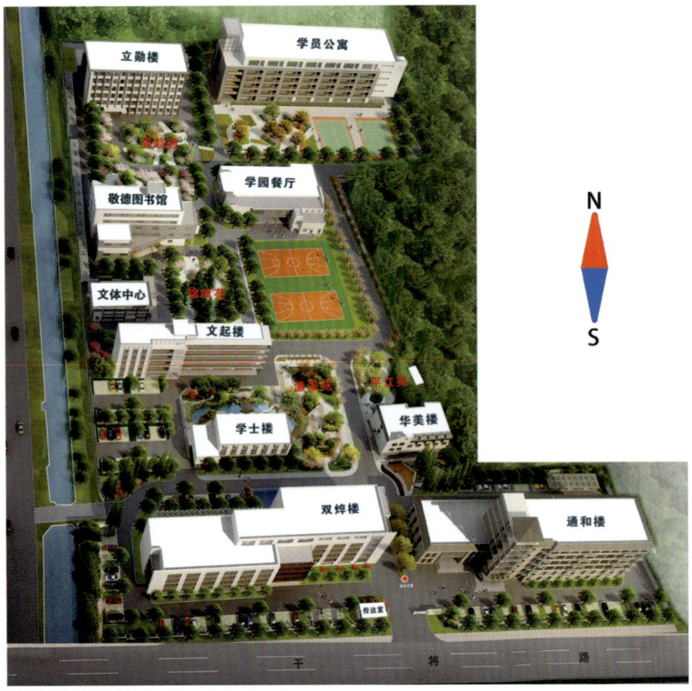

越溪校区

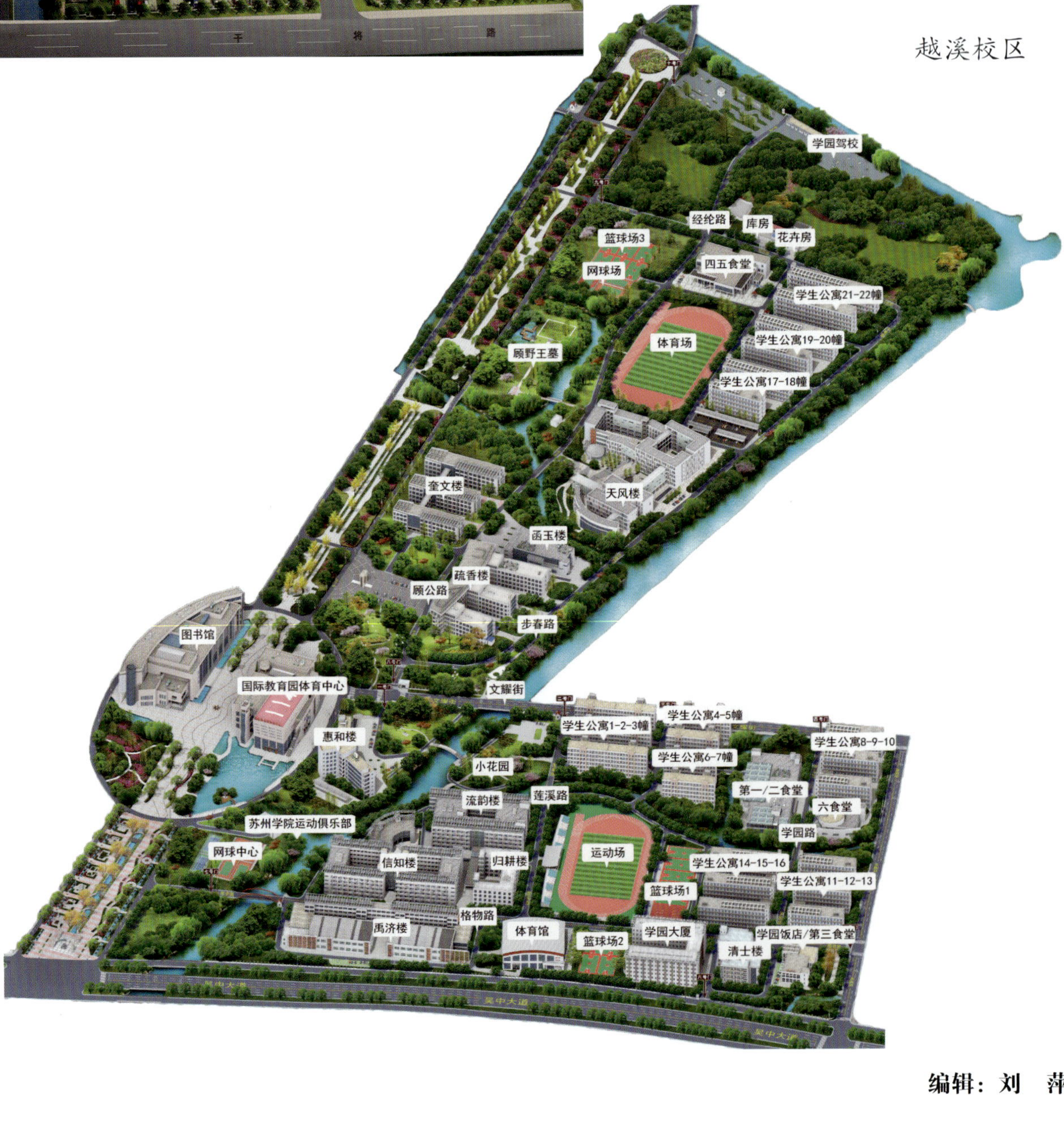

编辑：刘 萍

苏州市职业大学年鉴
编纂委员会

苏州市职业大学年鉴
审稿人员

（按姓氏笔画排序）

目　录

第一章　学校概况

第二章　会议文献

第三章　要闻特辑

第四章　专题活动

第五章　组织机构与人员

第六章　师资队伍

第七章　院（部）简介

第八章　教育教学

第九章　学术科研

第十章　国际交流与合作

第十一章　校园文体活动

第十二章　团学教育与学生管理

第十三章　表彰与奖励

第十四章　大事记

第十五章　附　录

SUZHOU VOCATIONAL UNIVERSITY

第一章 学校概况

学校简介

苏州市职业大学是经江苏省人民政府批准、教育部备案，由苏州市人民政府主办的全日制普通高等专科学校，前身为创办于1911年的苏州工业专科学校。自1981年成立以来，秉承“勤、勇、忠、信”的校训，赢得了显著的社会声誉，成为区域品牌院校。学校牢牢把握社会主义办学方向，紧紧抓住立德树人、成就师生根本任务，积极推进教育供给侧结构性改革，加强整体规划，坚持质量为先，坚定精准发展，大力培养“高品德、高技能、高适应”的人才队伍，实现学校发展与地方经济社会协同创新、融合共赢，努力建设全国一流品质院校，并积极实现应用型本科高校的办学目标。

学校现有石湖、干将路、澶山和吏舍弄四个校区，占地面积1262余亩，校舍建筑面积近50万平方米，馆藏纸质图书近167万册，教学科研仪器设备总值近3.6亿元。设有12个学院（部），现有涵盖理工、文史、艺术、师范、体育等科类专业共53个，普通全日制在校生1.4万余名。专任教师796名，其中正高职称69名，副高以上职称375名，具有硕士以上学位的教师占专任教师的79%；有江苏省有突出贡献中青年专家1人，江苏省有突出贡献高级技师1人，省“六大人才高峰”培养对象3人，省“333高层次人才培养工程”培养对象19人，省高校“青蓝工程”培养对象39人，省级“教学名师”1人，省级优秀教学团队3个，省级科技创新团队3个。

学校以培养高素质技术技能型和应用型人才为己任，围绕地方产业发展重点和社会对紧缺人才的需求，深入推进教育教学改革，打造人才培养特色。现有教育部重点专业和教改试点专业3个，省“十二五”高等学校重点专业群3个，省级品牌特色专业9个，省高校品牌专业建设工程一期A类项目1个，省高水平骨干专业3个。省级优秀（精品）课程8门次，省级优秀课程群1个，省高等学校精品教材9部，省重点教材13部，教师主参编各类教材400余部。

学校建有集教学、培训、服务于一体的校内综合实训基地93个，其中教育部职业教育实训基地建设项目1个，省级实训基地4个；与苏州市吴中区人民政府、苏州市相城区人民政府、苏州市质量监督局等政府部门签订全面合作战略合作协议，与中科院声学研究所、赛迪研究院开展合作，全方位、全领域、全过程推进校地深度合作，全面深化产教融合、校地合作。牵头成立苏州市现代装备制造职业教育集团、苏州市现代光电职业教育集团，与阿里巴巴（中国）网络科技有限公司、科大讯飞股份有限公司、亨通集团等著名企业实现了校企深度合作，建有企业（行业）学院19个，校外实训基地339个。

学校致力技术技能的积累与服务，坚持将科技创新与培养造就创新型科技人才紧密结合，坚持知识创新、技术创新与成果转化、社会服务协同推进。学校建有3个省级工程中心、5个省级研究所（基地）、8个市级重点实验室（平台）。近五年来，承担各级各类科研项目770项，其中承担或合作承担国家级项目6项、省部级项目22项；获省市两级科研成果奖86项，其中省部级科学技术进步奖2项，省哲学社会科学优秀成果奖1项；获授权发明专利309项。

学校积极服务地方经济社会发展，建设大运河文化品牌研究中心、吴文化传承与创新研究中心、石湖智库等研究院所，在多个领域为地方经济建设、政府决策和行业企业发展提供决策咨询并承担课题研究，为吴地文化传承保护、丝绸工艺传承与创新、苏州古城墙恢复重建、城市旅游竞争力评价、模具特色小镇创新发展等做出了重要贡献。

学校注重国际合作与交流，主动融入国家教育对外开放和江苏经济国际化战略，为企业“走出去”提供人才支持，积极助力国家“一带一路”倡议。围绕地方产业发展和人才需求，积极引进境外优质资源，与澳大利亚启思蒙学院、英国博尔顿大学、新西兰奥塔哥理工学院等国外高校在共建专业、课程合作、教师交流、学生交换、学分互认等方面开展有效合作。与澳大利亚启思蒙学院合作举办的机电一体化专业项目、会计与审计专业项目被省教育厅确定为高水平示范性中外合作办学项目培育点。在马来西亚建立

“一带一路”产业学院，开展工业机器人技术专业学历国际学生项目。与南非高教部工业与制造业培训署和文化艺术旅游体育培训署合作，为中国制造业和工程相关领域在南非的外驻机构培养技能和管理人才。“先进制造技术国际化人才培养项目”入选省外国留学生优才计划高技能人才项目。学校为东南亚职业教育产教融合联盟理事长单位，中国—南非职业教育合作联盟中方副理事长单位。

学校先后荣获江苏省文明单位、首批江苏省文明校园、首批江苏省平安校园建设示范高校、江苏省职业教育先进单位、江苏省科技工作先进高校、江苏省模范教工之家、江苏省高校毕业生就业工作先进集体、江苏省高校档案工作先进集体、苏州市职业教育服务经济转型升级先进学校等称号，连续入选中国高等职业院校教学资源50强名单。在高职高专人才培养水平评估中获得优秀，是首批苏州市高技能人才培养示范基地和服务外包人才培养培训基地。

编辑：陆怡静

SUZHOU VOCATIONAL UNIVERSITY

第二章　会议文献

工作要点

苏州市职业大学2019年度工作要点

2019年学校工作的总体思路是：以习近平新时代中国特色社会主义思想为指导，全面贯彻党的十九大和十九届二中、三中全会精神，深化落实全国教育大会精神和《国家职业教育改革实施方案》，坚持立德树人根本任务，推动思想再解放、改革再深化、目标再提升、思路再优化、发展再创业，实施专业竞争力提升重点建设年工程，进一步推进学校内涵式高质量发展，以优异成绩庆祝中华人民共和国成立70周年。

一、加强党对学校工作的全面领导，为内涵式高质量发展提供坚强保证

1.深入学习习近平新时代中国特色社会主义思想和党的十九大精神。树牢“四个意识”，坚定“四个自信”，坚决做到“两个维护”。加强理论武装，制订党委中心组学习计划，全年中心组集中学习12次以上。深入推进“思想再解放、改革再深化、发展再创业”宣传教育，推动思想理念适应新时代的发展要求。成立学校党委全面深化改革委员会，统筹谋划、整体推进学校改革、发展工作，积极参与筹建市属应用型本科大学。开展好“不忘初心、牢记使命”主题教育活动，全面推广使用“学习强国”学习平台，强化学习成效。组织开展好新中国成立70周年系列庆祝活动。

2.构建“大党建”工作格局。制定出台《苏州市职业大学2019年党建工作要点》，推动党建工作进一步创新发展。坚持党委领导下的校长负责制，不断完善“三重一大”决策制度，推进党务、校务信息公开。深入学习贯彻《中国共产党支部工作条例（试行）》，制定学校党支部工作标准，实施党组织“对标争光”计划。深入开展特色主题党日活动、优秀党建项目评选等，强化党建引领推动作用。加强“领航者工程”建设，做实“书记项目”，推进“双带头人”培养工作，“双带头人”比例提高到90%。进一步加强校地、校企、校商党建共建交流，推进党建“一院一品”建设。延伸党建触角，在“太湖众创”设置党建工作站，加强创新创业领域的党建工作。做优“党建+特色工作”品牌，有效发挥“先锋论坛”“追随者号”等党建平台的示范引领作用。

3.严格落实意识形态工作责任制。制定出台《苏州市职业大学2019年思想政治和意识形态工作要点》，组织各单位签订工作责任书，将责任制落到实处。坚持“学术研究无禁区、课堂讲授有纪律、公开言论有规矩”，加强监督检查和追责问责。实行舆情月报制、校园宣传阵地巡查制度。深化思政课教学改革，继续推动“专业+思政”“课程思政”双向融入教改，大力推进“校地合作课程思政联盟”建设。落实“走基层、看变化、改教法”活动，要求所有课程的老师都要做到既教书、又育人。深度挖掘学校改革发展的温暖力量和动人故事，发挥“新闻眼”平台的作用，增强内外宣传的力度，扩大学校影响力。年底召开党总支书记述思政汇报会，进行思想政治、意识形态工作考核测评。

4.加大干部队伍建设力度。坚持德才兼备、以德为先的用人标准，大力度选拔培养优秀年轻干部，同时用好各年龄段干部。坚持关心厚爱干部，切实提高履职能力，进一步激发广大干部开拓进取、奋发有为的热情干劲，积极推动广大干部担当作为、干事创业，以新担当新作为开创学校工作新局面。坚持从严监管党员和干部，继续组织开展干部和教师的教育培训，切实增强讲党性、懂规矩、守纪律的自觉性。加大师德师风建设力度，探索建立全体教职员工个人诚信系统，实行负面清单记分制度，努力营造敬业诚信的校园氛围。

5.强化党风廉政建设。制定出台《苏州市职业大学2019年党风廉政建设工作要点》，紧盯“四风”问题新动向，压缩会议，精简文件，制止“堵、推、拖”行为，使整治形式主义、官僚主义取得新的更大成效。深化运用监督执纪“四种形态”，确保“两个责任”“一岗双责”落到实处。完善党风廉政责任制考核制度，做好全面从严治党“两个责任”履责记实信息平台数据填报工作。坚持问题导向，完善权力运行制约和监督机制，出台实施《苏州市职业大学领导干部回避制度（试行）》。年内，完成7个学院（部）的校内巡审督查，实现全覆盖；抓好离任、任中、专项审计，强化审计监督，加强廉政风险防控。深入推进重点领域和关键环节的专项整

治，严肃执纪问责。不断创新廉政教育，组织“廉政微党课”比赛活动，实施“五个一”校本廉政文化教育创新工程；开展“校园廉洁文化活动月”等活动，营造风清气正的生态环境。

二、实施专业竞争力提升重点建设年工程，精准推动学校高质量发展

6.推进专业品牌内涵建设。研究制定专业设置与动态调整相关办法。持续做好专业诊断工作，根据各专业与地方产业对接状况、专业建设现状、专业报考和就业情况、专业未来发展趋向等，在学校层面完善专业调控机制，打破学院界线，实行跨学院、跨学科的专业融合、整合、嫁接，加强专业协同，不断优化专业结构。高质量建设省级品牌专业，深入推进3个省骨干专业、2个省中外合作办学高水平示范专业和6个校骨干专业建设。新设工业网络技术、大数据技术与应用、工业机器人技术、室内艺术设计4个专业，抓好培育建设工作。进一步加强专业内涵建设，强化专业特色，打造专业品牌，提升专业竞争力和发展能力。重点推动综合优势明显、整体实力较强的专业集群建设。

7.加强专业集群对接产业链建设。对接苏州市加快建设国家智能制造示范区、打造新一代电子信息产业的发展契机，瞄准苏州智能制造业和现代服务业等主导产业，构建专业集群布局，实现专业链有效对接产业链，提高人才培养契合度。加强专业集群课程体系、实训基地、师资团队、教学资源等的协同建设，坚持创新链和产业链“双向融合”，促进各专业集群的教学、师资、实训和科技创新平台等资源融合共享。年内，完成模具设计与制造实训基地、智能制造共享创新服务平台（二期）、短距与移动通信技术应用实训室、NB-IOT物联网实训室、大数据教学实验实训平台等8个重大建设项目，同时做好省产教融合实训平台、智慧工厂生产实训平台、电梯专业实训平台等一批已建成项目的完善应用工作，充分发挥其功能，推动专业建设和学生成长成才。

8.着力抓好教育教学改革。加强对高校改革发展工作的研究，进一步规范教学运行管理，抓好课堂教学主渠道、主阵地，严格把控课堂质量。以“一周一优课”和“年度优质示范课”评选活动为抓手，提高教师教书育人水平。加强教学管理队伍建设和培训，提高能力和水平。完善教学质量监控与评价制度，加大督学工作力度，推行“推门听课”，健全教学激励机制和教学成果评价机制，构建质量保障体系。以学生发展为中心，探索推广小班化教学、混合式教学、翻转课堂。深化创新创业教育改革，推动创新创业教育与专业教育紧密结合，深化创新创业课程体系、教学方法、实践训练等关键领域改革。继续推进学分制改革和分层次教学，为学生个性化学习创设条件。提高学生审美和人文素养，在学生中弘扬劳动精神，教育引导学生崇尚劳动、尊重劳动。

9.推动教学信息化建设。进一步提高网络技术应用和课程数字化水平，加强线上线下混合式教学方法改革和优质网络课程建设。加强教师信息化教学技能培训，提高信息化教学水平。积极推进教学资源建设的广度和深度，开展在线课程预建设工作，建成一批校级在线课程及校精品在线课程，抓好省级在线开放课程的立项和建设以及省精品在线课程的认定推荐工作。持续推进国家智能控制专业资源库建设，争取正式立项。做好学校教育现代化监测工作。

10.提升人才培养质量。紧密结合苏州战略性先导产业、智能制造产业、现代服务业等发展需求，开展现代学徒制、订单培养、定向培养等校企协同人才培养模式的同时，以“企业需求+学校培养+政府支助”的模式，对经济社会发展急需的紧缺技能人才进行校地共同培养。以专业（群）建设为核心，选拔并加大力度打造一批教学创新团队，以学校特色建设项目为载体，分类遴选教育教学成果奖的培育项目，并制订出教学创新团队、教学成果奖的培育计划，列出任务清单，明确责任要求，从全校层面合力推进。加强对学生技术应用和实践能力的培养，推进技能竞赛项目建设。完善学生技能竞赛管理办法，加大技能竞赛项目扶持力度，以赛促教学、以赛促合作，提升学生技能水平、培育工匠精神，促进专业建设、教学改革，提高教育教学质量。

11.拓展招生就业工作。进一步落实分片负责招生责任制，确定一批生源合作学校。拓展专业特色与学校实力相结合、传统渠道与新媒体相结合、重点地区与重点学校相结合的宣传渠道，逐步建立专业招生激励与约束机制。将招生宣传、资助宣讲、志愿服务和社会实践相结合，普遍开展优秀学子母校回访活动。提高校地合作单位对毕业生的吸纳能力，加大与用人单位联系的力度，夯实校级就业基地建设，提升校园招聘会的实效，开展家庭经济困难学生等特色就业帮扶专场招聘，共建共享共赢就业市场资源体系。结合省就业工作考核指标体系，完善就业工作制度和保障措施。精准做好毕业生跟踪调查、用人单位走访调研。

12.打造高水平师资队伍。坚持“内培外引”，加快人才队伍建设。做好省“333高层次人才培养工程”、省高校“青蓝工程”和校“青蓝工程”等各层次人才的培养工作，对照目标任务，加强中期考核，落实保障举措，保证培养质量。加强校“教学名师”的管理期考核，为申报国家、省“教学名师”做准备。继续推行“名师带徒”工作制度，对校“教学名师”和青年教师一对一结对情况进行跟进检查。依托教师教学发展中心，开展多层次、全方位的教育培训。组织开展好新一轮教师岗位设置和聘用工作，对申报高一级专技职务和岗位的教师做出更加科学、客观、公正的评价，使人才评价与使用紧密结合，促进学科专业的特色发展与教师的职业发展。

三、发掘校地合作和科技创新潜力，全力服务地方经济社会发展

13.夯实校地合作基础。深化全方位、全领域、全过程的校地合作，推动校地合作扩面、升级、增效。完善校地合作体制机制，探索建立地方政府、社会组织、行业企业共同参与的校地合作委员会。加快校地合作制度保障体系建设，制定《校地合作工作实施意见》《企业学院建设指导意见》等。积极构建“一院一镇一项目”的合作格局，大力推动各学院（部）以项目为载体的校地融入式发展，鼓励组建跨学院、跨专业的项目团队，服务各镇（街道）的发展需要。以公共实训基地建设为突破，推进资源共建共享，面向社会开放校内实训实验资源。全面深化与吴中区、相城区政府的合作，拓展与其他地方政府和苏州市级部门的合作，争取在“学历证书+若干职业技能等级证书”试点中赢得先机，为毕业生就业提供更好的机会与平台。

14.推进产教融合和校企合作。建立学校主导、政府推动、行业指导、校企双主体实施的多元协同育人体系，更多引入行业组织、知名企业，推动职教集团、企业学院的量质齐升。新建3个企业（行业）学院，推动企业（行业）学院内涵建设，启动校级考核评比。提升现有2个职教集团建设水平，探索组建新的职教集团。培育市级校企合作示范组合项目，组织校级12个项目的中期评审。推动校级科研创新服务平台对接各行业协会、区域板块，争取共建协同创新中心3个。实现平台与项目“双轮驱动”，把提升师生能力、产教融合和服务社会做实、做优、做强。

15.加强科技创新团队和平台建设。推动学校与地方政府、行业、企业、科研机构、众创空间等主体的协同创新，加强人才、技术、资金等要素的融合共享。出台科技创新团队管理办法，倡导和培育团队精神，提高教师和专技人员的科研能力和科研水平，营造科研人才成长的良好环境。提供创新团队的跟踪服务，推动团队出成果、出人才。对科技服务平台进行分类指导，落实2个省级平台、15个新建平台的建设任务，做好平台内部管理制度、专家聘任、学术活动和成果产出等工作，促进平台良性运转。力争联合建设2个市级以上、5个校地合作科技创新服务平台。

16.提高科研服务地方发展能力。积极承接政府、社会的研究课题和项目。加强科技创新供给能力，集聚资源要素，对一批重点团队、平台、项目予以重点支持，在丝绸织造、吴文化研究、智能机器人等领域重点攻关并形成突破，打造一批能够形成规模效应和聚集效应的校地合作科技创新项目。继续抓好各级各类成果申报工作，提升学校的美誉显示度。在高层次纵向科研项目方面，争取完成1个国家级项目、2个省部级项目立项。力争横向项目有新突破，横向到账经费增长保持在10%以上。组建学校科技服务中心，加强技术转移及成果转化的组织协调和推进工作，形成市场化的科技成果转移转化机制。做好专利代理机构招投标工作，引进专人，加大科技成果转化服务力度。今年力争新增授权发明专利74项以上，技术交易到款额增长有新突破。充分发挥苏州石湖智库作用，年内，与市社科联合作，组织4场“智汇苏州”活动，为苏州发展献计献策。

四、扩大开放共享办学，深度拓展融合发展格局

17.开拓继续教育共享服务。进一步推动苏州开放大学（继续教育学院）面向社区教育、社会培训的转型发展，加快培育特色品牌。加强开放教育的宣传力度，扩大“江开项目”在苏州的影响力。完善“苏州市社会教育服务指导中心”的组织架构、人员配备、规章制度，推进工作开展。发挥“苏州特色”的区域影响力，进一步推动与铜仁广播电视大学、陕西广播电视大学延安分校的帮扶合作工作。立足“特色培训”的建设理念，以“苏州市社会教育服务指导中心及培训基地”“全市公安民警教育训练合作共建单位”和“苏州市禁毒社会工作培训基地”等特色载体，做优做强社会服务工作。

18.推进国际交流与合作。通过“引进来”和“走出去”相结合，持续提升学校国际化办学水平。发挥中外合作办学示范辐射作用，推动专业群和师资建设，扎实做好中外合作办学高水平示范性建设工程项目。优化国际学生工作管理体制，坚持规模与质量并重，力争本年度在校国际学生规模达180人。探索境外办学，提升专任教师赴国（境）外指导和开展培训时长。加强与在“一带一路”沿线国家开展业务的中资企业的合作，努力打造亨通集团——苏州市职业大学国际学生智能制造生产线，为亨通集团驻南非的企业输送高技能人才。完成首批南非学生结业工作，做好第二批南非学生录取工作，深化实训项目化教学，新建1~2个国际学生实习基地。做好国际学生英文教学，力争入选省级高校外国留学生英文授课培育课程1门。积极开展我校学生赴境外高校的游学项目，应意大利威尼斯大学的邀请组织好师生参加“国际大学赛船邀请赛”。做强澳洲短期游学项目，力争再次入选省级留学生短期研修项目。开展中外文化交流活动，做好境外高校到访团的接待和会议组织工作。严格执行外事纪律，落实好因公出国管理规定。做好安全保卫工作，切实保障留学生和外籍教师人身、财物安全。

五、增强保障能力供给，加快服务型学校建设步伐

19.提升服务学生成长成才工作水平。抓好班主任、辅导员、学生骨干队伍、学生工作干部队伍建设，更好为学生提供优质服务。加强学生管理“大数据”建设，深化学生事务与发展中心服务工作。深入开展“新时代·新担当·新作为”和“青春梦·中国梦”主题教育，通过职业生涯节、心理健康节、校园阅读节、高雅艺术进校园等活动，让学生受到熏陶、得到成长。加强大学生心理健康教育和生命安全教育，发挥好我校大学生抗挫折教育体验馆的作用，组织好大学生暑期“三下乡”社会实践活动。积极开展“阳光体育”活动，提高学生身体素质。精心安排好国家和省级职业院校技能大赛、“互联网+”“挑战杯”“创青春”、职业规划大赛等各类大学生竞赛赛事。

20.提高经费保障与管理水平。建立健全财务规章制度，完善依法理财体系，重新修订完善学校的预算管理办法和创收经费管理办法。以深化预算改革为抓手，落地实施政府会计制度，进一步提升财务管理水平。加快财务管理信息化建设，确保费用管控系统正式上线运行并对系统进行优化。强化专项资金的绩效考评，提高资金的使用效益。进一步优化完善学校绩效奖励考核办法，增加对非编机构的考核；实施绩效奖励负面清单制度，正常工作职责及理应完成的任务不予纳入绩效奖励。坚持规范“三公”经费的使用和管理，严格遵守财经纪律。

21.优化服务保障功能。持续按照“先学生、再老师、后干部”的顺序，安排实事项目，按时完成学生健身环境提升、教职员工荣休制度、健康关爱计划、绿色新能源科普园地、校园健身步道三期等2019年度5项实事项目，继续实施一批包括学生宿舍公共空间维修改造等的工程，改善师生工作、学习的环境质量。做好“国际应用技术交流中心”“科技创新与技术转移服务中心”的规划设计工作，争取早日开工建设。提升后勤工作“网格化”管理水平，着力改善服务质量。探索运用现代管理模式改善学校教室管理工作。实施校园电瓶车充电智能化改造。继续拓展图书馆数字化服务的领域，提升服务水平，完成学校南北无人值守图书馆的建设。进一步提升学术期刊中心的办刊质量水平和对外影响力，启动创办专业期刊调研工作。

22.提升校园信息化应用水平。从切实服务教学、科研、管理出发，推进“一张网”智慧校园建设，完成学生网上办事大厅、移动校园应用、智慧教室等项目的建设、推广工作。依托网上办事大厅平台，构建涉及智慧后勤、资产、人事等业务域的一站式服务应用。利用移动校园平台，将办事大厅服务向移动端延伸。加快档案信息化建设，进一步提升档案数字化管理服务水平。完善网络安全保障体系，完成网络中心机房改造工作。实行网络运行状态监测，将各二级网站全部纳入学校站群系统。加强信息安全等级保护工作，对全校信息系统进行等级保护定级与测评。

六、深化校内体制机制改革，大力营造文明法治校园

23.加大校内体制机制改革力度。统筹部署、系统推进学校“放管服”改革，出台“放管服”改革总体要求文件，分步有序实施，并与建立高效顺畅的校内体制机制结合起来，成熟一批实施一批，努力构建真正以体制机制来管人、管事、管物的工作格局。加强对学校规章制度的清理，做好“废改立”工作；重新梳理管理部门、学院（部）、系（教研室）的权力清单和责任清单，明确管理内容和责任。认

真执行国家法律法规和学校章程，着力推进多层级协同融合的服务型、法治型学校建设，提高工作效率、提升服务效能。

24.从严加强校风学风建设。坚持学校重要活动、论坛、研讨会等的年度统一申报、统筹安排制度，经过学校研究确认的才可举办。进一步阐释弘扬“勤、勇、忠、信”校训，注重校园文化传承和内核文化建设，激励师生以更加昂扬的风貌开启新时代的新征程。加强质量立校的理念教育，制订实施学校质量文化建设方案。强化教风建设，坚持制止和查处学术不端行为。完善优良学风建设长效机制，充分发挥共青团和社团的作用，实施“信仰公开课”计划，继续开展“强基工程”和“青马工程”。

25.建设文明和谐平安校园。持续实施文明美丽校园提升行动计划，申报2016—2018年度江苏省文明校园。召开好教代会，继续做好董事会、基金会、校友会工作。深入开展教职工喜闻乐见的各类活动，推进“模范教工之家”建设，抓好困难教职工的关怀和补助工作。做好离退休老同志的服务工作，在政治上、生活上关心关爱离退休老同志，完成二级关工委建设巩固提高的评议工作。坚持民主党派人士“双月座谈会”制度，成立“侨之家”“为侨服务工作站”。建立学校安全管理委员会，健全安全管理制度，深化平安校园建设，启动人工智能校园安防系统项目建设。完善保密和信访工作机制，加强大学生安全教育和国防教育工作，为学校新时代的新发展创造良好的安全稳定环境，迎接新中国成立70周年！

中共苏州市职业大学委员会
苏州市职业大学
2019年2月28日

工作总结

苏州市职业大学2019年工作总结

2019年，在市委市政府、省教育厅的正确领导下，学校以习近平新时代中国特色社会主义思想为指导，全面贯彻党的十九大和十九届二中、三中、四中全会精神，积极落实全国教育大会精神和《国家职业教育改革实施方案》，围绕立德树人根本任务，扎实推进“不忘初心、牢记使命”主题教育，精心实施专业竞争力提升重点建设年工程，推动学校内涵式高质量发展获得新进展。

一、学生发展

（一）立德树人

1.创新教育载体，探索特色宣传思政工作

2019年，学校结合思想政治工作“三结合”目标，将理想信念教育与基本道德教育相结合、有形载体教育与无形渗透教育相结合、办实事感召教育与树先进典型教育相结合，创新校园思政载体建设。学校加强思政工作的举措做法被省委教育工委作为工作创新典型案例编入《教育工作动态》在全省发布。在学校吴文化园、抗挫折教育体验馆、应急救护培训中心、微信公众号等育人载体基础上，2019年建成多功能思政工作室、“健身步道—人文长廊”、特色思政文化墙，以文化人、以文育人，增强思政教育的亲和力、时代感和吸引力。学校获评2016—2018年度江苏省文明校园。《苏州日报》刊发《苏州市职业大学——“成就学生和老师，就是初心与使命”》，介绍学校宣传载体建设。

2.创新思政课程，探索教改新模式

依托地域文化特点，结合专业培养目标，促进通识课、专业课程与思政教育有机融合，贯穿于人才培养全过程。创新“专业+思政”双主体思政课程教改，整合苏州地域资源和各学院专业教师力量，2019年先后推出专业教师+思政教师融合课程11讲，形成了融城市精神、校园文化、校本课程为一体的文化育人特色。课程思政成果获《光明日报》《苏州日报》及苏州电视台等媒体报道，被“学习强国”平台推广报道；陆续推出相关课程，获评苏州市委宣传部、市教育工委示范课2门、“新时代·实践行”主题实践活动基地1个。

3.强化思想引领，构建大思政格局

学校在新中国成立70周年、五四运动100周年、改革开放40周年等重要时间节点，开展理想信念和爱国主义教育。把思想政治教育深度融入新生入学教育、评奖评优、心理教育、志愿服务、暑期社会实践等过程中。通过举办“校园之星暨大学生年度人物”“新时代·新担当·新作为”“青春梦·中国梦”“诚信教育主题月”等活动，发挥榜样示范引领作用。举办“3·20”心理健康教育周、“5·25”大学生心理健康节，完成2019级新生心理健康普测。学校学生在共青团中央、全国学联2018年度寻访“中国大学生自强之星”评比中获“中国大学生自强之星”称号；学校“运河拾遗”暑期实践团队获2019年“力行杯”江苏省大学生社会实践项目三等奖，在团省委评选中获评优秀团队；学校“红庄爱心小屋”获评优秀实践基地；学校“信仰公开课”在团省委评选中获评省级示范课；校团干部、团支部在团省委评选中获评2018年度“魅力团支书、活力团支部”。

4.挖掘吴文化资源，传承校训精神

学校充分发挥国家级大学生文化素质教育基地“吴文化园”在文化育人过程中的重要载体作用。面向苏州国际教育园6所高校开设特色课程“吴文化”。通过吴文化讲解员、学生社团、学生课题、社会实践等多种方式，打造吴文化育人特色。创新新生入学教育方式，开展“知校史、践校训”主题教育活动，从校史校训中汲取精神力量；举行高雅艺术进校园2019级新生昆曲专场活动，让新生感受苏州传统文化魅力；翻修学校疏香楼前广场，命名为“初心广场”，并在广场周围种植樱花、香樟、红枫、银杏等4种植物，花语寓意分别对应校训“勤、勇、忠、信”四字，与学校百年校庆牌楼共同成为校训精神的象征。利用江苏省五星级校档案馆平台，举办“庆祝新中国成立70周年·档案馆馆藏珍品展”，激发广大师生爱校荣校的责任感和为学校内涵式高质量发展奋斗的热情。

（二）招生就业

1.招生情况

2019年，学校在22个省（自治区、直辖市）按50个专业录取新生5749人，其中苏州生源682人，圆满完成2019年招生工作；提前招生全部完成计划，生源质量稳中有升；对口单招8个科目组录取分数线中6个位列全省第一，1个位列全省第二；贯彻落实国务院“高职百万扩招”工作计划，在普高招生中增加中西部协作计划715人。积极参加第二批江苏省社会招生工作，单独制定人才培养方案和课程体系，编写招生章程，设置学前教育、机电一体化2个专业，招生计划人数共计400人。积极构建具有特色的现代职业教育体系，与苏州科技大学合作开设电气自动化、文秘2个专业“3+2”分段培养项目，与吴中中等专业学校、吴江中等专业学校合作开设物流管理、会计、计算机网络技术、智能产品开发4个专业“3+3”分段培养项目。

2.就业情况

经江苏省高校招生就业指导服务中心核查确认，学校2019届毕业生4070人，初次就业3775人，初次就业率92.77%；年终就业率96.95%。

3.就业服务

校园招聘蓬勃开展，2019年共举办15场校级招聘会。截至2019年末，学校大学生就业实习基地共226家，新增江苏永鼎光电子技术有限公司等21家知名企业，吸纳2019届毕业生264人。就业精准帮扶全面展开，2019届全校帮扶对象共计78人，通过强化实施“专人帮扶”机制，严格实行“一生一策”动态管理，77人实现满意就业，精准帮扶群体就业率达到98.72%。2019届毕业生448人，获得人均1500元的毕业生求职创业补贴。大学生创业孵化基地严格执行准入和退出机制，目前有9个学生创业公司（项目）在驻。打造就业指导平台，提升学生职场技能。学校通过职业生涯节、就业创业知识竞赛、“互联网+”大学生创新创业大赛等多种渠道，把就业指导贯穿大学生生涯全过程。学校学生在省教育厅主办的江苏省第九届大学生就业创业知识竞赛中获二等奖，学校获最佳组织奖；学生在省教育厅主办的“武进人才”杯江苏省第十四届大学生职业规划大赛中获专科组总冠军，学校获最佳组织奖。

（三）在校体验

1.丰富校园文化

制定《苏州市职业大学"第二课堂成绩单"制度实施办法（试行）》，加强“第二课堂”课程项目供给，举办了才艺大赛、主持人大赛、十佳歌手大赛、定向越野大赛、校园辩论赛、社团巡礼等品牌校园文化活动。制定学生社团工作台账，推出学生社团活动开展指导意见，筑牢学生社团健康发展的长效机制。通过PU平台，有效提升“第二课堂”覆盖面和管理、育人水平。

2.提升校园环境

学校自2017年起，按照“先学生、后教师”的原则，坚持每年办一批实事，切实为学生学习生活提供良好的保障措施。2019年实事项目已全部完成，包括学生健身环境提升、绿色新能源科普园地、校园健身步道三期等项目，室外体育场实现夜间灯光照明，广大学生走出宿舍、走向操场，开展锻炼蔚然成风。学生宿舍区增加健身器材、增设晒场，为广大学生提供方便，学生学习生活条件得到切实提升，深受广大学生好评。

3.提高服务质量

学校实行首问负责、网格化管理、“菜单式”安全教育等制度，充分利用辅导猫、今日校园、微信公众号、可视化智慧消防系统等网络平台，实现智慧学工、智慧后勤、智慧安防、智慧图书馆功能，切实提高管理和服务水平，打造智慧校园、平安校园。推进校园网络升级，建成校园融合支付系统。完成网上办事大厅建设，目前PC端上线应用36个，移动端上线应用15个。完成智能图书馆建设，两个自助图书馆投入使用。2019年举办安全讲座、主题教育活动及培训21场次，校园环境平安有序，学校保卫处荣记省公安系统“集体二等功”，是荣获本次表彰的唯一高职院校。推进绿色节能校园建设，被省机关事务管理局、省工信厅、省财政厅联合发文授予“2019年度江苏省公共机构能效领跑者”荣誉称号。《苏州市职业大学学报》《苏州教育学院学报》入选国家“学术期刊融合出版能力提升计划”项目OSID第三批A类项目资助名单。

4.加强宣传力度

2019年，学校共推出新闻报道117篇，其中在省级以上发表52篇。《苏州日报》刊登的《构建“校地合作”共同体　奏响“产教融合”交响乐》《一幅宏伟的吴地历史文化长卷》《苏州市职业大学——“成就学生和老师，就是初心与使命”》等产生了较大社会影响。教育部网站《一线采风》栏目报道学校充分利用地域资源加强美育工作，《中国社会科学网》报道学校2019“智汇苏州”论坛，中国高校之窗网站报道学校“双师”工作推进会，江苏省教育厅网站报道学校创新创意作品大赛。同时充分发挥网络互动平台作用，进一步创新宣传方式和载体，深化对内宣传、拓展对外宣传，提高学校的社会知名度和美誉度。

（四）创新创业

1.强化顶层设计

拓展“三五五”创新创业教育体系的建设内涵，建立健全创新创业教育的运行保障机制，促进学校创新创业教育科学化、制度化、规范化建设；制定《深化创新创业教育改革实施方案》；构建多级平台，实施提升改造，以打造多方协同、逐级提升的立体化实践平台为目标，推进建设“双创体验—专业训练—综合培育—孵化运营”四级实践平台。

2.统筹推进竞赛

按照“统筹安排、分工协作、有序开展”的原则，制定年度活动竞赛计划，以双创活动为载体，以双创训练计划为抓手，以双创竞赛为动力，统筹推进学校双创活动及竞赛，加大双创实践和训练，提升质量，增加覆盖面。2019年，学校创新创业氛围愈加浓郁，近10000人次的学生投身到创新创业实践训练活动中，学生创新创业能力进一步提升。学校“太湖众创”被市政府认定为苏州市首批专业化众创空间。举办学校2019创新创业周活动，集中展示学校创新创业成果。学校双创竞赛成绩提升突破：在第五届中国“互联网+”大学生创新创业大赛中获得国赛铜奖1项，省赛一等奖1项、二等奖2项、三等奖1项；在第十六届“挑战杯”全国大学生课外学术科技作品竞赛中获省赛特等奖1项、二等奖1项、三等奖2项；学校在上述两项大赛中均获得优秀组织奖，获奖层级和数量均为历年新高。

（五）资助育人

1.申请认定手续简化

2019年，学校修订《苏州市职业大学家庭经济困难认定办法》，取消《学生及家庭情况调查表》及其他非必要证明材料，简化困难认定手续。2019年完成2734名学生申请审核，认定家庭经济困难学生2646人。

2.资助过程透明可视

学生资助服务管理系统平台进一步优化，业务处理实现全流程电子化、信息化和无纸化；运用大数据技术为精准资助提供数据支撑；资助实施提供流程跟踪和审核日志，学生申请、审核公示、结果反馈、获助类型全程清晰可见，全年累计奖励资助超过1.3万人次，资助金额超过2414万元。

3.育人活动多元开展

开展“暖心见行‘五个一’”活动，走访省内9个市100户家庭，寄送喜报700余份，让学生家长共同分享学生在校期间成长过程中的收获与喜悦。学校的国家奖学金评审模式被“江苏学生资助”微信公众号宣传推广，“励志感恩强能筑梦行动”获苏州市优秀学生资助项目二等奖。

二、教育教学

（一）专业建设

2019年是学校专业竞争力提升重点建设年。学校进一步提高人才培养质量，加大教学内涵质量建设力度，在专业建设、“三教”改革、教育教学成果上寻求新发展。

1.着力完善专业设置与动态调整机制

面对苏州产业转型升级、招生情况变化等新形势新情况，学校积极做好专业设置、调整、增设工作，推动专业结构和发展规模调整、优化和升级。制订专业设置与动态调整标准规范，开展“红黄绿牌”专业预警。鼓励支持学院（部）打破界线，实行跨学院（部）、跨学科的专业融合、整合、嫁接，以优势专业带动一般专业，以增量新专业逐步替代整合存量老专业，用现代技术改造提升传统专业。2019年招生专业优化为50个，新增工业机器人技术、大数据技术与应用、工业网络技术、室内艺术设计4个专业。

2.着力加强专业品牌内涵建设

深入推进1个省品牌、3个省骨干、1个市品牌、7个校骨干专业的建设工作，落实中期工作检查和年度工作检查。以省品牌、骨干专业为引领，市品牌、校骨干专业为抓手，持续推动品牌专业建设工作，促进优势专业提升和特色发展。省品牌A类专业“电气自动化”于2019年5月顺利通过验收。3个工科学院共同申报的“智能+高端装备制造产教融合集成平台”获批省产教融合集成平台培育项目。学校入选教育部第二批“工业机器人操作与运维”“工业机器人应用编程”“智能财税”、1+X证书制度试点院校。

（二）教学改革

1.着力深化课堂教学改革

完善教学质量监控与评价制度，建立健全教学激励机制和教学成果评价机制。以“一周一优课”为抓手，通过听课、说课、评课等方式促进教师提高课堂教学水平。全年学院（部）申报“一周一优课”共32节，参加听课老师400余人次。

2.着力培育优质教学资源

学校首个国家级教改项目“智能控制技术专业教学资源库”被教育部正式立项。依托爱课程平台，学校13门课程立项为省在线开放课程；依托超星泛雅平台，160门课程顺利入库，形成国、省、校三级课程资源共享体系。实施校级重点教材建设，2019年共有3部教材被省教育厅立项为省重点教材。2019年6月发布的《2019中国高等职业教育质量年度报告》中，学校入选“2018中国高等职业院校教学资源50强名单”。

3.着力打造标志性教学成果

为了培育更多标志性教学成果，2019年学校立项建设校级教学成果重点培育项目8项，校级课程教学团队15个，校级技能大赛指导教师团队15个；优化创新创业教育课程体系，深入开展创新实践训练项目，立项31项省大创项目；立项90项校级研究性课程、35项校教改课题。机电一体化技术专业教学团队被省教育厅立项为“江苏省职业教育教师教学创新团队”。

4.着力提升获奖层次

2019年，学校积极组织参加各类技能竞赛活动，对重点赛项进行政策扶持。

在2019江苏省高职院校技能比赛中，学校学生获得一等奖3个、二等奖11个，3个项目获得国赛资格。其中“虚拟现实（VR）设计与制作”获得国赛一等奖，实现了学校在技能大赛国赛一等奖上的突破；“计算机网络应用”获得国赛二等奖。学校学生在“2019金砖和欧亚国家高科技公开赛”逆向工程赛项荣获银奖，实现学校在国际技能与创新大赛中的重大突破，为国家争得荣誉；在江苏省普通高等学校本专科毕业设计（论文）评比中获得二等奖2个、三等奖5个、优秀团队2个；在2019年“全国大学生数学建模竞赛”中获全国二等奖1个；在2019年江苏省知识竞赛（文科组）中获二等奖3个、三等奖14个，学校获得优秀组织奖；在江苏省高职院校信息检索大赛中，荣获一等奖2个，二等奖3个。

学校教师在2019年江苏省职业院校教学大赛中获一等奖1项、二等奖3项、三等奖3项；在2019江苏省文艺大奖·音乐奖器乐比赛中获银奖；在全国高等体育职业教育教师技能大赛中获三等奖；在全国高职院校信息素养大赛中获说课比赛二等奖；在2019年中国技能大赛——全国新能源汽车关键技术技能大赛中获三等奖；在2019年全省高校微课教学比赛中获二等奖3项、三等奖8项；在省高校数学基础课青年教师授课竞赛中获专科组一等奖；三篇论文获2018年度高等教育科学研究优秀成果奖；在2019年度中国计算机学会职教大会上获评“优秀职业教育工作者”，案例获中国计算机学会VC产教融合优秀案例奖。

（三）师资队伍

1.立德树人，培养高品德人才队伍

学校坚持将构建师德师风长效机制摆在首要位置，注重师德建设工作与党建工作、思想政治工作相互融合、相互渗透、相互呼应。出台《苏州市职业大学教师职业道德规范》，探索建立教师个人诚信负面清单制度，使师德建设工作贯穿于日常工作之中。

深入挖掘吴文化廉洁教育资源，完成校园廉石馆、廉政文化长廊建设，打造校园廉洁教育新阵地。以廉石馆开馆为契机，启动石湖清波·廉政文化宣传教育“五个一”系列活动。编辑出版党员干部、师生廉政文化教材《吴地廉政文化读本》，“吴地廉政文化”微课赛，被《苏州日报》《新民晚报》等媒体专题报道。

2.引育并举，做强做优师资队伍

深化校企人才双向交流协作，组建由“大师”、“名师”、领军人才、骨干教师、校外行业企业专家和能工巧匠组成的教师团队，建立校党委班子成员联系服务专家制度。

2019年共引进专业人才44人，其中正高5人，副高6人，博士12人，省“教学名师”1人；柔性引进人才7人，其中兼职教授3人、省产业教授4人。推进2个国家级技能大师工作室、1个苏州市技能大师工作室和1个东吴技能大师工作室建设。

做好分层、分类培养工作，1名教师获评省“双创人才”，2名教师入选省“青蓝工程”培养对象，1名教师获优秀中青年教师境外研修项目资助；开展第二批校“青蓝工程”选拔，评选出13名培养对象。选派12名教师参加高级访问研修，组织100人次参加国培、省培；组织636人次参加教学能力提升等各级各类专业培训，同时加强人才培养质量监控，对各类人才项目和高访人员进行考核。

3.提升素质，加快推进“双师”教师培养

依托行业大学、企业学院、职教集团等平台，积极构建“师资培养命运共同体”，与12家企业达成“双师”培养共建协议，提高教师实践与专业发展契合度。实施“高校青年博士进企业行动计划”，组织34名教师与企业对接，28名教师与企业签订挂职锻炼协议。2019年新增认定22名“双师素质”教师。

三、产教融合

2019年，学校以构建政行企校“全方位、全领域、全过程”的深层次合作格局为重点，依托地方和学校双方资源，全面拓展合作的广度和深度。

（一）全方位合作广度不断拓展

2019年，学校继续深化与吴中区、相城区的合作，积极拓展与高新区的合作。通过“一院一镇”项目夯实校地合作内涵，与香山街道、越溪街道、黄埭镇、望亭镇等12个乡镇及其他区级政府部门开展了共计14个校地合作项目。2019年“现代装备制造公共实训基地”“汽车运用技术公共实训基地”获评“苏州市高技能人才公共实训基地”“东吴高技能人才公共实训基地”；通过市、区两级商务局审批，学校获得“苏州市跨境电子商务综试区”专项资助。

（二）全领域合作层次不断提升

新建企业学院更加注重合作企业品牌性，2019年新建“汇川（联盟）学院”“施耐德工业学院”“思必驰企业学院”等3个企业学院，学校企业（行业）学院达到19个。合作企业推荐规模以上企业，2019年签署校企合作各项协议183个，新增合作企业153家，涵盖京东、新松机器人、苏州斯莱克精密设备等上市企业。“大院大所”项目获得突破，与苏州市智能制造研究院、赛迪苏州分院、中国电子三所、中科院声学研究所等4家大院大所签订合作协议。新建4家协同创新中心；在亨通集团、博众·凡赛斯自动化学院校企联合培养南非到华留学生，创建新型产教融合平台。

（三）全过程合作深度不断加强

配合学校专业竞争力提升重点建设年工程，积极探索和开展现代学徒制、工学交替、双元制、订单式等人才培养模式。2019年学校深度合作企业达40家，新增校企合作开发课程77门，校企合作开发教材59部，开设现代学徒制班3个、订单班56个，联合培养学生数共计1655人。安防协会、三星、华成等12家单位在校设立学生奖学金。电梯学院获评苏州市优秀企业学院，天创、翼云、博众·凡赛斯等3个企业学院案例入选中国高等教育博览会“校企合作　双百计划”展示。学校合作企业亨通集团被推荐为江苏省产教融合型企业，由学校牵头的苏州市现代装备制造职教集团获省教育厅推荐参评国家示范职教集团。

（四）合作运行机制不断深化

明确合作管理制度，加强组织架构管理。2019年，学校根据各类企业学院建设和管理需要，探索建立校企共建共管共享机制，出台《企业学院建设指导意见》。同时，加强理论研究，组织相关专业教师开展“校企协同培育跨境电商人才新途径探索——基于苏州市职业大学阿里巴巴跨境人才培养项目”“对接特色小镇：高职教育模具专业产教融合的创新与探索”产教融合教改课题研究，推动相关课题顺利结题，并形成积极研究成果。

四、国际交流合作

（一）留学生培养

1.国际生学历教育

学校现有国际学生120人，其中学历生100人、实训生（一年期）20人。2019年招收留学生63人，在教育部严格规范国际学生招生和管理工作的背景下，学校招生数量位居全省同类院校前列，全市同类院校第一。

依托校企合作，与有“一带一路”海外布局的企业在招生、培养和就业上加强合作，培养对中国有感情、理解中国文化、熟悉中国设备和技术标准的技术技能人才，为企业“走出去”提供支撑。“先进制造技术国际化人才培养项目”获批省外国留学生优才计划高技能人才培养项目。学校按照省高校国际学生工作“提高质量、规范管理、完善政策、防范风险”的总体思路，将国际学生教育纳入学校人才培养规划，坚持规模与质量并举，不断提升学校国际学生教育发展水平。学校留学生获2019“一带一路”暨金砖国家技能发展与创新大赛人工智能赛项优秀奖。

2.中国文化教育

组织国际学生参加各级文化、体育、艺术活动30余次。如市红十字会应急救护技能培训、御窑金砖博物馆和灵岩山景区文化考察、2019年中外学生新春联欢会等文体活动。对国际学生讲好“中国故事”，通过校友工作助推“中国故事”走出去，关注学生在学业和事业上的进步，培养知华、友华、爱华的中国文化传播者。学校留学生作品入选2019省教育厅“追梦江苏”主题征文微视频展示，1名国际学生在江苏省人民对外友好协会举办的“在江苏外国人定向越野大赛”中获一等奖。

3.国际化师资培养

对照国家“一带一路”倡议与“中国制造

2025”战略发展需求，形成境外研修长效机制，通过“内培外引”“互兼互聘”等方式，培育具有国际视野、国际竞争力的专业带头人，掌握国际规则、熟悉国际合作项目管理的项目管理人员以及全英文或双语授课的教师。2019年，组织12名教师赴澳大利亚参加TAE国际师资培训，17名教师赴英国、加拿大、西班牙等国访学、出席国际会议、开展学术研究等，提升了学校海外知名度和国际化师资力量。目前学校有102名教师具备TAE教师资格证，有效保障了学校的国际化办学。

（二）合作交流

1.搭建国际合作平台

教育部中外人文交流中心、南非高教部工业和制造业培训署联合成立中国—南非职业教育合作联盟，学校为中方副理事长单位。举办中国—印尼高等教育合作研讨会，开展中印尼职业教育教学和人文交流机制研究以及学历生教育、“2+1”合作办学、企业委托培训、师生交流等项目。举办东南亚协同育人产教融合大会暨东南亚职业教育产教融合联盟成立大会，学校为联盟理事长单位。参与“中澳职业教育合作：最佳实践与未来展望”研讨会，从专业合作、师资培训、留学生互访等角度与中外嘉宾分享学校与澳大利亚启思蒙学院中外合作办学经验。

2.深化政府合作项目

加强与南非高教部工业与制造业培训署的合作，依托学校省工业自动化与智能控制产教融合平台，开展学校、行业和企业联动教学，共同制定人才培养方案，培养电气自动化技术和汽车检测与维修技术专业学生40名。学校被南非高教部工业与制造业培训署授予“南非高技能人才培养示范基地”。新拓展与南非高教部文化艺术旅游体育培训署的合作，招收视觉传播与设计制作专业学生20人，学习文化创意设计。促进与苏州友好城市教育交流合作，新接收刚果共和国黑角市4名留学生进入学校就读机电一体化技术专业。

3.开展境外办学

2019年，学校与马来西亚大同韩新学院、马来西亚国际文化交流中心和深圳众为兴技术股份有限公司在大同韩新学院建立“一带一路”产业学院，开展工业机器人技术专业学历国际学生及交换生、学术交流、师资培训等项目，促进中国与马来西亚两国职业教育发展，共同致力于培养国际化人才。

五、服务贡献

（一）社区教育

学校与苏州市教育局联合成立苏州市社会教育服务指导中心，统筹苏州市社会教育规划，拓展社区教育阵地，创新区域社区教育模式。学校荣获江苏省“2018年度社会教育先进集体”称号。参与长三角四地终身教育一体化建设联盟，组织区域终身教育立法研究，扎实推进苏州市基层走访“六个一”调研工作，与南丰镇社区教育中心合作，助力南丰镇社区教育创新发展。校应急救护培训基地面向苏州社区、中小学开展急救技能培训，2019年获评江苏省优秀红十字志愿服务组织。

（二）科技服务

1.全力推进技术研发基地建设

为进一步激发学校各类创新主体的积极性和创造性，发挥科技创新对学校和苏州经济社会发展的支撑作用，学校制定《苏州市职业大学科技创新工作行动方案》，立项建设校级科研创新平台11个，与地方政府共建协同创新中心6个，落实经费520万元；立项建设科研创新团队22个，落实经费193万元；加大力度推进省高校哲学社会科学重点建设研究基地“吴文化传承与创新研究中心”、江苏高职院校工程技术研究开发中心“3C产品智能制造”平台建设。2019年学校科研成果获得推广应用的横向项目有79项，横向技术开发、咨询服务合同经费253.4万元，较2018年增长了61%；授权专利123件，其中发明专利17件。“中小功率光伏逆变电源系统关键技术及应用”成果获江苏省科技进步二等奖。

2.聚力推进学校教师知识产权创造

学校成立科技成果转移转化领导小组和知识产权服务中心，与江苏国际知识产权运营交易中心合作，将学校专利成果纳入省知识产权服务平台，实现技术、知识产权与产业的有效对接，推动知识产权产业化。2019年完成科技成果转移转化18个，合同金额47.43万元，较2018年增长了216.2%。为推进学校教师高价值专利的创造，招标3家专利代理公司，为教师专利申请提供专业服务，2019年代理服务发明专利144件、实用新型专利116件、外观设计专利16件。

3.加大推进科研项目及成果培育

与相城区、高新区建立产学研战略合作联盟，重点培育学校在智能制造、平板设备、光伏产业、软件工程、丝绸织品技术等方面的科研潜力，主动为地方企业开展应用技术研究和技术服务。2019

年科研成果增长明显，与2018年相比，纵向项目立项数持续增长，横向服务项目数增长97.5%。立项国家级项目1项、省部级项目4项、市厅级项目63项，纵向科研到账经费215.46万元；学校“大运河流域体育文化产业创新发展研究”获国家社科基金立项，成为江苏省近十年来唯一立项的高职院校，实现了学校哲学社会科学领域承担高级别项目的历史性突破；公开出版学术著作3部；发表学术论文549篇，其中核心期刊及SCI、EI检索70篇；获得市级以上科研奖项14项。

（三）建言献策

学校石湖智库作为苏州高职院校中的第一所智库，2019年获评苏州首批新型智库，在苏州各内参刊物发表16篇建议建言文章，其中6篇得到市委、市政府、市政协等主要领导批示。在2019年苏州市第四届社科应用精品评奖中，石湖智库专家共有6项成果获奖，其中二等奖5项，三等奖1项。学校打造“智汇苏州”高端学术活动品牌，为苏州城市建设、文化传承提供智力支持。2019年分别以“文化江南、包容苏州：长三角一体化与江南文化高地建设”“苏州文旅融合发展的顶层设计与资源整合”等为主题，举办了4期学术沙龙。同时，围绕社会热点问题进行专题研究，先后4次在《苏州日报》推出“智库纵览”专版。2019年，石湖智库与华中师范大学合作，成立华中师范大学国家文化产业研究中心苏州研究中心，将在文化产业研究和学术交流等方面开展深入合作。

（四）文化传承

学校高校哲学社会科学重点研究基地“吴文化传承与创新研究中心”目前主持教育部项目1项、国家出版基金资助项目1项、江苏省哲学社会科学规划项目2项、江苏省高校哲学社会科学研究重大项目1项、市厅级项目10项。2019年，研究中心参与编撰并出版学术著作《诗读苏州》《精致苏州与工匠精神》《中国玉文化概论》《吴地廉政文化读本》等，发表学术论文30余篇。同时，深入参与大运河文化带建设研究院苏州分院建设，成立大运河文化品牌研究中心，承担大运河文化带建设研究项目；与苏州丝绸行业协会合作打造“苏州丝绸协同创新中心”，促成了苏州丝绸专家库落户学校。

学校吴文化园作为国家级大学生文化素质教育基地，2019年共接待来自省市各级领导、专家、兄弟院校和社会人士近300批次7600余人次。研究团队定期走入社区、街道等开展吴文化普及和推广活动，开设吴文化讲座20余场次，听众3000余人。

2019年学校承办吴民先老师书画艺术展、江苏省地域文化研究会第七届年会暨纪念顾野王诞辰1500周年学术研讨会、陶渊明与吴文化暨园林文化研究学术研讨会等大型活动，弘扬传承吴文化、推进吴文化研究。

（五）党建共建

以推进基层党组织工作创新、增强党员队伍活力为重点，打造“党建+特色”品牌，将党建与业务工作融合推进。学校党建品牌“先锋论坛”开展了“习近平用典学习竞赛”“两山理论谱写乡村振兴”等主题活动，不断拓展党员教育宽度和广度；持续推进“领航者”工程建设，遴选新增3个“基层党组织书记工作室”，目前总量达到7个；围绕学校12项三年行动计划，遴选了8个示范“行动支部”。在此基础上，推进校地、校企党建共建，与越溪街道党工委开展校地互联互动共建合作，与吴门桥街道党工委共建党建基地，深化“产教融合党建联盟”工作，在“太湖众创”设置党员服务站，加强对创新创业工作的党建引领。

苏州市职业大学

2019年12月

领导讲话

校党委书记钮雪林在2019年工作部署暨党风廉政建设会议上的讲话

2019年3月6日

同志们：

刚才，曹毓民校长对2019年全校工作要点进行了解读并做了工作部署，蔡晓平书记总结了2018年党风廉政建设情况并对今年工作进行了布置。各部门、学院（部）递交了3份责任书。希望大家对照全年工作任务，认真贯彻落实。

2019年是新中国成立70周年，是全面建成小康社会关键之年，也是学校持续推进内涵式高质量发展、实施专业竞争力提升建设、加强“放管服”改革的重点之年。面对新时代高质量发展的新形势、新要求，如何推动学校各项事业取得新成效，我再强调三点意见。

一、以五个方面转型提升，引领内涵式高质量发展

进入“十三五”时期，特别是学校第二次党代会以来，我校以党的十九大精神、习近平总书记关于教育方面的指示精神为指导，将工作着力点转到内涵质量建设上来，积极开展全国一流品质院校创建工作，已取得一定成效。2019年及今后一个阶段，要在推进转型发展、提高内涵质量、增强核心竞争力上下更大功夫。

一是推动思想观念进一步转到新时代发展要求上来。

苏州市职业大学有着30多年办学历史，积累了良好的办学条件和资源基础，也为地方经济发展做出过很多贡献。但在过去的成绩和声誉面前，我们要克服小富即安、小胜即满的思想。要清醒地认识到，对照市委市政府的要求，对应各种资源的占有量，我们的产出远远不够，服务社会的能力还不强、贡献度还不高；对标全国先进院校和应用型本科大学建设标准，我们还有不少短板和弱项；对比兄弟院校强劲的发展势头，我们还存在不进则退、小进也在退的明显危机。在新时代新形势面前，我们更要以只争朝夕、敢闯敢试、创新发展的工作干劲，以不甘落后、持续进取、创优争先的精神状态，加快推进学校高质量发展。在座的各位领导干部一定要进一步解放思想，敢于横向对标、创新思维，着力解决学校发展道路上的新情况、新问题。要在全校深入推进“思想再解放、改革再深化、发展再创业”宣传教育，组织开展“不忘初心、牢记使命”主题教育活动，激励广大干部和教师以更加昂扬的朝气、勇气、锐气，担当作为、干事创业。要通过深化改革、创新发展，推动学校事业发展与苏州在全国全省的地位相适应、与苏州的产业发展水平相适应、与高等教育事业的发展态势相适应、与争取建设应用型本科大学的要求相适应。

二是推动工作重点进一步转到内涵质量发展上来。

党的十九大以来，高质量发展已成为新时代的主旋律。2018年，学校提出了开启内涵式高质量发展新时代的新征程。国务院最近印发的《国家职业教育改革实施方案》明确：推进高等职业教育高质量发展。在新时代的大好形势和重大机遇面前，全校上下要善于把握，勇于开拓，大步前行，推动学校工作重点、发展取向更加突出“内涵式高质量”发展，全校各方面的工作都要转向高质量发展。要深化完善绩效考核，精准发力高质量发展。在对部门、学院（部）优化考核的同时，要将非编机构列入考核范围，对各类教学、科研团队和平台、项目实施绩效评价考核；同时，要加强横向对标，与在苏兄弟院校比，与全省、全国的优质高职院校比，今年在责任指标签订和考核中，要据此予以强化。

三是推动发展要求进一步转到特色品质建设上来。

特色就是生命，品质代表形象，特色品质建设直接关系到学校发展的核心竞争力。建设全国一流品质院校，筹建应用型本科大学，不仅要有内涵质量指标的达标要求，更要有突出特色、打造品牌的更高追求。要坚持有所为有所不为，人有我优、人优我强、人强我特，以特色优势培育核心竞争力，打造品牌影响力。各部门、各学院（部）都要结合

现有实际和发展趋向，在特色品质建设上下功夫。今年学校确定为专业竞争力提升重点建设年，要大力加强专业集群对接产业链建设，在学校层面建立专业调控机制，跨学科、跨院系、跨校界进行专业的融合、整合、嫁接，要以增量专业带动存量专业的调整，协同优化专业结构，建设一批真正富有特色优势、具有竞争力的专业（群）。

四是推动发展路径进一步转到校地资源开放共享、协同融合发展上。

《国家职业教育改革实施方案》把职业教育提到"没有职业教育现代化就没有教育现代化"的重要地位。职业教育要面向产业、面向市场培养人才，重要核心之一就是"产教融合"。学校通过近几年的努力，与企业的合作已取得长足进步，与地方政府和部门的合作正在快速呈现。在已有基础上，要坚持实行全方位、全领域、全过程的校地深度融合发展，促进校地合作扩面、升级、增效，加快构建政府、学校、社会"三元治理结构"，充分整合利用校内外各种资源要素，开放互用，协同融合，共享发展。学校要以此推进先进产业人才培养基地、新兴应用技术研发基地、吴文化传承创新基地、服务地方建言献策基地、国际化人才合作交流基地等5个基地的建设步伐。

五是推动学校管理进一步转到优质高效服务上来。

从学校来说，要牢固确立"教师是学校发展第一资源"的理念，要寓管理于服务之中，精心、精细、精准做好服务基层和教师的工作。各级领导干部要甘于做师生的"服务员""勤务员"，各部门、各学院（部）要善于建设"服务型组织"。要通过深化"放管服"改革，建立高效、顺畅的校内管理体制机制，为师生提供优质高效的服务，为高质量发展提供支撑保障。在这方面，我们在座的中层以上干部，必须进一步统一思想认识，更新工作理念，以优质服务为己任，要让广大师生充分享受到学校改革发展、优质服务带来的红利，充分感受到学校为他们的发展成长付出的真心、真情、真爱。

二、以全面从严治党，保障内涵式高质量发展

一是要加强政治建设。习近平总书记指出："我们党对干部的要求，首先是政治上的要求。""干部敢于担当作为，这既是政治品格，也是从政本分。"作为高校中层以上领导干部，要切实提高政治站位，始终以习近平新时代中国特色社会主义思想为统领，深刻学习领会习近平总书记关于教育方面重要论述的科学内涵和精神实质，坚持正确的办学方向，旗帜鲜明讲政治，牢固树立"四个意识"，坚定"四个自信"，坚决把"两个维护"体现在具体工作中，落实在实际行动上。要切实强化事不避难、忠诚履责、尽心尽力的担当精神，自觉自愿地为学校发展做好事，为师生进步办实事。

二是加强干部队伍建设。学校事业的高质量发展必须依靠高素质敢担当的干部队伍。要进一步落实新时代好干部的标准，大力选拔优秀年轻干部，同时用好各年龄段干部，突出提升干部履职能力。要按照学校出台的《干部鼓励激励担当作为实施细则》，让能作为善作为的上、不想为不能为的下、故意不作为乱作为的受追责。要给想做事、能做事、敢担当的干部撑腰，尤其要给年轻干部"压担子""搭台子"，通过实践锻炼，为学校事业发展锻造一支忠诚干净担当的高素质干部队伍。

三是加强党风廉政建设。好干部是选出来的，更是管出来的。学校各级党政组织，要严格落实党风廉政建设"主体责任""监督责任"和"一岗双责"要求，把严守政治纪律和政治规矩放在首位，作为底线、红线、生命线去遵循。要深入开展好学校巡审督查和离任、任中、专项审计工作，切实履行好监督、执纪、问责的职责，运用好监督执纪"四种形态"，始终保持惩治腐败的高压态势。要按照上级要求，集中整治形式主义、官僚主义，制止"堵、推、拖"不良现象的发生。每位干部要提高站位、拓宽眼界，为人做事要豁达大度，不要斤斤计较，不能老想着个人的、小团体的私利。领导干部要带头廉洁自律，身体力行，以上率下，形成"头雁效应"，构建风清气正的校园环境。

三、以狠抓工作落实，推动内涵式高质量发展

美好蓝图的实现不是喊出来、等出来的，而是干出来、拼出来的。2019年学校的目标任务要变成现实的成效，要靠全校上下撸起袖子加油干，聚焦聚力抓落实。

一要端正落实的态度。各部门、各单位要树立正确的事业观、工作观和政绩观，以"坐不住"的责任感、"慢不得"的危机感、"等不起"的紧迫感，鼓足干劲、真抓实干，推动各项任务落到实处、取得实效。

二要提升实施的精度。"细节决定成败"。学校各项重点工作的牵头领导、牵头部门和相关责任单

位，要抓紧制定工作任务的细化措施，明确时间进度、工作要求。各级领导干部在抓落实过程中要提高工作的精度和深度，对关键环节要亲自研究、亲自过问，确保精准施策、准确落实到位。

三要加大督查的力度。要坚持将督查督办作为改进工作作风、提高工作效率，确保决策部署落到实处的重要环节来抓。今年的工作要点，还要抓紧进行任务分解，细化为一个个项目，明晰责任主体、完成时间。党办、校办要加强督查督办工作力度，定期向党委专题汇报。各位校领导负责好分管领域的督办工作，确保各项工作顺利推进、任务圆满完成。

同志们，奋进新时代，奋斗正当时。让我们在2019年以更加坚实的步伐，阔步前进在内涵式高质量发展的新征程上，以优异成绩迎接新中国成立70周年！

思想再解放　发展再创业　推动内涵式高质量建设再上新台阶

——校长曹毓民在七届二次教代会上的工作报告

2019年3月29日

各位代表、同志们：

现在，我代表学校向大会报告七届一次教代会以来的工作，请予审议，并请特邀代表、列席代表提出意见。

一、七届一次教代会以来的工作回顾

在市委市政府、省教育厅的正确领导下，学校深入学习贯彻习近平新时代中国特色社会主义思想和党的十九大精神，积极落实全国教育大会精神，坚持质量为先，坚定精准发展，以思想大解放凝聚全校师生的智慧和力量，围绕建设全国一流品质院校的战略目标，研究出台“861内涵质量指标体系”，制订12个三年行动计划，推动学校工作创新争先、创优争光，开启内涵式高质量发展新时代的新征程。

（一）深入学习贯彻习近平新时代中国特色社会主义思想，加强党的领导作用

学校认真学习贯彻习近平新时代中国特色社会主义思想，校党委制订中心组学习计划，2018年全年开展党委中心组集中学习14次。以庆祝改革开放40周年为契机，组织全校党员、干部开展“思想大解放、改革再出发”大讨论等10多项活动。开设党的十九大精神专题培训班，依托“先锋论坛”，围绕“不忘初心、牢记使命”，开展“学讲话、悟初心”“党章党规在我心”和先锋“悦”读等系列活动。

加强党委对各项工作的全面领导，坚持和完善党委领导下的校长负责制。学校党委围绕推动学校高质量发展，研究出台学校“861内涵质量指标体系”，与每个学院（部）签订责任书，并制定2018—2020年涉及党建、师资队伍、教学改革、科研创新、学生工作、校地合作等方面的12个三年行动计划，把高质量发展落到实处。制定学校《2018年度工作要点》，分解成65项工作任务，并2次开展检查督办。

强化党风廉政建设，推动从严治党向纵深发展。全面推行党风廉政建设责任制指标体系，定期组织对责任制落实情况监督检查，开展党总支书记年度廉政述职和量化考核。创新党风廉政建设工作举措，召开党风廉政建设工作会议，校党委与各学院（部）、各部门签订党风廉政建设责任书。首次开展校内巡审督查，全面强化源头治理。

（二）精准发力年度重点建设工程，推动科技创新向更高水平发展

建章立制，释放新活力。学校召开科技创新工作暨重点建设年动员大会，推出了学校《科技创新工作行动方案》，出台科研平台建设、科研创新团队建设、科技成果转移转化等3个三年行动计划。修订绩效分配方案和科研奖励办法，激发教师的科研积极性。出台了学校纵向科研项目、横向科技项目、横向技术合同管理、专利管理等6个管理办法，初步形成了科研管理的制度体系；编制《科研管理制度汇编》《科研相关工作流程》；集中开展了1200多个科研项目清整扫尾工作，为学校科研工作深入开展打下坚实基础。

创新载体，打造新平台。立项建设了11个校级科研平台，对各级团队进行分类指导、明确支持重点，提升服务苏州地方经济发展的贡献度。“吴文化传承与创新研究中心”获批江苏省高校哲学社会科学重点建设研究基地，“3C产品智能制造”获批江苏省高职院校工程技术研究开发中心。“中国丝绸产品技术创新与应用公共服务平台”“江苏省中华成语研究会教学科研实践基地”“智能水下机器人研究与应用创新公共服务平台”等相继成立，为推进学校科学研究创造条件。

融合资源，激发新动能。学校与吴中区、相城区建立产学研战略合作联盟，主动为地方企业开展应用技术研究和技术服务。2018年纵向项目立项数和横向服务项目到账经费较上一年分别增长17%和47.4%。立项省部级科研项目20项、市厅级科研项目39项，纵向科研到账经费191.41万元；公开出版学术著作4部；发表学术论文391篇，其中核心期刊发表64篇；授权专利228件，其中发明专利80件。学校科研成果获得推广应用的横向

项目有43项，横向技术开发、咨询服务到账经费129.36万元；获得市级以上科研奖项20项，其中《园冶多维探析》著作获江苏省第十五届哲学社会科学优秀成果二等奖。

（三）持续推进教育教学改革，增强人才培养效果

优化完善专业调控机制。围绕培养“高品德、高技能、高适应”技术技能型人才目标，制订学校《专业集群建设三年行动计划（2018—2020年）》，推动品牌专业建设工作，促进专业特色发展。去年招生专业48个，新增2个专业。深入推进1个省品牌、7个校品牌专业的建设，落实中期和年度工作检查。在3个省级骨干专业建设项目基础上，立项6个校级骨干专业建设项目。动漫设计与制作专业在苏州市第三批优秀新专业终期检查中获“优秀”，通信技术专业立项为苏州高职高专院校首批品牌专业。

有效构建校企双主体育人模式。新建企业（行业）学院3个，新增合作企业107家，签署校企合作各项协议125个；与地方政府合作开展项目14个，合作订单班31个；新增校企合作开发课程84门，校企合作开发教材75部。新增3个新型学徒制项目，现代学徒制班总数达到5个。现代装备制造职教集团获选苏州市优秀职教集团，博众·凡赛斯自动化学院获评苏州市首批优秀企业学院。

创新中外合作项目人才培养模式。举办“《悉尼协议》范式下中澳合作工程专业建设论坛”，学校成为澳大利亚启思蒙学院《悉尼协议》授权认证试点高校。学校将外国留学生教育纳入人才培养规划，现有在校留学生110人。加入国家“澜湄合作”行动，助力国家东盟共同体建设和地区一体化战略。与南非高等教育和培训部、南非中国中心合作，开展南非大学生实训项目。“吴文化体验营”获批2018年江苏高校省级外国留学生暑期研修项目。“先进制造技术国际化人才培养项目（机电一体化专业）”获批江苏省外国留学生优才计划高技能人才培养项目，是苏州地区同类院校中唯一入选的项目。

持续推进教育教学改革。出台学校《教育教学综合改革三年行动计划（2018—2020年）》，不断提升专业、课程、教学内涵建设水平。成立新的校级高教研究所，加强工作研究。立项82项校级研究性课程并完成了57个课程的结题验收；立项30项校教改课题，完成46个校级教改项目和2个省级教育教学改革课题的结题验收。启动信息化教学能力提升专项行动计划，2018年完成预入库课程178门。在苏州市高等教育类教学成果评比中，1个项目获得一等奖，2个项目获得二等奖。智能控制技术专业教学资源库继续入选国家职业教育专业教学资源库备选库，排名提升到第12位。在全省本专科毕业设计（论文）评比中，我校在同类院校中并列第一，共获得一等奖3个，二等奖1个，优秀团队3个。在全国高职院校技能比赛中，我校获全国二等奖3个，实现了技能大赛国赛奖项等级和数量双突破。

（四）聚焦立德育人，大力拓宽成就学生多样化平台

加强大学生思想政治教育。坚持立德树人根本任务，推进大学生党史国情、革命传统、校史校情教育，深入培育和践行社会主义核心价值观。通过举办校园之星、“我的青春故事”报告会等活动，发挥先进典型表率作用。首次组织全校毕业生参加毕业典礼，加深了母校与毕业学生的情感链接。组建跨学院“专业+思政”团队，在“四对接”双向融入课程思政教改创新实践基础上，逐步将课程情景拓展到校企合作单位。

积极开展大学生实践创新活动。深入开展2018年大学生暑期“三下乡”社会实践活动，一个团队首次获评省暑期“三下乡”社会实践“十佳团队”，学校首次获评省暑期“三下乡”社会实践“先进单位”，获得了各级媒体广泛关注。持续推进“第二课堂成绩单”课程项目体系的规划设计与组织实施，发挥“第二课堂”在人才培养中的贡献度。创新创业竞赛成绩实现新突破，在2018“挑战杯——彩虹人生”创新创效创业大赛中获得国赛一等奖1项，省赛一等奖2项，学校获优秀组织奖。

持续优化育人条件。加强学工队伍建设，选派10名辅导员参加全省大学生思想政治教育工作“学工干部领雁行动”培训项目。组织参加全省高校辅导员年度人物评选，获奖实现新突破。充分发挥三级网络预警作用，筹建大学生抗挫折教育体验馆，提升大学生心理健康水平。探索创新资助育人模式，开展了江苏省大学生核心就业能力培训，获苏州市优秀资助育人项目一等奖。做好就业创业服务，被评为“2018年江苏省高校毕业生就业创业工作考核优秀单位”。推进共青团改革，制定出台《苏州市职业大学共青团改革实施方案》，学生会组织和社团的作用得到进一步发挥。

（五）着力引才育才，努力提高师资队伍建设水平

做优做强高层次人才队伍。出台学校《高层次人才队伍建设三年行动计划（2018—2020）》《名誉教授、客座教授、兼职教授聘任及管理办法》和《产业教授选聘及管理办法》，2018年引进高层次人才42人，聘请3名客座教授，1名国家级工艺美术大师为兼职教授，选聘24名产业教授，其中6名为省产业教授。多名教师入选“333”工程培养对象、省“青蓝工程”培养对象，“数字媒体制作技术”团队入选省“青蓝工程”优秀教学团队，2人获得政府资助赴美研修深造。2018年共有28人晋升副高以上职称，其中5人晋升正高。

推进“双师”教师素质提升。学校出台《“双师型”师资队伍建设专项行动计划（2018—2020）》，推进产教融合“双师型”教师队伍建设。依托行业大学、企业学院、职教集团等平台，与22个企业共建“双师”基地。积极推动“技能大师工作室”建设工作，1个项目获批苏州市技能大师工作室。落实学校《高级访问研修实施办法（试行）》，选派和推荐中青年教学科研骨干到清华大学、复旦大学、上海交通大学、亨通公司等进行研修深造。

构筑师德师风建设长效机制。出台学校《教师职业道德规范（试行）》，积极推进教师诚信系统建设，让教师知敬畏、守底线。2018年1人获“苏州市劳动模范”荣誉称号，4人被评为“苏州市优秀教育工作者”。

（六）注重共建共享，持续提升学校社会影响力

推进校地融合发展。2018年学校将校企合作提升为校地合作，推进校地深度融合发展。全面深化与吴中区政府的合作，推动学院（部）与吴中区人社局、文体局、临湖镇、角直镇开展校地合作。与相城区政府签订全面合作框架协议，推进学校部门、学院（部）与相城区职能部门及板块签订了5个细化的合作协议。建立石湖智库，在为政府建言献策上有新突破，被市政府《调研通报》收录3篇，被市社科联《决策咨询》收录1篇。发挥新成立的“吴文化传承与创新研究中心”的作用，取得新的成果。

推进对外共享服务。与贵州省铜仁市、陕西省延安市结对形成对口帮扶。全年承接各类社会培训88期，培训人数近万人。大学生应急救护培训基地开展各类应急救护知识普及培训5000余人次，被认定为市科普教育基地。大学生志愿者为在苏举办的各级各类赛事活动提供3000余人次的服务。“太湖众创”吸引在苏13所本专科院校项目入驻，被认定为江苏省小型微型企业创业创新示范基地、苏州市众创空间知识产权保护项目。

承办大型活动。2018年学校承办了“梅花三弄：诗画乐”——大学生素质教育活动周、江苏省高职院校第一届大学生文献信息检索技能大赛、“诗泊枫桥”等活动，获得社会各方好评。

（七）加强服务能力建设，营造文明法治校园

办好实事服务师生。学校首次以党委、行政名义召开全校后勤保障服务工作会议，出台《关于进一步加强学校后勤保障服务工作的意见》，全面实行后勤服务网格化管理。完成校园安全通道、健身步道（二期）、南校区校园道路景观等实事工程。抓好节能环保工作，获评省节能示范单位。加强财务管理，推进预算执行进度，引入信息化手段，提升服务水平。推进智慧校园建设，完成“智能图书馆”项目一期建设，获评中国图书馆学会2017年全民阅读先进单位。学生一站式事务与发展中心已建成启用。提升校园消防信息化水平，推动安全教育和检查常态化、制度化，推进“平安校园”建设。学校获评2015—2017年度苏州市文明校园。

加强对外宣传展示力度。2018年共推出新闻报道61篇，其中在省级以上发表29篇。《苏州市职业大学学报》获评“2018年度中国高校优秀科技期刊”，《苏州教育学院学报》获评全国地方高校学报“优秀期刊”，《工匠精神》栏目荣获江苏省科技期刊第十届“金马奖”“十佳品牌栏目奖”，学校是全省本届金马奖项中唯一获奖专科学校。

创建文明法治校园。积极开展校园普法教育工作，通过广播台、微信公众号等平台开设大学生普法用法学习专栏；利用国家宪法宣传日开展系列活动。注重工作程序合法合规，完善重大决策调研和意见征求机制。严格按学校《章程》办事，坚持每年召开教代会，讨论、表决涉及教职工重大利益的事项，并做好督办、落实。积极推动党务、校务信息公开，对党委会、校长办公会研究的事项，及时进行信息发布，制定实施信息公开相关制度文件，上线学校信息公开网站。加强民主党派工作，坚持召开民主党派双月座谈会。做好离退休老干部工作，定期进行情况通报，进一步推进关工委工作。

(八)发挥党建工作引领作用，打造党建特色品牌

着力提升基层党建工作活力。制定出台《2018年度党建工作要点》《全面提升基层党建工作质量三年行动计划(2018—2020年)》，加强党建工作责任制考核，全面开展基层党组织书记述党建活动，实施党支部书记“双带头人”培育工程。

探索校地党建共建工作。与20多个校外党组织建立了合作共建关系，实现了全校所有二级党总支对外党建合作共建全覆盖，初步呈现“开放性、共享性、融合性”的区域化党建工作新格局。深化与苏州市光电缆行业协会“产教融合党建联盟”活动，双方有77个党支部1700多名党员参与共建；与沧浪新城(吴门桥街道)党工委共建党建基地。

切实推进干部队伍建设。坚持以德为先、德才兼备用人标准，2018年共交流调整中层干部23人次，新提拔中层干部12名，完成50名内设科长的考核续聘和23名内设科长的选拔工作，选派7名优秀干部到上级部门及地方进行挂职锻炼。认真执行“一评议两报告”制度，强化对干部选拔任用的监督。制定学校《党政干部鼓励激励担当作为实施细则》，为敢作为、善担当的干部提供制度保障。组织中层以上干部、副科职干部、管理干部和骨干教师共400多人次参加各类培训，进一步提升履职能力。

各位代表、同志们，在过去的一年里，全校师生员工在习近平新时代中国特色社会主义思想指引下，在市委市政府的正确领导下，勠力同心、众志成城、奋勇前进，为学校各项事业发展贡献力量。为此，我代表学校向大家表示崇高的敬意和衷心的感谢！

回顾过去一年学校的各项工作，我们在看到进步和发展的同时，也需要清醒地意识到困难与挑战。我们深刻认识到，在新时代条件下，面对地方经济社会转型升级对高素质技术技能人才的迫切需求、人民群众对高等职业教育的更高要求、师生员工对职业发展成长成才的更高追求，学校在发展过程中还存在不平衡不充分的情况，主要是：内涵式高质量发展需要进一步加快，专业竞争力需要进一步提升，校内体制机制需要进一步理顺，服务保障能力需要进一步增强。对于这些不足，我们将进一步解放思想、深化改革、深入实践，对准瓶颈、摸准问题，通过质量建设和特色发展，提升核心竞争力，切实增强学校综合实力。

二、今后的工作思路和重点

学校将以习近平新时代中国特色社会主义思想为指导，全面贯彻党的十九大和十九届二中、三中全会精神，深化落实全国教育大会精神和《国家职业教育改革实施方案》，坚持立德树人根本任务，围绕“苏职大发展四问”深化工作，推动思想再解放、改革再深化、目标再提升、思路再优化、发展再创业，实施专业竞争力提升重点建设年工程，进一步推进学校内涵式高质量发展，以优异成绩庆祝中华人民共和国成立70周年。

(一)推进校内体制机制改革

加强党对学校工作的全面领导，为内涵式高质量发展提供坚强保证。树牢“四个意识”，坚定“四个自信”，坚决做到“两个维护”，全年党委中心组集中学习12次以上。深入推进“思想再解放、改革再深化、发展再创业”宣传教育，开展好“不忘初心、牢记使命”主题教育活动。加强基层党建工作、党风廉政建设，推进思想政治和意识形态工作。进一步抓好群团工作、民主党派建设和老干部工作。成立学校党委全面深化改革委员会，统筹谋划、整体推进学校改革、发展工作。组织开展好新中国成立70周年系列庆祝活动。

统筹部署、系统推进学校“放管服”改革。牢固确立“教师是学校发展第一资源”的理念，精心、精细、精准做好服务基层和教师的工作，持续提升后勤保障能力和水平。出台“放管服”改革总体要求文件，分步有序实施，建立高效顺畅的校内体制机制，建设“服务型组织”。加强对学校规章制度的清理，做好“废改立”工作；重新梳理管理部门、学院(部)、系室的权力清单和责任清单，明确管理内容和责任。认真执行国家法律法规和学校《章程》，着力推进多层级协同融合的服务型、法治型学校建设，提高工作效率、提升服务效能，让广大师生充分享受到学校改革发展、优质服务带来的红利。

(二)实施专业竞争力提升重点建设年工程

推进专业品牌内涵建设，提升专业竞争力。实行跨学院、跨学科的专业融合、整合、嫁接，以增量专业带动存量专业的调整，协同优化专业结构。加强横向对标，高质量建设省级品牌专业、省骨干专业和新开设专业。以特色品牌培育核心竞争力，推动专业集群建设对接地方产业链发展，提高人才培养契合度，完成模具设计与制造实训基地等8个重大建设项目。

着力抓好教育教学改革。严格把控课堂质量，完善教学质量监控与评价制度，健全教学激励机制和教学成果评价机制，以“一周一优课”和“年度优质示范课”评选活动为抓手，提高教师教书育人水平。推动教学信息化建设，进一步提高网络技术应用和课程数字化水平，加强线上线下混合式教学方法改革和优质网络课程建设，持续推进国家智能控制技术专业教学资源库建设。

提升人才培养质量。以“企业需求+学校培养+政府支助”的模式，校地共同培养经济社会发展急需的紧缺技能人才。以学校特色建设项目为载体，抓好教学创新团队建设，分类遴选教育教学成果奖的培育项目。推进创新创业教学，完善学生技能竞赛管理办法，加大技能竞赛项目扶持力度。拓展招生就业工作，完善就业工作制度和保障措施。加大与用人单位联系力度，夯实校级就业基地建设，提升校园招聘会实效。

（三）深化校地融合发展格局

夯实校地合作基础，完善校地合作体制机制。推动校地合作扩面、升级、增效，把学校资源基础的潜在能量转化为创新发展的现实优势，提升服务社会能力和对地方发展的贡献度。积极构建“一院一镇一项目”的合作格局，深化与吴中区、相城区政府的合作，拓展与其他地方政府和市级部门的合作，争取在“学历证书+若干职业技能等级证书”试点中赢得先机。

推进产教融合和科技创新。构建多元协同育人体系，新建3个企业（行业）学院，推动企业（行业）学院内涵建设，启动校级考核评比。提升现有2个职教集团建设水平，探索组建新的职教集团。继续完善科技激励政策，注重成果导向，组建科技服务中心，加强科技创新团队和平台建设，推动学校与地方政府、行业、企业、科研机构、众创空间等主体的协同创新。开拓继续教育共享服务。进一步推动开放大学面向社区教育、社会培训的转型发展，加快培育特色品牌。推进先进产业人才培养基地、新兴应用技术研发基地、吴文化传承创新基地、服务地方建言献策基地、国际化人才合作交流基地等5个基地的建设步伐。

各位代表、同志们，学校目前正处在实现跨越发展的重要时期，我们要深刻领会习近平新时代中国特色社会主义思想，认真落实国务院关于《国家职业教育改革实施方案》，以新一轮解放思想为重要契机，推动学校内涵质量建设水平迈上新台阶。为推动苏州在更高起点上实现高质量发展走在最前列而努力奋斗，为苏州“四个名城”建设、长三角一体化和全国职业教育的发展贡献智慧和力量，以优异成绩迎接新中国成立70周年！

校党委书记钮雪林在2019年安全工作暨平安校园建设工作会议上的讲话

2019年4月10日

同志们：

今天，我们召开安全工作暨平安校园建设工作会议。主要目的是总结工作，部署任务，进一步动员全校上下提高认识，强化责任，狠抓落实，为学校内涵式高质量发展提供安全保障。下面我就2019年学校安全工作和平安校园建设，讲几点意见。

一、提高认识，把安全稳定工作摆在更加突出重要的位置

安全重于泰山，稳定压倒一切，必须万无一失。新时代对高校安全稳定工作提出了更高的要求，我们要认真学习贯彻习近平总书记关于安全工作的重要思想，树立“大安全”“大稳定”思路格局，关注政治安全、国家安全等宏观安全领域，增强责任感和使命感。今年敏感时间节点多，我们要提高政治站位，全面落实上级关于安全稳定的各项部署和要求，本着对师生、对社会、对学校事业高度负责的精神，把校园安全稳定放到政治和全局的高度来认识，采取切实措施，确保安全稳定工作万无一失。

安全稳定，警钟长鸣，人人有责。影响安全稳定的因素复杂多变，全校上下务必时刻绷紧“安全稳定”这根弦，保持清醒头脑，主动担当责任，全员、全方位、全过程抓好安全稳定。面对新形势、新任务、新要求，要将安全稳定工作与促进优质服务结合起来，从更高起点、更高层次、更高水平上深化平安校园建设，不断提升广大师生的安全感，提高服务师生的力度，以安全稳定工作推动学校内涵式高质量发展。

二、明确责任，进一步推动安全稳定工作任务落到实处

要强化“党政同责，一岗双责，齐抓共管，失职追责”的安全责任体系。最近，学校成立了安全管理委员会，印发了《苏州市职业大学安全管理规定》。各单位要认真执行，压实责任，分级负责，进一步落实安全第一、预防为主、各司其职、各负其责的安全稳定工作责任制，形成党委领导、行政主导、条块结合、师生共同参与的强大合力，构建主要领导亲自抓、分管领导具体抓、各个部门（单位）密切配合的工作格局。要强化安全工作考核，建立健全追责体系，对因责任不落实、工作不到位而发生安全责任事故的，要依法严肃追责。

要强化学校安全教育工作。充分发挥课堂主渠道和主阵地作用，确保安全稳定和思政教育进教室、进宿舍、进头脑。要加强对师生消防安全、交通安全、食品安全、人身安全、防盗防骗、应急知识等方面的日常教育，筑牢学校安全稳定防线。充分发挥学校大学生应急救护培训基地和抗挫折教育体验馆的教育功能，开展有重点、有针对性、常态化的安全教育、法制教育和心理健康教育，将这些教育渗透到广大师生的工作学习生活之中。

三、狠抓落实，扎实推进学校安全工作再上新台阶

持续开展安全隐患排查整治工作。4月1日下午，学校党政主要领导带队进行了安全检查。对发现的问题和存在的隐患，要抓紧整改到位，及时加以消除。安全隐患不整改不放过，防范措施不落实不放过，做到一级抓一级，级级抓落实，横向到边，纵向到底，不留盲区，把校园安全稳定的各个领域、各个环节抓严抓实抓到位。

着力做好重点领域安全工作。切实落实好意识形态工作责任制，坚持健康正确的校园思想和宣传舆论导向，做到守土有责、守土负责、守土尽责。抓好人员密集场所的安全管理，加强巡逻值守，强化安全通道和消防通道管理。维护网络信息安全，完善网络安全工作体系，全面落实信息安全等级保护责任。加强国家安全教育，做好学校保密工作。

同志们，安全稳定无小事，平安校园建设没有忙时和闲时，永远都是战时，一分一秒都不能懈怠，一时一刻都不能大意，必须以一以贯之的作风，坚决打好安全稳定“持久战”和“总体战”。会后，各部门、各单位要及时传达会议精神，树立平安意识，强化安全责任，狠抓整改落实，在各司其职、各负其责、看好自己的“责任田”的同时，增强大局意识和协调精神，时刻保持高度的责任心和使命感，切实维护好师生切身利益，实现校园的长治久安。

谢谢大家。

校党委书记钮雪林在2019年学生工作暨“五四”表彰大会上的讲话

2019年4月30日

老师们、同学们、同志们：

大家好！今天，我们在这里召开学校2019年学生工作暨“五四”表彰大会，我代表校党委、行政向全校青年致以节日的问候！向受到表彰的先进集体和个人表示热烈的祝贺！向一年来辛勤耕耘在学生工作、共青团工作一线的各位老师和各位同学表示衷心的感谢！

回顾2018年，学校的发展有质有量，大家的工作开展得也有声有色。学校获评2018年江苏省高校毕业生就业创业工作考核优秀单位，校团委获评江苏省“五四红旗团委”，大学生创新创业竞赛取得了新的突破，家庭经济困难学生能力素养培育升级计划获苏州市优秀资助育人项目一等奖；院部育人环境进一步优化，学生工作队伍素质不断提升，学生全面发展精彩纷呈，获各级各类奖励的有3464人，获奖率达26%，涌现出一批成才典型。

今年是五四运动100周年。重温百年光辉团史，我们更加深刻地体会到：广大青年只有顺应历史发展潮流，把个人的前途和命运，与国家、民族的前途和命运紧紧联系在一起，并为之奋斗不息，才能将自我价值和社会价值真正统一起来，才会使人生更加丰满和富有价值。

当前，我校正瞄准建设全国一流品质院校的目标，大力推进学校内涵质量建设。为进一步推动当前及今后一段时期的学团工作，借此机会，我讲三点意见。

一、高举思想政治引领这面旗帜，做好学生成长成才的引路人

青年学生是国家的未来、民族的希望。习近平总书记指出：“全党要关注青年、关心青年、关爱青年，倾听青年心声，做青年朋友的知心人、青年工作的热心人、青年群众的引路人。”

一是筑牢坚定的理想信念和人生梦想。高校是青年学生成长成才的摇篮，要旗帜鲜明地坚定社会主义办学方向，用习近平新时代中国特色社会主义思想武装头脑、铸魂育人，引导广大青年学生自觉坚持党的领导，听党话、跟党走，把个人理想融入民族复兴伟大理想和新时代中国特色社会主义思想，找准人生方位和价值方向。要始终围绕培养什么人、怎样培养人、为谁培养人这一根本问题，以立德树人为中心环节，推进全员、全过程、全方位育人，保证高校始终成为培养社会主义事业合格建设者和接班人的坚强阵地。

二是塑造良好的职业道德和社会公德。同学们在学校经过三年的刻苦学习，将为今后的美好生活打下坚实的基础，实现从“学生”到“职业人”的转变。离开了家庭和学校的庇护，同学们将投身到激烈竞争的社会发展大潮中去，独自去处理各种纷繁复杂的工作、生活关系。学校要积极创设机会、搭建平台，通过课堂教学、实验实训、技能大赛、社会实践，引导广大同学塑造良好的职业道德和社会公德，成长为合格的“高品德、高技能、高适应”人才，为地方经济发展贡献自己的力量。

三是培育良好的个人品德和家庭美德。古人讲“修身、齐家、治国、平天下”，修身最根本的就是修德，把德修好了才能齐家、治国、平天下。所以，为官先要有官德，练武先要有武德，行医先要有医德。我们也说，有德有才是精品，有德无才是次品，无德无才是废品，无德有才是危险品。品德过硬是最大的底气。这很形象地刻画出了“德”和“才”的关系。同学们离开家庭在校学习，要注意锤炼提升个人品德，常和父母联系、常回家看看，时常表达感恩之情，传承良好的家风家训。

二、架好师生互动交融这座桥梁，做好学生成长成才的知心人

青年学生正处于习总书记讲的“拔节孕穗期”，这是人生观、世界观、价值观塑造定型的关键时期。要引导他们“扣好人生的第一粒扣子”，成为学生成长路上的陪伴者、知心人。

一是进一步提升学工队伍的“德”“能”水平。学生工作本质上做的是人的工作。首要的一条，就是要切实加强学工队伍的师德师风，把好学工队伍的“入口关”，坚持以德为先的标准，选拔那些思想政治品德过硬的教师充实到学工队伍中来。对学工队伍中的失德人员，要严肃处理，坚决调出学工队伍。“能”就是要提升学生工作的专业化服务水平，

为学生提供专业、周到、细致的服务，提升学生的满意度、获得感、幸福感。学校将进一步加强学工队伍的数量建设，与此同时，更要注重素质提升。

二是进一步提升解决问题的精准性和有效性。学工人员要把解决学生的思想问题与实际困难贯穿立德树人、教书育人的全过程。首先要理解学生成长发展的需求，针对不同学生的个性化需求，实施有差别的服务。不同区域、不同年龄的学生在不同的阶段遇到的问题也不一样，学工人员要发挥自己的专业性或在专业人士的帮助下，精准地分析出隐藏在问题背后的症结，与他们平等地沟通、交流，共同解决问题。对有学习困难、心理困难、择业困难等的特殊群体要倾注更多的精力和情感，切实解决青年学生的实际困难。

三是进一步激发学生成长成才的内在动力。学工人员要经常深入到学生中间，与大学生交朋友。首先要刷新话语体系，与青年大学生“说得上话”。“00后”学生成长的时期，是文化更为多元、互联网技术迅速发展的时期，他们更为开放、自信和国际化。这就要求我们以贴近年轻人心理特点的心态走近他们，以崭新的话语体系回应他们，抛开“套话”“空话”，多说“真话”“实话”，不光要“说得上话”，还要“说得进话”，变“要我做”为“我要做”，实现语言和思想的同频共振，激发他们的内在动能，达到事半功倍的效果。我们的校领导、院部领导，以及广大教师，都要经常深入到学生中去，了解情况，倾听心声，解决问题。

三、织牢学工育人保障这张网络，做好学生成长成才的守护人

在落实立德树人根本任务上，没有旁观者，人人都有责任、人人都有任务。要深化“大学工”的理念，优化工作机制、整合各类资源、拓展工作平台，形成一体化的育人合力、育人实效、育人保障格局。要着力构建立体化、全覆盖，思想上合心、工作上合力、行动上合拍的学生工作体系。“大学工”框架下的各个参与主体，要聚焦“成就学生”这一目标，形成一体化的育人合力。进一步落细落实学工主体责任，积极构建协同联动、多方参与的育人机制，完善协同领导机制，优化协同运行机制，实现“管理”向“治理”的转变。要健全学工协同评价机制，提升各个主体的参与度和归属感。

老师们、同学们，“一切为了学生，为了学生的一切”，是我们开展学生工作的初心，“办人民满意的高等教育”是我们的使命。无论何时何地，我们的这个初心不会变、使命不会变。让我们一起携手，奋力开创我校学团工作新局面，用优异的成绩迎接新中国成立70周年！

谢谢大家！

新时代苏职大发展之感想

——校党委书记钮雪林在学校“发展高质量，担当新作为”专题干部培训班上的辅导报告

2019年5月8日

同志们：

今天，根据学校年度工作的安排，举行为期一周的专题干部培训班。我先做一个辅导报告，讲讲我对苏州市职业大学在新时代内涵式高质量发展新征程中的一些思考，重点谈谈“苏职大发展四问”的一些感想、感悟，供大家在学习培训中参考，希望对工作也有所裨益。讲三个方面：

一、学校发展面临着重大考验

我和曹校长自2016年3月8日来到学校工作以来已整整3年零2个月（38个月）。我多次在会议上或向来参观考察的领导、同仁们讲，苏州市职业大学办学历史较长、师资力量雄厚、基础条件良好，曾经在全省乃至全国的职业教育领域创造出许多先进的经验和骄人的成绩，被有些地区的家长誉为“小苏大”。进入新时代，党中央提出要内涵式发展、走高质量之路，创建“双高计划”高职院校，新一轮的发展竞争已经启动。

在新一轮发展竞争中，我校面临的困难和挑战很严峻，至少有这样几方面：一是体量优势下降，核心竞争力欠缺；二是国家政策因素，加剧边缘化倾向；三是解放思想不够，造成担当创新不足；四是校内体制机制没有理顺，影响改革发展活力。只有清醒认识到存在的问题、不足，才能有效采取应对措施，切实推动高质量发展。

二、正确理解“苏职大发展四问”

在新一轮发展竞争的重大考验面前，我们不能满足于回望过去而沾沾自喜，也不能消极应付、无所作为；而要放眼全国、全省发展新态势，变压力为动力，化挑战为机遇，立足当下担当作为、创新进取，再展新的辉煌，争得应有荣誉。

在这样的形势环境下，苏职大怎么来更好适应新形势、面对新挑战、把握新机遇，进行新一轮的创业发展，继续推进应用型本科大学的筹建，坚持创建全国一流品质院校不动摇；怎么来更好满足广大教职员工和学生们对成就事业、学业的美好向往；怎么来报答苏州人民、江东父老对学校的关爱和期待；等等。这是我和本届党委经常思考和需要回答的重大问题。学校党委不能只求过得去，必须以敢担当、善作为，来追求高质量快发展，赢得新一轮发展的主动权。这也是每位干部、每位教职员工应该担起的责任。

前两年苏州市开展的“创新四问”，为我们提供了示范和经验。今年春节后上班的第一天（2月11日），山东省委书记刘家义在“担当作为、狠抓落实”工作动员大会上提出了“扪心四问”，并强调要用好李云龙式的干部。特别是党的十八大以来，习近平总书记要求以爬坡过坎、滚石上山的奋斗精神和顽强意志开展工作，对教育的发展提出了一系列新要求。以上这些，使我想到苏职大也需要开展一次工作上的发问，迎接新的挑战考验，推动学校创新发展。与此同时，2019年度学校党委工作要点明确，今年要深化“思想再解放、改革再深化、发展再创业”宣传教育活动，这个活动要有抓手。“发展四问”应是题中之义，也可成为宣传教育活动的有力抓手。前一阶段，各党支部对“发展四问”开展了初步的讨论，我在这里再对这“四问”做一些诠释。

第一问：如何在新时代的新征程中更加担当作为、干事创业？中国知识分子的一大特点是具有强烈的家国情怀，自强不息、革故鼎新，以天下为己任，修身、齐家、治国、平天下。希望老师们在爱“小家”、重个人的同时，更爱“大家”、更重学校的创业进步；希望老师们把自己的奋斗人生，与国家、学校的事业发展更好地结合起来；希望在座的每个人“努力到无能为力，拼搏到感动自己”。

第二问：如何把学校资源基础的潜在能量转化为创新发展的现实优势？苏职大办学时间较长、师资雄厚、基础良好，这是我校的宝贵优势。

但我们不能仅仅以此津津乐道、小胜即满、进取乏力，而要积极挖掘现有资源、充分利用有利条件，使之转化为学校新一轮发展的巨大财富、贡献社会的产出效能，将一篇篇高质量论文谱写在中国（苏州）大地上，使一批批科技成果根植于苏州的土壤中，让一位位毕业生成才出彩在人生道路上，彰显出学校实实在在的发展实力、真真切切的服务能力。

第三问：如何将“建设全国一流品质院校”持续付诸行动、落到实处？改革开放40年来，苏州干部群众培育出了勇于争先、率先、领先的精神风貌。身在苏州大地上的职业大学，虽然由于历史原因无法跻身国家、省示范类院校等行列，但我们不能因此得过且过、放松作为，必须要有远大志向、坚强信心，要自加压力，奋发有为，加强横向对标，注重比学赶超，坚持真抓实干，追求一流发展目标。即使今后办成应用型本科大学了，也要有建设“一流品质院校”的意志和决心。

第四问：如何通过提升优质服务“成就教师、成就学生”？学校领导班子及各个单位，怎样推动教师的发展进步、学生的成长成才，教师又如何立德树人、教书育人，这里的核心问题是“服务”。要确立“教师是学校发展第一资源”的理念，学校每个层面、每位管理者，都要甘做“服务员”，精心、精细、精准服务基层、服务师生；广大教师要认认真真培养学生、悉心指导成就学生，以此汇聚成学校发展的强大合力，逐梦新时代、创业苏职大。

我感到，这“四问”是切中我校实际的，既提出了问题，也反映出潜力所在，希望所在。

三、怎样解答好“发展四问”

我和党委提出“发展四问”，其实是自加一个“金箍咒”，自我鞭策、自加压力。我想，只要学校党委与全体干部共同努力，团结广大师生员工，勇敢面对重大考验，一定能回答好新时代的新命题。

1.回归初心使命

改革开放以来，中国的教育事业取得了举世瞩目的成就，在座的各位都得益于其中。但一段时期教育产业化带来的负面效应——社会不良风气的渗入，引发所谓的“精致的利己主义者，高学历的野蛮人”“认认真真培养自己，稀里糊涂教育学生”，以及“自娱自乐”“小圈子繁殖”，无序化、短视化、功利化的现象。近阶段社会对教育领域、教师职业操守反响增大，甚至出现“妖魔化”教师的言论。这样的情况实属不该。但这些不是空穴来风，我校在某些方面，是否也有类似的影子？

高等教育是一项神圣的事业。习近平总书记强调，“高校立身之本在于立德树人”。他在教师思政课座谈会上对思政教师提出的要求：政治要强、情怀要深、思维要新、视野要广、自律要严、人格要正，其实也是对全体教师的要求。古往今来，教师都是受人尊敬的职业，为什么会出现“妖魔化”的情况，值得我们警醒和反思。

据于此，我们的教育必须回归初心，牢记使命。教书育人，立德树人，造就社会主义的建设者和接班人，不是一句空话、套话，而是非常现实地摆在我们面前。习近平总书记对教育的功能、教师的责任、职业教育的办学方向等，做了非常明确的论述。从我校的高职教育来说，培养“高品德、高技能、高适应”的应用型人才的思路和举措，是符合初心、使命要求的，也与最近党和国家出台的一系列高职教育改革发展方向相吻合的。我们学校和老师，都要从初心和使命出发，反思一下学校办学为了什么，检视一下自己的工作思路和方式方法是否正确；要扪心自问一下，目前是不是与你当初入党时的要求、入职时的愿景相一致，还是发生偏差了，或者完全背离了？

教育的发展，学校竞争力的增强，关键在教师，重要的是培育好学生，服务社会发展。学生从家庭来到学校，经过学校培养后走向社会。促进他们成长成才，是学校和教师的主责主业。教育领域和教师要再次赢得社会的尊敬，首先要靠我们自己对教育事业的崇敬、尊重，靠对教育的初心和使命的回归，靠高质量的教学、科研、管理水平。

2.激活体制机制

我前面讲到，苏职大基础条件很好，潜在资源非常丰富，但产出比例偏低，产能转化不高，存在资源浪费现象。如何将学校资源基础的潜在能量转化为创新发展的现实优势，是我校必须引起大家高度重视、认真对待，并需要切实解决的问题。发展与评估办公室的对标分析显示，这几年我校在全国、全省的排名，综合竞争力、专项竞争力等方面，经过大家努力虽有进步，但与学校资源占有情况是不相称的。

我来学校后，经常在想是什么原因造成这种情况？通过调研与思考，并与一些同志探讨，我感觉到（其实大家也清楚）其重要原因是思想解放还不够广泛、深入，不愿动真碰硬，继而引发校内体制机制不适应形势发展的需要，管理方式方法跟不上时代前进的步伐。所以，这几年学校在管理制度、考核制度、内涵质量评价机制、政策激励机制等方面，做了一些激活探索，而这已产生了一定的效果。但还是初步的，校内管理体制机制方面还存在不少问题，有大的方面，有小的具体的方面，还有继续深化二次改革的问题。

因此，2019年学校党委工作要点中提出要实质性推动“放管服”改革，并与建立高效顺畅的校内管理体制机制结合起来，向机制要动力、要活力、要效率。这方面要下大力气。近期学校党委要进行专题调研，逐个领域梳理出需要“放管服”的事项及体制机制改革的内容，从全校角度统筹谋划、形成方案、协同推进，而不能擅自行动、单打独斗。改革一推进，就会涉及权责利的调整，大家要提高认识、积极投入、大力支持。我想，通过今明两年的改革深化，将建立起比较理想的管理体制机制，再以体制机制的力量，进一步调动广大教职员工的工作积极性、发展激情，进一步增强学生的学习主动性、实践热情，营造良好的“教科”环境，构建起健康向上的校风学风，为学校发展提供持久的动力、活力、竞争力。

3.持续创新发展

创新是民族进步的不竭动力，创新是发展的第一动力，创新也是学校发展的持久力量。这几年，学校持续开展“创新争先，创优争光”活动，每年进行优秀项目评选，开展综合表彰活动，营造创新发展的校园氛围，就是希望大家锐意进取，敢于在工作中争先、率先、领先，推动苏职大新一轮创新创业。应该说，这几年有所收获，值得肯定，而且成果的含金量逐年在提升。但实事求是讲，这些成果总体上还是低水平的，先进的兄弟院校前几年可能就取得了，我们有一点补课性质。对这方面，既要有清醒认识，又要增强信心。有发展有进步了，就是硬道理。

前面已讲到，由于升本的历史原因，前几年学校无法跻身国省示范、高水平院校“俱乐部”，对学校的竞争力提升、创新发展造成一定的制约和影响。而目前又有新的挑战：这次全国“双高计划”又明确，列入省里升本规划的不能申报，再次给我校出了难题，又一次对我校提出了考验。我想，还是要坚持“发展才是硬道理，增强竞争力才是真本领”的理念，一定要在创新发展上下功夫。发展进步了，有真正的竞争实力了，能用实力说话了，什么都不用怕。在这种情况下，我们只能继续坚持“自费开发，自我发展”“对标不松劲，进取不懈怠，创新不停步；名分虽需要，实力更重要，发展硬道理”。

我们要认真对照国务院出台的职业教育改革方案，教育部、财政部及发改委关于“双高计划”和产教融合建设的要求，对不能申报的项目，也要自我对标，工作不松、要求不软、标准不降，努力实现事实达标；对其他可能争取的项目，一定要全力争取，将任务分解落实到有关部门、学院（部），校党委、行政将专题听取汇报。

4.建立服务体系

改革开放40年来的一大成功经验，就是建立服务型政府，积极为基层、为企业服务。苏州在这方面走在全国前列，形成了良好的营商环境，吸引了中外大量投资者创业发展，推动了经济社会的快速发展，从消费型城市一跃成为具有国际影响力的制造业城市。我们将苏州地方经济社会发展的一般规律，与教育领域的特殊规律结合起来，可以形成苏州市职业大学自身的建设、运行、管理的工作规律。在这个工作规律中，借鉴地方成功经验，建立为师生服务的体系，是非常重要的一个方面。

建立这个服务体系，首先思想上要统一认识，形成行动自觉。“以学生为中心，教师为主体”“教师是学校发展第一资源”的理念必须确立起来，在这样的前提下，才有可能创建各级服务型组织。学校各级领导、行政管理人员都要当“服务员”，自觉地为教师、学生服务，将管理寓于服务之中，在服务中体现管理，使管理自觉融入服务之中。

这个服务体系，是全校上下左右纵横交叉的体系。从党委书记、校长到最基层的系主任、党支部书记一级，从管理部门、教辅单位到学院（部），都要成为服务型人员、服务型组织，从而建设起服务型的学校，为“成就教师，成就学生”提供悉心指导、优质服务，在服务中提升全校师生的精气神，增强学校发展竞争力，加快推进全国一流品质院校建设步伐。

5.营造质量文化

习近平总书记指出：文化自信，是更基础、更广泛、更深厚的自信，是更基本、更深沉、更持久的力量。我前阶段看到一篇短文，作家梁晓声将什么是文化概括成四句话：根植于内心的修养，无需提醒的自觉，以约束为前提的自由，为别人着想的善良。

中华文明历史之所以5000多年延绵不断，其根本的力量在于中华民族优秀传统文化的持续传承，这文化将中华民族凝聚起来，是国家、民族发展之根、进步之魂。当今高校的发展进步，培养好时代新人，营造以质量为先导的校园文化，对回答好“发展四问”，践行“发展高质量，担当新作为”非常重要。

今年初，学校与原市质监局合作出版的《精致苏州与工匠精神》，其实讲的就是“质量文化”。苏州历来崇尚文化建设，不论建筑、产品、饮食、生活、管理等，都以品质为本，追求精致、精细、精巧，体现质量文化。吴文化因流淌着工匠精神、质量文化，而历久弥新、熠熠生辉。我们编印这本书的目的，就是要在经济发展进入高质量的新时代，希望全社会更加重视、营造质量文化，以文化的力量，推动社会形成追求质量的文化自觉。

苏职大的新发展，也应以培养、营造这种文化为己任。以质量文化为“主干”，加之以创新发展文化、管理服务文化、廉政廉洁文化等为“枝干”，生长为一棵大树，在祖国的森林大地上不断成长，形成特色品质，为教育领域乃至国家的文化建设，贡献苏职大的一份力量。

校长曹毓民在发展规划委员会工作会议上的讲话

2019年5月15日

各位领导，各位老师：

2018年1月，为了贯彻党的十九大提出的深化教育改革，实现高等教育内涵式发展的要求，加快落实学校第二次党代会报告关于“精准深化治理结构，着力推进现代大学制度建设”的要求，推进全国一流品质院校建设，学校成立了苏州市职业大学发展规划委员会。刚才各工作委员会牵头部门汇报了各自的工作进展，大家也进行了充分的交流发言，这表明在过去的一年多里，在校党委的领导下，各工作委员会围绕自身职责，做了大量富有成效的工作，无论是年度工作要点的落实还是学校重点建设年工程的建设都得到稳步推进，取得了很多显著的成绩且有亮点，这与各职能部门的付出和全校师生的努力是分不开的。

2019年是新中国成立70周年，也是学校持续推进内涵式高质量发展、实施专业竞争力提升建设、加强“放管服”改革的重点之年。我们要以此为动力，坚持以习近平新时代中国特色社会主义思想为指导，深入学习贯彻党的十九大和十九届二中、三中全会精神，认真落实国务院关于《国家职业教育改革实施方案》，推动学校内涵质量建设水平迈上新台阶。面对新时代高质量发展的新形势、新要求，如何进一步发挥发展改革委员会的作用，我提以下几点要求：

一、紧紧围绕新时代“苏职大发展四问”开展各项工作

在学校2018年度综合表彰大会上，钮雪林书记针对我校当前发展过程中存在的问题、困难和不足提出了新时代“苏职大发展四问”。我们应当深入学习领会钮书记讲话精神，放眼全国、全省发展新态势，在新时代的新征程中更加担当作为、干事创业；把学校资源基础的潜在能量转化为创新发展的现实优势；将“建设全国一流品质院校”持续付诸行动、落到实处；提升优质服务，成就教师、成就学生。为此，在工作中我们应当充分解放思想、聚焦立德树人、坚持融合发展、扛起“实干担当”的时代重任；同时，强化忧患意识、责任意识、发展意识，营造全校上下统一思想、共谋发展、再接再厉、勇创佳绩的良好氛围，赢得新一轮发展的主动权。

二、聚焦重点建设年工程，全面提升学校各方面竞争力

近年来，学校实施了校企合作、创新创业、科技创新等一系列重点建设年工程，在相关领域的建设中取得了显著的进步。2019年是专业竞争力提升重点建设年，专业竞争力的提升应当与产教融合、服务地方发展相结合，应当与科研能力的提升、师资队伍的建设以及其他各方面的工作相结合，才能形成合力，最大限度地调度资源、激发能量、推进展开。为此我们应当着力推进高标准的教育教学改革实践，追求高质量的课程体系课堂教学，着力构建高水平的专业优化调整机制。同时，更要着力形成高层次的产教深度融合格局，建设高效能的教师教学创新团队，打造高产出的教学科研成果项目。钮书记在2019年工作部署会议讲话中说，特色就是生命，品质代表形象，特色品质建设直接关系到学校发展的核心竞争力。建设全国一流品质院校，不仅要有内涵质量指标的达标要求，更要有突出特色、打造品牌的更高追求。竞争力的提升也不仅包括专业建设，更包含学校工作的各方面。因此，每一个工作委员会和牵头部门都应当结合现有实际和发展趋向，在特色品质建设上下功夫，以“人有我优、人优我强、人强我特”的理念，解放思想、开阔眼界，横向对标，培育特色优势，全面提升学校各方面竞争力。

三、大力推进“放管服”改革，用优质高效的服务激发创新发展活力

今年，学校党委多次提出要加快“放管服”改革步伐，以成就教师、成就学生为导向，推动学校治理体系和治理能力现代化，进一步调动各个层面积极性、创造性，全面提升学校的发展活力。从学校来说，要牢固确立“教师是学校发展第一资源”的理念，要寓管理于服务之中，精心、精细、精准做好服务基层和教师的工作。各级领导干部要甘于做师生的“服务员”“勤务员”，各部门、各学院（部）要善于建设“服务型组织”。为此，必须进一步统一思想认识，更新工作理念，要让广大师生充分享受

到学校改革发展、优质服务带来的红利。同时，改革的推进，需要从全校角度统筹谋划、形成方案，也需要各部门协同推进，形成合力，而不能擅自行动、单打独斗。通过深化“放管服”改革，建立高效、顺畅的校内管理体制机制，为师生提供优质高效的服务，为高质量发展提供支撑保障。

各位领导，各位老师，高等教育是一项神圣的事业，我们必须不忘初心、牢记使命。在未来的工作中，希望各工作委员会切实履行好自身职责，聚焦立德树人的根本任务，推动各项任务开展，为国家和社会培养“高品德、高技能、高适应”的应用型人才。在校党委的领导下，凝心聚力、砥砺前行，推进学校内涵式高质量发展，为实现建设全国一流品质院校的目标愿景，打造同类院校的苏州排头兵、江苏先行军，跻身全国一流方阵而不懈奋斗。

谢谢。

打造校地合作命运共同体　建设高质量“双师型”教师队伍

——校党委书记钮雪林在学校“双师型”教师队伍建设工作会议上的讲话

2019年5月29日

各位企业嘉宾、各位专家、各位老师：

大家好！

今天我们在这里举行“双师型”教师队伍建设工作推进会，既是对近年来我校“双师型”教师队伍建设情况做一个阶段性总结，更是为了现场听一听各位企业家、专家和老师们的宝贵意见和建议。刚才大家的发言，对我们很有启发，有助于进一步推动我校高质量“双师型”教师队伍建设。

党的十八大以来，以习近平同志为核心的党中央把发展职业教育摆在更加突出的位置。尤其是十九大之后，国家出台了一系列推动职业教育发展的政策文件。特别是今年1月份国务院出台的《国家职业教育改革实施方案》，开宗明义地指出“职业教育与普通教育是两种不同教育类型，具有同等重要地位”，并提出了7个方面20项政策举措（通称“职教20条”）。以此为标志，开启了中国职业教育改革发展的新征程，职业教育也迎来了发展的新的春天。为进一步推动我校建设高质量“双师型”教师队伍，借此机会，我讲三点意见，供大家参考。

一、打造一个“校地合作命运共同体”，夯实“双师型”教师队伍建设的基石

教师是学校发展的第一资源，“双师型”教师是教师队伍的核心资源，是培养“高品德、高技能、高适应”人才的关键。这支队伍主要来自学校，既要扎根学校教育，又要到火热的经济社会生产的第一线，连接这两端的就是产教融合、校企合作。当前，我们比以往任何时候都更需要把产教融合推向深入。

近年来，我们在产教融合、校企合作方面做了一些有益的探索，也取得了一定的成绩。根本的一条，是我们选择了正确的方向和思路，把握了产教融合的脉搏。2016年3月我来校工作，学校就把当年的重点建设年工程确定为“校企合作”，提出要站在“立校之本、强校之基”的高度来认识校企合作，按照“广领域、深层次、紧密型”的思路推进校企合作。随着实践的深入，去年我们在思路上再次升华，把校企合作拓展为“校地合作”，并提出了“全方位、全领域、全过程”的校地合作思路。事实证明，我们扎根中国（苏州）大地办学，与地方、与企业同呼吸共命运，我们的产教融合一定会办好，这也是我们的必然选择。因此，借鉴习总书记“命运共同体”的理念，我们在校地合作上也应该提倡一种“校地合作命运共同体”的理念，让产教融合真正融入学校办学和企业发展的骨子里、血液里，让学校和企业实现目标共识、利益共享、情感共鸣、责任共担。

二、发挥校地两种资源优势，增强“双师型”教师队伍建设的合力

高质量的“双师型”教师队伍需要学校和企业共同孕育而成。推动这支队伍高质量发展，一定要把校地资源“握指成拳”，形成合力。校地（企）双方在合作中不能只讲本位主义，要换位思考、统筹兼顾，遇到矛盾或者问题，要勇于探索、共同解决，努力找到各方利益的“最大公约数”，从而突破壁垒，协同创新，充分释放各种资源和要素的活力，实现合作共赢。

我在今年3月6日召开的学校2018年度综合表彰暨科技创新重点建设年总结大会上，提出了“苏职大发展四问”。其中第二问就是“如何把学校资源基础的潜在能量转化为创新发展的现实优势？”这个问题在学校“双师型”教师队伍建设上，显得尤为重要。我们要通过改革，破解校企资源共享的体制机制障碍，充分激活这些潜在能量，相互开放共享，把校内资源与企业资源融合在一起，熔铸为锻造高质量“双师型”教师队伍的“利器”，并且更好地反哺学校和企业。比如在1+X证书（学历证书+职业技能等级证书）上，企业具有天然的优势，学校的相关部门要加紧研究，加强与企业的沟通，拿出可操作的制度办法。又比如在“双师型”基地建设上，刚才我们对“第二批”基地进行了授牌，在这方面校企双方要继续深化，突出建设成效。

三、释放学校三类人员积极性，激活“双师型”队伍建设的内生动力

建设高质量“双师型”教师队伍，是深化职业教育改革发展的重要任务。关键在释放学校管理者、教师、学生三类人员的积极性，激活其内生动力，变“要我改”为“我要改”，变“要我学”为“我要学”。

一是推动学校的管理者主动向“服务员”转变。作为学校的领导以及管理部门、学院（部）的管理者，要甘做“服务员”，主动走近教师、走进企业，问需问计于师生和企业，及时解决问题，为“双师型”教师队伍建设保驾护航。

二是推动教师主动向“职员”转变。“双师型”教师要上得了课堂，下得了工厂；做得了课题，拧得了螺丝。因此，在“双师”建设中，教师要自觉地从教员转换为学员、职员，虚心向企业一线员工学习，主动到企业最基础最复杂的环境中去锻炼，真学本领，学真本领。

三是推动学生主动向“学徒”转变。建设“双师型”教师队伍的最终目的是为了培养一大批合格的技术技能型劳动者。我们的“双师型”教师除了要有过硬的理论教学和实践教学的能力，还要具备带领学生成长成才的职业道德、师德师风。广大教师要率先垂范、以身作则，引导学生走出课堂，既能做课堂上的学生，也能做车间里的学徒，以争做高技能人才为荣。

各位企业嘉宾、各位专家、各位老师，职业教育正面临前所未有的良好发展机遇，我们愿与各位合作企业、各位技能大师、各位专家携手合作，在这个大有可为的新时代大有作为，为苏州经济社会发展贡献我们的一份力量。

谢谢大家。

校长曹毓民在2019届毕业生毕业典礼大会上的讲话

2019年6月19日

尊敬的澳大利亚启思蒙学院国际学院院长Jennie（珍妮）女士、启思蒙学院国际部主任Rachel（瑞秋）女士，坎根学院代表Tracey（特蕾西）女士，尊敬的各位老师，亲爱的2019届同学们：

大家上午好！

又是一个离别的季节，更是一个收获与感恩的时刻，2019届所有毕业生在此齐集一堂，共同完成大学三年的“最后一课”。在此，我谨代表学校党委、行政，向圆满完成学业的2019届毕业生同学们表示热烈的祝贺！向辛勤培养同学们成长成才的全体教职员工表示衷心的感谢！

我校中外合作班外方学校的三位嘉宾专程从澳大利亚赶来参加典礼，让我们用热烈的掌声欢迎远道而来的客人！

三年来，我们的学校不断呈现新气象、展现新面貌。校园里修建了崭新的健身步道，学校的校门经过重新改建后，更加高端大气。新建成的学生事务与发展中心让同学们在办理业务时享受到了便捷服务。抗挫折教育体验馆成为同学们的心灵加油站。国际学院成立后，越来越多来自不同国家的同学、不同肤色的面孔，让“国际教育园”变得更加名副其实。重新装修的食堂，为同学们提供了更丰富的美食，听很多同学反馈：“有了对比，才感到咱们职大食堂的伙食是真的好！”这些改变的背后，是学校一直秉持的“成就教师、成就学生”的理念和当好广大师生“服务员”的不懈努力。

但在我眼中，成长中的你们才是苏职大最美的风景。大学期间，你们当中有137名同学光荣加入了中国共产党，共有595人次在省级及以上各类竞赛中获奖。每年的年度表彰项目中，都有你们奋力拼搏的精彩，这些是你们个人的荣誉，也是苏职大的荣耀。在苏职大，你们成就了更好的自己。

同学们！走出毕业典礼的现场，你们的人生，才刚刚开始。聚散皆是缘，离别总关情。我想借这个机会跟你们说几句心里话，作为临别礼物，伴你们踏上人生新征途。

你要学的第一件事，是独立生活。何为独立生活？独立生活在于生活能自理，思想能独立，经济能自由。离开了父母温室般的呵护，离开了老师、同学的纯真陪伴，独自一个人去外面经历风风雨雨，该如何学会打理自己接下来的生活，这些是我们应该去学习的技能。思想的独立在于自己的精神世界能够不断地丰富起来，能够克服孤独寂寞，能够在合群中有自己的特点，有些适当地不合群。离开学校我们已经是成年人了，不要企图做“啃老族”，要好好为未来盘算，学会经济独立，尽量减轻父母的负担。

你要学的第二件事，是为人处事。在学校里，考分与成绩决定你的位置，而毕业后，别人会根据你为人处事的方法，来衡量你在他们心里的位置。怎么对人，怎么对事，这里蕴含着你的三观。你的处事方法让人舒服了，别人会把你放在心里。你的处事方法让人不舒服，别人会离你而去。究竟如何为人处事？小到回复别人的一句话，譬如，微信里，你收到对方的信息，建议不要简单地回复“收到”，无论多忙，至少再增加两个字——谢谢！大到如何大度地处理一件让自己不舒服的事情，这些都是人生的智慧。而这样的为人处事方法，需要我们有意识地去学习，甚至是我们一辈子都需要学习的智慧。

你要学的第三件事，是为自己读书。对我们大多数的同学来讲，从今天起要跟全日制的学习生活告别了。也许有同学庆幸自己逃离书本的苦海，从此远离每天与书为伴的日子。殊不知，学校生活更多的是为了读书而读书，离开学校的日子，才是你能够真正为自己读书的时候。我们究竟是从一个“鱼缸”跳往另一个“鱼缸”，继续挣扎，还是走向更广阔的空间，吸取知识的甘露？这些取决于我们的眼界，取决于我们的思维，取决于我们的智慧。而眼界、思维、智慧的提升，离不开读书。

你要学的第四件事，是交友。人生最珍贵的，是有三两好友，彼此互帮互助，共同成长。有些人身边经常有成群的朋友，有些人却总是孤独一人。有些人总是会全心全意为朋友考虑，去帮助朋友；可有些人却时时想着别人能为自己做些什么。有些人想着与朋友共同成长，可有些人却看不惯朋友的好。不同的交友方式，决定着你的交友层次。你需要去考虑怎么跟朋友更舒服地相处，怎么让自己在朋友心里留下不可替代的位置，怎么让朋友跟你有聊不完的话题。交友，涉及讲话的艺术，涉及交往的技巧，涉及做人做事的方式，这些，是我们一生必学的技巧。

你要学习的第五件事，是学会过朴素的生活。当下各种舆论和所谓的“成功榜样”，总是在“引诱”或“教导”我们要尽早做一个“高端人士”，过上“精致”的生活。小家电，非名牌不用；赏樱花，非日本不“刷”；选服装，非“设计款”不穿。我们很容易超越自身实际，过度追逐所谓“品质生活”掩盖下的预消费、高消费，从而，透支钱包，掏空身心。年轻人要通过奋斗和拼搏，为未来创造真正的精致生活。在现阶段，学会过朴素的生活，穿着熨烫平整的白衬衣、帆布鞋，面带微笑迎接每一天，同样是浪漫而精致的。也许，我们想要的东西都很贵，想去的地方都很远，想爱的人都很优秀，所以，我们务必朴素生活，潜心事业，努力工作！

同学们，这几年学校一直利用暑假的时间，整修改造校园。今年暑假，我们将对疏香楼前的广场进行改造。在那里种上代表校训精神的四种树：樱树，万花蓬发，代表“勤”；香樟，无冬无夏，代表“勇”；红枫，赤胆忠心，代表“忠”；银杏，坚定不移，代表“信”。欢迎各位同学常回母校看看，尤其欢迎各位几年以后，带着你们的另一半，在美丽的校园里拍摄结婚照，并骄傲地对另一半说：你看，这就是我的母校，这里保留着我的奋斗足迹，还有青春影像！母校会一直给你们保留着“C位出镜”的机会！

这一段划出两个重点，要考的！一是请记住校训：勤、勇、忠、信。二是请记住母校的邀约：这里是你们的家，记得常回来！

“凡是过往，皆为序章。”前不久，在南京航空航天大学机械制造与自动化专业攻读博士的我校2010级优秀毕业生张桂冠同学，回到母校与学弟学妹们分享成长经历时说到：人生是一场马拉松，起跑的优劣无关紧要，能笑到最后的永远是那群一直奔跑在路上的追梦人。面对伟大的新时代，我们每一个人都要坚守那份属于我们自己的信心、决心和恒心，用不变的初心应对人生路上变幻莫测的挑战。把校训精神内化于心、外化于行，增强使命感和责任感，为自己代言，为母校代言，为青春代言。

亲爱的同学们，长空万里，等着你们展鸿鹄之志去迎风翱翔；碧海无涯，等着你们展鲲鹏之才去劈波斩浪。山一程，水一程，你们追梦的旅程，我们将一路陪伴。远行亦是归程，不管未来有多遥远，路途有多艰难，请记住：母校将始终在你们的背后坚守，将永远关注你们的成长、关心你们的发展，期待你们的捷报，等候你们的载誉而归！

再见了，毕业生！愿你们前程似锦，不忘华年！

再见了，同学们！愿你们乐观向上，勇往直前！

再见了，孩子们！愿你们健康幸福，直到永远！

谢谢大家！

校党委书记钮雪林在纪念建党98周年暨第十三届"先锋论坛"总结表彰大会上的讲话

2019年7月1日

同志们：

今天，我们召开会议，共同庆祝中国共产党建党98周年，总结学校第十三届"先锋论坛"活动，表彰2018年度学校优秀共产党员、优秀党日活动，很有意义。本次会议既是一次表彰会、总结会，又是一次工作推进会，借此机会，我讲几点意见。

一、坚定信念把准方向，旗帜鲜明讲政治

党建工作要从源头抓起。青年是祖国的未来、民族的希望，高校作为青年人才集聚地，发挥着吸收新鲜血液的重要作用。加强党对高校的领导，是办好中国特色社会主义大学的根本保证。

一要提高政治站位，抓好思想政治工作。高校思想政治工作是一项战略工程、固本工程、铸魂工程，习近平总书记在学校思想政治理论课教师座谈会上指出："我们党立志于中华民族千秋伟业，必须培养一代又一代拥护中国共产党领导和我国社会主义制度、立志为中国特色社会主义事业奋斗终身的有用人才。"要用好思政理论课的课堂教学主渠道，坚持在改进中加强，在创新中提高，提升思想政治教育的亲和力和针对性，坚持不懈传播马克思主义理论，坚持不懈弘扬社会主义核心价值观，坚持不懈培育优良校风和学风，造就社会主义的建设者和接班人，确保学校办学的正确方向。

二要增强阵地意识，加强意识形态工作。要牢牢把握意识形态工作的领导权和主动权，着力构建意识形态建设的有效载体，坚持以社会主义核心价值观为指导，增强意识形态的自觉与自信，教育引导广大师生树牢"四个意识"，坚定"四个自信"，坚决做到"两个维护"，始终在思想上政治上行动上同党中央保持高度一致，将维护好社会主义意识形态的安全稳定贯穿于人才培养、科学研究、社会服务和文化传承的全过程，做到守土有责、守土负责、守土尽责。

三要强化育人观念，落实立德树人任务。高等教育是一项神圣的事业，高校立身之本在于立德树人。要切实解决好"培养什么人""如何培养人"以及"为谁培养人"这一社会主义教育事业的根本问题，把立德树人作为中心环节，把思想工作贯穿教育教学全过程，把人才培养作为工作重点，围绕学生、关心学生、服务学生，努力实现全员育人、全过程育人、全方位育人，切实解决重教书轻育人、重智育轻德育、重科研轻教学等现象。

二、筑牢堡垒强基固本，持之以恒强党建

一要切实加强基层党组织建设。基层党组织是党的全部工作和战斗力的基础，具有党建带群建的优势。我们经常讲"基础不牢、地动山摇"，必须充分认识加强学校基层党建工作的重要意义，在思想上高度重视，在工作上统筹谋划，在实践中创新探索，凝聚"向心力"，汇聚"精气神"，切实提高党组织的凝聚力和战斗力。

二要全面提升党员素质。继续实施党支部书记"双带头人"（党建带头人、学科带头人）培育工程，建设高素质党务工作队伍。引导教师党员踊跃投身教育创新实践，不断提高业务能力和教育教学质量，始终保持干事创业、开拓进取的精神状态。继续深入实施大学生党员素质工程，提高党员发展质量，加强培训教育管理，广泛开展服务实践活动，教育引导大学生党员坚定理想信念，练就过硬本领，锤炼高尚品格。

三要积极推进基层党建工作改革创新。创新是一个民族的灵魂，只有不断创新，才能更好地推动我们的各项教育教学工作的发展。党建工作也是如此。基层创新是党建整体创新的基础。这些年学校在基层党建工作方面，创造了一些有特色、有成效的经验和做法。下一步，要持续推进基层党建工作创新，逐步把好的做法和经验上升为体制机制的优势，用制度巩固成功经验，用制度规范各项工作。

三、不忘初心、牢记使命，砥砺前行再赶超

一要深入开展"不忘初心、牢记使命"主题教育活动。今年是中国共产党建党98周年，也是新中国成立70周年。回顾党的历史，中国共产党能够在腥风血雨中一次次绝境重生，在攻坚克难中不断从胜利走向胜利，根本原因就在于不管是处于顺境还是逆境，都始终坚守为中国人民谋幸福、为中华民族谋复兴这个初心和使命，义无反顾向着这个目标前进，从而赢得了人民衷心拥护和坚定支持。6月24

日，习近平总书记在主持中央政治局第十五次集体学习时发表重要讲话强调，全党必须始终不忘初心、牢记使命，在新时代把党的自我革命推向深入。我们的教育也必须回归初心，牢记使命。要通过“不忘初心、牢记使命”主题教育活动，把广大师生的思想统一到习近平新时代中国特色社会主义思想和党的十九大精神上来，统一到学校各项决策部署上来，为学校内涵式高质量发展集聚精神力量。

二要以新担当新作为书写新时代答卷。深化“思想再解放、改革再深化、发展再创业”宣传教育活动，以新时代“苏职大发展四问”为抓手，鼓励广大师生在新时代的新征程中更加担当作为、干事创业，把学校资源基础的潜在能量转化为创新发展的现实优势，在推动学校体制机制改革创新上实现更大突破，通过提升优质服务更好地“成就教师、成就学生”。这要求我们在知行合一中主动担当作为，在创新创造中勇立时代潮头，要发挥苏州“三大法宝”的时代效应，以宽阔的胸襟视野、开拓的创新意识、强烈的担当精神，为加快建设全国一流品质院校展现新的更大作为。

三要充分发挥党建品牌和先进典型的模范引领作用。“先锋论坛”作为学校基层党建工作的重要平台，集中体现了我校各级党组织和全体党员的集体智慧和创造力。今后，要继续坚持做好党建品牌的创新建设和先进典型的选树工作，进一步加大对先进典型的宣传力度，在基层党组织和广大党员中营造学先进、比贡献、树形象的浓厚氛围。“先锋论坛”这一党建品牌要继续发扬光大，同时也要加强校地合作党建联盟的创新探索与品牌化建设。

会后，希望大家进一步统一思想、凝神聚力，增强使命感、责任感，积极担当作为，推动学校建设事业和党的建设事业更好更快发展，用优异的成绩迎接新中国成立70周年！

我就讲这些，谢谢大家。

校党委书记钮雪林在庆祝新中国成立70周年暨第35个教师节座谈会上的讲话

2019年9月10日

各位老师，同志们：

今天我们隆重集会，共同庆祝新中国成立70周年暨第35个教师节，曹校长做了教师节致辞，各位老师都做了很好的发言。借此机会，向在座的各位以及全校的老师，致以节日的祝贺，谢谢你们！

今年是中国共产党建党98周年，马上又将迎来新中国成立70周年。98年砥砺奋进，70载春华秋实。新中国成立以来的峥嵘岁月，丈量着我们朝向梦想的脚步。7月1日国家统计局发布的报告显示，2018年中国国内生产总值比1952年的增长175倍，年均增长8.1%。在一穷二白的纸上绘出最新最美的画图，从经济凋敝的困境奋发成为世界第二大经济体，以爬坡过坎的奋斗开创中国特色社会主义新时代，我们用经济实力的显著进步、综合国力的不断增强、人民生活水平的持续改善，书写了波澜壮阔的中国故事。我们的国家发生了天翻地覆的变化，中华民族迎来了从站起来、富起来到强起来的伟大飞跃，正如习近平总书记强调的："无论是在中华民族历史上，还是在世界历史上，这都是一部感天动地的奋斗史诗。"

经过70年不懈奋斗，我们深信"幸福都是奋斗出来的"，辉煌成就饱含几代人的辛勤汗水，也铸就了民族精神丰碑。人无精神则不立，国无精神则不强，同样，校无精神则不振。

我曾在很多场合强调奋斗精神的重要性。苏州市职业大学自1981年成立以来的发展史，也是一部奋斗史，凝聚着一代代教师的辛勤汗水。2016年以来，学校每年确立一个重点建设年工程，统筹规划推进学校发展的问题。2017年，学校以第二次党代会召开和贯彻落实党的十九大精神为新的起点，进一步明确了学校未来五年的发展思路和奋斗目标，全面实施"坚持质量为先、坚定精准发展"的战略举措，努力完成"八个精准发展"任务，开启学校内涵式高质量发展新时代的新征程。今年上半年，校党委提出了"苏职大发展四问"，与广大老师们一起自加压力、自我鞭策，就如何推动学校新时代新发展，共同商讨、共同奋进。回顾过去的几年，学校各项事业呈现出良好态势，这是职大人真抓实干奋发进取的结果，这是奋斗带来的红利。只有不断增强团结一心勇往直前的精神勇气、自强不息奋斗不止的精神动力，我们才能朝气蓬勃、充满自信地迈向未来。而广大教师的无穷智慧、实干担当，是学校发展的源头活水和坚强保证。

在看到成绩的同时，我们要清醒地认识到存在的问题和不足，要清醒地认识到我们管理人员和教师的本领和能力存在着与形势新发展不匹配的问题，要清醒地认识到学校面对经济社会新发展还有不适应的方面。

国以人立，教以人兴。有好老师才有好学校。今天参加会议的老师，都是我们学校的中流砥柱，借此机会，我提三点希望：

一是坚持立德树人，做学生理想信念的引导者。大学之责，重在教书育人；育人之所，首推三尺讲坛。高校的根本任务是立德树人，师德是教师的灵魂。我们要认真学习贯彻今年3月18日习近平总书记在思想政治理论课教师座谈会上的讲话精神，以德立身、以德立学、以德施教、以德育德，引导学生树立正确的世界观、人生观和价值观，全心全意做学生学习知识、锤炼品格、创新思维、奉献祖国的引路人。学校正在研究制订师德师风的负面清单制度，努力从整体上形成师德师风的约束与激励机制。

二是努力勤修内功，锻造学高身正的精良队伍。学高为师，身正为范。我们的教师要有扎实的知识功底、过硬的教学能力、勤勉的教学态度和科学的教学方法，也要有宽阔的胸怀视野和与时俱进接轨社会的理念。对此，我们既要自觉树立终身学习理念，又要积极投身到经济社会实践和学校事业发展中，在把上好每节课作为自己的第一要务的同时，注重科学研究和社会服务，为学生做好榜样。

三是提升荣校意识，营造爱岗爱校的良好氛围。学校的品牌形象和社会声誉关系学校的持续发展，学校内涵建设与和谐稳定关系着每个教职工的切身利益，学校的发展成果和社会声誉需要我们倍加珍惜。希望大家秉承"勤、勇、忠、信"校训，牢固树立爱校荣校意识，做到"校荣我荣，校衰我耻"，以良好业绩，落实爱校荣校的具体行动。

老师们，同志们，“一年之计，莫如树谷；十年之计，莫如树木；终身之计，莫如树人”。希望全体教职员工塑师者之魂、修师者之德、铸师者之能，实现个人发展与学校发展建设同步推进，实现师生的幸福指数和学校建设成就同步提升！学校党委、行政也将不忘初心，多措并举，坚持立足成就教师，为广大教师提供更好更优的工作条件和发展平台，更好推动学校内涵式高质量发展。

最后，我代表学校党委、行政，再次向在座的各位老师，并通过你们向全校教职员工表示最衷心的节日祝贺，祝大家身体健康、工作顺利、家庭和美，祝全校教职员工节日愉快！谢谢大家！

校长曹毓民在2019级新生开学典礼暨军训成果汇报大会上的讲话

2019年9月29日

各位领导、各位教官，老师们、同学们：

大家上午好！

金秋九月，和风送爽；硕果盈枝，丹桂飘香。我们在此举行2019级新生开学典礼暨军训成果汇报大会。首先，我代表学校党委、行政以及全体教职员工，向来自全国22个省、自治区、直辖市的5327名新同学表示最热烈的欢迎！同时，对承担本次军训任务的驻苏部队全体教官表示最崇高的敬意和衷心的感谢!

年年心怀迎来送往的希望，岁岁感受春华秋实的喜悦。随着各位2019级同学加入了苏职大这个大家庭，你们成了校园里最年轻、最富有活力的群体，看着大家矫健的身姿、青春的脸庞，相信每一位老师都和我一样感到无比的欣慰。虽然大家来自五湖四海，所学专业也各不相同，但从此我们拥有了一个共同的名字——苏职大人！

苏州职大的办学历史可以追溯到1911年，那一年，辛亥革命推翻了腐朽没落的清王朝，中华大地上兴起了一股“实业救国”的浪潮，为了培养高素质的专业人才，富有远见的仁人志士开始兴办各类学校、振兴教育，我们学校的前身——苏州工业专科学校，就这样应运而生。100多年来，从我们学校走出了大量优秀的人才，其中有著名建筑学家刘敦桢，有我们党早期的主要领导人之一秦邦宪，有著名的教育家邓邦逖，还有著名物理学家吴健雄。他们为中华民族的崛起和各自专业领域的发展做出了不可磨灭的卓越贡献，是鲁迅先生笔下“中华民族的脊梁”！

如今的苏州职大可以为同学们提供优质的教学资源，我们的师资团队中，副高及以上职称人数多达387人；同学们在进行专业知识学习的时候，可以享有更加先进的实训设备，比如智能制造共享平台、文科综合实训中心；同学们在进行实习的时候，可以拥有更丰富的资源去锻炼真本领、学到真功夫，因为我们和苏州地方政府、行业、企业、商会开展了深度合作，建有18个行业企业学院、407个校外实训基地。

除此之外，我们还有国家级的众创空间，为希望创业的同学提供孵化平台；有一站式的学生事务与发展中心，让同学们在办理各项业务时享受最便捷的服务；有超过160万册的图书馆藏书，供同学们在知识的海洋里徜徉。从2016年开始，学校每年都开展实事工程的建设来改善广大师生的学习生活条件，大家可以看到崭新的校园健身步道、改造提升的疏香楼广场，还有夜晚灯光充足的体育场和篮球场。学校将持续开展校园实事工程，同学们也可以向学校反馈自己的需求和建议，学校一定秉持“成就教师、成就学生”的理念，努力服务好每一位同学。

学校为各位苏职大人所提供的良好的软硬件基础，与各位同学的能量与潜力结合起来，就意味着无限的可能性。在接下来的时间里，只等待各位同学去创造属于你们自己的人生奇迹。借此机会，我想向各位新同学提出三点希望，与大家共勉。

第一，希望各位同学不断修炼自己的个人品格。苏职大的人才培养目标是塑造“高品德、高技能、高适应”的人才，这三者中，“德”字是放在第一位的。没有了独立完善的人格和正确的三观，其他的一切都无从谈起。我们的校训，“勤、勇、忠、信”四个字，在不同的时代背景下有着丰富的内涵解读，但这其中最朴素也最根本的含义，就是对个人品格的要求，母校希望每一位苏职大人都能成为勤劳、勇敢、忠诚、守信的人。也衷心希望我们的同学能够把这四个字内化于心、外化于行，共同把“勤、勇、忠、信”打造成为“苏职大人”这个群体身上最鲜明的标签！

第二，希望各位同学不要忘记学习的意义和初心。大学是追求新知的地方，读书则是最基本、最主要的形式。正如习近平总书记所指出的，“学生要精心学习，通过学问提升境界，通过读书学习升华气质，以学养人、治心养性。”而在大学与中学读书的最大区别，就是中学主要是往死里读，大学则是要往深处思。期待同学们在大学时光里，努力养成静心阅读、深度思考的习惯，在静学深思中涵养书香气息，让自己的未来人生更有神采。

第三，希望同学们能够不断拓展自己的人生格局。大学里的学习远远不局限于课本知识，综合视野的拓展、认知思维模式的升级和待人接物的智慧，都是比书本知识更高一个维度的修行。古人常说“读万卷书，行万里路”，从自己的家乡走出来，来到另外一个城市，融入一个新的集体，用独立的眼光重新审视这个世界，这是进一步拓展我们人生格局的好机会。华为公司面对美国的封杀，不仅顶住了压力，还推出了自己的鸿蒙系统。除了有硬实力的底气，更体现了华为的胆识和格局。公司如此，个人也是如此，希望同学们珍惜大学时光，为自己今后的人生发展打下坚实的基础。

今年暑假，我也追了一部电视剧叫《小欢喜》，里面的主人公与你们一样都是2019年的高考生，方一凡、季杨杨、林磊儿等等还时常出现在我的脑海里。在这里我想与同学们说的是，不要羡慕他们去了清华、北航与南大。我这里有三句话送给大家：

第一句，你有你的平台，我也会有我自己的舞台。

第二句，你有你的辉煌，我肯定也会有我的精彩。

第三句，你有你的奋斗史，我肯定也会有我的励志篇。

过去已成过往，当下才是关键，永不松懈才有未来。

后天我们将迎来新中国70岁的生日。不管是在学校还是在家里，我这里有个提议，后天，也就是10月1日的早晨，请大家早点起床，早做准备，聚精会神地通过电视或网络收看盛大的国庆阅兵式，让我们一起感动！一起欢呼！一起祝福我们伟大的祖国！生在这个伟大的时代，我们都是幸运的。希望大家秉持校训精神，守住最初梦想，打造过硬本领，创造属于你们的辉煌！

谢谢大家！

校长曹毓民在2019年校田径运动会开幕式上的讲话

2019年10月24日

各位运动员、裁判员，老师们、同学们：

大家上午好！

万里秋澄，惠风和畅，我们相聚在绿茵场上，举行苏州市职业大学2019年田径运动会。首先，我代表学校党委、行政，对此次运动会的举办表示热烈的祝贺!对精心筹备本次运动会的组委会工作人员、裁判员表示衷心的感谢！对刻苦训练、积极备战的全体运动员致以亲切的问候！

体育承载着国家强盛、民族振兴的梦想，是提高人民健康水平的重要手段，也是实现中国梦的重要内容。今年国庆前夕，中国女排以十一连胜的骄人成绩成功卫冕了世界杯冠军，获得习近平总书记接见，登上国庆庆典的压轴花车。中国女排的胜利和拼搏精神，极大地激发了全国人民的爱国热情，增强了全国人民的民族自信心和自豪感。

体育强则中国强，国运兴则体育兴。体育也是高校教育的重要组成部分，对全面提高大学生综合素质、增强体质、健全人格、锤炼意志有着重要意义。近年来，在学校的大力倡导、有关部门的精心组织和全体师生的积极参与下，我校阳光体育活动不断向日常化、规模化、精品化发展，呈现出欣欣向荣的良好局面。学校开展了丰富多彩的体育活动，吸引广大师生走向室外、走上操场、参加锻炼、强身健体。学校代表队在各级各类体育赛事中也屡获佳绩。今年夏天，我校赛艇队应邀赴意大利参加威尼斯国际赛艇比赛，作为参赛的唯一的中国队伍，同学们奋勇拼搏、努力争先，最终斩获季军。颁奖台上，身穿印有国旗和校徽比赛服的苏职大选手们，不仅为校争光，也为苏州争光，更为国争光。近年来，学校修建了崭新的校园健身步道，改善了体育场地的夜间照明，切实为广大同学运动健身提供了便利条件。

老师们、同学们，一年一度的校运动会是我校开展体育活动的重要大会，是对全校体育运动水平的一次检阅，更是进一步动员广大师生积极参与全民体育健身活动的良好契机。希望全体同学积极参与，全体工作人员忠于职守，全体运动员奋力拼搏，全体裁判员执法公正，共同做到“友谊第一，比赛第二”，实现运动成绩和精神文明的双丰收。中国女排主教练郎平说：“女排精神不是赢得冠军，而是有时候知道不会赢，也竭尽全力。是你一路虽走得摇摇晃晃，但站起来抖抖身上的尘土，依旧眼中坚定。人生不是一定会赢，而是要努力去赢。”在此，我想用这句话与各位运动员，同学们共勉。

预祝本次运动会圆满成功，预祝各位选手取得优异成绩!

谢谢大家！

校长曹毓民在校哲学社会科学优秀成果奖教师分享会上的讲话

2019年12月25日

尊敬的刘主席，各位领导、各位老师：

大家下午好！

刚才刘主席围绕“贯彻十九届四中全会精神、繁荣苏州哲学社会科学”的主题，为我们做了一场高屋建瓴的专题辅导报告。吕处长对市社科联的相关政策进行了深入解读。这些对于我们接下来进一步推动学校哲学社会科学发展有着积极作用和深刻意义。在此，我代表学校向市社科联长期以来对苏州市职业大学的关心指导表示衷心的感谢！同时，也对各位老师长期以来为学校哲学社会科学研究做出的显著贡献和付出的不懈努力表示衷心的感谢！

学校高度重视哲学社会科学发展，认真学习贯彻习近平新时代中国特色社会主义思想和党的十九大和十九届二中、三中、四中全会精神，近年来出台了一系列科研体制机制改革措施。学校通过加大制度创新力度，重构科技创新服务保障体系；通过加大创新载体建设力度，提升服务地方经济能力；通过加大项目成果培育力度，提升科技创新彰显度；通过加大协同创新推进力度，重塑创新生态体系。

学校十分重视根据自身科研发展情况和学校定位，积极打造特色优势、亮点路径，学校哲学社会科学研究呈现出令人欣喜的新局面。在全校师生的共同努力下，学校哲学社会科学创新能力明显增强，服务地方经济社会发展能力显著提高，哲学社会科学创新突出人才持续涌现，形成了一批具有专业核心竞争力的研究平台和研究团队，取得了一系列自我突破和丰富成果。

一是打造了一支老中青结合的社科人才梯队。2018年，我校86岁退休教授金学智老师笔耕不辍，其园林美学专著《园冶多维探析》荣获江苏省哲学社会科学优秀成果奖二等奖；2019年，我校体育部李勇教授以苏州市职业大学作为主持单位的“大运河流域体育文化产业创新发展研究”喜获国家社会科学基金项目立项，实现了学校在哲学社会科学研究领域的新突破。我校青年教师在各级各类哲学社会科学研究中崭露头角，收获丰富荣誉。

二是积极“走出去加请进来”，开展各类哲学社会科学的教科研活动。我校课程思政不断拓展思政教育主阵地，走出校门，走向更为广阔的“社会大课堂”，推动思政教师与专业教师、优秀毕业生、国家级技能大师、企业CEO、人力资源经理、非遗传承人等共同上好一堂精彩思政课。吴文化传承与创新研究中心继续为苏州城市形象塑造、文旅发展、古城墙保护、大运河文化带建设承担课题研究。近期，学校除了以石湖智库名义邀请哲社名家到校研讨之外，还邀请了江苏省教科院职业教育与终身教育研究所所长方建华，教育部学校规划建设发展中心课程中心秘书长张振笋，教育部职业技术教育中心研究所原研究员、世界银行和亚洲银行职业教育顾问、APEC职业教育首席专家王文槿等社科专家到学校开展专题讲座。

三是哲学社会科学研究与工科专业研究相结合，出现跨学科、跨专业发挥专长研究哲社课题的良好趋势。2019年第4次“智汇苏州”学术沙龙，我校机电工程学院郭南初教授从人工智能领域对苏州智慧城市建设给出了独到的见解和对策。我校丝绸研究所所长李世超教授的《发挥丝绸在苏州新轮高质量发展中作用的建议》，被苏州市政协《社情民意》内参专报给市委书记蓝绍敏和市长李亚平，得到了蓝书记的积极批示。学校不同学科、专业的跨界哲学社会科学研究，展现了良好势头和喜人形势。

四是哲学社会科学平台建设取得新进展。我校目前已建有市级以上科研平台24个。石湖智库入选苏州市首批新型智库，在2019年一共举办了四期“智汇苏州”学术沙龙，为苏州城市建设、文化传承提供智力支持，全年在苏州各内参发表16篇建议建言文章，其中6篇得到市委、市政府、市政协主要领导重要批示；吴文化传承与创新研究中心获批江苏省高校哲学社会科学重点研究建设基地，参与大运河文化带建设研究院苏州分院建设；学校与华中师范大学合作，共建国家文化产业研究中心苏州研究中心。

学校在哲学社会科学领域的各项成绩成果的

取得，深深得益于苏州市社科联的关心指导帮助，我提议大家再次以热烈的掌声对市社科联各位领导专家表示感谢！

今天我们在此举行哲学社会科学优秀成果奖分享会，并邀请市社科联领导现场指导，就是希望能借此机会，推动我校哲学社会科学研究再上新台阶。最后，我想与各位老师分享几点希望和体会：

一是开展哲学社会科学研究的站位要高。我们研究的哲学社会科学，是“人民的、大众的”，是为人民服务的，是为了初心、为了使命。我们的哲社研究要与党中央和国家发展方向相一致，要与省、市具体要求相对应，要与街道、乡镇建设需求相呼应，在各个层面都能够体现出同频共振，做任何研究都能符合中央政策和国家战略，这样的站位就能够“顶天立地”，这样的研究就能够架着天线一竿子插到底。

二是开展哲学社会科学研究的眼界要宽。哲学社会科学研究讲究积累，讲究调研，讲究“内功”。对于哲学社会科学研究工作者而言，“出手有没有”取决于“眼界宽不宽”，没见过、没学过、没做过，很难出成果、出佳作。现代社会是信息社会，获取信息不再困难，难就难在要从海量信息中删除重复、冗余、无效的信息，真正拓展思维和眼界：既要读通弄懂经典名著，又要充分掌握最新研究进展，更要深入把握社会发展实际。这就需要大视野、多面手的能力和水平。

三是开展哲学社会科学研究的切口要准。我们是市属高职院校的教师，虽然我校不是研究型的本科院校，但是我们有我们的天然优势。因为职业教育是与地方经济社会发展最紧密的教育类型，紧贴苏州地方发展开展哲社研究就是我们的生命线和成长点。我们的哲社研究切口虽然小，看起来微不足道，但是我们的哲社研究切口准、稳、新，把握地方发展脉搏，务实、管用，这何尝不是一种大作为、大境界。只要切口精准，就有力量、就有口碑、就有未来。

各位老师，学校哲学社会科学的创新发展已经让人饱含期待，一些成果成效已经连续展露，这都是大家齐心协力、共同奋斗的结果，更是广大科研人员刻苦钻研、埋头苦干的结果。面对苏州处于长三角一体化、长江经济带、自由贸易试验区等战略发展核心区域的机遇，我们依托苏州地方开展哲学社会科学应有所为、必有所为、大有所为。让我们积极行动起来，以2020年各级各类哲学社会科学课题申报为重要抓手，加强外联内合、内外互动、创新协同，创造苏职大人的哲学社会科学研究的火热年代！

也请市社科联领导在学校今后发展过程中，一如既往地给予我们关心、支持和帮助！

谢谢大家！

编辑：许立莺

SUZHOU VOCATIONAL UNIVERSITY

第三章 要闻特辑

领导调研

江苏省教育厅调研学校体育卫生艺术与国防教育工作

3月18日下午，江苏省教育厅副巡视员李金泉，体育卫生与艺术教育处处长张鲤鲤、主任科员古恺，调研苏州市职业大学体育卫生艺术与国防教育工作。校党委书记钮雪林、校长曹毓民、副校长熊贵营，学校相关教学单位及职能部门参加了本次调研。

李金泉一行先后实地考察了学校南区室外体育场、大学生应急救护培训基地、大学生安全应急体验馆、抗挫折教育体验馆、南区室内体育馆、北区室外体育场、吴文化园、吴门花鸟画艺术研究院等教育教学场地及相关工作开展情况。

钮雪林代表学校欢迎省教育厅调研组到校调研，简单介绍了学校的基本情况。曹毓民向调研组专题汇报了学校近年来在体育、卫生、艺术、国防教育方面的发展思路、工作进展和特色创新。

李金泉肯定了学校体育卫生艺术与国防教育工作，认为学校领导重视、投入保障有力、师资配备到位，工作实、落实好、成果多，希望学校把握办学方向，坚持特色办学，继续加强体育卫生艺术与国防教育等各项工作，在全省同类高校中奋勇争先。

（校长办公室）

苏州市政协副主席程华国到校调研

2月25日上午，苏州市政协副主席程华国，市人力资源和社会保障局副局长沈伟等一行，到苏州市职业大学进行走访调研。校党委书记钮雪林参加了本次调研活动。

钮雪林做重点介绍，表示学校紧扣苏州地方产业发展需求，通过持续优化办学条件，不断提升教学能力，大力引进技能大师等扎实举措，着力培养“高品德、高技能、高适应”的技术技能型人才。座谈交流期间，学校“顾星技能大师工作室”负责人顾星老师进行了工作汇报。

程华国实地参观了学校汽车运用技术训练中心、数字化设计与制造技术训练中心，充分肯定了学校在人才培养方面的工作、方法和成效，希望学校进一步发挥各级各类技能大师在教育教学中的积极作用，为地方发展培养大批能工巧匠。

（校长办公室　机电工程学院）

苏州市人大常委会领导到学校吴文化传承与创新研究中心开展调研

3月15日，苏州市人大常委会代表议案建议工作委员会原主任、传统文化研究会会长、苏州市委宣传部原副部长、社科联主席高志罡和市人大常委会研究室主任李远延等一行3人专程到苏州市职业大学，对吴文化传承与创新研究中心成立以来的各项工作进行调研与指导，受到了校党委书记钮雪林、校长曹毓民的热情欢迎。

首先，市人大常委会领导参观了学校国家级大学生文化素质教育基地吴文化园，对学校的吴文化园建设以及功能发挥、吴文化教学与研究给予了充分肯定和高度评价。其次，与吴文化传承与创新研究中心就新常态下吴文化研究工作进行了广泛交流与座谈，就以下诸方面达成合作意向与共识：一是请学校吴文化传承与创新研究中心研究员参与人大智库工作；二是合作进行大学生人文素质教育，通过举办系列文化素质讲座与专题活动，对大学生进行人文精神的再塑造及人生价值实现；三是合作开展吴文化研究，与相关研究机构合作启动对“吴文化与苏州”“孙武子与苏州”“古老苏州新天堂”等课题的研究与成果整理；四是市人大常委会拟在学校吴文化传承与创新研究中心设立工作联系点，在大学生人文素质教育、吴文化研究、文化产业研究等诸方面开展项目合作。

（吴文化传承与创新研究中心）

苏州市政府研究室一行到学校石湖智库调研指导

3月19日下午，苏州市政府研究室副主任毛文元一行莅临学校石湖智库进行调研指导，学校校长曹毓民，副校长、石湖智库理事长张健，科技处处长姚金凤，教务处处长孙学文，石湖智库秘书长李政以及10余位智库研究员出席了调研会议，会议由张健主持。

毛文元认为石湖智库虽然成立不久，但由于学校科研力量和人才队伍的支撑，已经积累了一些对苏州地方经济发展有影响的成果，也培养了一批有影响的研究员，发展势头强劲。同时，他也对智库研究员的报告写作方式做了指导。此外，市政府研究室科研处处长成涛林就报告选题问题与研究员进行了深入交流。

最后，张健对市政府研究室的调研指导表示了衷心感谢，要求研究员认真学习、有机吸收政府研究室的意见和建议，发挥学校科研人才资源优势，为政府提供决策咨询参考和智力支持。同时也希望市政府研究室能继续给予智库工作支持和指导，推动智库决策咨询能力的提升，形成良好的学术品牌和社会影响力。

（苏州石湖智库）

中国劳动学会、中关村佳德职业教育创新联盟到校调研

9月17日上午，中关村佳德职业教育创新联盟副理事长兼秘书长蔺琪，中国劳动学会副秘书长、中国劳动和社会保障科学研究院大数据和政策仿真研究室主任、研究员张一名，中国劳动学会理事、教授付丽芬，北京大数据研究院大数据分析专家郑立群，北京精雕科技集团有限公司运营总监于洋等一行6人到校调研。副校长陶亦亦参加了本次调研会。

蔺琪介绍了本次调研开展的背景、目的和主要内容。受国务院参事室委托，对学生的就业情况、技能水平及培训需求开展调研。张一名首先充分肯定了学校的基础教育和就业率，并提出精准就业的新要求，其次对大数据应用型人才培养方向给出建议。

陶亦亦代表学校欢迎中国劳动学会、中关村佳德职业教育创新联盟到校调研，并介绍了学校的历史沿革和发展现状等基本校情，表示学校将始终以“发展学生、发展教师”为宗旨，为地方经济的发展输送高技能人才。

双方围绕具体就业形势、大数据产业发展的实际需求做了深度交流。教务处处长孙学文、学生工作处处长王琼、计算机工程学院院长李金祥、数理部副主任梁淼参加了调研会。

（教务处）

江苏开放大学副校长王玮带队到学校开展“不忘初心、牢记使命”主题教育调研

10月16日上午，江苏开放大学副校长王玮及校资源建设中心、图书馆、保卫处、设计学院等部门负责人一行6人到苏州市职业大学（苏州开放大学）开展“不忘初心、牢记使命”主题教育调研。学校副校长陶亦亦，苏州开放大学管理委员会常务副主任戴涵莘、总支副书记杨立群、事业发展中心副主任俞渊、社区教育中心副主任高觐悦等参加交流座谈，双方围绕如何建设校园文化，建好、用好“江开”的文化名片进行了深入探讨。

调研期间，江苏开放大学领导还详细了解了学校开放教育、社区教育及校园建设情况，对学校的办学理念、规范管理与校园环境给予了充分肯定。

（苏州开放大学管理委员会）

苏州市人社局领导莅临学校调研指导工作

12月20日下午，苏州市人力资源和社会保障局党委书记、局长朱正，副局长沈伟一行莅临学校调研指导相关工作。校党委书记钮雪林，党委委员、副校长张健以及党委委员、组织人事部部长魏影，党委办公室主任朱剑刚，校长办公室主任张军，财务处处长李羽陪同调研。

首先，钮雪林对朱正一行的莅临调研表示热烈欢迎，对人社局长期以来给予学校各项工作的关心和支持表示衷心感谢。并向朱正一行详细介绍了学校的办学历史、办学理念以及近年来学校在党建引领、教学科研、文化传承、社会服务、国际交流等方面发展取得的成就。同时，钮雪林围绕学校在人才引进、队伍建设、职称评定、岗位聘用、工资福利、技能鉴定等相关工作中取得的成绩和存在的困惑、后阶段的设想向人社局领导进行了重点汇报。

在听取了钮雪林的汇报后，朱正对学校的办学水平、人才培养、师资力量、校地合作以及学校在人事管理和推进人事制度改革中所做的努力和良好的发展前景给予了充分肯定和高度评价。市人社局事业单位人事管理处、工资福利处、人才开发和对外合作处等部门负责人分别就学校提出的相关问题进行现场答复。

朱正指出，苏州市职业大学作为苏州市属院校，在市委、市政府的领导和关心下，紧密联系苏州社会经济发展需求，为在苏企业乃至全国输送出了一批批“高品德、高技能、高适应”的新时代技术技能型人才；近年来学校在校党委的领导下，坚持立足“成就教师、成就学生”，人事工作有序开展、成效显著，主要体现在人才引进质量提升、队伍建设成效显著、干部选拔程序规范、岗位聘任责任明确、职称评审坚持原则、绩效考核流程优化等方

面。他表示一定全力支持学校的工作，对有关意见和建议将进一步调研，能落实的尽快落实，从政策、管理、服务等方面给予学校更大力度的支持。

（组织人事部）

重大活动

学校召开2018年度党委领导班子民主生活会

1月10日下午，学校召开2018年度党委领导班子民主生活会，校党委班子全体成员参加会议，党委办公室、纪检监察室列席会议。本次会议的主题是强化创新理论武装，树牢“四个意识”，坚定“四个自信”，勇于担当作为，以求真务实作风坚决把党中央决策部署落到实处。校党委书记钮雪林主持会议。

民主生活会召开前，学校党委认真研究制定了学校《苏州市职业大学2018年度党委领导班子民主生活会实施方案》，并按照方案要求，认真做好学习研讨、征求意见、谈心谈话、撰写领导班子对照检查材料和个人发言提纲等各项准备工作，为民主生活会的召开打下了良好的基础。

民主生活会开始时，校党委书记钮雪林要求各位党委委员准确、深刻把握会议主题的内涵，将落实意识形态工作责任情况纳入其中，严肃认真开展批评和自我批评，增进团结、振奋精神，确保民主生活会开出高质量、开出新气象，努力推动形成积极向上、干事创业、风清气正的政治生态，为推进学校内涵式高质量发展提供坚强保证。

钮雪林代表党委领导班子通报了2017年度民主生活会整改措施落实情况；报告了2018年度党委班子主要工作情况，从思想政治认识、精神状态、工作作风三个方面查找了9个问题，明确了针对性的整改对策。随后，党委班子成员逐一进行自我批评，查找问题、分析原因，并提出具体的整改措施。班子成员相互间积极开展点评与批评，直截了当、直奔主题，真切指出存在的问题和不足，以及改进的方向。这次民主生活会，开出了红红脸、出出汗的效果，达到了“团结—批评—团结”的目的。

钮雪林在总结发言中指出，各位党委委员要在今天民主生活会的基础上，认真对照自己查摆的问题和同志们相互提出的批评意见，迅速进行整改，进一步提振精气神、增强党性、努力工作，以更加优异的成绩迎接中华人民共和国成立70周年。

（党委办公室）

学校召开第六届期刊编辑委员会会议

2月25日，学校第六届期刊编辑委员会会议在惠和楼举行，《苏州市职业大学学报》和《苏州教育学院学报》编辑委员会全体委员出席了本次会议。会议由校党委副书记、副校长刘丹主持，他向全体编委会成员介绍了学术期刊中心近年来的工作情况，并宣读了新一届的编委会名单。

学术期刊中心副主任李平做2017—2019学术期刊中心工作汇报，总结了三年来学术期刊中心所取得的成绩，包括《苏州市职业大学学报》和《苏州教育学院学报》RCCSE核心期刊入围情况、江苏省期刊质量评估成绩、历次评比和竞赛中学术期刊中心的组织和个人获奖情况、特色栏目建设、组织学术会议和出版学术专著等成绩，并对目前存在的问题和应对措施，提出了新的工作设想。

编辑委员会副主任委员、《苏州市职业大学学报》主编、副校长陶亦亦和编辑委员会副主任委员、《苏州教育学院学报》主编刘丹分别对学术期刊中心过去的工作予以充分肯定，并对学报的下一步重点工作和学报发展提出建议和要求。

最后，编辑委员会主任委员、校长曹毓民对学报编辑委员会多年来给予学报的支持表示感谢，在对学术期刊中心取得的成绩予以充分肯定的基础上，指出学校要创建全国一流品质院校，各个方面都要争创一流，学报也要成为一流品质的学报，要有新举措，并对学报工作提出了明确的目标和要求。

（学术期刊中心）

学校召开2019年工作部署暨党风廉政建设工作会议

3月6日下午，在综合表彰大会结束后，接着召开学校2019年工作部署暨党风廉政建设工作会议。会议由校党委副书记、副校长刘丹主持，全体校领导，全校中层干部参加了会议。

校长曹毓民首先对2019年度学校工作要点进行了解读。2019年学校将以习近平新时代中国特色社会主义思想为指导，深入贯彻全国教育大会精神，推动思想再解放、改革再深化、目标再提升、思路再优化、发展再创业，实施专业竞争力提升重点建设年工程，进一步推动学校内涵式高质量发展。曹毓民要求，全校各个单位要认真落实立德树人根本任务，努力形成更高水平的人才培养体系，提升人才培养质量；要加大督查督办力度，逐项推动年度工作重点工作落实到位；要努力提高政治站位，树立好标杆意识，敢于担当作为，推动内涵发展；要自觉弘扬优良传统，践行校训精神，更加凝心聚力，努力推动一流品质院校建设；要不忘初心、攻坚克难、开拓进取、再立新功，以昂扬奋进的精神面貌和突出贡献，迎接中华人民共和国成立70周年。

校纪委书记蔡晓平做党风廉政建设工作报告，对2018年学校党风廉政建设工作进行了总结，并从深化思想认识、加强党的政治建设、强化监督职能、加强制度建设、做好重点防控、推进校内巡审督查、推进廉政文化教育、加强队伍建设等8个方面，对2019年党风廉政建设工作进行了布置。

校党委书记钮雪林做讲话。他指出，2019年是新中国成立70周年，是全面建成小康社会关键之年，也是学校持续推进内涵式高质量发展、实施专业竞争力提升建设、加强“放管服”改革的重点之年。为进一步推动2019年各项工作任务落实，钮雪林强调：一是以五个方面转型提升，引领内涵式高质量发展；二是以全面从严治党，保障内涵式高质量发展；三是以狠抓工作落实，推动内涵式高质量发展。

会上，钮雪林还通报了2018年学校党委民主生活会的开展情况。各学院（部）、各部门还向学校党委递交了党风廉政建设、基层党组织建设以及宣传思想和意识形态工作3份责任书。

（党委办公室　校长办公室）

学校召开2019年领导干部经济责任审计联席会议

3月8日下午，学校召开2019年领导干部经济责任审计联席会议。校长曹毓民出席会议并讲话。联席会议成员部门主要负责人和审计处工作人员出席了会议，会议由校党委副书记、副校长刘丹主持。

会上，刘丹对上级和学校的有关审计政策做了解读。审计处处长顾慧琴代表审计处通报了2018年审计工作情况。

曹毓民在讲话中充分肯定了学校2018年的审计工作，并对2019年工作提出了要求。他指出，学校的内部审计工作，要紧紧围绕学校专业竞争力提升重点建设年工作，做好统筹规划；要建立健全内部审计制度，不断创新审计思路，改进审计手段，全面提升审计工作质量，为学校各项事业的健康可持续发展保驾护航。

此次联席会议的召开，有利于进一步推进学校审计结果的科学运用，对内管干部的履职尽责、校内党风廉政建设起到了有效的促进作用。

（审计联席会议办公室）

学校召开中外合作办学高水平示范性建设工程推进会

4月9日，学校召开中外合作办学高水平示范性建设工程推进会，副校长张健、相关专业负责人、外事办公室工作人员参加会议。

2017年7月，学校与澳大利亚启思蒙学院合作开办的机电一体化技术专业和会计专业合作办学项目被江苏省教育厅确定为省中外合作办学高水平示范性建设工程培育点。此次推进会上，两个专业对照建设工程实施方案，介绍了立项一年半以来在推进教育教学改革、提升师资队伍水平、发挥专业示范辐射作用、国际化人才培养等方面取得的成绩，提出了在建设过程中亟待解决的问题。张健肯定了两个专业取得的建设成效，与参会人员就学生参加国际大赛比例低、外方在线开放资源引入不够、硬件配套保障有待改善等问题展开讨论，积极谋划解决办法，并就近期能落实落地的工作进行了部署。

（校长办公室）

学校召开2019年安全工作暨平安校园建设工作会议

4月10日上午，学校召开2019年安全工作暨平安校园建设工作会议。校党委书记钮雪林、校长曹毓民出席会议，会议由副校长熊贵营主持。

会上，钮雪林强调了做好2019年安全稳定工作的重要性、复杂性和挑战性，并提出三点要求：一是提高认识，把安全稳定工作摆在更加突出重要的位置；二是明确责任，进一步推动安全稳定工作任务落到实处；三是狠抓落实，扎实推进学校安全工作再上新台阶。

曹毓民从三个方面对学校2019年安全工作进行全面部署，他指出：一要围绕中心工作，深入推进“平安校园”建设；二要健全学校安全管理机制，落实安全责任；三要重点开展好九个方面工作，并提出了具体工作要求。

会上，保卫处处长丁虎汇报了学校2018年安全工作以及平安校园建设工作情况。会议对2018年度校园管理综合治理及平安校园建设先进单位进行了表彰，电子信息工程学院、管理学院、外国语学院获先进单位称号。

管理学院、电子信息工程学院、机电工程学院3个单位负责人就学生安全管理、实验室安全管理等方面工作进行交流发言。

（党委办公室　保卫处）

2019“智汇苏州”论坛在学校举行

4月26日，2019“智汇苏州”论坛在学校举行。本次论坛以“文化江南、包容苏州：长三角一体化与江南文化高地建设”为主题，在中共苏州市委宣传部、苏州市哲学社会科学界联合会指导下，由苏州市职业大学主办，苏州石湖智库承办。

苏州市委常委、宣传部部长金洁，市哲学社会科学界联合会主席刘伯高，市文旅局局长李杰，苏州市职业大学党委书记钮雪林，校党委副书记、校长曹毓民，市各有关部门和单位的主要负责人，市有关智库主要负责人，苏州市职业大学相关部门主要负责人、专家代表等参加活动。活动由苏州市职业大学党委委员、副校长张健主持。

金洁代表市委宣传部对与会专家表示热烈欢迎。她充分肯定了苏州石湖智库自成立以来，以“政府政策研究、应用理论创新、江南文化传承”为发展方向，立足地方优秀传统文化的研究与创新，着力打造特色鲜明的吴文化品牌，开展学术研究和理论探讨的努力与尝试，在较短的时间内产生了一批较有影响力的决策咨询成果，并希望“智汇沙龙”可以长时间、定期化进行下去，也热切期待与会的专家能够为苏州市政治、经济、文化高质量发展献计献策。

会上，钮雪林致辞，曹毓民、刘伯高为石湖智库揭牌。苏州市职业大学校领导对苏州市委宣传部、苏州市社科联长期以来的关心和指导表示衷心的感谢，指出苏州市职业大学一定会借石湖智库成立的契机，组建一批年富力强的专家团队，精心打造“智汇苏州”沙龙品牌，及时推出一批见解独到、观点鲜明、操作性强的决策咨询成果，从而彰显苏州市职业大学作为地方高校积极服务地方经济的信心和决心。

论坛由江苏省委《群众》杂志副总编辑、教授李程骅主持，中国社会科学院城市与竞争力研究中心主任、研究员倪鹏飞就《长三角高质量一体化下苏州发展战略》做主旨发言。

（苏州石湖智库）

学校召开第十次教学工作暨专业竞争力提升重点建设年推进会

4月30日下午，苏州市职业大学第十次教学工作暨专业竞争力提升重点建设年推进会在图书馆学术报告厅召开。全体校领导、相关职能部门主要负责人、各学院（部）领导、教授代表及专业负责人等170余人参加了会议。会议由副校长熊贵营主持。

副校长陶亦亦首先做《抓内涵　创特色　开启高质量发展新篇章》教学工作报告。报告全面总结回顾2016年以来学校在教学工作中取得的成绩、存在的问题，明确今后一段时期教学改革与建设的思路和工作重点，提出落实完成专业竞争力提升重点建设年工作任务的举措。

电子信息工程学院院长张欣、计算机工程学院院长李金祥、商学院院长吴文英分别就国家智能控制技术专业教学资源库建设、职业院校技能大赛组织与参赛、骨干专业建设等分享了经验，展示了学校在教学资源库建设、人才培养、专业内涵提升等方面取得的成绩。

发展与评估办公室副主任张红兵就学校2018年内涵质量指标进行了分析：通过学校事业发展内涵质量建设，2018年学校内涵质量指标水平得到了提升。他还从办学条件、师资力量和教学科研产出等核心指标进行了横向对标分析，明确了今后努力的方向。

校长曹毓民对2019专业竞争力提升重点建设年行动方案进行了解读并做了工作部署，从教育教学改革实践、专业优化调整机制、产教深度融合格局、教师教学创新团队、课程体系课堂教学、教学科研成果项目等六个方面明确建设任务，落实主体责任。

最后，校党委书记钮雪林做总结讲话，就推动2019专业竞争力提升重点建设年取得新成效，提出四点意见：一是坚持立德树人，强基固本全面提升人才培养质量；二是深化产教融合，校地合作深入服务苏州地方经济社会发展；三是培育特色品牌，多措并举大力提高专业竞争力；四是狠抓工作落实，形成合力共同提高学校内涵质量建设水平。

（校长办公室　教务处）

“当前苏州经济社会发展热点话题”学术研讨会在学校召开

5月8日，“当前苏州经济社会发展热点话题”学术研讨会在学校吴文化园召开。此次学术研讨会由苏州市人民政府研究室主办，苏州市职业大学数字经济研究中心承办。研讨会由苏州市人民政府研究室党组书记、主任卢宁主持，苏州市人民政府研究室副主任毛文元、综合处处长沈智清、调研处处长谭槊、科研处处长成涛林等参加了研讨会。学校党委书记钮雪林、校长曹毓民和副校长张健出席研讨会。

钮雪林首先代表学校致辞，表示苏州市职业大学作为地方高校，有责任积极融入苏州地方经济建设、紧跟苏州当前经济研究的热点问题。学校鼓励教师通过参与各类高水平的科学研究，将一篇篇论文写在苏州大地上，将科技成果根植于苏州的土壤中，为苏州发展做出贡献。

研讨阶段，与会专家们分别围绕苏州生态文明、供给侧结构性改革、乡村振兴路径、长三角一体化等当前经济社会发展热点话题进行了主题发言。方世南率先发言，他提出要推动苏州生态文明整体高质量发展，应高度重视牢固确立大生态文明建设的理念，构建党政、企业、社会、公众组成的多元主体生态合作治理共同体，谋划好长三角区域生态合作治理联盟发展规划等十大问题；杨传明就长三角一体化背景下苏州生态文明协同治理研究这一热点问题做了发言；孙学文就高质量发展背景下的苏州标志性企业培育这一热点问题发言，提出标志性企业要具备持续创造财富的能力、创新能力、实施多元化战略、把握产业数字化发展机遇、提高国际化程度等五个能力。

苏州市作为长三角中心城市，经济社会发展日新月异，此次针对当前苏州经济社会发展的热点话题所开展的研讨活动取得了圆满成功。此次研讨会也是学校数字经济研究中心举办的一次重要的学术研讨会，与会的各位研究员表示受益匪浅，对提升数字经济研究团队的科研能力和建言献策能力具有重要的指导意义。

（科技处　数字经济研究中心）

学校召开发展规划委员会工作会议

5月15日上午，学校发展规划委员会在惠和楼召开工作会议。校发展规划委员会组长曹毓民主持会议，各工作委员会牵头校领导、牵头部门负责人参加会议。

各工作委员会牵头部门负责人围绕专业优化与调整、科研平台中心建设、师资队伍建设、校园规划、智慧校园建设、校企合作、创新创业、国际合作等内容，对照职责和任务，汇报工作进展。参会人员充分交流，为学校各项建设出谋划策。

曹毓民发表讲话，对校发展规划委员会成立以来，各工作委员会的工作进展及成效予以肯定，并对下阶段工作提出要求：一是要紧紧围绕新时代“苏职大发展四问”，全面推进内涵质量建设；二是要聚焦重点建设年工程，全面提升学校竞争力；三是要大力推进“放管服”改革，全面激发创新发展活力。

（校长办公室）

苏州市统计学会在学校召开第六次会员大会

5月17日下午，苏州市统计学会第六次会员大会在学校召开。苏州市统计局、国家统计局苏州调查队、各县（市、区）统计局、调查队、市级机关有关部门、统计事务所、民调机构、基层企业和在苏高校共计170余人参加了会议。

应邀出席会议的嘉宾有江苏省统计学会副秘书长沈斌、高级统计师张文君，苏州市职业大学党委书记钮雪林、校长曹毓民。大会由钮雪林代表苏州市职业大学致开幕辞，江苏省统计学会副秘书长沈斌宣读省统计学会贺信。

苏州市统计学会第五届理事会会长、苏州市人大常委会财经工委主任黄正栋做苏州市统计学会第五届理事会工作报告。黄正栋从自身建设、做好服务、传播统计知识和文化三个方面，总结了市统计学会第五届理事会在过去六年所做的工作，以及为全市实现“两个率先”奋斗目标做出的贡献。

苏州市职业大学党委副书记、副校长，第五届苏州市统计学会副会长刘丹就《苏州市统计学会章程》做了修改说明，大会审议通过了《苏州市统计学会第五届理事会工作报告》《苏州市统计学会章程》修改草案。

苏州大学教授、第五届苏州市统计学会副会长唐煜就《苏州市统计学会第六届理事会理事、监事候选人建议名单》做了说明，大会产生了第六届理事会，共选举产生理事69名，监事1名。

在随后召开的六届一次理事会上，苏州市统计局副局长吴蔚就《苏州市统计学会第六届理事会会长、副会长、秘书长候选人建议名单》做了说明，会议选举产生会长1名，副会长5名，秘书长1名，副秘书长3名。苏州市职业大学商学院院长吴文英当选为市统计学会第六届理事会会长，并做了《迎接新挑战开创统计学会工作新局面》发言，从四个方面对做好本届学会工作提出了要求。

最后，苏州市统计局局长陈鼎昌从统计事业自身发展的要求出发，就统计学会如何坚持正确的政治方向，如何提高管理的科学化、制度化和规范化水平，如何发挥学会理论研究作用提出了希望。

（商学院）

学校召开2019思想政治工作年会

5月22日，围绕新时代“苏职大发展四问”，精准落实思政“三结合”，学校2019思想政治工作年会在张家港举行。校党委书记钮雪林，党委副书记、副校长刘丹，党委办公室、宣传统战部、学生工作处等部门主要负责同志，各学院（部）党总支书记、副书记，思想政治理论教学研究部教师等参加了本次会议。

首先，与会者参观了张家港市经济社会建设成就展、张家港市创新展示中心、“华夏第一钢村”——张家港市永联村。现场参观后，在永联议事厅召开了学校2019思想政治工作座谈会，座谈会由刘丹主持。

永联村党委书记吴惠芳从工业化带动城镇化、“共建共享”是发展动力、与时俱进创新乡村模式等三个方面，详细介绍了永联村如何从一个昔日长江边“最小、最穷、最落后”的“贫困村”发展成为如今全国闻名的富裕村和文明村。吴惠芳和大家分享了永联村成功发展的三条核心经验，选准一个好书记、建设一个好班子、落实党的好政策。

最后，钮雪林做了讲话。他指出，张家港精神是苏州“三大法宝”之一。学校当前正处发展关键期，走出校门，以体验社会的形式来召开2019年度的思政年会，就是要认真学习张家港精神，用实际行动回答好新时代“苏职大发展四问”。他结合全省教育大会精神，谈了四点要求：一是教育者首先要受教育。二是要把立德树人作为首要任务。三是学校发展，关键是教师。学校教育成功与否，关键在于教师，要教育好学生，教师首先是一位成功的教育者。四是思政教育要创新发展。要拓展思路，充分利用校地合作、校企合作多元平台，培育苏职大思政品牌。

会前，各党总支递交了思政工作特色报告。会后，机电工程学院党总支书记朱炎、学生工作处副处长傅中山等，通过学习张家港精神、永联精神，结合自身工作，书面汇报交流了本次会议受到的启发、思政工作创新举措思考以及未来落实工作的设想等。

（宣传统战部）

学校召开高层次人才代表座谈会

学校高层次人才代表座谈会于5月27日上午召开，部分高层次人才代表受邀参加座谈。校党委书记钮雪林，校党委副书记、校长曹毓民，校党委副书记、副校长刘丹出席了会议。党委办公室主任朱剑刚、校长办公室主任张军、组织人事部部长魏影和副部长金霁参加了座谈会。座谈会由钮雪林主持。

座谈会上，来自各学院（部）的17位高层次人才代表对学校积极营造人文环境、努力改善软硬件设施，不断提升管理服务水平，为教师成长成才创造条件表示了衷心感谢。同时围绕坚持立德树人、教书育人，加强文化引领和社会服务，正确处理教学与科研的关系，提升专业建设与竞争力，加强校地、校企合作，产教融合实现共赢等方面提出了中肯的意见和建议，大家畅所欲言，气氛热烈融洽。

曹毓民对与会老师表示感谢，他表示：针对会议提出的问题将进行专题研究并做好改进工作，学校要全力吸引优秀教师，积极做好“外引内培”工作，用“严宽有度”的原则引导教师完成好教学科研工作，并积极为教师提供更多的机会；希望高层次人才能够起示范引领作用，带动其他老师一起投身学术研究；学校的管理体系要根据人才需求进行调整和改进，更好地服务高层次人才。

钮雪林在最后的讲话中指出，学校要进一步吸引人才、服务人才、发挥好高层次人才的作用。一是学校要从职业类院校出发，立足苏州、服务苏州，建设好“五大平台”，为区域社会经济发展服务；二是学校发展格局要做大，要有底气和志气，勇于创新争先、敢于对标一流；三是学校的发展要充分利用社会资源，要走向社会，推进校地、校企合作，实现共建、共享、开放、共融；四是教师是学校发展的第一资源，学校要尊重教师、服务教师，创造人才成长和发展的环境；五是学校坚持尊重、关爱、服务老师，但不盲目迁就、放任，要做到宽严结合；六是高层次人才要做到廉洁自律，在项目、资金使用等方面加强廉洁，为其他老师做表率。他希望大家继续努力，发挥人才的智慧，加快学校内涵质量提升，为建设全国一流品质院校贡献力量！

（组织人事部）

学校成功召开“双师”工作推进会

5月29日下午，学校在惠和楼会议室召开“双师”工作推进会。校领导、管理及教辅机构负责人、学院（部）院长（主任）、党总支书记、分管教学副院长、兼职教授代表、企业代表和教师代表近70人参加了会议。校党委副书记、副校长刘丹主持了会议。

与会人员一起观看了学校“双师”工作短片《师者》。校长曹毓民做《产教融合提升素质，内涵建设强化双能》工作推进报告。

副校长张健宣布了学校第二批“双师型”教师培养培训基地名单，校党委书记钮雪林、校长曹毓民为第二批“双师型”教师培养培训基地授牌，副校长张健、校纪委书记蔡晓平为教师代表颁发了“双师素质”教师证书。

校兼职教授钟锦德，“双师”基地代表李丰、张敏，学校教师代表顾星、淮文军等做了交流发言。

最后，钮雪林做《打造校地合作命运共同体，建设高质量“双师型”教师队伍》讲话。他就如何进一步推动学校建设高质量“双师型”教师培养培训基地提出三点意见：一是打造一个“校地合作命运共同体”，夯实基石；二是发挥校地两种资源优势，增强合力；三是释放学校三类人员积极性，激发内生动力。

（组织人事部　宣传统战部）

学校召开意识形态工作分析研判会

6月13日下午，学校在惠和楼会议室召开中心组学习暨意识形态工作分析研判会。会议由校党委书记钮雪林主持，校党委中心组成员、相关职能部门负责人、各学院（部）党总支书记参加了会议。

会上，校党委委员、宣传统战部部长韩承敏解读了习近平总书记关于意识形态工作相关文件精神，并对学校近期意识形态工作做了分析研判。

教务处、学生工作处、保卫处、信息中心、国际学院、艺术学院、计算机工程学院等部门结合工作实际和当前形势，分别通报了各条线相关工作情况，并提出了应对办法。

最后，钮雪林做总结讲话。他充分肯定了学校近年来思想政治工作、意识形态工作成效和创新探索，并就进一步贯彻落实上级文件精神、扎实做好下一阶段学校意识形态工作提出三点要求：一是进一步提高政治站位，强化行动自觉；二是强化“一盘棋”思想，完善部门联动工作机制和相关制度；三是加强网络、新媒体、社团等阵地管理，加强工作方式方法创新和探索。学校各级党总支、各部门要坚决按照一岗双责、守土尽责的要求，落实好意识形态工作责任制。钮雪林强调，全校上下要各司其职、各尽其责，始终坚持把意识形态工作摆在重要位置，牢牢掌握意识形态工作领导权和主动权，将责任落实到学校工作各个层面和各个领域，树牢“四个意识”，坚定“四个自信”，做到“两个维护”，为建设“一流品质院校”提供有力保证和支撑。

（宣传统战部）

2019年江苏省高校档案馆馆长论坛在苏州市职业大学举行

6月14日，2019年江苏省高校档案馆馆长论坛在苏州市职业大学举行。本次论坛主题为“高校档案与校园文化建设”，由江苏省高校档案研究会主办、苏州市职业大学承办。来自南京大学、东南大学等70余所高校的100余名代表齐聚苏州。江苏省档案局社会事业处处长谢微，江苏省高校档案研究会理事长、南京大学档案馆馆长吴玫，苏州市档案馆副馆长沈慧瑛，苏州市档案馆监督指导处处长谈隽，苏州市职业大学校长曹毓民出席会议。开幕式由江苏省高校档案研究会副理事长/秘书长、东南大学档案馆馆长黄松莺主持。

曹毓民、谢微、吴玫分别在开幕式上致辞。曹毓民简要介绍了苏州市职业大学的办学历史、师资力量、人才培养以及近年来学校建设发展与档案工作的特色与成果，预祝此次大会圆满成功。谢微代表江苏省档案局做了热情洋溢的讲话，她认为本次论坛主题很有意义，随着高校档案工作的开展，校园文化日益成为档案工作所关注的领域，高校档案如何服务于校园文化建设是值得关注和思考的话题。吴玫指出新时代对档案工作提出了更高的要求和更新的挑战，她鼓励高校档案工作者要抓住机遇，迎接挑战，为高校档案事业做出新贡献。

开幕式后，沈慧瑛应邀做《走近过云楼》专题报告，介绍了苏州过云楼档案及征集、编研情况，讲述了自己从初识、了解，进而深入研究过云楼档案的亲身经历与研究心得，展示了苏州市档案馆收藏的过云楼顾氏家族日记、家书、题画词等珍贵档案图片。扬州大学档案馆馆长殷宏楼、河海大学档案馆馆长叶鸿蔚、苏州市职业大学党办副主任孙赢分别就高校档案文化价值的综合考量与呈现、口述校史档案的建立与方法、高职院校档案与校园文化建设深度融合的路径及实践等方面做主题发言。

江苏省档案研究会副理事长、中国矿业大学档案馆馆长周晓林做会议总结。会议期间，与会人员实地考察了苏州工业园区档案管理中心、苏州市职业大学档案馆和吴文化园、过云楼陈列馆，围绕论坛主题进行了进一步探讨与交流。

（党委办公室）

学校召开2019年图书情报工作委员会工作会议

6月24日上午，2019年校图书情报工作委员会工作会议在图书馆会议室召开。校党委副书记、副校长刘丹及校图书情报工作委员会委员参加了会议。会议由图书馆馆长赵宁燕主持。

刘丹宣读了新一届校图书情报工作委员会的调整名单。各位委员认真审议了《苏州市职业大学图书馆2018年年度报告》，听取了图书馆相关部门负责人对学科知识服务、芸台购、RFID智能系统、空间预约、走进院部等新服务的介绍。随后，委员们审阅了《学院馆藏利用分析报告》，并给予了充分肯定。会议上，委员们为图书馆如何深化服务，如何与相关部门合作，如何对接学校科研团队，以及为师生提供更深层次、更有用的服务等方面积极地出谋划策、建言献计。

最后，校图书情报工作委员会主任刘丹做了讲话。他首先肯定了学校图书馆在过去一年所取得成绩。同时，刘丹对图书馆事业发展提出了新的要求。他表示，新时期图书馆在转型发展过程中要建立新思想、新观点、新理念，学科服务能力要进一步加强，信息编撰要与高教所和石湖智库进一步密切联系，阅读推广工作要进一步向纵深推进，育人服务功能要进一步丰富拓展，主动出击，顺势而为，充分发挥学校教学科研水平的助推器功能，更好地促进学校人才培养和事业发展取得新的成就。

（图书馆）

“庆祝新中国成立70周年·档案馆馆藏珍品展”火热开展

9月16日起，由学校档案馆主办的“庆祝新中国成立70周年·档案馆馆藏珍品展”在函玉楼开展。

本次展览结合“不忘初心、牢记使命”主题教育，以观校史、知校情、庆祖国70华诞为目的，通过陈展建校以来收藏的具有代表性的实物档案，展示学校建校以来的办学历程、办学成果。陈展总面积达600平方米，分为2个展厅。一号展厅通过三个板块，集中陈列展示各级领导、知名校友到学校视察、指导工作时的重要题词10余幅，馆藏名家真迹字画、作品30余幅，学校教师编著的具有代表性的省部级以上规划教材及获奖学术著作等40余部。二号展厅特藏与展陈相结合，通过序言、机构沿革、大事铭录、殷切关怀、学苑撷萃、教育教学、科研学术、合作交流、荣誉榜等板块及180余件馆藏珍品实物档案展示学校在不同时期的办学成果。展览讲解由教育与人文学院学生团队承担。

开展近一个月以来，已接待校领导、部分党支部、离退休老同志、2019级新生、艺术学院南非留学生等10多批次团队参观。参观过程中，大家一边认真听取讲解，一边询问有关细节情况，对学校日新月异的发展有了更深刻的认识和体会。这也激发了广大师生爱校荣校的责任感和为学校内涵式高质量发展奋斗的热情。

（党委办公室［档案馆］）

学校召开“不忘初心、牢记使命”主题教育工作会议

9月17日下午，在学校“不忘初心、牢记使命”主题教育动员部署会后，学校主题教育工作会议在惠和楼215会议室召开。校党委副书记、副校长刘丹主持会议并讲话，主题教育领导小组办公室综合组组长朱剑刚、组织组组长魏影、宣传组组长韩承敏、督导组组长俞建伟，全校各党总支书记以及党支部书记代表60余人参加了会议。

会上，刘丹重申了此次主题教育的重要意义，进一步传达了中央、省委、市委主题教育的部署要求，介绍了学校主题教育实施方案的主要内容，并对学校主题教育的推进和落实提出了四点工作要

求。一是“学”要扎扎实实，入脑入心、原原本本学。要把学习贯彻习近平新时代中国特色社会主义思想作为主线，切实把学习成果体现到“成就老师、成就学生”上，激发广大党员干部在“创新争先、创优争光”活动中的热情和干事创业的动力。二是“研”要掌握实情、聚焦重点任务和难点问题。要对照“苏职大发展四问”，深入到一线教师和学生中掌握第一手资料，从而找到自己的差距和不足。三是“检”要对表对标、直面问题。要牢固树立问题导向，认真进行“六对标六反思”，查找自身问题，党员之间做到相互提醒警醒，为整改落实提供精准靶向。四是“改”要见底见效、即知即改、应改尽改，边学边查边改。要对调研中发现的问题列出整改清单，逐条整改。要把开展主题教育同学校全国一流品质院校建设、推进内涵式高质量发展紧密结合起来，推动学校办学水平和服务社会能力再上新台阶。

会议要求，各基层党组织要从严从实抓好任务推进，尽快制定出总支和支部主题教育工作方案，结合学校“先锋论坛”系列活动，将主题教育同年度重点工作任务结合起来，有序推进，不折不扣完成主题教育的各项工作。

（组织人事部）

学校召开“不忘初心、牢记使命”主题教育推进会

9月29日下午，学校“不忘初心、牢记使命”主题教育推进会在惠和楼215会议室召开。校党委副书记、副校长刘丹，主题教育领导小组办公室成员，全校各党总支书记、副书记和各党支部书记、副书记70余人参加了会议。会议由组织人事部部长魏影主持。

会议首先进行了示范“行动支部”的评选。自9月6日以来，校党委组织部发布的《关于开展“行动支部”示范遴选建设的通知》得到了各党总支和党支部的积极响应，共有16个党支部提交了申报材料。会上，评委们从“行动主题契合实际”“行动目标合理明确”“行动任务科学具体”“服务中心、推动发展有力”“组织生活规范有效”“支部堡垒作用发挥充分”“党员先锋作用发挥明显”等7个方面进行评选，遴选出了图书馆直属党支部、电子信息工程学院电子技术系党支部等8个示范“行动支部”。进一步推动党支部在学校内涵式高质量发展中当先锋、做表率。刘丹在点评中肯定了“行动支部”能将党和学校各项业务工作紧密结合，发挥推动保障作用。

会上，刘丹对学校“不忘初心、牢记使命”主题教育的推进和落实进行了进一步部署，对学校深入推进主题教育提出了三点要求：一是落实第一责任人职责，当好主题教育领头雁；二是把握主题主线，推动主题教育任务落地；三是注重统筹结合，确保主题教育取得实效。要把开展主题教育同贯彻落实习总书记对教育工作的重要指示精神和中央决策部署紧密结合起来，同推动学校教学科研管理工作融合发展紧密结合起来，同开展好基层党建工作紧密结合起来，引导学校广大党员不忘初心、牢记使命，为提升学校内涵质量水平，谱写美丽职大新篇章而努力奋斗！

（组织人事部）

学校召开主题教育调研成果交流会

根据“不忘初心、牢记使命”主题教育工作安排，10月31日下午，学校在惠和楼504会议室召开主题教育调研成果交流会，校党委班子全体成员参加，会议由校党委书记钮雪林主持。苏州市委主题教育第十巡回指导组成员戴永到会指导。

会上，钮雪林带头做调研成果交流，校领导班子其他成员逐一交流了调研成果。大家从调研选题意义和价值、调研问题的现状、存在的问题、解决措施等方面，做了深入交流。校领导班子成员坚持问题导向，以务实高效的作风做了深入细致的调研，充分听取广大师生的意见建议。形成的调研报告具有较强的针对性和有效性，达到了预期目的。

钮雪林强调，要细照笃行习近平新时代中国特色社会主义思想，引导广大党员干部牢记职责使命，进一步解放思想、敢于担当，加快推动改革创新。对调研中发现的问题，要以钉钉子精神抓好整改落实，明确责任主体、目标要求、整改措施和完成时限，把调研成果转化为推动学校内涵质量发展的效果。

（党委办公室）

学校召开党外代表人士“双月座谈会”

11月22日上午，在惠和楼418会议室召开了党外代表人士“双月座谈会”。校党委书记钮雪林出席，党委办公室、宣传统战部主要负责人参加会议。会议由校党委副书记、副校长刘丹主持。

校党委委员、宣传统战部部长韩承敏汇报了学校“不忘初心、牢记使命”主题教育活动开展情况，并解读了党的十九届四中全会精神。

座谈会上，气氛热烈，校民盟、民建、民进、致公党、九三学社等党外代表人士围绕党的十九届四中全会精神、“不忘初心、牢记使命”主题教育活动，结合学校改革发展的大方向，从建立高效顺畅的校内管理体制机制方面建言献策。就学校教学管理、教育质量、制度落实、数据共享、文化环境、学生课余活动、设备管理利用等问题发表了自己的意见建议。钮雪林认真倾听了每一位代表的发言，对反映强烈的问题进行了深入询问并予以记录。

（宣传统战部）

学校参加全国高职高专校长联席会议2019年年会

11月22—23日，学校副校长陶亦亦、教务处处长孙学文等，参加了在重庆举办的全国高职高专校长联席会议2019年年会。

会议贯彻落实《国家职业教育改革实施方案》，以“深改革·高赋能·强贡献”为主题，通过主题报告、专家解读、经验分享、互动交流、成果展示等形式，就高等职业院校落实职业教育改革任务交流研讨。教育部职业教育与成人教育司司长陈子季、副司长谢俐出席大会并发表了重要讲话。

本次年会举办了高职院校技术研发与应用成果展，学校“表面功能技术在丝绸织绣上的应用”和“能源装备协调创新中心”两个项目入选并参加现场展示。展示期间，教育部职业教育与成人教育司司长陈子季、副司长谢俐先后莅临学校展位，陶亦亦对学校表面功能技术在丝绸织绣上的应用情况和科技创新及服务地方情况进行了汇报，陈子季详细询问了学校技术成果的产业化情况。学校在本次年会获得“2018年高等职业院校教学资源50强”和“高等职业院校技术研发与应用成果展优秀奖”荣誉。

（校长办公室　教务处　科技处）

学校召开诊改大数据平台项目推进会

11月27日上午，诊改大数据平台项目推进会在惠和楼召开，学校网络安全与信息化领导小组全体成员参加会议，会议由副校长张健主持。

会议邀请了天津职业大学教学督导与评价中心副主任高洋教授做《提升质量内涵建设，扎实推进诊改工作》专题汇报。学校诊改大数据平台项目厂商三盟科技股份有限公司卢毅对项目前期的项目建设过程及遇到的困难进行了汇报，并对当前已部署的平台和数据状况进行了演示。

信息中心副主任杨静波汇报了2016—2019年信息中心承建的主要信息化项目情况，对已发布的应用开展使用情况调研，对目前仍在建的项目进行了任务明确和意见征集。

最后，张健做总结发言，指出诊改大数据平台建设符合学校内涵式高质量发展的要求，建设初期任务重困难大，希望各部门、各院（部）协同工作推进诊改项目，对数据源认真负责，并在的项目推进中积极提出宝贵意见。

（信息中心）

学校党委班子召开“不忘初心、牢记使命”主题教育专题民主生活会

按照第二批“不忘初心、牢记使命”主题教育召开专题民主生活会的要求，对领导班子进行守初心、担使命，找差距、抓落实的政治体检，检验主题教育成效。12月3日下午，学校党委班子在惠和楼215会议室召开“不忘初心、牢记使命”主题教育专题民主生活会。苏州市委主题教育第十巡回指导组副组长马俊、组员戴永到会指导并点评。专题民主生活会由校党委书记钮雪林主持。

会上，钮雪林通报了此次民主生活会准备情况，并代表学校党委班子就“四个对照”“四个找一找”的要求进行了检视剖析，深入分析了产生问题的原因，并提出了今后的努力方向和整改措施。随后，校党委领导班子成员逐一做个人检视剖析，开展批评与自我批评，大家在发言中坚持开门见山、开诚布公、严肃认真地提出意见建议，帮助改进提高，进一步统一思想、明确方向、凝聚力量，达到了“团结—批评—团结”的目的。

马俊对此次专题民主生活会给予了肯定，他表示，学校主题教育紧扣“不忘初心、牢记使命”这一主题，规定动作保质量，自选动作有特色。同时，他提出四点工作意见：一是要强化理论武装，把学习习近平新时代中国特色社会主义思想引向深入；二是要坚持立破并举，在落实整改上取得更大实效；三是要加强制度建设，巩固拓展主题教育成效；四是要抓好总结收尾，善始善成。

钮雪林最后总结并做表态发言，他指出，全体班子成员以自我革命的精神和刀刃向内的勇气，直

面不足，开展批评和自我批评，本次民主生活会取得了预期效果。今后，学校领导班子将以此次专题民主生活会为新起点，以更加饱满的昂扬斗志，以更加务实的工作作风，担当负责当好表率，围绕内涵式高质量发展不断推进学校各项事业发展，为办好人民满意的高等职业教育做出新的更大的贡献。

（组织人事部）

学校召开2019年度党总支书记述党建、思政及意识形态、党风廉政建设工作汇报会议

12月16日下午，学校召开2019年度党总支书记述党建、思政及意识形态、党风廉政建设工作汇报会。校党委书记钮雪林，校党委副书记、副校长刘丹，党委委员、纪委书记蔡晓平，党委委员、宣传统战部部长韩承敏，党委委员、组织人事部部长魏影出席会议，各学院（部）院长（主任）、党总支副书记列席会议。会议由校党委副书记、副校长刘丹主持。

刘丹在主持讲话中指出，今年是学校开展党总支书记述党建、思政及意识形态、党风廉政建设工作的第三个年头，本年度党总支书记述职工作以“不忘初心、牢记使命”主题教育为契机，是学习贯彻习近平新时代中国特色社会主义思想和十九届四中全会精神的重要举措，同时也是履行党建、意识形态、党风廉政建设主体责任，推进学校中心工作的重要途径。

述职评议会上，机电工程学院、计算机工程学院等11个学院（部）的党总支书记，围绕领导重视、特色党建、思政及意识形态、党风廉政建设、问题分析等方面，对基层党建、思政及意识形态和党风廉政建设情况做了现场述职。

钮雪林认真听取述职并对党总支书记表现出的岗位担当、责任意识、工作状态和取得的成绩给予了充分肯定。他指出，本年度各党总支书记述职工作体现三个方面的特点：一是述职报告提内涵，各党总支全面总结工作内容，高度凝练工作成果，精心准备工作报告；二是创新探索见实效，各党总支通过工作方法、工作载体和活动形式的创新，不断探索“成就教师、成就学生”的工作体系，聚焦“不忘初心、牢记使命”主题教育，确保整改落实取得实效；三是事业发展有提升，党建、思政及意识形态、党风廉政建设对于推动学校各项事业的发展具有积极的促进作用。

最后他提出四点意见：一是要进一步确保工作创新成效，不断突出创新成就；二是要进一步推动党政联合发展，加强党的全面领导；三是要进一步完善师德师风建设，牢记立德树人使命；四是要进一步强化担当作为精神，树立勇争一流意识。

（组织人事部）

学校召开审计联席会议

12月17日下午，审计联席会议在惠和楼504会议室召开。校长曹毓民出席会议并讲话。组织人事部、纪检监察室、财务处、教务处、总务处、科技处、审计处等联席会议成员部门主要负责人和审计处工作人员出席了会议，会议由校党委副书记、副校长刘丹主持。

会议主要讨论了《苏州市职业大学建设工程项目竣工结算审计暂行办法》。会上审计处对出台该暂行办法的背景和目的做了说明，与会人员就暂行办法的条款进行了广泛的讨论，提出了修改意见，曹毓民对该暂行办法给予了肯定，同时希望审计处结合大家讨论的意见，再做进一步的修改完善。

（审计处）

教育教学

学校召开2018年职业教育智能控制技术专业教学资源库建设校内启动大会*

12月26日下午，学校召开2018年职业教育智能控制技术专业教学资源库建设校内推进大会，副校长陶亦亦出席会议并讲话，教务处、财务处、电子信息工程学院、机电工程学院和计算机工程学院等相关领导，以及资源库课程建设团队、资金管理团队和资源库建设工作办公室全体成员出席了会议，电子信息工程学院院长、资源库建设工作办公室主任张欣主持会议。

会上，资源库建设项目执行负责人陶亦亦首先向与会人员介绍了智能控制技术专业教学资源库项目的前期建设情况，重点阐述了资源库建设项目意义、建设目标和接下来工作重点。他指出，资源库建

设不是为建资源库而建，资源库建设是推动信息技术在职业教育专业教学领域综合应用的重要手段，要高度重视资源库建设的数量和质量要求，资源库坚持“边建边用”原则，要在“用”上下功夫。

教务处处长傅小芳在会上就信息化教学建设及应用要求提出了六个“合一”，即资源库建设要与专业集群建设合一、与专业建设合一、与课程改革合一、与打造“金课”合一、与教师能力提升合一、与学生能力提升合一。财务处副处长陈乳燕就《智能控制技术专业教学资源库建设资金使用与管理细则》进行了解读。电子信息工程学院自动化系主任孙加存汇报了智能控制技术专业的建设情况，资源库建设工作办公室副主任吴尘汇报了前期校内课程建设情况及下一步建设方案，赵宏平老师作为校内资源库课程建设的优秀代表分享了课程建设和使用的经验，资源库建设工作办公室成员郭南初解读了课程建设的标准。最后，教务处副处长杨晓华就校内激励机制进行了说明。

（教务处　电子信息工程学院
资源库建设工作办公室）

学校召开2018年度综合表彰暨科技创新重点建设年总结大会提出新时代“苏职大发展四问”

3月6日下午，学校召开2018年度综合表彰暨科技创新重点建设年总结大会，表彰过去一年学校各条战线涌现出的优秀项目、在“科技创新重点建设年”中取得显著成绩单位以及“十佳优质示范课”，动员全校师生全力凝聚精气神，砥砺奋进新征程，用优异的成绩迎接新中国成立70周年。

会上，校长曹毓民宣读了学校《关于公布2018年度综合表彰项目及内涵质量建设创新工作项目的决定》，对《园冶多维探析》1个特别贡献项目、“吴文化传承与创新研究中心”等3个突破项目、“数字媒体制作技术教学团队”等7个创优项目及4个特色项目进行表彰。

副校长陶亦亦做了科技创新重点建设年工作总结报告，并宣读了学校《关于公布2018科技创新重点建设年表彰单位的决定》、“十佳优质示范课”及提名奖获奖名单，对管理学院、机电工程学院、科技处3个科技创新工作先进单位和计算机工程学院等4个优秀单位，及获得“十佳优质示范课”的10位教师进行了表彰。

校党委书记钮雪林在讲话中指出，“十三五”时期以来，学校调整发展思路，走内涵建设之路，开启内涵式高质量发展新时代的新征程，学校的质量水平有新提升，服务师生力度有新提高，校园面貌有新改观，社会影响力有新扩展，学校进入了全力提高办学质量、积极筹建市属应用型本科大学、努力服务地方经济社会发展的新一轮创业阶段。

面对新形势新挑战，钮雪林向全校干部教师提出了新时代“苏职大发展四问”：如何在新时代的新征程中更加担当作为、干事创业？如何把学校资源基础的潜在能量转化为创新发展的现实优势？如何将“建设全国一流品质院校”持续付诸行动、落到实处？如何通过提升优质服务“成就教师、成就学生”？

钮雪林强调，要解答好学校“发展四问”，推动学校内涵质量建设水平迈向新台阶，要从四个方面凝心聚力：一是要乘势而上，紧握“解放思想”这件有力武器；二是要不忘初心，聚焦“立德树人”这个根本任务；三是要多元协同，走好“融合发展”这条光明之路；四是要干字当头，扛起“实干担当”这个时代重任。

会上，校领导为32个受表彰的项目、单位及个人颁奖。金学智教授向学校捐赠著作《园冶多维探析》。科技处处长姚金凤、机电工程学院院长陈洁、管理学院党总支副书记孟利琴、电子信息工程学院教师汪义旺作为获表彰代表进行了发言。

校领导钮雪林、曹毓民、刘丹、熊贵营、陶亦亦、张健、蔡晓平，全校中层以上干部以及全体教师、部分学生代表共900余人参加了会议。

（党委办公室　校长办公室）

学生工作处开展辅导员政治理论素养提升培训

4月1日下午，学校辅导员政治理论素养提升培训在信知楼1区如期举行，特邀专家——苏州大学马克思主义学院党委书记、教授张才君带来了《让有信仰的人讲信仰——用新思想提升高校辅导员政治理论素养》的专题培训，各学院（部）分管学生工作副书记、全体专兼职辅导员共50余人参加了培训。

张才君教授对今年3月18日习近平在学校思想政治理论课教师座谈会上的讲话和《中共中央关于加强党的政治建设的意见》等文件进行了解读，让大家对新时代、新思想、新征程的认识和把握更加系统、全面，真正做到“用新时代新思想武装头脑”。作为辅导员的专题培训，他还结合教育部令第43号《普通高等学校辅导员队伍建设规定》等上级文件和优秀辅导员的榜样事例，鼓励广大辅导员提升政治定力，坚定信仰，增强思想引领力、群众组织力、社会号召力。

（学生工作处）

学校召开智能控制技术专业教学资源库建设工作会议

4月11日，学校作为职业教育智能控制技术专业教学资源库第一主持单位，会同联合主持单位湖南汽车工程职业学院及佛山职业技术学院项目组成员在惠和楼会议室召开了主持院校资源库任务书建设方案工作会议，三校参与资源库建设的主要负责人共8人参加会议。

根据教育部职成司2019年立项资源库任务书审核与备案工作文件要求，资源库主持单位应根据“职教20条”要求，结合专家提出的改进意见，进一步充实完善方案，并依据教育部办公厅印发的《职业教育专业教学资源库建设资金管理办法》（教财厅函〔2016〕28号）和绩效管理有关要求，加快预算执行进度，强化绩效管理。三校立足“能学、辅教”的功能定位，遵循“一体化设计、结构化课程、颗粒化资源”的建构逻辑，充分讨论了适应“互联网+职业教育”发展需求的智能控制技术专业人才培养方案，优化了专业课程体系，核对了立项任务书中标准化课程和个性化课程名称。会议还讨论了如何对接国家1+X证书制度试点工作和国家学分银行建设的可能性以及如何建立健全基于资源认证标准的学习成果积累、转换和资源交易机制，提升社会服务能力，面向社会学习者和企业员工广泛开展技术技能培训。

（资源库建设工作办公室）

学校举行共青团“新思想公开课”

4月24日，校团委在图书馆报告厅举行“新思想公开课”，江苏省委学习贯彻党的十九大精神宣讲团成员、苏州大学副教授孔川应邀为校团员青年做专题报告。校团委全体成员、第五期“青马工程”骨干培训班学员、校青年学习社成员参会学习。

报告会上，孔川以“新时代青年大学生的际遇和使命”为题，深入阐述了新时代为青年成长成才提供的历史机遇，新时代青年肩负的历史使命，引导当代大学生从爱国、励志、求真、力行四个方面，仰望星空，脚踏实地，在创新创业的时代大潮中建功立业，为实现中国梦而拼搏奋进。在场学员认真聆听，仔细记录，深受感召，纷纷表示将认真学习新思想，积极争做新青年，努力展示新作为。

本次“新思想公开课”，引导青年学生深入学习习近平新时代中国特色社会主义思想，树立与时代同心同向的理想信念，勇于担当时代赋予的历史责任，励志勤学、刻苦磨炼，在激情奋斗中绽放青春光芒，不负时代重任，书写优异答卷。

（校团委）

苏州科技大学文学院到学校交流文秘“3+2”本专分段培养工作

5月7日上午，苏州科技大学文学院党委副书记、副院长瞿晓庆，副院长孙虎，党政办主任熊壮一行到学校管理学院，就文秘专业“3+2”本专分段培养工作进行交流。校长曹毓民出席交流座谈会，管理学院党总支书记孟利琴、副书记张希文、行政管理系主任王敏杰等老师参加了交流座谈。

交流座谈会上，曹毓民热烈欢迎瞿晓庆一行的到访，他表示学校高度重视现代职业教育体系建设本专分段培养试点项目，对两校分段培养工作所取得的初步成果充分肯定。瞿晓庆通报了两校分段培养的第一届毕业生总体情况以及考研通过率高达10%的可喜成绩，他感谢学校在本专分段培养中做出的努力，希望在未来会有更好的合作。孙虎赞扬目前在校的两届学生综合素质高、实践能力强，并就转段初期学生对课程衔接、管理模式变化等不适应问题提出建议，希望学校加强本专分段培养学生在大三过渡阶段转段考核的复习，增加衔接课程的教学，夯实学生文学专业的基础能力。随后，双方就优化人才培养方案、转段衔接、学生就业升学方向以及打通毕业论文、学生党员培养、创新创业、挑战杯、“互联网+”等项目和问题展开了热烈讨论和交流，初步达成了一致意见，为文秘“3+2”本专分段培养专业描绘了一幅美好蓝图。

（管理学院）

学校召开加强与改进“思政课程”与“课程思政”教学工作座谈会

5月13日上午，学校召开了以“加强和改进思政课程、课程思政，进一步强化意识形态阵地建设”为主题的座谈会，分享“思政课程”和“课程思政”教学改革经验，通过思想碰撞，谋划思政课教改新思路。校党委书记钮雪林主持会议并讲话。校党委副书记、副校长刘丹，副校长陶亦亦，党委办公室、组织人事部、宣传统战部、团委、教务处、学生工作处、思想政治理论教学研究部等部门主要负责人，各学院（部）党总支书记代表20余人参加会议。

会上，各学院（部）党总支书记、各部门相关负责人围绕大思政工作格局的构建、校地合作课程思政联盟、网络思想政治教育、思政课教师队伍建设、辅导员队伍建设、大学生美育教育、大学生“第二课堂”实践、社团活动有效开展、教学手段方法创新等内容，将自己的实践体会和思考、建议进行了分享交流。

在认真听完大家发言后，钮雪林对各学院（部）、各部门在协同构建大思政工作格局的工作中所做的努力给予充分肯定。他指出，校党委高度重视“思政课程”和“课程思政”的推进工作，思想政治理论教学研究部也进行了一段时间的实践探索和工作创新，成效还是比较明显的。要提高政治站位，坚持铸魂育人，落实立德树人根本任务，以改革创新的精神，解决好“思政课程”与“课程思政”相融合的探索工作。针对下一阶段工作开展，他提出三点建议：一是要坚持构建大思政工作格局；二是要按照习近平总书记提出的“四个统一”要求，充分发挥思政课主渠道主阵地作用；三是要创新思路、多措并举，积极探索大思政背景下的专业融合、教师团队融合、线上线下融合等措施，鼓励出台相关政策激励，搭建平台、扩展空间，增强品牌教师、品牌课程、品牌队伍、品牌平台的影响力，同时要进一步健全制度，完善机制，守好阵地，尤其要加强大学生网络文化素养建设，营造良好舆论环境。

（宣传统战部）

学校艺术学院与吴昌硕纪念馆共建美育社会实践基地

为进一步加强和改进学校美育工作，提高学生审美和人文素养，6月11日，学校艺术学院与吴昌硕纪念馆正式共建美育社会实践基地，并举行了授牌仪式。吴昌硕纪念馆馆长王青云，吴昌硕嫡重孙吴民先，学校副校长熊贵营、艺术学院党总支书记吴隽、教授葛鸿志、视觉传达系副主任任亚地等代表参加了本次仪式。

授牌仪式上，曾任学校艺术系主任的吴民先感慨地说：“作为吴昌硕的后人，弘扬昌硕文化，传承昌硕遗风，这是一种责任，也是我对学校的一片真情。”他衷心希望能有效推动学校师生到安吉开展社会实践教育，努力把吴昌硕纪念馆美育社会实践基地建设成为美育育人新高地，真正落实高校社会美育的责任与担当。馆校双方也一致认为，安吉秀美的自然风光、丰厚的历史人文积淀、发达的经济与教育资源、务实创新的民风民俗，对于开展美术校外实践教育有着得天独厚的优势。同时，双方将紧紧依托吴昌硕纪念馆独具特色的资源，积极拓展“第二课堂”，在专业建设、人才培养、社会实践及各类美育活动开展等多个方面相互交融，共建共享，致力打造“美育”社会综合实践品牌，扩大双方影响力和辐射力。

（艺术学院）

职业教育智能控制技术专业教学资源库建设推进会召开

8月22—25日，由学校及湖南汽车工程职业学院、佛山职业技术学院联合主持的国家职业教育智能控制技术专业教学资源库建设推进会在佛山职业技术学院召开。学校校长曹毓民、副校长陶亦亦，佛山职业技术学院校长袁毅桦、副校长李柏青，湖南汽车工程职业学院党委委员李治国，石家庄科技工程职业学院院长黄盛兰，陕西国防工业职业技术学院副院长全卫强等领导出席了会议。来自20个联建单位的80余名代表参加了会议。推进会由李柏青主持。

佛山职业技术学院校长袁毅桦首先致欢迎辞。

项目负责人曹毓民做职业教育智能控制技术专业教学资源库工作报告，他从任务书审核与备案、积极健全和完善相关制度、资源库应用等五个方面总结了职业教育智能控制技术专业教学资源库项目2019年上半年建设进展情况，并对资源库今后建设与应用推广提出了四点要求，他号召各联建单位一起建好、用好职业教育智能控制技术专业教学资源库。

项目执行负责人陶亦亦向联建院校和企业授予了“国家职业教育智能控制技术专业教学资源库建设合作单位”及“共建共享联盟单位”铜牌。

会上，还邀请了宁波职业技术学院质控办主任张启明、领航未来“微知库”创始人姜涛分别做了《服务职教，引领改革——资源库建设的几点思考》《因应1+X、教师教学创新团队、三教改革，打造新时代、新技术、新职教资源库》等精彩报告。

会议期间，举行了主持院校工作会议和资源库课程建设研讨会。各主持院校就共建共享联盟校际学分互认管理办法初步达成一致。资源库课程建设团队成员分别就各自建设经验和前期成果进行了分享，并就下一步工作推进计划、具体课程建设内容和要求展开了研讨。

（职业教育智能控制技术专业教学资源库项目管理办公室）

“华成奖助学金”签约仪式在学校举行

9月25日下午，“华成奖助学金”签约仪式在惠和楼215会议室举行，副校长熊贵营与苏州华成集团有限公司副总裁董占军代表双方签署协议。学生工作处副处长张国良，管理学院副院长陈广宇、党总支副书记张希文、师生代表，华成集团有关人员参加仪式。签约仪式由陈广宇主持。

张希文汇报了管理学院的专业建设与人才培养情况，回顾了学院与华成集团多年来的合作，代表学院对华成捐资助学的慷慨之举深表感谢。

董占军讲述了华成集团的发展历程和设立奖助学金的初衷，感谢学校为公司培养和输送了大批优秀人才。表示集团将致力于行业人才培养，坚持服务社会，支持教育事业，并将以本次奖助学金签约为契机，进一步深化与学校的合作发展。

熊贵营对华成集团长期以来关心支持学校教育事业表示衷心感谢，介绍了学校近年来的发展建设情况和关爱成就学生的系列举措。希望利用管理好“华成奖助学金”这一平台，激励帮扶学生全面化发展、个性化进步、多样化成才。期待双方探索开展更深层次、更广领域、更具内涵的校企合作，为区域经济社会发展培养更多的高素质应用型人才。

学校与华成集团自2007年起合作以来，共建“华成学院”，探索校企双主体订单式人才培养模式，在师资共建、课程共建、实习就业等方面开展了深入合作，取得了显著成效。此次华成奖助学金的设立，将进一步深化校企合作，推动学校的人才培养工作，鼓励品学兼优、家庭贫困的学生勤奋学习、刻苦钻研、回馈社会、成长成才。

（学生工作处　管理学院）

学校举行2019级新生预防艾滋病健康知识讲座

为进一步普及青春健康教育知识，引导新生以正确的态度、科学的方法解决成长过程中的困惑，增强自我保护能力，10月10日，学校学生工作处在图书馆剧场开展了以“守护青春孕育未来”为主题的青春同伴教育。主讲人为苏州市疾病预防控制中心性病艾滋病防治科科长、国家防艾人才库专家赵秀萍主任。2019级600余名新生聆听了讲座。

讲座伊始，赵秀萍通过播放“生命如何诞生”的视频让大家领悟生命的珍贵。赵秀萍用通俗易懂的语言对艾滋病的病理知识与危害、传播方式及预防措施做了全面的讲解，利用图片、知识问答、真实的案例和震撼人心的数据进行了深入的分析。她指出，近年来高校艾滋病的感染人群呈逐渐增多的趋势。对此她呼吁，青年学生要重视对艾滋病预防知识的了解，要洁身自爱、遵守性道德，拒绝毒品，珍爱生命。

（学生工作处）

学校成功举办第十届“外研社杯”全国高等职业院校英语写作大赛江苏省赛区比赛

10月26—27日，第十届“外研社杯”全国高等职业院校英语写作大赛江苏省赛区比赛在学校顺利举行。江苏省教育厅职业教育处副处长徐庆亲临苏州市职业大学指导赛事，勉励学生赛出水平、赛出风格。副校长陶亦亦在开幕式上发表热情洋溢的讲话，欢迎来自全省兄弟院校的评委和师生。外研社华东信息中心主任王建平、江苏省高校外语教学研究会秘书长胡永辉对赛事给予了大力支持。

本次大赛设置了公共英语组和英语专业组两个组别。江苏省61余所高职院校近300名师生齐聚苏职大参加赛事。大赛将决出特等奖选手，代表江苏省参加在北京举行的全国决赛。

作为江苏省高校外语教学研究会常务理事单位，苏职大校领导高度重视本次比赛，校党委书记钮雪林、校长曹毓民等领导多次听取外国语学院筹备情况并给予指导意见，各职能部门密切配合，助力赛事。经过两个多月紧锣密鼓的筹备，外国语学院师生齐心协力，圆满完成大赛各项工作。外国语学院领导班子成员悉数参加大赛开幕式，副院长卞浩宇担任主持人。此次“外研社杯”全国高职高专英语写作大赛是高职院校大学生展示外语能力和风采的舞台，也为全省高职院校教师提供了一个交流教学心得、探索外语教学发展的契机，赢得赛事评委和参赛各院校师生的一致好评。

（外国语学院）

学校与华中师范大学签署合作办学协议

“2019文化科技创新与文化产业发展高峰论坛”在华中师范大学举行。学校副校长、苏州石湖智库理事长张健率队参加了该论坛并出席两校合作办学签署仪式。

11月10日晚，合作办学签署仪式在国家文化产业中心会议室举行。张健副校长与华中师范大学国家文化产业研究中心常务副主任、教授詹一虹签约共建“华中师范大学国家文化产业研究中心苏州研究中心”。11月11日，高峰论坛现场，华中师范大学副校长夏立新为“苏州研究中心”授牌。

（校长办公室　苏州石湖智库）

学校召开高职与普通本科分段培养项目研讨会

为了进一步加强高职与普通本科分段培养项目管理，提高人才培养质量，学校于11月13日在吴文化园石湖书院召开“3+2”分段培养项目研讨会。校长曹毓民、副校长陶亦亦，苏州科技大学教务处副处长刘志强、孙静芳，教务处、学生工作处相关人员，以及二级学院领导和专业负责人参加了会议，教务处处长孙学文主持会议。

曹毓民对苏州科技大学与会人员表示欢迎，对苏州科技大学给予学校的一贯支持表示感谢。其后两校二级学院领导和专业负责人对合作专业的情况进行了汇报，对转段方案做了充分研讨和共同确认；刘志强强调了严格实施《苏州科技大学“3+2”分段培养试点项目转段升学考核方案》的意义；孙静芳对方案细则进行详细解读。最后，陶亦亦对“3+2”分段培养项目给予了高度的评价，并要求学校相关学院进一步提高教学质量，主动对接本科段的人才培养方案，在专科阶段充分发挥学生的优势特长，做好专科与本科的衔接工作。

（教务处）

学校现代装备制造技术实训基地获评苏州市高技能人才公共实训基地

11月23日上午，苏州市第四届苏州技能英才周开幕式在苏州湾艾美酒店举行。人力资源和社会保障部职业能力建设司副司长权雅宁、中国机械工业联合会执行副会长于清笈、中国人事科学研究院原院长吴江、中国劳动和社会保障科学研究院副院长莫荣、江苏省人力资源和社会保障厅二级巡视员张永祎、苏州市副市长曹后灵、吴江区区长李铭和苏州市委组织部副部长、市公务员局局长、市人才办主任胡卫江以及各区、县级市人社局代表和企业代表等出席了开幕仪式。开幕仪式由苏州市人力资源和社会保障局局长朱正主持。

技能英才周开幕式的一个重要议程是为获评国家级高技能人才培训基地、江苏省高技能人才专项公共实训基地和苏州市高技能人才公共实训基地和技能大师工作室的单位进行授牌。学校申报的苏州现代装备制造技术公共实训基地获评苏州市高技能人才公共实训基地。

机电工程学院副院长陆春元参加了此次技能英才周开幕式，代表学校接受了苏州市人力资源和社会保障局的授牌。

（机电工程学院　校地合作办公室）

苏州市职业大学思必驰企业学院在学校挂牌成立

11月27日上午，苏州市职业大学思必驰企业学院签约仪式在惠和楼215会议室举行。思必驰信息科技有限公司CTO周伟达、苏州驰星教育科技有限公司总经理赵新春，思必驰信息科技有限公司新场景事业部负责人李星龙、行业方案总监李浩和张同祥，苏州市职业大学副校长陶亦亦、教务处处长孙学文、科技处处长姚金凤、学生工作处处长王琼、计算机工程学院院长李金祥、计算机工程学院党总支书记张震、校地合作办公室副主任张芬、组织人事部副部长金霁、计算机工程学院副院长曾海及大数据技术与应用专业教师等出席仪式。

仪式由张芬主持，她介绍了学校基本情况和校地合作工作概况，回顾了学校与思必驰信息科技有限公司在“双师”基地建设、订单班、横向科研项目方面已取得的进展。李星龙介绍了思必驰公司的发展历程、业务领域、技术力量和业界影响力。他指出，公司愿意与学校推进全面合作，对接人工智能和大数据产业链，适应AI产业发展的需要，共同为社会培养更多的人才。

随后，在参会领导的见证下，陶亦亦和周伟达作为校企双方代表签署了企业学院合作协议及科研服务平台协议，双方共同为企业学院揭牌，思必驰企业学院成为学校第19个企业学院。

（计算机工程学院）

学校举行翼云电信5G物联网应用联合实验室揭牌仪式

12月20日，苏州市职业大学、苏州市物联网协会、中国电信股份有限公司苏州分公司翼云电信5G物联网应用联合实验室揭牌仪式在学校举行。苏州市工信局副局长金晓虎、工信局电子信息处处长刘子印、苏州电信副总经理顾锦飞、苏州电信吴中区局长常荣和副局长顾晟、苏州市物联网协会秘书长周晓东、苏州电信物联网中心副主任臧燕翔、校园中心副主任彭鑫，苏州市职业大学副校长陶亦亦、科技处处长姚金凤、校地合作办公室副主任张芬、计算机工程学院院长李金祥、党总支书记张震、副院长曾海和叶良等相关领导及苏州物联网协会相关企业界代表、计算机工程学院相关专业教师出席了本次揭牌仪式。

揭牌仪式由张芬主持。陶亦亦首先介绍学校基本情况，并对中国电信苏州分公司对学校实验室建设的大力支持表示衷心感谢。他提出要充分发挥实验室的先进性，将其打造成苏州地区5G物联网技术标杆实验室。金晓虎对实验室的建成表示祝贺，他介绍了新一代信息产业的发展情况及苏州市政府推进5G应用的最新进展，他表示愿意支持中国电信和苏州市职业大学继续深入合作服务苏州地方经济。顾锦飞回顾了翼云电信学院成立以来双方的合作内容及成效，对今后双方产教融合共育5G物联网应用人才、技术创新、服务社会等多方面提出了展望，希望实验室不仅能培养技术技能型物联网人才，也能使更多的物联网项目在具体行业落地。陶亦亦和顾锦飞代表校企双方共同启动设施设备捐赠仪式，并共同为实验室揭牌。周晓东和李金祥分别向与会嘉宾介绍了联合实验室拟在2020年度实施的科研项目推进计划及社会培训计划。

（计算机工程学院）

科研学术

吴文化传承与创新研究中心邀请孙虎教授举办学术讲座

3月15日，吴文化传承与创新研究中心邀请苏州科技大学文学院副院长孙虎教授开设学术讲座。吴文化传承与创新研究中心研究员和文秘专业师生共计100余人集聚天风楼吴文化讲坛，认真聆听了孙虎教授的专题讲座——《君子人格与中国美感的道德理想境界》。

孙虎教授通过中国人文经典，析义君子品格。君子非概念，非宗教，而是一种道德境界，是美的人格，既有理性一面，也有感性生命的体验。君子内外兼修，有很强的内在修行力，也有外在教化力。君子“成己”以安顿生命，不忧不惧，勇毅向前；君子成人之美，以文化的方式求得心灵相融。讲座后，文秘专业师生与孙虎教授就君子人格的现代意义展开了热烈的讨论。

（吴文化传承与创新研究中心）

吴文化传承与创新研究中心邀请黄骋宇先生畅谈《红楼梦》中的苏州记忆

由吴文化传承与创新研究中心主办的吴文化讲坛继续开讲。4月10日下午，吴文化研究学者、著名文化品牌“情语江南”总负责人兼总策划黄骋宇先生来到吴文化园，面向学校10余名教师以及100余名同学畅谈《红楼梦》中的苏州记忆。他从《红楼梦》中的苏州元素苏州小娘鱼、唐伯虎、沈周、昆曲家班、贡品清露、苏绣屏风、弹词艺人、虎丘泥人等几个方面阐释了经典与苏州文化的关系，让人信服地点出了一部皇皇巨著，经典中的经典，泱泱苏州元素支撑了《红楼梦》之红！黄先生常识渊博，说话幽默，两个小时娓娓道来，让大家感受了一场文学与吴文化的盛宴，特别是文秘专业的同学在未来学习与文学研究上得到了启发。

（吴文化传承与创新研究中心）

“2019年陶渊明与吴文化暨园林文化研究”学术研讨会在学校顺利召开

4月29—31日，“2019年陶渊明与吴文化暨园林文化研究”学术研讨会在学校顺利召开。此次学术研讨会由中国陶渊明研究会和苏州市职业大学主办，苏州园林博物馆协办，苏州市职业大学学术期刊中心和吴文化传承与创新研究中心共同承办。会议主题是探究陶渊明与吴文化暨园林文化关系，以陶渊明研究的视角来观照、研究吴文化暨园林文化。

开幕式由副校长、学报编委会副主任陶亦亦主持。校党委副书记、校长、学报编委会主任曹毓民出席会议。曹毓民代表学校向大会致辞，并就学校近年来科研教学成果以及学术期刊中心和《苏州教育学院学报》的《陶渊明研究》栏目的基本情况向与会代表做了介绍。

“陶渊明与吴文化暨园林文化研究”学术研讨会是高规格的全国性学术会议。参加此次学术盛会的有中国陶渊明研究会前任会长、著名学者、华东师范大学教授龚斌，江苏省政协委员、苏州市文联副主席、苏州大学博士生导师朱栋霖教授，世界汉学研究会会长、吉林大学博士生导师木斋教授，中国陶渊明研究会现任会长、山东大学博士生导师李剑锋教授，苏州园林博物馆馆长、苏州市拙政园管理处主任薛志坚先生等。还有来自清华大学、中国人民大学、同济大学、暨南大学、吉林大学、山东大学、内蒙古大学、广西大学、安徽大学、华东师范大学、上海大学、苏州大学、首都师范大学等国内40所高校的近90位专家和学者。此次学术研讨会收到各位代表提交的学术论文56篇。

主题发言阶段由李剑锋教授主持，龚斌教授的《中国士人园林文化的不朽经典——略论陶渊明园林的文化意义及其影响》、朱栋霖教授的《欲问陶潜何处寻，飘渺魂魄在他乡》、上海师范大学严明教授的《东亚汉诗中的陶渊明》和《苏州园林》杂志主编周苏宁先生的《园林文化之魅与之思》，展示了陶渊明与吴文化暨园林文化研究领域取得的新突破。

苏州是吴文化的主要发祥地，陶渊明的文化精髓已被吴文化所吸纳。此次学术研讨会是苏州市职业大学“以学术宣传苏州、弘扬吴文化”的一次成功尝试，有利于展示和弘扬吴文化的独特魅力和现代价值，进一步推动吴文化的传承与创新。

（学术期刊中心　吴文化传承与创新研究中心）

《精致苏州与工匠精神》首发式暨研讨会在学校举行

5月21日，《精致苏州与工匠精神》首发式暨研讨会在学校惠和楼举行。会议主题为“打造‘精致苏州’城市品牌，助力苏州高质量发展”，由学校与古吴轩出版社联合主办。校长曹毓民主持会议。江苏省作家协会主席范小青、苏州市社科联主席刘伯高、古吴轩出版社社长钱经纬、苏州市市场监管局调研员曹明华出席会议并讲话。

《精致苏州与工匠精神》由学校党委书记钮雪林主编，主创人员为吴文化与质量文化研究的骨干教师。遵循精益求精的品质精神，编纂团队通过三年的精耕细作完成书稿，由古吴轩出版社出版发行。

首发式上，来自苏州市哲学社科界的专家学者，就《精致苏州与工匠精神》的图书价值、出版意义等议题展开热烈研讨，为苏州在新时代进一步弘扬工匠精神，打造“精致苏州”城市品牌，全力推动苏州高质量发展发表真知灼见。

钮雪林首先致辞，介绍了《精致苏州与工匠精神》编纂背景、结构布局和主要特色。江苏省作协主席、《精致苏州与工匠精神》序言作者范小青在致辞中表示，人人都说江南好，而我认为精致苏州最江南，苏州可称得上是最精致的江南。《精致苏州与工匠精神》让我们看到了千百年来自古至今苏州人的精致品质和优雅品味，看到了苏州工匠追求完美、视品质品牌如生命的价值观念以及令人叫绝的精湛技艺，启发我们无论从事什么职业都要有爱岗敬业的虔诚态度，耐得住寂寞，孜孜不倦、精益求精，不被任何浮躁的东西干扰自己的目标。

苏州市哲学社会科学界联合会主席刘伯高在讲话中指出，进入新时代，高质量发展已成为一个高频词。今天，名家学者汇聚一堂举办《精致苏州与工匠精神》首发式暨研讨会，深入探讨如何打造“精致苏州”城市品牌，助力苏州质量文化建设，助推苏州勇当“两个标杆”、建设“四个名城”，深层次融入长三角一体化发展国家战略，为更好传承精致苏州的文化传统、弘扬苏州质量文化、推动苏州高质量发展出谋划策，很有意义。

首发式上，还举行了《精致苏州与工匠精神》的赠书仪式。苏州市档案局、苏州图书馆、苏州市职业大学图书馆、档案馆以及各学院的师生代表接受赠书。

（吴文化研究院）

“智汇苏州”学术沙龙2019第2期在学校举行

6月27日，石湖智库“智汇苏州”学术沙龙2019年第2期在学校干将路校区圆桌会议室举行。本次论坛以“苏州文旅融合发展的顶层设计与资源整合”为主题，在苏州市哲学社会科学界联合会、苏州市新型智库建设办公室指导下，由苏州市职业大学、苏州市文化广电和旅游局主办，苏州石湖智库承办。

苏州市职业大学党委书记钮雪林、校长曹毓民，苏州市文化广电和旅游局局长李杰，苏州市哲学社会科学界联合会主席刘伯高，苏州市政协研究室主任张焕强出席学术沙龙。市各有关部门和单位的负责人，苏州市各区（市）文旅局的负责同志，在苏部分高校智库负责人，苏州石湖智库成员代表等参加活动。活动由学校党委委员、副校长、石湖智库理事长张健主持。

曹毓民、李杰代表主办方先后致欢迎辞。曹毓民向苏州市社科联长期以来的关心和指导表示衷心的感谢，指出苏州市职业大学一定会借石湖智库成功开展首届论坛的东风砥砺前行，继续精心打造“智汇苏州”学术沙龙品牌，及时推出一批见解独到、观点鲜明、操作性强的决策咨询成果，从而彰显苏州市职业大学作为地方高校积极服务地方经济的信心和决心。

会上，钮雪林为苏州市职业大学兼职教授、苏州石湖智库特约研究员颁发聘书。

论坛由创意产业专家、石湖智库特约研究员王斌主持，中国旅游研究院首席战略研究员宋子千博士做以“聚焦苏式生活，深化文旅融合”为主旨的发言。苏州科技大学教授居易，苏州市职业大学教授李世超，苏州文旅集团规划设计研究中心主任闫平贵，江苏远见集团副总裁、规划设计院院长陈明国，苏州工业园区易亚影视传媒有限公司董事长刘文征，苏州和氏设计公司总经理张郁分别就苏州文旅融合的业态规划与产品设计、创新“研学旅行”模式、文旅融合中产业IP的发展与探讨以及各行业中文旅开发的实际案例探讨新时期苏州如何做好文旅融合的顶层设计并努力整合各方资源，走适合城市文化气质的高质量文旅融合创新发展道路。

本次学术沙龙反响热烈，受到各大媒体的广泛关注，《苏州日报》《姑苏晚报》以及《扬子晚报》客户端“扬眼”、《苏州日报》官方客户端“引力播”都对此做了相关报道。“智汇苏州”是石湖智库重点打造的品牌，希望借助各方专家力量，对苏州的热点时事予以关注，期望能为新时代苏州高质量发展提供苏州地方高校应有的责任担当和智力支持。

（苏州石湖智库）

吴文化传承与创新研究中心特邀文化研究专家王家伦教授开展学术讲座

9月18日下午，吴文化传承与创新研究中心特邀苏州语言学会会长、苏州《安防》杂志主编、苏州市教育学会语文教学研究会副理事长、江苏省教育学会“语文课程与教学论研究中心”学术委员会副主任王家伦教授为文秘专业的同学和研究员们开展研究中心第十一期讲坛——《泰伯文化简介》。

泰伯三让，携弟奔吴。开荒拓蛮，文化鼻祖。季札数让，挂剑徐墓。吴人谦让，盖从此起。后人诗词，赞赏不已。讲座开始，王老师先向大家介绍了吴文化鼻祖泰伯携其弟仲雍让位南奔的历史和背景。接着，又带领大家从作者背景、历史背景、诗文结构等方面赏析了与泰伯有关的诗词。

短短两个小时的讲座很快就结束了，通过王老师对泰伯文化的讲座，研究员和同学们从一个新的角度去认识了泰伯这个人物，也被泰伯“三让天下”的美德所感动。同时，大家也为王老师严谨的治学态度和先进的教学手段所深深折服。

（管理学院）

北京科技大学杨荃教授到学校做学术报告

10月10日上午9点，以“在线无损检测和机器感知——助力智能无人化未来梦工厂”为主题的杨荃学术报告会在禹济楼303举行。此次报告会由江苏省3C产品智能制造工程技术研究开发中心、科技处主办，机电工程学院承办。

杨荃，北京科技大学教授，博士生导师。

杨荃教授首先介绍了其工作单位和科研背景的一些情况，国家板带生产先进装备工程技术中心作为一个国家级工程中心，与“省3C中心”有不同的产品定位，双方可以在项目申报、技术交流等方面进行多维度的合作。接着杨教授介绍了离散制造和流程制造的智能化需求、无损检测的概念和主要类型、激光超声在线无损检测的研究案例、基于机器视觉的智能无人化系统等内容。然后杨教授强调了核心竞争力对于工程中心的重要性，要着重打造自己的核心竞争力；对于智能制造的理解，是仁者见仁智者见智，每个行业需要针对自己的特点来制定路线图；智能制造的最终落地需要相关技术支撑，杨教授介绍了丰富的无损检测和机器感知应用实例，让在场的师生对无损检测技术的应用有了直观的印象。最后，杨教授就机器人在智能制造中的应用等热点问题与在场师生进行了交流和讨论。

（机电工程学院）

“智汇苏州”学术沙龙2019第3期在学校举行

10月11日，石湖智库“智汇苏州”学术沙龙2019年第3期在苏州市职业大学干将路校区圆桌会议室举行。本次论坛以“彰显江南城市魅力，重振苏州商业街区”为主题，在苏州市哲学社会科学界联合会、苏州市新型智库建设办公室指导下，由苏州市职业大学主办，苏州石湖智库承办。

苏州市职业大学党委书记钮雪林、校长曹毓民，苏州市社科联副主席王明国出席学术沙龙。市各有关部门和单位的负责人，在苏部分高校智库负责人，苏州石湖智库成员代表等参加活动。活动由学校党委副书记、副校长刘丹主持。

会上，校长曹毓民致欢迎辞。曹毓民回顾前两期沙龙的举办情况，向苏州市社科联长期以来的关心和指导表示衷心的感谢，指出苏州市职业大学一定会借中华人民共和国成立70周年的壮阔历程之东风砥砺前行，继续精心打造“智汇苏州”学术沙龙品牌，及时推出一批见解独到、观点鲜明、操作性强的决策咨询成果，从而彰显苏州市职业大学作为地方高校积极服务地方经济的信心和决心。

论坛由苏州科技大学教授、石湖智库特约研究员居易主持。南京大学社会学院副教授、城市科学研究院副院长胡小武，苏州地方志办公室原主任、知名文史专家徐刚毅，苏州科技大学教授、石湖智库特约研究员陈来生，苏州市职业大学教授、吴文化传承与创新中心主任孙学文，姑苏区教体文旅委副主任裴泓参加沙龙活动；并分别就商业街区的空间创意与文化活力，如何开辟苏州环古城河旅游集散片区，打造苏州温度、国际影响的夜间经济，打造苏式生活的服务与消费品牌，观前街的商旅文发展之路以及重振商业街区的情趣聚焦等方面聚焦苏州传统商业街区重振计划。

（苏州石湖智库）

西北工业大学许英杰教授到学校做学术报告

10月18日上午，以“航空先进复合材料结构设计、成型与应用”为主题的许英杰学术报告会在禹济楼举行，会议由江苏省3C产品智能制造工程技术研究开发中心主任孙春华教授主持，相关专业老师及学生参加。此次报告会由江苏省3C产品智能制造工程技术研究开发中心、科技处主办，机电工程学院承办。

许英杰，西北工业大学教授，博士生导师。

许英杰教授首先介绍了其工作单位、科研背景、团队和科研方向的一些情况；然后就航空装备的重要材料——复合材料的制备及结构优化研究情况展开了介绍，许教授在报告中分别讲解了航空复合材料的应用现状、复合材料结构性能表征与设计、复合材料高性能精确成型、功能化智能化复合材料的结构应用，指出复合材料高性能精确成型的难点在热压罐固化成型、固化成型变形与缺陷控制，最后就复合材料/结构一体化设计与精确成形协同制造的研究与应用方向进行了展望。会后与会人员踊跃提问，就感兴趣的问题与许教授进行了深入的讨论和交流，气氛热烈，报告会圆满结束。

（机电工程学院）

苏州市档案馆副馆长沈慧瑛到校讲学

11月8日下午，苏州市档案馆副馆长沈慧瑛应学校邀请参加吴文化讲坛，为学校师生开展了一场《漫谈江南文化地标过云楼及其收藏》的学术报告。常州市档案馆邱北海先生受邀出席。吴文化传承与创新研究中心副主任陶莉主持了活动。

沈慧瑛从初识过云楼的往事着手，讲述过云楼书画、顾氏朋友圈趣闻；从苏州商会档案角度切入，详细介绍了顾氏五代人的档案，包括顾氏日记、亲友家书、书画收藏逸事等。沈慧瑛抽丝剥茧式地找寻藏在顾式日记、书信等珍贵档案背后的秘密，为师生们揭开了过云楼收藏与顾氏家族发展的历史。

（管理学院　党委办公室［档案馆］）

江苏省地域文化研究会第七届年会暨纪念顾野王诞辰1500周年学术研讨会在学校召开

12月7—8日，江苏省地域文化研究会第七届年会暨纪念顾野王诞辰1500周年学术研讨会在苏州市职业大学举行。会议由江苏省地域文化研究会、苏州市职业大学主办，管理学院、吴文化研究院、吴文化传承与创新研究中心、石湖智库等部门联合承办。江苏省社科联学会部副主任何国军，苏州市职业大学校长曹毓民，江苏省地域文化研究会会长、南京师范大学博士生导师陈书录教授等领导、专家出席大会。

大会开幕式由苏州市职业大学党委副书记、副校长刘丹主持。苏州市职业大学校长曹毓民首先致辞，代表全校师生员工向大会的召开表示热烈祝贺，向莅临研讨会的领导和专家表示诚挚欢迎。他介绍了苏州市职业大学吴文化研究的主要特色、学校利用地域文化进行素质教育的概况，以及吴文化研究团队在服务苏州地方文化建设中取得的系列成果；高度点赞江苏省地域文化研究会是一个很好的学术交流平台，在促进社会主义文化繁荣兴盛，弘扬和践行社会主义核心价值观的新时代背景下，江苏地域文化研究的专家学者汇聚一堂，进一步研究本地域文化的传承、融合与创新，很有意义。

受江苏省社科联委托，学会部副主任何国军代表省社科联在讲话中对江苏省地域文化研究会的工作给予充分的肯定，并对研究会的未来发展提出宝贵建议。同时，何国军高度肯定了苏州市职业大学在参与地方文化建设和科学研究过程中所取得的成绩。他表示，这是他第一次参加在高职院校举办的省级大型学术研讨会，他对学校在办会能力、科研能力以及服务地方经济建设方面的能力表示赞叹。简短的开幕式后举行了大会学术报告，下午又进行分组交流与研讨。

2019年恰逢“一代硕儒”顾野王诞辰1500周年，为了更好地纪念先贤、保护和传承利用地方文化资源，借江苏省地域文化研究会年会的契机，于年会当天下午分组讨论的同时，召开了纪念顾野王诞辰1500周年学术研讨会。在苏州市级非遗传承人沈全弟表演了纪念顾野王的《喝潮王》民歌后，中国社科院研究员陈爽、华东师范大学博士后导师仲富兰教授等近20位专家学者展开了热烈的研讨。专家们纷纷表示，要借苏州市职业大学的平台，成立上海、苏州、光福、吴江顾野王研究中心，共同保护与传承顾野王的家风家学与一代硕儒的精神魅力。

本次会议共收到高质量论文近60篇。

（管理学院　吴文化研究院
吴文化传承与创新研究中心）

“智汇苏州”学术沙龙2019第4期年末压轴登场

12月13日，石湖智库“智汇苏州”学术沙龙2019年第4期在苏州市职业大学干将路校区举行。本次论坛以“智慧城市：智融苏城，慧享生活”为主题，在苏州市哲学社会科学界联合会、苏州市新型智库建设办公室指导下，由苏州市职业大学主办，苏州石湖智库承办，苏州市人工智能学会协办。

学校党委书记钮雪林，苏州市社科联副主席王明国，苏州市政协副秘书长、九三学社苏州市副主委谢剑锋等领导，苏州市相关智能制造企业及研发机构的负责同志，在苏部分高校智库负责人，苏州石湖智库成员代表等参加活动。活动由学校党委委员、副校长、石湖智库理事长张健主持。

首先钮雪林致欢迎辞，向苏州市社科联长期以来的关心和指导表示衷心的感谢。他指出，恰逢苏州石湖智库获评“苏州市新型智库”，苏州市职业大学一定会借此契机，不忘初心、牢记使命，充分践行“一校一品”的智库发展理念，用干事创业的责任心和激情燃烧的拼搏精神努力打造苏州新型智库建设的“硬核”。

苏州市社科联副主席王明国为苏州石湖智库新聘兼职研究员颁发聘书。

论坛由苏州市职业大学教授、工学博士李克清主持。

华为EBG中国区智慧城市首席专家聂俊宇，清华大学苏州汽车研究院智能网联中心主任、江苏省智能网联汽车创新中心主任、工学博士戴一凡，西交利物浦大学城市规划与设计系主任与未来城市研究院院长Dr. Joon Sik Kim（金俊植博士），科大讯飞股份有限公司建筑超脑平台咨询总监信传龙，苏州市职业大学机电工程学院教授、工学博士郭南初等在人工智能领域有独到建树的专家学者分别从苏州智慧城市建设的顶层设计体系、发展方向、存在问题和对策建议四个方面，一起深入研讨党的十九大以来苏州智慧城市建设面临的新形势、新机遇和新要求，贯彻落实国家、江苏省和苏州市关于大数据、“互联网+”、人工智能、智慧社会等有关政策，结合当前实际前沿企业发展现状及未来规划等进行深入解读，为推动我市智慧城市健康发展，建设高水平智慧城市出谋划策。

（苏州石湖智库）

招生就业

学校召开2019年提前招生工作会议*

为积极应对当前招生工作新形势，进一步做好招生工作，12月26日上午，学校在惠和楼召开了提前招生工作会议。副校长熊贵营出席会议，11个院（部）负责人和学生工作处招生办相关人员参加本次会议，会议由学生工作处处长王琼主持。

会上，学生工作处副处长张国良对学校2019年提前招生的拟招生专业及计划进行了汇报，介绍了2019年相关的政策动向。招生办公室杨卫东就2019年招生宣传的区域划分和进中学活动场次进行了说明，对近期即将开始的招生宣传工作的具体安排做了汇报。随后，各院部围绕2019年提前招生工作的开展进行了充分的讨论，发表了各自的意见和建议。

最后，熊贵营指出，2019年招生工作形势依然严峻，招生工作事关学校的发展全局，提前招生又是招生中的关键类型。为做好学校提前招生工作，他提出了三点要求：一是高度重视，要关注政策、形势的变化和动态，做好应对的准备，提前谋划，加强宣传场次点面的结合；二是强化落实，要组织好招生宣传队伍，明确具体时间节点和工作任务，由于今年提前招生宣传处于春运期间，要求对宣传人员加强安全教育和自我保护；三是重在实效，要保证生源数量，优化生源结构，提高生源质量，招生办做好组织保障服务工作，做好院部和学校招生工作的信息对接协同。力求通过科学的规划、有效的推进，在提前招生中取得比较好的成绩，为全年的招生工作奠定基础。

（学生工作处）

学校启动2019年“互联网+”创新创业大赛

3月20日下午，由学生工作处、创新创业学院主办，计算机工程学院承办的2019“互联网+”创新创业大赛启动会在信知楼2区智慧教室举行。全校近百名师生参加，活动由学生工作处副处长张国良主持。

首先，张国良针对全国第五届“互联网+”创新创业大赛的赛制变化、参赛时间、江苏省教育厅激励措施进行了说明，同时对各赛道的特点和报名要求进行了解读。随后，国赛评委王阳老师给参赛师生进行了参赛培训，他从项目来源、材料准备、网评材料、现场佐证等几个方面，通过丰富的案例，对历届“互联网+”大赛的项目进行画像解析。整个活动氛围轻松，干货满满，现场师生对比赛重点和注意事项有了深刻的了解。王阳还同个别项目师生进行了深入的交流。

（学生工作处　创新创业学院　计算机工程学院）

学校2019届毕业生春季校园招聘会顺利举行

3月20日下午，江苏省百校联动就业活动暨苏州市职业大学2019届毕业生春季招聘会在学园大厦三楼招聘大厅顺利举行。力神电池（苏州）有限公司、苏州通富超威半导体有限公司、苏州股权投资基金管理有限公司等33家知名用人单位前去延揽人才。现场共提供567个就业岗位，分布在制造、信息、通信、金融、旅游、文化、教育等国民经济重要领域。

招聘会上，毕业生们热情高涨、踊跃参与。很多人在会前已通过校就业网、就业App、招聘海报等途径熟悉用人单位、锁定求职目标。同学们早早到达招聘现场，主动与企业主管们就岗位职责、薪资待遇、发展前景进行积极沟通，并纷纷向心仪企业投出精心准备的简历。

2019年，为了进一步提升毕业生就业帮扶效率和力度，校大学生就业服务中心精心筹划、灵活安排，在学期初全面深入统计2019届求职现状及升学备考情况的基础上，特意将春季校园招聘会安排在专转本考试后立刻举行，方便众多已在外实习的毕业生们利用回校契机趁热打铁，做到升学求职“高效对接”。

（学生工作处）

学校成功举办2019年“互联网+”创新创业大赛

5月13日下午，2019年“互联网+”创新创业大赛决赛在图书馆智造工厂成功举行，本次活动由学生工作处、创新创业学院主办，电子信息工程学院承办。参赛项目指导老师和辅导员以及100余名同学观摩了本次比赛。

决赛邀请了5名“互联网+”创新创业大赛国、省赛资深评委组成阵容强大的评委团，为创业学子建言支招，把脉护航。成员包括昌麟投资创始合伙人吴思雨先生、谷尔歌“天使联盟”创始合伙人陶慈女士、南京星客汇投资管理有限公司总经理李晨先生、苏州先进技术研究院新兴产业创新中心主任王阳先生、桥德科技集团有限公司投资经理江洪涛先生。经过2个小时的激烈角逐，创意组“沃晟夹具——助你钻孔无忧”“卓越虎钳——虎钳里的能效专家”“智能电动多功能服务小车”“创业组PET再生切片”“互联网+新文创生活”，红色青年之旅组“爱心箱送”“纸间非遗——剪纸姐妹花的‘阳光文创助残’之路”从中胜出，被推荐至省复赛。项目“面向儿童的可编程物联网模块”、“模块化立体停车装置”、“IP+文旅”模式下的平江图主题文创旅游产品、“小嘟校园消毒机器人”、“智能大棚监控系统的研发与产业化”作为培育项目培育。

（学生工作处　创新创业学院　电子信息工程学院）

学校举办“石湖讲坛”创新创业专题讲座

5月29日下午，由苏州国际教育园管理办公室主办，苏州市职业大学创新创业学院承办的第38

期“石湖讲坛”在苏州市职业大学图书馆举行。本次讲座由苏州市职业大学副校长熊贵营主持。创业导师孙天佩以“创业营销思维和创业路演”为主题，与国际教育园6所院校200余名师生分享了有关创新创业的满满“干货”。

现场，孙老师以“什么是创业”“为什么要创业”两个问题为开场，并以自己三次创业经历为例，与现场师生分享了创业过程中的思路和心得。随后，孙老师通过鲜活的案例，对策划书中市场分析、经营策略、管理团队、资本需求等具体问题进行了生动有趣的分析；他运用世界一流商学院中常用的“哈佛谈判课”的大量理论知识，详细介绍了项目路演中的演讲技巧和不为大多数人所知的沟通理论，并与在场师生进行了热烈的互动交流，让师生对创业有了更为深入、全面的了解。

本次讲座激发了大学生创新创业的热情，激励学生胸怀梦想、敢于尝试，努力实现自己的“创业梦”，利于营造学校以及教育园“大众创业，万众创新”的浓厚氛围，进一步推动教育园各院校创新创业高质量发展，打造“双创”升级版。

（创新创业学院）

学校召开2019年招生工作总结暨2020年招生工作布置会

10月11日下午，学校2019年招生工作总结暨2020年招生工作布置会在惠和楼317会议室召开。校党委书记钮雪林、校长曹毓民、副校长熊贵营、副校长陶亦亦出席会议，各部门主要负责人、学院（部）领导、系主任、专业负责人参加了会议，会议由校长曹毓民主持。

首先，学生工作处处长王琼从招生计划的编制、招生宣传、生源和录取情况汇报了2019年招生工作的总体情况；副处长张国良结合招生大数据，分析了今年的生源分布、录取分数线、专业吸引力等方面的具体情况。副校长熊贵营对2020年招生工作进行了全面部署，针对当前招生工作的新形势，从五个方面提出对策：一是宏观统筹学校各种类型的招生工作；二是加强对各院（部）新高考方案的指导；三是不断优化生源结构，继续提升本地生源数量；四是不断提升招生宣传的精准度和有效性；五是提升招生工作服务学校决策的水平。

最后，校党委书记钮雪林做讲话，他充分肯定了2019年招生工作取得的成绩，向所有参与招生工作的师生的辛勤付出表示衷心感谢，并从新形势下的招生宣传、新高考方案的积极应对和做好高职院校“百万扩招”三个方面，对下一阶段的招生工作提出了新要求、新期待。他希望全校上下统一思想、总结经验、鼓足干劲，深入把握、高效应对招生新动态、新趋势，凝心聚力、积极筹备2020年招生工作，为谱写一流品质院校建设的新篇章贡献力量。

（学生工作处）

学校组织参加2020届全国普通高校毕业生就业创业工作网络视频会议

10月30日上午，2020届全国普通高校毕业生就业创业工作网络视频会议在北京召开。学校分会场设在惠和楼317会议室，副校长熊贵营，各学院（部）党总支副书记，就业创业工作辅导员代表和大学生就业服务中心人员集中参加了网络视频会议。

会上，湖南省教育厅党组书记、厅长、省委教育工委书记蒋昌忠，安徽省人力资源和社会保障厅党组成员、副厅长刘少华，兰州大学党委副书记曹爱辉，青岛科技大学校长陈克正，扬州工业职业技术学院党委书记刘金存做会议交流发言。

人力资源和社会保障部党组成员、副部长游钧，教育部党组成员、副部长翁铁慧先后讲话。游钧就人社部门如何做好高校毕业生的就业工作谈了三点意见：一是要提高站位，切实增强做好高校毕业生就业创业工作的责任感、紧迫感；二是要通力合作，着力做好2020届高校毕业生的就业创业工作；三是要履职尽责，协同各方推进高校毕业生就业创业工作的落实。翁铁慧指出，本次会议主要任务是以习近平新时代中国特色社会主义思想为指导，深入贯彻落实党中央国务院关于促进高校毕业生就业创业的一系列重大决策部署，总结工作，分析形势，全面部署2020届高校毕业生就业创业工作，确保高校毕业生就业大局的稳定，并提出了三点要求：一是要提高站位，深刻把握高校毕业生就业创业的新形势新要求；二是要精准施策，扎实推进高校毕业生更高质量更充分就业；三是要形成合力，全力确保高校毕业生就业大局稳定。

（学生工作处）

苏州市职业大学2019创新创业周暨大学生创新创业成果展开幕

11月1日，苏州市职业大学创新创业周暨大学生创新创业成果展在校图书馆开幕。校党委副书记、副校长刘丹，副校长熊贵营、陶亦亦，校纪委书记蔡晓平出席开幕式。创新创业学院常务副院长王赟主持开幕式，相关职能部门、各学院（部）领导，师生代表参加开幕式。

熊贵营在致辞中介绍了学校开展创新创业教育的基本情况和近年来取得的成绩。他表示，培养具有创新精神、创业意识和创新创业实践能力的人才，是高校的人才培养模式改革的重要突破口。他希望通过此次活动周，进一步深化学校创新创业教育体系化建设、整体化推进、特色化发展，推动学校创新创业教育的跨越式发展。

开幕式后，与会来宾及广大师生参观了大学生创新创业成果展及创客秀活动现场。

（创新创业办公室）

学校2020届毕业生大型校园综合招聘会顺利举行

11月6日、7日下午，江苏省百校联动就业活动暨学校2020届毕业生大型校园综合招聘会在学校南区体育馆顺利举行，吸引了苏州大市及周边地区众多用人单位积极参会，苏州工业园区、高新区、相城区、昆山市等人才服务中心带队组团前去参会。

招聘会现场，共有包括儒拉玛特自动化技术（苏州）有限公司、莱克电气股份有限公司、礼来苏州制药有限公司等在内的230家知名企业前去延揽人才，主要分布在机械制造、信息通信、房地产、教育培训、文化艺术、金融服务等行业，共提供4798个岗位。毕业生们求职热情高涨、踊跃参加，两天入场参会毕业生共计3939人次，现场共投递简历1510份，达成就业意向961人，当场签约71人。

（学生工作处）

学校举办2020年提前招生“校园开放日”活动

为了让广大学生和家长进一步了解学校的办学特色和人才培养优势，准确把握2020年提前招生政策，11月23日（周六），学校邀请了东山中学60余名同学和家长到学校参加提前招生校园开放日活动。活动安排了提前招生政策宣讲和咨询，校园参观和在食堂体验用餐等内容。

在图书馆大厅，校招生办公室老师首先介绍了学校的基本情况和办学特色，对学校2020年提前招生政策进行了宣讲，并就考生关注的问题做了解答。校图书馆馆长赵宁燕和陈钰老师介绍了图书馆的馆藏资源，带领大家参观了“悦·空间”“创客空间”；在吴文化园，管理学院陶莉老师和10名讲解人员一同向参观的师生介绍了吴文化起源、吴地技术、吴地文学书画艺术、吴地教育，让参观师生真切感受到吴文化的精髓；在艺术学院一楼作品展厅，艺术学院学生干部向同学们讲解着每一个学生的创新作品，在场的每一位师生都叹为观止；在汽车运用技术训练中心、数字化设计与制造技术训练中心，机电工程学院党总支书记朱炎和鲁春燕、刘旭老师向大家展示了先进的教学实训条件和优秀的教学理念。参加活动的师生们对学校的办学条件和人才培养水平非常认可，纷纷表示收获满满，不虚此行。

（学生工作处）

学校举行第三届“挑战杯——彩虹人生”创新创效创业大赛

12月13日，校第三届“挑战杯——彩虹人生”创新创效创业大赛终审决赛在图书馆举行。本次大赛由校团委、创新创业学院主办，是学校2019年创新创业周创新创业竞赛的主题活动。

本次大赛以“挑战青春逐梦想　创新奋进争一流”为主题，经学校前期宣传动员、项目培育、院部申报、选拔推荐、参赛辅导等多个环节，共遴选出19件作品进入校终审决赛。在创意设计、生产工艺革新与工作流程优化两个组别的竞赛中，参赛选手通过PPT汇报、作品展示与评委问辩的方式，对作品的设计思路、先进性、科学性、实用性等进行全面展示，展现了学校青年大学生的创新创意活力和实践创新风采。经评审，评选出一等奖作品2件，二等奖作品4件，三等奖作品6件。计算机工程学院作品《松林卫士——松林病虫害遥感监测技术》获创意设计竞赛一等奖，机电工程学院作品《AC轴可调回转台》获生产工艺革新与工作流程优化竞赛一等奖。

校第三届“挑战杯——彩虹人生”创新创效创业大赛的举办，得到了学校领导的关心指导，校内外专家、各学院（部）和相关部门的大力支持，吸引了学校师生的积极参与，参赛作品的数量和质量较往年都较大提升。大赛为学校青年学生提升创新创业能力搭建了平台，营造了浓郁的创新创业氛围，同时为学校参与2020年“挑战杯——彩虹人生”全国职业学校创新创效创业大赛选拔了优秀的参赛作品。

（校团委　创新创业学院）

校地合作

苏州市公安局与学校共建签约仪式顺利举行

1月9日上午，苏州市公安局教育训练处与苏州开放大学管理委员会共建签约仪式在苏州开放大学顺利举行。苏州市公安局教育训练处处长申永、警官何琳，苏州市职业大学继续教育学院院长、苏州开放大学管理委员会副主任（常务）戴涵莘、社区教育中心副主任高觐悦出席了签约仪式。仪式由高觐悦主持。

戴涵莘首先致欢迎辞，她代表学校对市公安局的信任和支持表示衷心的感谢，并希望双方深入合作，学校将全力做好服务工作。随后，双方代表签订了合作协议书，市公安局教育训练处向学校授予了“全市公安民警教育训练合作共建单位”铜牌，向苏州开放大学管委会社区教育中心赠送了“服务热情　保障有力”的锦旗。申永对学校前期的服务质量给予了肯定，并表示将继续与学校合作，服务全市公安民警教育培训，创造良好的社会效益。最后，双方就今年的培训计划、标准及相关细节进行了讨论和商定。

苏州开放大学将继续加强自身能力建设，充分发挥地方院校服务社会的职能，提升社会教育服务质量，培养各类人才，助力城市建设。

（苏州开放大学管理委员会）

学校与苏州丝绸行业协会共建丝绸技术创新中心

4月11日下午，在苏州丝绸博物馆举行的“丝绸苏州2019”媒体通气会上，学校副校长张健与苏州丝绸行业协会会长杨伟签订了联合共建“苏州丝绸技术协同创新中心”协议。

学校李世超教授是江苏省丝绸协会专家委员会主任，长期以来致力于丝绸技术的研究与应用。在校丝绸应用技术研究所的基础上，建立了中国纺织品商业学会丝绸产品技术创新与应用公共服务平台、江苏省丝绸协会江苏省丝绸织绣产品功能检测试验基地、苏州市经信委苏州市丝绸功能技术试验及检测公共服务平台等多个技术研究服务平台。

本次双方签约共建“苏州丝绸技术协同创新中心”，旨在发挥各自的资源优势，依据国家、地方和行业等方面的政策，以服务行业、企业对丝绸技术和丝绸产品开发的需求为核心，开展信息交流、技术研发、技术服务、新品鉴定、成果转移转化等方面的业务，助推苏州丝绸产业的转型升级和振兴发展。

（科技处　校地合作办公室　教育与人文学院）

机电工程学院与安森美半导体举行校企合作签约仪式

4月17日下午，机电工程学院与安森美校企合作签约仪式在机电工程学院会议室举行。副校长陶亦亦、学生工作处副处长傅中山、校地合作办公室副主任张芬、快捷半导体（苏州）有限公司总经理蔡春杰等相关领导出席了签约仪式。仪式由机电工程学院院长陈洁主持。

签约仪式上，蔡春杰首先介绍了安森美半导体的基本情况。陶亦亦代表学校与快捷半导体（苏州）有限公司总经理蔡春杰签订了校企合作协议，傅中山代表学校接受了企业安森美奖学金捐赠。

最后，陶亦亦做总结发言，代表学校向安森美表示了真诚的感谢，希望在今后的合作中，学校与安森美半导体发挥各自优势，在订单班、现代学徒制人才培养等方面开展有益尝试，为学生实习、就业提供更大空间，为企业培养更多高素质、高技能应用型人才。

（机电工程学院）

苏州市职业大学汇川产业联盟学院举行合作签约仪式

5月29日上午，苏州市职业大学与深圳市汇川技术股份有限公司合作成立“苏州市职业大学汇川产业联盟学院”。签约仪式在苏州市职业大学惠和楼会议室举行。

签约仪式上，深圳市汇川技术股份有限公司董事、工业机器人事业部总监刘宇川，苏州市职业大学副校长张健和苏州市吴中区工业和信息化局副局长蒋勇分别致辞，对“苏州市职业大学汇川产业联盟学院”的发展前景进行了展望，对合作共育人才表示大力支持。张健与刘宇川签订了《合作共建“苏州市职业大学汇川产业联盟学院”框架协议》。随后，张健、刘宇川、蒋勇共同为苏州市职业大学汇川产业联盟学院成立揭牌。

（机电工程学院　校地合作办公室）

学校与越溪街道签署校地合作协议

6月14日下午，苏州市吴中区人民政府越溪街道办事处与苏州市职业大学校地合作签约仪式在惠和楼举行。苏州市职业大学副校长陶亦亦、思政数理体育联合党总支书记郎建华、体育部主任王俪燕，越溪街道人大工委主任周进瑞、越溪街道办事处副主任蒋红萍、越溪街道社区教育中心校长吴文祖、越溪街道经济服务中心副主任（文体中心）李俊逸，以及学校体育部部分骨干教师参加了本次签约仪式。仪式由王俪燕主持。

副校长陶亦亦代表学校与越溪街道办事处副主任蒋红萍签署了校地合作协议。

签约仪式上，周进瑞主任首先代表越溪街道做了发言。他说，越溪街道和苏州市职业大学结对合作是一件大好事，今后双方在人才培养、校地协同育人方面加强交流，进一步深化合作，特别是能依靠属地高校的优秀资源，共同促进地方非遗产业传承与创新，促进社会文化教育事业的发展。

陶亦亦也代表学校做了发言。他首先代表学校向越溪街道办事处表示了真诚的感谢。希望双方能根据区域经济发展需求，结合越溪街道特色工作建设，结合社区教育、文体活动，深度合作，以人才培养为目标搭建平台，更好地加强体育、文创教育资源的挖掘、开发和利用，取得成效。希望苏职大作为属地高校能为当地政府做好服务工作，实现校地共同发展。

（体育部）

学校与中国电子科技集团第三研究所签署校所合作协议

6月18日，学校与中国电子科技集团有限公司第三研究所校所合作协议签署仪式在惠和楼举行。中国电子科技集团公司第三研究所副所长冯杰，苏州市工业和信息化局局长汪香元，苏州市教育局副调研员陶旭东，苏州市职业大学党委书记钮雪林、副校长陶亦亦及学校各职能部门负责人等领导出席，仪式由陶亦亦主持。

陶亦亦在致辞中介绍了学校发展，欢迎了到会各位领导嘉宾。泰瑞特（国家质检中心）总经理刘志刚介绍了国家质检中心情况。电子信息工程学院院长张欣介绍了合作项目情况。在热烈的掌声中，陶亦亦和冯杰分别代表学校和研究所签署协议。根据协议，双方将在开放性实验室、校外实践基地、课程开发、培训和科研项目合作、“双百工程”等方面开展全方位合作，提升产学研用合作的水平和层次。冯杰、钮雪林、汪香元等领导先后在会上讲话，充分肯定校所合作的时代意义，期待合作结出累累硕果。最后，参加仪式的领导共同点亮校所项目合作启动球。

（电子信息工程学院）

苏州市职业大学与苏州智能制造研究院签订合作协议

8月7日上午，苏州市职业大学与苏州智能制造研究院签订合作协议，宣告双方将在人才培养、实训实习基地建设、混编师资队伍建设、产学研项目合作、合作开展技能人才鉴定及社会服务等方面开展合作。苏州市职业大学副校长陶亦亦、吴中区委组织部副部长沈志枫、吴中区人社局局长丁晓娟、吴中区科技局副局长秦铮出席签约仪式。

苏州市职业大学是经江苏省人民政府批准、教育部备案，由苏州市人民政府主办的全日制普通高等专科学校。多年来，苏职大秉承“勤、勇、忠、信”的百年校训，以工科为主、多学科协调发展，以培养高素质技术技能型和应用型人才为已任，服务地方经济发展。苏州智能制造研究院于2018年4月成立，是由浙江大学机械工程学院和苏州市吴中科技创业园合作，按照市场化运行的独立法人公司。研究院下设超精密制造与检测研发中心、制造控制与工业软件研发中心、智能设备与三维打印研发中心、智能制造创新体验中心等4个研发机构。

（校地合作办公室）

江苏省丝绸新产品“防踢智能蚕丝被”鉴定会暨“苏州市职业大学—太湖雪产学研合作”签约仪式顺利举行

10月12日，学校与苏州太湖雪丝绸股份有限公司合作开发的江苏省丝绸新产品“防踢智能蚕丝被”项目鉴定会暨“苏州市职业大学—太湖雪产学研合作”签约仪式，在太湖雪桑蚕文化园会议中心顺利举行。

会议第一项议程是防踢智能蚕丝被新产品鉴

定，本次鉴定专家组由国家丝绸及服装产品质量监督检验中心主任杭志伟、苏州丝绸博物馆原馆长丁怀进、苏州大学教授徐大诚、苏州科技大学教授付保川、震泽蚕丝同业公会会长朱文超组成。项目组成员刘伟、黄阳阳、华英和赵中琦分别就项目工作总结和技术总结做了汇报，并现场演示了产品的工作过程。

专家组在听取项目组汇报和产品演示的基础上，经审阅项目鉴定材料、察看产品样品、专家质询，认为防踢智能蚕丝被产品在丝绸产品智能化领域具有一定创新性，填补了国内市场空白，一致同意通过该新产品项目的鉴定。

会议第二项议程是“苏州市职业大学—太湖雪产学研合作”签约仪式。太湖雪董事长胡毓芳首先代表承担单位对各位专家和领导的到来表示欢迎，对新产品项目鉴定的顺利通过表示感谢，介绍了太湖雪十年来不断追求创新的发展历程，以及公司未来在智能家纺领域进行布局的思路及计划。

校党委书记钮雪林代表学校做了发言，介绍了学校“成就学生、成就老师”“家国情怀、回报社会”“学校发展、有所作为”“开放融合、共享资源”等新发展理念以及在新发展理念指导下，学校在为学生引路子，为老师搭平台、出政策、创机制等方面所做的努力及取得的成效。最后钮雪林书记强调了学校要紧跟时代发展，积极和地方产业对接，以校企合作为主导，全方位、全领域、全过程引入地方元素，把论文写在苏州大地上，把成果转化成生产力，提升为地方发展的贡献度。

苏州市丝绸行业协会秘书长余建中、苏州文广新局非遗和工艺美术（丝绸）促进处处长翟苏黎，分别代表行业协会和主管部门做了交流发言。学校科技处处长姚金凤、教育与人文学院院长马丁良、校地合作办公室副主任张芬、科技处副处长鲜学丰等参加了会议。

最后，在与会领导和嘉宾们的共同见证下，苏州市职业大学科技处处长姚金凤和苏州太湖雪丝绸股份有限公司董事长胡毓芳分别代表双方单位签署了《苏州市职业大学—太湖雪产学研合作协议》，会议圆满结束。

（教育与人文学院）

苏州市职业大学与赛迪研究院签署战略合作协议

10月29日上午，苏州市职业大学与赛迪工业和信息化研究院集团（苏州）有限公司战略合作协议签约仪式在惠和楼215会议室举行。赛迪研究院执行董事马雅清博士、赛迪研究院集团（苏州）有限公司总经理杜娇、副总经理周萌等一行8人，吴中经济开发区经信局局长沈娟鹃，苏州市职业大学校长曹毓民、副校长陶亦亦、校地合作办公室副主任张芬、电子信息工程学院院长张欣、副院长邓建平等出席了签约仪式。

签约仪式由陶亦亦主持。杜娇介绍了赛迪研究院集团（苏州）有限公司的筹建、规划和校企合作思路。张欣对校企下一步的深入合作提出了几点展望。在参会领导的见证下，陶亦亦和杜娇作为校企双方代表签署了战略合作框架协议。

会上，马雅清博士介绍了赛迪工业和信息化研究院集团北京总部的相关情况以及2019年研究院参与国家一系列重大会议和会展的情况，表示将全力支持集团（苏州）有限公司和苏州市职业大学达成的战略合作，期待取得合作成果。

（电子信息工程学院）

学校与京东教育文化有限公司签署校企合作协议

11月5日下午，苏州市职业大学与京东教育文化有限公司校企合作协议签约仪式在惠和楼215会议室举行。京东教育总经理钱曦、教育部高校毕业生就业协会产教合作分会副秘书长孙文升、京东教育研究院副秘书长许宇杰，苏州市职业大学校长曹毓民、副校长陶亦亦、校长办公室主任张军、教务处处长孙学文、计算机工程学院院长李金祥、校地合作办公室副主任张芬及大数据技术与应用专业教师等出席了签约仪式。

仪式由陶亦亦主持，他向来宾介绍了学校概况及近年来校地合作的主要成果。钱曦随后介绍了京东教育的概况和主要业务领域。他表示京东拥有较强的技术实力，企业有技术应用场景，有用人需求，也有知名的科学家队伍。本次公司精心挑选与苏州市职业大学签约合作，是因为学校有较强的办学实力，与地方经济发展结合紧密，有良好的合作基础。双方合作既是推进产教融合的需要，也是知名企业社会责任感的体现。

在参会领导的见证下，陶亦亦和钱曦作为校企双方代表签署了战略合作框架协议。

（计算机工程学院）

“中国（苏州）真丝绸面料中心”与学校签订战略合作协议

12月8日上午，科技处处长姚金凤、校地合作办公室副主任张芬、艺术学院副院长胡志栋参加了“中国（苏州）真丝绸面料中心”授牌仪式暨“2019苏州丝绸品质认证和丝绸新产品”发布会，参加人员还有学校丝绸检测中心李世超教授及艺术学院的教师代表。活动现场，姚金凤代表学校与“中国（苏州）真丝绸面料中心”签订了战略合作协议，建立产学研基地。

（科技处　校地合作办公室　艺术学院）

学校与吴江区七都镇举行校地战略合作签约仪式

12月9日下午，学校与苏州市吴江区七都镇校地战略合作签约仪式在七都镇人民政府举行。苏州市职业大学党委书记钮雪林、副校长陶亦亦，七都镇党委书记肖军和副书记、镇长王炜，以及学校校地合作办公室、电子信息工程学院、七都镇、亨通集团及下属部分公司相关领导参加签约仪式。

签约仪式上，七都镇党委书记肖军表达了对学校的感谢。他表示，本次校地合作协议的签订，既是高校优势学科和地方优势产业的“联姻”，更是校地双方面向未来、共谋发展的一项战略选择，标志着七都在“产教融合、校地合作”方面迈出关键一步，必将为七都产业结构优化、创新资源集聚、新旧动能转换等方面带来重大变革和提供更多助益。

钮雪林在讲话中表示，苏州市职业大学始终以培养高素质技术技能型和应用型人才为己任，围绕地方产业发展重点和社会对紧缺人才的需求，积极推进教育教学供给侧结构性改革。学校将以此次校地战略合作签约为契机，发挥学校人才和智力优势，深度融入七都，将科技创新与培养造就创新型科技人才紧密结合，坚持知识创新、技术创新与成果转化、社会服务协同推进，实现学校发展与地方经济社会协同创新、融合共赢。

陶亦亦介绍了学校的办学特色和学科优势、近几年与亨通集团的校企合作内容和成果，并从人才培养、创新驱动发展、教育培训和党建共建共联等方面详细阐述了与七都的合作内容。亨通集团党委副书记、管理学院院长李谷村、亨通工业信息安全技术有限公司总经理陈夏裕和亨通光电人资负责人李军就校企合作、产教融合、高技能基地建设等相关内容开展对接交流。现场，学校副校长陶亦亦与七都镇党委副书记、镇长王炜签署了校地战略合作协议。

（校地合作办公室　电子信息工程学院）

国内交流

陕西铁路工程职业技术学院到校交流

3月1日，陕西铁路工程职业技术学院党委副书记车绪武一行到校交流。校长曹毓民，校党委副书记、副校长刘丹参加了交流活动。

曹毓民对陕西铁路工程职业技术学院到校交流表示欢迎，介绍了学校近年来着力推进内涵式高质量发展，积极建设一流品质院校的总体工作情况。

车绪武参观了学校汽车运用技术训练中心、数字化设计与制造技术训练中心、吴文化园等校内教学实训基地，对学校办学条件、办学成效和办学特色予以积极肯定。

在座谈会期间，双方重点围绕高校思想政治教育进行了热烈交流，从政策保障、组织架构、师资配备、课程安排、教学科研等各个方面，深入探讨大学生思想政治理论课的具体工作。

（校长办公室）

外国语学院赴中国矿业大学考察交流

4月18日，外国语学院副院长卞浩宇、党总支副书记刘伟、英语系主任王怡、综合办公室主任蔡骏、科研骨干孟祥德、学生工作办公室负责人孙雯丽、负责就业创业工作辅导员王磊一行7人赴徐州中国矿业大学外国语言文化学院考察交流。

矿大外国语言文化学院院长吴格非、书记张向东、副院长祖大庆首先对卞浩宇等人的到来表示了热烈欢迎。随后，祖大庆、张向东分别就外国语言文化学院的科研和学生管理工作做了简要介绍。矿大汉文化比较研究中心负责人孟庆波博士详细介绍了如何搭建规划科研平台、如何有效结合地方传统文化资源推动科研、如何以科研平台为抓手带动教师科研积极性等问题；外文学院学生工作办公室主任吕婷婷和团委书记胡滢颖就如何在学生工作中利用新媒体推进党建宣传、如何通过“第二课堂”加强学风建设、如何鼓励推动学生创新创业与社会实践等问题进行了经验分享。最后，双方还就如何在新形势下更好地发展外语专业进行了交流和探讨。

此次调研和考察，一方面加强了与兄弟院校之间的沟通，另一方面有利于了解、学习宝贵经验，也有利于更好地推进、完成学院内涵质量建设指标任务。

（外国语学院）

苏州经贸职业技术学院副院长盛立强一行到学校调研

4月24日上午，苏州经贸职业技术学院副院长盛立强率教务、科技相关部门一行6人到学校调研。副校长陶亦亦、科技处处长姚金凤、教务处处长孙学文等在惠和楼会议室与来宾进行了座谈交流。

座谈交流会上，陶亦亦对来宾表示欢迎。他简要介绍了学校的基本情况，并就学校开展教学、科研工作的工作理念、指导思想、工作要点及学校牵头立项的国家职业教育专业教学资源库的相关工作开展情况进行了说明。他表示苏州经贸职业技术学院与学校友谊深厚、发展过程中有很多共通共融之处，双方平时的交流比较多，本次交流是双方共同学习的极好机会。孙学文对学校技能大赛项目培育、师生组织和学分管理等情况进行详细介绍，并就学校教学管理、专业群建设和毕业设计等相关工作做了介绍。姚金凤介绍了学校近年来科研工作开展情况，并从科研管理制度创新、科研载体创新、科研项目成果培育和生态体系创新等四个方面介绍了学校2018年科技创新重点建设年实施情况。随后双方就科研管理、教学管理和专业群建设等内容进行了深入交流。

（科技处）

秦皇岛市广播电视大学到学校交流调研

5月7日，河北省秦皇岛市教育局副局长韩和平、秦皇岛市广播电视大学副校长杨运洪等一行5人到学校就社区教育、老年教育开展交流调研。苏州市职业大学校长曹毓民、继续教育学院院长戴涵莘、苏州市教育局民办教育与社会教育处副处长屠家洵等给予了热情接待。

交流团首先参观了学校吴文化园，对于学校多年来研究传承吴文化精华、坚持立德树人的教育成果给予了高度赞扬。交流会上，屠家洵介绍了苏州的社区教育发展概况，明确了教育局行政部门的相关职责及统筹各部门教育服务资源的做法。戴涵莘介绍了开放大学转型社区教育的定位、经验及成效，指出职业院校服务地方经济、培养社会人才、提升市民综合素质的功能及向社会开放资源的优势和实践成果。韩和平、杨运洪介绍了秦皇岛市近年来的发展概况，并希望与苏州建立长期的交流合作关系，共享优质资源。最后，与会人员就当前社区教育、老年教育的经验与困惑进行了深入探讨，分享了心得体会，建立了良好友谊。

（苏州开放大学管理委员会）

株洲广播电视大学到学校交流学习

5月31日，株洲广播电视大学党委书记、校长罗立林，副校长汤毅、向开文等一行5人莅临苏州市职业大学（苏州开放大学）交流学习。苏州市职业大学校长曹毓民、校长办公室主任张军、继续教育学院副书记杨立群、社区教育中心副主任高觐悦等给予了热情接待。

株洲电大领导首先参观了苏州市职业大学素质教育基地“吴文化园”，真切感受到了吴地文化的博大精深和吴地先贤的爱国情怀，对学校着力打造高品质吴文化素质教育平台给予了高度赞扬。随后，双方进行了交流座谈，会议由杨立群主持。曹毓民详细介绍了学校的发展历史、机构建设及办学的特色和成果，强调了高职院校服务地方经济发展，为政府提供决策依据的重要作用。罗立林介绍了株洲电大的概况及社区教育发展情况，并表明了此次交流学习的目的和意义。高觐悦围绕交流会的主旨，详细介绍了苏州开放大学转型升级的经验，重点阐述了学校拓展非学历继续教育的成果和社区教育特色。最后，大家来到苏州市首批市民学习苑——吴中高新区运河图书馆，在吴中高新区社区教育中心校长乐菊泉的介绍下，深入了解了苏州市市民学习苑建设的意义，并对苏州开放大学拓展社区教育阵地、整合优质社会资源的做法给予了充分肯定。

（苏州开放大学管理委员会）

南通职业大学到校交流

6月24日上午，南通职业大学党委书记秦志林、副校长戴世明、党政办主任万军、科研与产业处副处长肖轶等一行5人，至学校进行工作交流。校党委书记钮雪林、校长曹毓民、副校长陶亦亦参加了本次交流会议。

秦志林介绍了本次由南通职业大学承办的中国职业大学V9联盟第五次年会总体方案，重点说明了本次年会拟开展的产教融合校企对话会实施方案。

钮雪林代表学校欢迎南通职业大学到校交流，表示将积极支持本次V9联盟年会工作，认真做好产教融合专委会组建及校企对话会活动，促进各校相互学习、共同进步、持续创新。

双方围绕具体方案畅所欲言、集思广益。学校党委办公室、校长办公室、教务处、科技处、校地合作办公室等相关职能部门负责人参加了工作讨论。

（校长办公室）

中科音品（苏州）智能声学科技有限公司到校访问

10月11日上午，中科音品（苏州）智能声学科技有限公司总经理魏鹏、技术总监何健、商务经理杨斯淇等一行到校访问，受到了副校长陶亦亦的热情接待。校地合作办公室副主任张芬、电子信息工程学院院长张欣、电子技术系副主任钱国林等参加交流。

陶亦亦对中科音品公司领导的到来表示欢迎，并向来宾介绍学校发展情况，同时回顾了学校与高新区之间的良好合作历史，希望能够与坐落在高新区的中科音品公司共同推进校企合作，协同培养优秀人才，服务苏州地方经济发展。魏鹏简要介绍了中科院声学所在声学领域取得的重大成就，并就中科院声学所在军民融合方面所开展的工作进行了详细的介绍，对中科音品在声音处理、消除噪声等方面的技术市场化应用进行了展望。双方就智能产品开发等专业的人才培养、产品项目合作等方面进行了充分交流，形成诸多共识，达成了合作意愿，为下一步工作打下了良好基础。

（电子信息工程学院）

苏州市职业大学赴铜仁开展社区教育业务培训

近期，受苏州市教育局委托，苏州市职业大学副校长陶亦亦、继续教育学院院长戴涵莘等一行6人赴铜仁开展社区教育业务培训。10月25日，陶亦亦一行参加了“贵州省暨铜仁市2019年全民终身学习活动周开幕式”，并深入铜仁市碧江区灯塔、矮屯及万山区旺家等社区学校，实地观摩指导社区教育工作。

10月26日，在碧江区中等职业学校举行了苏州市帮扶铜仁市社区教育培训会。培训会上，张家港开放大学与沿河县中等职业学校签订了合作协议，继昆山市和吴江区后，又搭建了一个新的苏州和铜仁间的社区教育交流平台。苏州市高级育婴培训师滕忠慧老师，就《婴幼儿心理发展早期开发》做了专题培训。最后，苏州市职业大学、张家港开放大学、吴江区松陵成校与铜仁电大及碧江、沿河等相关代表，就如何发展社区教育、塑造终身学习品牌、创新教育模式等问题进行了交流研讨，苏州代表介绍了一些成功经验，并提出可行性建议。

（苏州开放大学管理委员会）

宜春职业技术学院图书馆同仁到学校图书馆参观考察交流

11月4日下午，宜春职业技术学院图书馆同仁一行4人在副校长刘江毅的带领下到学校图书馆交流考察。校党委副书记、副校长刘丹，图书馆馆长赵宁燕等人热情接待了来宾。

双方首先在图书馆一楼会议室开展了座谈交流会，会议由周承东主持。刘丹向来宾们介绍了学校基本情况和学校发展目标；赵宁燕介绍了学校图书馆在学科服务、资源服务和空间服务等方面的创新做法，和与会同仁们一起分享了图书馆建设、搬迁、智能化转型等方面的经验。交流会后，来宾们参观了图书馆，参观过程中，相关部主任和老师分别为来宾介绍了图书馆近几年在空间功能拓展、新技术应用、资源建设和阅读推广等方面的探索与实践经验；同时，双方就图书馆在资源建设和推广、阅读推广服务和激发学生阅读热情等工作中遇到的问题进行了交流和讨论。

（图书馆）

苏州工业职业技术学院到学校石湖智库参观调研

11月15日上午，苏州工业职业技术学院副院长殷海芳、宣传部部长王竑、继续教育学院院长廖文杰、经贸管理系主任苏华一行4人到学校石湖智库参观调研。校长曹毓民，副校长、苏州石湖智库理事长张健热情接待了来宾，双方在石湖智库会议室进行深入交流。学校宣传部、科技处有关负责人参加了考察交流。

会上，曹毓民对工职院相关领导的到访表示热烈欢迎，并提出作为一衣带水的兄弟院校，双方应加强密切联系，合作共建。苏州石湖智库秘书长李政以“高校新型智库的发展之路——石湖智库的实践与探索”为题介绍了石湖智库的筹建、发展和目前取得的成果以及未来的发展规划。双方还就高职院校在智库建设和管理方面的经验及存在的问题等方面进行了深入探讨，交流氛围友好而热烈。

殷海芳在听取了智库建设方面的介绍后，表示很受启发，她说真切感受到学校从上到下对智库发展的大力支持，此行收获很大。最后，张健表示，石湖智库从无到有，从初生到发展，离不开兄弟院校的关心和支持，也希望今后双方在智库建设方面开展更好的合作。

（苏州石湖智库）

苏州干部学院到校调研交流

11月15日上午，苏州干部学院副院长叶剑带领该校组织人事部、办公室等部门负责同志一行4人到学校就基层党建、人才引进、绩效考核等工作进行调研交流。校党委副书记、副校长刘丹，校组织人事部部长魏影，党委办公室副主任叶军和组织人事部副部长金霁在惠和楼215会议室热情接待了来宾。

双方在座谈中围绕调研主题进行了深入交流。刘丹介绍了学校的办学总体情况和师资队伍建设情况，重点介绍了学校在高层次人才引进、教师管理与校内绩效分配制度改革等方面的主要做法与思考，在职称制度改革、岗位聘用管理和激励机制的建立等方面所做的探索。叶剑对学校的热情接待表示感谢，她介绍了苏州干部学院近年来的发展状况，表示在学校事业发展过程中各种新问题、新矛盾逐渐凸显，在党建工作、人才引进、绩效考核等方面急需学习成功经验和做法，推进学校工作的提升。会上双方还就如何聚焦推进改革发展、凝聚干事创业精气神，抓好理论学习、加强调查研究、落实整改举措，深入开展好“不忘初心、牢记使命”主题教育相互进行了学习交流。

（组织人事部　党委办公室）

国际交流

英凯睿智国际旅游管理学院与澳大利亚国际酒店管理学院举行签约仪式

3月26日，英凯睿智国际旅游管理学院与澳大利亚国际酒店管理学院国际合作项目签约仪式在疏香楼四区五楼智慧教室举行。澳大利亚国际酒店管理学院校长杰拉德·李曼、凯莱集团副总裁王家杰、苏州市职业大学副校长张健、凯莱酒店集团人力资源总监郭婵娟出席了签约仪式。

2017年英凯睿智国际旅游管理学院在苏州市职业大学教育与人文学院正式成立。在近两年的合作期间，双方在教学体系搭建、教学资源共享、“双师型”教师培养基地建设、人才培养方案设计、国际资质认证课程引进、学生顶岗实习与就业、国际合作项目开发等方面进行了广泛而深入的合作。尤其是在国际合作项目领域，英凯睿智学院与澳大利亚国际酒店管理学院在学分对接、教学计划、课程设置等方面进行了多次深入的磋商与沟通。

签约仪式由凯莱酒店集团人才发展与培训总监史继东、集团培训副经理任大棣主持。合作三方代表凯莱酒店集团副总裁王家杰、澳大利亚国际酒店管理学院校长杰拉德·李曼、教育与人文学院院长马丁良就本次国际合作，接受了凯莱酒店集团人力资源总监郭婵娟的访谈，对项目合作的具体细节以及项目签订对学校和学院的深远影响和意义，进行了交流和分享。

（教育与人文学院）

澳大利亚启思蒙学院代表团莅临学校访问交流

4月25—26日，澳大利亚启思蒙学院电力学院国际项目学科组长Craig和国际项目协调员Molly一行到学校访问。苏州市职业大学副校长张健、机电工程学院院长陈洁、副院长陆春元、专业负责人、国际项目协调员和外事办公室相关工作人员参加了接待工作。双方在惠和楼会议室就中澳合作办学事宜进行了深入交流。

交流会上，张健代表学校对Crag和Molly的到来表示诚挚的欢迎，并向澳方介绍了学校中澳合作项目的开展情况，特别提到学校机电一体化和会计专业中外合作项目都是江苏省高水平示范性建设工程项目，学校对中澳合作办学高度重视，在教师赴澳进修、双语课程建设方面给予重点支持。同时，张健也希望双方在教学资源共享、实验室共建等方面加大合作。Crag对学校的热情接待及学校在中澳合作办学项目方面的重视表示感谢，并表示会把学校提出的合作设想反馈给启思蒙学院领导。

在座谈会以外，双方就机电一体化专业合作办学项目课程体系设置、教学材料填报、课程考核评估等方面进行了详细的交流，对学校教师在实际教学过程中所遇到的问题和困惑进行指导和解答。另外，澳大利亚启思蒙代表团参观了机电一体化专业相关实验实训室，并走进课堂进行学生调查问卷，代表团对学院的软硬件设备非常肯定。

（机电工程学院　外事办公室）

学校举办中国—印尼高等教育合作研讨会

4月29日，印度尼西亚计算机学会主席贝蒂·帕斯帕萨莉女士、玛琅信息与计算机学院校长伊娃·菡德安蒂妮博士、马来西亚国际文化交流中心理事长白妮丝女士等一行到校访问交流，参加在学校举办的中国—印尼高等教育合作研讨会。与会来宾受到校党委书记钮雪林、副校长张健的热情接待。研讨会由外事办公室主任张军主持。

钮雪林对印尼高校和兄弟高校的来宾表示诚挚欢迎，介绍了学校办学及国际合作交流情况，希望通过此次研讨会，加强学校与印尼高等教育领域之间的相互了解，重点在共享职业教育发展理念、开展“一带一路”校企深度协同、形成人文交流长效机制等方面深化合作，积极助力“一带一路”倡议发展。

帕斯帕萨莉介绍了印尼计算机学会和本次参会印尼高校的基本情况，表达了与学校进行人才交流与培养的良好意愿。张健代表学校与帕斯帕萨莉主席签署了合作备忘录，双方将在中国—印尼高校之间开展学术、职业教育教学以及专业技术技能人才培养等领域的合作，共同促进职业教育国际化发展。外事办公室副主任汤晓军介绍了学校国际化办学历程及现状。与会的中国、印尼嘉宾就开展学历生、合作办学“2+1”、企业委托培训、师生交流等项目进行了全面而深入的讨论。

（校长办公室）

学校举行2018级南非留学生结业典礼

6月12日上午，学校举行2018级南非留学生结业典礼。校长曹毓民、副校长张健，苏州市汽车流通行业协会秘书长戴林坤、苏州名骏车业公司人力资源部总监董珊、苏州科茵斯智能科技有限公司销售部经理唐绍林等企业代表，学校相关职能部门、学院及教师代表，2018级全体南非留学生出席典礼。

2018年6月，在教育部中外人文交流中心的指导下，学校同南非高教部工业与制造业培训署、南非中国中心合作开展南非大学生实训项目。经过在校6个月的实训教学和在企业6个月的实习，学生圆满完成一年期的学习任务。结业典礼首先播放了南非留学生学习记录片，回顾了他们一年来在华学习和生活的点点滴滴。看着一幕幕熟悉的学习、实习、参加文化活动的情景，同学们非常激动和感动。

曹毓民发表了热情洋溢的致辞，他代表学校向圆满完成学业，即将走上工作岗位的留学生们表示热烈的祝贺。他表示，留学生们的专业学习、企业实践、文化交流得到了学校老师们、企业师傅们的点赞，得到了南非高等教育部领导们的认可。他希望同学们回国后，用自己的智慧创造美好的人生，将在中国的所学、所见和所闻分享给家人和朋友，成为中南非之间的友谊使者，让更多的人了解中国，了解苏州，了解苏州市职业大学，成为中国、苏州、学校在美丽的彩虹之国——南非最靓丽的一张张明信片。

在隆重而欢快的气氛中，曹毓民给全体南非留学生颁发结业证书，张健给留学生代表颁发在校文体活动荣誉证书，与会人员与全体留学生合影留念。

（外事办公室　国际学院）

刚果共和国黑角市副市长到学校访问交流

9月9日，刚果共和国黑角市副市长乐维塞尔·米萨图先生，办公室合作专员齐卡亚先生在苏州市外事办公室副调研员张耐东、欧非处华佳的陪同下，到校进行访问交流。副校长陶亦亦、张健热情接待了来宾一行。

张健代表学校欢迎黑角市领导的再次到访，祝贺同学们通过层层选拔后进入学校学习。同时，感谢市外办一直以来对学校外事工作的大力支持。他介绍了近阶段学校的办学基本情况，特别是学校与南非、马来西亚等国在联合培养人才，助力中国企业“走出去”方面的有效举措。陶亦亦表示，学校具备优良的教学条件，在留学生教育中实施针对性的人才培养方案，切中当地经济发展对技术技能人才的需求。他希望学生能尽早适应在校的学习和生活，并预祝学生学有所成，为刚果的建设和中刚友谊发挥积极的作用。

张耐东代表市外事办就学校对友城工作的支持表示感谢。他认为，中刚友好交流平台是在两国领导人见证下搭建的，双方有责任把这个平台搭好、搭亮、搭宽敞。他希望同学们学好专业知识理论和技能，了解中国文化，也向中国介绍刚果和非洲的文化，做中非友谊交流的使者。

米萨图高度肯定了学校的办学实力，对学校支持黑角市的人才培养表达了诚挚谢意。他嘱托4名学生要在学校好好学习，掌握本领，要拿出对得起这次学习机会的成绩，为两国的友谊添砖加瓦。同时，他再次邀请学校赴黑角市交流，了解黑角的产业发展现状和独具特色的刚果文化，为双方下一步精准合作打下基础。

（外事办公室　国际学院）

南非高教部文化艺术旅游体育培训署代表团到校访问交流

10月11—13日，南非共和国高等教育与培训部文化艺术旅游体育培训署署长Lebaka Keitumetse Perseverance一行3人在南非中国文化和国际教育交流中心国内办事处主任周若雨的陪同下到校访问交流，受到了校长曹毓民、副校长张健的热情接待。

10月11日，曹毓民与Lebaka一行亲切座谈，校长办公室主任张军，艺术学院党总支书记吴隽、副院长胡志栋，外事办公室副主任汤晓军参与座谈。曹毓民向来宾介绍了学校的办学历史，及学校近些年在国际化办学上取得的成绩。他指出，学校目前正和南非高教部工业与制造业培训署合作，第一批40名学生已顺利结业，返回南非，积极参与到当地的经济建设中去。他表示，学校积极欢迎并支持和文化艺术旅游体育培训署的合作，希望该署选派的南非学生在中国学有所成，成为中国和南非两国之间的友谊使者，为两国之间的经济发展和文化交流贡献自己的力量。

Lebaka感谢学校为开展艺术创意设计专业项目所做的努力，她表示，学校与工业与制造业培训署的合作卓有成效，也激发了文化艺术旅游体育培训署和学校合作的兴趣和信心。这几天的中国之行让她再次感受到了中国经济的快速发展和苏州城市的魅力，她很羡慕南非学生能在苏州这么美好的地方学习。她充分赞同学校的师资力量和教学资源，对于学校对该批学生的培养充满信心。

10月13日，Lebaka一行在张健的陪同下实地考察了艺术学院的教学环境，参观了视觉传播设计与制作、工艺美术品、服装设计与工作等多个实训教室。在座谈中，张健介绍了项目开展的背景和意义，希望艺术学院做实、做好南非学生项目，为中南非人文交流搭建好桥梁。他寄语南非学生尽快适应校园生活，融入专业学习，提升自身技能水平，并祝愿他们学习顺利、生活愉快。Lebaka希望同学们能抓住这次学习机会，好好学习，充分掌握文化创意设计和产品转化技能，回南非后学以致用，更好地就业，也带动中南非两国文旅产品的交流。同时，要遵守中国的法律和学校的规章制度，学生在中国的一言一行都代表着南非的国家形象。最后，她祝愿同学们克服文化差异，在学校的帮助下尽快适应在中国的学习和生活。

在校期间，Lebaka一行参观了吴文化园，对悠久的苏州历史文化，园内优雅的环境，精致的展品赞不绝口。

（外事办公室　国际学院）

英国伦敦纽汉学院到校访问交流

10月25日下午，英国伦敦纽汉学院院长Paul Stephen、创新学院总监Julia Bollam，伦敦时尚及面料博物馆策展人Dennis Nothdruft，英国新时尚研究院执行院长高焕等一行到校进行交流访问。苏州市政协主席周伟强出席座谈交流，苏州市职业大学校长曹毓民，校党委副书记、副校长刘丹参加本次活动。

Paul Stephen一行实地考察了学校智能制造共享创新服务平台、博众·凡赛斯自动化控制教学生产线、汽车运用技术训练中心、数字化设计与制造技术训练中心、公共艺术交流展厅、国家级大学生文化素质教育基地吴文化园等校内实践教育教学场地及设施设备，对学校办学软硬件条件给予高度评价。

在座谈交流环节，双方介绍了办学基本情况，重点介绍了国际化办学的经验做法和工作特色。双方着重围绕人才培养、专业建设、教师发展、科研创新、技能提升、文化互动等方面内容，深入探讨合作共建的有效路径。

周伟强充分肯定本次中外院校交流是对2019苏州国际设计周活动的有益丰富和积极延伸，两校在办学历史、办学规模、发展定位和专业设置等方面有着较高匹配度，希望院校之间加强沟通、细化方案、扎实推进，开展高起点、宽领域、深层次合作育人，助力苏州高质量发展和国际大都市建设。

（校长办公室）

学校举办东南亚协同育人产教融合大会暨东南亚职业教育产教融合联盟成立大会

10月29日，学校与马来西亚国际文化交流中心联合举办东南亚协同育人产教融合大会，黎明职业大学、深圳职业信息技术学院等国内40余家院校，马来西亚大同韩新学院、印度尼西亚玛琅岛信息与计算机学院、柬埔寨工业技术学院等国外12家院校，深圳众为兴技术股份有限公司、苏州汇控智能技术有限公司等公司参与本次大会。大会由校党委副书记、副校长刘丹主持。

校长曹毓民热烈欢迎国内外嘉宾到访学校，他在欢迎辞中介绍了学校近年来的国际合作与交流情况，特别是与南非、马来西亚、巴基斯坦等“一带一路”沿线国家在合作办学，培养国际化人才方面的有效举措。

马来西亚国际文化交流中心理事长白妮丝和印度尼西亚玛琅岛信息与计算机学院校长Eva Handriyantini分别就中国和马来西亚教育和文化间的交流、印度尼西亚高等职业教育的发展现状做了介绍。深圳市机器人协会主任焦杨作为中方优秀科研院所代表做《中国智能制造职业标准国际化发展与人才服务》报告。柬埔寨工业技术学院校长Moan Sam Oeurn做《国际合作——在柬埔寨开发技术人力资源的另一个关键因素》主题发言。

会上，曹毓民、白妮丝、印度尼西亚计算机协会主席Betty Dewi Puspasari、深圳众为兴技术股份有限公司总经理易波、苏州汇控智能技术有限公司总经理谢小辉共同启动“东南亚职业教育产教融合联盟”成立仪式。联盟将搭建教育信息、学术资源共享交流合作平台，促进联盟单位的双向流动，探索跨国、跨校人才培养新机制。学校为联盟常务理事长单位，设立联盟秘书处。

大会举行了“一带一路”产业学院签约仪式。

（校长办公室）

学校举行2019级国际学生开学典礼

10月30日，学校举行2019级国际学生开学典礼。南非高教部工业与制造业培训署署长George Wyne Adams，南非中国文化与国际交流中心主任陆志雷，亨通集团有限公司人力资源管理中心总监杨骏，苏州市职业大学党委书记钮雪林、校长曹毓民，学校相关职能部门和学院负责人、教师代表和2019级全体国际学生出席典礼。典礼由外事办公室主任张军主持。

典礼在雄壮的中华人民共和国国歌中拉开帷幕。2019级应用电子技术专业南非学生高福瑞代表在校生发言，电子信息工程学院张玉学老师代表全体任课教师发言。

作为学校校企紧密合作单位——亨通集团有限公司为工业与制造业培训署的学生提供实习岗位，让学生参与到完整的产品生产环节中，深化学生的模块技能训练，提高他们的职业技能和就业能力。曹毓民和杨骏签署南非大学生实习合作协议，钮雪林和杨骏共同为“苏州市职业大学国际学生实习基地”揭牌。

George Wyne Adams嘱咐同学们一是要不怕苦累，努力学习专业知识和技能，二是要遵规守矩。因为同学们的一言一行代表着南非国家的形象。他期待各位同学学成归国，为南非的经济和社会发展贡献积极的力量。

曹毓民发表了热情洋溢的讲话，对前来学校学习的65名国际新同学表示了热烈的欢迎。他勉励同学们珍惜到华留学的机会，充分利用学校有利的条件和环境，学好语言，学好文化，学好技能，提升自己的职业能力。同时，他鼓励新同学善于学习吸收多元文化的智慧，不断丰富自己的知识和阅历，努力成为国际文化的交流使者。最后，他向全体同学送出了美好祝愿，祝愿他们在学校的每一天都过得充实、快乐。

（外事办公室　国际学院）

文艺体育

“创意文化集市”走进苏州市职业大学

为营造新年新春喜庆氛围，1月7日，由苏州市文学艺术界联合会和学校共同主办的“福满苏州——创意文化集市走进苏州市职业大学”活动在学校南区学生生活区举行。

活动由市文联文艺志愿服务中心组织“百家百花惠百姓”文艺志愿团队走进苏州市职业大学，以民间文艺和创意文化为主打内容，在大学校园进行展位展示。一方面促进文艺志愿服务的开展；另一方面通过传统文化与创意文化进校园，提升大学生的文化鉴赏力，活跃校园文化气息。

集市活动设置展位20余个，以实物及现场演示形式展示苏州的民间文艺和创意文化，内容丰富，精彩纷呈。展位展示传统民间文化创意产品的同时，辅以民间文艺家现场演示创作，展位集结成片，营造优秀传统文化市集感觉。同时市文联还组织书法家现场书题新春“福”字及主题内容扇片作品、新春文艺宣传品和文艺书籍赠送给学校师生。

（校长办公室　艺术学院　公共艺术教育中心）

艺术学院红歌“快闪”登上“学习强国”

4月初，在江苏最美乡村旺山村的绿水青山间，苏州市吴中区越溪街道举行了“党建溪动力”青年党员干部学习课，畅谈“两山理论”的越溪实践。在学习课的现场，上演了一场“共话祖国好、点赞新时代”的红歌“快闪”《我和我的祖国》。学校艺术学院与越溪街道区域党建联盟、越溪实验小学师生踊跃参与，街道党员干部、团员青年、志愿者、城管队员、环卫工人热情放歌，游客自发助演，共同表达对祖国的美好祝愿。

（艺术学院）

苏州市职业大学举行2019环石湖徒步活动

花香四溢，春色正浓，为了倡导学生走出宿舍，走进大自然，加强身体锻炼，2019年4月24日下午，苏州市职业大学各个学院（部）学生代表队高举院旗，精神抖擞，环石湖徒步活动拉开了帷幕。

为确保队伍徒步沿途的安全及此次活动能够顺利圆满进行，活动组织者出发前特别强调了纪律问题，提到要缩短队伍距离，靠边步行。整个旅途充满着大学生的蓬勃朝气和坚持不懈、努力向上的氛围。石湖清澈的湖水和郁郁葱葱的树木相映成趣。在大自然清新环境的感染下，同学们对绿色的生活方式有了新的理解，保护自然的意识油然而生，并表示一定要把“健康、运动、环保”的理念带到平时的生活中，带到周围的朋友中去。8千米的徒步路程中，临近终点有些同学脚步明显开始沉重，但队员们相互鼓励，互相支持不放弃，最终抵达终点，完美诠释了集体力量的魅力。环石湖徒步活动完美落幕！

（校体育运动委员会）

“太湖春晓”蒯惠中山水作品画展在学校开展

4月29日下午，“太湖春晓”蒯惠中山水作品画展在苏州市职业大学开展。苏州市吴中区委常委、宣传部部长、统战部部长顾建列，苏州科技大学艺术学院常务副院长、苏州市美术家协会副主席伍立峰，苏州市美术家协会副主席顾志军，苏州大学博士生导师、工信部工业文化中心工艺美术创新研究院院长廖军，吴中区委办公室副主任、保密局局长张杰峰，吴中区文联主席查伟峰，著名书画家、蒯惠中恩师王锡麒，首都师范大学教授、著名书法家赵宏，中国美术报总编助理李健秋，张继馨艺术馆馆长张小芹，科沃斯机器人有限公司总经理庄建华等校外嘉宾应邀参加。苏州市职业大学全体校领导、印尼职业教育访问团、相关职能部门及学院师生代表等出席活动。

画展开幕式上，中国美术家协会会员、苏州市文联委员、苏州市美术家协会常务理事、吴中区文联副主席、吴中区美术家协会主席、太湖画院院长蒯惠中先生结合美丽的山水吴中，亲自为学校创作了一幅山水画作品《太湖春晓》，以支持苏州市职业大学教育事业的蓬勃发展。校长曹毓民先生上台接受蒯惠中先生的作品捐赠，并向蒯惠中先生颁发收藏证书。副校长陶亦亦代表学校向蒯惠中先生颁发苏州市职业大学兼职教授聘书。吴中区委常委顾建列和学校党委书记钮雪林分别向开幕式致辞。

（艺术学院）

校团委举行“青春心向党　建功新时代”社团巡礼

5月29日晚，由校团委主办，校学生社团联合会承办的2019年社团巡礼在图书馆剧场举行。校公共艺术教育中心主任范政，校团委副书记张成和张明雷，600余名师生现场观看演出。

本次社团巡礼以“青春心向党　建功新时代”主题，分为正青春、勇创新、当奋斗3个篇章。大学生舞蹈团带来的舞蹈表演《鲜花颂祖国》拉开了晚会序幕，表达了学校青年学生对新中国七十华诞的美好祝福。正青春篇章，动感的街舞、轮滑表演，优美的吉他弹唱《青春之歌》，汉服与书法表演《追梦，青年》，展示了学校大学生的青春活力。勇创新篇章，智能机器人协会、电子协会、汽车技术协会、科技协会通过VCR展示、现场交流、机器人演示等方式，展示了学校大学生依托科技创新类社团钻研专业技能、提升创新能力，在各类创新创业赛场勇创佳绩的风采。当奋斗篇章，通过五四主题朗诵、相声、跆拳道、歌伴舞《不忘初心》表演、师生同唱《追梦吧青春》，引领学校青年学生弘扬五四精神，奋斗新时代，担当新作为。活动期间，校团委对2018年度社团工作表现突出的星级社团进行表彰。

（校团委）

学校召开2019年校体育运动委员会工作会议

10月9日上午，学校在惠和楼召开了2019年苏州市职业大学体育运动委员会工作会议。会议由校体育运动委员会副主任、副校长陶亦亦主持，校体育运动委员会全体成员参加了会议。

会上，体育部主任王俪燕、体育部群体竞赛管理中心负责人叶捍军分别就2018年学校体育工作进行了回顾，对2019年校体育工作计划执行情况做了汇报，对学校在公共体育课程改革方面、在阳光体育活动开展和体育竞赛组织方面所取得的成效做了简单介绍，同时听取了各位委员的意见和建议。会上，各位委员还重点对即将举行的2019年校田径运动会筹备工作情况及细节问题进行了沟通协调。

陶亦亦强调，学校体育工作是学校的重要工作之一，全体委员一定要全力支持学校体育工作的开展，做好指导工作。同时，学校体育工作要将安全工作放在首位，各职能部门、各学院（部）要加强沟通协调，切实根据国家体育强国建设要求加以重视，让学生真正“走出宿舍、走向操场”，不要总是低头看手机，还要抬头看天空，加强运动、享受阳光、增强体质。他指出，各部门要一如既往支持学校体育各项工作的开展，促进校体育工作更上一层楼，希望在大家的协调配合下，2019年校运会取得圆满成功。

（校体育运动委员会）

学校成功举办2019年田径运动会

10月24日上午，学校2019年田径运动会在南区田径场开幕。校领导、各部门、各学院（部）党政主要负责人以及师生代表参加了开幕式。开幕式由副校长陶亦亦主持。

开幕式上，校长曹毓民致开幕辞，对本届运动会的举办表示热烈的祝贺，对精心筹备的工作人员、裁判员表示衷心的感谢，向刻苦训练、积极备战的全体运动员致以亲切的问候。他指出，体育承载着国家强盛、民族振兴的梦想，是提高人民健康水平的重要手段，也是实现中国梦的重要内容，对全面提高大学生综合素质、增强体质、健全人格、锤炼意志有着重要意义。在学校的大力倡导、有关部门的精心组织和全体师生的积极参与下，学校阳光体育活动不断向日常化、规模化、精品化发展，呈现出欣欣向荣的良好局面，在各级各类体育赛事中屡获佳绩。他希望通过本次运动会的举办，全校师生积极参与全民健身活动，勇挑时代重任，不断开创体育工作新局面，进一步推动学校各项事业蓬勃发展。

随后，校党委书记钮雪林宣布苏州市职业大学2019年田径运动会开幕。

（宣传统战部　体育部）

校领导参加“归去来兮——吴民先书画艺术展”开幕式

11月5日上午，学校与苏州市文化广电和旅游局、苏州市文学艺术界联合会、中国民主促进会苏州市委员会联合主办的“归去来兮——吴民先书画艺术展”，在苏州美术馆举行开幕仪式。校党委书记钮雪林，校长曹毓民，校党委副书记、副校长刘丹参加了开幕式。开幕式由曹毓民主持。

钮雪林代表学校，与吴民先老师共同为苏州市职业大学“吴民先艺术工作室”揭牌，并和江苏省教育厅副厅长顾月华，苏州市人大常委会副主任王鸿声，苏州市人大常委会教科文卫工委主任朱奕，苏州市文化广电和旅游局局长李杰，苏州市文联党组书记、副主席陆菁，苏州市政协副秘书长、民进苏州市委专职副主委陆丽瑾等嘉宾一起启动了本次书画艺术展览。

（校长办公室）

学校举办第十七届消防运动会

11月6日，苏州市职业大学第十七届消防运动会在图书馆广场举行。全校教职工、物业人员及学生代表组成的15支队伍共350名师生员工参加比赛，450名师生观摩了比赛。

校党委书记钮雪林宣布运动会开幕。校长曹毓民，校党委副书记、副校长刘丹，吴中公安分局内保大队大队长刘欣、副大队长许峰，越溪派出所副所长张敏，吴中消防开发区中队副中队长周越峰，以及各学院（部）、各职能部门的消防安全责任人出席开幕式。

曹毓民围绕“防范火灾风险，建设美好家园”主题致开幕辞，要求大家牢记职责使命，树立底线思维，以临战的姿态、实战的要求，赛出成绩、赛出风格，推动学校消防技战术水平再上新台阶。

周越峰、刘欣先后讲话，对学校的消防工作都给予了充分肯定，并突出强调了掌握消防自救互救技能对于平安校园建设的重要意义。

（保卫处　工会　体育部）

学校江南船拳队亮相广州双博会

11月28—30日，“2019中国体育文化博览会·中国体育旅游博览会”在广州保利世贸博览馆顺利召开。本次体育双博会以“华章七十载　体育新起点”为主题，立足国家战略，面向国际，全方位构建国际化、专业化、市场化、高端化的体育文化、体育产业融合发展及展示交易的平台，开创体育发展新局面。

学校江南船拳表演队作为开幕式当天唯一受邀表演队在江苏展区亮相。苏州市体育局副局长陈艳青一行亲临展区现场指导。来宾们在听取有关江南船拳项目的介绍，观看由体育部顾莉老师携队员带去的江南船拳展示后，对精彩的表演给予了充分的肯定，对这一独特的非遗文化有了多层次的了解，对这一融入当地民俗的体育文化产生了浓厚兴趣。

（体育部）

荣誉表彰

学校黄丹老师荣获江苏省高职高专思政中青年教师教学竞赛二等奖*

由江苏省高校思想政治理论课教学指导委员会举办的2018年度省高职高专院校思想政治理论课中青年教师教学竞赛中，学校思想政治理论教学研究部黄丹老师脱颖而出，荣获二等奖。

（思想政治理论教学研究部）

学校外国语学院在“外研社杯”高职高专英语写作大赛总决赛中获得专业组二等奖*

12月22日，第九届“外研社杯”高职高专英语写作大赛总决赛如期在北京举行。外国语学院2016应用英语2班的杨婧同学，经过徐冰老师的悉心指导，代表江苏省赛区参加了英语专业组的比赛。杨婧同学沉着应战、下笔有神，最终取得专业组二等奖的好成绩。

（外国语学院）

学校荣获“2018年度江苏省社会教育先进集体”称号*

江苏省社会教育服务指导中心组织专家评审全省社会教育工作开展情况，苏州开放大学荣获江苏省“2018年度社会教育先进集体”称号（苏社教指〔2018〕53号）。

（苏州开放大学管理委员会）

学校图书馆荣获“2017年全民阅读先进单位”称号*

在中国图书馆学会公布的文件《中国图书馆学会关于公布2017年全民阅读相关称号的决定》（中图学字〔2018〕104号）中，学校图书馆被授予“2017年全民阅读先进单位”称号，全省共5家单位获此殊荣，学校图书馆是省内唯一获奖的职业院校图书馆，这也是学校图书馆第一次获得国家级学会大奖。

（图书馆）

学校教师获“全国高等职业院校优秀体育工作者”荣誉称号*

2018年3月，中国大学生体育协会职业教育学校体育工作委员会开展了全国高等职业院校2014—2017年度优秀体育工作者评选活动（职教分会〔2018〕4号），于2018年11月经公示后确定了全国高等职业院校100名教师为“全国高等职业院校优秀体育工作者”。学校体育部王俪燕老师荣誉入选并参加了此次颁奖盛典，接受了“全国高等职业院校体育工作者”荣誉表彰。

（体育部）

学校商学院学生在全国大学生金融挑战赛国赛中喜获佳绩*

由共青团中央学校部、全国学联秘书处主办，全国学校共青团研究中心以及东方财富承办的第四届“东方财富杯”全国大学生金融精英挑战赛成功落幕。商学院两支代表队，不负众望，斩获佳绩。进入省赛的一支队伍喜获全国三等奖，而进入国赛的一支队伍，在全国993个队伍中脱颖而出，斩获全国二等奖。

（商学院）

学校外国语学院喜获全球语通“百万大学生英语听说大赛”全国三等奖

2019开年伊始，外国语学院在全球语通2018“百万大学生英语听说大赛”全国总决赛中再获佳绩。戴莉老师指导的2017级商务英语1班的王萌同学在数十万选手中脱颖而出，夺得高职高专院校专业英语组全国三等奖，继5名同学在省赛中喜获一、二、三等奖后，为学校再添荣光。

（外国语学院）

学校获评江苏省暑期“三下乡”社会实践活动先进单位

1月7日，江苏省委宣传部、省文明办、省教育厅、团省委、省学联联合发文，对全省2018年暑期“三下乡”社会实践活动进行表彰，学校首次获评省暑期“三下乡”社会实践活动先进单位。

（校团委）

学校《苏州市职业大学年鉴（2017）》在全国第六届年鉴编纂出版质量评比所有项目中摘得荣誉

1月8日，中国出版协会年鉴工作委员会公布第六届（2015—2018）年鉴编纂出版质量评比结果（中版协鉴字〔2019〕第1号），《苏州市职业大学年鉴（2017）》荣获地方专业和高校年鉴类评比综合奖三等奖，以及“框架设计”“条目编写”“装帧设计”“检索、编校质量和出版时效”全部4个单项的三等奖。同时，学校为此次全国15个获奖高校中唯一的高职院校。

（党委办公室）

学校2018年共青团工作获苏州团市委表彰

2月19日，共青团苏州市委召开十九届五次全体（扩大）会议，传达市委十二届七次全会、团中央十八届二中全会和团省委十五届三次全会精神，总结上一年工作，部署2019年任务。苏州市委副书记朱民出席会议并讲话。

会议表彰了一批先进集体和先进个人，校团委获评2018年度苏州共青团工作先进单位标兵，苏州市共青团系统宣传思想文化工作先进集体，是本年度全市唯一获评共青团工作先进单位标兵的高校团组织。学校教师获评苏州市共青团系统宣传思想文化工作先进个人。校团委副书记张成在会上就高校共青团思想政治引领做交流发言。

（校团委）

学校2019年江苏省高等职业院校技能大赛获奖喜报

2019年江苏省高等职业院校技能大赛各赛项相继落下帷幕，学校参与了8个专业大类的35个项目角逐，共获得一等奖3项、二等奖11项和三等奖11项。

（教务处）

学校应急救护培训基地获评江苏省优秀红十字志愿服务组织

江苏省红十字会公布了2016—2018年度五星级红十字志愿者和省优秀红十字志愿者、志愿服务组织评选结果，学校大学生应急救护培训基地获评江苏省优秀红十字志愿服务组织。

（校团委）

学校主持的国家级职业教育智能控制技术专业教学资源库项目正式立项

教育部《关于公布2019年职业教育专业教学资源库立项建设项目名单的通知》（教职成司函〔2019〕26号），公布了2018年度职业教育专业教学资源库立项建设项目名单。由学校牵头，联合湖南汽车工程职业学院、佛山职业技术学院等22所院校和25个行业企业机构共同建设的智能控制技术专业教学资源库位列其中，正式入选国家级职业教育专业教学资源库。这是学校第一个国家级教改立项项目，是学校在教育教学和专业建设方面取得的重大突破。

（资源库建设工作办公室）

学校主持的科研成果获江苏省科学技术二等奖

江苏省人民政府发布2018年度省科学技术奖励的决定，以苏州市职业大学为第一完成单位主持完成的“中小功率光伏逆变电源系统关键技术及应用”成果获科学技术二等奖，实现了学校主持自然科学科技奖项的历史性突破。

（科技处）

学校顾心怡老师的论文获江苏省高等教育学会评估委员会优秀论文一等奖

经高等教育研究所组织参评、专家委员会评审，学校顾心怡老师的论文《新时期高等职业教育质量保障体系构建的思考》荣获江苏省高等教育学会评估委员会优秀论文一等奖。

（高等教育研究所）

学校留学生获“在江苏外国人定向越野大赛”个人赛一等奖

4月13日，由江苏省人民对外友好协会主办的“悦动江苏 结谊五洲”——在江苏外国人定向越野大赛在苏州市吴中区东山镇举办，来自40个国家的102名外国友人参加了本次大赛。

大赛参赛者中既有来自省内各大高校的到华留学生，也有在各类企业工作的外籍友人。最终，学校向市外办友协选送的选手贝格（巴基斯坦籍）凭借出色的方位感、识图能力和奔跑速度获得定向越野大赛个人赛项男子组一等奖，为苏州市、学校争得荣誉。

（校长办公室 国际学院）

学校陆公正博士在中国优秀期刊*SCIENCE CHINA Information Sciences*发表文章

学校陆公正博士在中国优秀期刊*SCIENCE CHINA Information Sciences*发表文章，题目为“Predictive analysis for race detection in software-defined networks”。*SCIENCE CHINA Information Sciences*为CCF-B类期刊，最新的IF=2.188，学校教师在此刊发表文章尚属首次。苏州市职业大学计算机工程学院的陆公正博士是该论文的第一作者。这项工作得到了国家973项目、国家自然科学基金的支持。

（科技处）

学校在江苏省高校后勤系统技能比赛中获得佳绩

为更好地服务学校教学科研和师生员工，总务处按照校党委、校行政的要求，注重提高后勤保障服务从业人员职业素质和技能水平，形成钻研技术、弘扬工匠精神的氛围。在2018年江苏省高校后勤系统烹饪职业技能竞赛中，学校分别获得个人金奖1项，个人银奖3项。苏州市职业大学荣获团体三等奖，并位列全省高校32强。

（总务处）

学校团委获评江苏省青年志愿服务行动组织

共青团江苏省委、江苏省志愿者协会联合发文，表彰2018年度在志愿服务工作方面成绩突出的集体和个人，校团委获江苏省青年志愿服务行动组织奖。

（校团委）

学校3部教材喜获江苏省高等学校重点教材立项

江苏省教育厅下发了《省教育厅关于公布2018年高等学校重点教材立项建设名单的通知》（苏教高函〔2019〕10号），学校共有3部新编教材获批2018年省重点教材立项建设，分别为刘韬主编的《机器视觉及其应用技术》，李克清主编的《机器学习及应用》和王俪燕、吴恒晔等主编的《大学生体质健康管理与健康促进指南》。

（教务处）

学校管理学院文秘专业在全国商务秘书技能大赛中再创佳绩

为促进教学改革，提升专业技能，管理学院文秘专业组队参加了5月17—19日在河北石家庄举办的第九届全国商务秘书技能大赛。学校代表队荣获专科组团体二等奖。胡云燕和徐浩在大赛中表现突出，分获个人三等奖。4名指导教师被评为优秀指导教师，陶莉被评为优秀裁判员。

（管理学院）

学校倪婷婷教师团队荣获第十届“外教社杯”全国高校外语教学大赛江苏赛区一等奖

5月18—19日，由江苏省教育厅、江苏省高等学校外国语教学研究会、上海外语教育出版社联合主办的第十届“外教社杯”全国高校外语教学大赛江苏赛区决赛在江南大学举办。学校参赛团队主讲教师倪婷婷荣获大赛一等奖。另外，倪婷婷老师因其独到的教学理念和生动的主题诠释，荣获江苏省教学课件设计二等奖。倪老师更因其授课得到在场学生的热烈欢迎，荣获由学生票选产生的“最佳人气奖”。

（外国语学院）

学校计算机工程学院在江苏省大学生计算机设计大赛中喜获佳绩

5月18日，经过一天激烈的角逐，2019年江苏省大学生计算机设计大赛暨2019中国大学生计算机设计大赛江苏省级赛落下帷幕。学校计算机工程学院选派的三支代表队在决赛中喜获特等奖1项、三等奖1项、优胜奖1项。

（计算机工程学院）

学校在第十六届"挑战杯"全国竞赛江苏省选拔赛决赛中获得特等奖

"挑战杯"全国大学生课外学术科技作品竞赛由共青团中央、中国科协、教育部、全国学联和地方政府共同主办，是当代大学生科技创新领域中的权威赛事，被誉为当代大学生科技创新的"奥林匹克"盛会。5月24—26日，第十六届"挑战杯"全国竞赛江苏省选拔赛决赛在南京农业大学举行，学校获特等奖1项、二等奖1项，实现了"挑战杯"竞赛的历史性突破。

（校团委　创新创业学院）

学校学子在第十届蓝桥杯大赛全国总决赛中取得佳绩

5月26日，第十届蓝桥杯全国软件和信息技术专业人才大赛全国总决赛颁奖典礼在北京举行，学校电子信息工程学院的3名同学在决赛中喜获全国二等奖1项，三等奖2项。

（电子信息工程学院）

学校荣获2019年全国职业院校技能大赛（高职组）"虚拟现实（VR）设计与制作"赛项一等奖

5月29日至6月1日，2019年全国职业院校技能大赛（高职组）"虚拟现实（VR）设计与制作"赛项在南京信息职业技术学院举办。来自全国的80所院校的240名选手参加比赛。

学校计算机工程学院邱野、孙晓雯、金旻3名同学（指导教师：周德富、戴敏利、金益）组成的参赛队继3月获省赛一等奖后，再传捷报，以排名第四的优异成绩荣获国赛一等奖，实现了学校技能大赛国赛一等奖零的突破。

（教务处　计算机工程学院）

学校管理学院在第四届全国高职高专人力资源管理技能大赛（中部赛区）中荣获团体二等奖

5月31日至6月1日，管理学院师生赴上海城建学院参加2019年第四届"踏瑞杯"全国高职高专人力资源管理技能大赛（中部赛区）。此项赛事由全国人力资源和社会保障职业教育教学指导委员会主办。

管理学院选派2017级人力资源管理班李雨、2018级人力资源管理班王驰和张志伟同学参赛，赵艳玲和乔俊2名老师担任指导老师，最终荣获团体二等奖。

（管理学院）

学校学子获人工智能大赛全国一等奖

在北京结束的第九届全国大学生计算机应用能力与信息素养大赛"人工智能技术与应用"赛项中，由学校电子信息工程学院2017级创新班学生邱文轩、周浩鹏、周星禹组成的祥云风火轮队（指导教师：王鹏、罗伟）表现出色，获高职组全国一等奖。

（电子信息工程学院）

学校"太湖众创"获评苏州市首批专业化众创空间

6月6日上午，2019年全国双创周苏州双创活动月暨苏州双创合作发展大会在澹台湖大酒店举行。本次活动由苏州市人民政府主办，市发改委、科技局、人社局、吴中区政府承办。

开幕式上，"太湖众创"和其他9家众创空间一起被认定为苏州市首批专业化众创空间——是苏州职业院校中唯一获此认定的孵化基地。

（"太湖众创"）

学校喜获全国职业院校技能大赛"计算机网络应用"赛项二等奖

2019年全国高等职业院校技能大赛各赛项相继落下帷幕，学校继"虚拟现实（VR）设计与制作"赛项荣获国赛一等奖后，再传捷报，计算机工程学院李鑫龙、孙杰、王炜炜3名同学（指导老师：张燕、方立刚）组队参赛的"计算机网络应用"赛项又获得了国赛二等奖。

（教务处　计算机工程学院）

学校外国语学院被授予多项省市志愿服务荣誉称号

中共江苏省委宣传部、江苏省文明办、江苏省民政厅、共青团江苏省委联合发文，外国语学院志愿服务总队"苏州市大型赛会志愿者专业化能力提升志愿服务项目"被评为优秀志愿服务项目，志愿服务总队被苏州市精神文明建设指导委员办公室评为"2018年度苏州市最佳志愿服务团队"。

（外国语学院）

学校《苏州市职业大学学报》《苏州教育学院学报》双双获得OSID项目资助

6月中旬，国家新闻出版署出版融合发展（武汉）重点实验室公布了“学术期刊融合出版能力提升计划”项目第三批资助学术期刊名单，由江苏省科技期刊编辑学会推荐，经专家组严格评审后，学校《苏州市职业大学学报》《苏州教育学院学报》双双入选（序号为279–280），获资助金额2万元。截至第三批资助学术期刊名单公布，江苏省仅有2家高职学报入选。

（学术期刊中心）

学校首次获批九三学社江苏省委2019年参政议政调研中标课题

8月初，九三学社江苏省委《关于2019年参政议政调研课题招标结果的通知》公布了2019年参政议政调研中标课题。经过组织推荐，专家评审，并报经社省委主委会议审定同意，江苏省共62个参政议政课题中标，其中九三学社苏州市委获批7个。

九三学社苏州市职业大学支社副主委李华编审提交的课题“‘一带一路’倡议下我国中小企业国际化发展的经营策略研究”，获批2019年参政议政调研中标课题。这是目前学校民主党派首次获得高级别参政议政调研课题。

（宣传统战部）

学校入选“中国可再生能源学会科普教育基地”

以“传承创新　绿色未来”为主题的中国可再生能源科技创新论坛暨学会成立40周年庆祝活动在北京召开。活动期间举行了中国可再生能源学会科普基地授牌仪式。学校从包括中国科学院、浙江大学等为数众多申报单位中脱颖而出，成功获批入选全国仅11家的“中国可再生能源学会科普教育基地”。

（电子信息工程学院　科技处）

学校艺术学院教师团队在2019年江苏省职业院校教学大赛中喜获佳绩

7月31日，江苏省职业院校教学大赛（高职组）决赛在南京信息职业技术学院举行，艺术学院教师张鸣艳、雷兴武、张颖娉参加此次决赛，最终取得轻工纺织大类二等奖的成绩。

（艺术学院）

学校教师在2019年江苏省高职院校教学大赛中荣获佳绩

由江苏省教育厅、江苏省总工会、共青团江苏省委和江苏省妇女联合会联合举办的2019年江苏省职业院校教学大赛成绩揭晓。学校有12个作品申报参评高职组比赛，其中有7个作品进入现场决赛，分别荣获一等奖1项、二等奖3项、三等奖3项。学校在江苏省教师教学能力比赛中勇攀获奖成绩高峰，实现了一等奖的突破。

（教务处）

学校学子在2019年全国大学生物联网设计竞赛（华为杯）华东分赛区决赛中取得佳绩

8月，2019年全国大学生物联网设计竞赛（华为杯）华东分赛区决赛在上海交通大学举行，学校电子信息工程学院参赛队在比赛中夺得佳绩，获一等奖1项。

（电子信息工程学院）

学校学子在2019年全国大学生电子设计竞赛江苏赛区取得佳绩

8月26日，2019年全国大学生电子设计竞赛江苏赛区传来喜讯，学校学子在比赛中荣获一等奖（A）1项，二等奖2项。

（电子信息工程学院）

学校英凯睿智国际旅游管理学院荣获第五届中国酒店业教育培训金仕奖（2018）行业人才培养贡献奖

由先之教育、世界酒店和旅游教育培训协会主办，最佳东方、迈点、乔邦猎头协办的“2019先之教育年度大课暨先之金仕奖颁奖盛典”于2019年8月30日在浙江广电开元名都大酒店（杭州）举行。盛会评选出七项大奖，学校的英凯睿智国际旅游管理学院获得行业人才培养贡献奖。英凯睿智国际旅游学院企业方凯莱酒店集团也在此次评选中斩获最佳战略合作伙伴奖。

（教育与人文学院）

学校年鉴喜获苏州市档案文化精品三等奖

9月2日，苏州市档案局、苏州市档案馆公布2017—2019年度全市档案文化精品评选结果（苏档发〔2019〕32号），《苏州市职业大学年鉴（2018）》荣获三等奖。

近年来，档案馆立足馆藏资源，强化部门协同，不断推进档案文化服务能力建设。作为综合性档案文化编研成果，学校年鉴在校情展示、辅助决策、文化育人和对外交流等方面发挥了重要作用，同时也得到业内认同。继年初《苏州市职业大学年鉴（2017）》获全国第六届年鉴编纂出版质量评比三等奖后，《苏州市职业大学年鉴（2018）》再获殊荣。

档案馆将紧紧围绕学校中心工作，聚焦改革发展大局，以文化育人和服务为导向，深入推进档案专题编研能力，持续提升档案文化成果质量水平。

（党委办公室）

学校艺术学院在江苏省服装院校学生设计大赛中喜获佳绩

9月7日，"伊顿·强声杯" 2019江苏省服装院校学生（校服）设计大赛决赛在南京国际博览中心举行，艺术学院青年教师张鸣艳指导2017服装设计与工艺专业学生李佳佳参加此次决赛，最终取得本科及高职组银奖，学校荣获优秀组织奖。

（艺术学院）

学校三篇论文获江苏省高等教育学会2018年度高等教育科学研究优秀成果二等奖

在江苏省高等教育学会组织的2018年度高等教育科学研究优秀成果奖的评选中，由学校教务处、高等教育研究所报送参评的4项成果中有3篇论文荣获二等奖。分别是艺术学院周德富老师的《协同创新背景下的区域共享型实训基地建设研究》、外国语学院吴倩老师的《基于"产品、流程、系统"的高职课程模式构建与实践》、商学院周雷老师的《基于任务驱动的高职互联网金融项目化教材建设研究》。

（教务处　高等教育研究所）

学校外国语学院王怡老师微课制作团队喜获第十届"外教社杯"全国高校外语教学大赛江苏省微课比赛一等奖

在由江苏省教育厅高教处指导的第十届"外教社杯"全国高校外语教学大赛江苏赛区微课比赛中，学校外国语学院王怡老师带领的微课制作团队提交的英语微课作品《Office Etiquette》（办公室礼仪）以其精巧的教学设计、流畅的英文表达、完美的视觉效果在众多参赛作品中脱颖而出，荣获江苏省赛区一等奖，为学校再添殊荣。

（外国语学院）

校企合作江苏省丝绸新产品项目"防毛刺绣系列产品"通过专家组鉴定

9月24日，由学校丝绸应用技术研究所与苏州绣艳天下刺绣工艺有限公司合作研发的江苏省丝绸新产品"防毛刺绣系列产品"项目，顺利通过了江苏省丝绸专家委员会组织的专家鉴定。

（科技处　教育与人文学院）

学校入选第二批1+X证书制度试点院校

教育部职业技术教育中心研究所对第二批1+X证书制度试点院校进行了公布（教职所〔2019〕257号），学校入选工业机器人操作与运维、工业机器人应用编程、智能财税3个职业技能领域1+X证书制度试点院校。

（教务处）

学校社会实践团队在省大学生社会实践项目大赛中获佳绩

共青团江苏省委、江苏省学生联合会公布了2019年"力行杯"江苏省大学生社会实践项目大赛结果，学校"运河拾遗"暑期社会实践服务团从全省1227个重点团队中脱颖而出，获得三等奖。

（校团委　管理学院）

学校商学院徐峰老师在国际Top期刊发表学术论文

学校商学院教师徐峰以第一作者在国际Top期刊*Fractional Calculus and Applied Analysis*（《分数阶微积分及其应用分析》）在线发表了论文，这是学校教师首次在FCAA上发表研究论文。

该论文题为"Pricing of perpetual American put option with sub-mixed fractional Brownian motion, Fractional Calculus and Applied Analysis"（《混合次分数布朗运动下永久美式看跌期权的定价》）。

（科技处　商学院）

学校三项案例入选中国高等教育博览会"校企合作　双百计划"典型案例展示名单

10月10日，中国高等教育学会公布了中国高等教育博览会"校企合作　双百计划"典型案例展示名单，学校电子信息工程学院"'共建、共管、共享'博众·凡赛斯自动化学院"和计算机工程学院"天创信息安全学院""人才共育，平台共建，项目共研——苏州市职业大学翼云电信学院"三项案例成功入选。

（校地合作办公室）

学校在2019年全国高校数字艺术设计大赛中取得佳绩

2019年第七届全国高校数字艺术设计大赛圆满落幕，学校计算机工程学院动漫制作技术专业参赛学生斩获一等奖1项、二等奖1项、三等奖2项。

（计算机工程学院）

学校在“南戈特杯”全国机电设备安装与调试技能大赛中荣获二等奖

10月25—27日，在常州信息职业技术学院举行的2019年度全国机械行业职业教育技能大赛——“南戈特杯”机电设备安装与调试技术技能大赛中，学校机电工程学院学生刘钰、韩士杰在刘广、王仁忠2名指导老师的带领下，发挥出色，荣获大赛高职组二等奖。

（机电工程学院）

学校赵阳老师团队在全国高校教师教学创新大赛——第五届外语微课大赛中喜获佳绩

在全国高校教师教学创新大赛——第五届外语微课大赛中，学校赵阳老师团队喜获江苏省一等奖、国赛三等奖，为学校教学改革，尤其是信息化教学再添荣光。

（外国语学院）

学校在第九届全国大学生外贸跟单（纺织）+跨境电商职业能力大赛中喜获佳绩

11月1—3日，由教育部高等学校纺织类专业教学指导委员会、中国纺织服装教育学会联合主办的第九届全国大学生外贸跟单（纺织）+跨境电商职业能力大赛，在武汉纺织大学举行。来自全国各地34所高等院校的47支代表队200余名师生参加了本届比赛。经过3天的激烈角逐，学校商学院国际经济与贸易系代表队喜获佳绩，2017国际经济与贸易1班陈洁同学获个人二等奖，2017国际经济与贸易2班高秀芹同学和吕梦娇同学获个人三等奖，学校代表队获得了团体三等奖。

（商学院）

学校在2019年江苏省大学生机器人大赛中取得佳绩

2019年第十届江苏省大学生机器人大赛于10月26—27日在三江学院举行。经过激烈角逐，学校计算机工程学院学生获得二等奖3项、三等奖1项。

（计算机工程学院）

学校学子在第三届金砖国家技能发展与技术创新大赛喜获银牌

11月1日，在俄罗斯赛区叶卡捷琳堡国际会展中心举办的2019第三届金砖国家技能发展与技术创新大赛俄罗斯欧亚公开赛传来喜讯，学校机电工程学院2017数控技术3班包翰才同学在杜建红教授的指导下喜获“逆向工程”赛项银牌。

（机电工程学院）

学校外国语学院在第十届全国英语演讲大赛（高职组）江苏赛区比赛中蝉联一等奖

11月7—9日，第十届“外研社·国才杯”全国英语演讲大赛（高职组）江苏赛区比赛在南京江苏开放大学举行，省内60余所高职院校遴选出的180余名选手参赛。经过激烈角逐，学校卢懿老师指导的2018商务英语邓淮木同学荣获一等奖，王莎莉老师指导的2017应用英语王晨茹同学和张天惠老师指导的2018商务英语杨维清同学荣获二等奖，三名指导老师获优秀指导教师奖。从2016年到2019年，外院师生已连续四年荣获该项赛事一等奖，为苏职大再添殊荣。

（外国语学院）

学校在2019高教社杯全国大学生数学建模竞赛中喜获佳绩

在教务处和数理部的精心准备、共同努力下，学校7个代表队参加了2019高教社杯全国大学生数学建模竞赛。在9月12日20时至9月15日24时连续三天多的比赛里，参赛师生克服时间紧、建模任务重的困难，昼夜连续奋斗，荣获全国大学生数学建模竞赛乙组国家二等奖1项，江苏赛区一等奖1项，江苏赛区二等奖1项，江苏赛区三等奖2项的优异成绩。

（数理部）

学校11门课程获2018—2019年江苏省高校在线开放课程建设立项

江苏省教育厅公布了《省教育厅关于公布2018—2019年高等学校在线开放课程立项建设名单的通知》（苏教高函〔2019〕23号），学校11门课程成功入选，予以立项建设。

（教务处）

学校保卫处首次荣获省公安厅集体二等功

江苏省公安厅根据《江苏省机关团体企业事业单位保卫组织和保卫人员表彰奖励规定》，发文表彰了150个集体，学校保卫处首次被江苏省公安厅记集体二等功。

（保卫处）

学校联合清华大学猛狮车队参加“中国智能车未来挑战赛”获佳绩

11月15—17日，学校机电工程学院汽车系与清华大学猛狮车队联合研制的清华智驾、清华紫荆车队完成了第11届“中国智能车未来挑战赛”。清华智驾车队获得有卫星导航乡村道路挑战赛第三名、城乡道路比赛第三名，清华紫荆车队获得高架道路比赛第六名。

（机电工程学院）

学校荣获2019年度机械行业职业教育技能大赛二等奖

11月13—17日，2019年度机械行业职业教育技能大赛在上海市工程技术管理学校举行。比赛由机械工业教育发展中心、全国机械职业教育教学指导委员会共同主办。学校在大赛“产品创意设计与快速成型技术”赛项中，取得了二等奖的好成绩。

（机电工程学院）

南非高教部工业与制造业培训署授予学校“南非高技能人才培养示范基地”称号

南非高教部工业和制造业培训署授予学校“南非高技能人才培养示范基地”称号。

（外事办公室　机电工程学院　电子信息工程学院）

学校外国语学院学子在第二届“外教社杯”江苏省大学生跨文化能力大赛中荣获特等奖

在第二届“外教社杯”江苏省大学生跨文化能力大赛中，外国语学院严军、钱鲍华老师指导的2017商务英语刘秋宁同学荣获高职英语组特等奖。

（外国语学院）

学校获江苏省第十四届大学生职业规划大赛总决赛（专科组）总冠军

11月28日，由江苏省教育厅主办，省招生就业指导中心承办的“武进人才”杯江苏省第十四届大学生职业规划大赛总决赛在常州江苏理工学院落下帷幕。学校代表队获得突破性成绩，机电工程学院陈文静荣获大赛专科组总冠军，另外计算机工程学院王婉婷和电子信息工程学院曾子涵荣获二等奖，机电工程学院顾嘉荣获“优秀指导老师”称号，学校也连续第四年荣获最佳组织奖，省委教育工委副书记苏春海为陈文静颁奖。

（学生工作处）

学校学术期刊中心在第十一届江苏省科技期刊“金马奖”评选中喜获佳绩

11月28日—29日，在江苏省科技期刊学会举办的“第十一届江苏省科技期刊金马奖”的评选活动中，学术期刊中心李华老师荣获优秀编辑之“优秀论文组稿奖”和“优秀成果奖”，施建平老师获评江苏省科技期刊学会工作“先进个人”，宋现山老师荣获优秀编辑之“编辑标兵奖”，孙文老师荣获优秀编辑之“编辑新锐奖”。

（学术期刊中心）

学校机电工程学院教师在全国机械制造类专业教学改革研讨会暨“精雕杯”教改论文评选、教学设计大赛中获得佳绩

11月30日，全国机械制造类专业教学改革研讨会暨“精雕杯”教改论文评选、教学设计大赛在安徽省合肥职业技术学院举行。在教学设计大赛中，杜洁、赵海燕、郭南初团队的“组合体试图的表达与识读”教学设计作品晋级了现场答辩，在答辩中团队发挥出色，获得教学设计大赛一等奖；陆建康、方勇、宋秦中团队的“汽车发动机燃料供给系统的结构与检修”教学设计作品获得教学设计大赛三等奖。在教改论文评选中，孙春华教授的教改论文《〈机械产品的3D打印〉课程思政的探索与实践》在论文评选中获得二等奖。

（机电工程学院）

学校3部教材获批2019江苏省重点教材立项建设

省高教学会下发了《关于公布2019年高等学校重点教材立项建设名单和第七批出版名单的通知》(苏高教会〔2019〕35号),学校共有3部教材获批2019年省重点教材立项建设,分别为商学院汤泉、刘淑春主编的《企业成本核算实务》,机电工程学院陆春元、金芬主编的《PLC应用技术(双语教程)》和电子信息工程学院陈伟元、索迹主编的《电路与模拟电子技术》。

(教务处)

学校管理学院学生喜获供应链大数据分析与应用技能大赛全国邀请赛一等奖

11月30日,粤港澳大湾区"怡亚通杯"首届供应链大数据分析与应用技能大赛全国邀请赛在广州番禺职业技术学院举行,来自全国本科院校及高职院校的32支参赛队96名选手参加了竞赛。管理学院物流专业负责人李英与专业教师何慧作为指导老师,带领2018级物流专业白月飞、张永辉、蔡淑婷参加了此次大赛,以高职组第一名的成绩荣获团体一等奖。

(管理学院)

学校获江苏省首届大学生气排球竞标赛季军

11月30日至12月1日,由江苏省体育协会高校委员会主办的首届大学生气排球锦标赛在南京信息职业技术学院成功举行,学校学生组队参加比赛。最终取得了第三名的好成绩。

(体育部)

学校在第五届中国"互联网+"大学生创新创业大赛中获得佳绩

第五届中国"互联网+"大学生创新创业大赛落下帷幕,来自全球五大洲124个国家和地区,4093所学校的457万名大学生,109万个团队报名参赛。学校机电工程学院的参赛项目"沃晟夹具——助你钻孔无忧"获得国赛铜奖、省赛金奖,机电工程学院"卓越虎钳——虎钳里的能效专家"和电子信息工程学院"智能电动多功能服务小车"获省赛二等奖,艺术学院"纸间非遗——剪纸姐妹花的'阳光文创助残'之路"获省赛青年红色之旅赛道三等奖,郭南初、赵宏平、顾星老师获江苏省"互联网+"大赛优秀指导老师,学校获江苏省优秀组织奖,获奖数量为历年最多。

(学生工作处　创新创业学院)

学校产教融合案例获2019年度CCF VC优秀案例奖

12月1—4日,2019年度CCF职业教育大会在海南博鳌举行。会议由中国计算机学会(以下简称"CCF")主办,CCF职业教育发展委员会(以下简称"CCF VC")承办,海南软件专业技术学院协办,来自全国近百所高职及应用型本科院校的领导、专家、IT类专业骨干教师和12家企业代表共200余人参加了本次大会。学校计算机工程学院刘业博士立项的B类课题"新工科背景下基于兴趣驱动的嵌入式应用开发课程项目化设置实践研究"顺利结题,李金祥教授获得优秀职业教育工作者称号,刘昭斌教授"基于'产教融合&校企合作'的高职专业人才培养探索与实践"的案例被授予CCF VC产教融合优秀案例奖。

(计算机工程学院)

学校图书馆张学梅老师荣获首届全国高职院校信息素养大赛教师说课全国总决赛二等奖

12月4—5日,首届全国高职院校信息素养大赛全国总决赛在深圳职业技术学院举行。学校图书馆张学梅老师作为江苏省唯一代表入围全国20强,并在说课现场赛中以总分第三名的优异成绩荣获全国二等奖;外国语学院陶育明同学、电子信息工程学院周天承同学表现突出,在检索技能决赛中获得优胜奖。同时,学校还荣获2019年全国高职院校信息素养大赛最佳宣传奖。

(图书馆)

学校"梦想公开课"获评省级示范课

12月5日,江苏团省委公布了2019年"信仰公开课"省级示范课评选结果,确定了58场"信仰公开课"省级示范课,学校"奋进新时代　争做追梦人'梦想公开课'"获评省级示范课。

(校团委)

苏州石湖智库入选苏州市首批新型智库

为贯彻落实中央办公厅、国务院办公厅《关于加强中国特色新型智库建设的意见》,江苏省委办公厅、省政府办公厅《关于加强江苏新型智库建设的实施意见》，苏州市委办公室、市政府办公室《关于加强苏州新型智库建设的实施意见》，着力打造一批党政亟需、特色鲜明、制度创新、引领发展的专业化新型智库，根据《苏州市新型智库建设与管理实施办法（试行）》，经公开申报、专家评审、集体研究、公示等程序，12月6日，苏州市首批新型智库名单公布，学校石湖智库入选，成为市首批6家新型智库之一。

（苏州石湖智库）

学校管理学院团队在2019年全国跨境电子商务技能竞赛中喜获佳绩

12月6—8日，2019年“畅享杯”全国新商科技能大赛跨境电子商务技能竞赛在天津轻工职业技术学院拉开序幕。本届大赛由中国商业联合会主办，中教畅享（北京）科技有限公司协办。管理学院电子商务专业首次组队参加，由电子商务专业教师张虹、陈娟带队，2018级学生顾士杰、冯晓薇、戴思佳作为选手参赛，最终取得了团体三等奖第一名的好成绩。

（管理学院）

学校在江苏省第九届大学生就业创业知识竞赛中喜创佳绩

12月7日上午，由江苏省教育厅主办，江苏省高校招生就业指导服务中心承办，南京工业大学、海澜之家股份有限公司协办，教育频道特别支持的江苏省第九届大学生就业创业知识竞赛总决赛在南京工业大学举行。学校由计算机工程学院的李佳琳、陈灵珠，外国语学院的柏寅松组成的代表队获得总决赛二等奖，计算机工程学院羌坚获优秀指导老师称号，学校获最佳组织奖。

（学生工作处）

学校荣获中国技能大赛——全国新能源汽车关键技术技能大赛三等奖

12月8日，2019年中国技能大赛——全国新能源汽车关键技术技能大赛在广东深圳落下帷幕，学校机电工程学院汽车专业教师宋秦中、胡忠文发挥出色，荣获大赛机动车检测工（新能源汽车智能化技术）职工组三等奖。

（机电工程学院）

学校暑期“三下乡”社会实践获团省委表彰

江苏省委宣传部、省文明办、省教育厅、团省委、省学联联合发文公布了2019年江苏省大中专学生志愿者暑期文化科技卫生“三下乡”社会实践活动评选表彰结果。学校“运河拾遗”暑期社会实践服务团获评“优秀团队”、吴中区红庄社区爱心小屋社会实践基地获评“优秀社会实践基地”、陈璇老师获评“先进工作者”、孟庆文同学获评“先进个人”。

（校团委）

学校教师在2019年省高校微课教学比赛中荣获佳绩

根据《关于举办2019年全省高校微课教学比赛的通知》（苏教技研〔2019〕5号），学校申报参赛的19个作品中，有11个作品获奖。其中荣获二等奖3项、三等奖8项。

（教务处）

学校艺术学院教师作品获2019中国设计红星奖

2019中国设计红星奖颁奖典礼在北京天桥艺术中心举行。学校艺术学院教师杨光受邀参加典礼，其设计并已量产的作品《榫卯立支》获得中国设计红星奖。

（艺术学院）

学校学生在江苏省“鼎傲杯”高职院校大学生互联网英语听说大赛中喜获佳绩

12月20日，由江苏省高校外国语教学研究会主办的2019江苏省“鼎傲杯”高职院校大学生英语听说大赛决赛在扬州工业职业技术学院落下帷幕，学校参赛学生获得优异成绩。王峻老师指导的2019文秘的季思齐同学荣获一等奖，任凌云老师指导的2019动漫制作技术的李姗姗、练稳山老师指导的2019市场营销的裔苏云和潘春丹老师指导的2019文秘的秦玉格分获二等奖。

（外国语学院）

注：“*”为补录数据。

编辑：陆怡静

SUZHOU VOCATIONAL UNIVERSITY

第四章　专题活动

“不忘初心、牢记使命”主题教育

组织领导

关于成立学校党委“不忘初心、牢记使命”主题教育领导小组的通知

苏职大委〔2019〕50号

各党总支、直属党支部，各部门：

根据市委印发《中共苏州市委关于开展“不忘初心、牢记使命”主题教育的实施方案》（苏委发〔2019〕34号）的要求，经校党委研究决定，成立学校党委“不忘初心、牢记使命”主题教育领导小组，现就有关事项通知如下。

一、主题教育领导小组名单

组　长：钮雪林

副组长：曹毓民　刘　丹　熊贵营　陶亦亦　张　健　蔡晓平

成　员：韩承敏　魏　影　朱剑刚　俞建伟　沈新艺　朱　炎　张　震　王　亚　孟利琴　曹继平　苏　涛　吴　隽　郎建华　杨立群　季宇平　赵宁燕

二、主题教育领导小组办公室组成及职责

主题教育领导小组下设办公室，负责贯彻落实学校主题教育领导小组关于主题教育的决策部署和工作要求，组织协调开展全校主题教育。

办公室主任由校党委副书记、副校长刘丹兼任，办公室下设4个工作组，朱剑刚任综合组组长，魏影任组织组组长，韩承敏任宣传组组长，俞建伟任督导组组长。各工作组职责为：

1.综合组：主要负责校党委班子及班子成员基层调研、专题党课等活动的协调；负责主题教育文件收发、拟办、传阅及管理；负责主题教育有关会议的会务安排；负责综合文稿和领导讲话的起草工作；负责为学校主题教育领导小组提供服务和条件保障；完成领导小组交办的其他工作。

2.组织组：主要负责主题教育的工作谋划、组织协调工作；负责制定主题教育有关工作方案和意见；负责与市委主题教育领导小组办公室和市委巡回指导组联络沟通，做好上级来校指导检查的组织保障；负责指导全校各单位开展主题教育；完成领导小组交办的其他工作。

3.宣传组：主要负责宣传中央、省市委精神和学校部署，做好主题教育宣传报道和舆论引导；及时收集信息，反映动态，交流经验，做好典型经验的挖掘总结，主题教育氛围营造等；负责校党委理论学习中心组开展主题教育学习研讨的组织工作；完成领导小组交办的其他工作。

4.督导组：主要负责对各单位开展主题教育进行督导和检查；及时了解掌握各单位主题教育进展情况、主要做法和存在问题，推进学习、整改等各项任务落实；检查“三会一课”、组织生活会等落实情况；完成领导小组交办的其他工作。

中共苏州市职业大学委员会
2019年9月12日

关于建立学校党委领导干部“不忘初心、牢记使命”主题教育联系点的通知

苏职大委〔2019〕51号

各学院（部），各部门：

根据中央精神和省市委部署要求，为推动我校“不忘初心、牢记使命”主题教育扎实有效开展，当好主题教育的先行者、引领者、示范者，充分发挥党员领导干部示范带头作用，经研究，决定建立学校党委领导干部“不忘初心、牢记使命”主题教育联系点制度。

学校党委领导干部要从实际出发，采取灵活多样的方式，加强对联系点工作的指导。各联系点要及时主动地向所联系的校领导汇报本单位的工作

进度，并及时向领导小组办公室报送校领导赴联系点参加活动的情况。

附件：学校党委领导干部“不忘初心、牢记使命”主题教育联系点安排

中共苏州市职业大学委员会
2019年9月12日

附件：

学校党委领导干部“不忘初心、牢记使命”主题教育联系点安排

姓名	联系点
钮雪林	各党总支，重点联系机电工程学院党总支
曹毓民	各党总支，重点联系管理学院党总支
刘　丹	艺术学院党总支、图书馆直属党支部、离休干部直属党支部、退休干部直属一支部、退休干部直属二支部
熊贵营	电子信息工程学院党总支、外国语学院党总支
陶亦亦	继续教育学院党总支、计算机工程学院党总支
张　健	教育与人文学院党总支、机关党总支
蔡晓平	商学院党总支、思政数理体育联合党总支

工作方案

中共苏州市职业大学委员会关于开展“不忘初心、牢记使命”主题教育的实施方案

为深入贯彻落实中央开展“不忘初心、牢记使命”主题教育的总体部署，根据中央主题教育领导小组《关于开展第二批“不忘初心、牢记使命”主题教育的指导意见》(教组发〔2019〕24号)，省委、市委关于开展“不忘初心、牢记使命”主题教育实施方案的精神，结合学校实际，现就我校开展“不忘初心、牢记使命”主题教育，提出如下实施方案。

一、指导思想

开展“不忘初心、牢记使命”主题教育，要紧紧围绕为党育人、为国育才，突出党的政治建设，紧扣立德树人的根本任务，聚焦贯彻习近平新时代中国特色社会主义思想和习近平总书记关于教育工作的重要讲话和指示精神，健全全员全过程全方位育人的体制机制，加强思想政治工作和思政课建设等开展学习教育和调查研究，着力整改解决基层党组织建设、教师队伍建设、意识形态工作、学生社团工作中存在的突出问题，为推动苏职大内涵式高质量发展，建成全国一流品质院校不懈奋斗。

二、目标任务

要把深入学习贯彻习近平新时代中国特色社会主义思想作为开展“不忘初心、牢记使命”主题教育的根本任务，全面把握“守初心、担使命、找差距、抓落实”的总要求，坚持抓思想认识到位、抓检视问题到位、抓整改落实到位、抓组织领导到位，以彻底的自我革命精神解决违背初心和使命的各种问题，切实做到“五聚焦五自觉”。一是聚焦解放思想再出发，不断加深对习近平新时代中国特色社会主义思想重大意义、科学体系、丰富内涵的学习理解，着力破除与新时代要求、新发展理念不相适应的思想观念和思维定式，真正在解放思想中统一思想，自觉做到理论学习有收获。二是聚焦锤炼党性再提升，进一步坚定理想信念，传承红色基因，在思想上政治上行动上同以习近平同志为核心的党中央保持高度一致，自觉做到思想政治受洗礼。三是聚焦“三项机制”再推进，将其贯穿于使用干部、激励作为、推动工作全过程，引导党员干部勇于直面矛盾、增强斗争精神，把思想和行动统一到中央和省委、市委的决策部署上来，自觉做到干事创业敢担当。四是聚焦转变作风再提效，坚守人民立场，自觉同人民想在一起、干在一起，把办人民满意的高等教育作为奋斗目标，着力解决教学科研管理服务等领域师生群众关心的热点、难点问题，坚决整治形式主义、官僚主义，自觉做到为民服务

解难题。五是聚焦涵养清风正气，严格规范党内政治生活，教育党员干部自省自警自律，知敬畏、存戒惧、守底线，公私分明，亲清分开，自觉做到清正廉洁做表率。

三、工作安排

本次主题教育由校党委班子带头，以学校中层及以上党员领导干部为重点，全校党员参加。从2019年9月开始，11月底基本结束，不划阶段、不分环节，重点突出“四贯穿四在前”：将学习教育贯穿始终，在学懂弄通做实新思想上走在最前列；将调查研究贯穿始终，在理论联系实际上走在最前列；将检视问题贯穿始终，在勇于自我革命上走在最前列；将整改落实贯穿始终，在推动高质量发展上走在最前列。

（一）突出入脑入心，切实筑牢思想根基。紧紧围绕学习贯彻习近平新时代中国特色社会主义思想，紧扣党和国家工作大局，紧密联系学校发展实际，引导党员干部学原文悟原理，做到“五个有”，即学有计划、学有思考、学有榜样、学有载体、学有行动，推动学习贯彻新思想取得新进步，达到新高度。

1.原原本本学。领导干部要提高标准、带头示范，通读《习近平关于“不忘初心、牢记使命”重要论述选编》，认真学习党章、《习近平新时代中国特色社会主义思想学习纲要》，深入学习习近平总书记在“不忘初心、牢记使命”主题教育工作会议、中央政治局第十五次集体学习、中央和国家机关党的建设工作会议、在内蒙古考察并指导开展“不忘初心、牢记使命”主题教育和在2019年秋季学期中央党校中青年干部培训班开班式上的重要讲话，学习习近平总书记对教育工作的重要指示批示精神。基层党组织要有计划地开展系列主题党日活动，组织党员以个人自学为主，通过“三会一课”、视频学习、交流讨论、知识竞赛等多种形式，通读《习近平关于“不忘初心、牢记使命”论述摘编》，原原本本学习《习近平新时代中国特色社会主义思想学习纲要》。

2.集中研讨学。在个人自学的基础上，校党委领导班子、各学院（部）领导班子要集中安排一周时间，采取理论中心组学习、专题学习会、读书班等形式，围绕党的政治建设、全面从严治党、理想信念、宗旨性质、担当作为、政治纪律和政治规矩、党性修养、廉洁自律等8个方面，结合实际制定相关专题，开展集中学习和交流研讨。学习交流不能偏离主题，不能以专家讲座、理论辅导代替自学和研讨。党支部通过召开党员大会、支委会、党小组会、主题党日等，围绕“初心是什么、使命干什么、奋斗比什么”主题，结合深入解放思想开展专题讨论，交流学习体会，相互启发提高。

3.对照先进学。注重运用各领域攻坚克难和“三项机制”典型案例开展学习，认真回答好“苏职大发展四问”。开展领导干部学“周恩来精神”、基层干部学赵亚夫、广大党员学王继才活动。学习传承苏州“三大法宝”，大力弘扬苏州党员干部敢闯敢试、敢为人先的改革精神，进一步坚定改革开放再出发的决心和信心。坚持典型引路，挖掘和弘扬革命先烈、时代先锋的精神内涵，组织广大党员认真学习党的十八大以来苏州涌现的各级各类先进典型，推动广大党员见贤思齐、担当作为。坚持以身边事感化身边人，组织学习先进典型，为广大党员提供可触摸、可感知、可学习的鲜活样本，激发比学赶超、争先奋进的精气神。

4.找准载体学。把学习党史和新中国史作为主题教育的重要内容，做出具体安排，采取适当方式，教育引导党员干部知史爱党、知史爱国。用好苏州主题教育实践馆、苏州革命博物馆、沙家浜革命历史纪念馆等苏州本地党性教育资源，组织党员干部深入学习苏州革命史、奋斗史、发展史，传承弘扬“三大法宝”，汇聚克难奋进、担当作为的强大精神动力。用好“学习强国”平台、“苏州先锋”微信公众号等线上载体，采取生动鲜活、喜闻乐见的方式，增强主题教育的吸引力和感染力。

5.联系自身学。带着问题开展学习研讨，坚持把自己摆进去、把职责摆进去、把工作摆进去，深入思考“怎样守好初心、怎样担好使命、怎样找好差距、怎样抓好落实”。认真开展“四重四亮”活动，重读入党志愿、重温入党誓词、重忆入党经历、重问入党初心，党员亮身份、服务亮承诺、工作亮标准、担当亮作为，争当新时代奋斗者。

（二）突出求真务实，扎实深入调查研究。着眼学校改革发展实际，结合教学科研管理服务工作，坚持问题导向，着眼查找自身问题和解决实际问题，突出调研课题明、具体要求明、结果导向明、纪律规矩明“四个明”，使调研的过程成为运用新思想发现和解决问题，推动内涵式高质量发展的过程。

1.突出调研重点。校党委领导班子和院（部）领导班子要围绕贯彻落实习近平总书记重要指示批示精神和党中央、省市委各项决策部署，结合学校年度重点工作，围绕解决本部门本单位存在的突出问题和师生群众反映强烈的热点难点问题，围绕解决党的建设面临的紧迫问题，围绕破解制约学校发展的瓶颈问题，确定调研课题，通过调研提出解决问题的思路和办法措施，实实在在解决具体问题，特别要在建立高效顺畅的校内管理体制机制上下功夫。加强对调研工作的统筹，汇总调研课题，列出工作计划，防止脱离本职工作。

2.改进调研方式。采取不发通知、不打招呼、不听汇报、不用陪同接待和直奔基层、直插现场的“四不两直”调研方式，结合“六个一”基层走访调研，深入各学院（部）、教学科研管理服务基层一线、校企合作单位等，多到问题集中、困难较多、情况复杂的地方，注重运用已有数据和素材进行综合分析，不扎堆调研，不增加基层负担。

3.转化调研成果。要将上学期、暑假期间和主题教育活动中的调研结合起来，领导班子成员要认真汇总分析调研资料和相关数据，交流调研成果，形成调研报告，把调研中查找的问题和形成的对策建议作为整改的内容和措施。针对调研中发现的问题，能解决的立即解决，不能立即解决的，要集中商讨和研究对策建议，把调研成果转化为促进学校改革发展的办法举措，体现为推进学校内涵式高质量发展的思路建议。

4.讲好专题党课。在学习调研的基础上，领导干部要讲好专题党课。校党委主要负责同志要带头讲党课，其他班子成员要到分管联系点讲党课；各学院（部）、各部门党员领导干部要给所在学院（部）、部门党员同志讲党课；党支部书记要讲1次党课。讲好专题党课，做到“四个讲清楚”：讲清楚自己学习习近平新时代中国特色社会主义思想，特别是习近平总书记“不忘初心、牢记使命”重要论述的认识体会；讲清楚存在的差距和不足；讲清楚指导实践、推动改进工作的思路措施；讲清楚悟初心、担使命的感悟。

（三）突出对表对标，深刻认真检视问题。采取自己找、群众提、集体议、上级点等方式，查不足、找短板，一条一条列出问题，从思想、政治、作风、能力、廉政方面，特别是从主观上、思想上进行剖析，做到对表对标必严、梳理问题必全、听取意见必广、反思原因必深“四个必”。

1.广泛听取意见。结合调查研究，通过座谈交流、个别访谈、设立意见箱、发放征求意见表等方式，组织开展“三听两问”，充分听取服务对象、基层党员、普通群众的意见，问领导班子、领导干部存在的突出问题，问改进作风、改进工作的意见和建议。上级党组织要结合巡审督查、干部考察、工作考核等情况，对下级单位领导班子和班子成员提出意见。对征求到的意见，要原汁原味反馈给领导班子和班子成员，不能过筛子。

2.深入查找问题。党员领导干部要按照习近平总书记关于“四个对照”“四个找一找”的要求，认真查找存在的问题，一条一条列出问题清单。对照习近平新时代中国特色社会主义思想，对照党章党规，对照师生员工新期待，对照先进典型、身边榜样，坚持高标准、严要求，找一找在增强“四个意识”、坚定“四个自信”、做到“两个维护”方面存在哪些差距，找一找在知敬畏、存戒惧、守底线方面存在哪些差距，找一找在群众观点、群众立场、群众感情、服务群众方面存在哪些差距，找一找在思想觉悟、能力素质、道德修养、作风形象方面存在哪些差距。

3.认真检视反思。党员领导干部要联系实际，进行“六对标六反思”，对标“不忘初心、坚守信仰”，反思理想信念是否坚定；对标“对党忠诚、维护大局”，反思“两个维护”是否坚决；对标“热爱人民、勤政为民”，反思宗旨观念是否牢固；对标“自我革命、永远奋斗”，反思“四自”能力是否过硬；对标“勇于担当、鞠躬尽瘁”，反思履职尽责是否到位；对标“严于律己、清正廉洁”，反思自我要求是否严格，进行全面政治体检，及时清除思想灰尘。党支部要结合“三会一课”，组织党员对照检视问题，相互提醒警醒。

（四）突出动真碰硬，全面抓好整改落实。坚持从一开始就改起来，边学边查边改，对调研中发现的问题，师生员工反映强烈的突出问题，特别是学习贯彻习近平总书记重要讲话和贯彻中央、省市委决策部署不落实、不扎实等问题，敢于动真碰硬，立行立改、逐项销账。整改落实情况，要通过适当方式在一定范围内向党员、群众公开。

1.开展专项整治。在继续抓好形式主义、官僚主义集中整治和师生员工反映强烈突出问题专项治理的基础上，根据中央、省市委统一部署，重点抓好对贯彻落实习近平新时代中国特色社会主义思想和党中央决策部署置若罔闻、应付了事、弄虚作假、阳奉阴违的问题，干事创业精气神不够、患得患失、不担当不作为的问题，违反中央八项规定、省委十项规定和市委十二项规定精神的问题，以及党员教育管理宽松软，基层党建主体责任缺失等问题的专项整治工作。对专项整治中发现的违纪违法问题，要严肃查处。

2.落实常规整改。党员领导干部要坚持以上率下，认真抓好列入专项整治突出问题之外的常规问题的整改落实，认真制定整改落实方案，对查摆出来的其他问题，列出问题清单，对照逐条整改落实，解决一项、销号一项。完善问题清单，区分轻重缓急，明确工作重点，建立整改台账，逐条制定措施，能够立行立改的，要抓紧整改到位；需要一段时间纠正的，要倒排进度、盯住改、限期改，实行对账销号，确保整改到位。

3.召开专题民主生活会（组织生活会）。主题教育结束前，校党委领导班子和各学院（部）领导班子召开专题民主生活会，党支部召开组织生活会，针对检视反思的问题，运用学习调研成果，把推进专项整治和问题整改情况纳入民主（组织）生活会对照检查主要内容，做到红脸出汗，严肃认真开展批评和自我批评。

四、组织领导

开展“不忘初心、牢记使命”主题教育是党中央做出的重大政治部署，是全校当前的一项重大政治任务。要切实加强组织领导、抓好工作落实，确保主题教育不走过场、取得实效。

1.落实领导责任。全校主题教育在校党委领导下开展。成立学校党委主题教育领导小组，校党委书记担任组长，领导小组下设办公室，负责主题教育的日常工作。各级党组织书记要切实履行第一责任人职责，党员领导干部要抓好自身教育，做出表率，防止只抓下级、不抓自身。

2.强化督促指导。学校主题教育领导小组办公室对各党总支、各学院（部）、各部门主题教育开展情况进行全覆盖、全过程指导，特别是在教师党支部书记“双带头人”培育和党建、思想政治工作队伍建设方面，要因地制宜，注重上下联动，加强分类指导。对开展主题教育不认真、不积极、不严肃的及时批评教育，对搞形式、走过场、敷衍应付的要立即整改到位。

3.注重统筹兼顾。开展主题教育，要统筹安排、有序推进，要紧扣中心、服务大局，同进一步推进解放思想结合起来，同推进学校重点工作任务结合起来，同落实当前改革发展稳定各项任务结合起来，防止“两张皮”，用高质量发展的成果、师生员工的评价来检验主题教育成效，确保两手抓两促进。注重常态长效，把主题教育中形成的好经验好做法用制度的形式固化下来，坚持好、运用好。

4.加强宣传引导。充分发挥各级各类新闻宣传平台特别是“两微一端”新媒体作用，加强正面宣传，强化舆论监督。通过新闻报道、典型宣传、工作综述等形式，深入宣传党中央精神和省委、市委部署要求，及时反映我校主题教育开展情况及进展成效。注重发现、培育和宣传先进典型，用身边人、身边事教育激励党员，形成学先进、当先进的良好风尚，为主题教育有序开展营造良好氛围。

5.防止形式主义。要把力戒形式主义、官僚主义作为重要内容，注重学习教育质量，不对写读书笔记、心得体会等提出硬性要求；调查研究不搞“作秀式”“盆景式”调研和不解决实际问题的调研；检视问题不大而化之、隔靴搔痒，不避重就轻、避实就虚，不以业务问题代替思想问题；整改落实不能口号喊得震天响、行动起来轻飘飘，不虎头蛇尾、久拖不决。对消极对待、敷衍应付的要及时批评教育，督促整改，对走形变样、问题严重的要严肃处理。

动员部署

校党委书记钮雪林在“不忘初心、牢记使命”主题教育动员部署会上的讲话

2019年9月17日

同志们：

党的十九大报告指出，“中国共产党人的初心和使命，就是为中国人民谋幸福，为中华民族谋复兴”，并且强调，这个初心和使命是“激励中国共产党人不断前进的根本动力”。

5月31日，党中央召开了“不忘初心、牢记使

命”主题教育工作会议，习近平总书记发表重要讲话，为开展好主题教育提供了根本遵循，为党员干部守初心践使命指明了前进方向。根据党中央部署，自今年6月开始，全党自上而下分两批开展“不忘初心、牢记使命”主题教育。9月10日，江苏省委对第二批主题教育做了全面动员部署。9月11日，苏州市委对全市主题教育做了动员部署。此前，学校党委根据苏州市主题教育“先学一步、先热起来”的要求，今年上半年和暑假期间已经进行了多次调研，并梳理出相关问题；通过党委会、党委理论中心组学习等形式，传达学习了相关会议精神和组织了有关专题学习；9月12日，学校召开党委会，研究制定了学校主题教育的实施方案等。今天，我们召开学校“不忘初心、牢记使命”主题教育动员部署会，主要任务是按照中央、省委、市委要求，对在全校开展主题教育进行动员，使全校党员干部和广大党员迅速行动起来，以更好的状态、更硬的举措、更实的作风，把主题教育各项目标任务落到实处、取得实效。市委主题教育第十巡回指导组组长缪学为同志还要做讲话，对学校开展主题教育提出要求，我们要认真学习领会，抓好贯彻落实。

下面，我代表学校党委，就深入开展主题教育、抓好各项重点工作，讲三点意见。

一、提高政治站位，增强开展主题教育的政治自觉、思想自觉和行动自觉

在全党范围开展“不忘初心、牢记使命”主题教育，是以习近平同志为核心的党中央统揽伟大斗争、伟大工程、伟大事业、伟大梦想而做出的重大决策部署。今年是新中国成立70周年，也是我们党在全国执政第70个年头，在这个时刻开展主题教育，正当其时。

要深刻领会习近平新时代中国特色社会主义思想，深刻认识开展主题教育的重大意义。习近平总书记在中央主题教育工作会议上指出：“开展这次主题教育，根本任务是深入学习贯彻新时代中国特色社会主义思想，锤炼忠诚干净担当的政治品格，团结带领全国各族人民为实现伟大梦想共同奋斗。”总书记的讲话，深刻阐明了主题教育的总要求、目标任务、重点措施，具有很强的政治性、思想性、针对性、指导性。我们要深刻认识到，在全党开展“不忘初心、牢记使命”主题教育，是用习近平新时代中国特色社会主义思想武装全党的迫切需要，是推进新时代党的建设的迫切需要，是保持党同人民群众血肉联系的迫切需要，是实现党的十九大确定的目标任务的迫切需要。这四个“迫切需要”，深刻阐明了这次主题教育的紧迫性、必要性和重大意义。我们要深刻认识到，开展主题教育，是坚持思想建党、理论强党的必然要求；是推动广大党员干部不断增强“四个意识”、坚定“四个自信”、做到“两个维护”，筑牢信仰之基、补足精神之钙、把稳思想之舵的必然要求；是学校扎根苏州大地办学，瞄准“建设全国一流品质院校”目标，持续提升内涵质量发展水平的必然要求。

要不折不扣贯彻省委、市委对主题教育的总体要求，一丝不苟落实学校主题教育的具体举措。学校的主题教育工作是全省、全市主题教育整体框架的一部分，我们要以高度的政治责任感落实省委、市委的工作部署。省委书记娄勤俭同志强调，开展好第二批主题教育意义重大，直接关系到习近平总书记重要讲话指示精神在江苏的落地见效，关系到党执政根基的巩固夯实，关系到主题教育的整体效果。省委常委、市委书记蓝绍敏同志在全市主题教育动员大会上强调，要努力做到思想上“零偏差”、推进上“零温差”、发展上“零落差”、行动上“零时差”，高标准高质量推进主题教育。在接下来的推进过程中，我们要严格按照省委、市委的要求，在市委巡回指导组的指导下，结合学校主题教育的《实施方案》，切实抓好四个方面的内容、落实好相关具体措施：在学习教育上，要原原本本学、集中研讨学、对照先进学、找准载体学、联系自身学；在调查研究上，要突出调研重点、改进调研方式、转化调研成果、讲好专题党课；在检视问题上，要广泛听取意见、深入查找问题、认真检视反思；在整改落实上，要开展专项整治、落实常规整改、开好专题民主生活会。

二、强化使命担当，把落实主题教育的目标任务体现在推动学校高质量发展成效上

习近平总书记指出：“幸福都是奋斗出来的。”当前，我国职业教育正处于改革发展的“深水期”，也正迎来发展的“新的春天”。全校上下要通过开展好“不忘初心、牢记使命”主题教育工作，切实把精气神凝聚到学校的高质量发展上来，把主题教育的成果体现到提升学校发展的整体竞争力上来。

一是要坚持学以致用。习近平总书记指出：“理论创新每前进一步，理论武装就要跟进一步。”要组织好党员干部和广大党员认真学习党的十九大报告、《习近平关于“不忘初心、牢记使命”重要

论述选编》《习近平新时代中国特色社会主义思想学习纲要》，习近平总书记视察江苏、苏州的重要指示批示精神，特别是习近平总书记关于思想政治教育工作、职业教育改革发展的重要讲话精神，做到学有计划、学有思考、学有榜样、学有载体、学有行动，确保学习入脑入心，提高党员干部和广大党员运用习近平新时代中国特色社会主义思想的立场、观点、方法分析问题、解决问题的能力，达到学以致用、知行合一。

二是要聚焦干事创业。学校的每一步发展都是在不断发现问题、解决问题中取得的。因此，我们要坚持问题导向，深入调查研究。广大党员同志，特别是党员干部，要主动从学校的“小课堂”走向社会“大课堂”，带着问题深入到宿舍、食堂中去，深入到一线教师和学生中去，深入到紧张火热的经济社会第一线去，对调研中发现的问题，少找“很难办、办不成”的理由和借口，多想“怎么办、怎么才能办得更好”的方法和措施。要对照“苏职大发展四问”、学校“放管服”改革要求，多问一问自己：“我的职责、使命是什么？学校处于什么样的坐标和方位？我要展现一种什么样的状态和作为？”要大力开展“创新争先、创优争光”活动，加强对标找差，在“赶学比超”中比出危机感、提振精气神、干出新成效，切实增强“成就教师、成就学生”的本领，提高学校服务地方发展的显示度、贡献度。每一个党员干部要努力成为干事创业、使命担当的旗帜，敢作为、能作为、善作为，学校党委和行政将旗帜鲜明地为实干奋斗者撑腰鼓劲，为担当作为者担当。

三是要强化整改见效。习近平总书记强调：“要把‘改’字贯穿始终”。学校各级党组织要把开展主题教育与做好学校改革发展稳定各项工作结合起来，认真落实整改工作责任制，对检视出来的问题，要形成问题清单、责任清单和工作台账，坚持从一开始就改起来，边学边查边改。对调研中发现的问题，师生员工反映强烈的突出问题，特别是学习贯彻习近平总书记重要讲话和贯彻中央、省市委决策部署不落实、不扎实等问题，要敢于动真碰硬，抓铁有痕、踏石留印抓落实，立行立改、逐项销账见真功。对整改落实情况，要通过适当方式在一定范围内向党员、群众公开。

三、压实主体责任，持续深入推动全面从严管党治党向纵深发展

“不忘初心、牢记使命”主题教育是当前及今后一个时期的首要政治任务，时间紧、任务重、要求高，我们要以高度的政治责任感，精心组织、周密安排好各项任务，确保主题教育取得实效，推动全面从严管党治党向纵深发展。

一是要强化责任落实。学校各级党组织要切实担负起主题教育的主体责任，党组织主要负责同志要担负起第一责任人职责，班子成员要切实履行“一岗双责”，认真落实主题教育各项要求，发挥示范带头作用，先学一步、学深一点，先改起来、改实一点，为广大党员干部做出表率。同时要指导好分工领域和联系点的主题教育工作。要把主题教育开展情况作为年度党建工作考核的重要内容和指标，对于抓不紧抓不好抓不实的，要坚决追责、问责。

二是要注重统筹兼顾。要紧扣中心、服务大局，把主题教育同庆祝新中国成立70周年结合起来，同推进“两学一做”学习教育常态化制度结合起来，同进一步推进解放思想结合起来，同推进学校年度重点工作任务结合起来，统筹安排、有序推进，防止“两张皮”，用高质量发展的成果、师生员工的评价来检验主题教育成效，确保两手抓、两促进。注重常态长效，把主题教育中形成的好经验好做法用制度的形式固化下来，坚持好、运用好。

三是要加强氛围营造。要发挥好学校各级各类有形阵地和无形载体的舆论宣传作用，全方位、多渠道宣传中央、省委、市委关于主题教育的重要精神和部署要求，宣传好学校主题教育工作的开展情况。注意总结和提炼，加强对身边榜样和先进人物的宣传，积极营造全校党员干部和广大党员积极参与主题教育活动的良好氛围。

习近平总书记深刻指出，“事业发展永无止境，共产党人的初心永远不能改变。唯有不忘初心，方可告慰历史、告慰先辈，方可赢得民心、赢得时代，方可善作善成、一往无前”。同志们，让我们以习近平新时代中国特色社会主义思想为指导，按照中央、省委和市委的部署安排，扎实开展好这次主题教育，推动学校内涵式高质量发展水平迈上新台阶，为实现中华民族伟大复兴的中国梦而努力奋斗！

苏州市职业大学领导班子“不忘初心、牢记使命”主题教育“四贯穿四在前”工作清单

序号	工作项目	工作要求	责任单位
一、将学习教育贯穿始终，在学懂弄通做实新思想上走在最前列			
1	组织领导班子开展自学	按要求下发相关学习书目，组织领导干部开展自学。	宣传组
2	集中学习研讨	集中安排一周（9.19—9.24，含9.21），围绕党的政治建设、全面从严治党、坚定理想信念、坚守党的宗旨性质、勇于担当作为、严守政治纪律、遵守政治规矩、坚持廉洁自律等8个方面，开展集中学习和交流研讨。学习方案报督导组审阅。	宣传组
3	专题学习周恩来	学习习近平总书记在纪念周恩来同志诞生120周年座谈会上的重要讲话精神，学习周恩来同志订立的“十条家规”和《我的修养要则》，观看专题片《大无大有——身边人眼中的周恩来》和电教片《忠诚》。	宣传组
4	及时发现表扬一批群众身边的党员先进事迹	坚持典型引路，挖掘和弘扬革命先烈、时代先锋的精神内涵，组织广大党员认真学习党的十八大以来苏州涌现的各级各类先进典型，推动广大党员见贤思齐、担当作为。坚持以身边事感化身边人，组织学习先进典型，为广大党员提供可触摸、可感知、可学习的鲜活样本，激发比学赶超、争先奋进的精气神。	宣传组
5	学习党史、新中国史	把学习党史、新中国史作为主题教育重要内容。研读《习近平关于“不忘初心、牢记使命”重要论述选编》《中国共产党的九十年》；集中收看新中国成立70周年国庆阅兵，收听习近平总书记新中国成立70周年重要讲话。	宣传组
6	用好本地党性教育资源	用好苏州主题教育实践馆、苏州革命博物馆、沙家浜革命历史纪念馆等苏州本地党性教育资源，组织党员干部深入学习苏州革命史、奋斗史、发展史，传承弘扬“三大法宝”，汇聚克难奋进、担当作为的强大精神动力。	宣传组
7	开展警示教育，以案例明法纪、促整改，发挥警示作用	以教育领域违纪违法典型案件为学习重点，以案为鉴，对照反思，举一反三，采取场景展示、视频制作、图片巡展、观看警示教育片以及参观警示教育基地等多种方式，切实推动警示教育常态化制度化的实施，筑牢拒腐防变的思想防线，增强履职尽责的使命担当。	督导组
8	指导基层开展“四重四亮”活动	在开展“四重四亮”活动中，融入学校党员“政治生日”纪念活动，切实做好“重读入党志愿、重温入党誓词、重忆入党经历、重问入党初心，党员亮身份、服务亮承诺、工作亮标准、担当亮作为”，争当新时代奋斗者。	组织组
二、将调查研究贯穿始终，在理论联系实际上走在最前列			
9	加强对调研工作的统筹	加强对调研工作的统筹，汇总调研课题，列出工作计划，报指导组审阅。	综合组
10	扎实开展好“六个一”基层走访调研	深入查找群众“操心事、烦心事”，实实在在办好至少1件惠民助企实事并形成典型案例。对调研发现的问题，能解决的马上就办，并及时统计汇总。组织调研成果集中交流，把调研中查找的问题和形成的对策建议作为整改的内容和措施。采取“四不两直”调研方式，不打造“经典调研路线”，不搞层层陪同，不扎堆调研，不增加基层负担。	综合组
11	组织开展校内调研	在前一阶段调研基础上，进一步倾听联系专家、班级及师生员工的意见，深入学院（部）进行现场调研，解决问题。	综合组
三、将检视问题贯穿始终，在勇于自我革命上走在最前列			
12	梳理汇总问题	从主题教育一开始就要系统梳理汇总问题，持续深化在“先查先改”前期调研中发现的问题和整改措施。主题教育过程中也要跟进梳理问题，区分已经解决的、正在解决的、一时难以解决的，一条一条列出清单，定期报指导组审阅。	综合组
13	召开对照党章党规找差距专题会议	安排专门时间，召开对照党章党规找差距专题会议。对查摆出的问题，要纳入主题教育整改落实任务，有关情况在民主生活会上做说明。	组织组

续表

序号	工作项目	工作要求	责任单位
14	广泛听取意见	结合调查研究，通过座谈交流、个别访谈、设立意见箱、发放征求意见表等方式，组织开展“三听两问”，充分听取服务对象、基层党员、普通群众的意见，问领导班子、领导干部存在的突出问题，问改进作风、改进工作的意见和建议。上级党组织要结合平时掌握情况，对下级单位领导班子和班子成员提出意见。对征求到的意见，要原汁原味反馈给领导班子和班子成员，不能过筛子。	综合组 组织组 督导组
15	开展“六对标六反思”	开展“六对标六反思”，从思想、政治、作风、能力、廉政等方面，特别是主观上、思想上进行深刻剖析，找准思想根子上的问题，并明确努力方向和改进措施，一条一条列出问题，认真撰写检视剖析材料。联系本单位的重大事件和突出问题，集体讨论，共同查找问题，剖析原因。	组织组
四、将整改落实贯穿始终，在推进高质量发展上走在最前列			
16	制定整改落实方案	认真制定整改落实方案，逐条整改落实，解决一项、销号一项。整改方案报指导组审阅。认真对照习近平新时代中国特色社会主义思想、习近平总书记对江苏工作的重要指示批示精神以及中央决策部署，逐条梳理贯彻落实情况，建立台账，持续深化落实。	综合组 组织组
17	推进专项整治	根据市委提出的8项专项整治，结合学校实际，形成工作情况报告报市委主题教育领导小组办公室。（专项整治具体工作任务将专门做出安排）	综合组 组织组
18	持续推进整改落实	从群众反映强烈的问题中，分别列出几个最突出的、在主题教育期间能够解决的问题，抓紧整改解决。主题教育结束后，对已经解决的要巩固提高，尚未解决的要紧盯不放，做到问题不解决不松劲、解决不彻底不放手、群众不认可不罢休。对能够当下改的，明确时限和要求，按期整改到位；一时解决不了的，要制订阶段目标，盯住不放，持续整改。整改落实情况，要通过适当方式在一定范围内向党员、群众公开。把为基层减负作为整改落实的重点，精简督查检查和会议文件等。	综合组 组织组
19	组织专项办理实事、好事活动	坚持日常办理的同时，校党委10月中旬将专题听取教代会提案、建议的办理情况。加快完成2019年5个校级实事项目的同时，通过进一步调研认证，确定新一年5个实事项目。	综合组
20	组织开好“不忘初心、牢记使命”专题民主生活会	认真组织开好“不忘初心、牢记使命”专题民主生活会，会议方案要提前报指导组审核。（专题民主生活会具体工作要求将专门做出安排）	组织组

活动总结

苏州市职业大学“不忘初心、牢记使命”主题教育总结报告

苏州市职业大学党委按照党中央、省委、市委关于开展第二批“不忘初心、牢记使命”主题教育的统一部署，对照“守初心、担使命，找差距、抓落实”的总要求，以深化理论学习为基础，以抓实调查研究为载体，以深入检视问题为契机，以狠抓整改落实为驱动，坚持密切联系实际和问题导向，努力把学习教育、调查研究、检视问题、整改落实四项重点措施贯通起来，有机融合、统筹推进。在市委第十巡回指导组精心指导下，学校不断推动主题教育往深里走、往实里走，进一步筑牢了初心使命、凝聚了奋进力量、提升了工作实效，取得了较好业绩。

一、基本情况和主要做法

学校党委把开展主题教育作为履行党建主体

责任的重要任务来抓，党委班子带头，强调责任担当，制订主题教育工作方案，明确总体要求、部署工作任务、研究方法措施，始终引领主题教育的导向。9月17日全校动员大会以来，校党委和11个党总支、64个党组织整体行动，全体党员干部认真学习习近平新时代中国特色社会主义思想，贯彻从严要求，重视工作推动，不断营造主题教育的浓厚氛围。扎实推进整改落实特别是专项整治工作，全校上下联动，立说立行立改，精心组织实施，迅速体现主题教育的成果，确保主题教育落到实处。

（一）立足于早，坚持把学习教育贯穿始终，提高开展主题教育的主动性、自觉性

第一批主题教育启动后，学校党委以高度的政治敏锐性和责任感做好"两手抓"：一手抓学习，通过党委会、党委理论中心组学习等形式，传达上级相关会议精神，组织有关专题学习；一手抓调研，校党委书记和校长带队多次深入基层调研，召开民主党派、高层次人才和所联系学生班级座谈会，结合学校"放管服"改革和理顺内部管理体制机制工作开展研讨，梳理出相关问题。根据苏州市主题教育"先学一步、先热起来"的要求，学校党委广泛开展"四学四查四落实"，并在暑假期间和开学初持续深化学习和调研工作，为第二批主题教育筑牢思想和行动自觉。

第二批主题教育开展以来，领导带头促"导学"，校党委书记亲自主持制订学校理论学习中心组主题教育学习活动安排，带头上专题党课4次，校党委班子举行集体学习、集中研讨15次，开展专题党课14次。学校组织开展了"众志成城、平语近人"习近平用典学习竞赛等活动，以新中国成立70周年、学习贯彻党的十九届四中全会精神等深入推进主题教育开展。通过领导干部带头学，发挥好引领示范作用，学校党委班子成员更深刻地理解了共产党人的初心和使命，更加明晰了学校内涵式高质量发展的推进路径，更坚定了服务地方高质量发展的决心。通过推动基层党组织全面学，特别是发挥好基层党支部的战斗堡垒作用，在全校上下有效地营造了真学真信的浓郁氛围，形成了人人知晓、人人参与主题教育的生动局面。全校11个党总支64个党支部1046名党员教师（含离退休党员）、79名党员学生主题教育参与率达到100%。通过理论联系实际学，特别是学习贯彻习近平总书记关于高等教育的重要指示批示精神、"职教20条"新要求，更准确地把握了职业教育的规律和要求，更好地凝聚了广大干部师生的热情干劲。

（二）立足于实，坚持把调查研究贯穿始终，树牢问题导向，做到深接地气

一是坚持问题导向，摸清摸透实情。学校党委从5月底到6月初陆续举行教学、科技、学工、组织人事、财务和校地合作等6场系列专题调研会，2场高层次人才座谈会。校党委书记、校长钮雪林暑假期间带队走访了16家校企合作单位，并赴相城区、高新区对接研究校地合作事宜。主题教育期间，校党委班子带头深入调查研究，按照"四不两直"要求深入一线调研，坚持靶向发力，做到"五必去"（课堂、食堂、宿舍、实验实训室、实事项目和重大项目现场必去）、"五必问"（党员干部、在校学生、一线教师、民主党派、老领导老同志必问），以自己找、群众提、集体议、上级点等方式，查摆差距和不足，一条一条列出问题清单，共检视问题五大类35条。二是坚持实事求是，深入分析研判。校党委班子成员调研累计102次，开展"三听两问"147次，形成了9篇调研报告，征集到管理部门和学院（部）各类意见建议179条，网上送学16场次，上门送学22次。三是确保调研实效，多做实事好事。学校党委、行政自6月以来出台各类规章制度30多个，有效地增强了制度供给。通过现场办公会、座谈会、党委会等形式推进各种实事的完成，解决师生实事99件；2019年5项实事项目完结率100%；谋划好2020年的5项实事项目，已完成公示，列入明年预算计划，有效地提升师生的获得感和满意度。

（三）立足于真，坚持把检视问题贯穿始终，勇于自我革命，认真检视反思

学校党委班子认真检视问题，刀刃向内、敢于亮剑。通过学习党章党规，对照"18个是否""九个有没有""五个是不是有差距"，参观市主题教育馆、沙家浜革命历史纪念馆、枫桥铁岭关战斗史迹陈列馆等进行实践教育，加强廉政警示教育，开展"不忘初心、牢记使命"主题教育专题民主生活会，党委班子加深了对党章党规党纪的理解，切实把严守党的政治纪律和政治规矩挺在前面，严格按党性原则办事、按纪律规矩办事、按制度程序办事，努力让守纪律、讲规矩成为习惯自觉，始终做政治上的明白人、老实人。进一步增强"四个意识"、坚定"四个自信"、做到"两个维护"，始终在思想上政治上行动上同以习近平同志为核心的党中央保持高度一致，确保中央、省委、市委的各项决策部署在学校得到坚决贯彻执行，使信仰之基筑得更牢、精神之钙补得更足、思想之舵把得更稳。

（四）立足于改，坚持把整改落实贯穿始终，敢于动真碰硬，做到即查即改

针对调查研究和自我剖析出的问题，学校按照中央“边学边查边改”“把‘改’字贯穿始终”的要求，突出整改重点，坚持立检立改，对调研发现的问题、群众反映的问题、自身查找的问题、上级点出的问题列出清单、建立台账，逐条研究制定具体的解决办法和整改措施，确保整改到位，见到实效。截至目前，已整改问题28个，其余的35个问题已拿出整改方案，将按计划进行整改。具体整改成效如下：

1.思想认识再提高，凝聚干事创业精气神。针对学校部分干部的担当作为状态有欠缺，缺乏自加压力、奋勇争先的干劲，开拓创新精神还不够的问题，近期学校党委会已经讨论通过学校《中层干部考核办法》，进一步激发广大干部开拓进取、奋发有为的热情干劲。针对部分党员干部执行上级政策和要求不到位，在工作中存在“堵、推、拖”的行为，工作的责任心、主动性不够的问题，由党委办公室、校长办公室牵头，加强工作作风建设，明确岗位职责。实施“放管服”改革，深化校内管理体制机制建设，坚决整治对职责范围内的工作往外推，造成工作落实效果不够好的问题。学校加强走访调研，提高办事效率，建立网上限时办理工作机制，采取现场办公等方式，鼓励干部多到一线解决问题，“堵、推、拖”现象已有改观。

2.整改任务再推进，提升师生获得感。针对学生及家长反映缺少合适的晚自修场所的问题，由教务处牵头协调总务处、图书馆、学生工作处，在教学楼、图书馆拓展自习场所，延长开放时间，为学生上晚自习提供良好的学习环境。针对学生家长反馈通过外网无法查询学生期末考试成绩的问题，由教务处牵头，在学校微信公众号、网上办事大厅、今日校园App开设成绩查询入口，目前整改工作已完成，更方便家长了解学生在校期间的学习情况。针对学校缺少一卡通与手机的融合支付、身份认证平台的问题，由信息中心牵头，对现有校园一卡通平台进行改造升级。目前已与苏州农行合作完成智慧校园一卡通平台升级，实现虚拟校园卡充值缴费，更多功能会继续开发。针对学校部分教学楼缺少停放电动车场所的问题，由总务处牵头，根据公安消防要求在全校范围内统一规划建设车棚。目前相关车棚建设已完成，更方便了师生停车。针对长期以来大量废弃家具、生活设施设备，堆积在地下车库、车棚和露天空地等场所，挤占公共空间、存在消防隐患的问题，学校党委主动作为，目前学校疏香楼地下停车场的废旧家具等已经完成搬迁，地下车库的停车功能已经得到发挥，安全隐患得以排除，教师的满意度较高。

3.作风建设再强化，推动全面从严管党治党向纵深发展。针对学校部分党总支、党支部的凝聚力、战斗力不够强的问题，58个党支部近期完成了换届改选，配强党支部书记，11个党总支将于明年4月换届。同时由组织人事部牵头，以第14届“先锋论坛”等党建品牌为载体开展活动，领导干部带头讲好专题党课，加强对先进党员的宣传，发挥榜样作用。针对有时会议时间偏长，有些文件实质性的内容不多的问题，由学校党委办公室、校长办公室牵头，减少会议次数，压缩会议时间，加强会前的协调沟通，提高会议质量；减少文件数量，精炼文字篇幅，以现场办公会、协调会解决问题，目前已取得明显成效。结合开展主题教育，学校对巡察整改工作进行了“回头看”，同时增强整改落实的常态长效，持续开展校内二级单位巡审督查工作，目前已完成对10个学院（部）、单位的巡审督查，推动整改压力传导到基层。

二、特色亮点——党建共建话初心，校地合作共奋进

作为地方市属高校，学校始终坚持将主题教育和服务苏州高质量发展结合起来，以校地“全方位拓展、全领域对接、全过程贯通”“三全”融合发展，开展党建工作共建互动和校内资源对外共享服务，回归教育的初心和使命，做到与苏州地方社会发展同频共振。

1.做优“党建+特色工作”品牌，开展党建工作共建互动。学校以推进基层党组织工作创新、增强党员队伍活力为重点，致力于打造基层党组织特色工作品牌，进一步提高了党建工作在学校的显示度。通过创新推进学校党建品牌“先锋论坛”活动，设置“先锋书架”，开展“先锋微党课”“先锋悦读”“先锋大讲堂”“先锋影院”等系列活动，丰富了党建教育的形式内容。2019年开展的第十四届

“先锋论坛”以“初心颂祖国”为主题，将传统文化与红色文化深度融合，发挥了“先锋论坛”品牌的持久影响力。创新工作载体，在太湖众创·苏州市大学生众创空间建立“两新”党组织，与吴中区越溪街道党工委合作，推动党建工作延伸，发挥党建品牌优势，强化党的思想引领。利用互联网、新媒体等现代网络信息技术和电化教育手段，创新党课讲授模式，在坚持传统党课的同时，组建授课团队，借助新媒体，为党员和入党积极分子进行微党课授课。构建“开放性、共享性、融合性”的校地合作党建工作新模式。共建全国首个基于产教融合的党建合作交流平台“苏州市光电缆产教融合党建联盟”，目前双方有15家联盟单位77个党支部1800多名党员参与其中。探索政校企三方共同推进党建工作，目前学校已与相关企业、镇（街道）共20多家单位建立了党建共建合作关系。

2.做好“六个一”基层走访调研，组织校内资源对外共享服务。学校贯彻落实好《在“不忘初心、牢记使命”主题教育中开展好“六个一”基层走访调研的通知》精神和要求，积极对接挂钩联系点张家港市南丰镇，开展走访调研，充分发挥地方高校的资源优势，与南丰镇社区教育中心进行社区教育共建，助力基层社区教育创新发展。在社会培训、社区教育方面，学校取得了可喜进展。作为“全市公安民警教育训练合作共建单位”，2019年学校完成苏州市公安局警衔晋升、新警入职、军转干部培训共计13期，培训1270人；与市教育局、民政局、检察院、发展规划研究院、禁毒委员会等单位共建的培训基地，开展了“苏州市社区教育之终身教育立法培训班”“昆山市终身学习体验基地建设能力提升班”“2019年苏州市科职干部轮训培训班”等，涉及法律、银行、市容市政和学校等各类人员培训45项，培训30758人次。服务苏州财政、人社、教育系统各类社会考试3247场，考试10.9万人次。学校的大学生应急救护培训基地已成为省红十字会的培训基地、苏州市实事项目，今年开展各类应急救护知识普及培训5000余人次。

3.打造吴文化特色研究基地，培育建言献策“智囊团”。整合校内外资源，组建省级“吴文化传承与创新研究中心”，编撰并出版学术著作《诗读苏州》《精致苏州与工匠精神》《中国玉文化概论》《吴地廉政文化读本》等，为吴门街道下辖四季晶华社区、白洋湾社区等开设“亲水吴门”吴文化讲座8场，在苏州市图书馆的苏州大讲坛开设学生讲座2场，反响良好。承担省级“大运河文化带建设”研究项目，苏州大运河文化品牌研究中心落户学校吴文化研究院，牵头组织专家学者编纂《苏州大运河》一书。学校的苏州石湖智库，今年以来已举办4期“智汇苏州”学术沙龙，取得良好社会反响。今年学校已有14篇咨询报告被市有关部门采用，其中5篇获得苏州市委、市政府主要领导批示。

三、存在不足和下一步工作打算

总结主题教育开展情况，虽然整体上较为顺利，但对照上级要求、群众期望和发展需要还有一定不足。主要是：带着问题学、联系实际学、学用结合还不够；调研成果转化方面还有差距，需要进一步加强；重视抓短期整改，对中长期整改还要加大力度。

在下一步工作中，我们将以习近平新时代中国特色社会主义思想为指导，坚持问题导向、目标导向和成果导向相统一，持续抓好学习教育、调查研究、检视问题和整改落实，不断巩固扩大主题教育成果。在具体工作中，学校将继续坚持扎根苏州大地办学，继承和弘扬“勤、勇、忠、信”的校训精神，从苏州“三大法宝”中汲取营养、获取力量，为苏州实现“两个率先”、打造“两个标杆”贡献力量，努力使学校内涵式高质量发展在再创一个激情燃烧、干事创业的火热年代中快速推进。

中共苏州市职业大学委员会

2019年12月13日

苏州市职业大学专业竞争力提升重点建设年工作报告

抓内涵　创特色　开启高质量发展新篇章
——副校长陶亦亦在学校第十次教学工作会议上的报告

2019年4月30日

同志们：

中国特色社会主义进入了新时代。中国高等教育，特别是高等职业教育进入了全面内涵发展的新阶段，需要我们用新的理念、新的标准、新的眼光、新的措施去全面推进职业教育综合改革。

今天我们在这里召开苏州市职业大学第十次教学工作会议，回顾近三年来教学工作所取得的成绩，分析存在的问题，明确今后一段时期教学改革与建设的思路和工作重点，提出落实完成专业竞争力提升建设年工作任务的举措，为进一步提高人才培养质量，建设全国一流品质院校打下坚实的基础。

下面，我代表学校向大会做报告。请各位代表审议。

一、近年来学校教学工作回顾

学校围绕地方产业发展重点和社会对紧缺人才的需求，以高职教育教学研究为引领，深入推动教学改革。根据学校高质量内涵式发展要求，落实创新创业教育改革，加大教学内涵质量建设力度。通过“校企合作建设年”“创新创业重点建设年”等建设工程，着力推进教育教学质量提升，打造品牌，凝练特色，在专业建设、课程建设、教学改革等方面取得了显著成效。

1. 优化专业结构，扎实推进专业内涵建设

学校主动适应地方经济社会发展和产业转型升级需要，面对区域新兴热门产业发展，积极做好专业调整与优化工作，严格控制专业总量。根据人才培养质量、就业质量、生源质量等基础数据，完善专业调控机制。重点支持新一代信息技术、智能制造、现代金融等社会急需专业发展。近三年共新增智能控制技术、电梯工程技术、金融管理等7个专业，停招光伏应用技术、旅游英语等8个专业，控制招生专业总数在50个左右。

学校发挥品牌特色专业建设示范引领作用，促进全校所有专业均衡和特色发展。完成了应用电子技术、机械制造与自动化和会计三个江苏省“十二五”高等学校重点专业群以及金融与证券和动漫设计与制作两个苏州市优秀新专业的验收工作。应用电子技术、机电一体化、会计三个专业立项为江苏省高等职业教育高水平骨干专业建设项目；在此基础上，立项软件技术、文秘等6个校级骨干专业建设项目。

学校对接产业链、人才链、创新链，以优势核心专业建设为龙头，带动相关专业协调发展，促进教学资源的优化整合和共建共享。依托行业、对接产业、服务企业，健全政行校企协同育人体制机制，增强专业设置与产业结构的契合度，提升专业与地方产业结合度。形成有效服务苏州智能制造和现代服务业人才支撑和智力支持的专业集群体系，推进专业集群建设。

2. 深化产教融合，构建多元主体协同模式

学校持续推进产教融合人才培养改革，建立学校主导、政府推动、行业指导、校企双主体实施的多元协同育人体系。加强与社会组织、行业协会（商会）、企业的合作，共建学科专业、企业（行业）学院、职教集团，提升协同育人的质量。牵头成立苏州市现代装备制造职业教育集团、苏州市现代光电职业教育集团，与阿里巴巴（中国）网络技术有限公司、科大讯飞股份有限公司、亨通集团有限公司、苏州三星电子液晶显示科技有限公司等著名企业实现了校企深度合作，建有企业（行业）学院16个、校外实训基地369个，校企合作开发课程284门，校企合作开发教材205部。积极实践政行企校多主体协同参与的现代学徒制试点、校企合作订单

班和真岗实境训练等育人形式，近3年开设现代学徒制试点班7个，累计招生265人，开设订单班83个，累计招生2454人。校企合作建设国内首条自动化控制教学生产线，联建数字化设计与智能制造技术中心，与中外多方共建汽车运用技术训练中心等高水平制造业实训基地，校企共建共享的校内实训室达72个。

3.开展标准建设，深化创新创业教育改革

贯彻《江苏省深化高等学校创新创业教育改革实施方案》，坚持育人为本，面向全体学生，将创新创业教育融入人才培养体系，以提高人才培养质量为核心，以创新人才培养机制为重点，增强学生的创新精神、创业意识和创新创业能力。学校十分重视专业及课程的标准建设，出台了《苏州市职业大学关于完善创新创业人才培养方案的指导意见》。大力推进并全面完成所有专业的人才培养方案和课程教学标准的修订和完善工作。完善以提升创新创业能力为导向的人才培养方案，按照“依次递进、有机衔接、通专结合、校企合作”的建设思路，围绕专业教育，全方位、多层面地构建创新创业教育课程体系，强化创新创业能力训练。

制定相关政策，落实建设措施，鼓励学生积极参加创新创业实践活动。做好大学生创新项目申报和平台管理工作，2016—2018年共立项省大学生实践创新训练项目77项，结题53项；立项校研究性课程197项并完成了160个研究性课程的结题验收工作。

4.建设课程资源，推进教育教学信息化

根据全国教育信息化工作会议提出的“以教育信息化推动教育现代化”理念，科学规划、精心设计、稳步推进教学信息化建设工作。按照《苏州市职业大学在线开放课程建设管理暂行办法》，依托超星泛雅网络教学平台，开展校级在线开放课程建设工作，推进网络化教学的广泛开展。立项江苏省“十三五”在线开放建设课程2门；立项苏州市精品在线开放建设课程1门；建成国际教育园网络共享课程5门；立项50项教学改革专项微课建设项目和73门校级在线开放建设课程；建成校级在线课程36门，评选出校精品在线课程10门；智能控制专业教学资源库立项为国家职业教育专业教学资源库。配合智能制造国家资源库建设工作，启动智能制造专业资源库在线开放课程专项建设工作，立项建设课程17门；依托超星泛雅平台和微知库平台，完成了178门课程的预入库建设工作。

5.加强师资培训，促进教学能力提升

学校重视对教师的信息化教学能力培训。通过组织系列信息化教学专项培训，组织校级信息化教学基本功比赛，提升教师信息化教学能力。2016—2018年，在江苏省高等职业院校信息化教学大赛中，学校教师参赛作品获得二、三等奖共21项；在江苏省高等学校微课教学比赛中共获得高职组二等奖2个、三等奖6个，继教组二等奖4个；在第二批“苏州高职高专院校微课”建设中，学校获得一等奖1项，二等奖1项，三等奖2项；2018年完成了第三批“微课”遴选建设工作。

学校高度重视课堂教学质量。为提高教师教书育人水平，促进专业成长，打造高效课堂，提升教学水平，学校自2017年起积极开展校院两级教研活动，共开展了72节次的“一周一优课”和220节次的学院公开课展示交流活动。通过听课、说课、评课等方式评出年度十佳优质示范课，促进教师课堂教学水平的提高。

6.深化教学改革，凝练教学改革成果

以全面提高人才培养质量为核心，深入推进教育教学改革。加大教学改革项目建设力度，加强教学改革成果的凝练和提升。积极做好各级各类项目的申报、评选和验收。2016—2018年立项省教改课题3项，校教改课题87项，省重点教材3部；完成63个校级教改项目和2个省级教育教学改革课题的结题验收工作。教育科学研究课题的开展，有效推动了学校教师参与教学改革实践的积极性，显著提高了高职教育研究水平。

进一步提升成果显示度，促进教学改革成果在提高教学水平和教育质量、实现培养目标等方面形成显著成效。《基于多态同构的“六化并举”柔性适应人才培养模式的探索与实践》获得2016年苏州市优秀教育教学成果特等奖，2017年江苏省教育教学成果一等奖。《基于职业素养养成的会计职业能力训练体系构建与实践》和《基于“三维统整课程观”的高职院校人文素质教育校本课程研究与实践》获得2017年江苏省教育教学成果二等奖；《“三五五”创新创业教育体系探索与实践》获得2018年苏州市教育教学成果奖（高等教育类）一等奖，《基于“岗位—流程—情境”的会计职业能力训练体系的研究与实践》《基于校所人才培养共同体的微电子杰出技术技能人才培养的创新与实践》《多主体、深融合、自适应机电一体化技术专业建设探索与实践》等获得苏州市教育教学成果二等奖。取得了突破性的好成绩，体现了学校近年来在教育教学改革方面所取得的重大进展。

7.加强技能培养，提高人才培养水平

积极探索各种基于培养学生综合素质，发展学生技术应用能力和实践创新能力的新课程形态，新教学方法和手段，鼓励研究性教学，倡导启发式、探究式、讨论式、参与式教学，培养学生自主学习，探索创新的意识。组织管理学生校外技能竞赛活动，对含金量高、影响力大的政府主办的赛项进行政策扶持。学生在各级各类技能大赛中屡创佳绩。2016—2018年，在江苏省职业院校技能大赛中，学校累计获得6个一等奖，19个二等奖，41个三等奖。其中，2016年、2017年共有2个项目获得国家职业院校技能大赛三等奖；2018年“智能电梯装调与维护”“光伏电子工程的设计与实施”“虚拟现实（VR）设计与制作”3个项目也获得国赛资格，并取得了全国二等奖的优异成绩，为学校赢得了荣誉，实现了学校在国家级比赛上的重大突破。

2016年和2017年，学校在江苏省普通高等学校本专科毕业设计（论文）评比中，共获得一等奖3项，二等奖4项，三等奖8项及优秀毕业设计团队5项的好成绩；近三年，学校在全国大学生数学建模竞赛中共获得一等奖3项，二等奖2项，三等奖3项；江苏省文科生自然科学知识竞赛和江苏省知识竞赛（理工组）等比赛中，学校共获得一等奖1个，二等奖4个，三等奖58个的优异成绩。学校连续两年获得“优秀学校奖”。

8.完善管理制度，提高教学管理效率

不断完善教学管理制度、规范教学管理。在校、学院（部）二级教学管理基础上，强调目标管理和过程管理的有机结合，重视教学管理制度建设，适时修订完善并出台新办法。

制订或修订了《苏州市职业大学学分制实施办法》《苏州市职业大学学分制学生学籍管理办法》《苏州市职业大学教学质量与管理考评实施办法（试行）》《苏州市职业大学个性化学习拓展学分认定管理办法（试行）》《苏州市职业大学教学研究与建设项目管理及经费管理暂行办法》《苏州市职业大学教学研究与建设项目管理及经费管理暂行办法》《苏州市职业大学技能竞赛管理办法修订（讨论）》《苏州市职业大学教学建设成果奖励办法》《苏州市职业大学教学竞赛管理办法》等多个管理文件，进一步规范教学运行管理，推动和引领教学建设与改革。根据新形势新情况，创新人才培养模式和教学管理模式，对高等数学、大学英语、计算机信息技术等课程进行分层教学，开放全校专业选修课程跨学院、跨年级选课，满足学生多样化、个性化的发展需要。

完成《教务工作手册》《人才培养方案》《课程教学标准》等教学常规文件的制修订和编印工作。完善教学管理信息系统，对教学管理、教学过程、教学规范实施有效的监控和引导，以实现科学、规范的全员全过程教学管理，保证预设教学质量目标达成，并持续提高。加强对期初、期中以及学期过程中的课堂情况检查，抓好教学过程管理，实施教学工作的多元综合评价。建立完整的教学质量检查、反馈、跟踪等记录。通过校、学院两级督学队伍对教学过程、教学规范等实施有效的监控和示导。

这些成绩的取得，离不开学校党委高瞻远瞩的战略谋划，离不开上级主管部门和社会各界的大力支持，离不开广大教师的潜心教学、默默奉献，离不开全体教职工的团结协作、开拓创新。在此，我代表学校党委向长期关心学校改革发展的各级领导、向为学校教学工作做出贡献的全校师生员工表示衷心的感谢并致以崇高的敬意！

在肯定成绩的同时，我们也清醒地看到学校在教学方面还存在一些问题和不足，与国内高水平高职院校相比，我们还有一定差距。主要表现为：一是特色专业优势不明显，专业结构有待进一步优化，核心竞争力有待进一步提升；二是人才培养模式创新不够，要进一步推进通识教育、专业教育、创新创业教育一体化课程体系设计，形成多元协同育人模式；三是对形成学校人才培养特色的主动挖掘和整体打造不够，改革成果需要进一步凝练和彰显。

二、今后教学工作的主要任务

深入贯彻落实全国教育大会精神，坚持中国特色社会主义教育发展道路，坚持社会主义办学方向，立足基本国情，遵循教育规律，坚持改革创新，以凝聚人心、完善人格、开发人力、培育人才为工作目标，强化内涵建设。贯彻落实《国家职业教育改革实施方案》，坚持立德树人根本任务，以2019专业竞争力提升建设年实施为切入点，抓住专业竞争力提升这个核心，以“产教融合”为主线、“专业集群”为焦点，突出产教融合、校企合作，坚持改革创新，强化品牌与特色培育，树立成果和获奖意识。进一步推进教学工作有特色、高水平持续稳定发展，着力推动内涵式高质量发展，提升专业服务产业，满足服务区域现代经济社会发展需求和学生更高质量更加充分就业需要。

1.落实立德树人根本任务

落实教育部《高校思想政治工作质量提升工程实施纲要》，以“回归常识、回归本分、回归初心、回归梦想”为基本遵循，把理想信念教育和社会主义核心价值观教育融入教学全过程，积极构建全员育人、全程育人、全方位育人的“三全育人”大格局，把思想政治教育工作融入人才培养各环节，实现知识育人与价值塑造、能力培养的有机结合。强化课程思政与专业思政的有机统一，强化每一位教师的立德树人意识，在每一门课程中有机融入思想政治教育元素。实施思想政治工作助推提升计划，通过开展思想政治理论课名师工作室建设、“思政课程”和“课程思政”示范课建设、“新时代·实践行”主题实践活动、“时代新人”实践教育示范基地建设等活动，选树一批思政课名教师，切实提升学校思想政治工作的针对性和实效性。持续推动“专业+思政”双向融入教改，大力推进“校地合作课程思政联盟”建设，打造学校示范特色的课程思政教学。

2.优化专业动态调整机制

以社会需求为导向，紧密结合地方经济社会发展需要，紧紧围绕“地方性、应用型”的定位，按照“重点专业对接主导产业、专业群对接产业群”的思路，确定适应服务地方经济社会发展的专业布局，形成能适应市场需求变化的差异化分类建设新专业体系，提高学校人才培养契合度。

对接未来“专业+学校”招生录取制度改革，实施专业分类建设规划，资源优先配置优势专业建设。对鼓励性发展专业实施“品牌特色建设计划”，加大专业建设经费投入力度；对一般性发展专业实施“质量提升建设计划”，根据专业评估情况实施专业动态调整；对限制性发展专业实施“优化调整建设计划”，对办学水平不高、社会需求不强、专业定位不清的专业逐步缩减招生或隔年招生直至关停。

深化学校专业供给侧改革，规范专业设置与动态调整工作，实行“红黄绿牌”专业预警，实施专业结构和发展规模的调整、优化和升级，制订专业设置与动态调整标准。推动学校就业、招生、人才培养联动机制建设，推进专业竞争力发展与师资引进、教学资源投入、招生计划分配等的联动，形成良好的专业设置与动态调整协调机制，不断推进专业结构优化。

3.加大重点专业建设力度

以电气自动化技术省品牌专业建设为龙头，校品牌专业建设为抓手，带动和辐射学校其他专业均衡发展，提高学校专业建设整体实力。高质量建成省级品牌专业，深入推进3个省骨干专业、2个省中外合作办学高水平示范专业、1个市品牌专业和6个校骨干专业建设。做好专业的自评、诊断和持续改进，不断强化专业内涵建设，提升专业核心竞争力。

打造高水平专业群，打破学院（部）、专业壁垒，推动共建共享，促进专业资源整合和结构优化，形成与产业深度融合的专业群体系。发挥专业的集聚效应和服务功能，带动相关专业协调发展，促进教学改革、师资队伍、实训基地、教学资源建设和科技创新等协同发展，提升人才培养质量和专业群服务产业的能力。

4.完善校企协同育人机制

完善培养目标、教师队伍、教育资源共享、管理机制全流程协同育人机制，推进学院与一流行业企业深化合作育人。校企共同培养地方经济社会发展急需紧缺技能人才，发挥职教集团的平台作用，探索校企联合招生、共同培养、多方评价的双主体育人机制，推动建立校企“双重主体”，学生学徒“双重身份”，学校、企业和学生三方权利义务关系明晰的协同育人长效机制，促进产教融合、校企“双元”育人。

推进“第一课堂”与“第二课堂”协同，持续提升“第二课堂”活动的专业化、课程化水平，将科技创新活动、社会实践活动、创新创业实践纳入人才培养方案并计入毕业总学分。鼓励教师依托科研课题指导学生毕业论文（设计）、创新创业训练项目、技能竞赛等，提升学生实践创新能力。

5.优化创新创业课程体系

树立“学有所用、学而能用、学以致用”的教学理念，以产教融合、校企合作为途径，将行业、企业标准纳入培养体系，以优化学生知识结构、提高学生综合素质、满足学生自主发展为导向，建立通识教育、专业教育、创新创业教育、生涯教育有机结合的课程体系。突出学生学习能力、应用能力和实践能力的培养。以“社会需求”为引领，以“创新创业”为导向，促进专业、产业、职业紧密对接，理论课程教学、实践能力培养、职业素质提升紧密融合，构建融“专业、产业、职业、创业”课程为一体的课程体系，以培养应用型、复合型、创新型人才。

6.建设教师教学创新团队

贯彻落实中共中央、国务院《关于全面深化新时代教师队伍建设改革的意见》，以“四有”标准打造数量充足、专兼结合、结构合理的高水平“双师”队伍。坚持把师德师风作为教师素质评价的第一标准，健全师德考核制度，推动师德建设常态化长效化。通过“青蓝工程”、“教学名师”培育等举措，培育一批教学能力强、技术水平高、行业有权威、社会有影响的专业（群）建设带头人。以共同的目标和愿景加强优秀教学创新团队培育与建设，将专业建设、课程建设、技能大赛与团队建设紧密结合，遴选教学创新团队。加大团队建设经费支持，完善团队和专业带头人的管理考核机制，强化量化考核，建立具有导向和激励功能考核评价方式，打造团队的标志性成果。

7.切实提升课堂教学质量

课堂教学是人才培养的主渠道和主阵地。关注信息化时代背景下学生的需求，通过“互联网+课堂”“人工智能+教学”的智慧教学，实现教学方法改革的“变轨超车”。由教为中心向学为中心转变，激发学生学习动力，建立引导学生深度学习的教学新方式，聚焦学生学习，让学生成为课堂的主人，引导学生主动学习、刻苦学习、深度学习。严格把控课堂质量，打造“金课”、淘汰“水课”。探索推广小班化教学，提高教师课程教学设计能力，促进课堂教学水平提升。鼓励和支持教师编写出版具有校本特色的教材，提高教材编写质量，推进理论体系向教材体系转化、教材体系向教学体系转化、教学体系向学生的知识体系和价值体系转化，使教材更加体现科学性与前沿性。鼓励教师积极开发建设优质在线开放课程，鼓励教师多模式教学、学生多形式学习，建设处处能学、时时可学的智慧校园。

8.培育标志性教科研成果

以新时代教育教学理念为引领，聚焦人才培养过程中的难点、重点、热点或教学前沿问题，加大教育教学改革项目建设力度，重点推进人才培养模式改革、教学模式改革、课程模式改革的研究与实践。紧扣国际国内高职教育发展趋势，契合当前综合改革思路措施，系统梳理教育教学改革研究和教学实践中的优势特色，统筹研究和挖掘潜在成果，进行有机整合和融合，择优遴选出10~12项教育教学改革理论与实践探索相结合，具有独创性、新颖性、实用性的规划选题，组建校教育教学成果培育团队，形成省级以上教育教学成果奖储备项目，加大培育支持力度，为争取下一轮省级教育教学成果奠定基础，努力实现国家级教育教学成果的突破。

同志们，教学工作是一项系统工程，需要各方面通力协作。立足新时代，面对新形势，唯有思想再解放，改革再深入，实践再创新，才能将高水平建设工作不断推向前进。我们必须从学校发展的全局着眼，坚持人才培养的核心地位，心往一处想，劲往一处使，形成提高教育教学质量的强大合力。紧跟时代发展要求，紧密结合行业产业发展需求，创新人才培养模式，深化教育教学改革，牢固树立“办学以教师为本，教学以学生为本”的理念，不断提高管理能力和服务水平，创造尊师重教、教书育人、管理育人、服务育人、环境育人的良好氛围。

同志们，让我们按照本次教学工作会议的统一部署，不忘初心、团结奋进、开拓创新，撸起袖子加油干，为把学校建设成为全国一流品质院校而不懈努力！

行动方案

苏州市职业大学2019年专业竞争力提升重点建设年行动方案

为实现学校第二次党代会提出的建设全国一流品质院校的目标愿景，努力打造成同类院校的苏州排头兵、江苏先行军，跻身全国一流方阵，迈向国际办学行列，根据国务院印发的《国家职业教育改革实施方案》和教育部、财政部《关于实施中国特色高水平高职学校和专业建设计划的意见》，结合学校“十三五”发展规划，以及教育教学综合改革、专业集群建设、信息化教学水平提升等三年行动计划（2018—2020年），特制定2019年专业竞争力提升重点建设年行动方案。

一、总体目标

以习近平新时代中国特色社会主义思想为指导，全面贯彻党的教育方针，深入落实全国教育大会精神，坚持立德树人根本任务，牢固树立内涵式高质量发展理念，以满足服务区域现代经济社会发展需求和学生更高质量更加充分就业需要为要求，以提升专业竞争力为核心，着力推动内涵式高质量发展。通过两到三年努力，突显以工为主的专业布局整体优化，学校重点建设专业的竞争力核心指标值显著提升，建成1个国家级专业教学资源库，建设1~2个具有辐射引领作用的高水平专业化产教融合实训基地，建设3~4个高水平专业群，争取立项建设国家级专业群和产教融合实训基地；建设优秀示范课30门，各类教学竞赛项目获省级奖项30项以上，形成一批具有多样化能力的创新型教学团队、具有区域影响力和竞争力的标志性品牌专业，培育出一批能够彰显学校办学特色的标志性成果，全面提升专业办学水平和人才培养质量，着力培养好社会主义建设者和接班人。2019年作为重点建设年，要夯实基础，并取得实质性进展。

二、具体任务

（一）着力推进高标准的教育教学改革实践，为提升专业竞争力增强动力

1.强化思想政治教育。落实教育部《高校思想政治工作质量提升工程实施纲要》，大力推进习近平新时代中国特色社会主义思想进教材进课堂进头脑，把理想信念教育和社会主义核心价值观教育融入教学全过程，建立健全系统化育人长效机制，构建全员、全过程、全方位“三全育人”体系。实施思想政治工作助推提升计划，通过开展思想政治理论课名师工作室建设、“思政课程”和“课程思政”示范课建设、“新时代·实践行”主题实践活动、“时代新人”实践教育示范基地建设等活动，选树一批思政课名教师，切实提升学校思想政治工作的针对性和实效性。持续推动“专业+思政”双向融入教改，大力推进“校地合作课程思政联盟”建设，打造学校示范特色的课程思政教学。（牵头部门：宣传部；相关责任单位：思政部、教务处、财务处、各学院［部］）

2.深化创新创业教育改革。完善以提升创新创业能力为导向的人才培养方案，推动专业教育与创新创业教育深度融合，健全与专业培养相融合的创新创业教育课程体系，建立跨院系、跨专业交叉培养创新创业人才的新机制。加强对学生技术应用和实践能力的培养，完善学生技能竞赛管理办法，加大对有一定竞争实力的技能竞赛项目的扶持和奖励力度，扩大职业技能大赛和创新创业技能竞赛高级别奖数量。完善学生创新成果资助和鼓励办法，进一步提高学生发表论文、申请专利和软件著作权等的积极性。三年内建设创新创业教育通识课程群1~2个，出版创新创业教育重点教材1~2部，立项省大学生创新创业训练计划项目65项以上，职业技能和创新创业大赛省级一等奖以上获奖项10~15项。（牵头部门：创新创业办公室［创新创业学院］；相关责任单位：教务处、学生工作处、团委、财务处、各学院［部］）

3.优化教学管理制度。以学生发展为中心，深化“柔性适应”的人才培养改革，健全满足社会需求、具有适应柔性化人才培养和个性化学习的制度，倡导文科与理工科兼修，鼓励学生跨学科、跨专业学习，扩大学生学习的自主权和选择权。进一步深化学分制改革，完善学分替换、学分互认等机制与认定办法，探索校际、跨境学分互认。强化以生为本，因材施教，激发学生学习的主动性，继续完善大学英语、计算机信息技术、高等数学等公共课程的分层分类教学改革与实施，进一步扩展到相关专业课程领域。（牵头部门：教务处；相关责任单位：各学院［部］）

4.加强管理服务育人。牢固树立为学生服务的意识，提高管理水平，创新工作方式，营造良好育人环境。加强校院两级教学管理队伍建设，强化培训工作，建立教学管理与学院（部）一对一联系服务机制，提升教学管理与服务能力，形成一支结构合理、素质较高、相对稳定和具有奉献精神的教学管理队伍，精心、精细、精准服务好师生。系统梳理并修订完善教学管理各项管理制度，形成依法依规、宽严相济、科学管用的教学管理制度。加强学生管理“大数据”建设，深化学生事务与发展中心服务，更好为学生发展提供优质服务。（牵头部门：教务处；相关责任单位：学生工作处，各学院［部］）

（二）着力构建高水平的专业优化调整机制，为提升专业竞争力增添活力

5.构建专业布局体系。坚持以服务发展为宗

旨，以促进就业为导向，对接苏州市加快建设国家智能制造示范区、打造新一代电子信息产业的发展契机，瞄准苏州智能制造业和现代服务业等主导产业，推动专业链深度融入产业链。梳理学校现有专业，以社会需求为导向，以提升整体办学竞争力和质量为目标，研究确定适应服务地方经济社会发展的专业布局，满足苏州区域产业发展对高素质劳动者和高技能人才的需求，形成能适应市场需求变化的差异化分类建设新专业体系，提高学校人才培养契合度。（牵头部门：高教研究所；相关责任单位：教务处、组织人事部、学生工作处、校地合作办公室）

6.完善专业设置与动态调整机制。深化学校专业供给侧改革，规范专业设置与动态调整工作，实行“红黄绿牌”专业预警，实施专业结构和发展规模的调整、优化和升级，制订专业设置与动态调整标准。推动学校就业、招生、人才培养联动机制建设，推进专业竞争力发展与师资引进、教学资源投入、招生计划分配等的联动，形成良好的专业设置与动态调整协调机制。打造工科优势，增大工科类专业和学生数所占比例。鼓励支持学院（部）打破界线，实行跨学院（部）、跨学科的专业融合、整合、嫁接，以优势专业带动一般专业，以增量新专业逐步替代整合存量老专业，以现代技术改造提升传统专业。加强专业协同，推动专业群建设，不断推进专业结构优化。（牵头部门：教务处；相关责任单位：组织人事部、学生工作处、校地合作办公室、各学院［部］）

7.加大重点专业建设力度。面向区域产业发展特点，坚持人才链、产业链、创新链相结合，围绕人才培养目标，增强校企合作的广度和深度，探索产教融合、协同育人的人才培养模式，完善德技并修、工学结合的育人机制，在人才培养模式、课程教学体系、校内外实践基地建设和实践教学模式、国际交流合作等方面积极探索改革。高质量建成省级品牌专业，深入推进3个省骨干专业、2个省中外合作办学高水平示范专业、1个市品牌专业和6个校骨干专业建设。试点开展专业诊改工作，根据专业与地方产业对接情况、专业建设现状、专业报考、师资队伍水平、校企合作、就业创业、实践教学条件、专业获奖情况等，做好专业的自评、诊断和持续改进，不断强化专业内涵建设，提升专业核心竞争力。（牵头部门：教务处；相关责任单位：组织人事部、外事办公室、学生工作处、财务处、校地合作办公室、各学院［部］）

8.打造高水平专业群。围绕地方先进制造业、现代服务业产业等重点产业发展需要，依托品牌特色专业，健全对接产业、动态调整、自我完善的专业群建设发展机制，探索建立健全多方协同的专业群可持续发展保障机制。打破学院（部）、专业壁垒，推动共建共享，促进专业资源整合和结构优化，形成与产业深度融合的专业群体系。发挥专业的集聚效应和服务功能，带动相关专业协调发展，促进教学改革、师资队伍、实训基地、教学资源建设和科技创新等协同发展，提升人才培养质量和专业群服务产业的能力。强化文科、工科专业的协同、融合，探索专业结对共建，形成专业教学团队之间的良性互动与互相促进发展。（牵头部门：教务处；相关责任单位：组织人事部、学生工作处、财务处、校地合作办公室、各学院［部］）

（三）着力形成高层次的产教深度融合格局，为提升专业竞争力汇聚资源

9.提升产教融合校企合作水平。围绕先进制造业等技术技能人才紧缺领域，主动争取政府部门支持，与行业领先企业在人才培养、技术创新、社会服务、就业创业、文化传承等方面深度合作，吸引企业联合建设产业学院，形成校企命运共同体。加强与社会、企业等资源共享、开放共用，建设集实践教学、社会培训、企业真实生产和社会技术服务于一体的高水平职业教育实训基地，提升重点专业建设和校企合作育人水平。整合共享校内实训资源，提高实训基地规划建设、使用管理水平，为社会公众、在校生取得职业技能等级证书和企业提升人力资源水平提供有力支撑和服务。通过校企合作、校中厂、厂中校，培育1~2个具有辐射引领作用的高水平专业化产教融合实训基地。（牵头部门：校地合作办公室；相关责任单位：教务处、学生工作处、财务处、各学院［部］）

10.培育现代学徒制项目。紧密结合苏州战略性新兴产业、先进制造业、现代服务业等发展需求，开展现代学徒制人才培养试点，校企共同培养地方经济社会发展急需紧缺技能人才，发挥职教集团的平台作用，探索校企联合招生、共同培养、多方评价的双主体育人机制，推动建立校企“双重主体”，学生学徒“双重身份”，学校、企业和学生三方权利义务关系明晰的协同育人长效机制，促进产教融合校企“双元”育人。出台《苏州市职业大学现代学徒制项目管理办法》，创新和完善教学管理与运行机制。协调条件成熟的学院（部），培育2~3个现代学徒制项目，推行面向企业真实生产环境的任务式培养模式，形成校企联合培养特色。（牵头部门：教务处；相关责任单位：校地合作办公室、各学院［部］）

11.探索开展1+X证书制度试点工作。贯彻落实《国家职业教育改革实施方案》，积极筹划“学历证书+若干职业技能等级证书”制度试点工作。推进证书培训内容有机融入专业人才培养方案，探索相关专业课程考试与职业技能等级考核评价，尝试学历证书和职业技能等级证书所体现的学习成果的认定、积累与转换。对接职业标准，与国际先进标准接轨，按有关规定开发职业技能等级标准，对接政府、行业资源申报学校培训点、鉴定站，为学校在“学历证书+若干职业技能等级证书”试点中赢得先机。积极引进国际认可的职业资格标准，探索开展国际职业资格认证，培养适应国际市场的高素质人才。支持有条件的专业参与培养国际化技术技能人才和开展国际职业教育服务。鼓励有条件的专业建设一批产业技术课程和职业培训包，形成面向苏州产业多领域、多层次的职业教育终身服务体系。（牵头部门：教务处；相关责任单位：校地合作办公室、外事办公室、各学院［部］）

（四）着力建设高效能的教师教学创新团队，为提升专业竞争力创造条件

12.打造高水平“双师”队伍。贯彻落实中共中央、国务院《关于全面深化新时代教师队伍建设改革的意见》，以“四有”标准打造数量充足、专兼结合、结构合理的高水平“双师”队伍。坚持把师德师风作为教师素质评价的第一标准，健全师德考核制度，推动师德建设常态化长效化。通过“青蓝工程”、“教学名师”培育等举措，培育一批教学能力强、技术水平高、行业有权威、社会有影响的专业（群）建设带头人。充分发挥好“双师型”教师培养培训基地作用，推行“名师带徒”工作制度，鼓励支持教师参加社会技术服务，着力培养一批能够解决生产技术实际问题的骨干教师，合力培育一批具有精湛技艺的技术技能大师。加大推进行业企业领军人才、大师名匠聘为学校产业教授。加强教师教学发展中心建设，开展多层次、全方位的教师教学能力培训和竞赛。（牵头部门：组织人事部；相关责任单位：教师教育发展中心、教务处、各学院［部］）

13.加强教师教学创新团队建设。以共同的目标和愿景加强优秀教学创新团队培育与建设，将专业建设、课程建设、技能大赛与团队建设紧密结合，遴选教学创新团队。要确定团队目标任务，建立团结协作的团队精神，发挥团队成员的智慧和潜能，加大团队建设经费支持，完善团队和专业带头人的管理考核机制，强化量化考核，建立具有导向和激励功能考核评价方式，打造团队的标志性成果。三年内培育建设8~10个校级专业（群）教学创新团队、10~15个校级课程教学创新团队、10~15个校技能大赛指导团队，遴选校级优秀教学团队2~3个，力争省级优秀教学团队1~2个，形成一批高效能的教学创新团队。（牵头部门：教务处；相关责任单位：组织人事部、财务处、各学院［部］）

（五）着力追求高质量的课程体系课堂教学，为提升专业竞争力夯实基础

14.优化专业（群）的课程体系。以促进就业和适应产业发展需求为导向，推行校企共同研制和优化人才培养方案、课程设置和课程标准，将新技术、新工艺、新规范等产业先进元素纳入教学标准和教学内容，合理知识结构，创新培养方式，实现人才培养方案进行再设计、再优化、再提升。以综合能力为本位，岗位技能要求为依据，创新创业培养为特色，以提高“德技融合、知能并重”为目标，适应产业链多种人才需求，构建“基础通用、模块组合、各具特色”的专业群课程体系，建立分层递进的模块化能力课程结构，探索教师分工协作的模块化教学模式，完善针对专业群的柔性适应人才的课程体系建设。（牵头部门：教务处；相关责任单位：各学院［部］）

15.提升教师信息化教学能力。加快推动信息技术的全面应用，推动教学方式和学习方式变革，广泛推广应用线上线下混合教学，促进自主、泛在、个性化学习，满足学习者的多样化需要。推动教师参加信息化教学理论与实践探索，开展教师信息化教学专项培训，实现教师接受培训覆盖面达80%。加大力度开展在线课程建设工作，加强优质网络课程建设，积极推进教学资源建设的广度和深度，提升数字化专业资源的建设及应用水平。三年内在线开放课程预入库达到450门左右，建成校级精品在线课程20门，建成市级共享课程6门，争取建成省级在线开放课程2~3门。主持建设完成一个国家专业教学资源库，参与完成4~5个国家专业教学资源库子项目。形成国家、省、学校三级为一体相互补充的专业资源体系。（牵头部门：教务处；相关责任单位：科技处、信息中心、各学院［部］）

16.促进课堂教学质量的提升。抓好课堂教学主渠道、主阵地，重视课堂教学的育人功能，管控好课堂的政治纪律。严格把控课堂质量，打造“金课”、淘汰“水课”。进一步重视课堂教学改革，由教为中心向学为中心转变，探索推广小班化教学，提高教师课程教学设计能力，促进课堂教学水平提升。倡导使用新型活页式、工作手册式教材，建设一批新形态教材。以“一周一优课”和“年度优质示范课”评选活动为抓手，促进教师提高教书育人水平。进一步规范教学运行管理，严格执行专业教学计划，加强课程置换、顶岗实习的规范管理。加强教学质量监控与评价，推行“推门听课”，健全教学激励机制和教学成果评价机制，构建质量保障体系。（牵头部门：教务处；相关责任单位：督学室、各学院［部］）

（六）着力打造高产出的教学科研成果项目，为提升专业竞争力提供支撑

17.持续开展教育教学改革项目。以新时代教育教学理念为引领，聚焦人才培养过程中的难点重点热点或教学前沿问题，加大教育教学改革项目建设力度，重点推进人才培养模式改革、教学模式改革、课程模式改革的研究与实践。三年内，立项校级教改项目100项，新增省级以上各类教改课题18~20项，努力形成一批有理论创新、有实践示范、有重大成效和影响力的教育教学研究成果。（牵头部门：教务处；相关责任单位：高教研究所、科技处、各学院［部］）

18.开展教育教学成果重点培育。紧扣国际国内高职教育发展趋势，契合当前综合改革思路措施，系统梳理教育教学改革研究和教学实践中的优势特色，统筹研究和挖掘潜在成果，进行有机整合和融合，择优遴选出10~12项教育教学改革理论与实践探索相结合，具有独创性、新颖性、实用性的规划选题，组建校教育教学成果培育团队，形成省级以上教育教学成果奖储备项目，加大培育支持力度，为争取下一轮省级教育教学成果奠定基础，努力实现国家级教育教学成果的突破。（牵头部门：教务处；相关责任单位：各部门、各学院［部］）

三、保障措施

（一）加强组织领导

学校党委、行政要进一步重视专业竞争力提升建设工作，做好重点建设年的统筹规划、协调推进工作。各学院（部）、各部门要在学校的整体部署下，进一步完善工作机制，细化工作目标，压实工作任务，相互配合支持，形成协同合力，认真组织落实，形成齐抓共管、整体推进的工作格局，确保专业竞争力提升重点建设年及今后工作任务的圆满完成。

（二）加大政策激励

积极鼓励教师参加政府部门组织的各级教学能力竞赛，修订完善激励政策，加大奖励力度，促进教师的教学能力与水平提升。加强对各类教学建设团队的绩效考核与评价，学校创造条件为校级及以上建设项目团队负责人提供高层次培训、进修等方面的政策倾斜。校级优秀教学创新团队具有推荐申报江苏省高校“青蓝工程”教学团队优先权。

（三）落实经费保障

加大经费支持力度，对于专业竞争力提升重点建设年确定的目标任务，予以经费保障，确保建设经费落实到位，保证建设项目顺利推进。对于立项的教学成果奖培育项目、教学团队等进行以三年为周期的建设和持续投入，三年累计投入经费不少于500万元。

（四）提升教学条件

建立教学设施设备的长效管理机制，确定落实主体责任，保证实训设备、多媒体教室、信息网络等的正常运行使用，保障教师教学需要。加大对陈旧设施设备的改造，优先进行智能化、网络和设施设备的升级，满足信息化教学需要。注重育人环境建设，为学生、教师的成长发展提供良好的软硬件教学环境。

工作部署

校党委书记钮雪林在苏州市职业大学第十次教学工作会议暨专业竞争力提升重点建设年会议上的讲话

2019年4月30日

同志们：

今天我校召开第十次教学工作会议暨专业竞争力提升重点建设年会议，总结经验做法，部署工作任务。刚才，曹毓民校长对2019专业竞争力提升重点建设年行动方案进行了解读并做了工作部署，陶亦亦副校长做了第十次教学工作会议总结报告，张欣院长、李金祥院长、吴文英院长分别就国家智能控制技术专业教学资源库建设、职业院校技能大赛组织与参赛、骨干专业建设等分享了经验，讲得都很好。希望大家对照行动方案和全年教学工作的目标任务，认真贯彻落实。

2019年是新中国成立70周年，是全面建成小康社会关键之年，也是学校持续推进内涵式高质量发展、实施专业竞争力提升建设、加强“放管服”改革的重点之年。面对日益激烈的外部竞争和职业教育深化改革创新的内在迫切需求，应该“走一条什么样的发展道路？应该向人们展示一所什么样的苏职大？”这是需要我们经常思考和回答的问题。2017年9月28日召开的学校第二次党代会提出了“坚持质量为先、坚定精准发展”的战略举措，明确了“建设全国一流品质院校”的目标。在2018年度综合表彰暨科技创新重点建设年总结大会上，我向全校干部、教师提出新时代“苏职大发展四问”，即如何在新时代的新征程中更加担当作为、干事创业？如何把学校资源基础的潜在能量转化为创新发展的现实优势？如何将“建设全国一流品质院校”持续付诸行动、落到实处？如何通过提升优质服务“成就教师、成就学生”？这些思考要落实到推动2019专业竞争力提升重点建设年取得新成效上来。下面我讲四点意见。

一、坚持立德树人，强基固本全面提升人才培养质量

要全面贯彻好党的教育方针，坚定社会主义办学方向，健全德技并修、工学结合的育人机制，服务新时代经济高质量发展，为苏州产业走向全球产业中高端提供高素质技术技能人才支撑。深入推进习近平新时代中国特色社会主义思想进教材进课堂进头脑，大力开展理想信念教育和社会主义核心价值观教育，构建全员、全过程、全方位育人的思想政治工作格局，牢牢把握意识形态主动权，引导师生树牢“四个意识”、坚定“四个自信”、坚决做到“两个维护”。落实立德树人根本任务，将社会主义核心价值观教育贯穿技术技能人才培养全过程，造就一大批“高品德、高技能、高适应”的应用型人才，培养社会主义建设者和接班人。教师要聚焦立德树人的主责主业，做到门门课程有思政，教师处处讲育人。培育和传承工匠精神，引导学生养成严谨专注、敬业专业、精益求精和追求卓越的品质，实现职业技能和职业精神培养高度融合。

二、深化产教融合，校地合作深入服务苏州地方经济社会发展

加强与行业龙头企业在人才培养、技术创新、社会服务、就业创业、文化传承等方面的深度合作，形成校企命运共同体，施行校企联合培养、双主体育人的现代学徒制项目，推行面向企业真实生产环境的任务式培养模式。要把握全球产业发展、苏州产业升级的新机遇，主动参与供需对接和流程再造，推动专业建设与产业发展相适应，实质推进协同育人。要提升现有职业教育集团的水平，筹划组建有产业基础和前景的新的职教集团，推进实体化运作，实现资源共建共享。要推行“一院一镇一项目”活动，吸引企业联合建设产业学院和企业实验室、创新基地、实践基地。

要立足服务苏州地方经济社会发展，牢牢抓住产教融合这根“生命线”、牵住校地合作这个“牛鼻子”，努力实现专业对接产业、专业群对接产业链，

加快形成学校资源与社会资源的高度双向开放、深度合作共赢。在苏州勇当“两个标杆”、建设“四个名城”的过程中，我校要为地方输送大量技术技能型人才，不断提升学校服务地方发展的显示度、贡献度、美誉度，通过2~3年的努力，使学校以工为主的专业结构特点更加凸显，专业群建设与区域产业发展的对接更加有效，体现专业竞争力的一批指标显著提升，服务地方经济发展取得可喜进展。

三、培育特色品牌，多措并举大力提高专业竞争力

随着《国家职业教育改革实施方案》的深入贯彻，职业教育领域学校与学校之间的竞争更加激烈，核心能力的竞争成为关键，必须通过打造专业特色品牌，来增强学校竞争力。专业建设体现着学校的核心竞争力，直接影响着人才培养质量，关联着产业的兴旺衰败，反映学校对社会经济发展、产业发展和职业岗位的适应程度，关系到职业教育服务经济社会发展的方向性和有效性。建设全国一流品质院校，要以专业建设为龙头，带动教学团队、实践教学、课程建设、校企合作、技能大赛等的整体建设，全面提升专业办学水平和人才培养质量，形成一批具有区域影响和竞争力的特色品牌专业和能够彰显学校办学特色的标志性成果。专业布局方面，要在对接产业、跨界调整、融合整合上下功夫；课程设置方面，要在文理渗透、现代知识技术武装、创新创业实训上下功夫；教学途径方面，要在产教融合、德技兼修、工学互动上下功夫，大力推进师资素质提升、平台团队建设、重要成果产出。

围绕苏州先进制造业、现代服务业产业等重点产业发展需要，要依托品牌特色专业，健全对接产业、动态调整、自我完善的专业群建设发展机制，探索建立健全多方协同的专业群可持续发展保障机制，实现人才培养供给侧和产业需求侧结构要素全方位融合。高质量建成省级品牌电气自动化专业，深入推进3个省骨干专业、2个省中外合作办学高水平示范专业、1个市品牌专业和6个校骨干专业建设。打破学院、专业壁垒，推动共建共享，促进专业资源整合和结构优化，形成与产业深度融合的专业群体系。

要以团队建设为抓手，培育标志性成果，打造特色品牌。培育建设10~12个校教学成果培育团队、8~10个校级专业（群）教学创新团队、10~15个校级课程教学创新团队、10~15个校技能大赛指导团队。对于立项的教学成果奖培育项目、教学团队等进行以三年为周期的建设和持续投入，三年累计投入经费不少于500万元。

四、狠抓工作落实，形成合力共同提高学校内涵质量建设水平

一分部署九分落实。美好蓝图的实现不是喊出来、等出来的，而是干出来、拼出来的。2019专业竞争力提升重点建设年行动方案已经确定，下一步要细化出目标任务清单，聚焦聚力抓落实。各部门、各单位要树立正确的事业观、工作观和政绩观，鼓足干劲、真抓实干，推动各项任务落到实处、取得实效。

“细节决定成败”。各项目标任务的牵头部门和相关责任单位，要抓紧制定工作任务的细化措施，明确时间进度、工作要求。要改进工作作风、提高工作效率，各部门、各学院（部）领导在抓落实过程中要提高工作的精度和深度，对关键环节要亲自研究、亲自过问，确保精准施策、准确落实到位。要加强督查督办工作力度，学校党委将专题听取汇报，确保各项工作任务顺利推进、圆满完成。

同志们，让我们以更加坚实的步伐，阔步前进在内涵式高质量发展新时代的新征程上，以优异成绩迎接新中国成立70周年！

苏州市职业大学2018年度综合表彰暨科技创新重点建设年总结大会

表彰决定

关于公布2018年度综合表彰项目及内涵质量建设创新工作项目的决定

苏职大委〔2019〕10号

各学院（部）、各部门：

2018年，全校以习近平新时代中国特色社会主义思想为指导，全面贯彻党的十九大和十九届二中、三中全会精神，深入开展“创新争先、创优争光”活动，加快推进内涵式高质量建设，涌现出一批对学校事业发展推动作用显著的项目。

为表彰先进，发挥先进典型的示范带动作用，进一步增强广大师生员工干事创业的新活力和新动力，加快全国一流品质院校建设步伐，校党委会议研究决定：

1.授予“《园冶多维探析》著作获江苏省第十五届哲学社会科学优秀成果二等奖”为特别贡献项目；授予“吴文化传承与创新研究中心获批江苏高校哲学社会科学重点建设基地”等3个项目为突破项目；授予“数字媒体制作技术教学团队获评2018年江苏高校青蓝工程优秀教学团队”等7个项目为创优项目；授予“学校与吴中区合作推进乡土技能传承保护和人才资源共享”等4个项目为特色项目。

2.对在2018年度学校内涵质量建设中，有效提升管理服务能力，有力推动内涵式高质量发展的5项创新工作项目予以公布。

希望受表彰的集体和个人，珍惜荣誉、总结经验，再接再厉、再创佳绩。全校各部门、各学院（部）和广大师生员工要以受表彰的集体和个人为榜样，学先进、赶先进、当先进，凝心聚力、务实重干，以新担当展现新作为，不断推动全校各项工作在新时代迈上新台阶！

中共苏州市职业大学委员会

苏州市职业大学

2019年2月21日

附件1：

2018年度综合表彰项目

一、特别贡献项目：

1.《园冶多维探析》著作获江苏省第十五届哲学社会科学优秀成果二等奖（项目团队［金学智等］）

二、突破项目：

1.吴文化传承与创新研究中心获批江苏高校哲学社会科学重点建设基地（管理学院、科技处）

2.“智能电梯装调与维护”“光伏电子工程的设计与实施”“虚拟现实（VR）设计与制作”等3个项目获2018年度全国职业院校技能大赛二等奖（机电工程学院、电子信息工程学院、计算机工程学院、教务处）

3.“一种用于小微型零件加工的多工位夹具”获2018年“挑战杯——彩虹人生”全国职业学校创新创效创业大赛一等奖（机电工程学院、团委）

三、创优项目：

1.数字媒体制作技术教学团队获评2018年江苏高校青蓝工程优秀教学团队（计算机工程学院）

2.我校在2017年江苏省普通高校本专科优秀毕业设计（论文）评选中获得一等奖3项，并列省内同类高校第一（机电工程学院、计算机工程学院、商学院、教务处）

3.太湖众创·苏州市大学生众创空间获2018年江苏省小型微型企业创业创新示范基地认定（苏州市大学生众创空间管理委员会）

4.面向户用光伏电站的即插即用型能源系统关键技术研究获2017年度苏州市科学技术进步二等奖（电子信息工程学院）

5.我校连续两年入选全国高校“两学一做”支部风采展示活动特色项目（机电工程学院、艺术学

院、思政部、管理学院、组织人事部）

6.苏州市现代装备制造职业教育集团在2018年“苏州市优秀职业教育集团”评比中排名第一（机电工程学院）

7.学校图书馆获中国图书馆学会“2017年全民阅读先进单位”称号（图书馆）

四、特色项目：

1.学校与吴中区合作推进乡土技能传承保护和人才资源共享（艺术学院、校地合作办公室）

2.3C产品智能制造工程技术研究开发中心获江苏省教育厅立项2018年度高职院校工程技术研究开发中心（机电工程学院、电子信息工程学院、计算机工程学院、科技处）

3.我校入选“留学江苏优秀人才遴选计划”高技能人才项目（机电工程学院、校长办公室[外事办公室]）

4.我校协办“诗泊枫桥”诗词大会赢得各界赞誉（教育人文学院等）

附件2：

2018年度内涵质量建设创新工作项目

1.积极探索基层党建工作创新发展，把党建工作从校企合作扩大推向校地合作，为学校党建注入新的内涵（组织人事部）

2.以创优争先、增强保障能力为抓手，全面推进后勤保障服务网格化管理（总务处）

3.“3+1”科技工作服务体系基本形成，服务效能显著提升。通过对接政府、企业，整合学院（部）资源，为教师科研工作“铺路架桥”（科技处）

4.积极开拓创新，精心打造“三悦”空间，与人文素养、创新意识培养和教学科研支持等服务进行精准对接，重塑图书馆空间功能，助力师生的全面发展（图书馆）

5.苏州开放大学（继续教育学院）谋划创新转型发展，从单一的学历教育为主向服务社会终身教育体系转型，初步形成“社会型、服务型、应用型”的新型定位发展模式，成效明显（开放大学管理委员会）

关于公布2018科技创新重点建设年表彰单位的决定

苏职大委〔2019〕11号

各学院（部）、各部门：

2018年是学校科技创新重点建设年。各学院（部）、各部门认真组织实施学校科技创新工作行动方案，广大教师以饱满的工作热情积极投身科技创新活动，形成了一批科研创新平台和团队，学校科技创新能力得到增强，科技创新重点建设年工作取得显著成效。

为表彰先进，根据各学院（部）、各部门在科技创新重点建设年实施过程中的工作表现，结合学校目标责任完成和绩效考核情况，经校党委会议研究决定：授予管理学院、机电工程学院、科技处“2018年度科技创新工作先进单位”，授予计算机工程学院、数理部、教育与人文学院、艺术学院“2018年度科技创新工作优秀单位”，对电子信息工程学院、商学院、外国语学院、思政部、体育部、学术期刊中心、图书馆和团委在科技创新工作实施中的突出表现给予表扬。

希望各学院（部）、各部门珍惜荣誉，发扬成绩，再接再厉，巩固科技创新年的成果，持续深入开展科技创新工作，为学校内涵式高质量发展注入新活力，推动学校更好地为地方经济社会发展做出贡献。

中共苏州市职业大学委员会

苏州市职业大学

2019年2月21日

项目介绍

一、特别贡献项目

1.《园冶多维探析》著作获江苏省第十五届哲学社会科学优秀成果二等奖（项目团队[金学智等]）

项目说明：金学智所著《园冶多维探析》（上、下两卷本）于2017年10月由中国建筑工业出版社出版。《园冶多维探析》是我国第一部园林艺术理论专著，也是世界上最早的、具有完整造园学体系的经典名著，古奥难解而歧见迭出。金学智先生在他五十多年唐诗美学、书法美学、园林美学等研究的基础上，在得到日、英、法、澳等国专家的支持后，进行了《园冶多维探析》的艰苦撰著，费时七年，七校其稿才最终完成。全书共计96万字，分为园冶研究综论、园冶选句解析、园冶点评详注、园冶专用词诠、园冶品读余篇五编。以穷尽古今中外资料的严谨、多学科跨文化的视角、传统与现代并举的集成，使此著的分量异常厚重。被学界誉为园冶研究的集大成之作。

二、突破项目

1.吴文化传承与创新研究中心获批江苏高校哲学社会科学重点建设基地（管理学院、科技处）

项目说明：吴文化传承与创新研究中心是整合学校吴文化研究资源，以重大系列研究课题为纽带，对吴文化学术前沿问题，包括吴地人文历史、科技教育、文化产业等各种文化形态进行理论研究，对社会文化建设实践经验进行总结与创新探讨的跨学科、开放式、有特色的研究平台。中心专家目前承担了国家、省部级课题4项，发表论文100多篇，出版有20余部学术专著和教材，向地方政府建言献策6项，参与地方文化建设（横向项目）10余项，获得市厅级以上奖励10余项。

2."智能电梯装调与维护""光伏电子工程的设计与实施""虚拟现实（VR）设计与制作"等3个项目获2018年度全国职业院校技能大赛二等奖（机电工程学院、电子信息工程学院、计算机工程学院、教务处）

项目说明：全国职业院校技能大赛是职业教育领域一项重大制度设计，是加快推进高素质技能人才培养的重要举措。在教学改革和专业建设、人才培养与产业发展的紧密结合中具有引领作用，为服务地方经济社会发展培养更多高素质技能人才。在2018年度的技能比赛中，学校领导高度重视，参赛学院精心组织，指导老师和参赛学生努力训练，机电工程学院的"智能电梯装调与维护"、电子信息工程学院的"光伏电子工程的设计与实施"、计算机工程学院的"虚拟现实（VR）设计与制作"三个项目取得了全国二等奖的优异成绩，实现了在该赛事中学校获得奖项的突破。

3."一种用于小微型零件加工的多工位夹具"获2018年"挑战杯——彩虹人生"全国职业学校创新创效创业大赛一等奖（机电工程学院、团委）

项目说明：针对小微型零件的数量呈指数增长，但存在零件加工余量少、结构复杂、夹紧极易变形等问题，项目组设计出的多工位夹具，满足装夹不变形、高精度、高效率等要求，且更换工位块即可适应其他小微型零件的加工。获得国家专利授权，商业应用前景非常广阔。项目组精心备赛，历经一年多，通过校级、省级、国家级创新创效创业大赛选拔，获得省赛一等奖并入围国赛，最终在国赛终审决赛中获得一等奖，实现了学校"挑战杯"系列竞赛的"两个首次"，一是首次进入国赛，二是首次获得国赛一等奖，取得了学校在高级别大学生创新创业竞赛中的新突破。

三、创优项目

1.数字媒体制作技术教学团队获评2018年江苏高校青蓝工程优秀教学团队（计算机工程学院）

项目说明：数字媒体制作技术教学团队利用省综合实训基地和校专业群建设的有利条件，依托苏州市优秀新专业——动漫设计与制作专业的建设，在校重点建设教学团队的基础上，按照学校"一流品质院校"的总体目标，通过出国考察、国内进修、技能培训、企业挂职等多种途径，培养在数字媒体行业和专业教育领域具有影响力的专业带头人、骨干教师。团队以优秀教师为核心，以专业课程组为载体，"老中青"相结合、"传帮带"一体化，形成了一支由高水平专业带头人、骨干教师、"教学名师"、行业专家组成的“双师素质”和“双师结构”的专业教学团队。

2.学校在2017年江苏省普通高校本专科优秀毕业设计（论文）评选中获得一等奖3项，并列省内同类高校第一（机电工程学院、计算机工程学院、商学院、教务处）

项目说明：毕业设计（论文）工作是高校人才培养的重要环节，是检验学生综合运用专业知识、考察学校教学和人才培养质量的重要依据之一。学校秉承“厚基础，强实践，创特色”的教育理念，重视毕业设计（论文）规范建设，将毕业设计环节视为学生实践能力的加油站，鼓励学生参与教师科研项目、参与研究性课程的研究以及各类专利的申报，提高毕业设计（论文）的含金量。根据省厅苏教高函〔2018〕30号文件，学校在2017年江苏省普通高校优秀毕业设计（论文）评选中，共获得一等奖3项，二等奖1项，三等奖4项，优秀团队3项的优异成绩，其中一等奖数目在省内同类高校中并列第一。

3.太湖众创·苏州市大学生众创空间获2018年江苏省小型微型企业创业创新示范基地认定（苏州市大学生众创空间管理委员会）

项目说明：2018年，“太湖众创”着力提升创业服务供给能力，努力打造双创升级版，持续优化“3510”创业生态圈。新增4个省大学生优秀创业项目，1个姑苏科技创业天使计划，1家高新技术企业，1个东吴领军人才。举办创客造物秀等活动57场，携手图书馆建成新工匠智造工场，形成“双轮”驱动“双创”的运行模式。2018年，“太湖众创”在全市众创空间绩效评价中名列前茅。被江苏省工业和信息化厅认定为中小企业公共服务平台、小微企业创业创新示范基地，为苏州职业院校中首家。至此，“太湖众创”形成国家和省级平台“1+4”的格局。成功当选市众创空间协会副会长单位。三年来，“太湖众创”在创新创业平台建设上形成了明显优势和独特做法，影响日益扩大，为学校赢得了良好的社会声誉。

4.面向户用光伏电站的即插即用型能源系统关键技术研究获2017年度苏州市科学技术进步二等奖（电子信息工程学院）

面向户用光伏电站的即插即用型能源系统关键技术研究，瞄准国家重点支持的高新技术和战略新兴产业，从户用分布式光伏电站能源系统新应用的工程设计需求出发，在业内率先提出“即插即用”户用能源系统设计理念，通过科技攻关解决了“即插即用”型能源系统的共性关键技术问题。研究成果开创了电能变换领域新的应用研究方向，取得了系列自主知识产权成果，并实现了成果的产业化应用。项目提升了传统光伏能源行业的技术创新能力和竞争力，扩大了学校在新能源领域的影响力和知名度，引领和支撑分布式光伏产业科技创新发展，产生了较为显著的经济和社会效益。

5.学校连续两年入选全国高校“两学一做”支部风采展示活动特色项目（机电工程学院、艺术学院、思政部、管理学院、组织人事部）

为贯彻落实“两学一做”学习教育的有关精神，推动高校基层党支部在“两学一做”学习教育中发挥主体作用，学校积极响应教育部办公厅面向全国高校教师和大学生党支部开展“两学一做”支部风采展示活动的要求。组织人事部在校党委领导下，积极组织动员全校党支部参与。在第一届活动中，机电工程学院精密系党支部和艺术学院视觉传达系党支部的作品入选特色作品；在第二届活动中，思政党支部和管理学院学生党支部的作品入选特色微党课和特色推荐展示。学校成为苏州高校中唯一的每届均有两项作品入选的高校，充分展示了学校“两学一做”学习教育成果和基层党建特色。

6.苏州市现代装备制造职业教育集团在2018年“苏州市优秀职业教育集团”评比中排名第一（机电工程学院）

苏州市现代装备制造职业教育集团是由学校牵头，联合苏州大市范围内各现代装备制造相关院校、企业建立的行业性组织，现有成员单位共计72家。集团建立了门户网站，以此为信息交流平台实现资源共享；实行产教联盟、协同育人，开展三星科技大学“新型学徒制”职业教育项目，并以此为基础成立了苏州市现代学徒制联盟；以开展大赛为手段，培养工匠精神，在企业成员单位的协助下定期举办“巨林杯”大学生机械创新设计大赛、“苏州计量杯”大学生测量技能大赛、“莱克杯”CAD机械设计竞赛选拔赛、“汇川杯”工业控制应用安装与调试技能竞赛等比赛，提高了学生的工程实践能力和创新素质。

7.学校图书馆获中国图书馆学会“2017年全民阅读先进单位”（图书馆）

学校图书馆一直视阅读推广为已任，始终将阅读推广作为图书馆的重点工作，注重活动的制度建设和队伍建设，顶层设计和延续延展，特色凝练和传播效果。自2011年以来，阅读推广工作共荣获国家级、省级、市级各类奖项37项。近年来，图书馆充分利用学校地处吴文化发源地的优势，以吴文化作为活动设计的主脉，以“非遗”为切入点，深挖苏州地域文化，着力构建全方位多维度的立体深度阅读模式，形成“经典阅读”“行走阅读”“趣味阅读”“科技阅读”四个特色鲜明、内容丰富、形式新颖的阅读系列活动，对学校特色校园文化的建设和校园阅读氛围的营造起到了积极的推动作用。

四、特色项目

1.学校与吴中区合作推进乡土技能传承保护和人才资源共享（艺术学院、校地合作办公室）

项目说明：校地共建技能人才“培育基地”。聘请中国工艺美术大师钟锦德为学校兼职教授，推动人才进高校、进课堂，设立高校国家级技能大师工作室。校地共谋技能人才“乡村振兴”。完成“全景式”《吴中区乡土技能人才发展调研报告》，为地方人才队伍建设提供科学决策参考。校地共融技能人才“先锋引领”。与吴中区共建“越溪区域党建联盟”“环太湖党建带乡土工艺人才发展联盟”，推进“党建+人才”共享模式。校地共推技能人才“传承保护”。将人才培养和社会实践相融合，开展大学生“缂丝技艺”“非遗核雕”等乡土技能研习活动。

2.3C产品智能制造工程技术研究开发中心获江苏省教育厅立项2018年度高职院校工程技术研究开发中心（机电工程学院、电子信息工程学院、计算机工程学院、科技处）

项目说明：3C产品智能制造工程技术研究开发中心项目由机电工程学院牵头，整合电子信息工程学院、计算机工程学院的优势力量，联合苏州凡特斯测控科技有限公司共同建设。2018年12月获批“江苏省教育厅高职院校工程技术研究开发中心”。中心主要开展3C产品的模具快速设计与制造、智能制造装备与系统、智能检测与控制、工业互联网等关键共性技术研发与应用。研发团队中有教授（含正高级工程师）6人，副教授（含副高级工程师）14人，博士17人，省级各类高层次人才及培养对象10人。近三年来，项目组成员在相关领域承担国家及省、市项目21项，签订企业横向技术服务合同20项，联合开发项目20多项，已获省市级奖项7项，在国内外核心以上期刊发表论文59篇，获得专利82项。

3.学校入选“留学江苏优秀人才遴选计划”高技能人才项目（机电工程学院、校长办公室[外事办公室]）

项目说明：为服务国家“一带一路”倡议，推进来华留学提质增效，省教育厅于2017年12月组织实施“留学江苏优秀人才遴选计划”，学校“先进制造技术国际化人才培养项目（机电一体化专业）”入选该计划，是苏州地区同类院校中唯一入选项目。

2018年9月，项目招收首批20名外籍学生。为保障教学质量，机电工程学院结合学院自身优势和中外合作办学经验，制订了周密的教学计划，开发了工程制图与数字化表达、工程材料应用、汽车发动机构造与检修等8门全英文课程并实施教学，助力学校办学国际化水平的提升，积极服务国家发展战略和国内企业“走出去”的需求。

4.学校协办“诗泊枫桥”诗词大会赢得各界赞誉（教育人文学院等）

“诗泊枫桥”诗词大会，由苏州市枫桥景区主办，学校与联合国教科文组织苏州世遗中心协办。本次大赛持续一个半月，分闯关、过桥、行运赛三个阶段。学校教师负责全程策划、命题，并担任现场决赛的主持和评委。活动契合当前文旅融合的时代背景，受到了社会的广泛关注，被新华社、《人民日报》头版、《苏州日报》头版头条进行报道，中共江苏省委新闻网等近30家媒体转发。《姑苏晚报》称活动“以文化名胜为背景、以古诗为媒介，开创了一种让现代人理解诗、理解名胜的新方式”。

总结讲话

找准新坐标　担当新使命　开启学校科技创新高质量发展新征程
——副校长陶亦亦在2018年学校科技创新重点建设年总结大会上的报告

2019年3月6日

老师们、同学们：

2018年是实施“十三五”规划的关键之年，学校实施了科技创新重点建设工作。在学校党委和行政的坚强领导下，全校上下精诚团结，坚持科技创新和体制机制创新“双轮”驱动发展战略，聚焦学校内涵式高质量发展，重新判断科技创新发展新坐标，主动担当学校发展新使命，通过深化体制机制改革，学校科技创新能力明显增强，服务地方经济发展能力显著提高，科技创新突出人才持续涌现，形成了一批具有专业核心竞争力的科研平台和创新团队，科技创新在学校发展中的贡献率稳步提升，“创新争先，创优争光”创新生态体系逐步形成，开启了科技创新高质量发展的新征程。现从四个方面总结如下。

一、加大制度创新力度，重构科技创新服务保障体系

1.加强科技工作顶层设计。学校把科技创新工作纳入学校发展的全局谋划，为全面推进学校科技创新工作，学校发布了《科技创新工作行动方案》；为强化科技创新工作的实施路径，制订了科研平台、团队建设和成果转移转化三个三年行动计划，充分发挥规划的引领导向作用，进一步激发学校各类创新主体的积极性和创造性。

2.推进体制机制改革。学校认真落实国家、省、市科技创新的文件精神，深化科研管理体制机制改革，聚焦科技创新的重要项目和关键环节，明晰纵向项目和横向项目的管理权限和界限，明确专利和科技成果的转化管理，理顺科研项目管理和经费使用管理的关系。2018年修订出台科技创新管理制度11项、相关科研工作规定13项，形成科技创新制度体系，有效保障了科技创新工作的顺利推进。

3.完善绩效奖励体系。为倡导科技创新服务教学和生产一线、支撑社会经济发展发挥作用，修订完善科研绩效分配方案和科研奖励办法，设计“双线四点”科研考核方式，对学院（部）、教师个人的科研工作量考核和对科研总量、增量的考核双线并行，对科技创新重大突破、高层次（重点）项目开展、服务地方能力提升、科研成果奖励级别和数量四个关键指标点进行量化考核。2018年全校有358名教师获得了科研奖励，占全校教师的46%，其中有13名教师获得5万元以上奖励。

二、加大创新载体建设力度，提升服务地方经济能力

1.实施创新平台和团队行动计划，推进技术研发基地建设。学校以创新性科技研发和高效能社会服务为目标，通过分类指导，重点支持建设对苏州和长三角经济社会发展贡献度高的平台和团队，积极推进科技创新平台和团队建设。2018年，“吴文化传承与创新研究中心”成功获批省高校哲社重点建设基地，“3C产品智能制造”获批省高职工程技术研发中心，“太湖众创”获批省中小企业公共服务平台和省小型微型企业“双创”示范基地，与行业协会、学会联建了丝绸产品、中华成语、智能水下机器人等3个科研服务平台，立项建设校级科研创新平台11项、创新团队22个。

2.打造石湖智库服务平台，推进建言献策基地建设。学校为教师服务苏州地方经济发展建言献策搭建平台。2018年4月正式成立石湖智库，这是在苏高职院校中首家具有独立法人资格的非营利性社会组织。智库以“政府政策研究、应用理论创新、吴地文化传承”为发展方向，整合校内外优质资源，成立了首届理事会，聘任了首批31名特约研究员，筹办了“石湖文化论坛”系列活动，围绕地域文化举办专题研讨会、选题策划会。2018年学校有5名教师受聘为市委、市政府等特约研究员，有5篇建言献策被市政府《调研通报》等收录。

3.挖掘公共服务平台潜能，推进科普基地建设。学校重视科普教育基地建设，充分发挥市级科普及示范基地“吴文化园”的积极作用，增设了吴地廉政专栏，一年内接待参观学习交流100余批次3000余人次，承办专题会议3场。学校与市红十字会共建的苏州市首个大学生应急救护培训基地，面向全市大中小学、街道社区等单位广泛开展应急救护科普及培训。2018年成功申报为市科普基地。

三、加大项目成果培育力度，提升科技创新彰显度

1.科研项目数量有新增长。学校深度挖掘和重点培育在智能制造、光伏产业、信息技术、吴地文化、丝绸织绣等方面的科研潜力，助推项目落地。2018年新立项省部级科研项目20项、市厅级科研项目39项，纵向科研到账经费191万元；获得推广应用的横向项目43项，横向到账经费120万元，比上一年增长了47%。

2.学术论文质量有新提高。学校鼓励科研人员积极发表有质量的学术研究成果。2018年公开出版学术著作5部；发表学术论文391篇，其中SCI（E）检索论文9篇、核心期刊论文64篇；12篇论文获省市两级各类优秀论文奖。

3.科研成果获奖有新扩展。持续开展面向当前科技发展前沿领域和关键领域的研究，开展针对区域经济社会发展重点热点问题的研究。2018年学校教师获得市级以上科研奖项20项。其中，省哲社优秀成果二等奖1项，市科学技术进步二等奖1项。“中小功率光伏逆变电源系统关键技术及应用”申报省科技进步二等奖已通过公示；在2018年省高校自然科学、哲学社会科学、教育管理综合成果评比中，学校有三项成果分别获奖，为学校赢得了荣誉。

4.知识产权产出有新提升。学校重点推进高新技术产业导航专利的创新创造研究，通过加强政策引导、积极争取政府资助，实施高价值知识产权培育。鼓励科研团队、企业、知识产权服务机构紧密合作，营造高价值专利培育氛围。2018年学校授权专利226件，其中授权发明专利80件。

四、加大协同创新推进力度，重塑创新生态体系

1.科研学术环境日益优化。进一步完善学术治理体系，营造鼓励创新、宽容失败、风清气正的学术环境。充分发挥学术委员会的作用，注重引导教师重视科研质量、学术影响和社会贡献，加强教师科学道德建设，提升教师科学素质，健全科研诚信制度。在年度考核、职称评定、课题立项、人才计划和评优奖励中强化学术诚信的考核。

2.成果发布环境日益改善。科技处、学术期刊中心、各二级学院（部）积极鼓励、支持、资助和推荐优秀学术成果的发表、学术著作的出版。校期刊中心服务教科研的作用日益显现，《苏州市职业大学学报》获“2018年度中国高校优秀科技期刊”，影响因子（0.353）实现连续3年持续提升，在全国同类期刊中遥遥领先。《苏州教育学院学报》获全国地方高校学报“优秀期刊”。学报的《工匠精神》《职教论坛》《吴文化研究》等栏目获得全国和省的专项奖。

3.科研服务针对性日益增强。学校积极发挥图书馆信息资源和空间资源优势和专业服务优势。科技处、图书馆、学院（部）建立科研平台和团队跟踪服务机制，为科研人员提供科技查新服务，助推平台的团队建设。校图书馆通过精编《高职教育信息》、设立教师工作室、漂流馆藏资源等方式，为教师开展科研工作提供深度服务，深受师生赞誉。

4.学术活动教师参与度明显提升。采用“请进来、走出去”的方式，开展各类学术活动。学校举办石湖论坛、吴文化讲坛、阅读节等活动，一年来开展各类专题学术报告50多场次，组织参加各级各类学会协会达50个，有130人次在校外学术机构任职。

科技创新永远在路上，成绩的取得来之不易，这是学校党委、行政坚持走内涵式高质量发展道路的结果，是广大教师齐心协力、共同奋斗的结果，更是广大科研人员刻苦钻研、致力创新的结果。看到成绩的同时，我们也清醒地认识到，与国内高水平同类院校相比我们还有差距，与苏州市勇当“两个标杆”、建设“四个名城”的发展目标相比我们还需进一步提升内涵，与学校内涵式高质量发展目标相比我们尚需继续努力。长三角一体化发展号角已经吹响，我们要积极行动起来，加强协同创新，进一步激发学校发展的内生动力，努力开创学校科技创新发展的新局面！

全力凝聚精气神　砥砺奋进新征程 为加快建设全国一流品质院校展现新的更大作为

——校党委书记钮雪林在2018年度综合表彰暨科技创新重点建设年总结大会上的讲话

2019年3月9日

老师们、同学们：

在春天的脚步来临之际，我们今天在这里召开苏州市职业大学2018年度综合表彰暨科技创新重点建设年总结大会，隆重表彰在过去一年中，学校各条战线涌现出的优秀项目和取得的可喜成绩。新年开学后不久，以这样的规模、这种形式召开大会，在学校历史上为首次，今后要形成制度，固定下来。

今年是开展综合表彰暨主题重点建设年总结大会的第三年。这三年里，我有一个感受，就是优秀项目越来越多，质量越来越高，评选时越来越难以取舍。这说明，大家发展干劲更足了、成果更多了，内涵质量水平提升了，这是学校广大师生干事创业的最好证明和最生动的体现。在此，我代表学校党委和行政，向为学校的事业发展兢兢业业、孜孜以求的广大干部、教师和同学们，致以衷心的感谢和崇高的敬意！

除了刚才表彰的项目外，电子学院等单位一起建设的智能控制专业教学资源库项目在教育部备选库的排名继续提升，很有希望在今年正式立项；汪义旺老师的获奖项目已通过省科学技术奖二等奖公示，我们在期待他们的好消息。

此外，去年学校成功获得首批苏州市文明校园称号；学术期刊中心实施“强刊工程”，两个学报均在国家、江苏省内多项评比中获得优秀成绩；学校有多部教材获得江苏省高等学校重点教材立项；外国语学院以竞赛为抓手，促进教学质量的提升；等等。虽然这些没有列入表彰，但这些成果也值得肯定。让我们同样以热烈的掌声向他们表示祝贺、感谢！

刚才，科技处、机电工程学院、管理学院、教师代表做了很好的发言。今天的大会，我们首次邀请全体教师和部分学生代表参加，目的是进一步将全体师生动员起来，投入到新时代学校内涵质量建设、创新发展进步的事业之中。

“十三五”以来，学校调整发展思路，走内涵建设之路，开启内涵式高质量发展新时代的新征程，学校的质量水平有新提升，服务师生力度有新提高，校园面貌有新改观，社会影响力有新扩展，学校进入了全力提高办学质量、积极筹建市属应用型本科大学、努力服务地方经济社会发展的新一轮创业阶段。

在看到好成绩、好势头的同时，我们要清醒地认识到存在的问题、困难和不足，要增强忧患意识、责任意识、发展意识。借此机会，向全校干部、教师提出“苏职大发展四问”，我期待大家一起来研究、回答这些问题。

第一问：如何在新时代的新征程中更加担当作为、干事创业？中国知识分子的一大特点是具有强烈的家国情怀，自强不息、革故鼎新，以天下为己任，修身、齐家、治国、平天下。希望老师们在爱“小家”、重个人的同时，更爱“大家”、更重学校的创业进步；希望老师们把自己的奋斗人生，与国家、学校的事业发展结合起来；希望在座的每个人，“努力到无能为力，拼搏到感动自己”。

第二问：如何把学校资源基础的潜在能量转化为创新发展的现实优势？苏州职大办学时间较长、基础良好、师资雄厚，这是学校的宝贵优势。但我们不能仅仅以此津津乐道、小胜即满、进取乏力，而要积极挖掘现有资源、充分利用有利条件，将它转化为学校新一轮发展的巨大财富、贡献社会的产出效能，让一篇篇高质量论文谱写在中国大地上，使一批批科技成果根植于苏州的土壤中，让一个个毕业生在人生道路上成才出彩，彰显出学校实实在在的发展实力、服务能力。

第三问：如何将“建设全国一流品质院校”持续付诸行动、落到实处？改革开放四十年来，苏州干部群众培育出了勇于争先、率先、领先的精神风貌。身在苏州大地上的职业大学，虽然因为历史原因无法跻身国家、省示范类院校行列，但我们也要有志向、有信心，要自加压力，奋发有为，加强横向对标，注重比学赶超，坚持真抓实干，追求一流发展目标。即使今后办成应用型本科大学了，也要有“建设全国一流品质院校”的意志和决心。

第四问：如何通过提升优质服务“成就教师、成就学生”？学校领导班子及各个单位，怎样推动教师的发展进步、学生的成长成才，老师又如何立德树人、教书育人，这里的核心问题是“服务”。学校每个层面、每位管理者，都要甘做“服务员”，精心、精细、精准服务基层、服务师生；广大教师要认认真真培养学生、悉心指导成就学生，以此汇聚成学校发展的强大合力，逐梦新时代、创业苏职大。

2019年是新中国成立70周年。我们要以此为动力，坚持以习近平新时代中国特色社会主义思想为指导，深入学习贯彻党的十九大和十九届二中、三中全会精神，认真落实《国家职业教育改革实施方案》，推动学校内涵质量建设水平迈上新台阶。

下面，我谈四点工作方面的想法，与大家共勉。

一、要乘势而上，紧握“解放思想”这件有力武器

我们身处一个快速发展变化的伟大新时代，决不能以不变应万变，坐等发展成果，而要抢抓有利时机，顺势而为、乘势而上。因此，我们必须以思想大解放去化解危机和挑战，打开高质量发展的大门。

在解放思想的道路上，没有旁观者和局外人；在学校振兴发展的蓝图上，人人都有任务，人人都要担责。2019年，学校将进一步推进内涵质量建设，大力实施“放管服”改革，深化校内管理体制机制建设，更加需要我们解放思想，凝聚共识，形成改革动力和合力，让全体师生有更多的获得感和幸福感。

二、要不忘初心，聚焦“立德树人”这个根本任务

高校的根本任务是立德树人。立什么样的德、树什么样的人，教师起着至关重要的作用。教育部高教司司长吴岩提出，人才培养是大学老师的第一责任、第一使命、第一任务。因此，我们的教师，无论何时都要聚焦立德树人这个“第一任务”，聚焦立德树人这个主责主业。课程门门有思政，教师处处讲育人。

立德树人，以立德为先，从立好师德师风开始。2018年，教育部出台了《新时代高校教师职业行为十项准则》《高校教师师德失范行为处理的指导意见》，对师德失范行为实行“一票否决”，既保护了敬业守纪的教师，也对那些“认认真真培养自己、稀里糊涂培养学生”的教师敲响了警钟，让广大教师回归初心、回归本源。为此，学校今年将出台师德师风的负面清单制度，加强诚信系统建设，2019年试行，2020年正式实施。

三、要多元协同，走好“融合发展”这条光明道路

2017年9月学校第二次党代会就提出“多方协同、深度融合”的发展要求。这几年，我们在校企合作、创新创业、科技创新三个重点建设年中推进协同融合发展，尝到了甜头，取得了实效。可以说，未来谁在融合发展上抢得先机、占有优势，谁就会发展得更快、更好。因此，我们下一步要：

在实现融合发展的广度上下功夫。学校的每个单位、每位教师，都要把个人、自身的发展自觉融入学校发展的总体之中，学校的发展要融入苏州“四个名城”建设、长三角一体化、全国职业教育的发展大局之中。专业建设、科技创新、服务社会，都要利用校内外多方优势，整合资源、嫁接要素、跨界融合、开放共享、协同发展。2019年是学校的专业竞争力提升重点建设年，要着力推动专业链与产业链、创新链的精准对接、融合发展。

在实现融合发展的深度上求突破。就是要形成特色优势、呈现品牌效应、构建核心竞争力。教学、科研、管理和服务社会等诸多方面，既要有数量上的增长，更要有质量上的提高；既要有纵向指标的进步，更要有横向指标的提升；既要扩展“高原”，更要打造“高峰”。

四、要干字当头，扛起“实干担当”这个时代重任

幸福都是奋斗出来的。改革开放以来的工作创新来自基层，发展活力来自民众。广大师生的无穷智慧、实干担当就是学校发展的源头活水和坚强保证。我们要从苏州人民创造的“张家港精神、昆山之路、园区经验”的三大法宝中汲取营养、获取力量，推动学校内涵式高质量发展。

新时代新征程，关键在实干。每一个实干担当的干部和教师都是一面旗帜，每一面旗帜都蕴含着强大的决心和力量，都值得尊敬和保护。学校党委和行政将旗帜鲜明地为实干奋斗者撑腰鼓劲，为担当作为者担当支持，鼓励大家以更大的热情投身到“创新争先、创优争光”的热潮中。

老师们，同学们，一年春为首，万事行为先。我们都是人生梦想路上的追梦人。正如习近平总书记所说，“伟大梦想不是等得来、喊得来的，而是拼出来、干出来的。”苏州市职业大学有决心、有信心、有能力，干出一片新天地。

老师们，同学们，让我们全力凝聚精气神，砥砺奋进新征程，用优异的成绩迎接新中国成立70周年！

苏州市职业大学的明天，一定会更美好！

谢谢大家！

编辑：许立莺　盛　婷

SUZHOU VOCATIONAL UNIVERSITY

第五章 组织机构与人员

管理机构

2019年苏州市职业大学管理机构一览表

序号	部门名称	内设机构	序号	部门名称	内设机构
1	党委办公室	秘书与信息科	9	教务处	教育技术中心
		档案馆（保密科）			实践实训科
2	校长办公室（外事办公室）	秘书科	10	学生工作处	思想政治教育科
		行政接待科			招生办公室
		外事科			学生管理科
3	组织人事部	干部管理科			就业科
		组织科			心理健康指导中心
		师资管理科	11	科技处	设备管理科
		劳动工资科			科技管理科
4	宣传统战部	宣传与文化环境管理科	12	财务处	会计核算科
		统战科			财务管理科
5	纪检监察室	—			资金管理科
6	离退休干部处	退休工作科	13	审计处	—
		老干部科	14	总务处	后勤服务中心
7	工会	工会办公室			综合管理科
8	团委	—			卫生科
9	教务处	教务科	15	保卫处（人民武装部）	军事理论教研室（综合科）
		教学科			治安管理科
		考务科			

教辅机构

2019年苏州市职业大学教辅机构一览表

序号	部门名称	内设机构	序号	部门名称	内设机构
1	图书馆	办公室	3	信息中心	信息化管理科
		文献信息部	4	继续教育学院	综合办公室
		技术服务部			学生工作科
		期刊图书流通部			教务科
2	学术期刊中心	《苏州市职业大学学报》编辑部	5	教师教学发展中心	办公室
		《苏州教育学院学报》编辑部			教学研究部
3	信息中心	网管中心			资源部

2019年苏州开放大学管理委员会（干将路校区）一览表

序号	部门名称	内设机构	序号	部门名称	内设机构
1	党政办公室	—	4	教学管理中心	教学科
2	综合办公室	行政科			教务科
		设备科	5	网络教育中心	—
3	招生与事业发展中心	外联科	6	社区教育中心（苏州市社区大学）	培训科

中层及以上干部名单

2019年苏州市职业大学中层及以上干部名单

1. 校党委

书　记：钮雪林
副书记：曹毓民
　　　　刘　丹
委　员：熊贵营
　　　　陶亦亦
　　　　张　健
　　　　蔡晓平
　　　　韩承敏
　　　　魏　影

2. 校行政

校　长：曹毓民
副校长：刘　丹
　　　　熊贵营
　　　　陶亦亦
　　　　张　健

3. 纪律检查委员会

书　记：蔡晓平
副书记：俞建伟

4. 党委办公室

主　任：朱剑刚
副主任：叶　军
　　　　孙　赢（2019年3月试用期满　苏职大委〔2019〕21号）

机关党总支
书　记：朱剑刚（兼）
副书记：胡　珏（兼）（2019年5月免　苏职大委〔2019〕41号）

5. 校长办公室（外事办公室）

主　任：张　军（2019年3月任　试用期一年　苏职大委〔2019〕35号）
　　　　（2019年4月聘　聘期三年，含试用期一年　苏职大政〔2019〕31号）
副主任：王　赟
　　　　汤晓军（2019年3月试用期满　苏职大委〔2019〕21号）

国际学院
院　长：张　健（兼）
副院长：汤晓军（2019年3月试用期满　苏职大委〔2019〕21号）

6. 组织人事部

部　长：魏　影
副部长：金　霁

7. 宣传统战部
部　长：韩承敏
副部长：王大纲
8. 纪检监察室
主　任：俞建伟
副主任：沈密婷
9. 离退休干部处
处　长：沈新艺
副处长：周　丽
10. 工会
主　席：吴建英
副主席：胡　珏（2019年5月免　苏职大委〔2019〕41号）
　　　　戴海峰（2019年6月试用期满　苏职大委〔2019〕45号）
11. 团委
副书记：张　成（主持工作）
12. 教务处
处　长：傅小芳（2019年2月免　苏职大委〔2019〕13号）
　　　　孙学文（2019年2月任　苏职大委〔2019〕13号）
副处长：吴　倩（2019年3月不再兼任　苏职大委〔2019〕21号）
　　　　胡　明
　　　　杨晓华
13. 学生工作处
处　长：王　琼
副处长：傅中山
　　　　张国良
　　　　张　芬
14. 科技处
处　长：姚金凤
副处长：吴佩华
　　　　鲜学丰（2019年6月试用期满　苏职大委〔2019〕45号）
15. 财务处
处　长：李　羽（2019年3月任　试用期一年　苏职大委〔2019〕35号）
　　　　　　（2019年4月聘　聘期三年，含试用期一年　苏职大政〔2019〕31号）
副处长：陈乳燕
　　　　徐爱芳（2019年6月试用期满　苏职大委〔2019〕45号）
16. 审计处
处　长：顾慧琴
17. 总务处
处　长：黄　炜
副处长：周传勇
　　　　胡洪新（2019年3月试用期满　苏职大委〔2019〕21号）
　　　　陈祥林（2019年3月任　试用期一年　苏职大委〔2019〕35号）
　　　　　　（2019年4月聘　聘期三年，含试用期一年　苏职大政〔2019〕31号）

18. 保卫处（人民武装部）

处　长：丁　虎

副处长：杨惠兴

　　　　李亦工（2019年6月试用期满　苏职大委〔2019〕45号）

人民武装部

部　长：丁　虎

19. 图书馆

馆　长：赵宁燕

副馆长：杜美萍

　　　　周承东

20. 学术期刊中心

主　任：黄　萍（2019年12月任　苏职大委〔2019〕67号）

副主任：李　平（2019年12月免　苏职大委〔2019〕67号）

　　　　时　新

21. 信息中心

主　任：项闪飞（2019年4月免　苏职大委〔2019〕38号）

副主任：杨静波（主持工作）（2019年4月任　苏职大委〔2019〕38号）

　　　　董　剑（2019年11月免　苏职大委〔2019〕56号）

22. 苏州开放大学管理委员会（干将路校区）

开放大学管委会

副主任：戴涵莘（常务）

党总支

副书记：杨立群

党政办公室

主　任：戴涵莘

综合办公室

副主任：杨立群（主持工作）

　　　　薛　铭

招生与事业发展中心

副主任：俞　渊

教学管理中心

副主任：任侃侠（2019年5月免　苏职大委〔2019〕41号）

网络教育中心

主　任：黄　萍（2019年12月免　苏职大委〔2019〕67号）

副主任：李　琦（主持工作）

社区教育中心（苏州市社区大学）

副主任：高觐悦（2019年6月试用期满　苏职大委〔2019〕45号）

23. 继续教育学院

院　长：戴涵莘

副院长：俞　渊

　　　　任侃侠（2019年5月免　苏职大委〔2019〕41号）

党总支

副书记：杨立群

24. 教师教学发展中心

主　任：马丁良

25. 机电工程学院

院　长：陈　洁

副院长：尚广庆（2019年12月免　苏职大委〔2019〕67号）

　　　　陆春元

党总支

书　记：朱　炎

副书记：茆　琦

26. 计算机工程学院

院　长：李金祥

副院长：曾　海

　　　　叶　良

党总支

书　记：张　震

副书记：杨静波（2019年4月免　苏职大委〔2019〕38号）

　　　　任侃侠（2019年5月任　苏职大委〔2019〕41号）

27. 电子信息工程学院

院　长：张　欣（2019年12月免　苏职大委〔2019〕71号）

副院长：刘　韬（2019年12月免　苏职大委〔2019〕67号）

　　　　邓建平

　　　　尚广庆（2019年12月任　苏职大委〔2019〕67号）

党总支

书　记：王　亚

副书记：陈　刚

28. 管理学院

院　长：孙学文（2019年2月免　苏职大委〔2019〕13号）

副院长：陈广宇

　　　　徐　伟

党总支

书　记：孟利琴（2019年3月任　试用期一年　苏职大委〔2019〕35号）

副书记：张希文（2019年3月试用期满　苏职大委〔2019〕21号）

29. 商学院

院　长：吴文英

副院长：倪爱东

　　　　姚　莉（2019年3月免　苏职大委〔2019〕21号）

　　　　万　健（2019年5月任　苏职大委〔2019〕41号）

　　　　　　　（2019年5月聘　苏职大政〔2019〕43号）

党总支

书　记：曹继平

副书记：万　健（2019年5月免　苏职大委〔2019〕41号）

　　　　胡　珏（2019年5月任　苏职大委〔2019〕41号）

30. 教育与人文学院

院　长：马丁良

副院长：石　娟（2019年12月免　苏职大委〔2019〕67号）

　　　　冯　清

党总支

书　记：苏　涛

副书记：赵　争

31.外国语学院

院　长：吴　倩

副院长：李　英

　　　　卞浩宇（2019年6月试用期满　苏职大委〔2019〕45号）

党总支

副书记：季宇平（主持工作）

　　　　刘　伟

32. 艺术学院

院　长：沈新艺（兼）

副院长：胡志栋

　　　　周德富（2019年3月任　试用期一年　苏职大委〔2019〕35号）

　　　　　　（2019年4月聘　聘期三年，含试用期一年　苏职大政〔2019〕31号）

党总支

书　记：吴　隽

副书记：浦　江

33. 思想政治理论教学研究部

主　任：韩承敏（兼）

副主任：杨德山

34. 数理部

主　任：陈卫忠

副主任：梁　淼（2019年6月试用期满　苏职大委〔2019〕45号）

35. 体育部

主　任：王俪燕

36. 思政、数理、体育联合党总支

书　记：郎建华

副书记：范晓鹤（2019年6月试用期满　苏职大委〔2019〕45号）

校工会委员会及各分工会组成人员名单

苏州市职业大学工会第九届委员会组成人员名单

主　席：吴建英

副主席：胡　珏　戴海峰

委　员：朱　炎　薛　铭　刘文芝　姚　磊　徐　峰　王　平　裴素华　沈利平　陆　峰　王志刚

　　　　王红梅　张辰婕

苏州市职业大学工会第九届经费审查委员会组成人员名单

主　任：顾慧琴

委　员：孙继云　金文婕

苏州市职业大学工会第九届女职工委员会组成人员名单

主　任：胡　珏

副主任：吴彩萍

委　员：薛　铭　谭吟月　刘文芝　朱逸冰　孙昳昊　张辰婕　姚　磊　项　丹　陈　静　裴素华　路　冰

苏州市职业大学分工会主席名单

机关分工会	沈利平
机电工程学院分工会	路　冰
计算机工程学院分工会	刘文芝
电子信息工程学院分工会	姚　磊
管理学院分工会	王红梅
商学院分工会	杨　娟
教育与人文学院分工会	王　平
外国语学院分工会	蔡　骏
艺术学院分工会	张辰婕
思政、数理、体育联合分工会	王志刚
干将路校区分工会	薛　铭

校团委组成人员及各分团委书记名单

共青团苏州市职业大学委员会组成人员名单

副书记（主持工作）：张　成

兼　职　副　书　记：张明雷

团　委　干　事：陈　惠　刘诗琪　龙　蕊　周　赐

苏州市职业大学各分团委书记名单

机电工程学院团委	吕华芹
计算机工程学院团委	严立艳
电子信息工程学院团委	杨　静
管理学院团委	朱书研
商学院团委	张明雷
教育与人文学院团委	刘洋洋
外国语学院团委	林　卉
艺术学院团委	鲁　岳
体育部团委	许　源

校级领导机构、议事协调机构及人员名单

2019年苏州市职业大学新增、调整校级领导机构、议事协调机构及人员名单

一、成立学校安全管理委员会

苏职大委〔2019〕4号　2019.1.16

主　任：钮雪林　曹毓民

副主任：刘　丹　熊贵营　陶亦亦　张　健

委　员：韩承敏　魏　影　朱剑刚　傅小芳　王　琼　姚金凤　李　羽　黄　炜　丁　虎　项闪飞　张　军

安全管理委员会下设安全管理办公室作为安全管理委员会的日常办事机构。办公室主任由副校长熊贵营兼任，副主任由党委办公室主任、保卫处处长兼任。

二、成立学校妇联组建筹备工作小组

苏职大委〔2019〕6号　2019.1.10

组　长：刘　丹

成　员：魏　影　朱剑刚　吴建英　张　成　胡　珏

三、调整学校岗位设置与聘用工作领导小组、岗位聘用工作委员会

苏职大委〔2019〕18号　2019.2.28

（一）校岗位设置与聘用工作领导小组

组　长：钮雪林　曹毓民

成　员：刘　丹　熊贵营　陶亦亦　张　健　蔡晓平

领导小组下设办公室，设在组织人事部，具体负责岗位设置与聘用工作的组织和实施。

（二）岗位聘用工作委员会

主　任：曹毓民

副主任：刘　丹　熊贵营　陶亦亦　张　健

岗位聘用工作委员会下设教师及专技岗位聘用工作组、管理及工勤岗位聘用工作组。

1.教师及专技岗位聘用工作组

组　长：曹毓民

副组长：陶亦亦　张　健

成　员：魏　影　孙学文　姚金凤　黄　炜　赵宁燕　项闪飞　李　羽　李　平

2.管理及工勤岗位聘用工作组

组　长：曹毓民

副组长：刘　丹　熊贵营

成　员：魏　影　朱剑刚　黄　炜　张　军

（三）岗位设置与聘用工作申诉委员会

主　任：蔡晓平

成　员：魏　影　俞建伟　吴建英

四、成立学校党委人才工作领导小组

苏职大委〔2019〕40号　2019.5.17

组　长：钮雪林

副组长：曹毓民　刘　丹　陶亦亦

成　员：韩承敏　魏　影　朱剑刚　张　军　俞建伟　吴建英　孙学文　姚金凤　李　羽　黄　炜

人才工作领导小组下设办公室，挂靠党委组织部，办公室主任由魏影兼任，党委办公室、宣传统战部、教务处、科技处、财务处为办公室副主任部门，朱剑刚、孙学文、姚金凤、李羽、王大纲兼任领导小组办公室副主任。

五、成立学校党委全面深化改革委员会

苏职大委〔2019〕42号　2019.6.6

主　任：钮雪林

第一副主任：曹毓民

副主任：刘　丹　熊贵营　陶亦亦　张　健　蔡晓平

成　员：各学院（部）党政主要负责人，各管理部门、教辅单位主要负责人

学校党委全面深化改革委员会下设办公室（简称“校深改办”），负责委员会日常工作，办公室主任由党委办公室主任兼任。

六、调整学校思想政治工作领导小组

苏职大委〔2019〕44号　2019.6.6

组　长：钮雪林

副组长：曹毓民　刘　丹

成　员：熊贵营　陶亦亦　张　健　蔡晓平　韩承敏　魏　影　朱剑刚　张　军　俞建伟　吴建英
孙学文　王　琼　丁　虎　张　成　杨静波　朱　炎　张　震　王　亚　孟利琴　曹继平
苏　涛　季宇平　吴　隽　郎建华

领导小组办公室设在党委宣传部，领导小组办公室主任由党委宣传部部长兼任。

七、成立学校党委“不忘初心、牢记使命”主题教育领导小组

苏职大委〔2019〕50号　2019.9.12

组　长：钮雪林

副组长：曹毓民　刘　丹　熊贵营　陶亦亦　张　健　蔡晓平

成　员：韩承敏　魏　影　朱剑刚　俞建伟　沈新艺　朱　炎　张　震　王　亚　孟利琴　曹继平
苏　涛　吴　隽　郎建华　杨立群　季宇平　赵宁燕

办公室主任由校党委副书记、副校长刘丹兼任，办公室下设4个工作组，朱剑刚任综合组组长，魏影任组织组组长，韩承敏任宣传组组长，俞建伟任督导组组长。

八、调整学校网络安全和信息化领导小组

苏职大委〔2019〕52号　2019.9.18

组　长：钮雪林

副组长：曹毓民　刘　丹　张　健

成　员：韩承敏　魏　影　朱剑刚　张　军　俞建伟　沈新艺　吴建英　孙学文　王　琼　姚金凤
李　羽　顾惠琴　黄　炜　丁　虎　杨静波　赵宁燕　张　成　李　平　戴涵莘　陈　洁
李金祥　张　欣　孟利琴　吴文英　马丁良　吴　倩　陈卫忠　王俪燕

领导小组办公室主任由张健兼任，副主任由韩承敏、朱剑刚、杨静波兼任。

九、调整学校保密工作委员会

苏职大委〔2019〕61号　2019.11.18

主　任：刘　丹

副主任：朱剑刚

委　员：魏　影　张　军　俞建伟　姚金凤　顾慧琴　丁　虎　杨静波　孙　赢　王大纲　胡　明
傅中山　陈乳燕　薛　铭

委员会下设办公室，孙赢任办公室主任。

十、成立学校科技成果转化工作领导小组和知识产权服务中心

苏职大委〔2019〕66号 2019.12.12

科技成果转化工作领导小组

组 长：钮雪林 曹毓民

副组长：陶亦亦

成 员：党委办公室、校长办公室、组织人事部、教务处、科技处、财务处（国资办）、图书馆、校地合作办等部门负责人

领导小组下设知识产权服务中心，挂靠科技处，鲜学丰任主任。

十一、苏州市职业大学科大讯飞智能应用技术学院管理人员名单

苏职大政〔2019〕2号 2018.12.27

院 长：丁德成 科大讯飞智慧城市事业群高教人才培养常务副总经理

执行院长：张 欣 苏州市职业大学电子信息工程学院院长

副院长：胡江院 科大讯飞智慧城市事业群高教人才培养副总经理

邓建平 苏州市职业大学电子信息工程学院副院长

院长助理：雷大正 科大讯飞智慧城市事业群高教人才培养研发总监

吴 尘 苏州市职业大学电子信息工程学院电子技术系

汪义旺 苏州市职业大学电子信息工程学院专业带头人

十二、调整苏州市职业大学提前招生工作领导小组

苏职大政〔2019〕5号 2019.1.11

组 长：曹毓民

副组长：刘 丹 熊贵营 陶亦亦 张 健 蔡晓平

成 员：韩承敏 俞建伟 傅小芳 王 琼 李 羽 丁 虎 黄 炜 孙学文 吴文英 陈 洁 李金祥 张 欣 马丁良 吴 倩 沈新艺 陈卫忠 王俪燕 张 军 张国良

领导小组下设办公室，办公室设在招生办公室，王琼兼任主任，张国良兼任副主任。

十三、调整校期刊编辑委员会

苏职大政〔2019〕14号 2019.2.22

《苏州市职业大学学报》编辑委员会

主任委员：曹毓民

副主任委员：刘 丹 陶亦亦

委 员（按姓氏笔画排序）：

马丁良 王俪燕 石 娟 刘 丹 刘 韬 孙学文 孙春华 李 平 李 华 李 政 李世超 李克清 李金祥 时 新 吴文英 张 欣 张红兵 陈 洁 陈卫忠 尚 丽 周正存 周德富 姚金凤 翁世有 陶亦亦 黄 萍 曹毓民 傅小芳 戴涵莘

主 编：陶亦亦

副主编：李 平（常务） 时 新

《苏州教育学院学报》编辑委员会

主任委员：曹毓民

副主任委员：刘 丹 陶亦亦

委 员（按姓氏笔画排序）：

马丁良 王敏杰 石 娟 朱剑刚 刘 丹 齐 红 孙学文 李 平 李 政 杨德山 时 新 吴 倩 吴文英 吴庆荣 宋桂友 沈新艺 姚金凤 陶亦亦 黄 萍 曹毓民 葛鸿志 董敏芳 韩承敏 傅小芳

主 编：刘 丹

副主编：李　平（常务）　时　新　石　娟

十四、调整学校其他系列职称评审委员会

苏职大政〔2019〕32号　2019.4.22

主　任：曹毓民

副主任：刘　丹　熊贵营　陶亦亦　张　健

成　员：魏　影　孙学文　姚金凤　陈　洁　沈新艺　李世超　赵宁燕　李克清　刘　燕　缪启军

秘　书：魏　影（兼）

十五、调整苏州市职业大学中外合作办学高水平示范性建设工程实施领导小组

苏职大政〔2019〕35号　2019.5.8

组　长：张　健

成　员：张　军　孙学文　李　羽　陈　洁　吴文英　汤晓军　杨静波　陆春元　倪爱东

领导小组下设办公室，设在校长办公室（外事办公室），张军兼任办公室主任，汤晓军兼任办公室副主任。

十六、成立苏州市职业大学所属企业体制改革工作领导小组

苏职大政〔2019〕37号　2019.5.22

组　长：钮雪林　曹毓民

副组长：刘　丹　熊贵营　陶亦亦　张　健　蔡晓平

成　员：魏　影　朱剑刚　张　军　吴建英　姚金凤　李　羽　顾慧琴　黄　炜

领导小组下设办公室，设在国有资产管理办公室，李羽兼任办公室主任。

十七、调整校学术委员会

苏职大政〔2019〕45号　2019.5.30

主　任：曹毓民

副主任：陶亦亦

秘书长：姚金凤（兼）

委　员（按姓氏笔画排序）：

马丁良　王俪燕　王敏杰　孙学文　李　平　李　政　李世超　李金祥　吴　倩　吴文英　沈新艺　张　欣　张　健　陈　洁　陈卫忠　陈伟元　陈雪芳　赵宁燕　姚金凤　韩承敏　傅小芳　戴涵莘　魏　影

十八、调整校教学委员会

苏职大政〔2019〕52号　2019.6.17

主任委员：陶亦亦

副主任委员：孙学文

委　员（按姓氏笔画排序）：

王俪燕　邓建平　冯　清　李　英　杨德山　陆春元　陈广宇　陈雪芳　胡志栋　倪爱东　梁　淼　曾　海　戴涵莘

秘　书：杨晓华

十九、成立苏州市职业大学预算工作委员会

苏职大政〔2019〕61号　2019.6.28

主　任：曹毓民

副主任：刘　丹　熊贵营　陶亦亦　张　健

委　员：校长办公室、教务处、学生工作处、科技处、财务处、审计处、总务处、信息中心、发展与评估办公室主要负责人

预算工作委员会工作机构设在财务处，负责日常工作。

二十、苏州市职业大学文化创意学院管理人员名单

苏职大政〔2019〕67号　2019.9.9

名誉院长：汤钰林　苏州市文化创意产业联合会会长

院　长：吴　敏　苏州市文化创意产业联合会秘书长

执行院长：周德富　苏州市职业大学艺术学院副院长

副院长：陆宇澄　苏州市职业大学艺术学院实训中心主任

办公室主任：沈　钧　姑苏69阁文化创意产业园总经理

办公室副主任：罗跃华　苏州市职业大学艺术学院

赵毅敏　姑苏69阁文化创意产业园副总经理

二十一、成立苏州市职业大学国有资产处置工作小组

苏职大政〔2019〕79号　2019.10.22

组　长：熊贵营

副组长：李　羽

成　员：顾慧琴　杨晓华　吴佩华　徐爱芳　陈祥林

工作小组聘请校内专家：倪爱东　尚广庆　张红兵

二十二、成立苏州市职业大学竞赛工作领导小组

苏职大政〔2019〕81号　2019.10.30

组　长：钮雪林　曹毓民

副组长：熊贵营　陶亦亦

成　员：朱剑刚　张　军　魏　影　韩承敏　张　成　孙学文　王　琼　姚金凤　李　羽　黄　炜　丁　虎　戴涵莘　陈　洁　李金祥　张　欣　孟利琴　吴文英　马丁良　吴　倩　沈新艺　陈卫忠　王俪燕　王　赟　汤晓军

竞赛工作领导小组下设办公室，挂靠教务处，办公室主任由孙学文兼任，办公室副主任由王琼、张成、王赟兼任。

二十三、成立苏州市职业大学高等教育研究工作委员会

苏职大政〔2019〕85号　2019.11.6

主　任：钮雪林　曹毓民

副主任：熊贵营　陶亦亦　张　健

成　员：朱剑刚　张　军　魏　影　韩承敏　沈新艺　孙学文　王　琼　姚金凤　赵宁燕　李　平　张红兵　李　政　黄　萍　戴涵莘　陈　洁　李金祥　张　欣　孟利琴　吴文英　马丁良　吴　倩　陈卫忠　王俪燕

委员会下设秘书处：高等教育研究所

秘书长：黄　萍

二十四、成立苏州市职业大学资产清查工作领导小组

苏职大政〔2019〕88号　2019.11.18

组　长：曹毓民

副组长：刘　丹　熊贵营　陶亦亦　张　健　蔡晓平

成　员：朱剑刚　张　军　魏　影　韩承敏　俞建伟　沈新艺　吴建英　张　成　孙学文　王　琼　姚金凤　李　羽　顾慧琴　黄　炜　丁　虎　赵宁燕　李　平　杨静波　戴涵莘　陈　洁　李金祥　张　欣　孟利琴　吴文英　马丁良　吴　倩　陈卫忠　王俪燕

领导小组下设办公室，负责具体工作，人员组成如下：

主　任：熊贵营

副主任：李　羽

成　员：魏　影　朱剑刚　姚金凤　黄　炜　赵宁燕

二十五、苏州市职业大学汇川（联盟）学院管理人员名单

苏职大政〔2019〕90号　2019.11.22

名誉院长：刘宇川　苏州汇川技术有限公司董事

院　长：韩国震　苏州汇川技术有限公司工业机器人事业部总监助理

执行院长：陈　洁　苏州市职业大学机电工程学院院长

副院长：张宝如　苏州富纳智能制造学院培训总监

赵　杨　苏州瀚川智能科技股份有限公司电气工程部经理

王义光　苏州赛腾精密电子股份有限公司人力资源部经理

陆春元　苏州市职业大学机电工程学院副院长

办公室主任：王仁忠　苏州市职业大学工业机器人专业负责人

二十六、调整各学院（部）专业带头人及专业负责人

苏职大政〔2019〕99号　2019.12.19

各学院（部）专业带头人及专业负责人名单

序号	学院（部）	专业名称	专业带头人	专业负责人
1	管理学院	电子商务	孙学文	包金龙
2	管理学院	市场营销	李文丽	沈馨怡
3	管理学院	房地产经营与管理	姜能涛	姜能涛
4	管理学院	物流管理	孙学文	李　英
5	管理学院	文秘	吴蕴慧	管文娟
6	管理学院	行政管理	陆锋明	陈　静
7	管理学院	人力资源管理	王敏杰	赵艳玲
8	商学院	会计 会计（中外合作）	汤　泉	汤　泉 陈　韬
9	商学院	财务管理	丁　俊	缪启军
10	商学院	审计	刘淑春	刘淑春
11	商学院	报关与国际货运	焦　燕	魏　庆
12	商学院	国际经济与贸易	陈丽红	缪鹤兵
13	商学院	金融管理	向　群	向　群
14	商学院	法律事务	李东华	缪　岚
15	外国语学院	商务英语	王　怡	赵　阳
16	外国语学院	应用英语	顾　韵	陆　雷
17	外国语学院	商务日语	马文波	孙　丹
18	外国语学院	应用德语	黄　悦	吴悦茜
19	教育与人文学院	旅游管理	刘昌雪	刘昌雪
20	教育与人文学院	网络新闻与传播	齐　红	齐　红
21	教育与人文学院	学前教育	李　冬	李　冬
22	教育与人文学院	食品营养与检测	张　丽	张　丽
23	教育与人文学院	会展策划与管理	顾　伟	顾　伟
24	机电工程学院	汽车检测与维修技术	李克清	方　勇
25	机电工程学院	机电一体化技术	付春平	付春平
26	机电工程学院	机械制造与自动化	郭南初	郭南初
27	机电工程学院	数控技术	董晓岚	董晓岚
28	机电工程学院	模具设计与制造	李耀辉	李耀辉

续表

序号	学院(部)	专业名称	专业带头人	专业负责人
29	机电工程学院	电梯工程技术	陆春元	王　锋
30	机电工程学院	工业机器人技术	王仁忠	王仁忠
31	计算机工程学院	动漫制作技术	戴敏利	戴敏利
32	计算机工程学院	计算机网络技术	方立刚	方立刚
33	计算机工程学院	计算机应用技术	过　怡	过　怡
34	计算机工程学院	软件技术	尚鲜连	尚鲜连
35	计算机工程学院	物联网应用技术	刘昭斌	刘昭斌
36	计算机工程学院	移动应用开发	吴文庆	吴文庆
37	计算机工程学院	大数据技术与应用	陈　珂	陈　珂
38	电子信息工程学院	通信技术	周　燕	王　峰
39	电子信息工程学院	电子信息工程技术	颜廷秦	史斌斌
40	电子信息工程学院	工业网络技术	俞兴明	范海健
41	电子信息工程学院	应用电子技术	汪义旺	瞿　敏
42	电子信息工程学院	智能产品开发	吴　尘	王　鹏
43	电子信息工程学院	电气自动化技术	赵　成	孙　洪
44	电子信息工程学院	智能控制技术	刘　科	宋　佳
45	艺术学院	表演艺术	刘　燕	吴　薇
46	艺术学院	视觉传播设计与制作	杨　光	陈海峰
47	艺术学院	室内艺术设计	陆宇澄	罗跃华
48	艺术学院	环境艺术设计	薄晓光	杨　芳
49	艺术学院	雕刻艺术设计	陆宇澄	程　建
50	艺术学院	工艺美术品设计	陆宇澄	姚琴芳
51	艺术学院	服装设计与工艺	雷兴武	张鸣艳
52	体育部	体育教育	王俪燕	罗　晨

学校教职工在各级人大、政协、各民主党派担任代表、委员名单

2019年苏州市职业大学教职工在各级人大任职情况一览表

类别	姓名	性别	所在部门	职务/职称
苏州市人大代表	钮雪林	男	校党委、校行政	党委书记
吴中区人大代表	刘　丹	男	校党委、校行政	党委副书记、副校长/副教授
吴中区人大代表	齐　红	女	教育与人文学院	教授

2019年苏州市职业大学教职工在各级政协任职情况一览表

类别	姓名	性别	所在部门	职务/职称
苏州市政协委员	孙春华	女	机电工程学院	教授
吴中区政协常委	黄丹荔	女	商学院	讲师

2019年苏州市职业大学教职工在各民主党派任职情况一览表

民主党派	党内任职	姓名	性别	所在部门	职务/职称
民　盟	校民盟总支主委	陆春妹	女	电子信息工程学院	副教授
	校民盟总支副主委	严　郁	男	商学院	副教授
民　进	校民进总支副主委	李险峰	男	艺术学院	副教授
	校民进总支副主委	傅小芳	女	教务处	教授
九三学社	校九三学社主委	孙春华	女	机电工程学院	教授
	校九三学社副主委	李　华	女	学术期刊中心	编审
	校九三学社委员	方立刚	男	计算机工程学院	教授

学校教职工在校外机构（团体）任职名单

2019年苏州市职业大学教职工在校外机构任职情况一览表

所属部门	姓名	任职机构	职务
校党委、校行政	曹毓民	江苏省高等教育学会	常务理事
		苏州市社会科学联合会	副主席
	刘　丹	苏州市人大常委会	立法专家顾问
		大运河文化带建设研究院苏州分院	副院长
		苏州大运河文化带建设研究院	副院长
		苏州市吴中区人民代表大会法制委员会	委员
		苏州市吴中区人大常委会内务司法工作委员会	委员
	熊贵营	苏州高职院校联席会议学工联盟	主任
		苏州国际教育园众创联盟	主任
		苏州市教育后勤协会	副会长
	陶亦亦	苏州市科学技术协会	常务委员
		苏州市汽车工程学会	常务理事
		江苏省力学学会	理事
		苏州国际教育园课程共享联盟	副主任
		江苏省高等教育学会开放教育研究委员会	第七届理事
	张　建	苏州石湖智库	理事长
	蔡晓平	苏州市纪检监察学会	理事
党委办公室	朱剑刚	苏州市地学会	副理事长
	叶　军	苏州市众创空间协会	副会长
	孙　赢	江苏省高校档案研究会	常务理事
宣传统战部	韩承敏	江苏省高校思想政治理论课教学指导委员会	委员
		江苏省高校思想政治教育研究会	理事
		江苏省邓小平理论研究会	理事
		江苏省职业教育德育教科研中心组	成员
		苏州市心理学会	理事
教务处	孙学文	苏州市电子商务协会	理事
		苏州广播电视总台	特约评论员
		苏州市人民政府研究室	特约研究员

续表

所属部门	姓名	任职机构	职务
科技处	鲜学丰	江苏省计算机学会信息技术职业教育专业委员会	委员
		苏州市计算机学会	监察委员
		江苏省人工智能学会	理事
	吴佩华	苏州市人口学会	理事
	周一红	苏州市东吴印社	副秘书长
财务处	李 羽	江苏省教育会计学会	理事
图书馆	赵宁燕	苏州高校图书馆协会	副主任
		苏州市图书馆学会	常务理事
		苏州市图书馆学会学术委员会	委员
		苏州市职称评定（高级）委员会（计算机工程系列）	委员
学术期刊中心	李 平	江苏省期刊协会	理事
		全国高职高专学报研究会	副理事长
		江苏省科技期刊学会地方高校专委会	副会长
		中国高校科技期刊研究会	理事
		苏州市出版物编辑学会	常务理事
		江苏省高校学报研究会	常务理事
		华东地区高校自然科学学报编辑协会	理事
	施建平	江苏科技期刊学会数字化工委会	副主任
	刘中文	中国陶渊明研究会	副会长
	吴井泉	中国高等教育学会	常务理事
		黑龙江省文艺评论家协会	常务理事
信息中心	杨静波	苏州市计算机学会数字化校园专业委员会	副主任委员
		江苏省高等学校教育技术研究会网络信息专业委员会	理事
机电工程学院	陈 洁	苏州市机械工程学会	常务理事
		苏州市汽车工程学会	常务理事
		陕西理工大学	硕士研究生导师
	周正存	苏州市力学学会	理事
		陕西理工大学	硕士研究生导师
	尚广庆	江苏省职业技能鉴定专家委员会	数控专业组委员
	张文峰	《机电产品开发与创新》编委会	编委
		西安工业大学	兼职教授、硕士研究生导师
	张义平	《现代制造工程》杂志	编委
		苏州新火花特种加工工程技术研究中心	技术委员会委员
		江苏省高校金工教学研究会	常务理事
	郭南初	中国机械工程学会工业设计分会	委员
	孙春华	陕西理工大学	硕士研究生导师
	陆春元	机械工业出版社	编委
	杨益飞	江苏理工学院	硕士研究生导师
	郭彩芬	辽宁工业大学	硕士研究生导师
	顾苏怡	苏州市力学学会	常务副秘书长
	孙丽娅	苏州市老专家协会	秘书长

续表

所属部门	姓名	任职机构	职务
计算机工程学院	李金祥	江苏省微电脑学会多媒体与图形学专委会	常务委员
		江苏省高校计算机基础教学工作委员会高职分会	副会长
		苏州市中文信息学会	理事
		苏州市计算机学会	理事
		苏州市技师协会计算机专业委员会	会长
		苏州市电子信息技工学校咨询委员会	委员
	吴文庆	黑龙江省计算机学会	理事
		齐齐哈尔市青年联合会	委员
电子信息工程学院	张　欣	江苏省教育学会新教育研究专业委员会	常务理事
	王　亚	苏州市心理学会	理事
	陈伟元	中国高等教育研究会	常务理事
		苏州市电子学会	常务理事
	李建康	江苏省电介质物理与材料专业委员会	理事
	俞兴明	中国通信光电缆专家委员会	委员
		苏州市光电缆业商会专家委员会	委员
管理学院	宋桂友	江苏省微型小说研究会	副秘书长
		苏州市评论家协会	理事
	陈　璇	南京大学明清文学研究所	特聘副研究员
		江苏省大运河文化带建设研究院	特聘研究员
		苏州历史文化研究会	副秘书长
		大运河文化带建设研究院苏州分院大运河文化品牌研究中心	主任
商学院	吴庆荣	苏州市人民政府	行政复议委员
		苏州政法委法制专家组	成员
	吴文英	苏州市统计学会	会长
	李东华	苏州市法学会	理事
教育与人文学院	顾　梅	苏州市儒学研究会	副秘书长
	王一梅	苏州市作家协会	副主席
		全国师范院校儿童文学研究会	常务理事
	汝　骅	全国食品行业职业教育指导委员会食品安全与检测专业教学指导委员会	委员
		苏州市食品安全与营养学会	理事
	李世超	江苏省茧丝绸产业技术创新战略联盟专家委员会	委员
		江苏省丝绸织绣功能检测试验基地	主任
		苏州专家咨询团	团长
		江苏省纺织工程学会丝绸专业委员会	委员
		苏州市丝绸工程学会	副理事长
		江苏省丝绸专家委员会	主任
		苏州镇湖苏绣发展研究中心	顾问
	马丁良	江苏省教师教育专业委员会	理事
		苏州市陶行知研究会	副会长
	王　平	江苏省陶行知研究会	理事

续表

所属部门	姓名	任职机构	职务
教育与人文学院	石　娟	中国武侠文学学会学术部	副主任
		中国新文学学会	理事
		中国高职高专学报研究会数字媒体部	副主任
		池州学院通俗文学与张恨水研究中心	特约研究员
	胡武生	湖北省向阳湖文化研究会	理事
	方向阳	江苏省旅游学会	常务理事
		中国现场统计研究会统计综合评价研究分会	常务理事
外国语学院	李　英	江苏省外语教学研究会高职分会	副会长
		苏州市高校英语教学研究会	理事
	卞浩宇	世界汉语教育史研究学会	理事
艺术学院	盛　鲁	苏州市钢琴学会	理事
	刘　燕	苏州音乐家协会古筝学会	会长
		苏州市音乐家协会	理事
		中国民族管弦乐学会苏州古筝学会	会长
		江苏省音乐家协会古筝学会	副会长
		上海敦煌乐器有限公司古筝	鉴定专家
		苏州市古筝专业委员会	副主任
	廖一鹿	江苏省声乐学会	理事
		苏州声乐学会	副会长
	王　蔚	苏州市音乐家协会	理事、副秘书长
	张洁玉	苏州市平面设计师学会	常务理事、秘书长
	朱元吉	苏州市青年平面设计师协会	秘书长
		苏州市青年联合会	副秘书长
	周德富	苏州漫画学会	理事
	任亚地	苏州市青年美术家协会	理事
	李海燕	苏州市钢琴学会	理事
	王占伟	苏州市装修装饰行业协会	监事长
	张　萌	江苏省竹笛学会	理事
		淮安市竹笛学会	副秘书长
	何园园	苏州平面设计师学会	理事
	郝思震	苏州市钢琴学会	副会长
	李　娜	吴中区音乐舞蹈家协会	理事
	吴　桢	江苏省科教影视协会	理事
	张鸣艳	江苏省服装设计师协会	理事
思想政治理论教学研究部	杨德山	苏州市语言学会	副秘书长
	傅济锋	全国地方高校德育研究会	理事
数理部	陈卫忠	苏州市数学学会	副理事长

续表

所属部门	姓名	任职机构	职务
体育部	王俪燕	苏州市体育科学学会	理事
		江苏省高职高专体育教学指导委员会	委员
		苏州市乒乓球协会第七届理事会	理事
		江苏省大学生体育健康产业创新创业联盟	理事
		全国高等职业院校体育课程标准研制专家组	成员
		苏州市吴中区武术协会江南船拳研究会	副会长
	梁　辉	苏州市游泳协会	监事长
	李　勇	江苏省高校体育工作督查调研组	秘书
	顾　莉	苏州市吴中区武术协会江南船拳研究会	秘书长

校董事会组成名单

苏州市职业大学第三届董事会成员名单

名誉董事长

李亚平　苏州市委副书记、市长

董事长

盛　蕾　苏州市委常委、宣传部部长

副董事长

王少东　苏州市人大常委会副主任
王鸿声　苏州市人大常委会副主任
顾月华　苏州市人大常委会副主任
曹后灵　苏州市政府副市长
陈雄伟　苏州市政协副主席
杨知评　苏州市政府秘书长
张　曙　苏州市教育局局长
朱恩馀　香港实业家
钮雪林　苏州市职业大学党委书记（执行副董事长）
曹毓民　苏州市职业大学党委副书记、校长

常务董事

张建康　江苏凤凰出版传媒集团有限公司董事长
吴卫国　南京市政协副主席
李　铭　苏州市吴江区代区长
唐晓东　苏州市吴中区区长
顾海东　苏州市相城区代区长
徐　刚　苏州市姑苏区区长
周旭东　苏州工业园区管委会主任
吴新明　苏州高新区管委会主任
张　旗　苏州市政府副秘书长、办公室主任
王新华　苏州市机构编制委员会办公室主任
吴菊铮　苏州市委市级机关工作委员会书记

凌　鸣　苏州市发展和改革委员会主任
周　伟　苏州市经济和信息化委员会主任
张东驰　苏州市科学技术局局长
黄　戟　苏州市自然资源和规划局党组书记、局长
吴　炜　苏州市财政局局长
朱　正　苏州市人力资源和社会保障局局长
吴维群　苏州市国土资源局局长
李　杰　苏州市文化广电新闻出版局局长
谭伟良　苏州市卫生和计划生育委员会主任
王庆煊　苏州市质量技术监督局局长
陈建民　苏州市食品药品监督管理局局长
张　彪　苏州市知识产权局局长
陈鼎昌　苏州市统计局局长
徐华东　苏州市外事办公室主任
杨　新　苏州市侨务办公室主任
黄涧秋　苏州市法制办公室主任
柏立云　苏州市国家税务局局长
唐晓鹰　苏州地方税务局局长
王　尧　苏州市文学艺术界联合会主席
程　波　苏州市科学技术协会主席
沈晋华　苏州市归国华侨联合会主席
蔡建军　苏州市残疾人联合会理事长
周　俊　苏州市公积金管理中心主任
高国华　苏州国际教育园管理办公室主任、苏州市教育局副局长
黄建林　苏州国际发展集团有限公司董事长
黄大鹏　苏州市会议中心董事长
金　羿　中国电信苏州分公司总经理
周建成　江苏移动苏州分公司总经理
刘加旺　中国农业银行苏州分行行长
张伟煜　中国建设银行苏州分行行长
邓明华　苏州新华书店有限责任公司总经理
胡卫林　苏州开元集团董事长
吴念博　苏州固锝电子股份有限公司董事长
徐圭逊　苏州点通教育科技有限公司董事长
蒋元生　苏州华成集团有限公司董事长
张　浩　中亿丰建设集团股份有限公司副总裁
蔡　颖　凯莱国际酒店管理（北京）有限公司副总裁
王　莉　苏州同策房地产经纪有限公司董事长
王友林　康力电梯股份有限公司董事长
任国强　江苏天创科技有限公司董事长
钱　锋　苏州欧瑞动漫有限公司董事长
喻春林　亨通集团有限公司副总裁
薛心怡　苏州市华东电网电气有限公司董事长
胡毓芳　苏州太湖雪丝绸股份有限公司董事长

时明生 苏州姑苏陆玖阁投资管理有限公司董事长
张宝顺 中科院苏州纳米技术与纳米仿生研究所所长助理
张 敏 大唐移动通信设备有限公司上海大唐副总经理
蔡志敏 苏州博众精工科技有限公司副总经理
刘 泉 苏州唐人数码科技有限公司副总经理
张世林 用友新道科技股份有限公司江苏分公司经理
詹涵量 苏州福锐得礼品有限公司总经理
周学林 西门子工厂自动化工程有限公司教育合作华东大区经理
蔡 洁 苏州飞音艺术文化培训中心校长
蒋 辉 苏州高锐体育科技有限公司总经理
杨 坚 中国人寿保险股份有限公司苏州市分公司人力资源部经理
祝乃飞 苏州三星电子液晶显示科技有限公司人事经理
孙 瑜 苏州汇川技术有限公司企业合作顾问

秘书长

熊贵营 苏州市职业大学党委委员、副校长

董事单位

苏州博物馆
苏州碑刻博物馆
苏州技师学院
苏州智库联盟
苏州禁毒委员会
苏州市电子信息技师学院
机械工业苏州高级技工学校
江苏科高教育科技有限公司
昆山巨林科技实业有限公司
江苏苏钢集团有限公司
苏州远志科技有限公司
江苏龙捷汽车服务有限公司
江苏江达机械制造有限公司
苏州明志科技有限公司
同程网络科技股份有限公司
上海尚强信息科技有限公司
深圳讯方技术股份有限公司
江苏风云科技服务有限公司
力神电池（苏州）有限公司
苏州中科集成电路设计中心
江苏通鼎互联股份有限公司
南京嘉环科技有限公司
友达光电（苏州）有限公司
苏州凡特斯测控科技有限公司
苏州镒升机器人科技有限公司
苏州汇博机器人有限公司
苏州汉达自动化设备有限公司
江苏环力科技发展股份有限公司

苏州天驰汽车销售集团有限公司
欧普照明股份有限公司
唯品会（昆山）电子商务有限公司
苏州新明阳投资顾问有限公司
苏州紫璟珠宝艺术品有限公司
苏州莱克电器股份有限公司
江苏天宏华信会计师事务所有限公司苏州分所
苏州航天信息有限公司
江苏德邦物流有限公司
苏州工业园区中辰进出口有限公司
华林证券股份有限公司苏州工业园区苏雅路证券营业部
苏州原创读行学堂文化旅游发展股份有限公司
苏州新源传媒股份有限公司
江苏省优联检测技术服务有限公司
苏州都好食品有限责任公司
苏州出入境检验检疫局检验检疫综合技术中心
如家酒店连锁（中国）有限公司
苏州工业园区远见旅游规划设计院集团有限公司
苏州旭日装饰工程有限公司
苏州蓝德艺术设计有限公司
苏州创捷传媒展览股份有限公司
苏州唐人营造建筑装饰工程有限公司
苏州墨利印刷有限公司
苏州释放文化传播有限公司
苏州工业园区时代广告装饰设计有限公司
昆山伯瑞达交通器材有限公司
昆山立丰工艺品有限公司
苏州瑞兴源光伏科技有限公司
苏州中旅国际旅行社有限公司
苏州乔阳文教资讯有限公司
大宇宙商业服务（苏州）有限公司
苏州顺天建筑安装有限公司
苏州梵歌艺术培训有限公司
苏州群凯利精工股份有限公司

校友（联谊）会组成名单

苏州市职业大学校友（联谊）会第二届理事会成员

一、会长、常务副会长、副会长

会　长
钮雪林　苏州市职业大学党委书记
曹毓民　苏州市职业大学党委副书记、校长

常务副会长
熊贵营 苏州市职业大学党委委员、副校长
副会长
刘　丹 苏州市职业大学党委副书记、副校长
陶亦亦 苏州市职业大学党委委员、副校长
张　健 苏州市职业大学党委委员、副校长
蔡晓平 苏州市职业大学党委委员、纪委书记

二、理事(以姓氏笔画为序)

丁　虎 苏州市职业大学保卫处处长
马丁良 苏州市职业大学教育与人文学院院长
王　琼 苏州市职业大学学生工作处处长
王俪燕 苏州市职业大学体育部主任
朱一军 苏州新港国际物流有限公司总经理
刘　丹 苏州市职业大学党委副书记、副校长
刘家龙 搜狐城市频道苏州站主编
孙立峰 江苏旭日装饰工程有限公司苏州公司总经理
孙学文 苏州市职业大学教务处处长
李金祥 苏州市职业大学计算机工程学院院长
吴　倩 苏州市职业大学外国语学院院长
吴文英 苏州市职业大学商学院院长
邹　敏 苏州伊恩依机电工程有限公司总经理
沈新艺 苏州市职业大学离退休干部处处长、艺术学院院长
张　欣 苏州市职业大学电子信息工程学院院长
张　健 苏州市职业大学党委委员、副校长
张　悦 苏州乐志软件有限公司总经理
张苾菁 苏州市敬文实验小学校长
陈　洁 苏州市职业大学机电工程学院院长
陈卫忠 苏州市职业大学数理部主任
季玉兰 苏州基业景观营造装饰工程有限公司董事长兼总经理
钮雪林 苏州市职业大学党委书记
姚金凤 苏州市职业大学科技处处处长
费　新 苏州中国国际旅行社有限责任公司副总经理
徐　卫 苏州市委教育工作委员会副书记
徐梦丹 常熟地税局人事教育科副科长
陶亦亦 苏州市职业大学党委委员、副校长
黄　炜 苏州市职业大学总务处处长
黄忆祖 原苏工专校友
曹毓民 苏州市职业大学党委副书记、校长
韩承敏 苏州市职业大学党委委员、宣传统战部部长、思想政治理论教学研究部主任
蔡晓平 苏州市职业大学党委委员、纪委书记
熊贵营 苏州市职业大学党委委员、副校长
潘　斌 新时代证券有限责任公司苏州营业部总经理
魏　影 苏州市职业大学党委委员、组织人事部部长
戴涵莘 苏州市职业大学继续教育学院院长

三、秘书长

丁　虎　苏州市职业大学保卫处处长

教育发展基金会组成名单

苏州市职业大学教育发展基金会第三届理事会及监事名单

一、理事会

理事长

钮雪林　苏州市职业大学党委书记

副理事长

曹毓民　苏州市职业大学党委副书记、校长

熊贵营　苏州市职业大学党委委员、副校长

理　事

刘　丹　苏州市职业大学党委副书记、副校长

陶亦亦　苏州市职业大学党委委员、副校长

张　健　苏州市职业大学党委委员、副校长

蔡晓平　苏州市职业大学党委委员、纪委书记

韩承敏　苏州市职业大学党委委员、宣传统战部部长

魏　影　苏州市职业大学党委委员、组织人事部部长

朱剑刚　苏州市职业大学党委办公室主任

傅小芳　苏州市职业大学教务处处长

王　琼　苏州市职业大学学生工作处处长

姚金凤　苏州市职业大学科技处处长

李　羽　苏州市职业大学财务处处长

黄　炜　苏州市职业大学总务处处长

秘书长

丁　虎　苏州市职业大学保卫处处长

二、监事

俞建伟　苏州市职业大学纪检监察室主任

顾慧琴　苏州市职业大学审计处处长

沈密婷　苏州市职业大学纪检监察室副主任

编辑：许立莺

SUZHOU VOCATIONAL UNIVERSITY

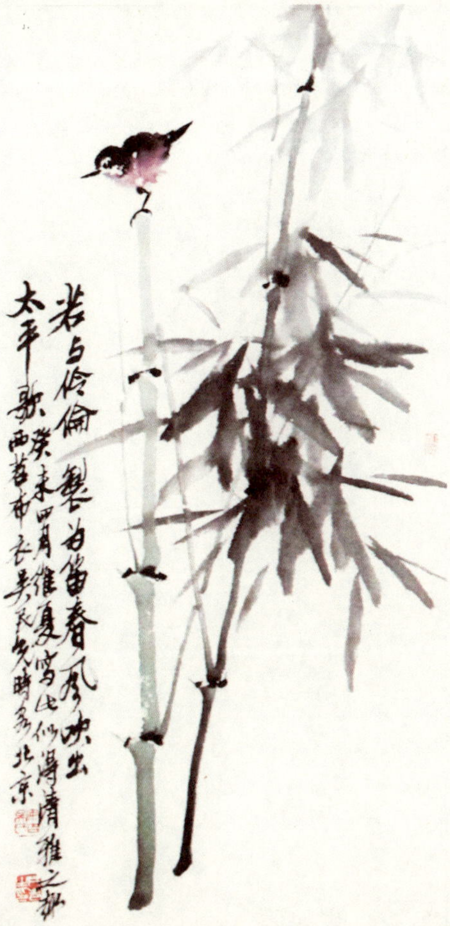

第六章 师资队伍

全校教职工情况

2019年苏州市职业大学教职工情况统计表

单位：人

类别	校本部教职工					另有其他人员	
	合计	专任教师	行政人员	教辅人员	工勤人员	聘请校外教师	离退休人员
合　计	1033	794	127	89	23	429	781
其中：女	564	431	67	65	1	137	316
正高级	69	67	—	2	—	6	27
副高级	334	311	15	8	—	78	294
中　级	454	357	49	48	—	85	—
初　级	72	21	32	19	—	6	—
无职称	104	38	31	12	23	254	—

全校专任教师职称、学历（位）情况

2019年苏州市职业大学专任教师职称、学历（位）情况统计表

单位：人

类别	正高级	副高级	中级	初级	无职称	合　计	其中：女
博士研究生	24	45	17	—	6	92	39
硕士研究生	28	197	261	18	32	536	325
本　科	15	69	79	3	—	166	67
总　计	67	311	357	21	38	794	431

全校专任教师年龄情况

2019年苏州市职业大学专任教师年龄情况统计表

单位：人

类别		29岁及以下	30~34岁	35~39岁	40~44岁	45~49岁	50~54岁	55~59岁	60~64岁	合计
按职称分	正高级	—	—	2	8	11	22	23	1	67
	副高级	—	2	53	96	70	49	41	—	311
	中级	10	47	89	113	64	21	13	—	357
	初级	7	6	3	2	1	—	2	—	21
	无职称	18	16	3	1	—	—	—	—	38
按学历（位）分	博士研究生	1	11	20	22	16	12	10	—	92
	硕士研究生	34	59	122	176	92	37	16	—	536
	本科	—	1	8	22	38	43	53	1	166
	专科及以下	—	—	—	—	—	—	—	—	—

全校各类专家、学术带头人、培养对象名单

苏州市职业大学各类专家、学术带头人、培养对象情况一览表

类别	姓名	性别	院（部）、部门	合计（人次）
国务院政府特殊津贴	顾　星	男	机电工程学院	1
江苏省有突出贡献的中青年专家	李世超	男	教育与人文学院	1
江苏省有突出贡献高级技师	顾　星	男	机电工程学院	1
江苏省“333高层次人才培养工程”培养对象	李世超	男	教育与人文学院（1998）	19
	李世超	男	教育与人文学院（2003）	
	媨茂新	男	计算机工程学院	
	李克清	男	计算机工程学院	
	周正存	男	机电工程学院	
	孙学文	男	管理学院（2007）	
	韩承敏	女	宣传统战部	
	孙学文	男	管理学院（2011）	
	尚　丽	女	电子信息工程学院（2011）	
	张红兵	男	电子信息工程学院	
	聂福荣	男	机电工程学院	
	孙春华	女	机电工程学院	
	方立刚	男	计算机工程学院（2013）	
	张永康	男	机电工程学院	
	方立刚	男	计算机工程学院（2016，第二层次）	
	尚　丽	女	电子信息工程学院（2016）	
	宋雅娟	女	计算机工程学院	
	石　娟	女	教育与人文学院	
	顾　星	男	机电工程学院	
江苏省“六大人才高峰”培养人选	李克清	男	计算机工程学院	3
	周正存	男	机电工程学院	
	孙丽娅	女	机电工程学院	
江苏省“双创计划”企业博士后类人才	朱莹莹	女	教育与人文学院	1
安徽省“教学名师”	杨　昕	男	外国语学院	1
江苏省高校“青蓝工程”中青年学术带头人	吴蕴慧	女	管理学院	8
	郭彩芬	女	机电工程学院	
	刘　韬	男	电子信息工程学院	
	周昌雄	男	电子信息工程学院	
	李建康	男	电子信息工程学院	
	苏品刚	男	电子信息工程学院	
	周　燕	女	电子信息工程学院	
	梁　淼	女	数理部	

续表

类别	姓名	性别	院(部)、部门	合计(人次)
江苏省高校“青蓝工程”优秀青年骨干教师	张红兵	男	电子信息工程学院	31
	齐　红	女	教育与人文学院	
	张晓春	男	艺术学院	
	俞兴明	男	电子信息工程学院	
	杜建红	女	机电工程学院	
	杨晓华	男	教务处	
	吴蕴慧	女	管理学院	
	祁春清	女	图书馆	
	汝　骅	女	教育与人文学院	
	童李君	女	教育与人文学院	
	汪义旺	男	电子信息工程学院	
	张永康	男	机电工程学院	
	刘　科	女	电子信息工程学院	
	尚　丽	女	电子信息工程学院	
	许　海	男	机电工程学院	
	苏品刚	男	电子信息工程学院	
	方立刚	男	计算机工程学院	
	陈广宇	男	管理学院	
	鲜学丰	男	计算机工程学院	
	孟祥波	男	体育部	
	陈建伟	男	教育与人文学院	
	梁　淼	女	数理部	
	石　娟	女	教育与人文学院	
	刘昌雪	女	教育与人文学院	
	汪红兵	男	机电工程学院	
	丁　俊	女	商学院	
	李　勇	男	体育部	
	陶　莉	女	管理学院	
	杨益飞	男	机电工程学院	
	王　庆	男	数理部	
	朱元吉	男	艺术学院	
江苏省高校“青蓝工程”科技创新团队带头人	周正存	男	机电工程学院	1
江苏省高校“青蓝工程”优秀教学团队带头人	周德富	男	计算机工程学院	1
江苏省高校优秀科技创新团队	顾才东	男	计算机工程学院	2
	刘昭斌	男	计算机工程学院	

全校获副高及以上专业技术职务人员名单

苏州市职业大学获副高及以上专业技术职务人员名单

所在部门、院(部)	专业技术职务	
	正高级	副高级
校党委	曹毓民　陶亦亦	蔡晓平　刘　丹　熊贵营　张　健

续表

所在部门、院(部)	专业技术职务	
	正高级	副高级
党委办公室	—	孙 赢 颜丙通 朱剑刚
校长办公室(外事办公室)	—	汤晓军 张 军
组织人事部	—	金 霁 陆 英 魏 影 郑洪静
宣传统战部	韩承敏	王大纲
纪检监察室	—	俞建伟
离退休干部处	—	沈新艺
工会	—	范 政 吴建英
教务处	傅小芳 孙学文	胡 明 吴 尘 杨 平 杨晓华
学生工作处	—	蒋君毅 汪 清 王 琼 叶红萍 张国良 张 芬
科技处	鲜学丰	顾成喜 吴佩华 姚金凤 张 培 周一红
财务处	—	李 羽
审计处	—	顾慧琴 蒋莲华
总务处	—	葛莉萍 胡洪新 黄 炜 马顺峨 尉迟勤 吴 玥 张晓贤 陈祥林 钮庆红
保卫处(人民武装部)	—	丁 虎
图书馆	罗金增 赵宁燕	杜美萍 何 琳 潘 丽 祁春清 王丽宏 张学梅 周卫萍 周承东
学术期刊中心	李 华 李 平 李 政 施建平 吴井泉	时 新 黄 萍
信息中心	—	吕伟春 肖长水 杨静波
苏州开放大学管理委员会(干将路校区)	—	戴涵莘 高觐悦 李 果 李海平 李 琦 邱 阳 孙桂英 薛 铭
校督学室	陈雪芳	董敏芳 沈利平 项闪飞
发展与评估办公室	—	张红兵
机电工程学院	陈 洁 杜建红 郭彩芬 郭南初 李克清 聂福荣 孙春华 孙丽娅 汪红兵 王仁忠 张文峰 张义平 周正存	董晓岚 董 志 杜 洁 付春平 盖立武 高 颖 顾丽亚 顾苏怡 金 芬 居 奇 李建蓉 李 潍 李耀辉 刘 广 刘 旭 刘美娟 陆春元 茆 琦 宁海霞 任芸丹 宋飞舟 宋秦中 万长东 汪 浩 许春龙 许 海 杨 洪 易 飚 赵海燕 张永康 钟 鸣 朱 彤 朱学超
计算机工程学院	方立刚 顾才东 李金祥 刘昭斌 吴文庆	曾 海 陈 静 陈 珂 戴敏利 郭翠珍 过 怡 姜真杰 金 益 李亚琴 刘文芝 刘 业 陆公正 牛 丽 尚鲜连 沈萍萍 姒茂新 宋雅娟 谭方勇 滕 刚 田凤秋 吴建平 徐丽华 徐卫英 许 旻 颜 娟 杨永娟 杨元峰 叶 良 于晓晶 张国华 张 苏 张 燕 周 莉
电子信息工程学院	陈伟元 李建康 刘 科 刘 韬 尚广庆 尚 丽 颜廷秦 俞兴明 周昌雄	成珏飞 崔 鸣 戴桂平 邓建平 丁金林 古玉年 黄 艳 李 亮 刘淑芬 陆春妹 吕莉萍 钱国林 史斌斌 宋 佳 苏品刚 孙加存 索 迹 陶文林 汪义旺 王 亚 吴清鑫 颜友钧 叶国平 张 波 张进峰 张 晶 张 欣 张 愉 赵 成 赵志强 周文华 周 燕 朱彩红

续表

所在部门、院（部）	专业技术职务	
	正高级	副高级
管理学院	李文丽　宋桂友　王敏杰　吴蕴慧　祖国峰	包金龙　陈广宇　陈　璇　管文娟　何　慧　姜能涛　李耀华　李　英　李　勇　陆锋明　孟利琴　陶　莉　王晓东　王晓雪　徐　伟　杨　靖　张　平　郑丽娟
商学院	丁　俊　缪启军	曹继平　陈　婧　陈丽红　程　斌　戴　明　董　芸　葛柳燕　顾瑞鹏　李东华　刘淑春　陆小虎　吕伟建　缪　岚　倪爱东　潘　婧　孙继云　孙昳昊　汤　泉　陶泽荣　万　健　翁雪琴　吴文英　向　群　徐　峰　严　郁　杨海波　杨艳玲　姚　莉　殷　红　张春梅　张　军　赵　扬　郑　淘
教育与人文学院	方向阳　李邦玉　李世超　刘　臣　刘中文　齐　红　汝　骅　石　娟　王一梅	陈白妹　陈建伟　陈一虎　冯　清　顾　梅　顾　伟　蒋凤娟　冷桂军　李士江　刘昌雪　马丁良　孟丽华　孟秀红　邱文颖　任文汇　沈雪华　孙宗广　童李君　汪渊之　王　平　吴家新　伍荣华　于　莉　俞　晟　喻满意　张　丽　张文明　张　翔　郑红勤　朱逸冰　蔡　斌　胡武生
外国语学院	杨　昕	卞桂秋　卞浩宇　戴　莉　顾　韵　金亚芝　李　英　练稳山　廖　萍　刘　宁　马文波　王　怡　王　峻　吴广珠　吴　倩　徐　冰　杨　丽　赵　阳
艺术学院	郝思震　刘　燕　陆宇澄　张晓春　周德富	薄晓光　高　峰　胡志栋　李海燕　李　娜　李险峰　吕　伟　沈罗兰　盛　鲁　王静娟　王　蔚　吴　薇　徐　军　薛伟明　严　淑　杨　芳　杨　光　杨海滨　张洁玉　朱　洁　朱元吉
思想政治理论教学研究部	杨德山	曹文君　陈　民　陈　敏　傅济锋　顾燕新　居　茜　李凤云　李　敏　刘　敏　綦玉帅　沈　洁　石阶瑶　王　迅　张静芳　周建民
数理部	翁世有	陈卫忠　黄振明　梁　淼　潘荣英　孙信秀　王　珂　王　庆　王志刚　吴　平　徐　兰　徐亚娟　俞祚明　赵晓苏
体育部	黄晨曦　吴恒晔　李　勇　康厚良	曹　湘　顾　莉　何　畅　金　彤　罗　晨　孟祥波　谭吟月　王俪燕　徐　芳　徐建国　许晓部　姚巧泉　叶捍军　仲慧慧

学校聘请校外专家名单

苏州市职业大学聘请校外专家情况一览表

类别	聘请院（部）	姓名	所属单位	职称（职务）
客座教授	电子信息工程学院	周天丰	北京理工大学	教授、博导、首席科学家
		汪　萌	合肥工业大学	教授、博导
		陈小平	苏州大学	教授
兼职教授	艺术学院	钟锦德	苏州市吴中区光福钟锦德紫檀艺术馆	研究员级工艺美术师（中国工艺美术大师）
		蒯惠中	吴中区文联、太湖画院	副主席、院长
	教育与人文学院	宋子千	中国旅游研究院	研究员（首席战略研究员）
	体育部	陈　健	苏州市吴中区教学与教育科学研究室	正高级教师、特级教师（教研员）

续表

类别	聘请院（部）	姓名	所属单位	职称（职务）
省产业教授	电子信息工程学院	韦　冬	亨通集团设备研发部	高级技师/工程师（经理）
		朱奇峰	苏州清睿教育科技股份有限公司	国家千人计划专家、董事长
		钱建林	亨通集团有限公司	高级工程师、高级经济师（执行总裁）
		雷建设	通光集团有限公司	高级工程师（副总经理、总工程师）
	计算机工程学院	陆春民	苏州思迪信息技术有限公司、苏州牛迪网科技有限公司	高级工程师（常务副总经理、董事长）
		任国强	江苏天创科技有限公司	总经理（高级经济师、高级工程师）
		周伟达	苏州思必驰信息科技有限公司	首席技术官（副教授）
		高苏新	苏州云联智慧信息技术应用有限公司	总经理（研究员级高级工程师）
校产业教授	电子信息工程学院	蔡志敏	苏州凡特斯测控科技有限公司	高级工程师（总经理）
		陈　斌	施耐德电气（中国）有限公司工业部	高级工程师
		孙勤良	通鼎互联信息股份有限公司设备管理部	技师
		张　敏	上海大唐移动通信设备有限公司	副总经理
		袁湘军	苏州镒升机器人科技有限公司	总经理
		李　健	苏州市阿瑟顿新能源科技有限公司	博士
		赵　磊	苏州欧姆尼克新能源科技有限公司	创始人、董事长
	机电工程学院	顾德仁	苏州远志科技有限公司	高级工程师（总经理）
		张建宏	康力电梯股份有限公司	高级工程师（副总工程师）
		王春光	苏州莱茵电梯股份有限公司	高级工程师（总监）
		阮一晖	江苏省特种设备安全监督检验研究院苏州分院	高级工程师（副主任）
		杨国平	苏州博赢精密模具有限公司	总经理
		陈启超	苏州金瑞阳模具有限公司	总经理助理
		刘志亮	上海长顺电梯电缆有限公司	高级工程师（运营总监）
		韩国震	深圳市汇川技术股份有限公司工业机器人事业部	总监助理

（李继鑫）

编辑：陆怡静

SUZHOU VOCATIONAL UNIVERSITY

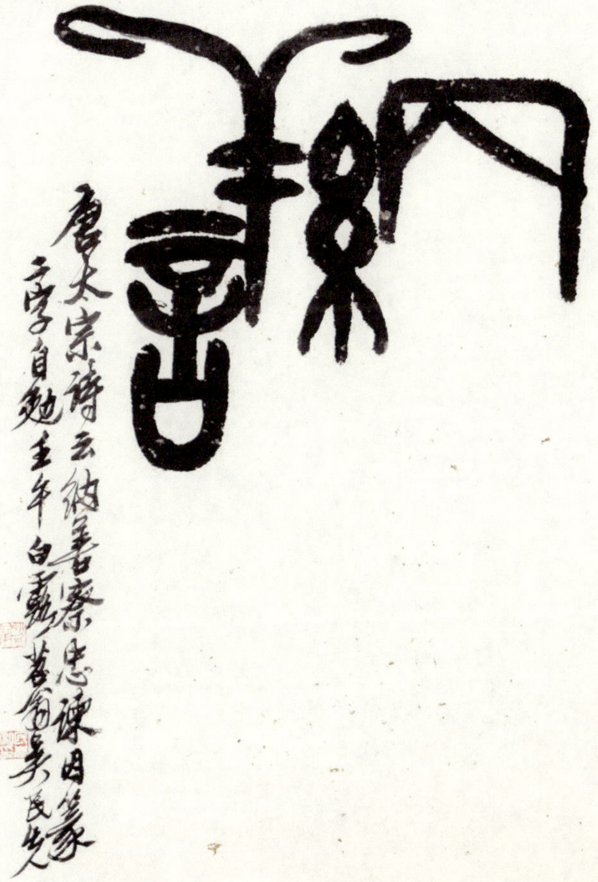

第七章 院（部）简介

机电工程学院

概　况

机电工程学院至今已有30余年的办学历史，是苏州市职业大学师资力量和科研能力最强、最具吸引力的院(部)之一。30余年来，机电工程学院办学成绩斐然，近万名毕业生遍布江苏各地，许多毕业生已成为地方经济建设的中坚力量，以高就业率、高技能、高素质在社会上享有盛誉，近三年毕业生就业率在99%上。学院被授予2007—2009年江苏省文明单位，2016年获评江苏省教育工作先进集体。

机电工程学院现有在职教师89人，其中专任教师81人，行政人员8人。经过学校的培养和人才引进，机电工程学院师资力量得到加强，师资结构也渐趋合理。机电工程学院专任教师队伍中正高职称14人，副高职称29人，中级职称37人；其中12人已取得博士学位，54人取得硕士学位。青年骨干教师35人，占专任教师的43.2%。“双师型”教师75人，占专任教师92.6%。教师中省“333高层次人才培养工程”培养对象4人，省“六大人才高峰”入选对象2人，省高校“青蓝工程”中青年学术带头人1人，优秀青年骨干教师5人，科技创新团队培养对象1人，省、市级各类骨干及重点培养对象6人，兼任外校硕士生导师6人，特聘兼职(客座)教授11人。

机电工程学院现设有机械系、精密制造系、汽车工程系、工业控制系4个系，设有机械制造与自动化、机电一体化技术、数控技术、模具设计与制造、汽车检测与维修技术、电梯工程技术、工业机器人技术7个专业。其中机械制造与自动化专业、数控技术专业为省级特色专业，机电一体化技术专业为省级品牌专业，并于2013年11月通过教育部、财政部“提升专业服务产业发展能力项目”建设项目验收。2017年机械制造与自动化专业群通过省“十二五”高等学校重点专业建设验收。

机电工程学院建有23000余平方米的校内实践教学基地，累计设备总值达8800余万元。2009年底，省级数字化设计与先进制造技术实验实训基地通过建设验收。基地适应高职教育“就业导向、能力本位”的要求，坚持满足学生的“三基”训练，突出技术素质和创新能力的培养。学院建有苏州市数字化设计与制造技术重点实验室，此外还建有现代测试技术与仪器、功率超声与振动技术2个研究所，功能材料测试、现代集成制造技术2个校级重点实验室，为教师从事教学科研创造了良好的平台。

2014年底，机电工程学院完成智能制造与控制工程训练中心建设，总建筑面积达6080平方米，建成18个实验实训室，累计设备投入总值达1566万。拥有三坐标测量机、快速成型机、加工中心、车削中心、数控车床、数字化特种加工机床，以及先进的数字化光、机、电、气、液控制仪器和设备，用于各专业学生实验实训、创新训练，突出先进制造技术的渗透，也为教师从事教学科研创造了良好的平台。

2016—2017年，学院领导紧密结合“互联网+”与“工业4.0”的核心内涵，实训东车间在原省级数字化设计与先进制造技术实验实训基地基础上，依托合作企业昆山巨林科教有限公司，以混合所有制的形式建成集智能制造、智能生产和智能管理于一体的数字化设计与制造技术训练中心。中心建筑面积约2550平方米，各类机械加工和检测设备100余台(套)，设备总值约2400万元。中心重视信息化教学建设，构建了完善的自适应学习系统。各实训区制作了完备项目案例指导书、微视频等教学媒体和信息资源。同时，把原有的实训西车间升级改造成汽车运用技术训练中心，实训总面积4000平方米，仪器设备总值约1500万元，设有7个汽车实训教学区域。

2018—2019年，学院筹建智能制造共享创新服务平台。智能制造共享创新服务平台根据“工业4.0”和“中国制造2025”工业发展要求，面向苏州先进制造业特别是工业机器人、高端装备制造产业和学校与行业龙头企业，围绕3C产品智能制造全生命周期，重点针对智能设计、智能生产、智能控制、智能检测等主要环节，打造生产性实训平台，完善智能化生产性实训基地的管理和运行模式，推进“产教融合、校企协同育人”，实现专业与产业对接，切实提高人才培养质量，培养符合企业需求、有竞争力的高素质技术技能人才。智能制造共享创新服务平台包含快速建模与3D打印实训室、智能制造系统集成实训室、工业机器人技术应用实训室、工业视觉系统集成实训室以及以物联网、大数据为技术支撑的智能MES系统。智能制造共享创新服务平台既可以为苏州地区智能制造的各类企业、高等院校的智能制造大类专业发展提供各类技术服务、人才培训和创新引导，也可以为高校教师、企业工程人员开展技术研究，产品研发提供技术和硬件支持。

2018—2019年，新建电梯实训基地总面积2250余平方米，设备投入总值约1500万元。电梯实训基地是由苏州市职业大学、苏州市电梯业商会及其主要成员单位联合共建。电梯实训基地拥有14部垂直电梯、2部自动扶梯、2部自动人行道，多个电梯实训模块以及电梯安装、维保等虚拟仿真模块，电梯种类多、品牌多，涵盖市场主流乘客电梯、液压电梯、杂物电梯、家用电梯等，规模全国一流，是集教学、职业技能鉴定、研发创新和社会培训于一体的产学研结合多功能实训平台。电梯实训基地可完成电梯安装与调试、检验与检测、保养与维修以及电梯生产制造相关的工艺、电气控制等方面的单一技能或综合能力应用的全覆盖能力训练。基地同时可为苏州地区电梯行业各类企业、职业学校的电梯或相近专业发展提供各类技术服务、职业培训和技能鉴定。

机电工程学院现有在籍学生2379人，其中全日制专科生2173人，专接本学生206人。学院以服务地方产业为宗旨，以学生就业为导向，以促进学生可持续发展为目标，坚持技能培养与技术能力培养并重，确立了一线定位、多岗适用的学生培养原则。以加强师资队伍建设、实训基地建设、品牌特色专业和精品课程建设为抓手，依托苏州市现代装备制造职业教育集团这一产学合作新平台，重点加强一体化课程体系构建和特色课程开发、校企混编教学团队建设、智能化实训基地建设，探索“需为核心、能为主题、导为主线、学为主体”的“校企‘双主体’导学制”工学结合人才培养模式改革，强化学生综合素质能力、专业技术能力和职业岗位能力培养，形成目标定位准、教学模式新、课程体系优、师资队伍强、工学结合实、人才素质高的建设特色。2019年普通全日制毕业生共612名，就业率98.04%，毕业生受到用人单位的好评。

教学工作

办学特色

秉承“尚智崇文，务实求精”的大学精神，坚持“笃志厉行，厚德善技”的院训，以塑造高素质技术技能型人才为目标，坚持以学生为本，以就业为导向，将科学实践创新与人文文化教育交融。以教学科研团队保障人才培养需要，以产学研结合搭建实践教学平台，以校企“双主体”导学探索创新培养模式，以人文科技活动贯穿素质教育主线，培养学生的职业岗位能力。

以专业建设为核心，以提高教学质量为抓手，加强师资队伍建设和课程改革力度，实现人才培养、教学科研、服务地方等方面的全面协调发展。

专业设置

2019年苏州市职业大学机电工程学院专业设置一览表

系名称	专业名称	专业带头人	职称	学历(位)
机械系	机械制造与自动化	郭南初	教　授	研究生(博士)
精密制造系	数控技术	董晓岚	副教授	研究生(硕士)
	模具设计与制造	李耀辉	副教授	研究生(硕士)
工业控制系	机电一体化技术	付春平	副教授	本　科(硕士)
	电梯工程技术	陆春元	副教授	本　科(硕士)
	工业机器人技术	王仁忠	教　授	研究生(博士)
汽车工程系	汽车检测与维修技术	李克清	教　授	研究生(博士)

专业介绍

◎机电一体化技术——国家重点建设专业、省级品牌专业

机电一体化技术专业是江苏省品牌专业、中央财政重点支持建设专业，正在开展江苏省高等职业教育高水平骨干专业建设。专业自1998年开办以来，平均就业率97%以上。机电一体化技术专业通过对区域产业、行业技术、就业岗位等进行了广泛调研、分析、论证，确定以精密加工机电设备运用、维护、调试与故障诊断，重点加强对精密加工机

电设备的系统维护能力培养为定位，进行工学结合人才培养模式改革与实践，制定机电一体化专业标准，重构课程体系。企业教师和学校教师共同组成并合理配置导学团队，实施由企业参与系统设计与开发、体现由低年级到高年级能力梯度培养的项目课程群教学，加强学生综合素质和职业岗位能力的培养。

机电一体化技术专业依托"国家高技能人才培训基地""国家职业技能鉴定所""全国现代制造技术机电一体化职业技能培训基地""江苏省数字化设计与先进制造技术实验实训基地"以及市级"数字化设计与制造技术重点实验室"，建成校内实训基地由数字化控制实训中心、先进制造技术实训中心、数字化设计与制造中心、数控技术实训室、机械设计与制造基础实训室、创新设计研究所、工程研发中心七大功能区组成。拥有与企业生产接轨的数控加工机床AMS模块化自动生产线、三菱工业机器人等先进设备，为培养大量高端技能型专门人才发挥积极作用。与苏州苏万万向节有限公司、苏州电气集团、苏州瑞思机电科技有限公司等16家企业建立了长期、稳定的紧密型合作关系，与32家企业建立信息联系合作关系，动态合作，为学生职业技能培养提供保障。机电一体化技术专业已形成专业与区域产业对接、专业标准与职业（行业）标准对接、学历证书与职业资格证书对接、课程内容与职业标准对接、教学过程与生产过程对接的特色。

培养方向：本专业培养面向先进制造业生产、管理、服务第一线需要，具有先进机电设备运用、安装调试、故障诊断与维修以及对机电设备自动控制技术的初步设计与改造能力的高素质技术技能型人才。

专业特色：本专业注重对学生综合能力素质、创新能力和机电控制技术应用能力的培养。历届学生获得国家专利10余项；参加省高职院校技能大赛、机械创新设计大赛多次获得大赛一等奖、二等奖。另外，专业还与苏州三星电子合作成立"三星科技大学"，开展新型学徒制人才培养项目。学生在学习期间可报名参加CAD、维修电工、可编程序控制系统设计师中级、数控车床操作中级等职业技能培训并获得相关部门颁发的技能证书。

职业定位和人才流向：近三年本专业的毕业生就业率均在98%以上。毕业生主要面向先进制造业、非标自动化领域。学生毕业后可在企业从事自动化机电设备操作、安装调试、故障诊断及维修等工作，后期也可从事企业生产管理、机电产品营销、售后技术服务等工作。本专业在罗斯蒂精密制造（苏州）有限公司、博世汽车部件（苏州）有限公司、苏州瑞普森光电科技有限公司、儒拉玛特自动化技术（苏州）有限公司、苏州汇川技术有限公司等知名企业建立了稳定的就业实习基地，每年向校企合作企业输送大量人才。

◎机电一体化技术（中外合作办学）——省高校中外合作办学高水平示范性建设工程

机电一体化（中外合作办学）是江苏高校中外合作办学高水平示范性建设专业，是苏州市职业大学和澳大利亚启思蒙学院合作开展的人才培养项目。专业自2009年开办以来，平均就业率99%以上。

培养方向：本专业培养面向先进制造业生产、管理、服务第一线需要，具有先进机电设备运用、安装调试、故障诊断与维修以及对机电设备自动控制技术的初步设计与改造能力的高素质技术技能型人才。

专业特色：本专业贯彻澳大利亚先进职教理念，注重培养学生的综合能力、职业技能和创新能力，尤其重视英语能力的培养，部分专业课程采用全英文教材、双语教学，外方教师承担三分之一专业课程教学任务。学生毕业时可获得苏州市职业大学和启思蒙学院两张毕业证书。学校与澳大利亚启思蒙学院签订合作协议，建立了"学分互认"机制，学生在满足条件的情况下可申请去澳大利亚启思蒙学院留学，只需在国外完成一年学业就可取得本科文凭。为此，学校开设雅思英语教学，聘请专业外教，为学生出国留学前的语言学习创造良好的条件。

职业定位和人才流向：近三年本专业的毕业生就业率在98%以上。学生毕业后可在对英语能力要求较高的外企从事自动化机电设备操作、安装调试、故障诊断及维修等工作，后期也可从事企业自动化机电设备生产管理、机电产品营销、售后技术服务等工作。

◎机械制造与自动化——省级特色专业

机械制造与自动化专业是江苏省特色专业。专业树立以人为本的思想，保证教学质量；制定"软""硬"结合、兼顾发展的专业规格；完善"学""做"结合、重在应用的教学模式；建立"动""静"结合、主动适应的管理模式。

培养方向：本专业培养适应机械制造行业生产、管理、服务第一线需要，具备机械加工工艺编制及工装设计、数控加工编程与操作等专业技能，熟悉现代制造技术，能够对现代高新制造设备进行操作、检测与维修的高素质技术技能型人才。

专业特色：本专业注重对学生综合能力素质、创新能力和先进制造技术应用能力的培养。历届学生多次参加省、市各类技能大赛，多次获得大赛一等奖、二等奖。学生在学习期间可报名参加CAD/CAM技术软件（如AutoCAD中级、PRO/E、UG）应用、加工中心操作中级、数控车床操作中级等职业技能培训，并获得相关部门颁发的技能证书。

职业定位和人才流向：学生毕业后，可在企业从事加工设备操作与维护、机械加工工艺过程制定、产品质量管理、生产现场技术管理、机械产品创新设计和产品销售服务管理等方面的工作。近三年本专业的毕业生就业率均在98%以上。本专业和儒拉玛特自动化技术（苏州）有限公司、美特科技（苏州）有限公司、苏州瑞普森光电科技有限公司、苏州明志科技有限公司，苏州金鼎冶金有限公司等10余家企业签有就业实习基地协议，每年向校企合作企业推荐大量合适人才。

◎数控技术——省级特色专业

数控技术专业是江苏省特色专业，自1998年开设以来，平均就业率95%以上。学生毕业后，主要在本地区先进制造业从事数控加工、数控编程、数控机床维护与维修、数控机床的安装与调试等技术岗位工作，也可在相关行业从事管理与营销工作。数控技术专业根据职业岗位（群）的任职要求，在对相关产业和人才需求调查，以及国家职业标准及职业能力进行认真分析的基础上，以学分制改革为契机，进行了“宽能专岗”工学结合的人才培养体系改革的探索和实践，以课程模块的弹性组合和强化项目教学相结合制订相应的课程体系，加强学生综合素质和职业岗位能力的培养，形成了专业建设地方化、能力培养适岗化、课程体系模块化、课堂教学项目化、师资队伍“双师”化、校企合作共享化的特色。

数控技术专业依托“国家高技能人才培训基地”“国家职业技能鉴定所”“全国现代制造技术机电一体化职业技能培训基地”“江苏省数字化设计与先进制造技术实训基地”以及市级“数字化设计与制造技术重点实验室”，开发了基于“互联网+”学习模式的信息化教学资源。建成的校内实训基地由先进制造技术实训中心、数字化设计与制造中心、数字化控制实训中心、数控技术实训室、机械设计与制造基础实训室、创新设计研究所、工程研发中心、模具设计与制造实训室八大功能区组成，开发了基于“互联网+”学习模式的信息化教学资源。拥有与企业生产接轨的数控加工机床、三坐标测量仪等先进设备，配备UGNX、宇航仿真系统、逆向工程及快速成型等软件，为培养大量高技能人才发挥积极作用。

培养方向：本专业培养面向数控机床操作、数控加工工艺设计及编程、数控设备调试与维护及生产制造管理等岗位的技能型、工匠型、创新型人才。

专业特色：本专业注重对学生综合能力素质、创新能力和先进制造技术应用能力的培养。历届学生多次参加省、市各类技能大赛，多次获得大赛二等奖、三等奖。学生在学习期间可报名参加CAD/CAM技术软件应用、加工中心操作、数控车床操作中高级等职业技能培训并获得相关部门颁发的技能证书。

职业定位和人才流向：近三年本专业的毕业生就业率均在99%以上。学生毕业后，可在企业担任数控机床操作员、机械零件CAD/CAM设计员及三坐标质量检测员，迁移岗位可以是数控加工工艺员、数控机床调试与维修员、FMS系统管理员、生产与质量管理员。本专业与强生器械（苏州）有限公司、苏州英格索兰设备有限公司、苏州百特医疗用品有限公司、通用模具工业（吴江）有限公司、纽威数控装备（苏州）有限公司等知名企业长期建立订单班培养合作关系，每年向校企合作企业输送大量人才。

◎模具设计与制造——全国CDIO试点专业

模具设计与制造专业是全国CDIO试点专业，通过政行企校联合办学，为学生提供良好的教学资源。

培养方向：本专业主要培养面向模具设计、产品开发、数控编程、工艺编制、数控机床操作及生产管理等岗位，具备较强的模具CAD/CAE/CAM软件应用能力的高素质技术技能型人才。

专业特色：学生在学习期间可报名参加PRO/

E软件应用、加工中心操作、数控车床操作中高级等职业技能培训并获得相关部门颁发的技能证书。注重对学生综合能力素质、创新能力和先进制造技术应用能力的培养。历届学生多次参加省、市各类模具技能及3D打印等比赛,并获得各种奖项10余项。

职业定位和人才流向:近三年本专业毕业生就业率一直保持在98%以上。学生毕业后可从事模具设计与生产,产品研发及销售、管理等工作,并有潜力成为高级模具管理人才或模具企业经营者。本专业与通用模具工业(吴江)有限公司、江苏合润汽车车身模具有限公司、庆旺电子有限公司等多家模具企业签订就业实习基地协议,并与角直模具特色小镇建立人才培养合作协议,每年向企业输送大量专业人才,学生在各行各业中成为独当一面的优秀人才。

◎汽车检测与维修技术

汽车检测与维修技术专业是学校重点建设专业之一。先后与江铃汽车、江苏龙捷、陆科思德合作共建汽车运用技术训练中心,拥有博世、百斯巴特、奥迪Q5等先进的检测仪器和设备,以"基地建设企业化、实践教学生产化"建设运行。

培养方向:本专业以"技术精、善服务、会管理"为培养特色,培养面向汽车售后服务行业,能从事汽车检测、维修、安装调试、汽车鉴定与评估、汽车使用与管理及汽车销售等工作,且具备较强的汽车检测诊断应用能力的高端技术技能型人才。

专业特色:本专业注重对学生综合能力素质、创新能力和汽车维修技术应用能力的培养。历届学生多次参加全国机械工业行业,江苏省、苏州市组织的汽车技能大赛,先后获得全国、省、市各级奖项。学生在学习期间可报名参加AutoCAD中级、汽车维修工中级、汽车驾驶证等职业技能培训并获得相关部门颁发的技能证书。

职业定位和人才流向:近三年本专业毕业生就业率一直保持在98%以上。学生毕业后可从事汽车检测、维修、汽车鉴定与评估、汽车设计助理及汽车销售等工作,并有潜力成为汽车服务企业管理人才或企业经营者。本专业在苏州狮山机动车综合检测有限公司、苏州客运集团有限公司汽车修理厂、苏州建通别克公司、江铃汽车销售有限公司、江苏龙捷汽车服务有限公司、上海前锐汽车技术有限公司、苏州华成汽车贸易集团有限公司、苏州银狮汽车销售服务有限公司、苏州骏宝行汽车销售服务有限公司、苏州海昌汽车贸易集团有限公司等企业建立了稳定的就业实习基地,每年向校企合作企业输送大量人才。

◎电梯工程技术

电梯工程技术专业开设于2017年。依托苏州地区高度发达与集聚的电梯产业,采取校商(苏州市电梯业商会)合作共育人才模式,根据行业职业资格标准和企业人才规格需求设置课程。

培养方向:本专业培养面向电梯行业需要,具备行业职业资格,有一定的专业拓展和创新能力,能从事现代化智能电梯设计、制造、调试、检验、销售服务等适应电梯全产业链需求的复合型技术技能人才。

专业特色:本专业注重对学生综合能力素质、创新能力和电梯工程技术应用能力的培养,在全国高职技能大赛和电梯行业技能大赛中获得了良好成绩。学生在学习期间就可经培训获得电梯特种设备作业人员上岗证和电梯维修工中级职业技能证书。

职业定位和人才流向:学生毕业后可在电梯企业从事电梯设计、制造、调试、检验、销售服务等工作,后期也可从事企业生产管理、工程项目管理、技术服务等工作。本专业与民族品牌康力电梯、东南电梯、巨力电梯等企业及苏州市电梯业商会其他企业建立了稳定的就业实习基地,每年向校企合作企业输送大量人才。

◎工业机器人技术

工业机器人技术专业开设于2019年,面向苏州及长三角地区高度发达的智能制造产业实施人才培养。

培养方向:培养具有工业机器人安装、调试、维护方面的专业知识和操作技能,能从事工业机器人系统的模拟、编程、调试、操作、销售,工业机器人应用系统的维护维修与管理、生产管理及服务的高素质技术技能人才。

专业特色:本专业建有先进的工业机器人与智能制造实训基地,拥有FANUC、三菱、汇川等知名品牌工业机器人实训装备。与汇川技术合作共建"苏州市职业大学汇川产业联盟学院",与瀚川智能科技、胜利精密、赛腾精密、博众精工等行业知名企业联合培养非标自动化产业高技能人才，学生就业质量高。

师资介绍

名师风采

陈洁，女，1965年3月生，江苏无锡人。现任苏州市职业大学机电工程学院院长、教授，研究方向为机械制造与机电控制技术、机电设备故障诊断与维修。

主持省自然科学基金项目1项，省高校哲学社会科学研究重大项目1项，主持市研究项目6项，参与国家“863”项目1项，参与省市研究项目4项。发表论文40余篇，被EI检索8篇，ISTP检索2篇，出版教材5部，获得计算机软件著作权2项。获全国多媒体课件大赛二等奖1项，苏州市自然科学优秀论文三等奖1项。

周正存，男，1962年9月生，安徽舒城人，工学博士。现任苏州市职业大学测试研究所所长、教授，研究方向为功能材料及其测试仪器。澳大利亚Deakin大学访问学者、苏州市力学学会理事。江苏省“333高层次人才培养工程”培养对象、省“六大人才高峰”入选对象、省高校“青蓝工程”科技创新团队带头人培养对象。

主持、参与国家和安徽省自然科学基金项目各1项，主持江苏省教育厅项目2项、江苏省“六大人才高峰”项目1项、江苏省大学生实践创新训练计划项目2项。发表的论文被SCI、EI等收录40余篇；授权发明专利9项。曾获安徽省科技进步四等奖1项、合肥市科技进步奖三等奖1项、苏州市科技进步三等奖1项、苏州市自然科学优秀论文一等奖1项，二等奖2项等。

郭彩芬，女，1965年3月生，辽宁葫芦岛人，工学博士。现任苏州市职业大学机电工程学院教授，研究方向为先进制造技术、制造业信息化、制造系统智能控制。苏州市第十四届人民代表大会代表、苏州市吴中区信息化联盟专家组成员、苏州市职业大学“现代集成制造先进技术攻关与应用研究”校级创新团队带头人。江苏省高校“青蓝工程”中青年学术带头人培养对象。

主持在研江苏省自然科学基金项目1项，近3年主持完成苏州市科技计划项目3项、江苏省现代企业信息化应用支撑软件工程技术中心开放课题1项、江苏省大学生实践创新训练计划项目1项。获得苏州市2010—2011年度“讲理想、比贡献”技术创新“双杯奖”的“攻关杯”奖。授权发明专利13项，授权实用新型专利50余项，授权软件著作权8项。编写教材5部。发表论文30余篇，其中EI收录10篇。

孙丽娅，女，1960年1月生，河北迁安县人，农学博士。现任苏州市职业大学机电工程学院教授，研究方向为重金属土壤修复、水净化及温室气体减排。曾被聘为日本学术振兴会（JSPS）特别研究员，日本琉球大学研究员，获评江苏省“六大人才高峰”入选对象。

共主持、参加国家“六五”“七五”重点攻关项目以及日本农林水产省、文部省多项研究项目。在研国家自然科学基金1项、市基金2项。已发表论文近40篇，参加学术会议发表50余次。曾获中国科学院科技进步二等奖1项、科技进步三等奖3项，江苏省“六大人才高峰”奖励。

张义平，男，1964年2月生，江苏连云港人，南京航空航天大学机械制造工艺及设备专业毕业。现任苏州市职业大学机电工程学院教授，研究方向为先进制造技术及材料、高职教育研究，兼任《现代制造工程》编委。江苏省连云港市“521新世纪高层次人才培养工程”首批培养对象。

主持并完成市厅级科研项目3项，主要参与国家自然科学基金项目1项、江苏省自然科学基金项目2项，主持或主要参与市、校级科研项目10余项；近年来发表论文40余篇，其中核心期刊20余篇（SCI、EI收录9篇）；主编高校教材5部；已授权发明专利11项、实用新型专利12项、软件著作权2项；获市科技进步二等奖、三等奖各1项，获市“双杯奖”(攻关杯)1项,学术论文获苏州市自然科学优秀论文三等奖3篇,获江苏省大学生创新制作比赛二等奖1项(指导教师),获江苏省优秀毕业设计三等奖1项(指导教师)、江苏省优秀毕业设计团队3项(指导教师)。

张文峰,男,1963年10月生,山西万荣人,工学博士。现任苏州市职业大学机电工程学院教授,研究方向为特种加工、微纳制造、纳米表面工程等。西安工业大学兼职教授、硕士生导师,原兵器工业总公司青年骨干教师、山西省优秀中青年骨干教师、《表面技术》特邀审稿专家。

先后参与国家自然科学基金、国防基础研究基金、江苏省自然科学基金重点项目、江苏省高校自然科学重大基础研究项目的研究;发表学术论文40余篇,其中EI收录10余篇;申请发明专利5项,授权实用新型专利8项。曾获南京航空航天大学优秀博士论文奖1项、江苏省优秀博士论文奖1项、国防科学技术一等奖1项。

孙春华,女,1966年4月生,江苏丹徒人,工学博士。现任苏州市职业大学机电工程学院教授,研究方向为压电俘能技术、CAD/CAM、RE/RP、教育教学改革。政协苏州市第十四届委员会委员,江苏省3C产品智能制造工程技术研究开发中心主任,东京工业大学客座研究员,九三学社苏州市职业大学支社主委,江苏省“333高层次人才培养工程”第三层次培养对象,苏州市紧缺人才。

主持国家自然科学基金1项、省重点教材建设1项、省重点实验室开放基金项目2项。参与完成国家自然科学基金4项、日本科学技术振兴协会项目和“十一五”全国教育科学规划课题各1项。获得专利授权16项、软件著作权3项。已发表论文50余篇,被SCI、EI收录17篇。主编教材2部,参编2部。曾获省级优秀毕业设计三等奖2项(指导教师),苏州市自然科学优秀论文二等奖1项、三等奖3项,校级教学成果优秀成果二等奖1项;获第四届“苏州市社科应用研究精品工程”优秀成果奖二等奖1项,全国机械职业教育教学指导委员会“精雕”杯优秀教改论文二等奖1项;曾获评市级大赛特等奖优秀指导教师,校优秀教师;曾获九三学社江苏省组织建设工作、社会服务工作先进个人称号,九三学社苏州市宣传、组织建设和参政议政先进个人称号。

聂福荣,男,1968年6月生,甘肃武威人,工学硕士。现任苏州市职业大学机电工程学院教授、研究员级高级工程师,研究方向为模具设计与制造优化。江苏省“333高层次人才培养工程”培养对象、TRIZ创新工程师。

曾留日研修“机械材料与超声波加工”,赴德学习“模具设计与制造专业教学方法”。主持或参与省攻关、省自然科学基金项目6项,获省科技进步三等奖1项;申请专利22项,授权发明专利3项,已全部转让或许可;授权实用新型专利6项;发表论文20余篇,其中核心期刊收录10余篇、EI收录3篇、CPCI-S收录1篇;获市自然科学优秀论文一等奖1项;曾获校教学质量优秀奖、优秀班主任称号。

尚广庆,男,1966年10月生,黑龙江肇东人。现任苏州市职业大学机电工程学院副院长、教授,主要研究方向为CAD/CAM、特种加工,曾为日本东京工业大学访问学者。

以主要成员身份参与国家自然科学基金项目1项,主持或参与省、市级科研和教改项目7项,主持完成横向项目多项,并与同济大学合作完成“十一五”国家科技支撑计划子项目1项;公开发表论文40余篇,其中核心期刊论文15篇、国际学术会议和国外期刊10篇,EI检索8篇;主编、参编规划教材各1部。获得软件著作权3项,实用新型专利8项。获得江苏省首届职业教育创新大赛三等奖1项、常州市自然科学优秀论文三等奖2项、苏州市自然科学优秀论文三等奖2项、苏州市科技进步“双杯奖”1项。

杜建红,女,1969年4月生,山西文水人,工学硕士。现任苏州市职业大学机电工程学院教授,研究方向为机械结构设计、数值仿真分析、逆向设计。江苏省高校“青蓝工程”优秀骨干教师,苏州市

新世纪高级青年专业技术人才。

主持、参与企业创新项目16项，参与中科院创新项目1项、国家自然科学基金项目3项；近年来发表学术论文15篇，其中三大检索3篇，苏州市优秀自然科学论文二等奖2篇；参编教材1部；获软件著作权1项、实用新型专利2项。获苏州市科技进步三等奖1项、苏州市技术创新“双杯奖”1项。

郭南初，男，1964年4月生，湖南岳阳人，工学博士。现任苏州市职业大学机电工程学院教授。省级精品课程负责人，苏州市紧缺人才办公室创新工程师，曾任中国机械工程学会工业设计分会委员，湖北省人民政府学位委员会优秀学士论文评审专家。主要从事产品设计、职业教育方面的研究工作。

主持完成省级课题4项、市级和校级课题8项，参与省、市级项目3项，授权发明专利34项；主编教材2部，发表论文20余篇，其中EI收录4篇。2011年和2013年分获江苏省教学成果二等奖；指导学生获全国大学生机械创新设计大赛获一等奖1项，江苏省优秀毕业设计团队1项；获全国教育教学信息化大奖赛三等奖1项；2013年获“苏州市优秀党员服务之星”称号；2017年获学校“教学名师”称号；2018年获苏州市优秀教育工作者称号。

王仁忠，男，1979年6月生，江苏金湖人，工学博士。现任苏州市职业大学机电工程学院教授级高工。江苏省3C产品智能制造工程中心专业方向负责人，苏州市职业大学“大数据与生产质量管控”创新团队带头人。研究方向为3C产品智能制造、生产大数据与质量管控、有色金属加工装备智能化。

主持完成国家及省部级科研项目4项，主要参与完成国家工信部项目2项；主持完成的科研成果与国内主要铝（铜）加工企业签订横向应用技术合同近20项；近5年获省部级科技进步奖2项（二、三等奖各1项）。获授权发明专利7项，软件著作权14项。在国家核心期刊及国内行业会议发表论文20篇。

汪红兵，男，1977年12月，安徽舒城人，工学硕士。现任苏州市职业大学机电工程学院教授。苏州市职业大学“功率超声与振动研究中心”校级科研平台带头人。江苏省高校“青蓝工程”优秀骨干教师。研究方向为压电驱动与俘能技术、CAD/CAM。

主持苏州市科技计划项目2项，主要参与国家自然基金项目3项、省级科技项目1项、市厅级科技项目4项；以第一发明人授权发明专利6项，转让发明专利1项；编写教材2部；以第一作者发表论文20余篇，其中中文核心期刊论文14篇，SCI/EI收录6篇；获得第十五届全国多媒体课件大赛（高职组）二等奖1项；获得苏州市自然科学优秀学术论文三等奖1项；指导学生获得江苏省普通高校本专科优秀毕业设计（论文）二等奖1项；指导学生完成江苏省大学生实践创新训练计划项目1项；指导学生参加第十五届江苏省大学生课外学术科技作品竞赛暨“挑战杯”江苏省选拔赛并获得一等奖和三等奖各1项。

李克清，男，1966生，湖北荆门人，工学博士。现任苏州市职业大学机电工程学院教授。中国计算机学会会员，江苏省计算机学会监事，苏州大学硕士生导师，中国矿业大学（徐州）硕士生导师，上市公司特聘讲师，江苏省“333高层次人才培养工程”第三层次培养对象。研究方向为机器学习及其应用、无人驾驶等。

主持江苏省科技支撑项目1项，江苏省“六大人才高峰”项目1项，苏州市科技计划项目2项，苏州市重点实验室1项，常熟市科技计划项目2项。主持完成多项企业委托项目，其中1项成果被鉴定为国际先进水平。以第一作者或通信作者身份发表40余篇核心以上论文，累计培养硕士研究生20余名。主编江苏省重点教材1部。曾多次获得无人驾驶比赛第一名。

专业带头人简介

郭南初，苏州市职业大学机电工程学院机械制造与自动化专业带头人。（详见“名师风采”部分）

董晓岚，女，1980年12月生，江苏苏州人，硕

士研究生。现任苏州市职业大学机电工程学院数控技术专业带头人、副教授，主要研究方向为数控技术、CAD/CAM/CAE。2019年，在美国迈阿密大学工程学院机械与航空系担任了为期一年的访问学者，研修方向为“非确定性系统的优化设计”。主持并完成校级及以上科研项目和横向项目6项、教改项目5项；作为主要成员参与省级科研、教改项目5项；主编并出版专业课教材1部，撰写15万字；获实用新型专利1项、软件著作权1项；教学、科研项目及论文获奖7项；以第一作者发表论文19篇，其中核心期刊收录7篇；获得校级优秀教学成果奖1项，指导学生获优秀毕业设计1项。

李耀辉，女，1976年8月生，山西运城人，硕士研究生。现任苏州市职业大学机电工程学院模具设计与制造专业带头人、副教授，主要研究方向为冲压模具设计、注塑模具CAD、金属棒料剪切。主持并完成校级及以上科研、教改项目6项，作为主要成员参与省市级项目2项。近年来发表教学科研论文20余篇，其中核心期刊收录10余篇；主编教材1部；授权专利20余项，其中发明专利4项；指导学生参加校级及以上比赛并获奖5项；获校信息化教学比赛一等奖1项；指导学生获省优秀毕业设计团队奖和省优秀毕业设计三等奖各1项；获评校“青蓝工程”优秀中青年专业带头人培养对象。

付春平，女，1976年3月生，黑龙江五常人，硕士学位。现任苏州市职业大学机电工程学院机电一体化专业带头人、副教授，主要研究方向为电子技术与数字水印。教学研究方面，参与省骨干专业建设1项、省中外合作示范性建设工程项目1项，获得苏州市教学成果二等奖1项。科研方面，主持校级项目2项、横向课题1项；在《机械设计与制造》等多家期刊发表论文10余篇；获发明专利6项、实用新型专利10余项、软件著作权1项。

陆春元，男，1979年4月生，江苏苏州人，硕士学位。现任苏州市职业大学机电工程学院电梯工程技术专业带头人、副教授、高级工程师，研究方向为机电一体化控制、教学管理。2012年，被评为苏州市优秀教育工作者，2015年，被评为苏州市姑苏高技能重点人才。教学研究方面，负责机电一体化技术江苏省品牌专业建设和教育部、财政部机电一体化技术专业“高等职业学校提升专业服务产业发展能力”项目，获江苏省教育教学成果二等奖1项，编写江苏省重点教材、精品教材各1部。科研方面，主持、参与苏州市人力资源和社会保障局课题2项，主持、参与企业产品技术攻关项目8项，发表科研、教改论文9篇，获发明专利1项。

李克清，苏州市职业大学机电工程学院汽车检测与维修技术专业带头人。(详见“名师风采”部分)

王仁忠，苏州市职业大学机电工程学院工业机器人技术专业带头人。(详见“名师风采”部分)

校企合作

◎校企合作推进专业建设

2019年，机电工程学院扎实推进三星科技大学、电梯学院两个企业学院的工作。第二届三星科技大学新型学徒制班51名学生顺利开展学习。电梯学院“远志电梯工匠涵养班”正式开班，企业安排在电梯行业工作了30余年的资深工程师全程组织教学。学院还与行业领军企业汇川技术深化合作，成立“苏州市职业大学汇川产业联盟学院”。联盟学院以工业机器人、机电一体化专业合作共建为主线，面向以3C行业、汽车电子行业为代表的先进制造领域，联合上下游企业，推动实施校企双主体育人，着力提高人才培养与行业、企业需求的契合度，实现培养的人才“用得上、用得好”。

◎多渠道校企合作签约

2019年，学院新签订校企合作协议、产学研协议19份，新增校企合作单位15家。学院与江铃汽车、莱克电气、崴骏精密模具、远志科技、三星液晶、快捷半导体、江苏龙捷7家企业加大合作力度，形成紧密型合作关系。校企在吸纳学生就业、开展现代学徒制与订单班人才培养、奖学金设立、“双师”基地建设、教师(工程师)互聘、校企共建实验实训室、企业员工培训、开展“四技”服务、开展产学研合作等方面全面合作。

◎共建实训实验室和智能工厂

与世界500强企业德国博世集团全资子公司博世力士乐公司联合共建博世力士乐机电控制技术实验室，集机器人、气、液、传感器等现代工业自动化重要技术于一体，构建知识体系合理、系统性与综合性强的实验、实训平台。与三菱电机自动化中国有限公司、南京康尼科技实业有限公司三方合作，共建可视化柔性制造技术实训室。实训室设备采用KNT-F1801型可视化柔性制造系统，设备总价332万元。由三菱电机主要承担实训室中产品的选型、配置规划、系统设计、师资技术培训、技术保障。香港慈善家朱恩馀先生捐资助建光机电一体化创业实训中心，由CMS光机电一体化集成系统实训室和光机电一体化集成仿真实训室组成，以现代装备控制技术为基础进行机电一体化解决方案的研究与训练，为社会提供相关产品的专业技术支持和服务。依托合作企业昆山巨林科教有限公司，在原学院工程训练中心基础上，以混合所有制的形式共建集智能制造、智能生产和智能管理于一体的数字化智能工厂，营造直观真实的全工业化实践教学环境，实现车间机床运行智能管控和教学资源网络化。与德国手工业协会（ZWH）、德国陆科思德（LUCAS-NUELLE GmbH）合作成立“中德（江苏）汽车职业资格认证中心”，开展符合德国标准的汽车职业资格培训和认证服务，培养高端汽车服务人才。在实训室建设引入了“汽车医学院”的理念，促进学生对汽车系统整体理解。

◎校企合作师资队伍建设

2019年，机电工程学院与苏州远志科技有限公司、苏州汇川技术有限公司和三星电子液晶显示科技有限公司落实“双师型”教师培养培训基地教师培养任务。苏州远志科技开办“电梯工程技术专业金课打造及教学能力提升研修班”，电梯团队8名教师参加了为期一周的培训。研修班多维度、多视角、多实践助力电梯学院教师沿着产教融合之路不断前行，有效提升电梯专业教师的实践应用能力和教学能力。

◎校企订单班人才培养

2019年，机电工程学院以紧密型合作企业、企业学院为重点，开展订单班、现代学徒制人才培养。先后与建通别克、佳世达电通、江铃汽车、莱克电气、苏州远志科技、快捷半导体等企业开展订单班人才培养工作，共有264名学生参与订单班人才培养项目。2019年，学院继续与三星液晶显示科技推进新型学徒制项目。首届学徒制项目15名学生毕业进入三星公司就业，人才培养质量获得企业肯定。2017级机电1班51名学生参与第二届新型学徒制项目，完成了2个学期的企业课程学习，进入三星公司实习。

◎课程学习与技术证书相结合

学生可以参加相关职业资格证书鉴定工种8种，包括维修电工（中级）、全国CAD应用培训网络水平-PRO/E课目、全国CAD应用培训网络水平-UG课目、全国CAD应用培训网络水平-CAD课目（中级）、数控车床工（中级、高级）、加工中心操作工（中级）、汽车维修工（中级）。

◎苏州市现代装备制造职业教育集团活动开展

2019年12月21日，苏州市现代装备制造职业教育集团开启技能竞赛活动周活动。技能竞赛活动周共分“莱克杯”CAD机械设计、“汇川杯”PLC程序设计与调试技能、“苏州计量杯”测量技能3个赛项，共有8个学校代表队170名师生参赛。在前几年工作的基础上，集团积极申报全国示范职教集团，并在申报工作中看到了差距，明确了示范职教集团的建设方向。

学术科研

2019年，机电工程学院教师共发表论文90篇，其中EI检索收录3篇、核心期刊收录11篇；获市级及以上项目4项，专利著作权转让2项；获发明专利11项、实用新型专利56项；获第四届“苏州市社科应用研究精品工程”优秀成果奖1项。学院现有在建省级科研平台1个，市级科研平台1个，与地方政府、研究机构共建协同创新中心1个，校级科研平台4个。

学生工作

2019年，机电工程学院以提升新时代职业教育现代化水平为目标，结合学院学生实际情况，把“提升学生内在学习驱动力”作为主要任务，从理想信念教育、职涯规划引导、激发心理动力、树立朋辈典型等工作角度入手，开展了一系列卓有成效的工作。

◎学生党建

2019年，学院学生党支部认真学习宣传习近平新时代中国特色社会主义思想和党的十九大精神，坚持开展每月一主题的主题党日活动。在学院党总支开展的第24期入党积极分子培训中，共有63名学生顺利结业。严把党员发展质量关，发展学生预备党员14名。在毕业生党员教育活动中，对21名毕业生党员进行了组织纪律教育和组织关系转接介绍。一年内，学生党支部志愿服务队共开展了包括入党积极分子打扫电梯实训车间等的10余项活动。

◎学生获奖

2019年，学院共有1名学生获国家奖学金、58名获国家励志奖学金、146名获优秀学生奖学金。有6个班级获校文明班级称号，14人获校三好标兵称号，23人获校三好学生称号，57人获校优秀学生干部称号。9个团队在国家级专业技能竞赛中获奖、16个团队在省级专业技能竞赛中获奖，学生个人获得国家实用新型专利47项和发明专利2项。同时学院学生在创新创业竞赛中屡获佳绩，4个项目全部进入校“互联网+”培育阶段，其中“沃晟夹具——助你钻孔无忧”团队获得“互联网+”国赛铜奖、“卓越虎钳——虎钳里的能效专家”团队获省“互联网+”创新创业大赛二等奖。

◎就创业工作

学院2019年共提供2200余个就业岗位，开展13场专场宣讲会，参加校园招聘会3场，新增就业基地5家。2019届毕业生初次就业率为94.12%，2020届毕业生通过学院招聘会达成就业意向的达70%，就业形势喜人。在职业生涯节期间，学院举办职业生涯系列讲座7场，通过朗途职业规划测评帮助学生了解职业生涯。经院部职业生涯规划大赛选拔，1名学生代表学校获得江苏省第十四届大学生职业规划大赛总冠军。在省就创业知识竞赛中，学院参与率达96%，平均分高达95分。在校级创业大赛和“互联网+”培育项目选拔中，学院4支创业团队进入培育，3支队伍进入决赛，最终分获校特等奖、一等奖、三等奖。在特色活动“追梦而去、职为你来”中，开展“朝阳讲堂”交流6次，走访就业基地企业6家，并通过征文和总结大会等形式让学生分享感悟，使职业生涯理念入心入脑。针对学院2020届少数民族、家庭困难等不同类型的毕业生举行2场就业援助活动。为每一位毕业生定制《顶岗实习安全知识应知应会手册》，普及生产岗位安全、职业卫生与工伤安全、紧急情况处理、交通安全、人身和财产安全以及相关顶岗实习安全法律知识。

（胡　清）

计算机工程学院

概 况

计算机工程学院的前身可追溯到创办于1984年的苏州市职业大学计算机应用技术专业。2006年1月系科重组，在原计算机教研室基础上建立计算机工程系。30年的风雨历程和改革发展使计算机工程学院积淀了厚实的办学底蕴。

计算机工程学院现有在职教职工89人，其中有专任教师77人，行政教辅人员12人。专任教师中教授7人，博士10人，省“333高层次人才培养工程”培养对象3人，省高校“青蓝工程”骨干教师培养对象1人，省、市级各类骨干及重点培养对象4人，硕士研究生导师1人，形成一支结构合理、年富力强的师资队伍。

学院下设计算机应用技术系、物联网技术系、软件与媒体技术系3个系，现有计算机应用技术、软件技术、计算机网络技术、动漫制作技术、物联网应用技术、移动应用开发、大数据技术与应用7个专业，其中，计算机应用技术专业是江苏省特色专业，动漫制作技术专业是苏州市优秀新专业，软件技术专业、物联网应用技术专业和计算机网络技术专业为校品牌专业。

学院现有中央财政重点支持的职业教育实训基地1个、江苏省高等职业教育实训基地建设点1个、江苏省特色专业1个、江苏省精品教材2部、江苏省成人教育特色专业1个、江苏省成人教育精品课程2门、江苏省高教研究成果奖1项。学院现有江苏省工程中心1个、苏州市重点实验室1个、实验实训室50个、校企合作单位50家，获得国家自然科学基金项目3项、江苏省自然科学基金项目1项。

截至2019年12月，学院校内实验实训场地面积7000余平米，设备总值6000余万元。学院具备理念超前、设施先进、性能优越、特色鲜明的IT实训条件，拥有中央财政重点支持的物联网技术综合实训基地和江苏省数字媒体与软件技术综合实训基地，建有包括与华为、思科、苹果、谷歌等知名企业共建的各类专业教学实训室50余个。

各类实验室、实训室为学生的实训教学提供了必要的设备保障，给学生提供了锻炼专业技能的平台，对于学生科技创新活动的开展以及参加国内各类专业赛事并获奖提供了有力支持。学院还为学生提供了全天候开放的IT中心、创客中心和专业实训室。除教学实验实训室外，学院还设有江苏省现代企业信息化应用支撑软件工程技术研究开发中心，苏州市重点实验室云计算重点实验室，校级软件技术重点实验室等科研实验室，为教师从事教学、科研提供了良好的条件。

计算机工程学院现有各类在籍学生2510人，其中全日制专科生2336人，专接本学生174人。学院针对苏州地方经济对IT人才的岗位需求，以就业为导向，以培养适应本地区社会经济发展需要的IT人才为根本，实行“教、学、做”三位一体的人才培养模式，在理论教学过程中贯穿创新思维，在实践教学中贯彻创新能力培养，高度重视学生实际动手能力的提高，推行多证制个性化教育，全面提升学生的综合素质和创新实践能力。2019年普通全日制毕业生共584名，签约就业率100%，毕业生受到用人单位的好评。

教学工作

办学特色

计算机工程学院主动适应苏州地方经济建设和社会发展对人才的需求，秉承“厚基础，强实践，创特色”的教育理念，坚持以育人为根本，以教学为中心，以服务为宗旨，以就业为导向，以质量为生命线，以能力为本位，以校企合作、工学结合为支撑点，实行“教、学、做”三位一体的人才培养模式，在理论教学过程中贯穿创新思维，在实践教学中贯彻创新能力培养，重视学生个性化发展，把工作的重心聚焦到搭建宽广创新实践舞台、凸显学生主体地位、全面提升学生的综合素质和创新实践能力之上。在历年的国家、省职业技能大赛、省计算机设计大赛等知名赛事中，学院学生屡有佳绩，赢得了广泛的社会声誉。

专业设置

2019年苏州市职业大学计算机工程学院专业设置一览表

系名称	专业名称	专业带头人	职称	学历(位)
计算机应用技术系	计算机应用技术	过　怡	副教授	本　科(硕士)
	移动应用开发	吴文庆	教　授	本　科(学士)
	大数据技术与应用	陈　珂	副教授	本　科(硕士)
物联网技术系	计算机网络技术	方立刚	教　授	研究生(博士)
	物联网应用技术	刘昭斌	教　授	本　科(硕士)
软件与媒体技术系	软件技术	尚鲜连	副教授	本　科(硕士)
	动漫制作技术	戴敏利	副教授	研究生(硕士)

专业介绍

◎计算机应用技术——省级特色专业

专业背景：随着我国“十二五”期间物联网技术、云计算技术和三网融合技术为代表的新一代信息技术的不断发展，嵌入式产品渗入各个行业，手机、PDA、机顶盒、高清电视（HDTV）、路由器、汽车电子、数码相机、医疗仪器、航天航空设备等都是典型的嵌入式系统。同时以智能手机和平板电脑为核心的移动互联应用将超过PC应用，在通信、娱乐等个人应用领域得到广泛应用，成为物联网和云计算应用最理想的终端平台。因此相对应的嵌入式开发和移动应用方面的技术人才将呈现爆发性增长。

培养目标：本专业培养德、智、体全面发展，适应现代经济发展的需要，既掌握嵌入式系统工程专业领域的基本理论，具有较强软件开发能力和操作技能，又掌握国际主流嵌入式开发平台和编程语言，具备移动设备应用软件开发技术、游戏开发技术及移动互联网应用开发技术的高级应用型专门人才。培养面向生产、建设、服务和管理第一线需要的，具有创新能力和职业生涯发展基础的高级实用型人才。

主要课程：计算机导论、计算机硬件技术基础、计算机语言C、数据结构、嵌入式面向对象编程规范（Java）、面向对象程序设计（Objective-C）、微机原理与汇编语言、嵌入式Linux系统管理、嵌入式系统基础应用、单片机原理与应用、实时操作系统分析与应用、嵌入式系统高级应用、SQL Server数据库技术应用、JSP商务网站设计、Android系统基础应用开发、Android系统高级应用、智能移动设备外围应用开发、Windows Phone系统 3G移动应用开发等。

相关证书：本专业可获取国家计算机技术专业技术资格（水平）程序员证书、计算机程序设计员（移动应用开发Android）（高级）、嵌入式系统设计师证书、计算机职业技能鉴定证书、IT职业资格认证证书、全国技术人才培养工程职业技术证书（IPhone程序员、Android程序员、IPhone软件工程师）。

职业前景：毕业后不仅能从事计算机软件、硬件系统安装、维护和管理，以及多媒体设计开发工作，也能从事办公自动化管理和管理信息系统开发等方面的工作，还可从事嵌入式软硬件的开发、嵌入式系统的测试、单片机系统的开发、移动通信设备的设计、智能家电的设计、嵌入式产品的测试与维护、计算机网络应用及维护、手机软件开发、移动增值业务开发、手机游戏开发、手机嵌入式开发、移动应用产品策划与运营等通信和信息行业工作及自主开发创业。

◎软件技术——校级品牌专业

专业背景：软件技术专业是计算机领域经久不衰的专业，软件开发、测试及维护人员的需求量大。本专业是苏州市职业大学校级品牌专业，专业下设苹果软件开发、软件测试和网站开发3个方向。针对苹果产品市场占有率较高、社会对苹果软件开发人员需求量日益增加的现状，本专业与上海中锐公司合作共建苹果实验室，参加了苹果IOS开发者大学计划；本专业就软件测试和网站开发方向分别与微软公司、苏州软件测评中心和唐人数码等公司建立了校企合作关系，为学生的实训、实习及就业搭建了平台。

培养目标：本专业面向软件技术领域，培养具有软件开发、测试、维护必须的知识和技能，具有一定的外语交流能力，能够在企事业单位从事各类应用软件开发（包括网站应用开发，Apple、Windows Phone及Android等移动平台应用软件开发等)、软件测试及网站维护、数据库管理、维护和开发等工作的高技术应用型人才。

主要课程:本专业课程面向网站开发、智能手机、平板电脑等领域,课程体系覆盖移动应用的三大主流开发平台。主要课程链路如下。1.苹果IOS移动应用开发课程链路:IOS操作系统及应用、面向对象程序设计(Objective-C)、IOS应用开发、IOS项目综合开发等。2.微软.NET平台及Windows Phone移动应用开发和软件测试课程链路:面向对象程序设计C#、SQL Server数据库管理和编程、Web系统UI设计、ASP.NET商务网站设计、Windows Phone应用开发、高级软件测试等。3.Java及安卓移动应用开发课程链路:程序逻辑设计与编程规范、面向对象程序设计(Java)、JavaScript高级应用、JSP商务网站设计、Android应用开发等。

培养方式:本专业实施"2+1"的培养模式,学生前两年在学校打好扎实的专业基础,第三年可到校外企业实训实习,积累工程经验,提高工程实践能力。

相关证书:要求参加国家职业资格认定,取得相关资质证书与职业资格。苹果和Windows专业方向的学生可取得国际厂商认证证书;同时还鼓励学生参加全国计算机技术与软件专业技术资格(水平)考试,取得程序员、软件测试师、系统分析师等相关资格证书与职级资格。

职业前景:本专业毕业生能在软件公司、相关企业单位、科研部门、教育单位从事移动应用编码及测试(包括苹果、Android、Windows Phone三大主流平台的软件)、Web应用软件开发测试、软件销售、安装培训、售后服务、数据库开发及维护、手机游戏移植、网站设计等工作,同时具备一定的自主创业能力。

◎计算机网络技术——校级品牌专业

培养目标:本专业培养德、智、体、美等方面全面发展,能适应现代化建设和经济发展需要,具有良好职业道德和创新精神,熟悉网络技术的基本知识与技能,了解网络新技术的发展动态和应用前景,具有一定的网络工程项目、网络系统配置与管理能力及网络维护调试能力,具有一定的网络新技术的应用开发能力,能从事网络工程实施等现场技术应用及管理工作的高素质技术应用型人才。

主要课程:计算机网络基础、网络工程设计、交换与路由技术、网络测试与故障诊断、Windows网络管理、Linux网络管理、网络互联综合应用、实用网络程序设计、网络安全等。主要实践环节有网络安装维护实训、路由与交换实训、Windows网络管理实训、实用网络程序设计实训、Linux网络管理实训、网络测试与故障诊断实训等。

实验实训条件:江苏省现代企业信息化应用支撑软件工程技术研究开发中心、思科网络新技术实训室和锐捷万兆网络实验室、智能楼宇实训室、中软吉大网络安全实训室、RFID与WSN实训室、环境感知实训室、物联网接入与通信实训室、智能终端应用开发实训室、物联网创新实训室等。

相关证书:可以参加网络技术的职业资格认证考试,获得相应证书。其中必须具备的证书有高新技术办公软件应用(中级)和网络管理员(ATA)证书。可选证书有CIW网络安全专家、锐捷认证RCNA、思科认证CCNA、CCNP、CCIE、微软认证专家MCP、Linux网络管理员、RCHE等。

职业前景:本专业面向计算机网络技术及应用有关的一线岗位,培养可从事IT产品销售、网络工程组建、管理与维护、网站的设计与开发、简单网络编程的高等技术应用型专门人才。

◎动漫制作技术——苏州市优秀新专业

培养目标:本专业培养具有丰富的艺术修养和优秀的动画制作能力,熟练掌握影像造型设计的基本规律,能够从事动作设计、动画场景设计、分镜脚本与构图设计、原画设计以及相关的视觉设计等工作,能通过先进的计算机动画技术进行数字视觉设计的高级复合型专门人才。

培养模式:动漫专业积极推行以"培养目标与社会需求相通,课程结构与工作过程相通,顶岗实习与就业岗位相通;专业教师与技术专家相融,教学场所与职业情境相融,教学内容与行业标准相融;毕业证书+职业资格证书+工作经历证书"为内涵的工学结合人才培养模式。

主要课程:角色造型设计、图像处理、二维动画、三维动画、影视特效、动画运动规律、校内外综合实训等。

学历提升:在校学生可直接参加江南大学动画设计专业专接本课程学习,通过考试者可获得本科毕业证书,符合学位条件者,由主考学校授予学士学位。

行业认证:本专业在教学课程中融合行业认证体系内容,学生通过学习可获得的行业职业资格证书包括Adobe平面设计师证书、Adobe认证数码视频师、三维软件工程师认证、三维可视化设计师认证、游戏动画设计师认证、Flash动画设计师认证、高技能操作相关证书、NACG二维动画设计师、三维动画设计师、Autodesk数字合成设计师、Autodesk影视动画工程师等。

实验实训条件：本专业是省级“数字媒体与软件技术综合实训基地”的支撑专业，拥有原画实训室、无纸动画实训室、二维动画实训室、三维动画实训室、影视特效实训室、数字摄影实训室、数字摄像实训室、数字音频实训室、数字创新实训室、非编网络实训室、富媒体创意工作室等各种类型的专业实训室。

校企合作及校外实训基地：本专业与苏州欧瑞动画公司、苏州士奥动画公司、苏州智杰多媒体有限公司、苏州大好河山科技有限公司、苏州软件园培训中心、江苏天一动画有限公司等多家国内知名动画企业开展了广泛的校企合作，并联合建立多个动漫专业教学实训基地。

教学成果：本专业的学生在全国ITAT就业技能大赛、全国三维数字化科技创新大赛、江苏省大学生“水文化”设计大赛、江苏省大学生“领航杯”数字媒体作品大赛、苏州市优秀创意设计团队大赛、苏州（长三角地区）院校动漫作品展等各级别大赛中多次获奖，并受到用人单位的青睐。

职业前景：从业前景包括影视动漫制作行业，电视传媒行业，广告传播等商业制作行业，游戏、网络动漫等互联网互动娱乐领域，手机游戏、手机动漫等无线娱乐领域。可担任二维动画设计师，三维动画设计师，三维建模师、渲染师、灯光师等，平面设计师，动画绘制员，影视特效制作师，商业产品造型师。

◎物联网应用技术——校级品牌专业

培养目标：本专业培养德、智、体、美等方面全面发展，能适应现代化建设和经济发展需要，具有良好职业道德和创新精神，熟悉物联网技术领域的基本理论、基本知识，具备在物联网系统及其应用方面进行二次开发和集成的能力，能从事物联网设备维护、调试、测试、验收等工作的高端技能型专门人才。

主要课程：计算机网络基础、物联网应用技术概论、交换与路由技术、嵌入式面向对象编程规范（Java）、物联网工程设计与实施、Linux基础与驱动开发、无线传感网络应用、物联网应用开发、嵌入式系统开发与应用实践等。主要实践环节包括传感节点安装调试与维护实训、网络安装维护实训、物联网定位与监测实训、环境监控物联网系统安装和调试、物联网集成应用等，以及在企事业单位或物联网技术综合实训基地的工作实习及岗位实践。

实验实训基地：中央财政支持的物联网技术综合实训基地、江苏省现代企业信息化应用支撑软件工程技术研究开发中心、校园网环境感知实验室、物联网接入与通信实训室、RFID与WSN实训室、物联网系统集成实验室、实训大楼智能控制中心、思科网络新技术实训室、锐捷万兆网络实验室、智能楼宇实训室、中软吉大网络安全实训室、智能终端应用开发实训室等。

相关证书：可以参加物联网应用技术的职业资格认证考试，获得相应证书。其中必须具备的证书有高新技术办公软件应用（中级）和网络管理员（ATA）证书。可选证书有物联网应用工程师、物联网开发工程师证书、CIW网络安全专家、RCNA、CCNA、CCNP、CCIE、Linux网络管理员、RCHE等。

职业前景：主要担任物联网设备生产员，物联网产品检测工程师，物联网系统建设工程师，物联网工程设计、规划、营销和维护工程师，物联网设备安装员，物联网系统开发助理工程师，各企事业单位的物联网自动化管理人员与技术支持人员等。

◎移动应用开发

培养方向、重点、特色：本专业培养具有从事移动互联领域应用软件开发工作所需的职业素质、专业实践能力，借助移动互联网终端（如手机、平板电脑等）实现传统的互联网应用或服务，具有移动应用软件的编程、测试及维护能力，能从事移动智能设备软件的开发与设计、移动商务网站的设计与制作、移动应用UI交互设计与制作、微信公众平台开发、移动互联网运维等相关工作，具备团队协作及学习创新能力的技术技能型人才。

本专业是“全国移动互联网创新教育基地”和Google“Android人才培养示范基地”的支撑专业，为学生提供创业孵化平台，以学生工作室为载体，鼓励学生积极参与创新创业。

职业定位与人才流向：随着移动互联网高速发展，移动应用开发人才需求持续旺盛，就业前景广阔。本专业毕业生主要面向IT企业、政府部门、企事业单位与移动互联网相关的工作。主要担任包括移动应用开发工程师、移动应用UI设计师、移动互联网络维护与管理技术员、智能移动设备软件测试工程师等。可以基于App应用商城、微信公众平台进行自主创业。

学生获奖情况：近年来，本专业学生获得江苏省高等学校大学生实践创新项目3项，多次荣获全国职业院校技能大赛三等奖，获江苏省大学生计算机设计大赛一等奖，江苏省高等职业院校技能大赛二等奖、三等奖，江苏省"互联网+"大学生创新创业大赛创意类三等奖等奖项。

◎大数据技术与应用

培养方向、重点、特色：本专业旨在向企业输送理论知识够用、职业技能实用的创新型复合人才。专业特色在于注重大数据平台架构与运维能力、大数据应用开发与测试能力的培养。本专业与苏州移动公司、苏州驰星教育科技有限公司、深圳讯方技术股份有限公司等多家知名企业开展深入校企合作。近年来，学生在江苏省职业院校技能大赛"大数据技术及应用"等赛项获一等奖和二等奖各1项。

主要课程：大数据编程基础（Java）、SPSS数据分析与挖掘、数据仓库构建与应用、数据模型与决策、Hadoop平台构建与应用、Spark大数据处理、Python数据分析与应用、网络爬虫设计与应用、数据可视化应用、数据处理与清洗、语音大数据应用与处理、移动通信大数据应用与处理。

职业前景：毕业生主要从事平台架构与运维、数据采集与预处理、数据分析与可视化、企业网站应用开发与大数据应用开发等工作。

职业定位和人才流向：学生毕业后可从事智能制造装备或非标自动化企业从事工业机器人设计、制造、操作、编程、调试、销售、集成应用等工作，后期也可从事企业生产管理、工程项目管理、技术服务等工作。本专业与汇川技术、博众精工、三星、菱麦等企业及苏州市现代装备制造职业教育集团其他企业建立了稳定的就业实习基地，每年向校企合作企业输送大量人才。

师资介绍

名师风采

李金祥，男，1963年9月生，陕西榆林人，现任苏州市职业大学计算机工程学院院长、教授。并任中央财政支持的职业教育实训基地建设项目——物联网应用技术实训基地主要负责人、江苏省教育厅数字媒体与软件技术实训基地建设项目负责人。江苏省特色专业"计算机应用技术"专业负责人，江苏省成人教育精品课程"计算机语言C"课程负责人，校软件技术品牌专业负责人。

自1984年来，一直从事高等教育、科研及管理工作。先后主讲本、专科"计算机导论""C语言程序设计""计算机图形学"等10余门课程。参与"九五"国家重点科技攻关项目1项，主持、参与省、市级以上教科研项目20余项。编写出版教材13部，其中《物联网应用开发》获评江苏省高等学校重点教材，《实用C语言程序设计教程》获评高职高专计算机教指委优秀教材。发表教学、科研论文50余篇。获得发明专利2项、实用新型专利5项、软件著作权4项。多次获校级教学成果奖和优秀教师表彰，2014年获评江苏省高校优秀共产党员，2008年获江苏省优秀毕业设计（论文）一等奖（指导教师）和苏州市先进教育工作者荣誉，2011年项目《职业院校生产性实训教学规程及质量监控机制研究》获苏州市"讲理想，比贡献"技术创新"双杯奖"——献计杯，曾获苏州市自然科学优秀学术论文二等奖1项、三等奖2项。

刘昭斌，男，1965年4月生，山东威海人，西安交通大学计算机科学与技术专业硕士。现为苏州市职业大学计算机工程学院物联网技术系主任、物联网应用技术专业带头人、教授，研究方向为感知计算与物联网。中国计算机学会高级会员。

先后在清华大学、澳大利亚北墨尔本高等技术学院和华东师范大学访学，主要承担"计算机网络基础""网络系统工程集成""物联网技术导论""传感器网络"等多门课程教学工作。作为计算机网络专业带头人，主持校级品牌特色专业和精品课程建设，开发专业学习网站和资源共享平台，积极参与实验室和实训基地工作。

近5年，共发表论文20篇，其中EI收录8篇、ISTP收录1篇、核心期刊收录5篇、省级期刊收录7篇。获发明专利2项、实用新型专利2项、软件著作权3项。编著"十二五"职业教育国家规划教材1部，主编教材2部。主持完成项目9项（其中省部级项目2项、市厅级项目1项、县局级项目2项、校级项目3项），参与完成（排名前三）省部级项目2项、市级项目1项。指导学生获得2011年度江苏省普通高校本、专科优秀毕业设计（论文）一等奖，指导学生获得第十二届中国智能机器人大赛国际赛制灭火比赛大学组一等奖。获2013年江苏省教学成果奖（高等教育类）二等奖、全国“创新网络人才杯”实践教学大赛季军、第十届全国多媒体课件大赛（高职组）二等奖。所获奖项中排名第一的有15项。

顾才东，男，1963年7月生，宁夏吴忠人，现任苏州市职业大学计算机工程学院教授，宁夏大学、陕西理工学院计算机科学技术专业硕士生导师。ACM会员，中国计算机学会会员。

自1984年参加工作以来，一直在高校从事教学、科研工作，主要研究方向是RFID、物联网、大数据挖掘与分析。先后主讲研究生“数据库原理”“XML技术”、本科生“操作系统”“高级语言程序设计”等、专科生“RFID原理与应用技术”“交换与路由技术”“无线局域网技术”“计算机网络工程实践”“C语言程序设计”“Javascript”“计算机网络基础”“计算机导论”等10余门课程。主持国家自然科学基金、省市级科研项目10余项；在国际、国内相关学术会议和期刊上发表论文几十篇，其中被SCI、EI和ISTP三大索引收录10余篇；发表的论文获省级论文二等奖1项，获苏州市自然科学优秀学术论文二等奖1项、三等奖1项；获全国应用创新大赛二等奖1项，获省部级三等奖2项；授权发明专利、实用新型专利10余项。

吴文庆，男，1973年1月生，黑龙江龙江人，现任苏州市职业大学计算机工程学院教授。曾在国家教育行政学院和黑龙江省委党校进修学习。曾任黑龙江省高职高专教育计算机类专业指导委员会秘书长，现为黑龙江省计算机学会理事、齐齐哈尔市青联委员。黑龙江省级教学团队“计算机网络技术”负责人，黑龙江省级精品课程“计算机组装与维护”课程负责人。

自1997年来，一直从事职业教育一线教学和管理工作，先后主讲本、专科“计算机基础导论”“数据结构”“C语言程序设计”“计算机组成原理”等10余门课程，主持、参与省、市级以上教科研项目10余项，编写出版教材7部，发表教学、科研论文近20篇，多次获校级教学成果奖和优秀教师表彰，获黑龙江省优秀共产党员荣誉称号，获齐齐哈尔市优秀教师、齐齐哈尔市新长征突击手荣誉称号。

方立刚，男，1980年9月生，安徽歙县人。2007年7月毕业于中国科学院广州地球化学研究所，并获得遥感与地理信息系统方向博士学位。现任苏州市职业大学计算机工程学院计算机网络技术专业带头人、教授，主要研究方向为环境遥感监测、计算机模拟与WebGIS开发。中国计算机学会会员。入选江苏省第四期“333高层次人才培养工程”第三层次培养对象和江苏省高校“青蓝工程”优秀青年骨干教师培养对象。

先后主讲“计算机网络基础”“交换与路由技术”“网络综合布线”“网络系统工程集成”“计算机网络与WebGIS”等10余门课程。指导学生获得2013年度江苏省高职院校技能大赛物联网应用技术赛项三等奖，指导学生进行江苏省大学生实践创新项目研究，参与江苏省教育科学“十二五”规划项目和苏州市人力资源和社会保障局高技能研发项目等多项教改项目。主持国家自然科学青年基金项目、江苏省自然科学青年基金项目、苏州市科技计划项目以及多个省级重点实验室开放基金项目；作为骨干参与多项国家“863”计划课题和国家自然科学基金项目，科研成果分别获得2009年度广东省环境保护科学技术奖二等奖和2013年度中国地理信息科技进步奖三等奖（排名第二），且对相关研究成果进行了推广应用，产生良好的社会效益和经济效益。在国际、国内相关学术会议和期刊上发表学术论文30余篇，其中SCI、EI收录论文20篇，发表的论文分别获得苏州市2008—2009年度、2010—2011年度自然科学优秀学术论文二等奖和2010年度广东省优秀学术论文三等奖。

专业带头人简介

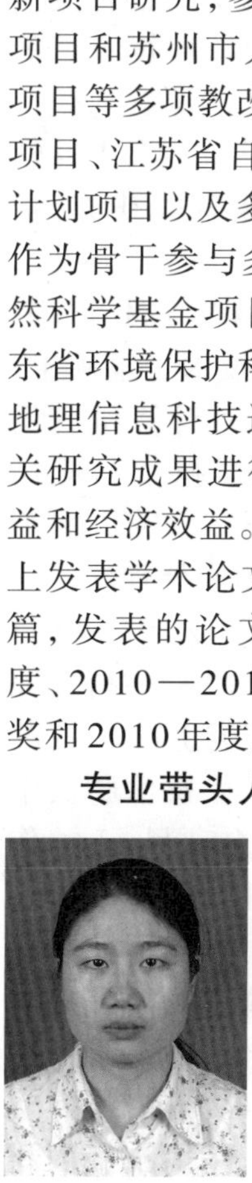

过怡，女，1977年12月生，江苏苏州人，2008年获中国科学技术大学计算机应用技术系硕士学位，现为苏州市职业大学计算机工程学院计算机应用技术专业带头人、副教授，研究方向为计算机应用。

先后主讲“微机原理与汇编语言”“嵌入式系统基础应用”“嵌入式系统高级应用”等多门课程。参与、主持多项省级、县局级、校级科研项目，发表论文多篇，授权发明专利1项、实用新型专利1项、软件著作权多项。2012年获苏州市高技能人才培养研发课题三等奖，多次指导学生参加全国智能车竞赛、全国机器人大赛并获奖。

尚鲜连，女，1972年12月生，山西晋城人，2006年获苏州大学计算机应用技术专业硕士学位。现为苏州市职业大学计算机工程学院软件技术专业带头人、副教授，研究方向为软件技术。

主持、参与多项省级、市级、校级科研和教改项目。主编或参编由东软电子出版社、北京希望出版社、电子工业出版社出版的《C#.NET应用开发项目教程》《现代软件工程》《Linux中文版应用基础》等教材。发表论文多篇，其中EI、ISSHP收录2篇。获实用新型专利5项、软件著作权10余项。获优秀党员、优秀班主任、教坛新秀、年度嘉奖等荣誉。获江苏省教育厅主办的省信息化大赛一等奖，多篇论文在各类大赛中获评二、三等奖，课件获省现代教育技术二等奖，参与的省高教研究课题和市高技能课题均获一等奖，获校教学改革优秀成果一等奖。多次指导学生参加计算机设计大赛、各类软件大赛并获奖，指导毕业设计个人、团队并获奖。

陈珂，女，1974年7月生，苏州大学计算机应用技术工学硕士，现任计算机工程学院计算机应用技术系主任、大数据技术与应用专业带头人、副教授，研究方向为智能信息化处理、图像处理。

主持苏州市科技计划项目(前瞻性应用研究)1项，主持并完成苏州市科技计划项目(应用基础研究)2项、江苏省现代企业信息化应用支撑软件工程技术研发中心开放基金和中央广播电视大学基金项目1项。作为骨干，参加国家自然科学基金项目、江苏高校科研成果产业化推进项目、江苏省教育科学研究院基金项目、苏州市人力资源和社会保障局项目。发表论文20多篇，其中SCI收录2篇、EI收录10余篇、中文核心期刊收录8篇。获得授权发明专利3项、实用新型专利4项、软件著作权10项。编写出版教材3部。指导学生获得2019年度江苏省高职院校技能大赛大数据技术与应用赛项一等奖、2017年度江苏省优秀毕业设计(论文)一等奖、2011年度江苏省优秀毕业设计(论文)团队奖，指导学生完成江苏省大学生实践创新项目研究。获2019年江苏省微课教学比赛二等奖、苏州市2012—2013年度自然科学优秀学术论文二等奖、2016年度江苏省开放大学优秀科研成果二等奖。

戴敏利，男，1982年5月生，湖北天门人。现任苏州市职业大学计算机工程学院动漫制作技术专业带头人、副教授。主要从事数字媒体技术教学科研工作。

先后主讲“多媒体制作”“视频编辑与制作”“摄影摄像技术”“视频直播技术”等多门课程。参与国家自然科学基金项目1项，主持省教育科学规划项目1项，主持市级项目2项，参与省、市级教科研项目10余项；发表教学科研论文10余篇；获授权实用新型专利、软件著作权多项。指导学生获得全国高等职业院校技能大赛一等奖1项、全国职业院校学生技能作品展洽会三等奖1项，指导学生获得江苏省优秀毕业设计(论文)一等奖、三等奖各1项，指导学生获得江苏省高等职业院校技能大赛一等奖、三等奖各1项，指导学生获得“领航杯”江苏省大学生数字媒体作品竞赛一等奖、二等奖各1项。获得江苏省高职院校信息化教学大赛一等奖1项、江苏省高校微课教学比赛二等奖2项、江苏省教师现代教育技术应用作品大赛二等奖2项。

方立刚，苏州市职业大学计算机工程学院计算机网络技术专业带头人。(详见“名师风采”部分)

吴文庆，苏州市职业大学计算机工程学院移动应用开发专业带头人。(详见“名师风采”部分)

刘昭斌，苏州市职业大学计算机工程学院物联网应用技术专业带头人。(详见“名师风采”部分)

校企合作

2019年，计算机工程学院在校企合作方面以企业学院建设为抓手，在合作人才培养、合作共建实训室、合作实施教学、合作为社会提供技术服务及合作共创特色党建项目等方面开展了多项工作，完成了年初预设的校企合作各项内涵指标。

◎多渠道校企合作签约

2019年，学院与苏州人工智能和大数据领域的知名企业思必驰信息科技有限公司签约成立了学校第19家，同时也是计算机工程学院的第5家企业学院。学院与香山街道开展合作，签署了科研平台共建、一院一镇、党建共建等一系列具体合作协议，完成了吴中区香山街道核雕艺术馆虚拟现实展示横向项目。与太平街道合作的一院一镇项目稳步推进，与区内企业炫客数字科技有限公司合作的订单班是当年合作情况最佳、学生录用率最高的合作企业。

2019年，学院新增23家校企合作单位，覆盖了包括软件技术、物联网应用技术、计算机网络技术、计算机应用技术、动漫制作技术、大数据技术与应用等学院所有专业，其中合作形式较多的深度合作企业10家。发布校企合作类新闻23条，其中在市级以上媒体上发布新闻2条。奖学金方面，2019年取得了新进展，新增25万元奖学金额度，其中天创奖学金10万元、安防奖学金4.5万元、翼云奖学金10.5万元。

◎企业深度介入人才培养计划制订过程

学院各专业均有企业带头人参与专业建设，各个企业学院均有企业专家任专业兼职教师，校企双方在专业调研、人才培养计划制订及校企合作课程、教材建设方面进行了合作。物联网技术系专业建设计划经天创信息安全学院、安防学院和翼云电信学院专家审核，大数据技术与应用专业的可行性论证和建设得到了来自思必驰企业学院及移动学院专家的大力支持。在苏州市优秀新专业动漫制作技术专业的建设工作和虚拟现实应用技术新专业开展可行性论证方面，学院于10月召开动漫制作技术专业建设指导委员会会议及虚拟现实应用技术专业建设可行性论证会，5名来自企业和兄弟高校的专家共同为专业建设出谋划策。

在校企合作师资队伍建设方面，2019年学院与亨通集团旗下亨通信安新成立“双师”基地，张燕、方立刚2名教师下企业顶岗实习，在职业标准制订、大赛标准制订、新产品发布等方面与企业专家共同开展工作，受到了企业的好评；驰星“双师”基地开展了校内大数据专业技术培训，校党委书记钮雪林在8月走访了驰星教育“双师”基地；天创“双师”基地开展了一期CISP-PTE培训，教师成功取证；苏职大—欧瑞校级校企合作通过了学校中期审核。

◎校企合作共建实训室

校企共建实训室方面，2019年翼云电信学院向学校准捐赠300万元，校企合作共建5G物联网应用技术实训室项目已经在当年11月竣工验收，企业同时提供12万元的翼云奖学金支持学校人才培养。实训室以5G窄带物联网教学一体化系统、物联网应用场景展示系统、工业互联网系统以及人工智能创新实验为特色，通过集5G窄带通信、物联网感知、物联网应用开发于一体的教科研平台，培养学生在传感器应用、物联网组网通信、典型物联网应用系统运维以及物联网应用软件开发等方面的应用及创新能力，为苏州及周边地区物联网产业的发展提供高素质技术技能型人才。苏州市职业大学移动学院与中国移动苏州分公司共建5G网络与大数据技术示范实验室，企业捐赠了价值5.5万元的5G基站设备。学校被授牌成为ARM（安谋）中国嵌入式人工智能应用技术示范基地，ARM公司向学校捐赠5万元嵌入式设备，支持计算机应用技术专业建设。

◎开展多种形式教学合作

在新增8门校企合作课程和8部校企合作教材的基础上，学院在校企合作开设订单班方面取得新的进展，订单班课程开设、课程考核、顶岗实习、毕业答辩等一系列活动全面开展。动漫制作技术专业继续与行业内企业深入合作，开设5个订单班，所有班级均参加订单班教学，订单班人数共235人。物联网技术系也取得新的突破，计算机网络技术专业与苏州牛迪网科技有限公司、苏州国网电子科技有限公司、苏州思迪信息技术有限公司开设订单班，设2个班共72人，由产业教授陆春民授课。在考核阶段，企业高度重视，主要专家全面参与评测。计算机应用技术系与思必驰信息科技有限公司合作，开设了1个订单班，专注于大数据分析和处理。

5月，学院改革订单班毕业答辩形式，旭升影业订单班在苏州旭升影业有限公司、国网订单班在国网电子有限公司进行了毕业设计企业现场答辩。答辩组由学院专业教师、企业专家组成，教务处专家现场指导，受到企业及学生的热烈欢迎。现场答辩以真实项目为导向，效果良好。

在课赛融合方面，学院注重发挥企业在岗位技能实践方面的独特优势，其中天创信息安全学院派出专家，依托校企共建的实训室，共同对参加技能竞赛的学生进行培训和指导，学生在2019年姑苏区网络安全技能大赛（校园赛）暨第一届“天创杯”网络安全技能竞赛中取得了赛项第四名、三等奖的好成绩。

◎校企合作服务地方

2019年，学院承办各类论坛、赛事、培训班，服务地方，促进产学研融合。1月，学院开办2019年VR应用课程师资培训班，来自全国各地的40余名职业院校及应用型本科院校的VR相关专业授课教师及本校专业教师参加了培训。4月，学院协办第三届城市智慧&建(构)筑物消防信息化高峰论坛，来自全国各地的600余名专家参加会议，院长李金祥为会上成立的数据公约联盟揭牌。是月，学院举办CCF YOCSEF苏州计算机专业人才培养与产学研融合论坛，在苏各高校计算机及相关院系专家和骨干教师共同交流探讨计算机类专业及相关专业的人才培养经验，共享优秀教学改革及专业发展成果。7月，学院开办为期10天的2019思科网院CCNA1-2课程培训班，来自全国20所本科与高职院校的30余名教师参加培训。10月，学院承办中国计算机大会(CNCC)CCF大学生计算机系统与程序设计竞赛总决赛，来自全国多所本科院校的学生参加比赛。

在科研服务方面与思必驰合作，完成了人工智能语音数据采集项目。

在校企合作成果展示方面，天创信息安全学院及翼云电信学院入选2019年高等教育博览会典型校企合作案例，其中“人才共育、平台共建、项目共研——苏州市职业大学翼云电信学院”案例参加博览会的最终路演环节。翼云学院与运营商的深度合作形成了一种产教融合的新模式，发挥了运营商在产业链中的作用，实现了物联网应用技术专业与物联网产业链的深度融合和无缝对接。

◎校企合作共创党建特色项目

物联网技术系党支部与党建共建单位江苏天创科技有限公司“信息安全卫士”行动支部联合开展开放党日公开课活动。学院与苏州牛迪网科技有限公司、苏州国网电子科技有限公司、苏州思迪数据公司、江苏三意楼宇科技公司合作进行校企支部党建共建，同时开展产学研项目合作；与移动学院共同举办了“走进5G看苏州”主题党日活动。

学术科研

依托省工程中心、市重点实验室、行业企业学院、校地合作科技创新实验室等平台，紧密围绕地方经济发展需要，发挥学校在大数据、人工智能、5G通信等方面已有的科研优势，积极提升学校在新一代信息技术领域的自主创新能力，努力推动学校自主知识产权在苏州及长三角地区的产业应用，协助地方产业结构调整和经济发展方式转变。2019年学院积极开展国、省、市、校各级科研项目申报，并组织科研团队实施应用研究，取得了较好的科研绩效。2019年，学院有校地共建研发机构1个，立项市厅级及以上科研项目10项，立项并完成横向技术开发咨询服务项目9项；授权各类专利及作品著作权61项；发表论文89篇，其中核心及以上层次论文10篇(SCI检索4篇)。

2019年3月，学院邀请深圳市讯方技术股份有限公司董事长、总裁戴毅先生举办“基于‘互联网+’的科技创新与创业实践”学术报告会，就科研人员开展科技创新和社会服务、专业教师创新创业教育研究、大学生创新创业路线规划与实践探索等专题进行指导。2019年4月，学校移动学院揭牌成立全国领先的5G网络与大数据技术实验室，通过大力引入地方资源、行业企业参与到学校的科研工作中，促进产教深度融合，更好服务于苏州地方经济社会发展。2019年6月，学校与吴中区香山街道举办校地合作签约仪式。双方将围绕香山街道经济社会发展特别是主导产业发展需求，在产业技术升级、产业协同创新中心、联合党建等领域开展全面合作，共同推动地方经济和职业教育持续健康发展。2019年11月，学校“实训室智能信息化管理平台”获2019世界职业教育大会优秀案例，为职业院校教育信息化提供了新的思路和可行性方案。

2019年12月，学校获苏州市计算机学会“优秀会员单位”称号，学校计算机工程学院牵头的物联网专业指导委员会获“优秀专委会”称号；李金祥教授获“优秀委员”称号，叶良、谭方勇、张量3名老师获“优秀会员”称号，方立刚教授获“优秀秘书长”称号。

学生工作

2019年学院的学生工作，围绕着全面贯彻党的十九大和十九届二中、三中、四中全会精神，深化落实全国教育大会精神和《国家职业教育改革实施方案》，坚持立德树人根本任务，提升服务学生成长成才工作水平，延续以往在队伍建设、思政建设、就创业教育等领域的融合创新，积极落实学院学生工作各项内容。

◎继续加强学工队伍建设,完善管理体系,适应规模增长新常态

1.一岗双责,团队发展,促进辅导员队伍建设内涵提升。围绕学院的重点工作,对辅导员进行“减负增压”,结合个人的研究方向、专业领域,加强重点工作。进行辅导员队伍赋能,重点在创新创业教育、职业生涯规划指导、心理健康指导等方面。明确辅导员的一岗双责,对每个辅导员的工作任务进行量化,通过专题研讨会、集体听课会、学风督查等形式提升工作质量,提高辅导员工作能力。

2.党建带团建,各支部做好专业发展的特色引领。各系支部负责在学生专业能力培养上的特色发展,结合专业建设、专业人才培养的整体思路,在学风建设、特色发展、入学教育、校企合作、就业帮扶等方面推进特色项目。面向全体学生党员和入党积极分子开展系列主题教育活动。学生支部上半年有学生党员17人,下半年学生党员15人,全年共发展党员17人。

3.积极赋能,班主任、党建联系人发挥基层堡垒作用。一是对于班主任配备情况进行深入调研,研究切实可行的对策和建议,稳定班主任队伍的建设。二是通过专题学习、专题培训等形式为队伍赋能。积极组织班主任培训,形成专题学习制度,邀请专家解疑答惑。三是继续实行系层面的班主任例会制度。

4.努力构建党团组织主导、学生骨干带动、广大学生参与的全方位学习网络,继续发挥学生骨干队伍的传帮带作用。在“班主任助理”“实训助理”的基础上,增加了“学工助理”,发挥学生骨干的主观能动性,带动学风的良性发展。对团学干部进行主题培训,加强作风建设和赋能建设。

◎加强新时代大学生的思想引领

1.融合“不忘初心、牢记使命”主题教育和中华人民共和国成立70周年系列活动,落实好主题宣传和班会活动。结合学校“新时代·新担当·新作为”和“青春梦·中国梦”主题教育,举行志愿者活动、主题团日活动等“青春”系列活动。开展信仰公开课、学习总书记五四讲话精神和团学干部培训活动,将核心价值观引领融合于各项日常主题团学活动。通过职业生涯大赛、校园之星、暑期社会实践等团学活动促进学生全面发展。完善奖助服务体系,加强奖助学金的引导作用。组织文明宿舍、文明班级的创建和宣传,增强学生的集体荣誉感和责任感。

2.融合“第一课堂”和“第二课堂”育人载体,以“新工匠精神”为学风建设指引,营造“笃学”“致知”的学风环境。组织两期“开放课堂”,构建7个学习项目组;组织学院创业设计大赛以及各项专业能力展示活动。依托现有的实训基地、创客空间等平台,开展新工科背景下大学生学业指导的探究与实践。开展创客沙龙等创业分享系列活动,为学生和企业创造交流平台,使学生拓宽视野,提升专业能力和职业素养。

3.融合传统媒体与新媒体多种形式,积极开展网络思政工作。运用新媒体手段与学生沟通、交流,构建年级学生群、微信公众号等新媒体渠道,积极开展内容建设。掌握学生群体中的舆情动态,及时发现并解决学生中存在的各类问题,线上、线下共同推进,促进学生成长成才。

◎“融流程”“融部门”的日常服务,助力学生自我养成

1.深入学生做好宣讲,脚踏实地做好服务。围绕“服务学生”做好教学教务流程、奖助学金体系、宿舍安全卫生管理等规章制度、办事流程的全覆盖宣讲,多部门融合联动,助力学生提升学业规划能力、养成文明健康的生活习惯,做到“我的学业我明了”“我的学校我了解”。

2.学工、教务、实训共同探索资助育人的有效路径和方法,构建和谐温暖的育人环境。对困难学生通过“奖、助、勤、贷、免”五位一体的助学体系精准帮扶,鼓励和支持受助学生开展专业实践,通过竞赛、项目等提升专业能力和就业能力,鼓励受助学生开展公益服务,引导学生诚信做人、关爱他人、回馈社会,达到资助育人的效果。

3.在做好心理健康日常管理基础上,应急处理各条线融合联动。充分发挥心理委员作用,发现上报学生心理问题。学工条线人员从学业、人际交往、学生间矛盾等方面建立谈话和帮扶责任制,开展心理疏导,帮助学生走出困境。突发事件由学院党总支副书记牵头,各条线应急联动,缩短应急流程。

4.积极推进学生管理信息化。配合学生管理系统“辅导猫”和学校网上办事大厅的使用,细化学生日常管理的信息化。

◎“融内外”的就业教育体系,保障学生的就业质量。

1.开展就创业指导与服务,落实就业帮扶。一是

继续加强与就业基地联系，积极拓展新就业基地，提高对口就业率。二是开展企业集群式专业指导、就业服务、就业招聘，2019年共开展12次就业专题讲座、14次院级专场招聘会。三是关注贫困生和就业困难群体，通过专场招聘、推荐企业等形式开展进行等形式开展就业帮扶。四是落实指导教师、辅导员走进企业一线开展实习、就业安全的教育引导。

2.做好服务，争取重大比赛能有成果。一是发挥各专业自身的优势，将学生竞赛和专业建设有机结合，确立目标，落实推进方案。二是积极提升辅导员创新创业竞赛辅导的能力，通过参加培训以及到相关院校取经等方法，让辅导员与专业教师一起提升学生的竞赛能力和综合素质，争取重大比赛能有成果。

◎“融点面”的品牌体系，特色发展有成果

1.推进“新工科”创客中心升级改造项目的申报，积极落实各项建设任务。完成基础建设和设施设备及软件的验收，逐步完善创客中心线上管理平台“创客家”和人岗匹配系统，推进创客教育、创客活动的精细化管理，更好地把创业就业融合起来。

2.重视“互联网+”“挑战杯”等重要内涵指标项目的推进，通过项目培育会、选拔赛、推进会等助力项目，学院获2019年全国职业院校技能大赛（高职组）“虚拟现实（VR）设计与制作”赛项一等奖、2019年全国职业院校技能大赛“计算机网络应用”赛项二等奖、2019年“挑战杯”全国大学生课外学术科技作品竞赛江苏省选拔赛特等奖。

（吴彩燕）

电子信息工程学院

概　况

苏州市职业大学电子信息工程学院已有30余年办学历史，目前设有电气自动化技术、智能控制技术、应用电子技术、智能产品开发、通信技术、电子信息工程技术和工业网络技术7个专业，2019年与江苏省吴江中等专业学校合作开展电子技术应用专业“3+3”中高衔接分段培养项目，2019年继续实施与苏州科技大学合作开展的电气自动化技术专业“3+2”分段培养项目，与南非开展电气自动化技术专业合作办学项目。截至2019年，学院共成立了2个企业学院。

学院师资力量雄厚，在编教职员工92人，在校学生1958人。现有教授8人、副高职称34人、江苏省“333高层次人才培养工程”培养对象1人、江苏省高校“青蓝工程”培养对象8人，省级优秀教学团队1个，拥有苏州市技能大师工作室和吴中区技能大师工作室各1个。学院深入推进教学改革，打造人才培养特色。有国家级教学改革试点专业1个、省级品牌专业2个，省品牌专业建设工程一期A类项目1个，省级骨干专业1个，教育部中央财政支持的重点建设专业1个，省“十二五”高等学校重点建设专业群1个，苏州市品牌专业1个。

学院拥有一流的实验实训条件，建有国家高技能人才培训基地1个、省级实训基地及产教融合实训平台各1个、省工程中心1个。学院注重校企合作，调整后有实质性联合人才培养的校外实训基地42个，与苏州市光电缆业商会合作共建“苏州市光电缆行业大学”，与工信部软促中心、苏州凡特斯共建NITE国家信息紧缺人才培养工程——博众·凡赛斯自动化学院，与科大讯飞共建智能应用技术学院，与大唐、西门子、友达等著名企业在共建实训基地、现代学徒制等方面实现校企深度合作。

学院服务苏州地方区域经济与社会事业发展，培养具有创新精神和实践能力的高素质技术技能人才。近年来，学生在全国和省、市级的各类电子比赛、机器人大赛及数学建模大赛中频频获奖，获省级以上大赛奖近300项。毕业生因综合素质高、专业技能强而深受用人单位欢迎，连续三年就业率达98%以上。学院人才培养成果多次被新华社、光明网等媒体报道

教学工作

办学特色

电子信息工程学院主动适应区域经济，构建符合地方社会经济发展要求的专业体系标准，形成专业定位适应地方产业，培养目标对接岗位需求，培养过程渗透企业文化，教学形式贯穿虚实融合的专业特色。

专业建设在校企合作平台、校企协同育人和实践教学体系等方面取得显著成效。开发面向移动学习和碎片学习的“互联网+”信息化实训资源；对接职业标准与行业规范，构建小课程、多模块、动态替换和量化考核的柔性适应、产训结合的课程体系；培养校企互兼互聘、教学与生产相融的“双师型”教学队伍。同时，为促进人才培养模式多样化，丰富学生学习体验，拓展学生国际视野和跨文化交流，1月17—23日，学院资助25名学生前往澳门科技大学参加为期7天的大学生文化交流活动。2019年，联合国内本科、中高职院校及行业企业共同申报的职业教育智能控制技术专业教学资源库获教育部正式立项并启动建设。

以专业社团、工作坊、项目团队和兴趣小组构成创新能力培养的主体，以专业技能竞赛、研究性课程、大学生创新项目和社会服务项目作为创新能力培养的多途径支撑载体，通过技术研修、头脑风暴、创新创业指导、项目孵化和竞赛参与等多手段培养学生的创新和创业能力，使学生在各类省赛、国赛中取得优异成绩。

学院主动开拓，实现人才培养的多模式产学合作。坚持走产学合作人才培养的道路，坚持“合作、参与、服务与分享”的校企合作原则，开展多种形式的校企合作，实现“益在学生、利在企业，誉在学校”的多方共赢。

专业设置

2019年苏州市职业大学电子信息工程学院专业设置一览表

系名称	专业名称	专业带头人	职称	学历(位)
自动化系	电气自动化技术	赵　成	副教授	研究生(博士)
	智能控制技术	刘　科	教　授	研究生(硕士)
电子技术系	应用电子技术	汪义旺	副教授	研究生(硕士)
	智能产品开发	吴　尘	副教授	研究生(硕士)
通信技术系	通信技术	周　燕	副教授	研究生(博士)
	电子信息工程技术	颜廷秦	教　授	研究生(硕士)
	工业网络技术	俞兴明	教　授	本　科(硕士)

专业介绍

◎应用电子技术——国家教改试点专业、江苏省品牌专业、江苏省电子技术重点专业群核心专业、江苏省骨干专业

培养方向、重点、特色：本专业主要培养可从事电子产品研发、生产管理、设备维护、质量管理、技术支持、市场营销等工作的高素质技术技能型人才。专业着重培养学生创新实践能力，历届学生在国家级、省级大学生技能竞赛中屡获大奖。

本专业设立于1991年，是国家首批教改试点专业、江苏省首批品牌专业、江苏省电子技术重点专业群核心专业。现建有省光伏发电工程技术研究开发中心、新能源与智能微型电网应用实训室等先进实验室及学生创新创业工程训练中心，与中国赛宝华东分所、苏州计量测试所等建立良好的校企合作关系。专业教学团队为江苏省优秀教学团队，有专业教师13人，其中教授2人、博士2人，大部分教师具有多年的企业一线实践经验。

职业定位与人才流向：结合苏州地区的电子信息产业需求，学生毕业后可在电子信息产品、集成电路工艺、新能源应用领域从事电子产品设计、生产、测试和设备维护与管理等高级技术工作，也可从事该领域产品的销售及技术支持工作。

主要就业企业：中科院苏州纳米仿生研究所、中国电子产品认证中心、苏州市计量测试研究所、中国赛宝华东分所、力神电池苏州有限公司、苏州英利城市光伏、苏州阿特斯阳光电力有限公司、苏州协鑫光伏科技有限公司等知名企事业单位。众多毕业生在毕业三年后成为技术骨干、研发人员或中层管理干部。

◎电子信息工程技术——江苏省电子技术重点专业群骨干专业

培养方向、重点、特色：本专业是江苏省电子技术重点专业群骨干专业，专业依托“电子信息与智能控制省级实验实训基地”和“苏州市职业大学—大唐移动联合人才培养创新基地”，形成系统化的综合实验实训体系，树立“宽口径，可发展”的人才培养理念，突出岗位基本能力与综合能力培养。

本专业师资力量雄厚，有专任教师18人、教授4人、副教授4人、企业导师12人。专业与德创测控、亨通光电、通鼎互联等地方知名企业进行全方位的深度校企合作，共建“苏州市光电缆行业大学”，共同培养电子信息工程及智能化系统领域的高素质技术技能型人才。

职业定位与人才流向：本专业就业主要企业包括电子信息类制造企业（如三星电子、苏州德创测控、华硕科技、博世科技）、光通信制造企业（如江苏亨通、江苏通鼎、江苏永鼎）、通信工程技术类企业等。主要从事电子信息产品的设计、开发、制造、调试和维修，电子信息产品的销售和技术支持，嵌入式系统的设计与调试以及通信工程类企业的相关工程技术工作。

本专业学生就业渠道宽，竞争力强，历年签约率均保持在98%以上。第三方调研结果显示，本专业毕业生三年后的平均岗位薪资具有很强的竞争力，众多毕业生经过多年积累，自主创业，实现创业梦。

◎智能产品开发

培养方向、重点、特色：适应新一代电子信息产业需求，面向智能制造领域，培养具备智能电子产品和设备的设计开发、安装、调试和运行维护能力的卓越技术技能人才。

本专业依托江苏省骨干专业——应用电子技术开展建设，现建有智能传感器综合应用实训室、智能家居实训室、智能应用综合实践基地等先进实训室及学生创新创业工程训练中心，并与国内人工智能领军企业科大讯飞共建智能应用技术学院。

专业教学团队有校内专业教师10人，其中教授1人、博士3人；校外兼职教师4人，其中江苏省产业教授1人。大部分教师具有多年的企业一线实践经验，部分教师在“211”“985”高校有10余年的教学经历。

职业定位与人才流向：本专业毕业生可在智能制造、人工智能应用领域从事产品设计、生产、封装、测试和设备维护与管理等高级技术工作，也可从事该领域产品的销售及技术支持工作。

◎通信技术——中央财政支持高等职业院校重点建设专业

培养方向、重点、特色：本专业主要培养具有优良的职业道德、扎实的通信技术理论知识、较高通信网络工程与技术素养的高端技术技能型人才。专业与大唐移动通信、亨通光电、通鼎互联等企业进行全方位的深度校企合作，共建“苏州市光电缆行业大学”。

本专业为中央财政支持的高等职业院校国家重点建设专业，专业已建设成4G移动通信网络设备系统化实验实训室，并以“苏州市职业大学—大唐移动联合人才培养创新基地”为依托，建成通信全网综合实训基地，基地全景模拟职业环境，完全对接就业岗位需求。本专业师资力量雄厚，现有专任教师22人，其中教授3人、副教授5人，企业导师14人，“双师”比例达100%。

职业定位与人才流向：本专业就业主要企业包括通信运营商（如中国移动、中国电信、中国联通）、通信电子设备生产制造企业（如中兴通信、华为科技、大唐移动）、通信工程设计类企事业单位等。可从事通信工程设计与督导、通信设备培训、通信终端生产与维护、通信设备生产与质量管理、移动通信系统运行维护、光传输和交换设备安装调试维护、通信及电子信息行业管理、电信部门的技术和服务、4G网络建设及运行维护、移动通信网络规划和优化等工作。

本专业学生就业竞争力强，对口率高，历年签约率均保持在98%以上。第三方调研结果显示，本专业毕业生三年后的平均岗位薪资具有很强的竞争力。

◎工业网络技术

培养方向、重点、特色：本专业定位工业互联网方向。工业互联网是新一代信息通信技术与现代工业技术深度融合的产物，是制造业数字化、网络化、智能化的重要载体，是国家重点支持发展的产业领域，是国家新基建七大发展领域之一，也是全球新一轮产业竞争的制高点。基于工业互联网的工业网络技术专业已成为最具发展潜力的专业之一。

本专业依托“苏州市职业大学—大唐移动联合人才培养创新基地”优越的信息与通信技术相关实训室、“工业自动化与智能控制”产教深度融合平台以及西门子先进自动化技术示范实训中心等国内领先的实验实训体系，为专业学生提供完善良好的实验实训环境。

本专业的混编教学团队由23人组成，包括专任教师16人、兼职教师7人。专任教师中教授4人、副教授8人，“双师”比例达100%。兼职教师队伍分别由高校、信息与通信企业、智能制造领域企业总经理、技术工程师等6人组成，其中1人为教授、3人为企业总经理、3人为企业资深培训讲师。

职业定位与人才流向：本专业与中兴通讯、紫光云引擎、江苏亨通光电、德创测控、徐工信息技术等20多家信息与通信、智能制造或工业互联网企业建立了合作关系，学生可从事工业网络工程项目的规划与施工管理、设备的选型与安装、应用平台的设计与开发、系统的调试与维护、工业互联网产品的营销与售后技术服务等工作，也可在具有工业互联网平台的智能制造企业从事平台维护及二次开发的相关工作。

◎电气自动化技术——江苏省品牌专业、江苏省品牌专业建设工程A类专业

培养方向、重点、特色：本专业培养电气及自动化控制领域的高端技术技能型人才。经过近30年的发展，专业定位适应地方产业，培养目标对接岗位需求，培养过程渗透企业文化，教学过程贯穿虚实融合的专业特色，在校企合作平台、校企协同育人和实践教学体系等方面成果显著。

本专业是全校第一个本专分段培养试点专业，是2015年江苏省品牌建设工程电气自动化技术专业专科类唯一的A类专业，拥有“西门子先进自动化技术示范实训中心”等一批国内一流的专业实验实训室，建立了20余家校外实训基地。本专业教学团队实力强，现有专任教师23人，其中教授3人、副教授9人、博士8人，企业兼职教师16人；拥有机器人和自动化技术等2个校级学生专业社团；学生创新创业基地为学生提供良好的创新创业平台。

职业定位与人才流向：本专业毕业生能拥有良好的职业道德和团队精神，能从事机器人、自动化

生产线和工业控制系统的安装、维护、管理和研发等工作，岗位适应能力强。近半数的毕业生在毕业三年后成为技术骨干、研发人员或中层管理干部。就业主要企业是苏州地区自动化设备研发生产企业，如儒拉玛特自动化技术苏州有限公司（德资）、苏州汇川科技有限公司、友达光电苏州有限公司、苏州凡特斯测控科技有限公司、苏州镒升工业机器人有限公司等知名企业。

◎电气自动化技术（本专分段）

培养方向、重点、特色：本专业是苏州市职业大学和苏州科技大学联办的“3+2”本科专业，以“苏州市职业大学—西门子校企联合人才培养基地”为依托，培养电气及自动化控制领域的高素质技术应用型本科人才。学生毕业后，可获得苏州科技大学的全日制本科毕业证书。

电气自动化技术专业是2015年江苏省品牌建设工程电气自动化技术专业专科类唯一的A类专业，拥有“西门子先进自动化技术示范实训中心”等一批国内一流的专业实验实训室，建立了20余家校外实训基地。本专业教学团队实力强，现有专任教师23人，其中教授3人、副教授9人、博士8人，企业兼职教师16人；拥有机器人和自动化技术等2个校级学生专业社团。学生创新创业基地为学生提供了良好的创新创业平台。

职业定位与人才流向：本专业学习内容涉及电子、电子信息、自动化等多个领域。学生毕业后，能从事机器人、自动化生产线和工业控制系统的安装、维护、管理和研发等工作，岗位适应能力强。

本专业毕业生具备扎实的理论基础和实践能力，绝大多数学生能够进入苏州科技大学本科段学习。就业主要企业是苏州地区自动化设备与自动化产品研发生产企业，本专业与儒拉玛特自动化技术苏州有限公司（德资）、苏州汇川科技有限公司、友达光电苏州有限公司、苏州凡特斯测控科技有限公司、苏州镒升工业机器人有限公司等10余家苏州自动化设备生产企业和技术服务企业形成深度校企合作，为学生提供良好的就业实习条件。

◎智能控制技术

培养方向、重点、特色：本专业主要培养智能制造与智能控制技术领域的高端技能型人才，是学校为适应“中国智能制造2025”国家发展战略新开设的重点建设专业。依托江苏省品牌专业建设工程A类专业——电气自动化技术，拥有与行业领军企业联合共建的“西门子先进自动化技术示范中心”等国内一流的专业实验实训室，与20余家苏州本地智能控制技术领域的企业建立校外实训基地。本专业教学团队实力强，现有专任教师23人，其中教授3人、副教授9人、博士6人，企业兼职教师16人；拥有机器人和自动化技术2个学生专业社团。学生创新创业基地为学生提供良好的创新创业平台。

职业定位与人才流向：本专业学生毕业后，能完成企业现代生产线的装配、调试和维护，各种智能控制系统的软、硬件实现、现场安装、调试和维护，智能控制产品销售和售后等工作。

本专业毕业生主要就业企业是苏州地区智能控制系统设计类公司、智能控制设备与智能控制产品研发生产企业以及面向服务型机器人行业的软硬件配套类企业。本专业与苏州奇梦者机器人有限公司、苏州博众科技有限公司、苏州汇川科技有限公司、苏州镒升工业机器人有限公司、苏州凡特斯测控科技有限公司等10余家苏州智能控制与自动化设备生产企业和技术服务企业形成深度校企合作，建立校外实习基地，为学生提供良好的就业实习条件。

师资介绍

名师风采

刘韬，男，1964年7月生，安徽泗县人，工学博士，具有博士后研究工作经历。现任苏州市职业大学电子信息工程学院副院长、教授、高级工程师。江苏省计算机学会会员，江苏省高校“青蓝工程”中青年学术带头人。获省级科技进步二等奖和三等奖各1项；出版专著《人工免疫系统及其数据挖掘应用研究》；发表专业科研论文46篇，其中23篇被SCI、EI或ISTP检索；获发明专利2项、实用新型专利5项；主持国家博士后基金、省级基金等课题5项，参加包括国家自然科学基金等在内的课题7项；主持教育部和财政部重点支持专业建设项目1项；指导学生毕业设计分别获省优秀毕业设计二等奖1项，校优秀毕业设计一等奖2项、三等奖2项；指导学生获全国电子竞赛一等奖1项、江苏省电子竞赛二等奖1项。

陈伟元，男，1964年3月生，广西陆川人，工学博士。现任苏州市职业大学电子信息工程学院电子技术系主任、教授，省光伏发电工程技术研究开发中心副主任，主要研究方向为电子系统设计及应用。中国高等教育研究会常务理事、苏州市电子学会常务理事、苏州市电子信息行业协会专家组成员。1989—2000年在电子科技大学工作，任副教授、硕士生导师。2000—2009年任苏州孔雀集团、苏州孔雀电子有限公司技术总监。主持国防重点预研项目、国防及军事基金预研项目共4项，主持省高校科技成果转化项目、苏州市科技工业项目共5项；参与国家科技攻关项目、国家自然科学基金项目3项；主编、参编出版“十二五”高职国家规划教材各1部；在《半导体学报》等发表论文近30篇；主持的项目获省部级科技进步三等奖2项；已获授权的国家发明专利、实用新型专利共20余项。

周昌雄，男，1965年10月生，湖北汉川人，工学博士。现任苏州市职业大学电子信息工程学院教授，研究方向为信号处理。分别在华中师范大学、武汉理工大学、南京航空航天大学获得学士、硕士和博士学位。江苏省计算机学会高级会员，2010年度江苏省高校“青蓝工程”学术带头人培养对象，担任《电子学报》《中南大学学报》审稿人，曾任江苏科技大学电子信息学院硕士生导师。近年来共发表论文近30篇，其中EI检索12篇。主编、参编高等学校教材各1部。参与国家、省自然科学基金项目4项，主持江苏省现代企业信息化应用支撑软件工程技术研究开发中心开放基金、江苏省高职教育研究会教育研究课题及横向项目多项，获市科技进步三等奖和“双杯奖”以及自然科学优秀学术论文三等奖。

尚丽，女，1972年12月生，安徽砀山人。现任苏州市职业大学电子信息工程学院教授、高级工程师，主要研究方向为人工神经网络、数字图像处理和模式识别。2006年6月毕业于中国科学技术大学自动化系，获博士学位。江苏省第四期“333高层次人才培养工程”第三层次培养对象、江苏省第五期“333高层次人才培养工程”第三层次中青年学术技术带头人、江苏省高校“青蓝工程”优秀青年骨干教师培养对象。主持国家自然科学基金项目2项、江苏省自然科学基金项目1项、江苏省第五期“333”工程资助项目1项、市厅级项目2项、校级项目2项，主要参与国家自然科学基金项目和省部级项目多项。近年来在国内外刊物已发表科研论文50余篇，其中SCI期刊收录13篇，EI收录会议论文30余篇。授权软件著作权17项，授权发明专利2项。主编、参编教材3部。

俞兴明，男，1965年11月生，江苏苏州人。现任苏州市职业大学电子信息工程学院教授、高级工程师，主要研究方向为无线移动通信和光纤通信。1987年毕业于华南理工大学物理电子技术专业，获学士学位，2003年3月获上海交通大学电子与信息工程领域工程硕士学位。有15年的企业工作经历。苏州市新世纪高级青年技术人才、江苏省高校“青蓝工程”中青年骨干教师培养对象，苏州市吴江区“柔性人才”。中国通信光电缆专家委员会委员，苏州市光电缆业商会专家委员会成员、技术顾问，苏州市光电缆行业大学副校长，南京师范大学电子与通信领域工程硕士研究生导师。主持完成省级教改课题1项，市厅级科研项目2项，校级教学及科研课题10项；获江苏省科技进步四等奖1项，苏州市科技进步奖二等奖1项，国家级新产品1个，江苏省高新技术产品2个；获学校和企业职务发明专利15项，实用新型专利32项；发表各类论文30篇；主编出版教材3部，参编教材3部。

李建康，男，1966年10月生，山西人。2004年毕业于西安交通大学微电子与固体电子学专业，获工学博士学位。现任苏州市职业大学电子信息工程学院教授，主要研究方向为电子薄膜材料与器件。江苏省高校“青蓝工程”中青年学术带头人，江苏省电介质物理与材料专业委员会理事，苏州科技大学硕士生导师。研究领域涉及薄膜太阳能电池材料、压电材料与器件等。主持、参与的科研项目有：原总装备部军工项目、国家“973”项目、江苏省自然科学基金、江苏省高校自然科学研究计划等。目前获发明专利3项；在国内外重要刊物上发表论文30余篇，其中SCI和EI检索的论文24篇。已获得苏州市优秀教育工作者、校级优秀教师、“学生心目中好老师”等多项荣誉，所撰写论文获苏州市自然科学优秀学术论文三等奖。

颜廷秦，男，1971年5月生，江苏苏州人。2005年6月获工学硕士学位，现任苏州市职业大学电子信息工程学院教授、高级工程师，主要研究方向为人工智能。获发明和实用新型专利4项，发表各类论文16篇。

刘科，女，1968年11月生，黑龙江方正人。2004年7月获工学硕士学位，现任苏州市职业大学电子信息工程学院教授、高级工程师，主要研究方向为智能控制。主持和参加省、市、校级纵向科研项目5项，主持教改项目3项，主持完成横向项目2项；主持省级精品课1门；获发明和实用新型专利16项；发表各类论文20余篇；主编出版教材4部，其中江苏省精品立项教材1部。

专业带头人简介

赵成，男，1974年12月生，山西平遥人。1998年7月毕业于武汉理工大学电子系工业自动化专业，获工学学士学位。1998—2001年在中国核工业二三建设公司第六工程公司驻深圳大亚湾核电站工作；2004年毕业于兰州理工大学机械电子工程专业，获工学硕士学位；2008年毕业于上海交通大学精密仪器及机械专业，获工学博士学位。2008—2014年在中铁上海设计院集团有限公司工作，取得高级工程师职称。现任苏州市职业大学电子信息工程学院电气自动化专业带头人、副教授。获得优秀党员称号3次，教学优中优1次，获得2018、2019年度优秀奖。发表EI收录论文9篇、SCI收录论文3篇、教改论文4篇。主持完成市厅级课题2项、校级课题1项、校级研究性课程3项，联合主持省级教改项目1项，主持建设智能控制技术专业国家级资源库课程一门，参与市厅级以上科研项目4项。获得软件著作权3项、实用新型专利1项。

刘科，苏州市职业大学电子信息工程学院智能控制技术专业带头人。（详见“名师风采”部分）

汪义旺，男，1981年10月生，安徽安庆人。2008年3月毕业于江南大学电力电子与电力传动专业，获得工学硕士学位；2011年7月起在国防科学技术大学学习；2014年9月在上海交通大学攻读电气工程博士学位；2016年6月至2017年6月在美国田纳西大学做访问学者；2008年3—8月在上海安科瑞电气股份有限公司从事技术研发工作。现任苏州市职业大学电子信息工程学院应用电子技术专业带头人、副教授。IEEE、中国电源学会、中国电子学会等会员，江苏省高校“青蓝工程”优秀青年骨干教师、中国产学研合作“工匠精神”奖获得者，获苏州市技术创新“杰出工程师”、苏州市“劳动模范”等称号。发表论文100余篇，申请专利100余项，获得各级科技进步奖多项，主持或参与多项纵横向科研、教改项目课题。

吴尘，女，1982年4月生，江苏苏州人。2007年毕业于德国罗森海姆应用科技大学电气工程与信息技术专业，获工学硕士学位。现任苏州市职业大学电子信息工程学院电子技术系副主任、智能产品开发专业带头人、副教授。2015年获苏州市科学技术进步奖三等奖，2016年获江苏省高等职业院校信息化教学大赛三等奖，2018年获苏州市教育教学成果奖二等奖。2010年以来，多次指导学生在省技能大赛、电子设计竞赛、“挑战杯”、毕业设计项目中获奖。核心参与江苏省高等职业教育高水平骨干专业“应用电子技术”专业项目建设和“十二五”江苏省高等学校重点专业群“电子技术专业群”建设工作。主持国家职业教育专业教学资源库子项目1项，主持、参与省、市级科研项目4项。发表论文10余篇。2012年参加中德电子与机电一体化高等职业学校专业骨干教师国家级培训，2013年参加电子类专业教师培训、高等职业学校专业骨干教师国家级培训，2018年参加东南大学“双师型”教师专业技能培训项目电子信息类专业国家级培训，均考核合格。

周燕，女，1980年9月生，江苏苏州人。2003年6月毕业于中国地质大学信息工程学院通信工程专业，获工学学士学位；2006年6月毕业于中国地质大学通信与信息系统专业，获工学硕士学位；2017年6月毕业于苏州大学电子信息学院，获博士学位。现任苏州市职业大学电子信息工程学院通信技术专业带头人、副教授。2017年度江苏省高校“青蓝工程”中青年学术带头人培养对象。近年来，发表教科研论文30余篇，其中被SCI收录2篇，被EI收录12篇；主持江苏省自然科学基金青年基金项目1项，主持并完成江苏省研究生创新项目1项，主要参与并完成国家自然科学基金项目1项，主持苏州市科技计划项目1项，主持校科研项目2项。

颜廷秦，苏州市职业大学电子信息工程学院电子信息技术专业带头人。（详见“名师风采”部分）

俞兴明，苏州市职业大学电子信息工程学院工业网络技术专业带头人。（详见“名师风采”部分）

校企合作

学院以校地合作工作为抓手，努力构建适合专业提升、教师发展和学生成才的生态环境，推进各项工作与特色发展。2019年，学院对外签署校企合作协议25个，新增合作企业15家，同时与众多企业达成合作意向，为学院专业建设与发展提供支撑。

◎在校企合作重要成果、项目申报上取得突破

1.在学校主要领导的带领下，学校多部门配合，学院联合国内本科、中高职院校及行业企业联合申报的职业教育智能控制技术专业教学资源库获教育部正式立项并启动建设。

2.学校与科大讯飞合作的课题“基于工程应用平台的电子类技能人才创新能力培养探索与实践”获得校教育教学成果奖一等奖。

3.学校作为重要联合培养单位，与吴江中专和通鼎集团联合培养的电子技术应用专业（“3+3”中高衔接分段培养）成功招生。

4.11月30日，学校作为重要支持单位，由亨通集团申报的国家级高技能人才培训基地成功获批挂牌，该基地正式成为国家级高技能人才培训基地。

5.作为推荐单位，联合亨通集团有限公司申报江苏省产教融合型企业，通过苏州市筛选，向江苏省教育厅、发改委、和人社厅正式推荐。

6.依托博众凡赛斯自动化学院，学院再次承接江苏省高等职业院校教师省级培训项目，成功举办“机器视觉技术及其工业应用”培训班，来自省内高职院校30名骨干教师参加了为期10天的培训。这是学院连续3年承接的省级骨干教师培训项目。

7.学院依托凡赛斯学院合作模式和成果，成功入选2019中国高等教育博览会“校企合作 双百计划”（实践基地建设）典型案例展示名单。

8.学院推荐江苏环力科技有限公司成为学校“双师”培养基地，教师可在该企业挂职。

9.学院积极响应校地合作办公室的号召，积极推动大院大所合作项目，先后与中科电子三所、赛迪研究院集团（苏州）有限公司、中国质量认证中心、吴江七都镇签署战略合作协议，为2020年校地合作奠定了良好基础。

10.由学院承办，南京中兴信雅达教育科技有限公司提供技术支持的2019年全国职业院校信息技术技能大赛“工业互联网实践与应用”赛项在学校成功举办。来自全国21所高校的21支参赛队伍近80名参赛与组织人员参加了赛事。电子信息工程学院学生组成的参赛队在大赛中获一等奖。

◎平台建设进展良好

1.依托“苏州市光电缆产教融合党建联盟”，学院积极推进“大师进课堂、课堂进企业”的课程思政改革，学院聘请的产业教授、兼职教师走上讲台，介绍行业、企业最新动态，实施专业教育统一行动计划。

2.2019年度，苏州市现代光电职业教育集团积极开展校企合作，继续积极对接走访企业，组织开展集团内部成员多边合作，以集团的身份参与江苏省光电缆及光通信产业知识产权联盟筹备等工作。先后与集团内部8家企业签署就业实习基地协议，扩员5家企业成员。

3.由学校牵头组建职业教育智能控制技术专业教学资源库共建共享联盟。联盟有成员单位30多家，2019年8月，在佛山召开推进会议，学校为共建企业授牌并与企业任务签约。

4.与力神、友达、纳米所、中认英泰等一批深度合作单位共同实施现代学徒制项目，并积极推动与镒升、菱麦等公司的订单班培养工作，联合育人状态优异。

5.学院进一步深化在人工智能方向的校企合作，推进智能应用技术学院建设，并组织师生参加了在佛山举行的人工智能技术竞赛，取得了三等奖

的好成绩。

◎校企互动，助推专业发展和人才培养取得成效

1.2019年，在校企合作的带动下，学院以科大讯飞、西门子、博众精工为龙头企业，申报了江苏省产教融合集成平台，获得培育项目立项，为日后产教融合发展奠定了扎实的基础。

2.现代学徒制与订单班工作深入展开。现有现代学徒制班学生100余人，现代学徒制班试点合作企业扩大到4家。订单班学生395人，订单班合作企业3家。2019年学徒制班顺利毕业，有17名学生与合作企业签约。

3.校企共建新实训室4个，校企合作开发课程5门、教材5部，企业设立企业奖助学金7项，累计7万元。

◎产教融合，切实提升社会服务能力

1.社会服务共10项，合同金额90余万元，到账金额66.3万元。

2.学院共完成4500余人次的培训，面向儒拉玛特的继续教育合作班22名学生顺利毕业。

学术科研

2019年，学院科研成果显著。学院教师发表论文44篇，其中核心期刊收录4篇，CSCD、EI、SCI、SCIE等收录7篇。获授权专利19项，其中发明专利1项、实用新型专利18项。申报纵向项目10项、横向项目10项，专利成果转化2项。获第四届"苏州市社科应用研究精品工程"优秀成果奖二等奖1项，申报东吴技能大师工作室1个。

学院在科技创新方面取得一定进展，汪义旺老师带领团队的发明创新成果"中小功率光伏逆变电源系统关键技术及应用"获江苏省科技进步二等奖，是学校在该奖项上的突破。

同时，学院注重提升科研氛围，邀请英国阿斯顿大学林征宇、柳莺博士，中国自动化学会副秘书长庞春霖，国家工业信息安全研究中心、工业经济研究部、工业运行研究室主任刘丹等国内外知名学者、教授前来开展学术讲座。

学生工作

2019年，学院以"围绕思政教育中心、抓住学生管理重点、强化服务育人意识、构建文明校园目标"的总体工作思路，求真务实，开拓创新，扎实工作，在学生思想政治教育、日常管理、就创业工作等方面都取得了一定成绩。

◎加强对青年学生的思想教育，充分发挥教育的引导作用

以学生党员、学生干部为重点，以点带面。利用例会、组织生活、主题党团日、班会以及校内外主题活动等形式，以"不忘初心、牢记使命"主题教育为契机，开展形式多样、内容新颖、教育意义强的系列活动，加强青年学生的思想政治教育，积极唱响主旋律。通过"载梦之舟"辅导员工作室平台，以资助育人为切入点，进一步加强学生的诚信教育和基础文明教育。通过举办诚信系列教育活动，教育引导学生以实际行动在考风考纪、缴纳学费、助学贷款还贷、就业和人际交往等方面做诚信的表率，为营造良好的育人氛围奠定基础。

◎完善监督与激励机制，加强学风建设，强化学生考试、安全及日常管理

2019年是学校专业竞争力提升重点建设年，学院抓住加强课堂教学、促进学风建设这个"牛鼻子"开展工作。学院学业预警总人数显著下降，大三获得奖学金总人数明显上升，考试违纪学生的数量降至极低值。继续推行对"三难"学生的帮扶措施，同时，始终不忘对学生进行安全教育。为增强新生安全防范意识，提高自我保护能力，在新生入学教育期间，学院邀请保卫处做安全方面专题讲座。继续加大对宿舍违章用电等现象的查处和监督力度，通过网络媒体在学生中推送各类安全防范的知识和案例20余篇。通过严格管理和多种形式的教育，学院学生能较好地遵守学校相关规定。当年没有发生重大的安全事故，维护了校园的稳定。

◎大力做好贫困家庭学生的资助及优秀学生奖学金评定工作

学院十分重视学生资助工作，成立了专门的资助领导小组，申报了以大学生资助育人研究为主要方向的辅导员工作室——"载梦之舟"。新生入学后，学院召开专门资助工作会议，要求全体班主任老师通过调查、面谈、与家长联系等各种方式摸清学生的家庭经济状况，确保每一个家庭经济困难的学生都能够建档，享受到国家的资助、申办到国家助学贷款，顺利完成学业。严格各级各类奖助学金的评定程序，确保每一个学生对评定结果满意，无学生投诉情况。2019年学院共有3名学生获国家奖学金，64名学生获国家励志奖学金，349名学生获国家助学金，5名学生获诚善A计划助学金，24名学生获开元、镒升—菱麦奖学金，215名学生获

校优秀奖学金,35名学生获学费减免,11名学生获党员关爱基金,奖资助面达到学院总在校生人数的70%,总金额突破100万元。

◎完善组织机构,切实做好心理健康教育与指导工作

建立以学院书记为组长,副书记、辅导员、班主任为组员的心理健康教育领导小组,并在各班级指派专职的心理委员,初步形成心理健康信息网。学院通过心理健康月报制度和定期的心理委员会议,及时了解本院学生心理动态,尽可能排除可能出现的心理隐患,做好危机干预工作。以校心理健康节为平台,有针对性地开展一系列的心理健康活动。5月,周娜老师指导的手语操队参加苏州市高校手语操比赛获三等奖;10月30日,邀请艾滋病防控专家为新生进行艾滋病防控的专题讲座;对大二学生大力开展"同伴教育"主题教育。通过"互联网+"平台,在学生中进行摸底调研,了解学生比较感兴趣的心理话题,及时安排相关互动,解答学生存在的心理困惑。在第一时间内将相关信息报学校心理健康中心,为心理健康中心提供第一手资料。

◎切实做好毕业生的就业(升学)指导工作

高度重视毕业生的就业指导工作,根据学校有关要求,采取就业指导课、座谈会、选派优秀校友宣讲等多种形式,对在校学生进行职业生涯规划与就业指导,提高学生就业竞争能力。2019年9月,2017级通信2班曾子涵同学在新生入学之际的校职业规划大赛决赛中获特等奖,并获省赛二等奖。积极与校企合作单位沟通并建立就业实习基地,建立起长期的用人合作关系。同时,针对学校办学历史较长、校友分布广的优势,努力促使校友回母校进行招聘。在4月底5月初,学院举办2场针对未考取"专转本"毕业生的"春风行动"专项招聘会,切实解决了部分毕业生就业选择少的痛点。2019年,学院初次就业率突破98%,最终就业率超过99%,完美完成年初制定的指标。

◎以创新创业活动和竞赛为龙头,开展丰富多彩的校园科技文化体育活动

阳光体育成绩在学校始终保持第一集团的水平。支持学生加入校赛艇队参加校外乃至境外高水平的竞赛。5月,举办传统的院田径运动会。每年学工经费的30%用于学生体育活动。鼓励学生养成"每天锻炼1小时,健康工作60年"的良好生活习惯。

◎重视大学生暑期社会实践活动

在2019年暑期社会实践活动中,学院组织3支社会实践队伍深入校企合作的光电行业商会、社区以及校内一张网建设工程,取得良好的社会效应。

(姚　磊)

管理学院

概 况

管理学院于1983年建立，建立时名称为行政管理系，是学校最早建立的4个系部之一。1999年4月，行政管理系与原财经系合并改名管理系；2008年4月，学校系部调整改名管理工程系；2013年1月，学校系部名称调整为管理学院。

管理学院现有教职工55人。专职教师47人，其中教授5人，副高19人，高级职称占51%；讲师17人，中级职称占36.2%；博士（后）12人，硕士35人，硕博比例100%；“双师素质”教师39人，占83%。教师中有江苏省优秀教育工作者2人，省高校“青蓝工程”青年学术带头人培养对象1人、青年优秀骨干教师3人，苏州市优秀教育工作者4人。

管理学院现有行政管理系、现代商务系、营销系3个系。设有行政管理、人力资源管理、文秘、电子商务、市场营销、物流管理、房地产经营与管理7个专业。文秘专业为江苏省首批特色专业，电子商务、市场营销（汽车服务与营销）为校级特色专业。文秘类专业群为校首批重点专业群，市场营销专业群为第二轮校级重点专业群。有省部级精品课程6门：应用文写作、秘书礼仪、沟通技巧、文秘英语、吴文化（慕课）、秘书实务。校级精品课程4门：电子商务概论、吴文化、现代礼仪、秘书专业英语。

管理学院建有现代化实验中心，包括供应链3D仿真、物流综合、电子商务创业、汽车营销、房地产营销、文秘与行政管理、人力资源管理、文化市场经营与管理、商务礼仪、房地产市场调研模拟数据研究中心、建筑设计探索中心等25个专业教学实训室。实训室模拟现代企业，配置先进设备，使学生在仿真的企业环境中通过职业能力训练增强对岗位的适应性。学院现有吴文化研究院、吴文化传承与创新研究中心、数字经济研究中心3个科研平台。

管理学院2019年有全日制专科生1891人。针对本地区企业特点和用人要求，以学生就业需求为导向，以可持续发展为目标，学院各专业强化人才培养特色，强化错位竞争的优势，以底蕴深厚的吴文化为背景，以职业素质教育为主线，以职业能力培养为主体，以英语和计算机教学为两翼，着力打造高素质技术技能型和应用型人才。学院2019年普通全日制专科毕业生（含结业生）551人，就业签约率98.54%。

教学工作

办学特色

为着力打造高素质技术技能型和应用型人才，错位竞争谋发展，管理学院各专业以学生就业需求为导向设置特色专业，根据市场需求准确定位培养目标。人才培养强化特色：以底蕴深厚的吴文化为背景，以职业素质教育为主线，在学生素质培养方面力求独特；以职业能力培养为主体，大力改革课程教学模式，构建实践教学体系，优化实践教学模式；以英语和计算机教学为两翼，重视英语和计算机应用能力提升，培养学生复合型职业能力。学生职业素质与能力普遍较强，毕业生颇受用人单位欢迎。

专业设置

2019年苏州市职业大学管理学院专业设置一览表

系名称	专业名称	专业带头人	职称	学历(位)
行政管理系	文秘	吴蕴慧	教 授	研究生(博士)
	行政管理	陆锋明	副教授	研究生(博士)
	人力资源管理	王敏杰	教 授	研究生(硕士)
现代商务系	电子商务	孙学文	教 授	研究生(硕士)
	物流管理	孙学文	教 授	研究生(硕士)
营销系	市场营销	李文丽	教 授	研究生(博士)
	房地产经营与管理	姜能涛	副教授	研究生(硕士)

专业介绍

◎文秘——省级特色专业

培养方向与特色：本专业培养具有扎实的汉语言文学知识、秘书基本理论、管理学知识，具备办公室事务管理、常用公文写作、商务与会务组织和管理等方面的专业知识，具备秘书技能、网络信息技术处理、数据统计与分析、信息搜集与处理、市场营销、网络营销、市场调研与预测、进出口贸易、商务谈判等能力，面向苏州现代服务业与制造业企业商务助理、行政助理岗位的复合型应用型秘书人才。

本专业为江苏省首批特色专业，其鲜明的特色在于双证融通，对接岗位，素能并重，三位一体（态度首位、能力本位、文化品位），重视“办文、办事、办会”核心技能的培养。本专业学生多次在全国商务秘书职业技能大赛中获得团体一等奖。学生可以参加三点水文学社、书画社、秘书协会等社团活动，有效提升人文素养、职业能力和职业素养。

职业定位与人才流向：本专业学生毕业后就业面广，适应性强，能胜任民营大中型企业及事业单位的文员、秘书、助理等工作，也能从事新闻、宣传、人事、公关、客服等相关工作。

◎文秘/汉语言文学（高级文秘）（本专科分段培养）

培养方向与特色：本专业由苏州市职业大学和苏州科技大学联合“3+2”分段培养，培养具有良好人文素质与职业道德，具有汉语言文学、秘书学、管理学和美学等学科广博的知识基础，精通秘书业务，具有较强的审美能力和语言表达能力，熟练掌握英语和办公自动化技能，能在企事业单位、党政机关等从事文秘、新闻、文化传播、公关管理等工作的高素质技能型高级文秘人才。

学校自2014年起与苏州科技大学联合创办文秘专业“3+2”分段培养本科班，实现人才培养优势互补，既体现了苏州市职业大学省级文秘特色专业“三位一体”（态度首位、能力本位、文化品位）的人才培养特色，又体现了苏州科技大学校品牌专业汉语言文学（高级文秘）“致远务学”“德才兼顾”的人才培养方针，充分发挥两所学校的特色优势，强强联手。

职业定位与人才流向：学生完成大专阶段学业要求，取得大学英语四级证书，通过“秘书理论与实务”“应用文写作”“大学语文”等转段核心课程考核后，可以进入苏州科技大学继续本科阶段的学习，获得本科学历。目前，已有三届学生顺利转段升学。

◎电子商务——校级特色专业

培养方向与特色：本专业面向电子商务应用及服务企业，培养理想信念坚定，德、智、体、美、劳全面发展，具有一定的科学文化水平，良好的人文素养、职业道德和创新意识，具有精益求精的工匠精神、较强的就业能力和可持续发展的能力，掌握本专业知识和技术技能，能从事营销推广、运营管理、客户服务等工作的高素质技术技能型人才。

本专业是校级特色专业、苏州市电子商务协会理事单位。通过引入百度搜索营销仿真系统、电子商务运营沙盘、商派Ecstore和协同商务系统等实训软件，与欧普、科沃斯、波司登等知名电子商务应用企业开展订单班人才培养合作，着力培养学生职业能力。学生在各类专业技能竞赛中崭露头角，获江苏省教育厅主办的高职院校技能大赛二等奖2项、三等奖3项，获“博导前程杯”全国电子商务运营竞赛全国特等奖1项、三等奖1项；获江苏省教育厅优秀毕业论文（设计）三等奖2项。

职业定位与人才流向：随着“互联网+”与各行各业不断融合，电子商务运营人才需求旺盛。本专业就业、创业前景广阔，毕业生可以通过订单班顶岗实习留任欧普、科沃斯等知名企业，可通过应聘入职京东、同程网、天猫等电子商务平台企业或各类电子商务平台应用企业，也可借助学校的“太湖众创”空间创办企业进行电子商务运营服务。

◎市场营销——校级特色专业

培养方向与特色：本专业是校级品牌专业，面向汽车、房地产以及现代零售服务领域，培养具有良好职业道德和创新精神，具备服务与营销专业知识，适应企业一线需求，从事市场调研与开拓、营销活动策划、产品销售推广、网络营销、线上线下门店运营、客户服务等工作的高素质技术技能型营销人才。重点培养学生市场调研和分析能力、市场销售策划和实施能力、销售现场管理能力、售后服务技能、商务数据处理和分析能力、良好的人际交流和沟通能力、良好的团队合作精神和服务意识、组织协调能力、制定工作计划能力、解决实际问题能力、独立学习能力等核心能力。本专业开展深度校企合作，与苏州同策房产咨询股份有限公司和苏州华成集团有限公司分别共建“同策房地产学院”和“华成学院”，为学生发展提供良好平台。学生多次获得江苏省高职院校职业技能大赛二等奖、三等奖,苏州市技能大赛一等奖、二等奖等荣誉。调研结果显示,学生在就业质量、薪资水平、就业满意度等方面一直排名靠前。

职业定位与人才流向:本专业结合苏州地方经济发展现状及趋势,以职业岗位群能力分析为切入点,面向汽车、房地产以及现代零售服务领域等专业模块,针对性培养行业性市场营销人才。主要面向汽车营销策划、汽车整车销售、零配件销售、汽车金融、汽车售后服务,房地产销售、招商、营销策划、售后管理、房产经纪、物业管理,连锁门店(网店)销售、客户服务、连锁门店(网店)运营拓展、商务数据分析等工作岗位。

◎行政管理

培养方向与特色:本专业主要培养精通企事业单位日常行政管理工作,掌握英语和计算机信息管理技能的高素质复合型管理人才。就业岗位为企事业单位行政助理、人事助理、销售助理和公关助理。学生在就读期间可以通过学校提供的专接本、专转本等多种形式提高学历层次。

职业定位与人才流向:本专业特别注重职业能力培养,学生毕业后既能胜任企事业单位的行政管理工作,又能从事销售管理、人力资源管理、公关宣传、社区服务等工作,并具备向企业管理、商务管理和企业形象策划等更高层次领域发展的潜力。社会需求量大,就业适应面广。近两年,毕业生就业率高达99%。

◎人力资源管理

培养方向与特色:本专业主要培养精通人力资源开发与管理业务,具备较强的组织管理和沟通协调能力,从事企事业单位人力资源管理工作的高素质技能应用型人才。学生毕业时,建议取得大学英语四级证书、人力资源与社会保障部颁发的企业人力资源管理员四级证书。可通过学校提供的专接本、专转本等多种形式提高学历层次。本专业注重提升学生的综合素质和职业能力,注重培养学生的英语和计算机运用能力。近两年,专业报考率居全校前列。

职业定位与人才流向:本专业毕业生可在企事业单位从事招聘、考核、薪酬管理、员工培训、人事档案管理等人力资源管理方面的工作,也可在职业中介机构从事人事代理服务、人事法律法规咨询等工作,或在企事业单位从事行政管理、客户管理、市场推广等工作。

◎房地产经营与管理

培养方向与特色:本专业培养系统掌握房地产经营与管理理论知识,熟悉房地产法律法规,具备管理学、经济学和建筑学类相关专业知识,经房地产专业技能培养,能在房地产开发经营、代理领域从事房地产项目经营、营销策划、管理决策的高素质技能应用型人才。重点培养学生房地产销售能力、市场调研能力、营销策划能力、房地产投资分析能力、房地产招商能力、沟通协调能力、客户服务能力、物业管理能力、英语应用能力等专业核心能力。本专业与同策房产咨询股份有限公司进行深度校企合作,专设“同策房地产学院”,引入行业标准,定制开发专业课程,以房地产全流程策划营销专业实训平台提高实践技能,实现零距离、高质量就业。

职业定位与人才流向:学生毕业可从事房地产投资分析、房地产项目管理、房地产估价、房地产营销、房地产经营与开发管理等工作,也可选择在同策房产咨询股份有限公司就职。学生毕业后,基于所学房地产经营管理知识和技能,能快速适应房地产行业发展需要,可向房地产运营管理、销售组织、营销策划决策及物业服务管理等更高层次的管理领域发展。

◎物流管理

培养方向与特色:本专业培养具有良好的综合素质、扎实的理论知识,熟悉物流企业和企业物流管理的业务流程,具有较强物流经营管理实践能力,能从事物流相关岗位操作和经营管理的高素质技术技能人才,具有向物流统筹决策、供应链管理和预测等更高层次领域发展的潜力。专业拥有良好的教学条件、实力雄厚的师资和校外实习实训基地,实践环节包括沙盘模拟实训、配送中心实训、供应链管理实训、第三方物流实训、国际物流单证技能实训等10余项。经10余年的专业建设,已形成以就业为导向,基于校企合作、工学结合的人才培养模式,开设有京东、顺丰订单班。历年在江苏省物流技能大赛中成绩优异,分获一等奖1项、二等奖3项、三等奖3项。

职业定位与人才流向:学生毕业后,可从事物流企业的运输管理、仓储管理、配送管理、报关报检、货代及物流信息系统维护等工作,也可从事生产企业的采购管理、库存控制、生产运作管理及ERP系统的维护工作,还能从事供应链系统和配送中心设计的助理工作等。

师资介绍

名师风采

孙学文，男，1967年10月生，内蒙古通辽人，硕士。现任苏州市职业大学教务处处长、吴文化传承与创新研究中心主任，教授，兼任苏州市人民政府研究室特约研究员、苏州市电视台特约评论员，主要研究方向为电子商务、数字经济。

曾被评为新世纪吉林省高等学校学科建设工程中青年骨干教师，江苏省第三期、第四期“333高层次人才培养工程”中青年科学技术带头人，苏州市紧缺高层次人才引进资助对象。

王敏杰，女，1964年10月生，江苏宜兴人，文学硕士。现任苏州市职业大学管理学院行政管理系主任、教授，研究方向为地域文化、高职教育和秘书学。曾获评苏州市优秀教育工作者和江苏省优秀教育工作者。

主讲应用文写作、商务活动管理、秘书实务与应用文写作综合实训等课程。担任秘书职业技能大赛指导教师，多次获优秀指导教师称号。主持的应用文写作课程被评为江苏省高等学校精品课程，编著的《应用文写作实训》获大学出版社协会优秀教材二等奖，主编的《财经应用文写作》列入普通高等教育“十一五”和“十二五”国家级规划教材，被中国科学院教材建设委员会评为全国高职高专财会专业规划教材一等奖。

近5年发表论文17篇，主持市级以上课题近10项。主持的苏州市社科联课题“苏州和谐社区建设的现状与对策研究”研究成果获苏州市社科联优秀成果一等奖，并获江苏省社科联优秀成果一等奖。

吴蕴慧，女，1977年6月生，江苏南通人。2003年毕业于苏州大学人文学院汉语言文字学专业，获文学硕士学位，2006年获文学博士学位。现任苏州市职业大学管理学院教授。

曾获江苏省教育工作先进个人（优秀教育工作者）、苏州市优秀教育工作者、苏州市“五一巾帼标兵”称号。为江苏省高校“青蓝工程”优秀骨干教师培养对象，江苏省高校“青蓝工程”中青年学术带头人培养对象。获澳大利亚TEA四级证书。

主要从事礼仪文化、吴文化、秘书学、高职教育方面的教学和研究工作。近5年主持并完成课题14项，其中市厅级以上课题4项；主编教材1部，参与编写教材、专著8部，撰写专著1部；发表专业研究论文30篇。

所撰写的专著获苏州市第十二次哲学社会科学优秀成果三等奖，所撰写的教育、教学论文在全国性文秘专业教学成果评比中多次获奖。

宋桂友，男，1965年3月生，山东临沂人，文学博士、博士后、教授。现任苏州市职业大学吴文化研究院副院长、江苏高校哲学社会科学重点建设基地吴文化传承与创新研究中心执行主任、苏州大学硕士研究生导师。任中国诗歌学会会员、中国硬笔书法协会会员、江苏省作家协会会员、中国中外文艺理论学会会员、中国微型小说学会会员、江苏省微型小说研究会副秘书长。

自1981年开始文学创作，主要从事现当代文学研究，近年较多从事文化研究与文化产业研究。共在《人民日报》《南方周末》《满族文学》《山东文学》《黄河诗报》《星星诗刊》《文艺争鸣》《名作欣赏》等百余种报刊发表各类文章800余篇，获得各级各类文学奖10余次；主持、参与国家和省部级研究项目4项；出版专著、合著6部，大学教材2部。

李文丽，女，1971年2月生，吉林九台人，管理学博士。现任苏州市职业大学管理学院教授，主要从事技术创新管理、知识产权管理、职业教育方面的研究工作。

主持完成省级以上课题10余项、参与省市级项目20余项，出版专著1部，主编教材1部，发表论文30余篇，其中CSSCI检索4篇，北大核心检索7篇，CPCI、EI检索6篇。获得2018年吉林省教学成果三等奖，获得吉林省第九届教育科学优秀教学成果奖一等奖。

祖国峰，男，1973年10月生，黑龙江哈尔滨人，博士学历，硕士学位。现任苏州市职业大学管理学院教授，研究方向为营销管理、财税理论、生态文明与可持续发展等。

曾任黑龙江民族职业学院教学指导委员会副主任委员、学术委员会委员、经济管理学院院长及学科带头人，主持教育部—中软国际校企产学合作协同育人项目、省重点专业建设项目、省中高职衔接贯通培养试点专业项目。曾兼任人力资源和社会保障部职业技能鉴定（营销师）高级考评员、黑龙江省高职高专财经教指委委员、黑龙江省物流行指委委员、黑龙江省教育规划办课题评审专家、黑龙江省中小学教师资格考试评审（面试）专家等。

2016—2019年，作为联建单位负责人，主要参与了国家职业教育教学资源库高职“移动商务专业”子项目“移动商务客服”开发建设工作，作为副主编参与国家规划教材《移动客户服务与管理》编写工作。

近5年，参与国家民委课题1项，主持完成国家民委子课题1项，主持完成黑龙江省教育厅教研课题1项，主持完成苏州市社科联科研课题1项；作为第一作者发表核心论文2篇，省级以上论文5篇；主编教材1部（学校重点教材立项），作为副主编编写教材2部；授权实用新型专利2项（第一专利人）。获黑龙江省高教学会优秀高等教育科研成果奖三等奖1项（2015年）、黑龙江省市场营销大赛优秀指导教师三等奖2项（2016年、2018年）、江苏省哲学社会科学界第十三届学术大会优秀论文二等奖1项（2019年）。

专业带头人简介

吴蕴慧，苏州市职业大学管理学院文秘专业带头人。（详见“名师风采”部分）

陆锋明，男，1979年9月生，江苏宜兴人。2007年毕业于苏州大学政治学专业，获法学博士学位。现任苏州市职业大学管理学院行政管理专业带头人、副教授。

主要从事政治学、行政管理学等方面的教学和研究工作。近年来主持校级课题1项、横向课题1项，参与市厅级课题多项。在国内刊物发表论文10余篇，其中CSSCI论文多篇。

王敏杰，苏州市职业大学管理学院人力资源管理专业带头人。（详见“名师风采”部分）

孙学文，苏州市职业大学管理学院电子商务专业、物流管理专业带头人。（详见“名师风采”部分）

李文丽，苏州市职业大学管理学院市场营销专业带头人。（详见“名师风采”部分）

姜能涛，男，1981年11月生，山东淄博人。2008年毕业于东南大学经济管理学院，获理学硕士，现任苏州市职业大学管理学院营销系主任、房地产经营与管理专业带头人、副教授。

主要从事工商管理课程教学和研究工作。近年来，主持教科研课题10项，其中市厅级4项，县局级3项，校级课题2项，横向课题1项；指导江苏省大学生创新实践研究项目2项，校级研究性课程3项；公开发表论文13篇，其中核心期刊2篇、EI1篇、ISTP2篇、省级10篇；出版教材（担任副主编）1部。

曾获苏州市第十三次哲学社会科学优秀成果二等奖1项、苏州市第四届社科应用研究精品工程优秀成果三等奖1项、市级教学成果三等奖1项、校级教学奖励2项，指导学生参加职业技能大赛获省级二等奖2项、市级一等奖1项。先后获得苏州市职业大学年度考核优秀并嘉奖3次，获评校级优秀班主任4次。

校企合作

◎深化合作

拓宽校企合作思路，创新人才培养模式，继续推进同策房地产学院、华成学院及苏州市会议中心企业大学建设，实现校企合作的良性循环，不断提高办学效益，提升学校竞争力。

继续加强“双师型”教师培养培训基地建设。签约新“双师型”教师培养培训基地——苏州工业园区顺丰速运有限公司，进一步加强现有的4家基地——苏州华成集团有限公司、苏州同策房地产经纪有限公司、苏州市会议中心（集团）和科沃斯机器人股份有限公司的建设工作，进一步深化合作内涵，校企共同建设学校“双师型”教师队伍。

2019年，积极拓展合作企业，经过广泛走访调研、接待来访商洽，与苏州奥保行汽车销售服务有限公司、苏州盐业公司等19家单位签订校企合作协议，共建校外实习基地，以期未来在人才培养、订单合作、实习就业、校内外实训基地共建、课程共建及“双师型”教师培养等方面深入开展合作。

◎内涵建设

校企共建开发课程。与上海圆迈贸易有限公司、欧普智慧照明科技有限公司等12家企业开展校企合作，校企开发共建物流管理基础、网络营销等12门课程。

校企合作开发教材。与北京博导前程信息技术股份有限公司、苏州市文化艺术中心等12家企业开展校企合作，共同开发《跨境电子商务应用实务》《江苏区域文化产业概论》等12部教材。

邀请企业专家到校参加专业研讨会。学院七大专业分别召开专业指导委员会会议，邀请企业专家到校为专业发展把脉、诊断，与行业企业专家共商专业建设发展思路。通过了解企业的行业发展现状与人才需求情况，商讨人才培养方案和校企合作途径，为专业建设拓展思路，为专业发展指明方向。

企业走访交流。学院领导带领相关专业教师多次到企业进行走访和调研，同企业高层会晤，走访顶岗实习学生和毕业生，关心学生的工作情况，提升校企合作的深度及成效。走访苏州华成、苏州同策和苏州市会议中心（集团）3家深度合作企业，加强企业学院的建设，丰富校企合作内涵。走访波司登羽绒服装有限公司、苏州安知鱼电子商务有限公司等新企业，了解企业需求及人才培养情况，建立良好的合作关系。安排电子商务专业张虹、罗敏怡、朱远清3名教师赴学校“双师”基地单位科沃斯机器科技有限公司实践。

邀请专家到校讲座。利用校企合作的有利条件和资源，学院各专业力邀企业专家到校与教师进行交流，交流专业建设情况。先后邀请了苏州工业园区顺丰速运有限公司人力资源经理、苏州绿帆国际货运代理有限公司市场经理、波司登集团人力资源经理、苏州同策房地产经纪有限公司人事行政总监、苏州奥保行汽车销售服务有限公司销售经理来校为学生授课及开设讲座，介绍行业动态和前沿知识，丰富学生的知识面。

带领学生到企业参观学习。为了让学生与企业零距离接触，了解企业现状和专业实际情况，为专业课程的学习做好铺垫，学院领导及专业教师带领大一新生到苏州华成集团有限公司、苏州贝业新兄弟物流有限公司、科沃斯机器人股份有限公司、苏州顺丰吴中中转场等企业参观学习。

师资队伍共建。聘请企业兼职教师，校企双方共同组建教学（讲师）混编团队，共同开展新生专业教育和毕业生就业指导。选派11名优秀青年教师深入企业实践，切实了解企业的实际需求，了解各岗位职责、具体工作内容和职业能力要求，促使教师的职业素养得到进一步提升。

◎订单培养

稳步推进订单班人才培养项目，将订单式教育渗透到学生培养的全过程，保证顶岗实习与对口就业的规模。2019年，学院顺利组建华成班、同策班、京东班、顺丰班、欧普照明班、科沃斯班、波司登班等14个订单班，共计有302名学生。在合作过程中，实现了以企业培训代替实训、企业课程与教学课程的互换、校企文化的相互融合等，使学生长知识、开眼界，提升了学生对知识的转化力和在工作中的学习力。

◎实习就业

2019年，学院加强与校企合作单位的顶岗实习工作，共有165名学生到苏州华成、苏州同策、苏州安知鱼、苏州工业园区顺丰速运、上海圆迈贸易有限公司（京东）、苏州贝业新兄弟物流有限公司、江苏德邦物流有限公司、科沃斯机器人科技有限公司和欧普智慧照明科技有限公司等9家校企合作单位进行顶岗实习，实习状况良好，实习效果显著，为学生的顺利毕业就业打下了良好的基础。最终，接收学院2019届毕业生共65人。

◎特色项目

社会培训。5月25日，顺丰公司管理干部综合能力提升研修班在管理学院顺利开班，培训面向企业182名中层干部，共开设3期，每期5天，总计2730人次参加。培训内容涉及现代营销与职业精神、管理者高效激励之道、从未来出发的组织管理——人力资源管理的新使命、战略对抗实战演练、职场沟通与团队合作5大模块。管理学院将进一步整合学院内部资源，积极开拓社会培训，不断提升培训质量，更好地服务社会。

华成奖助学金。9月25日下午，华成奖助学金签约仪式在惠和楼215会议室举行，华成连续五年，每年捐赠5万元奖助学金，奖励优秀学生，资助贫困学生，进一步丰富了企业学院的内涵。苏州电视台《社会传真》栏目在当天对活动进行了专题报道。

校地合作。5月14日上午，苏州市吴中区越溪街道党工委宣传委员陈江、党工委组织委员张华明一行4人到学院参观交流，并就校地合作项目等事宜开展热烈的讨论。6月14日下午，苏州市相城区元和街道组织委员王晓珺一行到访，洽谈校地合作项目。经过多次磋商，在11月，学院与相城区元和街道达成共识，开展进一步合作，并签署合作协议。

学术科研

制定奖励政策，支持教师积极申报各级各类科研项目，全年获批省部级项目1项、市厅级科研课题8项、县局级课题6项。获第四届"苏州市社科应用研究精品工程"优秀成果奖二等1项、三等奖2项。发表学术论文45篇，其中核心期刊收录1篇。举办学术讲座12场。承办"当前苏州经济社会发展热点话题"学术研讨会、江苏省地域文化研究会第七届年会暨纪念顾野王1500周年诞辰学术研讨会和吴文化、"三大法宝"与苏州经济社会发展研讨会。为政府建言献策有新突破，被苏州市人民政府研究室主办的《调研通报》收录3篇，被苏州市哲学社会科学界联合会主办的《决策参阅》和中共苏州市委市情研究基地主办的《市情专报》各收录1篇。

学生工作

◎加强组织阵地建设

做好学生党建工作。学生党支部形成"三传三带五微"的工作模式，即："传信息，带理想信念""传资源，带优秀文化""传作风，带以身作则"；"微建议"常听，"微调整"常做，"微创作"常赞，"微讨论"常办，"微感言"常写。以院分党校、先锋长廊、党员示范岗、党员活动中心、社区服务基地等场所作为建设阵地，努力打造院门口的幸福圈。新增苏州市姑苏区二郎巷社区党群服务中心、苏州工业园区童行青少年成长中心、苏州市吴中区尹东市民活动中心3个党员实践基地。以党建共建项目为依托，组织党团员学生参与社区建设、社区服务，推动学院志愿服务与科技文化进社区的规范化和常态化，学生党支部书记获聘二郎巷社区"大党委"兼职委员。2019年，开展2期党课培训，61名学生入党积极分子参加。发展预备党员7人，转正11人。做好2019届毕业生党员离校教育。申报省级党建课题1项，获得校级优秀党日活动二等奖1项、三等奖1项，获评校示范行动支部。

促进团支部活力建设。院团委加强自身建设，利用智慧团建平台，做好团籍管理工作，提高团员管理规范化水平，学社衔接率和升学衔接率均达到100%。开展专题研讨基层团支部活力提升工作，提高团组织的吸引力和在大学生心目中的地位。召开第六次学生代表大会，做好新老交接工作，更好发挥团学组织桥梁纽带作用，为广大同学服务，团结引领全院青年学生积极投身学院的建设发展。

开展团组织主题教育活动。围绕五四运动100周年、新中国成立70周年等庆祝日、纪念日及热点时事对学生进行爱国主义、社会主义核心价值观教育。做好团课教育，开展2次新思想公开课、3次素养公开课和1次梦想公开课，每周组织全院学生进行"青年大学习"，加强思想教育，提高团干部的政治素养和综合能力，深化广大共青团员的思想认识，引导大学生在实践中追求进步，提升自我。1名团学干部在全省大中专院校"魅力团支书、活力团支部"评选动中获评十佳团支书。

◎开展主题育人活动

加强社团组织管理。组建吴文化社团联盟，整合资源，联合行动，扩大社团影响力；设立"双导师制——社团指导教师和社团思政导师"，提升思想政治教育的实效性，切实发挥党支部和党员教师对学生活动的指导作用。社团活动丰富多彩。举办"诚实守信　立德树人"资助书法作品展、"弘扬五四精神，争当时代先锋"演讲比赛、"三行情书"、"跳蚤市场"、"书签情　书香韵"书签制作等系列活动，主题鲜明，深受欢迎。年底启动学生社团巡礼，举办迎新文艺演出，弘扬社团文化，加强思想引领，为青年学生搭建张扬个性、展示自我的平台。

深入开展志愿服务。学生党员、青协和蒲公英小分队志愿者广泛参与，发扬"奉献、友爱、互助、进步"的志愿者精神，走进基层、走进社区，开展"帮扶、帮困、帮教，助学、助老、助就业"等不同形式的主题服务。在社区“三清三整”、苏州广电国际会展中心宠物节、工业园区新东院社区垃圾分类、太湖花海协助公司团建等活动中绽放光彩、广受好评。年度共开展13次活动，在暑期社会实践中获得校先进单位称号，涌现出6名优秀个人。

精心组织离校、入学教育。以“青春不散场、梦想再起航”为主题，推送毕业寄语，鼓励毕业生继承发扬“五四”精神，不负韶华，勇往直前，披荆斩棘，乘风破浪，家国情怀记心间，勇做时代追梦人。创新思路，精心组织，开展富有特色的新生入学教育，组织参观吴文化园、校史馆，邀请专家教授、“教学名师”、支部书记共同参与，将“吴地微课”和“课程思政”融入其中。通过聆听讲解、观瞻实物、观摩影像、畅谈感受等方式，让新生在浓郁的文化氛围中接受洗礼，培养情感，提升境界，汇聚正能量，上好入学第一课。

◎搭建学习成长平台

实践创新活动喜获佳绩。学生团队获江苏省高等职业院校技能大赛“市场营销技能”赛项二等奖、“电子商务技能”赛项三等奖、“智慧物流作业方案设计与实施”赛项团体三等奖，获“诚海·慧文杯”第九届全国商务秘书职业技能大赛团体二等奖，获第四届全国高职高专人力资源管理技能大赛(中部赛区)团体二等奖。“基于吴地文化实施乡村文化振兴战略的现状调查与对策研究——以苏州周山村为例”项目获第十六届“挑战杯”全国竞赛江苏省选拔赛决赛三等奖，实现学校在该赛事中文科项目的突破。“运河拾遗”暑期社会实践服务团获2019年“力行杯”江苏省大学生社会实践项目大赛三等奖。

发挥奖助评优激励导向作用。坚持公平、公正、公开原则，规范审核与管理，做好评奖评优工作。获评国家奖学金1人、校一等奖学金15人，获评三好标兵10人、三好学生74人、优秀学生干部155人、校园之星2人，获评学生先进集体17个。与苏州华成集团合作，面向市场营销专业学生，设置“华成奖助学金”，深化校企合作，推动人才培养，鼓励品学兼优、家庭贫困的学生勤奋学习、刻苦钻研、回馈社会、成长成才。发挥奖助评优的激励导向作用，营造学院良好的学风。

紧抓学风学纪教育管理。持续做好“服务+引领”，积极探索开展学生“成长规划提升计划”研究，建设多样化的学习交流平台，为学生成长提供有力支持。举办文秘、行政管理、人力资源管理毕业班专业技能汇演，组织2018、2019级新老生交流会，开展“21天阅读计划”等诚信主题学习交流系列活动。通过主题班会、谈心谈话等方式，强调纪律规范，做好督促引导，开展警示教育，强化诚信意识，营造育人氛围，建设优良班风和学风。严格课程考勤，每日记录，每周汇总，定期通报，班主任、年级辅导员保持跟踪关注；对问题学生做好情况了解，给予教育批评，情节严重的上报学校给予纪律处分。

◎加强重点领域管理

关注特殊困难学生群体。扎实开展大学生心理健康教育。完成2019级新生心理测评，参与率达100%。定期召开班级心理主题班会、班级心理委员例会，普及心理健康知识，帮助心理困难学生调适心态，在大一新生中开展青春健康一堂课活动，普及预防艾滋病知识。积极参与心理健康节活动，分获第十四届苏州高校“迷失象牙塔”心理短剧比赛二等奖、第三届全国大学生预防艾滋病知识竞赛一等奖。关注少数民族学生，发挥朋辈引领作用，开展学业结对帮扶。关爱特殊困难学生，做好贫困生认定、学费减免工作。为家庭经济困难学生申请党员关爱基金、红十字会助学金，为家庭突发重大变故学生申领学校补助，给予经济和精神上的支持，让学生感受到来自国家、学校、集体的温暖。

深入开展安全宣教工作。提高突发事件应对能力，保持家校联系沟通，做好学生的教育、关爱、疏导、帮扶，消除各类隐患。以“4·15”国家安全教育日、校园交通安全、消防安全等为主题，开展系列宣教活动，加强安全教育，提高学生安全防范意识。利用重大节假日关键时间点，对学生及时发布安全预警。结合文明校园建设要求，加强对学生宿舍的卫生的重点检查，发现问题，立即整改，跟踪管理。加强安全管理队伍建设，健全安全员组织网络，确保安全管理的网格化。

提升学生服务管理实效。开展思想动态调研，召开新生代表座谈会，辅导员、班主任定期深入班级、走进课堂、走进宿舍，了解学生需求，掌握学生动态，帮助他们更好地融入大学生活，提升学院教育教学、管理服务的针对性和实效性。召开辅导员、班主任工作会议，加强队伍管理，传达学校要求，推进“辅导猫”、网上办事大厅学工业务等的应用，实行电子化办公，优化工作流程，提高工作效率，在学生考勤、活动通知、工作记录、业务审核等方面，切实改进和加强学生日常事务管理。

◎做好就创业指导服务

精准做好毕业生就业工作。2019年，组织12场专场宣讲会和1场学院专场招聘会，为学生提供超过1500个工作岗位机会。加强就业跟踪与审核，做好数据统计分析，完善各类就业材料，形成分专业用人单位调查报告，分析各系毕业生就业情况，为就业困难学生提供精准帮扶。

切实提高就业指导有效性。聘请2名校企合作单位专家担任大学生职业生涯规划指导师，举办7场就业指导讲座和职业规划讲座。提高就业指导专业水平，选送微课“面试那些事儿”参加省就业创业指导教师教学技能大赛。针对毕业生求职就业过程中普遍存在的心态浮躁、眼高手低等问题，开展专业指导，帮助学生合理定位求职目标，确立基层就业意识，塑造只有坚定信心、持之以恒、踏实肯干、吃苦耐劳才能成功的信念，提高就业竞争力，提高把握就业机会、展现自身才华的能力。

充分挖掘就创业赛事资源。加强院级初赛选拔与指导，提高学生参赛积极性。分获校职业规划大赛一等奖、省就创业知识竞赛校决赛一等奖。加强宣传、找准定位，提前布局，挖掘资源，积极参与创新创业项目申报。邀请具有创新经验、创业资历的专业教师担任项目指导教师，选拔从事自主创业，具有创新意识、创业能力的毕业生、在校生积极参赛，参加校创业模拟实训，积累经验、锻炼能力、储备人才。被列为“互联网+”创新创业大赛校级培育项目2项，被列入“挑战杯——彩虹人生”江苏省创新创效创业大赛校级培育项目1项。

（许凌雯）

商学院

概　况

商学院是学校为加强学科专业建设，提升办学层次，满足苏州经济社会发展对财经商贸人才的需求而设立的重点院（部）之一。全院下设会计系、金融与法律系、国际经济与贸易系3个系。开设会计、审计、财务管理、证券与期货、金融管理、报关与国际货运、国际经济与贸易、法律事务8个专业。其中会计专业为省级特色专业和省级骨干专业，金融专业为苏州市高职院校优秀新专业，会计专业群为省级重点建设专业群，国际贸易专业群为校级重点专业群。

商学院现有教职工72人，其中专任教师68人。专任教师中有研究员1人、教授1人、副教授34人，高级职称占50%；博士5人、硕士54人，硕博比例为82%。学院有江苏省高校“青蓝工程”培养对象1人，校“青蓝工程”培养对象2人，苏州市优秀教育工作者1人，苏州市职业教育先进个人1人。师资队伍教科研能力强，成果丰硕。

商学院拥有现代化实训中心，建有包括会计、金融、国际贸易、法律、ERP沙盘、跨专业综合训练等18个仿真模拟实训室。近年来学院加强政行企校合作，注重与行业、企业的密切联系，目前已与阿里巴巴网络技术有限公司、德邦物流股份有限公司和新道科技股份有限公司等30余家企业建立了合作关系，在校企合作共同培养人才、制定培养方案、共同开发课程、编写教材、提供学生实习等方面做了大量工作，也取得了一定的成果。

商学院学生生源质量好，就业率高。连续三年毕业生就业率高达98%以上，人才培养特色在苏州地区享有很高的社会声誉，毕业生深受用人单位好评。

教学工作

办学特色

商学院坚持“诚信、笃行、严谨、求真”的院训，人才培养以就业为导向，以政—校—企合作为平台，以学生职业素质和职业能力培养为主线，积极推行工学结合人才培养模式，加强课程体系和教学内容改革，强化人才培养特色，服务地方经济。

专业设置

2019年苏州市职业大学商学院专业设置一览表

系名称	专业名称	专业带头人	职称	学历(位)
会计系	会计	汤　泉	副教授	本　科(学士)
	审计	刘淑春	副教授	本　科(硕士)
	财务管理	丁　俊	副教授	研究生(硕士)
金融与法律系	证券与期货	戴　明	副教授	研究生(硕士)
	金融管理	向　群	副教授	研究生(博士)
	法律事务	李东华	副教授	本　科(硕士)
国际经济与贸易系	报关与国际货运	焦　燕	讲　师	本　科(学士)
	国际经济与贸易	陈丽红	副教授	本　科(硕士)

专业介绍

◎会计——省级特色专业

培养方向：会计专业于1988年设置，是江苏省省级特色专业（2010年）、江苏省“十二五”高等学校重点专业（2012年），并拥有江苏省高职会计专业两个省级人才培养模式创新实验基地之一（2010年），建有江苏省唯一依托专业建设的“会计文化馆”（2014年）。培养掌握现代会计理论和实务，具备熟练会计业务操作技能，面向苏南长三角地区企事业单位，会计、税务、代理记账等中介服务机构，适应会计核算、会计咨询、纳税申报、统计工作、仓库管理等岗位需要的高素质技能型人才。

职业定位和人才流向：近五年来，会计专业毕业生就业率一直保持在98%以上，其毕业后所从事的工作与所学专业的吻合度达到85%以上，居全校前三名，远高于全省57%~59%的平均水平。毕业生广受用人单位青睐。莱克电气股份有限公司、用友股份有限公司、苏州航天信息有限公司、如家酒店集团等大型企业集团以及江苏天宏华信、江苏君和博瑞、苏州俊成等会计师事务所、税务师事务所等成为会计专业毕业生稳定的就业基地。很多企业的财务部有超过四分之一、三分之一人员是学校会计专业毕业生。本专业为社会培养了一大批优秀的会计专业人才，得到了社会各界的广泛好评与认可，赢得了良好的社会声誉。

◎会计(中外合作)

培养方向：本专业培养掌握现代会计理论和实务，具备熟练会计业务操作技能，面向苏南长三角地区企事业单位，会计、税务、代理记账等中介服务机构，适应会计核算、会计咨询、纳税申报、统计、仓库管理等岗位需要的高素质技能型人才。本专业是学校与澳大利亚启思蒙学院合作办学，实施与国际接轨的教学方式，学制三年。

职业定位和人才流向：学生毕业后既可在生产制造、商贸服务、金融等企业从事会计工作、内部审计工作；也可在会计师事务所、税务师事务所、代理记账公司等社会中介服务机构从事助理审计、代理记账、管理咨询等工作。通过学分互认机制，使中外合作办学学生在国内上学期间积累的学分可直接被国外高校认可，节省时间、费用，为学生出国留学提供了条件。

◎审计

培养方向：本专业旨在培养具备经济学、管理学的基本理论，掌握会计学、审计学专业知识，通晓会计、审计技术与方法，熟悉相关的法律、法规，具有熟练业务操作技能，适应社会需要的高素质技能型人才。

职业定位和人才流向：学生毕业具有较广泛的就业领域，就业地域主要集中在长三角地区；主要可在生产制造、商贸服务、金融等行业企业从事会计工作、内部审计工作，以及在会计师事务所、税务师事务所、代理记账公司等社会中介服务机构从事助理审计、代理记账、管理咨询等工作。苏州君和博瑞税务师事务所、苏州俊成会计师事务所等校企合作单位都有本专业学生就业。

◎财务管理

培养方向：本专业培养面向苏南长三角地区企事业单位，会计、税务、代理记账等中介服务机构，掌握现代财务管理理论和实务，既具备会计核算方面的知识和技能，又具有财务管理、税务核算与管理和金融投资等方面业务知识和技能的高素质技能型人才。

职业定位和人才流向：本专业毕业的学生就业面广，毕业生既可在各类企业从事会计核算、财务分析、营运资金管理和企业投资理财等岗位工作，又可在金融证券机构从事投资理财或资金运作方面的工作，还可去会计师事务所、税务师事务所等社会中介服务机构，为客户提供财务管理、咨询方面的服务，职业发展前景广阔。莱克电器股份有限公司、用友软件公司苏州分公司等校企合作单位都有本专业学生就业。

◎证券与期货

培养方向：本专业主要面向证券公司、期货公司、保险公司等传统金融企业的网点和金融产品网络营销平台、大数据处理中心等新型金融服务企业，培养全面掌握金融、证券、期货的基本知识和基本技能，能熟练从事金融、证券、期货业务的高素质技能型人才。

职业定位和人才流向：本专业毕业生应具有“守信、求新、勤勉、乐业”的良好职业素养，具有证券综合柜员、期货综合柜员、证券经纪、期货经纪、商业银行综合柜员、保险展业等金融业务的操作能力，同时具有金融业务咨询、客户开发、产品营销、客户关系维护等金融营销服务能力，能够从事证券公司、期货公司、保险公司综合柜员业务，能够胜任证券公司、期货公司、保险公司、金融产品网络营销平台等传统金融企业和新型金融服务企业的营销服务工作，并具备向外汇交易、证券组合、保险理财等交易岗位进一步发展的潜力。

◎金融管理

培养方向：本专业主要面向商业银行、证券公司、保险公司等传统金融企业及其他各类新型金融企业，培养具有“守信、求新、勤勉、乐业”的良好职业素养，全面掌握金融行业的基本知识和基本技能，能熟练从事金融服务和营销工作的高素质技能型人才。本专业为苏州市高职院校优秀新专业，与中国民生银行、中国人寿保险公司、东吴证券公司等金融机构建立了广泛的联系。

职业定位和人才流向：本专业毕业生具有商业银行综合柜员、商业银行客户服务、证券公司经纪服务、保险公司客户服务等岗位所需要的操作能力，同时具有金融业务咨询、客户开发、产品营销、客户关系维护等金融营销服务能力。能够在银行、证券公司、保险公司及其他相关企业从事服务和管理工作。

◎报关与国际货运

培养方向：本专业注重对外经济贸易基本理论及实践技能的学习和对学生专业英语综合能力的强化训练，培养具有国际货运管理及报关必备的基础知识和技能，能从事报关与国际货运业务的高素质技能型人才。

职业定位和人才流向：学生毕业后可在外经贸单位或涉外企业中从事报关、货代、物流、船务和报检等工作，也可在中国的海外投资公司和中介服务机构从事外经贸、涉外商务代理、涉外咨询和商务文秘等工作。为保证学生的实习与就业，学院与德邦物流签订了订单班培养协议，与苏州市报关集团等10余家企业建立长期稳定的校企合作关系，还与报关行指委合作建立了“国际关务人才培养基地”。

◎国际经济与贸易

培养方向：本专业培养面向外贸企业、跨境电商企业和报关公司等企业相关岗位，具备优良综合素质，掌握扎实的外经贸专业理论知识，具有较强的外贸英语听、说、读、写、译综合运用能力、良好的进出口业务操作技能、外贸制单能力和国际商务洽谈技能的高素质技能型人才。

职业定位和人才流向：学生毕业后，可在进出口公司或外资企业从事进出口、外贸单证、外贸跟单业务，可在企业从事跨境电商业务，也可从事外商投资咨询公司或跨国营销集团的商务管理、涉外咨询、涉外商务文秘及外贸业务管理等工作。本专业与多家企业开展校企合作，拥有多家校外实习基地。与阿里巴巴共建跨境电商人才培育基地，共育跨境电商英才，进一步拓宽本专业学生实习、就业渠道。苏州恒润进出口有限公司、苏州恒润纺织品进出口有限公司等校企合作单位都有本专业学生就业。

◎法律事务

培养方向：本专业培养面向司法机关、律师事务所、企业基层岗位，掌握法律基础知识、法律思维方法，具备沟通、速录、信息、文书能力，辅助法官、律师和企业高管处理各类法律事务工作的高素质技能型人才。

职业定位和人才流向：本专业的职业定位是司法机关、律师事务所、企业高级法律工作人员的辅助岗位人才，如书记员、律师助理、法务助理、总经理秘书等。近两年很多毕业学生在法院从事书记员工作，仅苏州市吴江区人民法院，就招录了本专业20名学生做书记员。苏州工业园区人民法院、苏州市虎丘区人民法院和苏州市中级人民法院等各级法院与学校合作进行书记员订单培养。

师资介绍

名师风采

吴庆荣，曾用名吴为，男，1959年11月生，江苏南通人，法学硕士。现任苏州市职业大学东吴法治研究所所长、教授，日本长冈大学兼职教授，苏州市人民政府行政复议委员会委员。

曾参与《国家安全法》《国家安全法实施细则》起草、修改工作。所著的我国第一部国家安全法、国家安全行政法领域专著教材并被评为北京市高等学校精品教材和我国21世纪规划教材。承担部级项目2项。在《中国法学》《江海学刊》等刊物上发表专业论文百余篇。

专业带头人简介

汤泉，男，1968年8月生，江苏南京人。2011年毕业于香港中文大学高级财务人员会计专业，获会计专业硕士学位。现任苏州市职业大学商学院会计专业带头人、副教授、高级会计师，同时担任江苏省、苏州市二级财政绩效评价专家，在江苏天宏华信会计师事务所有限公司苏州分所兼任高级经理。主持、参与省级、市级、区级财政专项资金的预算目标审核，财政资金支出绩效评价，以及财政资金绩效审计工作。

主要从事财务会计、成本会计、内部审计等方面教学，以及会计实务、财政绩效评价、内部控制等方面研究工作。近年来主持完成省级特色专业建设1项，作为主要成员参与省级项目3项，主编教材2部。2011—2012学年起，连续5个学年在学校教学质量评议中被评为“优秀”，被授予“教学质量奖”；2015年5月，获苏州市“全市职业教育先进个人”称号。

刘淑春，女，1971年11月生，吉林省松原人。1995年毕业于河海大学会计专业，获得学士学位，2002年8月毕业于南京大学会计专业，获得硕士学位，现任苏州市职业大学商学院审计专业带头人、副教授。

主要从事财务会计、成本会计的研究工作，目前主持会计与审计专业的教学工作。近年来在省级以上刊物发表论文多篇，主持并完成江苏省高等学校大学生实践创新训练项目“苏南地区中小企业税负调查”，主持并完成校级研究性课程1项。主编教材1部。2011—2012学年起，3个学年在学校教学质量评议中被评为“优秀”，被授予“教学质量奖”，两次获评“优秀班主任”。

丁俊，女，1976年12月生，江苏镇江人。2005年毕业于上海财经大学会计学专业，获管理学硕士学位。中国注册会计师协会非执业会员，曾为澳大利亚拉筹伯大学、加拿大温莎大学访问学者。现任苏州市职业大学商学院会计系主任、财务管理专业带头人、副教授。为2017年江苏省高校“青蓝工程”优秀青年骨干教师培养对象。

主要从事基础会计、财务管理、财务报表分析等方面教学以及会计与审计理论、高等职业教育等方面研究工作。近年来主持或参与省市级课题10余项，在核心期刊上发表论文近10篇，出版专著《会计理论研究》(合著)1部。其中，1篇论文获2016年镇江市第十一届哲学社会科学优秀成果三等奖，专著获2013年镇江市优秀科技论文(专著)二等奖、2012年镇江市第九届哲学社会科学优秀成果二等奖。作为主要成员获得2017年省教学成果二等奖，为江苏省高水平骨干专业建设项目核心成员。2017年获“教学质量奖”，所授课程财务管理B获评2017年校十佳优质课程。

戴明，男，1963年10月生，江苏苏州人，硕士研究生。2001年毕业于苏州大学金融学专业，获经济学硕士学位。现任苏州市职业大学商学院证券与期货专业带头人、副教授。

主要从事经济学、金融学教学及科研工作。近年来主持校级科研项目2项、参与省级科研项目2项；主持校级重点课程群“经济学课程群”建设1项，并于2009年底顺利结题；编著、主编教材2部。自2010年起主持校级特色专业——金融与证券专业的建设工作，并于2012年底顺利结题；2013年完成金融与证券专业创建苏州市“优秀新专业”的申报、立项工作，并于2015年底顺利结题。

近年来获得省级科研奖励1项(2008年获得“江苏省社科应用研究精品工程”优秀成果二等奖)、市级科研奖励2项(2003年获得苏州市第七次哲学社会科学优秀成果三等奖、2007年获得苏州市“讲理想、比贡献”科技进步“双杯奖”)。2007年9月参加江苏省高职商贸教师赴新加坡培训项目，并顺利结业。2007年12月在苏州市新世纪高级青年专业技术人才管理期满时，考核获评优秀。2011—2012学年、2012—2013学年、2016—2017学年教学质量被评定为“优秀”，并于2011—2012学年、2016—2017学年被授予苏州市职业大学“教学质量奖”。

向群，女，1978年12月生，安徽芜湖人。2011年毕业于苏州大学金融系，获经济学博士学位。现任苏州市职业大学商学院金融管理专业带头人、副教授、中级经济师。2014年赴澳大利亚启思蒙学院学习，获Certificate IV证书。

主要从事金融学概论、国际金融、经济学等课程的教学，以及金融理论与政策方向的研究工作。近年来主持并完成江苏省教育厅哲学社会科学项目1项，各类校级纵、横向课题3项；参编学术专著1部、教材1部；在《金融与经济》等各类经济学期刊发表高水平学术论文10余篇。

李东华，男，1977年6月生，重庆人。1999年毕业于华东政法学院(已更名为华东政法大学)国际经济法专业，获大学本科学历、法学学士学位；2008年毕业于苏州大学宪法学与行政法学专业，获法学硕士学位；2010年9月至2011年7月在华东政法大学做宪法学与行政法学专业访问学者；2016年9月赴加拿大多伦多百年理工大学学习；2017年6月赴中共江苏省委党校参加省哲学社会科学教学科研骨

干研修班学习。现任苏州市职业大学商学院法律事务专业带头人、副教授。上海市锦天城（苏州）律师事务所兼职律师，第十五届、十六届苏州市人民代表大会常务委员会立法顾问专家。主要从事宪法、商法、国际经济法、房地产法等课程的教学工作，同时从事苏州市房地产经纪人员培训工作，近年主要从事房地产、物业管理、公司等法律问题的实务和研究工作。

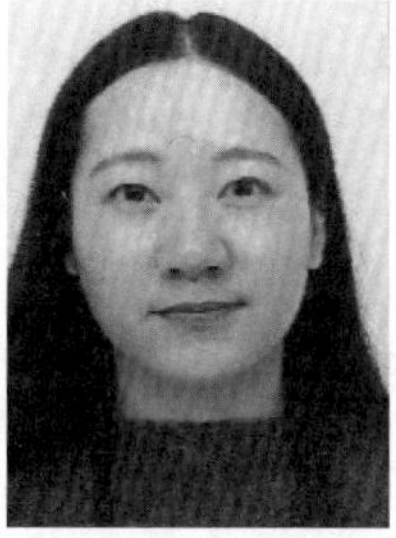

焦燕，女，1977年11月生，江苏苏州人。对外经济与贸易大学研究生在读，现任苏州市职业大学商学院报关与国际货运专业带头人。长期担任苏州工业园区五百强德资外企软技能内训师，长期参与安徽大科人才服务有限公司、苏州优贸网络科技有限公司业务实践并担任业务顾问。

主要从事国际商务、跨境电子商务等方向的专业课程教学与研究工作。近年来主编、参编多部教材，主持、参与多项课题。多次被评为教学质量“优秀”，获“教学质量奖”。2018年指导学生获校级优秀毕业论文三等奖。2016年至今主要负责商学院与阿里巴巴跨境人才培育基地的具体工作。

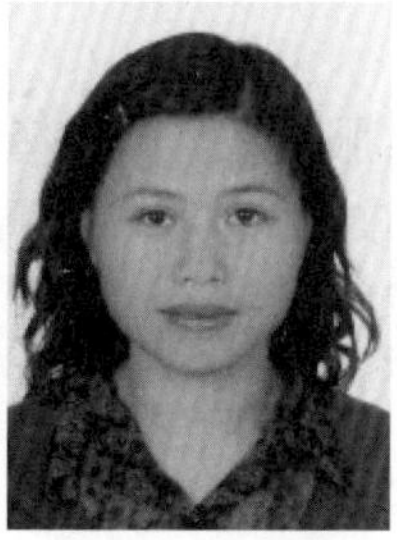

陈丽红，女，1972年9月生，安徽安庆人。2008年获苏州大学经济学硕士学位。现任苏州市职业大学商学院国际经济与贸易专业带头人、副教授。1995—1997年就职于中国银行，从事国际结算工作。长期在苏州工业园区中辰进出口有限公司参加业务实践。

主要从事国际贸易实务、外贸单证实务等方向的专业课程教学及研究工作。近年来在学术刊物上发表多篇论文，主编、参编多部教材，主持、参与多项课题。指导学生获2016年江苏省高等学校本专科优秀毕业论文三等奖，并指导学生多次获校级优秀毕业论文一、二、三等奖。

校企合作

2019年，商学院在校党委、校行政的领导下，围绕学校2019年工作要点及专业竞争力提升重点建设年中心工作，按照商学院工作计划，加强内涵质量建设，开拓创新。

◎承办专业会议

苏州市统计学会第六次会员大会在学校召开。苏州市统计局、国家统计局苏州调查队、各县（市、区）统计局、调查队、市级机关有关部门、统计事务所、民调机构、基层企业和在苏高校共计170余人参加了会议。会议审议通过了《苏州市统计学会第五届理事会工作报告》和《苏州市统计学会章程》修改草案，成功进行了第六届理事会换届选举，推选出新一届理事会会长、副会长、秘书长成员。苏州市职业大学成为苏州市统计学会第六届理事会会长单位。

◎助力双元培养模式

学院与阿里巴巴、苏州中院、用友网络等校企合作对象开办了1个学徒班与3个订单班，涉及6个专业、182名学生。

◎共建优秀教学团队

学院与中国国际贸易学会、江苏富骏汽车贸易有限公司、光大永明人寿保险公司、江苏中准会计师事务所等13家企业、行业协会新签校企合作协议。同时，安排12名教师到企业参与工作实践，聘请企业技术骨干承担学院教学任务，形成了专兼职合理配比的“双师型”优秀教学团队。

◎打造专业课程体系

学院聘请相关企业技术骨干共同制定专业人才培养方案，共同开发专业课程体系。2019年，倪爱东、沈琳、周雷等老师与企业合作出版校企合作教材8部，国际经济与贸易系专业与企业合作推出企业课程9门。

◎积极申报各类项目

以学徒班成果向阿里巴巴申报校企合作优秀个人案例，学院共有12名学生入选优秀案例。2019年上半年，向阿里巴巴申报优秀合作院校，并成功入选。联合苏州优贸网络科技有限公司共同申报中国高等教育博览会“校企合作　双百计划”项目。同时，《探索互联网+时代跨境电商学徒制人才培育模式》获苏州市服务外包教育集团主办的校企合作主题征文大赛优秀奖。

学术科研

商学院充分调动教师从事科研积极性，发挥教师专业优势，支持教师科研工作。2019年，学院完成科研业绩点10350个，教师发表论文45篇，其中核心期刊收录8篇、SCIE收录1篇、国外期刊收录3篇。申报省部级科研项目立项1项、市厅级项目立项7项、县局级项目立项6项，横向项目立项2项，获省级科研成果奖2项。加强实训室规范安全管理，并重点进行实训室资产清查登记，对已达到使用年限的设备进行预报废申报。完成了4个技能大赛平台软件项目的申报、采购及验收工作，保证了技能大赛的开展。

学生工作

创新思政工作载体，引领学生思想进步。2019年，学院以党的十九大和十九届二中、三中、四中全会精神为指导，继续深入贯彻全国与全省高校思想政治工作会议精神要求，以建设国家一流品质院校为目标，突出思想教育的核心地位，做好学生思想引领工作，切实发挥高校思想育人功能。

◎团学工作

学院切实有效地组织开展理论学习，定期开展青年大学习、信仰公开课活动。通过新时代苏州共青团奋斗精神大讨论、纪念五四运动100周年特别主题团日活动、文艺汇演、新生理想信念教育等活动，强化思想理论宣传与教育。2019年，学院有170人获评校优秀团员、22人获评优秀团干部、3个团支部获评校优秀团支部。商学院团委被评为“2018年度苏州市五四红旗团委”，2016级国贸2班被评为“江苏省活力团支部”，2017级会计4班团支书郭政被评为“2018年度苏州市优秀团支部书记”。

◎分党校培训工作

认真抓好分党校培训。共组织80名入党积极分子参加培训，除常规的理论培训、讲座等环节外，学院还邀请关工委老同志到校授课，向大家讲述老党员的入党初心。

◎日常管理工作

在日常管理工作中，持续深化心理健康教育，进一步健全学院、班级、宿舍3级心理健康教育工作网络体制。通过心理委员培训、新生心理动态座谈会、同伴教育、青春健康一堂课讲座等系列活动，积极开展心理健康教育，对重点对象定期跟踪访谈。2019年，学院未发生因心理困难而产生的各种突发事件。

在资助工作上，学院共资助333人，为学生争取各类专项助学金，包括校关工委奖学金（帮困助学基金）、诚善A计划助学金、党员关爱基金等。

◎广泛开展专业活动

定期开展新老生学习交流会，邀请品学兼优的老生向新生分享学习经验。

举办院级会计技能大赛、银行综合业务技能大赛、模拟炒股大赛、跨境电商综合技能大赛、五矿证券进校园—“E呼百应”ETF知识大赛等，营造学习氛围，激发学生学习兴趣。积极组织优秀学生参加各级各类技能大赛。2019年，学院有3名学生获第四届“东方财富杯”全国大学生金融精英挑战赛二等奖、3名学生获三等奖，4名学生获江苏省会计技能大赛二等奖，3名学生获江苏省关务技能大赛二等奖，法律专业学生获江苏省第三届知识产权竞赛优秀奖、获苏州市2019年知识产权竞赛团体三等奖。在以赛促建的过程中，学生的专业兴趣不断加强，专业能力得到了提高。

邀请校外专家进校开办讲座。学院先后邀请东吴证券、琦月集团、苏州常客隆绿原农产品发展有限公司的专家到校开办专业讲座，深受学生喜爱。

◎开拓志愿服务基地

在继续做好常规实践基地志愿服务工作的基础上，学院尝试开创新的志愿服务实践基地。4月23日，与苏州工业园区中国基金博物馆正式签署志愿者校外实践、实习基地协议。2019年组织志愿者前往基金博物馆开展志愿服务5次。

◎参与创新创业大赛

学院积极参加学校各类创业活动。在“互联网+”创新创业大赛中，成功上传32份创业计划书。其中，陈文波同学的创业项目“PET再生切片”获校一等奖。

（张敬客）

教育与人文学院

概　况

教育与人文学院师范教育的历史最早可以追溯到1912年成立的江苏省立第二女子师范学校，著名的科学家吴健雄院士、钱易院士，全国妇联原副主席罗琼等曾在这里就读。

学院设有旅游管理、会展策划与管理、食品营养与检测、网络新闻与传播和学前教育5个专业，有在校生1454人。全院有教职工78人，其中正高职称6人、副高职称40人、博士14人。江苏省高校“青蓝工程”5人，江苏省“333高层次人才培养工程”跨世纪专业技术人才学科带头人和新世纪专业技术人才学科带头人1人。

学院实训中心设施设备完备，下设学前教育实训中心、食品营养检测中心、旅游实训中心、会展实训中心、新闻采编与制作实训中心、食品加工实训中心等专业实验实训场所等，建筑面积4000余平方米，配有2000余台（套）设备，设备价值1500余万元。还建有中国丝绸产品技术创新与应用公共服务平台、江苏省作家协会儿童文学创研基地等科研基地。

学院与企业（学校）长期保持紧密合作的关系，在首旅如家集团、苏州原创读行学堂文化旅游发展股份有限公司、江苏远见控股集团、苏州市进出口检验检疫中心、华测检测技术有限公司、苏州市实验小学附属幼儿园、江苏省新苏师范附属小学附设幼儿园等建立了实训基地。2016年与澳大利亚坎根学院合作招收学前教育专业中外合作学生，2017年与凯莱酒店集团共建成英凯睿智国际旅游管理学院，引进国外先进专业课程和实践教学经验。

教学工作

办学特色

学院以抓教师素质教育为重点，以校企融合为抓手，全面提升学院人才培养水平，逐步形成了宽口径、厚基础、重创新的办学模式，即“学科专业知识+职业素质和职业技能+可持续发展素质教育”“三位一体”的可持续发展型培养模式，以教师职业素质教育和可持续发展为办学特色。

具体的办学思路为：明确办学指导思想，突出教学中心地位；实施人才强系和“双师型”战略，努力提高师资队伍水平；加大专业和课程建设力度，促进教学质量提高；整体设计实践实训，完善职业能力训练体系。

专业设置

2019年苏州市职业大学教育与人文学院专业设置一览表

系名称	专业名称	专业带头人	职称	学历（位）
教师教育系	学前教育	李　冬	讲　师	研究生（博士）
旅游与文化传播系	旅游管理	刘昌雪	副教授	研究生（硕士）
	会展策划与管理	顾　伟	副教授	研究生（硕士）
	网络新闻与传播	齐　红	教　授	研究生（硕士）
食品与检测系	食品营养与检测	张　丽	副教授	研究生（博士）

专业介绍

◎学前教育

专业特色：本专业突出综合性与实践性，与澳大利亚坎根学院建有良好的中外合作关系。主要使学生掌握儿童发展和儿童教育等基本理念、了解学前教育的基本规律、习得针对儿童实施教育的方法，养成能说会跳、能写能画、能唱能弹等专业技能和较强的动手操作能力，具备良好的教师素养和一定的教育研究能力。

培养目标：本专业培养具有良好职业道德、具备一定教育研究能力，能适应幼儿园教师等幼教工作岗位的高素质应用型人才。本专业学生要求具备广泛的文化素养、扎实的教育教学能力以及一定的艺术实践能力。

主要课程：儿童发展心理学、学前教育学、儿童卫生学、幼儿游戏、幼儿园各科教学法、舞蹈、钢琴与即兴弹唱等课程。

◎旅游管理

专业特色：本专业重视旅游人才的职业素养和专业技能培养，大胆探索校企合作人才培养新模式，与凯莱酒店集团共建英凯睿智国际旅游学院，积极开展美国饭店协会资格证书培训、如家文化进校园等活动，培养应用型旅游管理人才。

培养目标：坚持立足地方、服务地方，培养适应现代旅游业发展需要，掌握先进旅游企业服务理念、服务技能和管理方法，具有国际交流能力的高级应用型旅游管理人才。

主要课程：旅游学概论、旅游服务心理、中国旅游民俗、导游基础知识、导游业务、旅游市场营销、旅游电子商务、酒品与饮料、旅游自媒体运作、会展概论等。

◎会展策划与管理

专业特色：秉持“学做结合”的教育理念，通过“会展企业家进校园”“学生自办展”等创新培养途径，巩固和发展与大型会展知名企业的长期合作伙伴关系，强化对学生会展项目实际运作能力的培养。

培养目标：面向苏州及长三角地区展览、会议、奖励旅游、商务活动等会展及相关行业培养高素质技能型人才。本专业学生具有运用会展专业知识，策划、设计、组织和实施大、中型展会的能力，能掌握会展项目实施过程中所需的基本技能。

主要课程：会展概论、会展场馆管理与服务、会展专业英语、会展营销、会展文案、会展政策与法规、会展策划与实务等。

◎网络新闻与传播

专业特色：重视网络编辑与人文素养的双重提升，注重技术类课程和人文类课程并举，着力培养学生的网络新闻与信息的采访、写作、编辑、加工能力，以及良好的新媒介素养，适应互联网时代“技术+人文”并重的人才需求特点。

培养目标：本专业培养文化底蕴深厚、具有互联网时代的现代新闻信息传播理念，具备新媒介与融媒体信息的采、写、编、评、摄、录、播等各项能力的高素质复合型人才。毕业生可在各类门户网站、微信公号、App等新媒介从事新闻信息的采集与编辑、网站的运营与维护、活动的文案与策划等工作。

主要课程：网络传播概论、新闻采访与写作、计算机图文设计、网络新闻编辑实务、新闻网页设计与制作、新闻摄影与摄像、新闻图片与视频编辑、媒介管理、粉丝文化、文学鉴赏等。

◎食品营养与检测

专业特色：本专业是学校在建品牌专业，师资力量雄厚，实验实训设施完备，在食品药品及环境检测、营养咨询及食品加工方面特色鲜明。学生多次在全国教指委技能比赛中获得金奖、银奖，30%的学生能通过专转本考试提升学历层次。

培养目标：主要从事食品药品检验、品控及管理、营养食品开发、营养咨询调查、膳食营养评价和指导等工作。学生主要在各级食品药品监督管理机构、第三方检测公司、大型食品药品企业、餐饮企业、营养咨询机构等就业。

主要课程：食品营养学、营养配餐与设计、食品感官检验、食品加工技术概论、焙烤食品加工技术、食品营销、食品理化检验技术、食品卫生与质量管理、食品安全检测技术、环境监测、药品检测技术。

师资介绍

名师风采

李世超，男，1958年4月生，江苏苏州人，研究员级高级工程师。现任苏州市职业大学丝绸应用技术研究所所长，曾任苏州丝绸博物馆馆长、书记等职务，长期从事科技、文化的管理与研究工作。先后主持和承担了国家科技攻关、江苏省科技攻关以及苏州市等各类科研课题30余项，多次获得部、省、市各级科技进步奖等奖项。获得国家发明专利10余项，发表核心期刊论文20余篇。为江苏省“333高层次人才培养工程”跨世纪专业技术人才学科带头人和新世纪专业技术人才学科带头人，获江苏省有突出贡献的中青年专家和江苏省劳动模范等称号，入选《中国当代发明家大辞典》《中国当代文博专家志》。

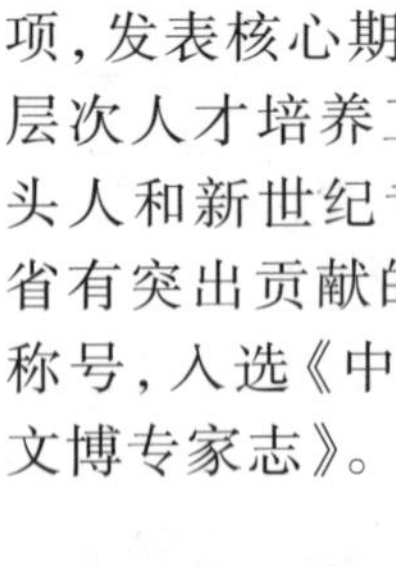

王一梅，女，1970年1月生，江苏苏州人，大学本科，一级作家。现任苏州市职业大学儿童文学研究所所长，苏州市作家协会副主席，江苏省作家协会理事，中国儿童文学研究会理事。出版图书100余册，著有长篇童话《鼹鼠的月亮河》《木偶的森林》，小说

《城市的眼睛》，纪实小说《一片小树林》，短篇童话《书本里的蚂蚁》《蔷薇别墅的老鼠》等。《胡萝卜先生的长胡子》入选部编版小学语文教材。作品获第十届中宣部精神文明"五个一"工程奖、第五届全国优秀儿童文学奖、第六届全国优秀儿童文学奖、第五届国家图书奖等奖项。

齐红，女，1970年11月生，山东济宁人，文学硕士。现任苏州市职业大学教育与人文学院教授。曾在《当代作家评论》《文艺争鸣》《当代文坛》《南方文坛》《齐鲁学刊》《长城》等核心期刊发表论文数篇，出版《心灵的炼狱》《世纪之交的女性写作》《目送芳尘：民国知识女性的生命寻踪》3本著作。成果曾获江苏省哲学社会科学优秀成果三等奖、苏州市哲学社会科学优秀成果三等奖、叶圣陶文学奖、金圣叹文学评论二等奖等。编写教材《女性生命认知与情感教育》《文学：生命之旅》2部，并于2017年完成2门人文通识核心课程的在线资源建设，分别在"智慧树""高校邦""中国大学慕课"等平台面向全国高校开放。为江苏省高校"青蓝工程"优秀青年骨干教师，2016年当选为苏州市吴中区人大代表，2017年被评为苏州市职业大学首届"教学名师"，2018年被评为苏州市优秀教师。

汝骅，女，1967年8月生，江苏苏州人，医学硕士。现任苏州市职业大学教育与人文学院教授、国家二级食品检验员，中国营养学会会员、亚太临床营养学会会员，江苏省高校"青蓝工程"优秀青年骨干教师，并兼任全国食品工业职业教育教学指导委员会食品安全与检测专业教学指导委员会委员、苏州市食品安全与营养学会理事等职。主要从事营养与健康方向教学与研究工作，主持3项并主要参加（排名前3）4项含国家自然科学基金、科技部科技型中小企业技术创新基金、江苏省教育科学规划课题、江苏省社科研究应用精品课题等项目在内的省级及国家级课题，出版个人专著1部，并在*Hauswirtschaft and Wissenschaft*和《卫生研究》《食品研究与开发》等国内外杂志上公开发表论文近40篇。

方向阳，男，1971年3月生，江苏武进人。现任苏州市职业大学教育与人文学院研究员，江苏省旅游学会常务理事，江苏省旅行社星级评定员、江苏省旅游星级饭店星级评定员，中国现场统计研究会统计综合评价研究分会常务理事。长期从事旅游管理、职业教育管理与评价、知识产权管理及创新产业发展等研究工作。先后主持省级科研课题2项、市厅级课题20余项，主持横向课题10余项。出版专著3部，教材1部；在省级以上刊物发表专业论文30余篇，其中核心期刊收录20余篇。为江苏省高校"青蓝工程"学术带头人培养对象，曾获苏州市优秀教育工作者、苏州市教育系统年度科研先进个人等荣誉称号。

石娟，女，1978年10月生，黑龙江哈尔滨人，苏州大学博士，华东师范大学博士后。现任苏州市职业大学教育与人文学院编审、副教授。主持国家社科基金重大项目子项目1项、教育部人文社科青年基金项目1项、中国博士后第52批面上项目二等资助1项、市厅级项目4项，参与国家社科基金3项。在《中国现代文学研究丛刊》《新文学史料》《文艺理论研究》等刊物发表论文近30篇。著有《〈新闻报〉副刊研究（1928—1937）——以文学/文化的商业运作为中心》（台湾花木兰文化出版社2015年版），参著《中国现代通俗文学与通俗文化互文研究》（范伯群主编，江苏凤凰教育出版社2017年版）。曾获第二届中国高校社科期刊青年编辑业务技能大赛一等奖，全国首届报刊编辑技能大赛江苏赛区一等奖，2014年度、2015年度全国报刊编辑技能大赛金奖等奖项。

李邦玉，男，1968年7月生，安徽宣城人，理学博士。现任苏州市职业大学教育与人文学院食品与检测系主任、教授，中国化学会会员。一直从事一线教学工作，讲授"无机化学基础及实验""有机化学基础及实验"等课程。指导学生多次获江苏省工业分析与检验大赛团体二、三等奖；指导学生毕业论文多次获江苏省教育厅二等奖及校一、二等奖。坚持指导大学生创新训练项目和研究性学习。主要从事食品营养与检测、功能材料合成及纺织品功能整理等方面的研究，在《有机化学》《结构化学》《合成化学》《食品工业科技》《江苏农业科学》和*Polyhedron*、*J. Organomet. Chem.*等国内外学术刊物上发表多篇论文。提倡个性化教学教育，信奉“天生学生必有用，不拘一格育人才”。

刘中文，男，1964年7月生，文学博士。现任苏州市职业大学教育与人文学院教授，中国韵文学会会员，兼任中国陶渊明研究学会副会长。曾任哈尔滨师范大学硕士研究生导师。多次获“哈尔滨师范大学教学优质奖”，获1998年“哈尔滨师范大学曾宪梓奖教奖”。主要从事陶渊明接受研究，曾主持黑龙江省教育厅人文社会科学研究项目1项、哈尔滨师范大学科研基金项目1项。学术著作《唐代陶渊明接受研究》获2008年黑龙江省高校人文社会科学研究优秀成果二等奖、第十三届黑龙江省社会科学优秀科研成果三等奖。在《文学评论》《学术交流》《求是学刊》《中国韵文学刊》《苏州大学学报》等学术期刊上发表学术论文30余篇。

童李君，女，1982年12月生，江苏苏州人，扬州大学古代文学博士，苏州大学现当代文学博士后。现任苏州市职业大学教育与人文学院副教授，主要研究方向为元明清文学、中国通俗文学。现主持教育部人文社会科学研究青年基金项目1项，主持并完成省部级项目2项；出版专著2部，主、参编教材3部；在《明清小说研究》《鲁迅研究月刊》等期刊发表论文30余篇。为江苏省高校“青蓝工程”优秀青年骨干教师培养对象，获评2017年度苏州市杰出青年岗位能手。

专业带头人简介

李冬，男，1986年11月生，黑龙江省大庆市人，天津师范大学教育学博士。现任苏州市职业大学教育与人文学院学前教育专业带头人，主要从事学前教育、教育史等方面的研究，参与多项省部级课题，在国内外期刊上发表论文多篇。

刘昌雪，女，1978年4月生，安徽阜阳人，现任苏州市职业大学教育与人文学院旅游管理专业带头人、副教授，研究方向为城市旅游和旅游市场。在CSSCI期刊发表论文2篇，在CSCD期刊发表论文3篇，人大复印资料全文转载论文1篇。主持校级创新课题2项，作为第二参加者参加省部级科研项目1项。获第十三届全国职业教育优秀论文二等奖；学术论文《城市创意旅游资源空间效应及发展模式——苏州市中心城区为例》获得2017年苏州市第三届“社科应用研究精品工程”优秀成果奖二等奖。

顾伟，男，1980年12月生，江苏张家港人。现任苏州市职业大学教育与人文学院会展策划与管理专业带头人、副教授，研究方向为会展经济与管理。江苏省会议展览业协会首批受聘专家。曾主持省市级课题2项，公开发表论文数10篇，指导江苏省大学生创新训练项目2项。

张丽，女，1986年9月生，山西灵石人，南京农业大学食品科学博士。现任苏州市职业大学教育与人文学院食品营养与检测专业带头人，主要从事食品加工和保藏、食品安全检测与质量控制等方面研究。主持省市级项目4项，获得发明专利1项，在*Journal of Proteomics*、*Food Research International*、*Journal of Food Process Engineering*和《食品科学》《食品工业科技》《食品与生物技术学报》等刊物发表论文10余篇。

齐红，苏州市职业大学教育与人文学院网络新闻与传播专业带头人。(详见“名师风采”部分)

校企合作

◎基地数量稳步增长

经过几年的建设，学院校企合作单位数量逐年增加，各专业校外实习实训基地均有了一定的规模，为专业实习、实训、见习提供了充足的实践岗位。在各专业的努力下，基地数量不断增长，2019年学前教育专业新增江苏省新苏师范附属小学附设幼儿园、苏州高新区天都幼儿园2家基地，食品营养与检测专业新增苏州市农业科学院1家基地，旅游管理专业新增苏州吴江东太湖大酒店有限公司、苏州艾赛伦文化旅游发展有限公司、苏州文化国际旅行社有限公司、苏州雅都大酒店、苏州合景万怡酒店5家基地。2019年度校外基地累计接受365人次参与顶岗实习，268人次参加实训、见习，合作企业接受毕业生就业48人，占当年毕业生总人数的11.6%。

◎合作领域不断拓宽

在增加合作企业数量，满足实习实训教学需求的基础上，学院积极探索与行业协会、学会的合作，分别与苏州丝绸行业协会、苏州市营养学会签订产学研合作协议，发挥双方优势，积极搭建学校、行业和企业产学研合作的“桥梁”，促使人才培养与产业发展紧密结合，提高人才培养质量，提升毕业生就业质量，着力培养适应产业发展需要的高素质应用型人才。在丝绸行业协会的牵线搭桥下，为苏州绣艳天下刺绣工艺有限公司开发“抑菌丝绸制品”“防毛刺绣系列产品”，为苏州太湖雪丝绸股份有限公司开发“防踢被智能蚕丝被”，为苏州慈云蚕丝被制品有限公司提供“蚕丝被抗霉菌试验”，助力丝绸行业的转型升级。在苏州营养学会的协助下，成立苏州市大学生营养与健康促进基地（暨食品、营养与健康创新项目孵化基地），在科学研究、学术交流与业务培训等方面进一步开展合作。

发挥学院人文类师资资源优势，与苏州市相城区黄埭镇社会事业局签订协议，推进“黄埭地方人文资料调研收集整理”项目，为黄埭地方文化事业建设提供基础。

积极参与学校“一院一镇”项目，与苏州市高新区镇湖街道签订校地合作框架协议，后期将在党建、科技创新、人才培养以及教育培训等方面开展合作。

◎订单班规模持续扩大

学院订单班规模进一步扩大，分别与首旅如家酒店集团、凯莱酒店集团、德莎（苏州）胶带技术有限公司、苏州金唯智生物科技有限公司、江苏省优联检测技术服务有限公司签订订单培养协议，旅游管理专业和食品营养与检测专业共计118名学生参与了订单班的学习。订单班使人才培养更具有针对性，从而进一步提高人才培养质量，使学生在正式进入企业前就提前掌握了相应的知识和技能，同时也为企业今后的员工培训缩短了时间，节约了成本，实现了学校、企业和学生的三赢。

◎企业学院蓬勃发展

英凯睿智国际旅游管理学院建设进入第三年，学院首批学生——2017级旅游管理班学生已进入顶岗实习阶段，48名学生分别在凯莱集团旗下的苏州太美逸郡酒店、苏州高铁金科大酒店实习。学生良好的职业素养受到这2家酒店的一致好评，经过5个多月的实习，有2名已被提拔为领班。

3月，英凯睿智国际旅游管理学院与澳大利亚国际酒店管理学院国际合作项目签约，预示着英凯睿智国际旅游管理学院将在国际合作领域开启一个崭新的篇章。

6月，美国饭店协会教育学院AHLA课程前厅运营管理课程开考，14名学生参加证书考核。截至2019年，学院已有25名学生参加了该项国际课程认证，并获得了相关证书，为成为一名优秀的酒店业管理人员做好了充分的职业准备。

9月，2019级新生的加入使英凯睿智学院的规模进一步扩大。学院的人才培养模式受到社会的认可，学院获第五届中国酒店业教育培训金仕奖（2018）行业人才培养贡献奖。英凯睿智国际旅游管理学院企业方凯莱酒店集团也在此次评选中斩获最佳战略合作伙伴奖。

◎“双师”基地稳健拓展

为进一步加大“双师型”教师培养力度，全面提升“双师型”教师培养质量。学院在原有“双师”基地的基础上，又与苏州市农业科学院、苏州市都好食品有限公司签订“双师型”教师培养培训基地合作建设协议，将在教师实践培训、兼职教师聘用、课程改革、教材开发、专业建设、人才培养等方面开展深入合作。2018—2019学年，“双师”基地开展实质性“双师”培训工作2项，新增企业兼职教师7人。企业兼职教师实际承担教学工作量232课时，学校发放兼课金13920元。

学术科研

2019年，学院教师共发表论文53篇，其中CSSCI、CSCD检索收录6篇、核心期刊发表2篇；出版著作2本；获地市级奖项2项；获得发明专利3项，实用新型专利1项，专利转让2项；3项新产品获得鉴定；3项市厅级纵向项目完成结题，5项市厅级项目立项，1项校级纵向项目立项，1项市厅级项目获追加款；8项横向项目立项，其中4项已结题；建设市级科研平台1个、校级科研平台4个、院级科研平台1个，与协会共建科研平台4个。

学院承办由苏州市卫生健康委员会、市场监督管理局、食品安全与营养协会主办的“2019年苏州市全民营养周暨中国学生营养日启动仪式”，其间与苏州市食品营养安全学会合作的苏州市大学生营养与健康促进基地（暨食品、营养与健康创新项目孵化基地）正式落户学院；在丝绸苏州2019博览会前夕，学校与苏州市丝绸行业协会签订苏州丝绸技术协同创新中心协议；学院参与2019年全国高职高专校长联席会议暨技术研发与应用成果展，获得好评，为学校赢得了荣誉。2019年，学院立足苏州，发挥学校专业技术优势，开展信息交流、技术研发、技术服务、成果转化等一系列业务，打造产学研合作高端平台。

学生工作

2019年，教育与人文学院师生深入学习贯彻党的十九大和十九届二中、三中、四中全会精神，紧扣学校内涵发展指标体系，以社会主义核心价值观为引领，以立德树人为根本，以服务学生为主线，通过规范管理，提高教育管理的质量，提升学生思想道德、人文素质和专业素质。

◎完善学工工作体系，加强基础工作管理

学院加强辅导员、班主任、学生干部“三个层次”干部队伍建设，加强团委学生会、班级团支部、社团类组织“三个层次”团队管理建设。通过以会代训方式，每月开展队伍建设、案例交流。

继续推进学生工作研究，成立辅导员工作室。完善辅导员工作室工作计划，通过辅导员工作室答辩，成为校内第一批挂牌的辅导员工作室。团队成员全年完成科研论文2篇，1项创新创业课题获得校教改课题立项；团队成员参与市调研课题1项。

积极推进学习讨论大数据平台建设。3月起，逐步全面推广“辅导猫”工具。讨论学习后台Excel数据库已完成技术储备和基础数据收集工作。

◎强基固本，推进学风建设

学院按照上级团委要求，切实加强团组织管理。开展团员评议，评选出院级优秀团干部11名、优秀团员98名、校级优秀团干部2名、校级优秀团员12名、校级先进团支部1个。

广泛发动学生参加学校阳光体育比赛，克服总人数多和男生比例较低的劣势，取得了很好的成绩：获得冬季长跑比赛第二名，乒乓球比赛第二名，篮球比赛第五名，羽毛球、足球、石湖竞走等比赛第七名；在学校运动会取得团体第三、女子第三、男子第七的好成绩。

广泛开展心理健康教育系列活动。承办校心理健康节北区广场活动，心理剧获得校一等奖、最佳编剧和校优秀指导老师等奖项，心理微图文获评三等奖和优秀奖。

完善心理健康“红橙黄”三级预警机制和“小组帮扶”机制。2019年，共处理突发事件10余起；对全院20名心理重点关注学生分级管理，每周进行分析预警。

继续稳步推进网络思政建设。新媒体平台配合常规教育、线下活动推送微文120余篇，举办线下活动1次；通过QQ群开展服务试点，解决各类问题；初步形成学生指南初稿；新建团委QQ空间宣传阵地，每篇推文都能获得1000+阅读量。

同时，加强意识形态管理，对院内5个平台加强监督，梳理督查院内各群组40多次，过滤了部分不良信息，有效清理了网络环境。

2019年，评选出省优秀学生干部1人、省先进班级1个，评选出开元奖助学金10人、天翼奖学金9人、东吴餐饮奖学金8人、诚善A计划助学金3人、优秀毕业生60人、国际交流奖学金1人、校奖学金283人次（一等奖学金42人、二等奖学金34人、三等奖学金82人、单项奖学金125人）、国家奖学金2人、国家励志奖学金58人、校创新奖励9项，评选出文明班级3个、文明标兵班级2个、文明宿舍10个。

2019年共发放校助学金130人次，党员关爱基金9人次，日常补贴478人次，其中求职补贴17人次、伙食补贴329人次、返乡补贴132人次，国家助学金508人次，学费减免24人次。突发事件中，申请临时助学金3人次。

◎大力开展特色活动

开展学院传统职业技能展示月、社团巡礼及礼仪特色活动。

协助开展大型活动“2019年全民营养周启动仪式暨苏州市大学生营养与健康促进基地揭牌仪式”。联合英凯睿智国际管理学院开展旅游专业“中餐技能大赛”，配合省师范生技能大赛开展学前教育专业技能大赛。

2019年，学院继续加强“礼仪讲解队”建设，定期开展主题培训，并取得初步成效。“礼仪讲解队”为石湖论坛（引力播报道）、食品营养节、江苏省高校档案馆馆长论坛、2019届学生毕业典礼等活动提供礼仪和讲解服务，均获得好评；同时承担了学校档案馆实物档案陈列室的讲解工作，为新生、支部、校外来访嘉宾提供解说服务，共服务56场次1200余人次。

◎稳步推进就业创业工作

2019届毕业生初次就业率达94%，年终就业率达96.62%，有91人成功转本。学院领导和相关专业教师走访了如家酒店、世标检测、睿谦志途科技有限公司等企业，了解企业用工需求和学生就业状况。组织了教育与人文学院专场招聘会，以及学前教育、旅游管理和会展策划与管理专业的3个专场招聘会，提供了1000余个岗位供学生选择。单独举办了10场就业宣讲、8场就业讲座。

积极开展就创业教育。学院第13届创业大赛顺利举行，"小嘟校园臭氧消毒机器人""玉生烟国风工作室""'互联网+'模式下的黑臭水污染治理与修复的全过程控制技术产业化"等3个项目入选2019年江苏省第五届"互联网+"创新创业大赛校内培育项目名单。学院第13届职业生涯规划比赛也圆满落幕，学生成健华成功进入学校决赛。组织创新创业讨论会活动，推荐学院俞晟博士参加"挑战杯"项目，其参赛项目入选校梯队培养项目名单。同时，学生工作办公室申报了关于创新创业的校教改课题1项。

（周　莉）

外国语学院

概 况

外国语学院起步于20世纪90年代的实用外语系，伴随着苏州市职业大学的发展逐步壮大。2008年改名为外国语与国际交流系，2013年1月，正式定名为外国语学院。

外国语学院现设有英语系、日语系（应用德语教研室）、公共外语教学部，包括英、日、德3个语种，下设商务英语、应用英语、商务日语、应用德语4个专业。此外，学院还设有专业技能实训中心、外国语言文化研究中心、外语技能竞赛指导中心和外语考试培训中心。

学院现有教师88人，师资素养全面、教学水平高，“双师型”教师占教职工总数的90%以上。学院教师连续10年获国家级、省级英语教学大赛奖项，在江苏省各高职院校中享有较高声誉。学院还聘请了行业专家、知名学者指导教学科研，并拥有一支相对稳定的外籍教师队伍。

学院办学条件优越，拥有21间设备先进的多媒体教室、6个联网语音室和3个机房，拥有远程交互、职场模拟、文化体验、同传口译等9个实训室，为师生教学与实践提供了优越的硬件设施。

学院与苏州市商务局跨境电商协会、姑苏网商会以及上百家中外大型企业建立广泛合作与交流关系，与企业合作共建20余个实训基地，为培养学生实践能力打下坚实基础。

学院秉承“成就教师、成就学生”的理念，以“外语+”人才培养模式为中心，不断提高教学质量，着重培养学生综合素质和创新能力。学生在历年的国家、省、市各级外语口语、演讲、写作和翻译技能竞赛中屡获大奖，成果斐然。

学院大批学生通过专转本考试进入苏州科技大学、南京工业大学、南京农业大学等本科高校深造，提升学历，转本成功率在学校名列前茅。

学院积极为在校学生打造校外实践平台。近年来，学院学生圆满完成了世界语言大会、中宣部理论研讨会等国内外志愿服务工作，受到各国领导、外交部、国家体育总局等多方的一致好评，先后多次被媒体报道。

蓬勃发展的外国语学院将秉承“融通中外、德学双馨”的院训，以培养高素质技能应用型人才为目标，以服务地方经济发展为宗旨，积极拓宽学科专业，提升办学层次，努力构建江苏省独树一帜的应用型外语人才培养基地。

教学工作

办学特色

外国语学院以人才培养为中心，始终把提高教学质量和学生的综合素质、培养学生创新精神作为主要目标。学院学风优良，教学成果显著，在江苏省同类高校中具有突出优势：教师连续9年获得江苏省高校英语教学大赛奖项，学生连年在国家级、省级的英语口语、写作、演讲、翻译等外语竞赛中荣获佳绩，日语、德语专业学生在全国性技能竞赛中获奖。年轻、蓬勃的外国语学院与时俱进，以开放的姿态不懈努力，锐意进取，积极稳步地拓宽学科专业，强化教学质量，提升办学层次，成为苏州市应用型外语人才培养及输送的重要阵地。

专业设置

2019年苏州市职业大学外国语学院专业设置一览表

系名称	专业名称	专业带头人	职称	学历(位)
英语系	商务英语	王 怡	副教授	研究生(博士)
	应用英语	顾 韵	副教授	研究生(硕士)
日语系（应用德语教研室）	商务日语	马文波	副教授	研究生(硕士)
	应用德语	黄 悦	讲 师	研究生(硕士)

专业介绍

外国语学院致力于构建与地方经济发展需求相适应、应用性和实践性相结合为特点的专业结构，着力培养服务于地方经济建设的商务、旅游、外语教学、翻译以及外事行业的高级应用型人才。其中商务日语为省级特色专业，应用英语专业群是学校首批重点专业群，商务英语为校级特色专业，英语视听说、商务英语会话、日语精读等均为校级精品课程，翻译理论与实践等为校级重点课程。

◎商务英语——校级特色专业、校级品牌专业

培养目标：本专业是校级特色专业及品牌专业，以涉外文秘和涉外电商等相关岗位为依托，旨在培养德、智、体、美全面发展，既具有良好的英语听、说、读、写、译等综合语言应用能力，又掌握一定的跨境电商实操技能和中英文商务函件处理能力的应用型涉外商务人才。通过系统学习，学生应具备扎实的英语语言基本功，熟悉现代化办公设备和软件的使用，了解国内外相关商务方针、政策和法律法规，系统掌握涉外商务的背景知识。通过对国际贸易、跨境电商、商务谈判、跨境电商视觉设计、会展策划与执行等与涉外商务工作息息相关的知识模块的系统学习，学生将具有良好的英语交际能力、商务口笔译能力，熟悉跨境电商操作流程、网络营销手段和国际会展策划技能等，成为具有良好职业技能和素养的复合型英语人才。

主要课程：英语视听说、商务英语会话、商务英语应用文写作、商务谈判、国际营销英语、国际贸易英语、商务英语翻译、跨境电商英语、跨境电商操作实务、商务企划设计与演示、中西文化对比与沟通、日语（二外）等。

职业前景：学生毕业后主要面向商业实务、涉外经济和商务交流、跨境电商、涉外商旅等领域就业，可从事涉外经济领域的贸易、翻译等工作，也可从事企业管理、教学培训、导游等与该专业相关的商务类工作。

◎应用英语

培养目标：本专业以涉外服务岗位和英语培训岗位为依托，下设英语口笔译和英语教育两个方向，旨在培养具有扎实的英汉语言和文化素质，良好的跨文化沟通技能，通晓外经贸知识、少儿英语教学理论的应用型翻译人才或英语教育人才。所设课程致力于夯实学生英语基础，培养娴熟的听、说、读、写、译能力，使学生适应经济和教育全球化、信息化趋势，成为有能力、有资质，胜任英语口笔译、少儿英语教学培训、跨境电商、外事会展等工作的高技能复合型人才。

主要课程：英语精读、英语视听说、英语语音、英语语法、英语应用文写作、中西文化对比与沟通、英汉/汉英笔译实践与技巧、英汉/汉英口译实践与技巧、商务现场口译、联络陪同口译、商务速记、会展策划与执行、儿童英语教学、英语教师课堂管理、英语课堂教学活动设计、演讲英语、跨境电商操作实务、商务企划设计与演示、计算机信息技术、日语（二外）等。

职业前景：学生毕业后可在各级各类涉外企业和英语教育培训机构从事商务翻译、外事陪同翻译、涉外文秘、少儿英语教学、专业英语培训、对外文化宣传、涉外会展和导游等工作。

◎商务日语——省级特色专业

培养目标：本专业2006年被评为江苏省省级特色专业。商务日语专业面向对外贸易行业，旨在培养适应外向型经济进一步发展需求、具有良好职业道德和创新精神、拥有较强日语应用能力和综合商务能力的高素质技能应用型商务日语专门人才。本专业注重日语语言应用、对外经济贸易等方面基本理论和技能的学习，以对学生日语的听、说、读、写、译五方面强化训练为主，兼涉商务、经贸、旅游、市场经济等相关的学科知识。学生毕业时要求取得日语能力考试二级水平证（国际通用），并可通过自考、专转本等途径实现学历的进一步提升。

主要课程：日语精读、日语会话、日语听力、商务日语、日语写作、国际市场营销、进出口贸易实务等。

职业前景：学生毕业后可在日资企业及与日本有业务往来的各类企业单位从事日语翻译、业务员、跟单员、文员等工作，也可从事企业管理、日语教学培训或导游等工作。本专业近三年就业率均达100%，学生大都分布在苏州日立显示器、三井物产、佳能等苏州及长三角周边地区的日资或对外企业。本专业还与多家外资企业签订了实训（实习）基地协议。

◎应用德语

专业介绍：本专业旨在培养具有扎实的德语语言基础，能在教育、外事、文化等部门从事翻译、教学、管理工作的应用型德语人才。要求学生掌握德

语国家语言、文化、历史、经济等方面的基础理论和基本知识，具有良好的德语听、说、读、写、译方面的技能，同时提高第二外国语——英语的听、说、读、写等能力，具有从事翻译、教学、管理工作的业务水平和能力。

主要课程：综合德语、德语翻译、德语写作、德语视听说、德语能力拓展、德语国家概况、商务德语、德语影片欣赏、科技德语、英语(二外)、商务英语会话、英语国家概况、计算机应用基础等。

职业前景：学生毕业后适合在外事、外经贸、外资企业从事与德语有关的工作或德、英双语工作。

师资介绍

名师风采

李英，女，1965年9月生，安徽芜湖人。现任苏州市职业大学外国语学院副院长、副教授，兼任江苏省高校外语教学研究会高职分会副会长、江苏省职业院校应用外语研究会常务理事。在省级以上刊物发表论文10余篇，主编教材1部。2015、2017和2018年度获校优秀教学奖及教学质量奖；在2014—2019年第5届至第10届江苏省及全国大学英语教学大赛中获“优秀指导教师”奖；2017年获江苏省大学生英语演讲大赛“优秀指导教师”奖，所指导学生获江苏省高职英语演讲大赛一等奖；2015年主持项目“课赛融合、理实兼顾的CBET英语教学模式构建与实践”获学校教改成果一等奖；2018年，“基于政行校企合作平台的高职外语专业LBC跨境电商课程体系的构建与实践”(排名第二)获校级教改成果二等奖；2018年主持完成校级重点教改课题“TED讲演的正迁移效应与大学生口语能力提升的关联研究”。先后主持3项省大学生实践创新项目，2018年完成“大学生英语心理剧的创作与实践”项目，2019年与同事合作主持“用英语讲苏州故事——国家大学生素质教育基地吴文化园历史典故探源及传播”项目；主持4项校级研究性课程。

卞浩宇，男，1978年10月生，江苏无锡人，英语语言文学硕士、史学博士。现任苏州市职业大学外国语学院副院长、副教授，主要研究方向为近代中西文化交流、海外汉学、语言学、跨文化交流。世界汉语教育史研究学会理事、全国高校海外汉学研究学会会员、苏州历史文化研究会会员。

先后主持完成江苏省教育厅、江苏省社科联科研项目4项、校级项目3项。在《汉学研究通讯》(台湾)、《世界华文教育》(香港)、《励耘语言学刊》《国际汉学》等核心及省级期刊上发表学术论文20余篇。出版2部专著，获苏州市哲学社会科学优秀成果奖二等奖(2016)1项、三等奖2项(2014、2018)。作为副主编参与编写省级精品课程系列教材1部。撰写的学术论文获得江苏省哲学社会科学界第七届(2013)、第十届(2016)、第十三届(2019)学术大会优秀论文二等奖。先后讲授跨文化交际、英语语言学、中西文化对比与沟通等英语专业课程以及公共外语教学中的大学英语课程。2019年获第十届“外教社杯”全国高校外语教学大赛江苏赛区(高职组)一等奖、教学设计二等奖。指导学生分别获得江苏省高职高专英语演讲大赛获一等奖和二等奖(2016)、“外研社杯”全国高职高专英语写作大赛(江苏赛区)公共英语组三等奖(2016)、江苏省高等职业院校技能大赛英语口语赛项(公共组)三等奖(2018)、首届“外教社杯”江苏省大学生跨文化交际能力大赛一等奖(2018)。

顾韵，女，1975年9月生，江苏苏州人。2005年毕业于华东师范大学外语学院，获硕士学位。2000年12月2001年4月，赴加拿大George Brown College进修，主要学习第二外语教学方面的课程，获TESL(Teaching English as a Second Language)证书。现任苏州市职业大学外国语学院副教授，研究方向为应用语言学和英语教学。

主要承担外国语学院英语视听说、英汉/汉英口译实践与技巧、商务现场口译等课程的教学工作。发表多篇有创新意识的科研论文，并结合教学实践，编写了翻译课的相关教材《英汉互译：理论与实践》。2006年获江苏省青年英语教师授课竞赛(高职高专组)二等奖；2012年获第三届“外教社杯”全国高校外语教学大赛江苏赛区一等奖，并获外教社2012暑期全国高校英语教师发展论坛优秀示范课二等奖；2014年获首届“外教社杯”江苏省高校外语教师翻译大赛一等奖；2015年指导学生获“外研社杯”江苏省高职高专院校英语演讲大赛二等奖；2016年和2017年指导学生参加江苏省高等职业院校英语口语技能大赛分获二等奖、一等奖。

王怡，女，1980年2月生，江苏苏州人。现任苏州市职业大学外国语学院英语系主任、副教授、2017年度校“青蓝工程”优秀青年骨干教师。2005年毕业于苏州大学外国语学院，获硕士学位。2018年毕业于苏州大学外国语学院外国语言学及应用语言专业，获博士学位，研究方向为认知语言学、认知文体学等。2015年赴澳大利亚启思蒙学院进修，获TAE教师资格证书；2016—2017年赴加拿大约克大学访学，主修认知心理学，参与心理实验室的研究工作。承担演讲英语、口译速记、雅思英语等课程教学，协助学校外事办公室涉外翻译、留学生教学等工作。

在《外语学刊》《中国社会科学报》等核心及省级期刊上共发表论文10余篇，学术论文《英语专业学生叙事阅读情感反应的实证研究》获2018苏州市高职高专教育研究优秀论文三等奖；发表学术专著《英语文学阅读互动体验的认知诗学研究》；主持省哲社项目1项、校教改项目2项，参与在研国家社科基金项目1项，受学术新人奖资助1项；主持校级教学团队项目1项。主持建设在线课程1项，参与建设在线课程1项。所获奖项包括校教改优秀成果一等奖（排名第三）、2012“外研社杯”江苏省高职高专院校英语演讲大赛“优秀指导教师”奖（特等奖）、2014“第九届江苏高校外语专业研究生学术论坛”学术论文二等奖、2015年第六届“外教社杯”全国高校外语教学大赛江苏赛区二等奖、2015全国高校微课大赛（高职高专）江苏省赛区三等奖、2017第八届“外研社杯”全国高职高专英语写作大赛江苏赛区“优秀指导教师”三等奖、2017校第二届“益智杯”信息化教学基本功比赛教学设计二等奖、2017校优秀毕业设计（指导）三等奖、2017年度校十佳优质示范课第一名、2019第十届“外教社杯”高校外语教学大赛微课比赛江苏省一等奖。

专业带头人简介

王怡，苏州市职业大学外国语学院商务英语专业带头人。（详见“名师风采”部分）

顾韵，苏州市职业大学外国语学院应用英语专业带头人。（详见“名师风采”部分）

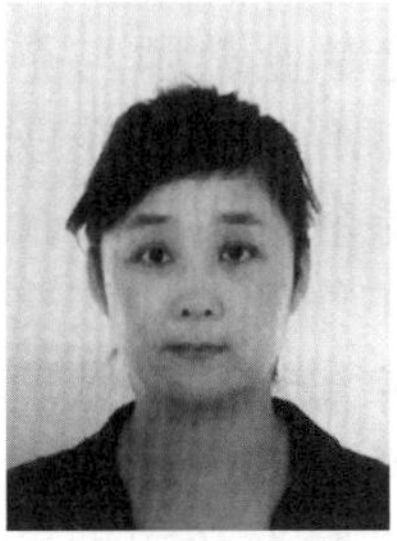

马文波，女，1972年3月生，辽宁丹东人。2005年毕业于日本福冈教育大学日语教育专业，获硕士学位。现任苏州市职业大学外国语学院商务日语专业带头人、副教授，主要从事日语教育、日本文学、日本高等职业技术教育等方面的研究工作。近年来主持完成江苏省大创项目1项、校级教改等项目4项，发表专业论文10余篇。多次获校级考核优秀、优秀班主任、教学质量奖、优秀校级研究性课程奖等荣誉。

黄悦，女，1983年10月生，江苏苏州人。2006年毕业于南京大学外国语学院德语系，2010—2013年就读于苏州大学文学院比较文学专业，获硕士学位。现任苏州市职业大学外国语学院应用德语专业带头人、讲师，主要从事德语语言文学，比较文学研究。曾多次获校年度教学质量优秀奖，发表专业论文多篇，主持校级研究性课程1项。

校企合作

2019年，外国语学院以内涵质量建设指标体系为抓手，以专业竞争力提高为目标，在继续增加与企业合作的力度和深度的同时，不断开拓校企合作新项目、努力探索新方向。

2019年，学院在和原校企合作单位保持良好沟通与合作的基础和前提下，继续扩大合作范围，先后与苏州同程网络科技股份有限公司、苏州学智达留学出国咨询公司、苏州欧翰企业管理顾问有限公司、苏州太阳花英语教育、苏州嘉购网络科技有限公司、苏州乔阳文教资讯有限公司、苏州跨境者贸易有限公司、杭州久元事业集团有限公司、南京瀚海企业管理咨询有限公司签订了校企合作协议，为学生顶岗实习与未来就业提供了良好的平台。此外，学院还与昆山花桥国际商务城金融发展办公室签订了校地合作框架协议，为今后校地深度合作奠定了基础。

学院保持优良传统，继续与姑苏网商会、乔阳文教咨询有限公司深入合作，开设了第四届“跨境电商”冠名班和第三届“英语幼教”冠名班，分别招收来自商务日语、商务英语以及应用英语专业的学生35名和27名。2019年，学院首次与日本大宇宙商业服务有限公司深度合作，共建2个订单班（2017级商务日语1班、2班）。学院专业教师与企业专家轮流授课，既注重语言基础训练，又将企业培训内容带入课堂，让学生提前感受企业文化和氛围，为学生后期进入企业实习、实现工作无缝对接奠定了良好基础。此外，学院首次与南京瀚海企业管理咨询有限公司合作，成功开办了“跨境电商就业实训班”。在为期10天的实训中，来自南京瀚海的实训导师对实训班的学员进行全封闭式集训，教授“跨境电子商务——精准营销”“实战阿里巴巴国际站——网站建设”等实践性课程。学员在结业时全体获得“阿里巴巴跨境电商人才”初级证书，顺利获得“阿里巴巴跨境电子商务师”三级证书。全体实训班学员参加阿里巴巴—南京瀚海“百城千校　百万英才”跨境电商人才双选签约会，与多家赴会企业成功签署实训合约。

学院与“双师”基地巧儿乐顿企业管理集团在长期稳定、友好合作的基础上，围绕产教融合的目标，发挥各自资源优势，就人才培养目标的设定、顶岗实习机会的提供等方面开展一系列探讨与交流。学院与巧儿乐顿企业管理集团旗下芝麻街英语的合作一直有条不紊地展开，8月，英语系主任王怡老师、英语系应用英语教研室主任陆雷老师前往芝麻街英语繁花中心校区，与苏州芝麻街英语3个校区的校长和老师们一起开展教学心得分享与研讨。繁花中心校区的Alice老师展示了芝麻街英语教学系统中自然拼读法的教学流程和方式，以及芝麻街英语课程体系的优越性和实用性；王怡和陆雷2名老师则围绕踏上教育职业的准备、教学对象的特点、教学设计的误区、教师提升自我的方法等主题，结合多年教学经验，辅以详尽案例分析，深入浅出地和芝麻街英语3校的老师们一起进行了分享和讨论，并得到大家的一致认可和好评。这些活动的开展为“双师”基地的建设增添了活力和内容。

学术科研

2019年，外国语学院教师共发表论文35篇，出版学术专著1部（《英语文学阅读互动体验的认知诗学研究》）；承担市厅级科研项目5项，横向课题2项；发表建言献策1篇（《民主与科学——九三学社的精神信仰与时代价值》载《苏州政协》2019年第2期）；论文《晚清英文史料中的“苏州形象”研究——以〈教务杂志〉为中心》获江苏省哲学社会科学界第十三届学术大会优秀论文二等奖；举办专题学术报告1次。

学生工作

为培养学生良好的人文素养，提高学生的综合能力，外国语学院在2019年开展了形式多样、精彩纷呈的学生活动，积极开展“青年大学习”“信仰公开课”“梦想公开课”，汲取社会主义核心价值观的思想精华，深入挖掘和阐发时代价值，了解真知、感悟真知，激荡爱国情怀，领航青春信仰。根据时间节点，开展庆祝新中国成立70周年、纪念五四运动100周年、“青春心向党·建功新时代”特别主题团日等活动，开展以“敢于创新、敢于斗争、敢于胜利，勇立一线、勇创一流、勇当标杆”为代表的新时代苏州共青团奋斗精神主题大讨论活动。推进“智慧团建”，开展“魅力团支书”“活力团支部”展示评选活动，提升基层团组织工作活力。

学院开创了志愿服务活动的新领域。志愿服务活动质量、规模更上一层楼，朝着社会化、专业化、系统化的方向不断发展。志愿服务开展过程中，学院及时发现不足并累积经验。近年来，学院充分利用外语特色，积极挖掘学院各种资源，精心组织各种规模尤其是大型赛会的志愿服务活动，进行志愿活动项目化管理，树立的“小红帽”志愿服务品牌成为学校乃至苏州市志愿服务的一个亮点。全年主要志愿活动如下：3月，“还黑板一块天空”志愿服务；4月，第八届中国苏州文化创意设计产业交易博览会志愿服务，义捐义卖志愿服务；6月，苏州宣传部电影培训志愿服务；7月，苏州市姑苏区大龙港社区支教志愿服务；8月，首届中国苏州江南文化艺术·国际旅游节志愿服务；9月，第二届江苏印刷业创新发展博览会志愿服务；10月，第十届“外研社杯”全国高等职业院校英语写作大赛志愿服务。2019年，学院精心打造的公益创业项目以总分第二获得第六届苏州市青年创益大赛二等奖，志愿服务总队队长刘显峰同学被授予苏州市“十佳青年志愿者”称号，学院“以志愿服务制度化为抓手的高校立德树人探索”项目被立项为2019年度苏州共青团工作创新创优项目。

为保障学生顺利毕业就业，学院认真贯彻教育部、省教育厅精神，按照学校、学院部署扎实做好各项工作。策划毕业生离校、毕业典礼等活动。积极联系用人单位举办专场招聘，共有90余家企业参加校园招聘会，提供就业岗位2358个；举办宣讲会12场、就业讲座7场。积极对毕业生的思想动态进行调研，了解毕业生的就业意向、就业动态。开展毕业生就业信息的统计，就业单位的就业调查、回访反馈等。组织学生参加校级职业生涯规划大赛、创业大赛、就创业知识竞赛等系列活动，组织学生参加省职业规划大赛、省创业大赛。积极开展校企合作，就业基地建设，与校企合作单位保持联系，为毕业生建立良好的就业平台。

2019年，学院举办院分党校学习班8期，培养入党积极分子61人，发展学生党员11人，转正学生党员4人。3月，学院学生党支部申报的党建项目“青年服务社会　深化实践育人”在校优秀党建项目、党日活动评选会中获2017—2018年度优秀党建项目二等奖。9月，学生党支部在校“行动支部”示范遴选建设中被评为示范“行动支部”。11月，学生党支部在第十四届先锋论坛“众志成城　平语近人”习近平用典学习竞赛中获三等奖。

2019年，学院2018级商务英语3班获得校“文明标兵班级”称号，2018级商务日语2班、2018级商务英语2班获得校“文明班级”称号，2018级商务英语1班20-239宿舍获得校“文明标兵宿舍”称号，2017级应用英语1班19-216等7个宿舍获得校“文明宿舍”称号。

（蔡　骏）

艺术学院

概 况

艺术学院前身为1993年成立的美术系，2005、2008年分别与原苏州教育学院的艺体系和原苏州市广播电视大学的艺术设计系合并。2013年1月正式更名为艺术学院。办学20余年来，在面向社会、服务社会的办学理念的引导下，学院得到了长足的发展。

艺术学院拥有一支具有较高学术水平和较强教学、设计、科研和创作能力的师资队伍。现有教职工86人，其中专任教师79人；教师中正高职称6人、副高职称17人，专任教师中“双师型”比例占90%。有多名在艺术设计、音乐表演、美术创作等领域享有较高声望的资深专业人士和专家任专业骨干教师，不少教师在省市级以上专业学术团体任主要职务。学院设有专业指导委员会，由校内外知名教授与行业专家组成，指导专业建设与改革，还聘请知名企业高管和艺术团体专家为学院兼职教授，形成一支结构、年龄、职称较为合理的专兼职师资队伍。

学院有环境艺术系、视觉传达系、音乐系3个系，开设有视觉传播设计与制作、环境艺术设计、服装设计与工艺、工艺美术品设计、雕刻艺术设计、室内艺术设计、表演艺术7个专业，现有全日制在校学生1500余人。

学院教学大楼建筑面积15000余平方米，建有包括模型制作实训室、雕刻工艺综合实训室、服装制版工艺实训室、媒体广告与影像创意实训室（媒体广告）、媒介呈现与信息传达实训室、画室、音乐综合实践实训室、计算机音乐实训室、演奏厅和50余间琴房的专业实训室等实验实训场所。建有张继馨吴门花鸟画艺术研究院、钟锦德技能大师工作室。校外59家长期校企合作企业为教学提供实习实训场所，为学生技能训练提供强有力的支持。

学院以高职高专办学思想为基础，以人才培养为中心，以加强“双师型”师资队伍建设为目标，通过深化专业、课程改革，建设健全教学质量管理体系和实践实训、职业能力训练体系，努力提高教学质量。学院以培养思想素质良好、符合社会需要、掌握一定专业和基础知识、有一定实践动手和创新创意能力的复合型人才为办学宗旨。

教学工作

办学特色

立足服务地方建设，培养全面发展人才，以科学态度为实践创新和人文教育平台奠基。集结雄厚的教科研团队，发挥强有力的教学优势，以创建课程品牌和专业建设为引导，以产学研结合为抓手，以校企合作为模式，以文化育人为主线，扎实夯实基本理论知识，牢固打好专业技能基础。以理论与实践的双重能力，应对社会对人才培养的实际需求。

专业发展立足地方建设，课程改革瞄准社会应用前沿最新需要，师资队伍建设要求“双师型”模式，实践教学强调适应能力的培养。针对艺术教学的特点，坚持教师导向，注重实践能力，实现专业、教学、师资、科研的全面协调的合理发展。

专业设置

2019年苏州市职业大学艺术学院专业建设情况一览表

系名称	专业名称	专业带头人	职称	学历（位）
环境艺术系	环境艺术设计	薄晓光	副教授、高级工艺美术师	本　科（硕士）
	工艺美术品设计	陆宇澄	教授、研究员级高级工艺美术师	本　科（学士）
	雕刻艺术设计	陆宇澄	教授、研究员级高级工艺美术师	本　科（学士）
	室内艺术设计	陆宇澄	教授、研究员级高级工艺美术师	本　科（学士）
	服装设计与工艺	雷兴武	讲师、工艺美术师	本　科（学士）
视觉传达系	视觉传播设计与制作	杨　光	副教授	研究生（硕士）
音乐系	表演艺术	刘　燕	教　授	本　科（学士）

专业介绍

◎环境艺术设计——校级品牌专业

培养目标:随着苏州地区与周边城市发展日益迅速,环境艺术设计专业人才尤为得到重视。本专业培养具有环境艺术专业理论知识、客户交流能力和了解专业发展趋势,能独立从事各类室内空间、小型室外环境、商业展示以及公共设施、构件等装饰设计工作,并有较强实际动手制作能力的专业设计人员。

主要课程:工程制图、住宅空间室内设计、商务空间设计、餐饮空间设计、娱乐与商业空间设计院、环境景观设计、环境设施设计、家具设计、展示设计、造型设计、模型制作、材料与预算及电脑辅助设计等课程。

毕业去向:学生毕业后可进入室内装饰、建筑工程设计、城市规划等专业设计公司、设计事务所以及有关企事业单位从事设计工作。

◎工艺美术品设计——校级特色专业

培养目标:本专业培养德、智、体全面发展的,适应现代社会和经济发展需要的具有“实用、现代、复合”特征的现代艺术工程人才。

主要课程:造型基础、设计基础、电脑软件、装饰图案、装饰绘画、旅游纪念品设计、陶艺、雕塑、漆艺、金属工艺、纤维材料工艺、民间工艺等。

毕业去向:学生毕业后可从事旅游纪念品的设计与制作、工艺美术产品造型设计等方面的工作。

◎雕刻艺术设计

培养目标:本专业培养具有一定艺术设计理论与工艺技能,并具有创新意识与创新能力的新时代雕刻专业人才,侧重于核雕、木雕、玉雕等设计与制作技能的培养。

主要课程:装饰图案、雕刻基础、核雕雕刻技法、泥塑、玉雕雕刻技法、木雕雕刻技法、文化创意产品设计、设计效果表达、三维建模与渲染、陶艺、国画、计算机设计等。

毕业去向:学生毕业后主要在雕刻相关企业、文创企业就业,或自主创业。

◎室内艺术设计

培养目标:在家居饰品行业和软装设计行业蓬勃发展的背景下,依托“工作室制”的人才培养模式,以“主题+工艺”和“主题+空间”的递进式教学模式,培养具有良好的职业素养、人文素养和敬业精神,具有诚实守信和认真工作的态度,具有团队协作精神和公共关系处理能力,具有人际交流沟通和协调能力的职业精神,掌握室内软装设计方案和流程,熟悉家居饰品市场发展规律,以家居软装饰品的设计能力为特色,以室内软装设计能力为核心的高素质高技术人才。

主要课程:设计透视、装饰图案、设计效果表达技术、软装布艺设计、陶艺饰品设计、家居配饰设计、室内空间设计、软装色彩与风格、家具设计与风格、室内陈设设计、花艺与配饰设计、综合材料、计算机设计、3D建模等。

毕业去向:学生毕业后可胜任室内软装设计、家居饰品设计、展示空间设计等各项工作。

◎服装设计与工艺

培养目标:本专业适应现代社会发展及区域行业特色,面向企业、专业品牌设计公司及与服装相关等领域,培养具备一定艺术修养且动手能力强的专业高精应用型技术人才,以及既掌握服装设计领域的原理和方法,又具备较强工艺制版及版型设计能力的高级复合型人才。

主要课程:服装设计、服装工艺学、制版工艺(初级、中级、高级)、服装工业样板、服装CAD、服装立体裁剪等。

毕业去向:学生毕业后可进入服装生产企业、服装设计公司、服装贸易公司等纺织服装相关行业单位。

◎视觉传播设计与制作

培养目标:本专业培养具备艺术设计专业的基本理论、基本知识、基本技能,具备一定的造型能力、审美能力、创造能力以及艺术设计实际操作能力和市场反应能力的高级专门人才。通过学习,使学生具备艺术设计专业理论与专业技能,成为能够独立从事商业美术的高等技术应用型专门人才。

主要课程:标志设计、字体设计、编排设计、招贴设计、图形设计、广告设计、包装设计、企业形象VI设计、多媒体设计、书籍设计、展示设计、影视编辑等。

毕业去向:学生毕业后可进入专业设计公司、广告公司、企事业企划部门等从事设计工作。

◎表演艺术

培养目标:随着社会经济的飞速发展,群众对文化的需求越来越高,苏南地区的企业和社区对文艺人才的急迫需求,为文艺骨干人才的培养提供了空间。本专业培养能适应企业、社区工作要求的,掌握音乐、舞蹈、表演、美术等艺术技能的,有一定创造性和开拓性的复合型人才。

主要课程：声乐、钢琴、舞蹈、器乐（琵琶、二胡、古筝、扬琴等）、主持、表演、演出设计、美术（素描、色彩、图案、美术字等）。

毕业去向：学生毕业后可在文化馆、少年宫、群众文化单位、企业、社区文化宣传部门等从事文化艺术专业工作。

师资介绍

名师风采

郝思震，男，1966年10月生，江苏苏州人。1989年本科毕业于南京师范大学音乐系，2003年毕业于南京师范大学高校教师研究生班，主要从事钢琴与钢琴即兴伴奏教学研究以及音乐文化研究。现任苏州市职业大学艺术学院音乐系主任、教授。苏州市知名钢琴教育专家、中国音乐家协会会员、中国教育学会音乐专业委员会会员、中国音乐家协会全国艺术考级考官、中央音乐学院、上海音乐学院、江苏省音协考级委员会顾问、苏州钢琴学会副会长、江苏师范大学音乐学院硕士研究生导师。

主持并完成《新形势下苏州评弹艺术的传承与发展》等2项省级课题，在各类核心期刊公开发表学术论文20余篇。受邀担任江苏省青少年钢琴大赛、省音乐专业基本功比赛评委和市级各类重大比赛评委；受邀担任省教育厅音乐教师培训专家教师。教学成果突出，辅导本专业学生在全国和省级音乐专业基本功大赛中获一等奖，多次获省级优秀教师指导奖。培养了一大批音乐专业人才，其中多名学生在全国及省、市各级钢琴比赛中获奖，有的已在国家级或国外知名音乐学院获得硕士学位。

刘燕，女，1962年3月生，河南平顶山人。现任苏州市职业大学艺术学院教授。苏州古筝协会会长、苏州音乐家协会理事、苏州市教育局音乐特长生专业考试评委、苏州音乐家协会民族器乐专业委员会副主任、苏州妇女儿童活动中心古筝艺术指导、苏州工业园区青少年活动中心古筝艺术指导、苏州沧浪区少年宫古筝艺术指导、南京艺术学院古筝考级评委、上海古筝协会古筝考级评委、上海敦煌乐器有限公司古筝鉴定专家。

1995年参与编撰《中国古筝名曲汇粹》；2003年出版个人专著《中国古筝练习曲》；2004年出版个人古筝演奏专辑《蝶恋花——刘燕古筝演奏专辑》，参与录制出版著名作曲家何占豪谱曲的《龙吟——唐诗古筝弹唱》专辑；近年来，发表多篇科研论文。

陆宇澄，男，1972年1月生，江苏太仓人。1993年毕业于南京师范大学美术系美术专业，专业方向为装饰画（装饰艺术），获学士学位。2000年9月考入苏州大学艺术学院江苏省高校教师研究生班攻读硕士学位，专业方向为设计艺术学。现任苏州市职业大学艺术学院实训中心主任、专业带头人、教授，主要研究方向为装饰艺术、室内陈设。同时兼任中国建筑学会室内设计分会、江苏省美术家协会、江苏省工业设计学会、苏州市工艺美术学会会员，九三学社社员。

在国家核心刊物以及省级刊物上发表学术论文40余篇，其中CSSCI期刊或核心期刊收录的有10篇，创作的美术作品入选首届全国漆画展、全国首届小幅水彩画展、江苏漆画漆艺邀请展、纪念“延讲”60周年美术作品展等全国和省市各级展览10余次，并发表于报刊杂志或入编画册。设计作品被企事业单位采用、发表，并获得国家专利3项。在苏州金螳螂建筑装饰股份有限公司兼职9年，主持完成多个艺术品软装饰工程项目。

张晓春，男，1968年8月生，江苏苏州人。1990年毕业于南京师范大学美术系，2003年获得硕士学位。现任苏州市职业大学艺术学院教授、高级工艺美术师。中国书画家联谊会会员，江苏省美术家协会会员，江苏省高校“青蓝工程”培养对象。在国家核心刊物和省级刊物上发表专业学术论文50余篇；有个人画册1本，参编教材1部；主持或参与省级研究课题1项、市级研究课题1项；获“第十届全国多媒体课件大赛”优秀奖；获得国家知识产权局颁发的实用新型发明专利1项、外观设计专利7项，以及作品著作权35项。美术作品多次入选国内外各种美展，并获“当代文人画名家精品画展”金奖等奖项；多幅美术作品发表在美术专业刊物上。被聘为华夏书画院客座教授,并担任常熟市华丽制衣有限责任公司艺术总监、苏州苏翱织绣工艺品有限责任公司艺术总监。

专业带头人简介

薄晓光,男,1976年3月生,江苏太仓人。1999年毕业于无锡轻工大学(现江南大学)设计学院环境艺术设计专业,2007年获苏州大学艺术学院硕士学位。现任苏州市职业大学艺术学院环境艺术系主任、环境艺术设计专业带头人、副教授,研究方向为环境艺术设计。发表论文10余篇。

陆宇澄,苏州市职业大学艺术学院工艺美术品设计专业、雕刻艺术设计专业带头人。(详见“名师风采”部分)

雷兴武,男,1971年5月生,江苏淮安人。1996年毕业于无锡轻工大学(现江南大学)服装设计专业,2003—2005年在苏州大学艺术学院高校教师研究生课程班学习。现任苏州市职业大学艺术学院服装设计与工艺专业带头人,研究方向为服装设计。多件设计作品在全国获奖,其中2000年、2001年分别获得“中华杯”全国银奖、国际银奖。

杨光,男,1980年3月生,河南焦作人。毕业于江南大学设计学院,设计艺术学硕士。现任苏州市职业大学视觉传播设计与制作专业带头人,副教授,主要从事文创产品开发及包装设计研究。主持省级、校级科研项目多项,多次参与国际会议交流,

发表全国核心期刊论文4篇,其他论文10余篇。获授权的发明专利、实用新型专利10余项。原创设计并已量产作品《榫卯立支》获中国设计红星奖,包装设计作品获中国包装设计大赛专业组二等奖。指导学生获得教育部包装教学分指导委员会主办的全国大学生包装设计大赛一等奖。获评中国大学生文化创意设计大赛优秀指导教师。

刘燕,苏州市职业大学艺术学院表演艺术专业带头人。(详见“名师风采”部分)

校企合作

根据艺术专业教学的特点,学院选择与在行业内有一定知名度的相关企业进行产学研合作。校企合作分为下列几个方面:

◎相关企业与学院教师的项目合作

如学院设计类教师参与了众多设计公司项目的指导和设计等。这些活动锻炼了学院教师的专业能力,促进了教学改革。

◎学院教师为有关公司和单位的建设和发展提供咨询服务

如学院教师参与有关中小学的艺术教育指导,任设计公司的艺术顾问和设计总监,参与音乐团体的组织和管理等,实现了校企合作双赢的良好局面。

◎与企业合作共同培养学生和青年教师

学院的学生教学实践和实习、青年教师的实践锻炼均由学院的相关合作企业承担。学生和教师通过企业实践,加强了理论知识和实践的联系,办出了职业教育的特色。学院正在探索更深入更广泛的校企合作方式,使校企合作取得更好的成效。

校企合作表

序号	校外实训基地名称	实训专业
1	苏州望亭镇人民政府	环境艺术设计、视觉传播设计与制作、工艺美术品设计、服装设计与工艺
2	中建一局集团装饰有限公司苏州分公司	环境艺术设计
3	苏州子持莲华建筑装饰工程有限公司	环境艺术设计
4	苏州望江南园艺设计营造有限公司	环境艺术设计
5	苏州蓝庭美度装饰设计有限公司	环境艺术设计
6	苏州高卓建筑装饰设计工程有限公司	环境艺术设计
7	苏州华尔居装饰工程有限公司	环境艺术设计
8	江苏筑森建筑设计股份有限公司(苏州分公司)	环境艺术设计
9	苏州宫爵大宅装饰工程有限公司	环境艺术设计
10	苏州禾全装饰工程有限公司	环境艺术设计

续表

序号	校外实训基地名称	实训专业
11	苏州泊景装饰设计工程有限公司	环境艺术设计
12	苏州安得装饰设计工程有限公司	环境艺术设计、室内艺术设计
13	苏州市磐石设计装饰有限公司	环境艺术设计、视觉传播设计与制作
14	圣鹿(苏州)环保新材料科技有限公司	环境艺术设计、视觉传播设计与制作
15	苏州壹园设计营造有限公司	环境艺术设计、视觉传播设计与制作
16	吴江伊索家具商行	环境艺术设计、视觉传播设计与制作
17	江苏斯可馨家具股份有限公司	环境艺术设计、视觉传播设计与制作
18	苏州释放文化传播有限公司	环境艺术设计、视觉传播设计与制作
19	苏州玉屏客舍会议中心有限公司	视觉传播设计与制作
20	苏州无限三维科技产业技术有限公司	视觉传播设计与制作
21	苏州宝带文化传媒有限公司工匠园分公司	视觉传播设计与制作、工艺美术品设计
22	常熟市耀龙红木家具厂	视觉传播设计与制作、雕刻艺术设计
23	苏州凌世智能科技有限公司	工艺美术品设计
24	苏州丝生活网络科技有限公司	工艺美术品设计
25	苏州软件园培训中心有限公司	工艺美术品设计
26	苏州木居创联科技服务有限公司	工艺美术品设计
27	苏州市文化创意产业联合会 苏州姑苏陆玖阁投资管理有限公司	工艺美术品设计、雕刻艺术设计
28	苏州甜之美创意设计有限公司	工艺美术品设计、服装设计与工艺
29	苏州亨利庄服饰有限公公司	服装设计与工艺、工艺美术品设计
30	苏州静禾心香手工刺绣有限公司	服装设计与工艺
31	苏州华皇纺织品有限公司	服装设计与工艺
32	苏州永利豪毛衫织造有限公司	服装设计与工艺
33	苏州博秀科技有限公司	服装设计与工艺
34	苏州臻源家具软制造有限公司	室内艺术设计
35	苏州匠意居装饰有限公司	室内艺术设计
36	吴中区文体局	表演艺术
37	姑苏区艺笙琴行	表演艺术
38	苏州飞音艺术中心	表演艺术
39	苏州上格音集文化发展有限公司	表演艺术

学术科研

2019年,艺术学院教师在努力完成教学工作任务的同时,积极投入科研和艺术创作工作,取得了较好的成果。全年共发表论文41篇,其中核心期刊收录3篇,省级刊物论文38篇;教师获专利14项,有1项专利转让,作品著作权登记18幅;参加艺术作品参展9幅,其中省级美展3幅、市美展6幅;纵向项目3项,横向课题25项,到账经费37.68万。学院举行学术讲座6次,举办作品展览5次,举行各类演出3场。

学生工作

2019年,艺术学院学生工作,在校党委的正确领导下,在学校各有关部门的关怀下,在全院师生的支持配合下,紧紧围绕学校的中心工作,结合学院学生特点和工作实际,以习近平新时代中国特色社会主义思想为引领,立德树人,育人为本,精准管理,严格落实各项规章制度,加强学生管理队伍建设,推进创新创业教育工作,服务学生管理与发展,展现艺术特色之美,营造快乐融合、奋进求上的院风。

◎领导重视,汇聚合力提升学生工作质量

学院以中共中央、国务院《关于加强和改进新形势下高校思想政治工作的意见》中提出的“三全育人”理念为指导,合力提升2019年度学生工作。2019年艺术学院“网红打卡地”——天风楼一楼展厅诞生。其功能包括课程作业展、小组兴趣讨论分享、教科研活动、党支部活动、兄弟院校座谈、休闲茶歇等。天风楼一楼多功能展厅的建设体现了学院以“三全育人”为指导的“合力”育人理念。

◎日常管理,以制度为本

学院进一步落实了《苏州市职业大学艺术学院学生工作考评实施办法》《苏州市职业大学艺术学院就业工作考核办法》《苏州市职业大学艺术学院宿舍管理办法》《苏州市职业大学艺术学院学生干部选拨考核考核办法》,规范各项工作的开展。定期开展辅导员、班主任例会,及时上情下达,做到班主任月月有例会,例会有主题,将工作安排和学习培养相结合,全心全意做好学生管理和德育工作。

◎辅导员队伍建设

学院坚持“打铁还需自身硬”的原则,着力建设一支高素质、高质量、高水平的“四尖”辅导员队伍:学生工作记心尖,谆谆教诲挂舌尖,走访宿舍到足尖,工作体会在笔尖。指导辅导员从大处着眼,及时总结,针对现实问题进行专题研究,并通过撰写工作案例、专题报告或科研论文形成自己的工作成果。2019年艺术学院辅导员外出参加培训6人次,共计培训天数23天;组织参加校2019年辅导员工作案例评选,共提交案例7篇,获三等奖1项;积极参与校2019年辅导员素质能力大赛,3名辅导员入围决赛,获二等奖1项、三等奖2项。加强辅导员理论学习,倡导工作实践与体会相结合,进行相关科学研究。2019年,有在研课题2项,获得校级以上荣誉3项。

◎班主任队伍建设

9月,在新生开学典礼上向全体2019级班主任颁发聘书,激发班主任们的工作热情。2019年艺术学院共举办班主任例会5次、专题培训2场,使班主任们理清了工作思路,学习工作技巧,提高工作效率。2019年度共有8名班主任获优秀班主任称号。

◎学生干部队伍建设

培养树立一批先进典型,带动一方进步。学院倡导学生干部积极成为社会主义核心价值体系的践行者,通过四种途径提升班级学生干部、学生组织骨干综合素质:一是以思想政治教育为主线,二是确立学生干部定期培训制度,三是进一步规范和改进学生代表大会,四是为学生干部量身打造多场专题培训。2019年学院重点关注学生干部思想动态与心理健康,强化学生干部的服务意识,抵制不良风气,让学生干部真正成为学生榜样。2019年评选出校优秀共青团员11名、校优秀团干部2名。

◎学生党员队伍建设

培养一名党员,树立一面旗帜。学院认真落实党员发展工作。坚持实事求是原则,吸纳、发展优秀学生成为党员,为党支部注入强大力量。支部积极引导学生党员身体力行,争做思想政治的引领者、校园活动的组织者、宿舍生活的服务者,争做学业学习上的标兵、班级管理中的骨干,鼓励他们通过实际行动发挥模范带头作用。2019年度发展学生党员18名。在班级、学院管理方面,18人均为学生干部,他们主动承担任务,争做班主任、辅导员的好帮手;在学习方面,他们以身作则,不旷课、不挂科,18人均获得优秀奖学金;在社会实践方面,1人参加第三届全国大学生环保知识竞赛,获优秀奖(优胜奖)。

◎评奖评优工作

统筹学工、教学双线数据,综合量化学生德育成绩、学习成绩与创新实践成绩。根据《学生手册》与学院特色,进一步完善了学院的量化考核实施办法,细化了评分指标,明确了部分测评项目的加减分依据,统一了评分依据。设立班级考核审核团,对各个班级量化考核的具体执行进行相应的指导,接受各班的咨询和反馈,明确班级、年级和辅导员三级评选主体的责任和义务,有效地提高了评选效率和评选质量,按时完成了评选工作。在本年度评奖评优工作中,切实做到公平公正公开。所有申请奖项根据学院量化指标排名,不但鼓励了先进,更引导了全体学生注意日常行为规范,争取全面发展。2019年共有288人获得校优秀奖学金,其中一等奖学金53人、二等奖学金45人、三等奖学金77人、单项奖学金120人;1人获得国家奖学金;53人获得国家励志奖学金。有307人获得先进个人称号,其中三好标兵69人、三好学生63人、优秀学生干部101人、优秀毕业生72人、校园之星2人;文明班级6个,文明宿舍13个。

◎学生资助工作

加强勤工助学日常管理工作。开展勤工助学岗前培训,本年度已培训学生19人。这些学生分别在琴房、机房、艺术学院小剧场、艺术学院实验实训室上岗。做好家庭经济困难学生认定。指导各班级加强认定工作组织体系建设,重点做好2019级新生家庭经济困难学生认定,同时对其他年级家庭经济困难学生信息库进行适当调整,通过家庭经济困难学生建档工作,为后续开展各类资助评定提供有效的参考依据。2019年,学院贫困生共214人,其中特别困难64人、困难91人、一般困难59人;新生中,共有贫困生72人;共有79名新生获得绿色通道资助并顺利入学,其中有24人为有政策特征的学生。做好助学贷款管理工作。进一步加强国家助学贷款贷前、贷中和贷后各项管理工作,如开展贷款毕业生离校前基本信息核对工作,为还款事宜召开专门会议,开展还贷毕业生违约催收专项工作,有效降低贷款毕业生违约数量和比例。做好学费减免认定,共26人申请学费减免。做好国家奖助学金评定。根据校学生资助管理中心下达指标,严格组织落实本年度国家奖助学金评选,在评审工作中进一步强化申请、审核和公示等环节。2019年,共53人获国家励志奖学金。

◎心理健康工作

2019年,艺术学院心理健康辅导工作站着重加强队伍建设,健全工作机制。设站长1名,由专职辅导员担任;副站长2名,由2018级优秀心理委员担任;班级心理委员61名。以心理委员例会制度为抓手,确保各项心理健康辅导工作深入各班级、各宿舍,同时利用例会制度开展心理委员思想教育和工作辅导。2019年10月底至11月初,学院开展心理健康普查工作。经过站长宣讲、心理委员深入班级组织动员,艺术学院513名新生参与普查,完成率达到100%。12月,学院配合学校心理健康中心顺利完成了61名新生心理健康测评回访工作。艺术学院心理站建立特殊学生心理健康档案,通过"病历"式档案把握学生心理健康脉络,持续系统地开展心理辅导。

◎就业工作

就业工作以数据为本,自加压力。2019届毕业生离校时初次就业率为65.81%;2019年底,学院2019届毕业生就业率达81.23%,其中环境艺术系就业率91.6%、视觉传达系就业率72.5%、音乐系就业率96.55%。毕业生就业质量和满意度进一步提高,基层就业、自主创业、困难帮扶、指导服务、制度建设等重点工作取得实质性成效。提供招聘信息,组织招聘活动,做好毕业生就业指导工作。学院在5—6月期间通过走访校企合作单位,了解企业用人需求,从而更好的制定教学计划,也和企业建立更紧密的合作关系,为毕业生提供就业平台。依托信息化服务平台,积极开展就业推荐。2019年,学院共举办4场专场招聘会,其中针对环境艺术类专业的有1场、视觉传达类专业的有1场、专业不限的有2场,共提供近300个就业岗位。2019年11月18日,学院在学园大厦承办艺术类专场大型校园招聘会,提供近100个就业岗位。据统计,2019学年学院举办的毕业生招聘会,共提供1300余个就业岗位,其中学院网站发布就业岗位700余个,为毕业生拓宽了就业渠道。

◎组织学生参加各级各类比赛和活动

2019年5月,学院在学校第十六届大学生心理健康节活动中,承办"坚韧之美,你我同行"苏州市职业大学第十六届校园心理剧大赛,并在比赛中获得第三名。在校职业生涯节上,学院教师组织院(部)创业大赛,带领学生积极参加校级比赛,2名学生入围复赛。积极组织学生参加校外创新创业大赛,组织报名参加"互联网+"创新创业大赛,申报项目31个,其中4项成功入选,最终获得二等奖2项、三等奖1项、优秀奖1项。定期开展创业讲座、创客沙龙等活动,营造创新创业氛围。2019年共举办17场就创业讲座活动。关注在校生创新创业活动开展情况,跟踪已毕业学生的创业情况。增强阳光体育健康管理功能,2019年,学院获得校园篮球联赛第六名、校园羽毛球比赛第五名、校田径运动会总分第七名、校园新生广播操比赛第一名、冬季长跑接力比赛第七名、校园乒乓球比赛第五名、环石湖健步走活动第七名、校足球联赛第六名,集体项目竞赛连续13年获得第一。

2019年,学院学生在国家级、省市级各类比赛中获奖的达9人次。

(张辰婕)

思想政治理论教学研究部

概 况

2014年3月,根据《江苏省高职院校思想政治理论课建设标准(试行)》(苏教社政〔2010〕10号)相关规定及要求,学校研究决定成立思想政治理论教学研究部。

思想政治理论教学研究部现有专任教师31人,其中男教师13人、女教师18人。有正高职称2人、副教授15人、博士8人、硕士16人,职称、学历结构合理。专任教师中"双师"素质教师占比72%。

思想政治理论教学研究部设有1个综合办公室和3个教研室,包括思想道德修养与法律基础教研室、毛泽东思想和中国特色社会主义理论体系概论教研室、军事理论教研室。开设思想道德修养与法律基础、毛泽东思想和中国特色社会主义理论体系概论、形势与政策、职业素养提升、军事理论等全校性公共必修课,以及快乐的智慧、中外经典战役分析、合同法、中国哲学思想之智慧、军事高科技与信息化战争等全校性选修课。

教学工作

继续深化"专业+思政"教学改革。结合高职院校专业课程职业性、实践性及应用性的特点,将思想政治工作融入专业课程体系建设、专业课程改革与课堂教学全过程,形成"各门课程都有育人功能,所有教师都负有育人职责"的理念,探索多方参与的人才培养新模式,构建具有学校特色的"大思政"新格局。联合管理学院、苏州碑刻博物馆、苏州丝绸博物馆、电子信息工程学院、艺术学院、机电工程学院、苏州革命博物馆等,先后推出"专业教师+思政教师"双向融入课程11节,全程录像,钮雪林书记、曹毓民校长、陶亦亦副校长、蔡晓平纪委书记等深入课堂听课。课程反响较好,《光明日报》《苏州日报》、苏州电视台、学习强国等媒体多方报道,江苏省教育工作领导小组《教育工作动态》给予肯定。该教改成果获校教学成果奖二等奖。

强化教学团队建设,韩承敏牵头的教学团队被批准为校立项教学团队。加强在线开放课程资源库建设和使用,思想道德修养与法律基础、毛泽东思想和中国特色社会主义理论体系概论两门课程验收入库。根据教务处要求,2019学年组织安排了10节部门公开课,校督导、青年教师及无课教师参加听课,整体反馈较好。课后组织开课教师与听课人员交流,分享体会,提高教学质量与水平。黄丹、高盼两名教师参加在苏高校思政教师教学比赛,分获二等奖、三等奖。

师资介绍

名师风采

杨德山,男,1965年8月生,江苏高邮人。现任苏州市职业大学思想政治理论教学研究部副主任、研究员。江苏省现当代文学研究会会员、苏州市语言学会副秘书长、苏州市教师专业发展研究会副秘书长、苏州市中小学教师培训专家库成员。2011年被评为江苏省教育科研先进个人;在省级以上期刊发表文章30余篇,其中核心期刊收录12篇,CSSCI源期刊收录1篇,1篇被人大复印资料全文转载;主持省部级课题1项,主持并完成市厅级课题6项,参与4项,2项课题研究分获苏州市人力资源和社会保障局二等奖、三等奖,2项成果分获苏州市第十一次、十三次哲学社会科学优秀成果三等奖。

校企合作

与江苏亨通致能物联系统有限公司、苏州创佳电子材料有限公司签订共建思想政治教育实践基地协议。与苏州碑刻博物馆签订"双师"培养基地建设协议。与苏州碑刻博物馆共同申报苏州市委教育工作委员会发起的首批在苏高校"新时代 实践行"主题实践活动,建设包括"时代新人"实践教育基地和思想政治理论课实践教学示范课,打造实践教学品牌。

做好校地共建单位——苏州博物馆、苏州碑刻博物馆志愿者服务。2019年,有2人在苏州博物馆担任志愿者,有5人在苏州碑刻博物馆担任志愿者,他们均为思想政治理论教学研究部专任教师,利用休息时间参与志愿服务。另有1名教师在苏州市姑苏区法院担任人民陪审员。

学术科研

2019年,思想政治理论教学研究部获江苏省社科基金项目立项1项,苏州市社科基金项目(应用对策类)立项3项;1项成果获苏州市社科应用研究精品工程二等奖;1个团队获批校创新团队。

(皇甫志芬)

数理部

概　况

苏州市职业大学数理部成立于2014年4月，现有教职工24人，其中专任教师22人。近年来，在学校大力支持和教师自身努力下，师资力量逐步得到加强，师资结构也逐渐趋于合理。现有教授1人、副教授12人、博士4人、硕士9人，江苏省高校“青蓝工程”优秀青年骨干教师培养对象2人、校“青蓝工程”优秀青年骨干教师培养对象2人。

数理部内设综合办公室、应用数学教研室和数据技术教研室，另设数学实验室，主要用于学生数学实验以及数学建模，为学生“用数学”提供了良好的场所。

数理部承担全校高等数学、经济数学、工程数学、概率论与数理统计及数学类公选课等课程。数理部教师在教学过程中以“敬业、爱生、传道、育人”为理念，不断改进教学方法，以学生为主体，以能力为本位，注重教书育人，使学生得到全面发展，为学生进一步学习专业课知识打下坚实的基础。

在2019年全国大学生数学建模竞赛中，指导学生获全国二等奖1项，江苏省一等奖1项、二等奖1项、三等奖2项；在江苏省第十六届非理科专业高等数学竞赛中，培训的学生有6人获二等奖，27人获三等奖。

教学工作

数理部秉承“育人为本、质量第一、以学生为中心”的办学理念，积极践行“为地方经济服务、为学生思想奠基”的办学宗旨，根据经济社会发展对人才培养提出的新要求，突出学生的主体地位，不断更新教学内容，强化多媒体信息化手段的运用。通过全国大学生数学建模竞赛、江苏省普通高等学校高等数学竞赛及具有实践意义的实践教学环节，训练学生运用所学数学知识分析问题、解决问题，培养学生的独立思考能力和实践动手能力。

师资介绍

名师风采

翁世有，男，1960年10生，辽宁沈阳人，理学博士。现任苏州市职业大学数理部教授，苏州市数学会常务理事，中国数学会奥林匹克高级教练员。主持、参加省级科研项目5项、教研项目3项，主持的项目“资源的最优开发与保护”获得吉林省高校自然科学研究成果优秀二等奖。发表科研论文20余篇，获发明专利5项。

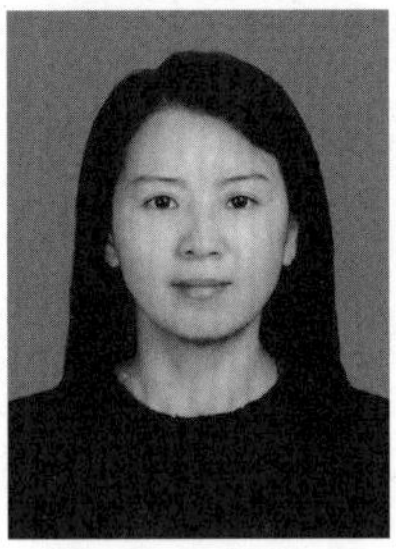

梁淼，女，1981年1月生，江苏昆山人，博士。现任苏州市职业大学数理部副主任、副教授，美国数学学会评论员。

从事微积分、线性代数、概率统计等课程的教学工作，及组合设计与密码的科研工作。2016年起在苏州大学数学科学学院做博士后研究。2014年被选拔为江苏省高校“青蓝工程”优秀青年骨干教师培养对象；2018年选拔为江苏省高校“青蓝工程”中青年学术带头人培养对象。主持国家自然科学基金项目1项，作为主要成员参与国家自然科学基金项目2项，获得第60批中国博士后科学基金面上资助二等资助。在组合数学与组合编码领域发表论文17篇，其中被SCI检索8篇，SCIE检索5篇，EI检索2篇，3篇论文分别获得苏州市自然科学优秀学术论文二等奖1项、三等奖2项。

校企合作

为进一步贯彻落实学校内涵式高质量发展的要求，培养“双师型”师资队伍，培养符合社会发展需要的应用型人才，坚持以“走出去，引进来”相结合的方式开展校企合作。2019年数理部与苏州微数聚科技有限公司、苏州紫云山智能科技有限公司签订校企合作协议，与苏州市相城区工业和信息化局签订校地合作框架协议。校企、校地合作内容进一步丰富，合作方式更加多样化。同时，数理部新聘任3名企业兼职教师，安排4名教师下企业进行社会实践。其间，还举办了4场高水平的学术讲座。

学术科研

2019年，数理部教师共发表论文17篇，其中SCIE检索收录3篇。开展各级各类教科研项目共14项，其中合作主持国家级课题1项、参与国家级课题1项，主持江苏省大学生实践创新项目2项、校教改项目1项、校研究性课程项目3项，主持市厅级、县局级和校级纵向科研项目各1项。新增横向项目3项，到账经费7万元。新增校级科研平台1个、院部创新团队2个。获得实用新型专利3项、软件著作权3项。

（王志刚）

体育部

概 况

体育部为学校二级建制单位，内设综合办公室、体育专业教研室、公共体育教研室（兼群体竞赛中心）3个机构。综合办主要负责协助主任做好行政管理工作，包括综合协调、档案管理以及场地建设工作；体育专业教研室主要负责专业教学管理、专业建设以及学生职业资格的认证，并协助总支做好学生管理工作；公共体育教研室（兼群体竞赛中心）主要负责公共体育教学管理、健身指导工作（包括学生体质测试工作、课外体育锻炼管理）以及体育竞赛管理工作。

体育部现有专任教师30人，其中教授4人、副教授14人、讲师8人、助教3人。具有博士学位教师1人，具有硕士学位教师17人；拥有国家级裁判1人，有获国家一级裁判员资格的教师6人，有运动健将1人、国家一级运动员1人，国家级社会体育指导员1人、二级社会体育指导员2人，有速度轮滑高级教练员2人、快易网球高级教练员1人、啦啦操一级教练员1人、啦啦操二级教练员2人，有二级心理咨询师1人、中级拓展培训师2人。全体体育教师均能胜任2门以上课程教学并能组织实施各级各类竞赛。

体育部坚持“以人为本、健康第一、终身体育”的教学理念，坚持以科学发展观统领各项体育工作，体育工作始终围绕学生的全面发展而展开。教学过程以促进学生健康成长、激发学生运动兴趣、培养学生终身体育意识为主导，以学生发展为中心，重视学生的主体地位，关注学生个体差异与不同需求，确保每个学生都学有受益，力求构建比较完善的学生健康教育体系，着力提高大学生的健康意识和体育实践能力。

学校大力支持体育教学工作和课外活动的顺利开展，投入了大量经费用于改造体育场馆和增添新的体育器材、设施设备。学校建有包含2个标准田径运动场（含足球场）、20个篮球场、2个排球场、2个网球场、1个轮滑场、1座体育馆（内含篮球场、排球场、羽毛球场）、2间乒乓球房（20张乒乓球桌）、1间跆拳道训练场、5间健美操形体训练房的综合运动馆、1间健身房、1个体质测试中心。

体育部对常规运动队训练常抓不懈，组建了啦啦操、乒乓球、羽毛球、篮球、足球、龙舟队等校队。2019年，代表学校组队参加江苏省健身气功比赛，获团体一等奖、三等奖各1项，以及个人第四名2项；获得2019苏州市武术邀请赛优秀表演奖（江南船拳）；获苏州市吴中区首届职工群众武术比赛二等奖；获江苏省气排球比赛第三名；获江苏省高职高专大学羽毛球锦标赛女团第四、男团第六、女单第四、女双第六名；分获高职院校健身健美锦标赛女子体育模特组第一、二、三名，男子阳光组第三、四名；获2019足球技能暨体能大赛（体能）三等奖等。

教学工作

办学特色与教学实践

◎公共体育教学

在长期的教学实践中，公共体育课程坚持“以生为本、健康育人、终身受益”的教学理念，课程教学突出“一体三化”，即重视学生主体地位，课程满足学生的需要和情感体验；重视学生个体化差异，按个体健康状况因材施教；课程内容多样化，激发学生运动兴趣；课程类型实用化，使学生健身理念和健身能力相得益彰。

公共体育课程教学始终以学生体能素质和专门技能为中心，关注学生身心健康和社会适应能力，满足学生素质全面发展的教学目标。学校公共体育课程整合体育教学内容，改革课程体系，形成包括体育基础课、体育专项课、体育保健课、体育选修课、运动训练课等体育课程群。

公共体育教学共4学期，每学期27个学时，1.5个学分，共108个学时。第一、二学期开设体育基础课，主要安排基本健身知识、基本健身技能、基本健身能力等“三个基本”课程内容，提高学生的认知能力，扩展学生的体育知识，将课内外教学、校内外场地有机结合，拓展教学空间，第三、四学期开设体育选项课，主要以满足学生兴趣爱好的体育选项为主要内容。根据学生的个体差异、兴趣爱好，学校开设了16个项目选项课。

同时，为一、二年级少数身体异常或患有慢性疾病及病后恢复期的学生开设以指导、康复、保健为主的体育保健课。除以上开设的公共体育必修课外，还开设了丰富的体育选修课程，现开设有9门体育类公共选修课，每门体育选修课记2个学分、32个学时，共6个学分、108学时。

◎体育教育专业教学

本专业以小学体育新课程标准为基点，制定各课程的教学大纲，同时加强本专业的基础课程学习，依托教学实习基地，及时掌握小学体育教学改革动态，结合学生的顶岗实习，突出培养目标的示范性。

本专业以培养学生从事小学体育教学能力为核心构建课程体系，挖掘专业课程教学内容与顶岗实习能力的关联，归纳就业岗位的工作任务与课程体系中相对应课程的关联。通过与专业委员会、小学体育教学学科带头人、骨干教师、资深专家一起罗列出小学体育教育岗位的具体工作任务及能力要素，制定学年教学计划、教材分析、学情分析、课时教学任务制教学、原则与方法运用，分析教学重、难点，制定课时教学计划，提高讲解与示范的表达能力，并以此为主线构建出本专业的课程体系。确立篮球、田径、学校体育学、小学体育新课程教学法、教育学和心理学为本专业的主干课程。教师资格证书、各项职业技能证书和裁判员证书也列入课程教学标准范畴，实施“双证书”教育模式。

同时增设社会体育方向能力训练，培养能够从事小学体育教育、健康教育教学、课外体育活动及课余运动训练，同时具有保健康复和指导运动健康工作能力，具有创新精神和实践能力，素质高、能力强的体育高等技术运用型人才。

专业设置

2019年苏州市职业大学体育部专业设置一览表

教研室名称	专业名称	专业带头人	职称	学历(位)
体育专业教研室	体育教育	王俪燕	副教授	本　科(学士)

专业介绍

◎体育教育

培养目标：本专业培养德、智、体全面发展，系统掌握体育教育的基本理论、基本知识和基本技能，掌握学校体育教育工作规律，具有较强实践能力，能在小学从事体育与健康课程的教学、健康知识教育、课外体育活动、运动队训练和体育竞赛等工作的专门人才。学生了解体育学科的发展动态，具有学校体育科学研究的初步能力，同时掌握社会体育的基本理论、知识与技能，能在社会体育领域中从事群众性体育活动的组织管理、咨询指导等方面工作能力。

主要课程：运动解剖学、运动生理学、体育保健学、体育心理学、体育绘图、体育游戏、学校体育学、体育测量、体育统计、体育科研、小学体育新课程教学法、运动训练学、营养学、田径、体操、篮、排、足球、武术、健美、健身操、乒乓球、羽毛球、社区体育指导、全民健身概论、舞龙舞狮等。

职业前景：学生毕业后，可从事小学体育健康教学、体育训练、体育竞赛工作、体育科研、学校体育管理及社会体育指导等方面的工作。

师资介绍

名师风采

黄晨曦，女，1960年4月生，江苏宜兴人，教育学学士。1982年2月毕业于南京大学体育师资班；2000年6月获得苏州大学运动人体科学专业研究生毕业同等学历结业证书；2010年1月完成武汉体育学院高级访问学者进修学习计划。现任苏州市职业大学体育部教授。苏州市体育科学学会理事，苏州市体育科普讲师团成员，中国民主同盟会盟员。曾获评苏州市“三八”红旗手、首批苏州市“跨世纪高级人才”培养对象、江苏省苏南高校优秀青年体育教师、苏州市群众体育先进个人。现主要从事体育人文社会科学的研究。

曾获全国第七届大学生运动会科学论文报告会三等奖、教育部第七届多媒体课件大赛三等奖、全国第八届大学生运动会科学论文报告会三等奖、全国高等院校体育教学训练科研论文报告会一等奖、苏州市第十次哲学社会科学优秀成果三等奖、全国高职院校教师优秀学术论文二等奖；主持完成国家体育总局哲学社会体育科学研究项目《“城乡一体化”背景下全民健身公共服务实证调研——以苏州为例》、江苏省教育厅高校哲学社会科学基金项目《构建大学城体育资源可持续发展公共服务体系》、中国民主同盟苏州市委员会立项课题《完善苏州古城区体育公共服务体系的若干对策与建议》、苏州市体育局体育科研课题《构建苏州国际教育园体育管理模式的研究》《苏州外资企业员工体质状况、生活方式与体育锻炼的社会研究》《苏州市体育公共服务现状分析与对策研究》、校级课题《在高职院校实施体育俱乐部的应用研究》《大学生人格特征与体质健康、运动参与程度的相关研究》；主编教材《体育与健康》《体育欣赏》，参编教材《大学体育课教材》《大学体育新教材》，共4部；发表和会议交流论文30余篇，其中体育专业核心期刊收录5篇。

吴恒晔，男，1964年6月生，浙江丽水人。毕业于上海华东师范大学体育教育管理专业，浙江师范大学体育理论研究生课程教师进修班结业。现任苏州市职业大学体育部教授、校乒乓教学团队负责人。中国体育科学学会会员，中国高校体育年鉴编委。兼任昆山市周市镇文体站社会体育指导员工作，助力昆山市周市镇创建全国全民运动健身模范城市。

先后主持或参与完成浙江省哲学社会科学规划课题、全国教育科学“十五”规划重点项目课题、国家社会科学基金重点项目课题、浙江省教育厅项目、浙江省科技厅新苗人才计划项目、江苏省体育局课题、苏州市体育局课题等20余项。出版专著《丽水市成年人体质健康评价及体育保健方法》，为初步建立丽水市成年人体质健康定量评价理论体系奠定了基础。编写完成《大学生体质健康管理与健康促进指南》特色校本教材。近年来，先后发表专业学术论文40余篇，其中在《中国运动医学杂志》《北京体育大学学报》等学术核心期刊发表论文10余篇。

王俪燕，女，1973年2月生，江苏苏州人。1991年7月毕业于太仓师范学校并获保资格至苏州大学深造。1995年7月毕业于苏州大学体育学院，获学士学位。1999年6月获得苏州大学运动人

体科学专业研究生毕业同等学历结业证书。现任苏州市职业大学体育部主任、副教授，江苏省高职高专体育教学指导委员会委员，苏州市体育科学学会理事会理事。

2002年，教学论文在全国高校运动医学11届学术研讨会上获二等奖；2011年作为课题组主要成员参与完成国家体育总局武术研究院课题《文化理解与文化认同：武术在美国的传播与发展》；先后发表专业学术论文10余篇。主编教材《高职体育》，作为副主编编写《太极英语》，参编教材《高职体育》《高职体育教程》。2014年获校人才培养工作“特别贡献奖”，2016年获江苏省首届高职高专院校大学生体能大赛总决赛“优秀教练员”称号，2017年作为主要负责人申报的团队项目“舞动青春——团队体育竞赛”获全国高等职业院校第三届体育工作成果二等奖并获基地挂牌，2018年获“全国高等职业院校优秀体育工作者”称号。

任体育部主要负责人以来，在学校领导的大力支持下，改革学校体育工作，取得较为明显的提高。

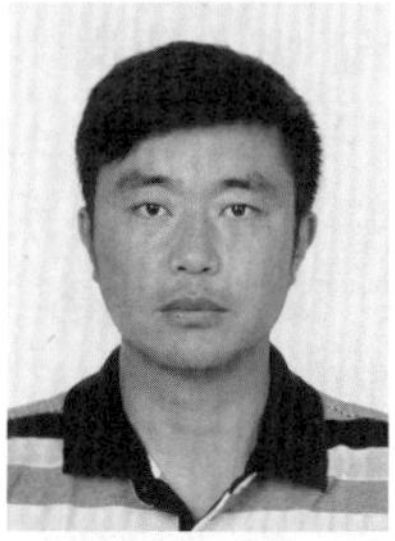

康厚良，男，1979年6月生，四川泸州人。2003年毕业于成都体育学院体育教育专业。现任苏州市职业大学体育部教授，研究方向为民族文化与数字化。先后负责完成了公共体育教学选修课程体系的建设、乒乓球俱乐部课程建设，以及体育行为对大学生综合素养的调研；完成了“篮球”“乒乓球”校级精品课程建设。发表学术论文40余篇，其中EI检索论文7篇，核心（包括北图、CSSCI检索）论文6篇。主持或参与完成省厅级课题6项；主持完成市级横向课题1项；主持校级课题3项；参与国家社科基金项目1项。主编教材1部，作为副主编编写教材1部。

校企合作

体育部认真推行学校专业竞争力提升重点建设年工程，切实做好校企合作、产学研合作各项工作，大力推进教学改革，提高教育教学质量，促进高技能人才的培养。体育部根据实际情况，充分发挥专业指导委员会在人才培养模式、专业建设、教学内容与课程体系改革、实习实训基地建设等方面

的指导作用。初步组建校企合作工作小组，积极与相关行业协会、主管体育部门接触、沟通和交流，并邀请体育行业企业专家、专业人士共同参与校内实训基地建设方案的制定工作，探索通过校企合作建设校内生产性实训基地的新模式。充分发挥体育部基础实力，借助苏州体育产业蓬勃发展的春风，依托苏州市全民健身计划和发展目标，广泛开展群众性体育活动指导，并根据社会需求，充分利用部门体育教育专业资源，积极与全民健身相结合，进行“社会体育指导员”的培训和资格的认证。进一步与苏州市体育局国民体质监测中心合作，建立“构建全民健身公共服务体系”国民体质服务站，服务于群众、社会。拓展体育专业校外实习实训基地的方向，增加数量，增加体育就业方向。

针对体育专业技术领域和职业岗位（体育教育）的任职要求，参照职业资格标准，联合相关行业（体育局、教育局）企业合作开发建设专业实践课程，充实教学内容，积极探索教学方法手段和课程考核方式的改革，推行“教、学、做”一体的教学方式，加大学生实践动手能力的培养。在苏州市阳光城实验小学、沧浪新城第一实验小学、苏州市敬文实验小学等16所学校开展教育实习，制定毕业顶岗实习（教育实习）管理办法，保证毕业顶岗实习效果。认真开展应届毕业生顶岗实习巡回指导工作和毕业鉴定工作，部门教师走进实习学校，联系实习指导教师，跟踪实习的教学进度和教学内容，深入开展各体育教育人才需求与毕业生跟踪调查。

在此基础上，以产学结合为切入点，推进课程体系和教学内容改革。积极推行与生产劳动和社会实践相结合的学习模式。以工学结合作为切入点创新人才培养模式，突出实践能力培养，强化教学过程的实践性、开放性和职业性，继续完善以实训、实习为主要实践教学环节与体系。积极与动感超人体育发展有限公司、缔橙健身学院、高锐体育科技服务公司等社会单位负责人深入探讨合作模式、合作方案，在课程建设、人才培养模式、实践培训、校企人才互聘等方面有了初步的合作。

学术科研

体育部十分重视体育教研与科学研究，近三年来，在各级各类教学技能比赛中，体育部教师1人获国家级一等奖，1人获省级一等奖，4人获省级二等奖。承担科研课题20项，其中省级课题1项、市厅级课题7项、横向项目1项。在省级以上刊物发表论文62篇，其中核心刊物收录5篇。

学生工作

2019年，在校党委、行政的关心指导下，在学生工作处和各院部的关心、支持和帮助下，体育部学生工作牢固树立“感性教育、理性管理、以学生为本、为学生服务”的学生工作理念，坚持立足校园、辐射周边，立足专业、拓宽视野，立足教育、奖惩并举，实践锻炼、服务学生等有机结合，努力探索和开创体育部学生管理工作新途径、新方法，打造以人格加专长为核心竞争力的优秀体育专业人才。

◎以比赛促成长，注重实践能力培养，提升核心竞争力

体育部重视学生竞技能力。2019年体育教育专业学生朱守振、谢文静、史朝杰、于蔓蔓参加江苏省健身气功比赛，取得了团体第一名的好成绩，并获得单人奖项；于蔓蔓在江苏省第八届师范生基本功大赛中获得一等奖。

在实践能力培养方面，为提升学生综合素质，提高学生的专业技能和实践能力，体育部注重在实践中培养和发展专业技能的教育理念。在校内外活动、竞赛方面，体育部团委、学生会在全校阳光体育活动中表现突出，承担了全校所有阳光体育活动的裁判工作，如校田径运动会、校足球联赛、校篮球联赛、校羽毛球联赛、校乒乓球联赛、校集体项目竞赛等赛事的教学指导、裁判服务工作。对2017、2018、2019级学生加强职业技术培训，鼓励学生用游泳救生员证、教练员证、健身健美教练证、社会指导员证等不断武装自己。学生利用暑期时间，将专业所学学以致用，在游泳馆、健身房等地方进行了暑期实践，得到一致好评。

◎搭平台，抓思想，抓学风

结合体育部特点，开展一系列形式多样、内容丰富的主题教育活动，启发、引导、教育，帮助学生树立正确世界观、人生观和价值观。如召开新生入学教育暨专业介绍会、学习经验交流会，开展安全教育、法制教育、心理健康教育、新生入党教育等系列讲座；结合资助工作，对贫困学生开展理想、信念与自强自立教育、诚信教育、感恩教育等。从2017年开始，体育部与缔橙健身学院合作，组织了国家职业资格健身教练员的培训，每年都有10余名学生获国家职业资格健身教练员证书，20余名

学生获得国家职业资格游泳救生员证书。

◎党团并进两手抓

体育部团委通过各个平台、各种活动培养和考查学生，并向党组织输送佼佼者。2019年，有4名学生被推优。9月，完成团学换届招新工作，组建了又一批朝气蓬勃的团学队伍，在学生中树立了标杆。体育部党支部在学生中开展党课讲座3次，时刻向学生发出党组织采贤纳新的号召，全年有9人向党组织递交了入党申请书。党支部严格按照发展程序，保证学生党员发展质量。本着党建促团建宗旨，加强对推优对象、积极分子、预备党员队伍的培养，使他们成为思想教育、学风建设、志愿者活动、各项阳光体育活动中的骨干力量。

◎“奖、助、贷、补、减、免”工作，责任与感恩同行

在贫困生工作上，院部深入排查在校建档贫困生，建立完善贫困生管理档案，按有关文件给予各项资助。认真做好生源地助学贷款通知和注册工作，协助贫困生无忧学习。为2名家庭经济困难学生申请了学费减免，为2名成绩优异的学生申请了国家励志奖学金，为9名学生申请了国家助学金，为5名学生安排了勤工俭学的岗位，为2名学生申请了党员关爱基金，为1名学生申请了离退休关心下一代委员会的关爱基金。认真做好2019年春季学期家庭经济困难学生的补助工作，帮助3名学生获得回家车贴补助。同时，结合资助工作开展学费催缴工作、贷款还款工作，诚信教育与爱心资助并行。

在奖惩工作上，体育部学生工作取得优异成绩，涌现出一大批先进集体和先进个人：2018级体育教育班获校文明班级、先进团支部称号；1人被评为校级优秀团干，1人被评为校级优秀团员，9人被评为院部优秀团员。

◎创就业工作，学生能力和就业率同增长

体育部成立就业工作小组，全力做好2019届毕业生的各项工作。严格按照学校制定的毕业生就业目标计划开展就业工作、就业指导培训，积极开拓就业渠道，为毕业生就业提供各种优良服务。体育部学生人数少，2019届有32名毕业生，专业优势不明显，体育师范专业专科生社会竞争力处于弱势，院部工作存在困难。为此，体育部非常注重学生实践能力的培养，安排学生参与校内阳光体育活动，承担校外裁判工作、体育赛事志愿者工作，参加顶岗实习等；通过开展专业交流会，请往届优秀毕业生回校做专业多元化发展交流讲座，跟实习基地、体育公司、体育俱乐部合作，增强毕业生的实践能力，为毕业生开拓就业思路，提供就业渠道，就业率达到100%。

（张　远）

国际学院

概　况

国际学院成立于2017年9月，负责学校国际合作与交流项目开拓及管理、国际优质教育资源引进和汉语推广、国际学生招收与管理等工作。

2019年，学院有来自亚洲、非洲和欧洲9个国家的学生172人，其中学历生102人、语言生10人、实习实训生60人。学历生专业为机电一体化技术、汽车检测与维修技术、国际经济与贸易等；语言生从零起点学习中文一年后归国或进入其他高校深造；实习实训项目由学校和校企合作企业联合培养。

学院注重开展政府合作项目，致力于构建对外交流合作长效机制。依托中巴经济走廊文化交流中心，在师资培养、留学生项目、艺术文化交流等方面开展合作。与南非中国文化与国际教育交流中心、南非高等教育与培训部工业与制造业培训署合作，接收南非大学生到学校和企业进行为期一年的实习实训项目。积极开拓与在苏“走出去”企业的合作，同赴“一带一路”沿线国家招收并联合培养国际学生，为企业培养海外生产经营所需要的本土技术技能人才。

学院依据教育部《来华留学生高等教育质量规范(试行)》等文件，完善各项教育管理规章制度，确保在国家法律法规和来华留学生教育质量规范的框架下做好留学生人才培养工作。学院重视管理队伍建设，组织人员认真学习上级部门下发的来华留学生教育质量规范、来华留学生招生和管理工作等相关文件，参加教育部来华留学管理基层干部基本技能培训和苏州国际教育园留学生管理干部培训，提升队伍管理能力和水平。

学院注重中华文化的传承，在致力于提升国际学生培养质量的同时，积极组织国际学生参加校内外丰富多彩的活动，帮助国际学生体验中华文化，培养知华、友华、爱华的中国文化传播者。

重要事项

1月22日，教育部中外人文交流中心、南非高等教育与培训部工业与制造业培训署联合成立中国—南非职业教育合作联盟，苏州市职业大学当选为中方副理事长单位。

4月13日，由江苏省人民对外友好协会主办的“悦动江苏　结谊五洲”——在江苏外国人定向越野大赛在苏州市吴中区东山镇举办，来自40个国家的102名外国友人参加了大赛。国际学院学生Karim Baig(巴基斯坦籍)获得定向越野大赛个人赛项男子组一等奖。

4月29日，举办中国—印尼高等教育合作研讨会，印度尼西亚计算机学会主席Betty Dewi Puspasari女士、玛琅信息与计算机学院校长Dr. Eva Handriyantini、马来西亚国际文化交流中心理事长白妮丝等一行15人参会，校党委书记钮雪林、副校长张健出席会议。大会就开展中国—印尼职业教育教学和人文交流机制研究，探讨开展学历生教育、2+1合作办学、企业委托培训、师生交流等项目。

6月12日，学校举行2018级南非留学生结业典礼。校长曹毓民、副校长张健，苏州市汽车流通行业协会秘书长戴林坤，苏州名骏汽车维修服务有限公司人力资源部总监董珊、苏州科茵斯智能科技有限公司销售部经理唐绍林等企业代表，学校相关职能部门、学院及教师代表，2018级全体南非留学生出席典礼。

6月27日，刚果共和国黑角市副市长Levisel Missatou一行5人到校访问交流。校长曹毓民参会。双方就围绕合作共建人才培养基地，促进刚果共和国产业发展，以及加强人文及教育领域交流进行探讨。

9月9日，刚果共和国黑角市副市长Levisel Missatou、办公室合作专员Christian Tchicaya到校访问交流。副校长陶亦亦、张健接待了来宾一行。Levisel Missatou对学校支持黑角市的人才培养表达了诚挚谢意，他嘱托四名刚果共和国学生在校好好学习，掌握本领，拿出对得起这次学习机会的成绩，为两国的友谊添砖加瓦。

10月11—13日，南非高等教育与培训部文化艺术旅游体育培训署署长Lebaka Keitumetse Perseverance一行3人在南非中国文化和国际教育交流中心国内办事处主任周若雨的陪同下到校访问交流。校长曹毓民、副校长张健接待了来宾一行。

10月25日，英国伦敦纽汉学院院长Paul Stephen、创新学院总监Julia Bollam，伦敦时尚及面料博物馆策展人Dennis Nothdruft，英国新时尚研究院执行院长高焕等一行到校进行交流访问。苏州市政协主席周伟强出席座谈交流，校长曹毓民，校党委副书记、副校长刘丹参加了活动。双方着重围绕人才培养、专业建设、教师发展、科研创新、技能提升、文化互动等方面内容深入探讨合作共建的有效路径。

10月28—29日，学校举办东南亚协同育人产教融合大会暨东南亚职业教育产教融合联盟成立大会，黎明职业大学、深圳职业信息技术学院等国内40余家院校，马来西亚大同韩新学院、印度尼西亚玛琅岛信息与计算机学院、柬埔寨工业技术学院等12家院校，深圳众为兴技术股份有限公司、苏州汇控智能技术有限公司等企业参加了大会。大会就开展双边、多边联合办学，实现优质资源共享，共同探索和构建新的人才培养机制、管理理念和发展模式，培养具备宽视野的高素质技能技术人才展开讨论。苏州市职业大学当选为东南亚职业教育联盟理事长单位。

10月30日，学校举行2019级国际学生开学典礼。南非高等教育与培训部工业与制造业培训署署长George Wyne Adams、南非中国文化和国际交流中心主任陆志雷、亨通集团有限公司人力资源管理中心总监杨骏、校党委书记钮雪林、校长曹毓民、学校相关职能部门和学院负责人、教师代表及2019级全体国际学生出席典礼。

12月3日，由13名马尔代夫青少年组成的代表团在中马文化交流协会副主席Ali Waheed Hassan Manik的带领下访问学校。学生体验了VR技术，参观了吴文化园，与苏州市职业大学学生友好交流并共同完成剪纸作品。

（王乃寒）

继续教育学院

概 况

苏州市职业大学继续教育学院位于苏州市干将西路,占地60余亩,建筑面积近4万平方米。教学楼、远程现代化综合楼、图书馆、学生公寓楼和食堂等一应俱全,并配备有多功能报告厅、云融合多功能培训室、多媒体教室和标准化考场等现代教育设施。

学院根据立足苏州、服务地方,以工科为主、多学科协调发展,培养高素质技术性应用型人才的办学宗旨,紧紧依托苏州市职业大学全日制普通高等教育教学资源,举办成人学历继续教育和非学历培训教育,形成了多专业、多层次、多形式的办学体系,以人为本、德才兼备的教育理念,治学严谨、管理规范的优良传统,为渴求知识的人们提供了良好的学习平台,为社会培养了大批合格的应用型人才。

学院举办的学历继续教育专业涵盖工学、管理、财经、法律、外语、教育等学科大类,在继续教育本科学历层次的办学上,根据苏州市经济发展和社会发展的需要,走联合办学之路。与中国人民大学、北京外国语大学等院校合作开展网络教育,与南京大学、南京师范大学、南京工程学院、南京艺术学院、南京航空航天大学等院校合作开展"专接本"教育,与苏州大学、苏州科技大学、南京理工大学、南京审计学院合作开展助学自考项目。

学院面向全体社会成员提供更加灵活、便捷、公平、开放的学习方式和多层次、多样化的继续教育与服务,进一步推进学历与非学历并重、职前与职后融合的多种形式发展的态势,完善"串联式"的合作共同体和联合培养模式。整合社会教育资源,先后与市民政局、检察院、公安局等政府单位签订了合作共建协议,建立了与教育行政部门协同治理的社区教育管理模式,服务各类专业化教育与学习需求,加快学习型苏州建设。与贵州、陕西等地区开展教育帮扶合作,完善双向交流与共享机制,扩大学院非学历继续教育的社会效益。

学院将秉承"勤、勇、忠、信"的校训,勤于实践、勇于创新、忠于事业、信于社会,积极投身构建苏州终身教育体系建设,为推进全民终身学习贡献力量。

办学形式

大专教育

面向职业高中、职业中专、技工学校毕业生以及在职职工和社会青年招生,实行业余或函授学习形式,培养具有大专文化水平和业务能力的各行各业应用型人才。文、理科学制:业余2.5年。修业期满,全部课程经考核合格,授予经国家教育部电子注册的大专毕业证书。

专升本教育

专科起点本科教育是在大专文化水平的基础上进行的本科教育,考生报名须递交大专毕业证书原件及复印件2份和教育部学历证书电子注册备案表,并参加3门文化课统考。录取后采取业余函授学习形式,学制2.5~3年,修业期满,全部课程经考核合格,授予主办学校的经国家教育部电子注册的本科毕业证书。符合授予学士学位者,可由本人向主办学校提出学士学位申请。

专业介绍

◎会计

本专业培养德、智、体、美全面发展,面向中小企业和会计师事务所等社会中介服务机构的基础会计工作岗位,具有"诚信、敬业、严谨、准确"的职业素养,以及良好的团队合作能力、沟通协调能力、熟悉国家财经法律法规、系统掌握会计理论与会计实务,能熟练进行账务处理的高素质技术技能型人才和应用型人才。业余学制2.5年。

主要课程:经济数学、计算机基础、企业管理概论、经济学基础、经济法基础、金融学概论、统计方法与应用、基础会计、财务会计、成本计算与分析、税费计算与申报、财务业务一体化、财务管理、Excel在会计中应用等、财经应用文写作、数据库技术应用、ERP原理与应用。

主干课程:基础会计、中级财务会计、成本计算与分析、税务计算与申报、财务业务一体化。

◎物流管理

本专业培养德、智、体、美、劳全面发展,面向生产、流通和服务领域,具有良好职业素养,掌握现代物流经营管理理论,具有较强物流经营管理实践能力,能从事仓储作业管理、运输作业管理、配送作业管理、客户服务、快递作业管理、供应链管理等相关工作的高素质技术技能型和应用型人才。业余学制2.5年。

主要课程:大学英语、高等数学、大学计算机应用基础、企业管理概论、会计原理与应用、电子商务概论、客户服务等。

主干课程:物流基础、采购管理与库存控制、供应链管理、进出口贸易实务、运输管理实务、国际货运代理等。

◎电子商务

本专业适应社会主义市场经济和现代化建设需要,面向制造、商贸、旅游、服务等行业,培养德、智、体全面发展,具有良好的人文素养和职业道德,达到大专文化水平,既懂电子商务应用模式及运营思想,又懂现代企业管理的电子商务复合型人才。业余学制2.5年。

主要课程:英语、高等数学、大学计算机应用基础、经济学、市场营销学、管理学原理、Access数据库、应用文写作、经济法概论等。

主干课程:电子商务基础、网络营销、ERP原理与应用、供应链管理、进出口贸易实务、沟通技巧等。

◎人力资源管理

本专业培养具有扎实的经济理论基础和宽广的知识面,具有较强的实际工作能力和创新精神,精通人力资源管理与开发业务,掌握英语,具有计算机信息管理能力,具备较高人文素质,面向企业一线事务性岗位的应用型人才。业余学制2.5年。

主要课程:大学英语、大学语文、档案管理、应用文写作、企业管理概论、人力资源管理、沟通技巧、人力资源绩效管理、薪酬管理与实务、组织行为学、管理心理学、计算机应用基础等。

主干课程:人力资源开发与管理、人力资源绩效管理、薪酬管理与实务、组织行为学、企业管理概论等。

◎市场营销

本专业培养适应社会主义市场经济、营销管理、企业管理等一线需要,掌握市场营销、市场调查预测、市场营销策划等方面基本理论和专业知识,具有良好的职业道德、创新意识和团结协作精神,具有较强的专业能力、方法能力和自主创业能力,能够从事市场调查、市场开发、产品销售、营销执行、门店管理、营销策划等工作,适应生产、建设、管理、服务第一线需要的德、智、体、美全面发展的技术技能型人才。业余学制2.5年。

主要课程:毛泽东思想和中国特色社会主义理论、大学语文、会计原理与应用、大学计算机应用基础、经济法概论、应用文写作、经济学基础、大学英语。

主干课程:管理学原理、沟通技巧、市场营销学、网络营销、人力资源管理、电子商务概论、消费者行为、市场调研与预测、企业管理、服务礼仪。

◎行政管理

本专业培养具有良好的人文素质与道德修养,掌握管理学、行政学、法学等方面知识,能在企事业单位、社会团体从事基层管理工作的专门人才。业余学制2.5年。

主要课程:大学英语、高等数学、大学计算机应用基础、管理学原理、大学语文、档案管理、应用文写作、企业行政管理、沟通技巧、人力资源管理、经济法概论、社会调查研究与方法、企业管理概论、广告与策划、劳动关系管理、商务活动管理等。

主干课程:管理学原理、应用文写作、企业行政管理、人力资源管理、经济法概论、企业管理概论等。

◎旅游管理

本专业培养适应社会主义市场经济和现代化建设需要,德、智、体全面发展,达到大专文化水平,能在旅游企业(公司、饭店、餐厅等)从事管理工作的实用型人才。业余学制2.5年。

主要课程:大学英语、高等数学、大学计算机应用基础、大学语文、旅游礼仪、旅游电子商务等。

主干课程:旅游学概论、导游基础知识、导游服务技能、政策与法规、饭店管理实务、旅行社业务等。

◎学前教育

本专业培养面向未来,德、智、体全面发展的合格幼儿园教师。业余学制2.5年。

主要课程:大学英语、高等数学、大学计算机应用基础、儿童文学、教师口语、幼儿游戏与指导等。

主干课程:学前卫生学、学前教育学、学前儿童教育心理学、学前儿童观察与评价、学前儿童家庭教育等。

◎电气自动化技术

本专业培养适应社会主义市场经济和现代化建设需要,德、智、体全面发展,达到大专文化水平,面向生产一线,具备电气自动化技术基本应用能力的实用型专业人才。业余学制2.5年。

主要课程：大学英语、高等数学、电路分析基础、电子技术基础、控制工程基础、电力电子技术、检测技术、单片机原理与应用、电气控制与PLC、运动控制系统、C语言、电气CAD、虚拟仪器技术与应用等。

主干课程：控制工程基础、单片机原理与应用、电气控制与PLC、运动控制系统、虚拟仪器技术与应用等。

◎计算机信息管理

本专业适应现代经济发展的需要，培养熟悉编程语言，了解数据分析和处理的方法和工具，熟练掌握数据库设计、开发和维护技能，理解网络通信机理并具备一定的网站开发建设和维护能力的高级技术应用型专门人才。业余学制2.5年。

主要课程：大学英语、高等数学、大学计算机应用基础、数据库基础与应用、网页制作

主干课程：C语言程序设计、移动网站设计、商务数据处理与应用、商务数据分析与报表处理。

◎计算机应用技术

本专业培养适应社会主义市场经济和现代化建设需要，德、智、体全面发展，达到大专文化水平，能在中外企业从事信息系统维护与开发、计算机网络维护与管理、计算机系统配置与维护等技术服务工作，也可从事网页制作、电子商务、计算机实用控制系统开发与维护等工作的人才。业余学制2.5年。

主要课程：英语、高等数学、大学计算机应用基础、数据结构、计算机语言VB.NET、数据库基础与应用等。

主干课程：微机原理与接口、电子商务基础、C语言程序设计、计算机网络基础、脚本语言与动态网页设计、Windows安装与配置等。

◎计算机网络技术

本专业培养德、智、体、美、劳全面发展，具有良好职业道德和创新精神，熟悉计算机网络技术的基本知识、发展动态和应用前景，具备较强的网络工程、网络系统集成、信息安全等项目设计、实施和管理维护能力，能从事小型局域网的组建、网络管理和维护、网站设计、网络编程的高素质技术技能型和应用型人才。业余学制2.5年

主要课程：大学英语、高等数学、大学计算机应用基础、网页制作、C语言程序设计、计算机网络基础等。

主干课程：C#程序设计、网络安全技术、SQL SERVER数据库管理、交换与路由技术、网络工程设计等。

◎机电一体化技术

本专业培养适应社会主义市场经济和现代化建设需要，德、智、体全面发展，达到大专文化水平，主要面向生产一线的机电工程方面的实用型专业人才。业余学制2.5年。

主要课程：大学英语、高等数学、计算机基础、工程识图与制图、机械设计基础、电工电子技术、测试技术等。

主干课程：机械制造技术、电机与拖动、机床电气控制与PLC、数控技术及编程、液压与气压传动等。

◎数控技术

本专业培养具有一定专业理论和职业技能，能操作和维修数控机床，能在数控技术相应的领域适应生产、管理需要的高级应用型人才。学生毕业后，可从事数控机床及相关先进设备的操作、维护、管理工作。业余学制2.5年。

主要课程：大学英语、高等数学、机械制图、机械设计基础、电工电子技术、单片机原理与接口技术等。

主干课程：机械制造技术、数控机床、数控加工工艺与编程、机床电气控制与PLC、数控原理与系统等。

◎汽车运用与维修技术

本专业旨在培养适应社会主义市场经济和现代化建设需要，德、智、体等方面全面发展，掌握汽车运用的基础理论与专业知识，具有汽车综合性能检测、车辆维护保养、车辆运用管理及生产组织等较强实践能力，适应汽车技术服务及管理一线需要的高素质技术技能型人才。业余学制2.5年。

主要课程：大学英语、高等数学、工程识图与制图、汽车机械制造基础、汽车电工电子技术基础等。

主干课程：汽车构造、汽车电器与电控技术、汽车检测与诊断技术、汽车维修技术、液压与气压传动等。

◎汽车检测与维修技术

本专业旨在培养适应社会主义市场经济和现代化建设需要，德、智、体等方面全面发展，能适应现代汽车相关企业生产、服务、管理等一线工作需要，面向汽车后市场的实用性技术技能专业人才。业余学制2.5年。

主要课程：大学英语、高等数学、工程识图与

制图、汽车机械基础、汽车电工电子技术基础等。

主干课程：汽车发动机构造与检修、汽车底盘构造与检修、汽车电器与电控技术、汽车检测与诊断技术、发动机原理与汽车理论等。

◎智能控制技术

本专业培养适应社会主义市场经济和现代化建设需要，德、智、体全面发展，达到大专文化水平，面向生产一线、具备智能控制技术基本应用能力的实用型专业人才。业余学制2.5年。

主要课程：大学英语、高等数学、电路分析基础、电子技术基础、控制工程基础、电力电子技术、智能检测与传感技术、单片机原理与应用、PLC应用技术、集散控制技术、C语言、电气CAD、虚拟仪器技术与应用、工业组态监控技术等。

主干课程：控制工程基础、单片机原理与应用、PLC应用技术、集散控制技术、虚拟仪器技术与应用等。

◎数字媒体应用技术

本专业培养适应社会主义市场经济和现代化建设需要，德、智、体全面发展，达到大专文化水平的高级应用型人才。学生可结合人才市场需求从事广告制作、动画制作、网页制作、VI设计、影视后期合成，音视频处理及其他与数字媒体相关的工作。业余学制2.5年。

主要课程：英语、高等数学、毛泽东思想和中国特色社会主义理论、大学计算机应用基础、摄影摄像基础、室内平面设计CAD、FlashAction、Web界面设计等。

主干课程：Maya建模、Maya渲染、Maya动画基础、三维渲染、三维动画设计、音频编辑、视频编辑与制作等。

◎食品营养与检测

本专业培养德、智、体、美等方面全面发展，能适应现代化建设和经济发展需要，具有良好职业道德和创新精神，具备食品品质控制与检测、食品营养指导与保健、食品加工与营销等方向的良好理论素养、较高管理能力、较强操作技能的复合型人才。业余学制2.5年。

主要课程：大学英语、高等数学、大学计算机应用基础、营养学、食品包装、环境监测、食品加工技术与应用等。

主干课程：营养配餐与设计、食品生物化学、食品标准与法规、食品发酵与酿造、食品微生物检验技术、食品感官检验等。

◎模具设计与制造

本专业是校级特色建设专业，主要培养面向汽车、机械、电子等行业或企业，具有模具设计和制造的基本理论，熟悉计算机辅助设计与制造知识，掌握CAD/CAM软件应用能力，能从事模具设计、加工工艺编制、设备操作与维护、模具装调及现场管理等岗位工作的复合型技术技能人才。业余学制2.5年。

主要课程：大学英语、高等数学、工程识图与制图、机械设计基础等。

主干课程：机械制造技术、数控技术及编程、冲压工艺及模具设计、塑料成型工艺及模具设计、模具制造技术、CAD/CAM等。

◎服装设计与工艺

本专业主要根据地方经济建设需要，培养德、智、体全面发展，达到大专文化水平，掌握服装专业知识和服装设计、服装工艺等技能，具有创意设计和制作能力，具备自主学习与适应市场变化能力，能够适应从事服装制版设计与生产、服装生产与销售等部门工作岗位需要的高技能应用型技术人才。业余学制2.5年。

主要课程：服装设计、女装结构设计、男装结构设计、童装结构设计、服装基础工艺、服装CAD/CAM、立体裁剪。

主干课程：服装设计、女装结构设计、男装结构设计、立体裁剪、服装基础工艺、服装成衣工艺、服装CAD/CAM。

◎环境艺术设计

本专业培养适应社会主义市场经济和现代化建设需要，德、智、体全面发展，达到大专文化水平，能从事室内设计、环境空间设计、展示设计、装饰艺术设计、造型设计和电脑设计的应用型艺术工程人才。业余学制2.5年。

主要课程：英语、大学语文、计算机基础、素描、色彩、设计基础、设计透视、AutoCAD计算机制图、3Dmax、室内陈设艺术设计、摄影摄像基础等。

主干课程：住宅空间设计、办公空间设计、展示空间设计、餐饮空间设计、商业购物空间设计、娱乐空间设计、环境景观设计。

（叶 芸）

编辑：陆怡静 盛 婷 颜丙通

SUZHOU VOCATIONAL UNIVERSITY

第八章 教育教学

基本情况

办学经费收支情况

2019年度苏州市职业大学收入支出决算总表

单位：元

收入		支出	
项目	金额	项目（按经济分类）	金额
一、财政拨款收入	493895832.87	一、基本支出和项目支出	635354625.70
其中：政府性基金预算财政拨款	—	工资福利支出	362497788.82
二、上级补助收入	—	商品和服务支出	145088177.31
三、事业收入	115425700.00	对个人和家庭的补助	46135973.48
四、经营收入	—	债务利息及费用支出	—
五、附属单位上缴收入	—	资本性支出（基本建设）	—
六、其他收入	—	资本性支出	81632686.09
其中：本级横向财政拨款	—	对企业补助（基本建设）	—
非本级财政拨款	—	对企业补助	—
—	—	对社会保障基金补助	—
—	—	其他支出	—
—	—	二、上缴上级支出	—
—	—	三、经营支出	—
—	—	四、对附属单位补助支出	—
合计	609321532.87	合计	635354625.70

2019年度苏

项目				本年收入合计	财政拨款收入	上级补助
支出功能分类科目编码			科目名称			
类	款	项	合计	609321532.87	493895832.87	—
201			一般公共服务支出	150000.00	150000.00	—
20133			宣传事务	30000.00	30000.00	—
2013399			其他宣传事务支出	30000.00	30000.00	—
20136			其他共产党事务支出	120000.00	120000.00	—
2013602			一般行政管理事务	120000.00	120000.00	—
205			教育支出	468604625.05	384137425.05	—
20503			职业教育	467644625.05	383177425.05	—
2050305			高等职业教育	466565625.05	382098425.05	—
2050399			其他职业教育支出	1079000.00	1079000.00	—
20599			其他教育支出	960000.00	960000.00	—
2059999			其他教育支出	960000.00	960000.00	—
206			科学技术支出	710000.00	710000.00	—
20604			技术研究与开发	470000.00	470000.00	—
2060402			应用技术研究与开发	470000.00	470000.00	—
20607			科学技术普及	40000.00	40000.00	—
2060704			学术交流活动	40000.00	40000.00	—
20699			其他科学技术支出	200000.00	200000.00	—
2069901			科技奖励	200000.00	200000.00	—
208			社会保障和就业支出	39133800.00	27566100.00	—
20805			行政事业单位离退休	39133800.00	27566100.00	—
2080505			机关事业单位基本养老保险缴费支出	27846000.00	19583400.00	—
2080506			机关事业单位职业年金缴费支出	11176000.00	7870900.00	—
2080599			其他行政事业单位离退休支出	111800.00	111800.00	—
210			卫生健康支出	36000.00	36000.00	—
21099			其他卫生健康支出	36000.00	36000.00	—
2109901			其他卫生健康支出	36000.00	36000.00	—
221			住房保障支出	100687107.82	81296307.82	—
22102			住房改革支出	100687107.82	81296307.82	—
2210201			住房公积金	24874403.60	17969003.60	—
2210202			提租补贴	48256576.72	41351176.72	—
2210203			购房补贴	27556127.50	21976127.50	—

收入决算表

单位：元

事业收入		经营收入	附属单位上缴收入	其他收入		
计	其中：财政专户管理资金			小计	其中：本级横向财政拨款	其中：非本级财政拨款
5700.00	115425700.00	—	—	—	—	—
	—	—	—	—	—	—
	—	—	—	—	—	—
	—	—	—	—	—	—
	—	—	—	—	—	—
	—	—	—	—	—	—
7200.00	84467200.00	—	—	—	—	—
7200.00	84467200.00	—	—	—	—	—
7200.00	84467200.00	—	—	—	—	—
	—	—	—	—	—	—
	—	—	—	—	—	—
	—	—	—	—	—	—
	—	—	—	—	—	—
	—	—	—	—	—	—
	—	—	—	—	—	—
	—	—	—	—	—	—
	—	—	—	—	—	—
	—	—	—	—	—	—
	—	—	—	—	—	—
7700.00	11567700.00	—	—	—	—	—
7700.00	11567700.00	—	—	—	—	—
2600.00	8262600.00	—	—	—	—	—
5100.00	3305100.00	—	—	—	—	—
	—	—	—	—	—	—
	—	—	—	—	—	—
	—	—	—	—	—	—
	—	—	—	—	—	—
0800.00	19390800.00	—	—	—	—	—
0800.00	19390800.00	—	—	—	—	—
5400.00	6905400.00	—	—	—	—	—
5400.00	6905400.00	—	—	—	—	—
0000.00	5580000.00	—	—	—	—	—

2019年度苏州市职业大学支出决算表

单位：元

项目		本年支出合计	基本支出	项目支出	上缴上级支出	经营支出	对附属单位补助支出
支出功能分类科目编码	科目名称						
类 款 项	合计	635354625.70	471406805.61	163947820.09	—	—	—
201	一般公共服务支出	150000.00	30000.00	120000.00	—	—	—
20133	宣传事务	30000.00	30000.00	—	—	—	—
2013399	其他宣传事务支出	30000.00	30000.00	—	—	—	—
20136	其他共产党事务支出	120000.00	—	120000.00	—	—	—
2013602	一般行政管理事务	120000.00	—	120000.00	—	—	—
205	教育支出	496077461.96	332249641.87	163827820.09	—	—	—
20503	职业教育	495197461.96	331369641.87	163827820.09	—	—	—
2050305	高等职业教育	494118461.96	330290641.87	163827820.09	—	—	—
2050399	其他职业教育支出	1079000.00	1079000.00	—	—	—	—
20599	其他教育支出	880000.00	880000.00	—	—	—	—
2059999	其他教育支出	880000.00	880000.00	—	—	—	—
206	科学技术支出	710000.00	710000.00	—	—	—	—
20604	技术研究与开发	470000.00	470000.00	—	—	—	—
2060402	应用技术研究与开发	470000.00	470000.00	—	—	—	—
20607	科学技术普及	40000.00	40000.00	—	—	—	—

2019年度苏州市职业大

支出功能分类科目编码	科目名称	上年结转和结余			本年收入
		合计	基本支出结转	项目支出结转和结余	
类 款 项	合计	45204894.25	1788000.00	43416894.25	49389583
201	一般公共服务支出	—	—	—	15000
20133	宣传事务	—	—	—	3000
2013399	其他宣传事务支出	—	—	—	3000
20136	其他共产党事务支出	—	—	—	12000
2013602	一般行政管理事务	—	—	—	12000
205	教育支出	45204894.25	1788000.00	43416894.25	38413742
20503	职业教育	45204894.25	1788000.00	43416894.25	38317742
2050305	高等职业教育	45204894.25	1788000.00	43416894.25	38209842
2050399	其他职业教育支出	—	—	—	107900
20599	其他教育支出	—	—	—	96000
2059999	其他教育支出	—	—	—	96000
206	科学技术支出	—	—	—	71000
20604	技术研究与开发	—	—	—	47000
2060402	应用技术研究与开发	—	—	—	47000
20607	科学技术普及	—	—	—	4000

续表

项目				本年支出合计	基本支出	项目支出	上缴上级支出	经营支出	对附属单位补助支出
支出功能分类科目编码			科目名称						
类	款	项	合计	635354625.70	471406805.61	163947820.09	—	—	—
2060704			学术交流活动	40000.00	40000.00	—	—	—	—
20699			其他科学技术支出	200000.00	200000.00	—	—	—	—
2069901			科技奖励	200000.00	200000.00	—	—	—	—
208			社会保障和就业支出	39133800.00	39133800.00	—	—	—	—
20805			行政事业单位离退休	39133800.00	39133800.00	—	—	—	—
2080505			机关事业单位基本养老保险缴费支出	27846000.00	27846000.00	—	—	—	—
2080506			机关事业单位职业年金缴费支出	11176000.00	11176000.00	—	—	—	—
2080599			其他行政事业单位离退休支出	111800.00	111800.00	—	—	—	—
210			卫生健康支出	36000.00	36000.00	—	—	—	—
21099			其他卫生健康支出	36000.00	36000.00	—	—	—	—
2109901			其他卫生健康支出	36000.00	36000.00	—	—	—	—
221			住房保障支出	99247363.74	99247363.74	—	—	—	—
22102			住房改革支出	99247363.74	99247363.74	—	—	—	—
2210201			住房公积金	24376675.76	24376675.76	—	—	—	—
2210202			提租补贴	47634465.12	47634465.12	—	—	—	—
2210203			购房补贴	27236222.86	27236222.86	—	—	—	—

政拨款收入支出决算表

单位：元

本年支出			用事业基金弥补收支差额	结余分配	年末结转和结余		
	基本支出	项目支出			合计	基本支出结转	项目支出结转和结余
03901.90	360416516.82	153887385.08	—	—	24796825.22	1450000.00	23346825.22
0000.00	30000.00	120000.00	—	—	—	—	—
0000.00	30000.00	—	—	—	—	—	—
0000.00	30000.00	—	—	—	—	—	—
0000.00	—	120000.00	—	—	—	—	—
0000.00	—	120000.00	—	—	—	—	—
5494.08	250778109.00	153767385.08	—	—	24796825.22	1450000.00	23346825.22
5494.08	249898109.00	153767385.08	—	—	24716825.22	1370000.00	23346825.22
6494.08	248819109.00	153767385.08	—	—	24716825.22	1370000.00	23346825.22
9000.00	1079000.00	—	—	—	—	—	—
0000.00	880000.00	—	—	—	80000.00	80000.00	—
0000.00	880000.00	—	—	—	80000.00	80000.00	—
0000.00	710000.00	—	—	—	—	—	—
0000.00	470000.00	—	—	—	—	—	—
0000.00	470000.00	—	—	—	—	—	—
0000.00	40000.00	—	—	—	—	—	—

续表

支出功能分类科目编码	科目名称	上年结转和结余			本年收入
		合计	基本支出结转	项目支出结转和结余	
2060704	学术交流活动	—	—	—	40000
20699	其他科学技术支出	—	—	—	200000
2069901	科技奖励	—	—	—	200000
208	社会保障和就业支出	—	—	—	27566100
20805	行政事业单位离退休	—	—	—	27566100
2080505	机关事业单位基本养老保险缴费支出	—	—	—	19583400
2080506	机关事业单位职业年金缴费支出	—	—	—	7870900
2080599	其他行政事业单位离退休支出	—	—	—	111800
210	卫生健康支出	—	—	—	36000
21099	其他卫生健康支出	—	—	—	36000
2109901	其他卫生健康支出	—	—	—	36000
221	住房保障支出	—	—	—	8129630
22102	住房改革支出	—	—	—	8129630
2210201	住房公积金	—	—	—	1796900
2210202	提租补贴	—	—	—	4135117
2210203	购房补贴	—	—	—	2197612

资产情况

2019年苏州市职业大学资产情况一览表

占地面积（平方米）			图书（万册）		计算机数（台）		
计	其中：		计	其中：当年新增	计	其中：教学用计算机	
	绿化用地面积	运动场地面积				计	其中：平板电脑
841602	322000	56000	166.9319	5.8903	12326	10110	214

教室（间）		固定资产总值（万元）				
计	其中：网络多媒体教室（间）	计	其中：教学、科研仪器设备资产值		其中：信息化设备资产值	
			计	其中：当年新增	计	其中：软件
708	259	142281.71	35830.12	3595.2	12722.13	1647.15

注：所统计的资产均属学校产权。

信息化建设情况

2019年苏州市职业大学信息化建设情况一览表

网络信息点数（个）		上网课程数（门）	电子邮件系统用户数（个）	管理信息系统数据总量（GB）	数字资源量			信息化培训人次（人次）	信息化工作人员数（人）
计	其中：无线接入				电子期刊（册）	电子图书（册）	音视频（小时）		
16463	944	193	1542	172	74991	52762	80978	301	13

本年支出			用事业基金弥补收支差额	结余分配	年末结转和结余		
	基本支出	项目支出			合计	基本支出结转	项目支出结转和结余
0000.00	40000.00	—	—	—	—	—	—
0000.00	200000.00	—	—	—	—	—	—
0000.00	200000.00	—	—	—	—	—	—
56100.00	27566100.00	—	—	—	—	—	—
56100.00	27566100.00	—	—	—	—	—	—
33400.00	19583400.00	—	—	—	—	—	—
70900.00	7870900.00	—	—	—	—	—	—
11800.00	111800.00	—	—	—	—	—	—
36000.00	36000.00	—	—	—	—	—	—
36000.00	36000.00	—	—	—	—	—	—
36000.00	36000.00	—	—	—	—	—	—
96307.82	81296307.82	—	—	—	—	—	—
96307.82	81296307.82	—	—	—	—	—	—
69003.60	17969003.60	—	—	—	—	—	—
51176.72	41351176.72	—	—	—	—	—	—
76127.50	21976127.50	—	—	—	—	—	—

校舍情况

2019年苏州市职业大学校舍情况一览表

单位：平方米

产权项目	学校产权校舍建筑面积	非学校产权建筑面积	
	计	计	共同使用
一、教学科研及辅助用房	260853.76	23700	23700
教室	83038	—	—
图书馆	36103	—	—
实验室、实习场所	131767.76	—	—
专用科研用房	3500	—	—
体育馆	6445	23700	23700
二、行政办公用房	22951	—	—
三、生活用房	194114	—	—
学生宿舍（公寓）	154746	—	—
学生食堂	27623	—	—
教工宿舍（公寓）	5040	—	—
教工食堂	2724	—	—
生活福利及其他用房	3981	—	—
四、其他用房	—	—	—
总计	477918.76	23700	23700

图书馆馆藏情况

苏州市职业大学图书馆馆藏资源(2019年)

编号	名称	数量
1	纸质图书累积量(册)	1622982
1.1	中文纸质图书累积量(册)	1610860
1.2	外文纸质图书累积量(册)	12122
2	纸质期刊合订本累积量(册)	69925
2.1	中文纸质期刊合订本累积量(册)	63009
2.2	外文纸质期刊合订本累积量(册)	6623

苏州市职业大学图书馆当年新增文献(2019年)

编号	名称	数量
1	当年购置纸质图书(册)	46367
1.1	当年购置纸质中文图书(册)	46005
1.2	当年购置纸质外文图书(册)	362
2	当年购置纸质报刊(份)	1577
2.1	当年购置纸质中文报刊(份)	1563
2.2	当年购置纸质外文报刊(份)	14
3	当年购置数据库(个)	28

学报情况

《苏州教育学院学报》期刊计量指标统计表

年份	总被引频次	影响因子	他引总引比	被引期刊数	被引半衰期	上年载文量	基金论文比	Web即年下载率
2019	450	0.172	0.99	227	6.6	105	0.41	33

注:数据来源于2018年至2019年的《中国学术期刊综合引证年度报告》。

《苏州市职业大学学报》期刊计量指标统计表

年份	总被引频次	影响因子	他引总引比	被引期刊数	被引半衰期	上年载文量	基金论文比	Web即年下载率
2019	226	0.341	0.97	209	3.7	90	0.76	59

注:数据来源于2018年至2019年《中国学术期刊综合引证年度报告》。

《苏州教育学院学报》被引指标和来源指标统计表

期刊被引指标							期刊来源指标					
总被引频次	影响因子	即年指标	引用刊数	他引率	被引半衰期	H指数(CN)	来源文献量	文献选出率	平均引文数	平均作者数	基金论文比	引用半衰期
310	0.285	0.200	188	0.98	7.8	3	90	0.91	19.20	1.3	0.467	21.9

注:数据来源于《中国期刊引证研究报告》2019年版,万方数据。

《苏州市职业大学学报》被引指标和来源指标统计表

期刊被引指标							期刊来源指标					
总被引频次	影响因子	即年指标	引用刊数	他引率	被引半衰期	H指数(CN)	来源文献量	文献选出率	平均引文数	平均作者数	基金论文比	引用半衰期
298	0.544	0.714	205	0.98	4.40	4	77	0.95	8.90	2.0	0.818	5.2

注:数据来源于《中国期刊引证研究报告》2019年版,万方数据。

教学单位

校内教学单位

2019年苏州市职业大学校内教学单位情况一览表

序号	学院（部）	专业
1	机电工程学院	机械制造与自动化
		模具设计与制造
		数控技术
		机电一体化技术
		汽车检测与维修技术
		工业机器人技术
		电梯工程技术
2	计算机工程学院	计算机应用技术
		计算机网络技术
		物联网应用技术
		动漫制作技术
		大数据技术与应用
		软件技术
		移动应用开发
3	电子信息工程学院	电气自动化技术
		电子信息工程技术
		应用电子技术
		微电子技术
		通信技术
		智能控制技术
		工业网络技术
		智能产品开发
4	管理学院	市场营销
		行政管理
		电子商务
		物流管理
		人力资源管理
		文秘
		房地产经营与管理
5	商学院	报关与国际货运
		会计
		财务管理
		法律事务
		国际经济与贸易
		证券与期货
		审计
		金融管理

续表

序号	学院（部）	专业
6	外国语学院	应用德语
		应用英语
		商务英语
		商务日语
		旅游英语
7	教育与人文学院	学前教育
		新闻采编与制作
		网络新闻与传播
		会展策划与管理
		旅游管理
		食品营养与检测
8	艺术学院	工艺美术品设计
		表演艺术
		服装设计与工艺
		雕刻艺术设计
		视觉传播设计与制作
		室内艺术设计
		环境艺术设计
9	思想政治理论教学研究部	—
10	数理部	—
11	体育部	体育教育

校外教学点

2019年苏州市职业大学校外教学点情况一览表（成人教育）

序号	教学点	专业
1	昆山科高人才培训中心	会计
		计算机信息管理
		机电一体化技术
		物流管理
		人力资源管理
		行政管理
		学前教育
2	吴中区中等专业学校（角直）	模具设计与制造
		会计
3	常熟开放大学	机电一体化技术
		数控技术
4	苏州技师学院	会计
		电子商务
		工商企业管理
		物流管理
		旅游管理
		数控技术
		模具设计与制造

续表

序号	教学点	专业
4	苏州技师学院	机电一体化技术
		电气自动化技术
		计算机网络技术
		食品营养与检测
		人力资源管理
		应用电子技术
		数字媒体应用技术
		智能控制技术
5	苏州市吴中区苏苑教育培训中心	机电一体化技术
		会计
		计算机应用技术
		计算机信息管理
		汽车运用与维修技术
		学前教育

专业设置

普通全日制专科

2019年苏州市职业大学普通全日制专科专业情况一览表

序号	学院（部）	专业名称	专业方向	学制	类别	说明
1	机电工程学院	机械制造与自动化	—	3年	专科	—
2		数控技术	—	3年	专科	—
3		模具设计与制造	—	3年	专科	—
4		机电一体化技术	—	3年	专科	—
5		机电一体化技术	—	3年	专科	中外合作
6		电梯工程技术	—	3年	专科	—
7		工业机器人技术	—	3年	专科	—
8		汽车检测与维修技术	—	3年	专科	—
9	计算机工程学院	计算机应用技术	—	3年	专科	—
10		计算机网络技术	—	3年	专科	—
11		动漫制作技术	—	3年	专科	—
12		物联网应用技术	—	3年	专科	—
13		软件技术	—	3年	专科	—
14		大数据技术与应用	—	3年	专科	—
15		移动应用开发	—	3年	专科	—
16	电子信息工程学院	电气自动化技术	—	3年	专科	—
17		电气自动化技术	—	3年	专科	本专联合
18		电子信息工程技术	—	3年	专科	—

续表

序号	学院（部）	专业名称	专业方向	学制	类别	说明
19	电子信息工程学院	应用电子技术	—	3年	专科	—
20		微电子技术	—	3年	专科	—
21		通信技术	—	3年	专科	—
22		智能控制技术	—	3年	专科	—
23		工业网络技术	—	3年	专科	—
24		智能产品开发	—	3年	专科	—
25	管理学院	市场营销	—	3年	专科	—
26		电子商务	—	3年	专科	—
27		物流管理	—	3年	专科	—
28		行政管理	—	3年	专科	—
29		人力资源管理	—	3年	专科	—
30		文秘	—	3年	专科	—
31		文秘	—	3年	专科	本专联合
32		房地产经营与管理	—	3年	专科	—
33	商学院	报关与国际货运	—	3年	专科	—
34		财务管理	—	3年	专科	—
35		会计	—	3年	专科	—
36		会计	—	3年	专科	中外合作
37		国际经济与贸易	—	3年	专科	—
38		法律事务	—	3年	专科	—
39		金融管理	—	3年	专科	—
40		审计	—	3年	专科	—
41		证券与期货	—	3年	专科	—
42	外国语学院	应用英语	—	3年	专科	—
43		应用德语	—	3年	专科	—
44		商务英语	—	3年	专科	—
45		商务日语	—	3年	专科	—
46		旅游英语	—	3年	专科	—
47	教育与人文学院	食品营养与检测	—	3年	专科	—
48		学前教育	—	3年	专科	—
49		学前教育	—	3年	专科	中外合作
50		新闻采编与制作	—	3年	专科	—
51		会展策划与管理	—	3年	专科	—
52		旅游管理	—	3年	专科	—
53		网络新闻与传播	—	3年	专科	—
54	艺术学院	环境艺术设计	—	3年	专科	—
55		表演艺术	—	3年	专科	—
56		服装设计与工艺	—	3年	专科	—
57		雕刻艺术设计	—	3年	专科	—
58		工艺美术品设计	—	3年	专科	—
59		室内艺术设计	—	3年	专科	—
60		视觉传播设计与制作	—	3年	专科	—
61	体育部	体育教育	—	3年	专科	—

成人教育专科

2019年苏州市职业大学成人教育专科专业情况一览表

序号	专业名称	科类名称	层次	学习形式	学制	招生范围
1	数控技术	理工类	专科	业余	2.5年	苏州市
2	模具设计与制造	理工类	专科	业余	2.5年	苏州市
3	机电一体化技术	理工类	专科	业余	2.5年	苏州市
4	电气自动化技术	理工类	专科	业余	2.5年	苏州市
5	智能控制技术	理工类	专科	业余	2.5年	苏州市
6	汽车检测与维修技术	理工类	专科	业余	2.5年	苏州市
7	汽车运用与维修技术	理工类	专科	业余	2.5年	苏州市
8	计算机应用技术	理工类	专科	业余	2.5年	苏州市
9	计算机网络技术	理工类	专科	业余	2.5年	苏州市
10	计算机信息管理	文史类	专科	业余	2.5年	苏州市
11	食品营养与检测	文史类	专科	业余	2.5年	苏州市
12	数字媒体应用技术	文史类	专科	业余	2.5年	苏州市
13	会计	文史类	专科	业余	2.5年	苏州市
14	市场营销	文史类	专科	业余	2.5年	苏州市
15	电子商务	文史类	专科	业余	2.5年	苏州市
16	物流管理	文史类	专科	业余	2.5年	苏州市
17	旅游管理	文史类	专科	业余	2.5年	苏州市
18	学前教育	文史类	专科	业余	2.5年	苏州市
19	人力资源管理	文史类	专科	业余	2.5年	苏州市
20	行政管理	文史类	专科	业余	2.5年	苏州市
21	服装设计与工艺	文史类　理工类	专科	业余	2.5年	苏州市
22	环境艺术设计	文史类　理工类	专科	业余	2.5年	苏州市

成人教育本科

2019年苏州市职业大学成人教育本科专业情况一览表（一）

序号	院（部）	专业名称	科类名称	学制	发证单位
1	机电工程学院	机械电子工程	工科	2年	南京理工大学
2	机电工程学院	材料成型机控制工程	工科	2年	南京工程学院
3	计算机工程学院	计算机网络	工科	2年	南京航空航天大学
4	计算机工程学院	计算机信息管理	工科	2年	苏州大学
5	计算机工程学院	动画设计	工科	2年	江南大学
6	计算机工程学院	软件工程	工科	2年	苏州大学
7	计算机工程学院	数字媒体技术	工科	2年	江南大学
8	电子信息工程学院	电子信息工程	工科	2年	苏州大学
9	电子信息工程学院	机器人工程	工科	2年	南京工程学院
10	管理学院	人力资源管理	文科	2年	南京大学
11	管理学院	电子商务物流	文科	2年	南京理工大学
12	商学院	财务管理	文科	2年	南京审计大学
13	外国语学院	英语	文科	2年	苏州科技大学
14	艺术学院	艺术设计	文科	2年	南京艺术学院
15	艺术学院	视觉传达设计	文科	2年	南京艺术学院
16	艺术学院	环境设计	文科	2年	南京艺术学院

2019年苏州市职业大学成人教育本科专业情况一览表（二）

序号	院（部）	专业名称	科类名称	学习形式	学制	发证单位	说明
1	继续教育学院	会计学	经管类	业余	2.5年	中国人民大学	网络教育
2	继续教育学院	财政学	经管类	业余	2.5年	中国人民大学	网络教育
3	继续教育学院	工商管理	经管类	业余	2.5年	中国人民大学	网络教育
4	继续教育学院	金融学	经管类	业余	2.5年	中国人民大学	网络教育
5	继续教育学院	市场营销	经管类	业余	2.5年	中国人民大学	网络教育
6	继续教育学院	财务管理	经管类	业余	2.5年	中国人民大学	网络教育
7	继续教育学院	人力资源管理	经管类	业余	2.5年	中国人民大学	网络教育
8	继续教育学院	公共事业管理	文史类	业余	2.5年	中国人民大学	网络教育
9	继续教育学院	法学	文史类	业余	2.5年	中国人民大学	网络教育
10	继续教育学院	传播学	文史类	业余	2.5年	中国人民大学	网络教育
11	继续教育学院	社会工作	文史类	业余	2.5年	中国人民大学	网络教育
12	继续教育学院	计算机科学与技术	理工类	业余	2.5年	中国人民大学	网络教育
13	继续教育学院	机械工程及自动化	理工类	业余	2.5年	奥鹏东北大学	网络教育
14	继续教育学院	土木工程（三个方向）	理工类	业余	2.5年	奥鹏东北大学	网络教育
15	继续教育学院	计算机科学与技术	理工类	业余	2.5年	奥鹏东北大学	网络教育
16	继续教育学院	计算机应用技术	理工类	业余	2.5年	奥鹏东北大学	网络教育
17	继续教育学院	安全工程	理工类	业余	2.5年	奥鹏东北大学	网络教育
18	继续教育学院	电气工程及自动化	理工类	业余	2.5年	奥鹏东北大学	网络教育
19	继续教育学院	电气自动化技术	理工类	业余	2.5年	奥鹏东北大学	网络教育
20	继续教育学院	机电一体化技术	理工类	业余	2.5年	奥鹏东北大学	网络教育
21	继续教育学院	工商管理	经管类	业余	2.5年	奥鹏东北大学	网络教育
22	继续教育学院	会计（包括会计学）	经管类	业余	2.5年	奥鹏东北大学	网络教育
23	继续教育学院	行政管理	文史类	业余	2.5年	奥鹏东北大学	网络教育
24	继续教育学院	会计学（包括会计）	经管类	业余	2.5年	东北财经大学	网络教育
25	继续教育学院	行政管理	文史类	业余	2.5年	东北财经大学	网络教育
26	继续教育学院	工程管理（含建造师方向）	理工类	业余	2.5年	东北财经大学	网络教育
27	继续教育学院	建筑工程管理	理工类	业余	2.5年	东北财经大学	网络教育
28	继续教育学院	英语	文史类	业余	2.5年	北京外国语大学	网络教育
29	继续教育学院	工商管理	经管类	业余	2.5年	北京外国语大学	网络教育
30	继续教育学院	国际经济与贸易	经管类	业余	2.5年	北京外国语大学	网络教育
31	继续教育学院	会计学	经管类	业余	2.5年	北京外国语大学	网络教育
32	继续教育学院	电子商务	经管类	业余	2.5年	北京外国语大学	网络教育
33	继续教育学院	金融学	经管类	业余	2.5年	北京外国语大学	网络教育
34	继续教育学院	信息管理与信息系统	理工类	业余	2.5年	北京外国语大学	网络教育
35	继续教育学院	信息管理与信息技术	理工类	业余	2.5年	北京外国语大学	网络教育
36	继续教育学院	计算机科学与技术	理工类	业余	2.5年	北京外国语大学	网络教育
37	继续教育学院	信息管理与信息系统	理工类	业余	2.5年	南京大学	网络教育
38	继续教育学院	会计学	经管类	业余	2.5年	南京大学	网络教育
39	继续教育学院	人力资源管理	经管类	业余	2.5年	南京大学	网络教育
40	继续教育学院	市场营销	经管类	业余	2.5年	南京大学	网络教育
41	继续教育学院	旅游管理	经管类	业余	2.5年	南京大学	网络教育
42	继续教育学院	保险	经管类	业余	2.5年	南京大学	网络教育
43	继续教育学院	电子商务	经管类	业余	2.5年	南京大学	网络教育
44	继续教育学院	国际经济与贸易	经管类	业余	2.5年	南京大学	网络教育
45	继续教育学院	行政管理	文史类	业余	2.5年	南京大学	网络教育
46	继续教育学院	应用心理学	文史类	业余	2.5年	南京大学	网络教育

招生就业

招生录取情况

2019年在江苏招生的普通高校文科类、理科类专业录取情况

高校、专业名称	录取数	最高分	最低分	平行志愿	征求志愿	服从志愿
文科类高职（专科）院校						
1270 苏州职业大学 选测科目等级要求：CC	435	319	271	435	—	—
物联网应用技术	15	286	275	15	—	—
计算机应用技术	11	287	272	11	—	—
计算机网络技术	10	297	274	10	—	—
软件技术	17	298	273	17	—	—
动漫制作技术	18	319	273	18	—	—
移动应用开发	3	272	271	3	—	—
大数据技术与应用	18	293	271	18	—	—
金融管理	12	285	273	12	—	—
财务管理	15	296	274	15	—	—
会计	64	319	273	64	—	—
审计	14	288	273	14	—	—
国际经济与贸易	9	284	273	9	—	—
报关与国际货运	5	277	274	5	—	—
法律事务	16	298	274	16	—	—
市场营销	10	281	272	10	—	—
电子商务	25	282	271	25	—	—
物流管理	5	281	272	5	—	—
文秘	11	302	276	11	—	—
人力资源管理	10	288	275	10	—	—
行政管理	5	279	271	5	—	—
学前教育（师范）	45	304	278	45	—	—
旅游管理	7	285	274	7	—	—
会展策划与管理	5	288	274	5	—	—
食品营养与检测	6	280	271	6	—	—
网络新闻与传播	10	296	280	10	—	—
商务英语	28	317	276	28	—	—
应用英语	13	296	273	13	—	—
商务日语	18	306	271	18	—	—
应用德语	5	279	272	5	—	—
服装设计与工艺	5	284	272	5	—	—
理科类高职（专科）院校						
1270 苏州职业大学 选测科目等级要求：CC	751	329	303	751	—	—
机械制造与自动化	52	313	303	52	—	—
数控技术	5	310	306	5	—	—
模具设计与制造	10	307	303	10	—	—

续表

高校、专业名称	录取数	最高分	最低分	平行志愿	征求志愿	服从志愿
机电一体化技术	45	315	303	45	—	—
电梯工程技术	10	306	303	10	—	—
工业机器人技术	35	307	303	35	—	—
汽车检测与维修技术	5	308	304	5	—	—
电气自动化技术	77	314	303	77	—	—
智能控制技术	18	309	303	18	—	—
工业网络技术	35	306	303	35	—	—
食品营养与检测	13	322	303	13	—	—
电子信息工程技术	20	314	303	20	—	—
应用电子技术	10	308	303	10	—	—
智能产品开发	17	309	303	17	—	—
通信技术	15	314	303	15	—	—
物联网应用技术	18	315	305	18	—	—
计算机应用技术	15	311	303	15	—	—
计算机网络技术	21	315	304	21	—	—
软件技术	29	315	303	29	—	—
动漫制作技术	15	312	304	15	—	—
移动应用开发	8	308	304	8	—	—
大数据技术与应用	20	311	304	20	—	—
金融管理	12	318	304	12	—	—
财务管理	16	311	306	16	—	—
会计	42	329	304	42	—	—
审计	12	314	305	12	—	—
国际经济与贸易	6	308	303	6	—	—
报关与国际货运	5	307	304	5	—	—
法律事务	11	307	304	11	—	—
市场营销	10	308	303	10	—	—
电子商务	17	309	304	17	—	—
物流管理	5	312	305	5	—	—
人力资源管理	7	320	305	7	—	—
文秘	4	304	303	4	—	—
行政管理	8	310	303	8	—	—
学前教育（师范）	35	317	304	35	—	—
旅游管理	2	305	304	2	—	—
会展策划与管理	5	310	303	5	—	—
网络新闻与传播	10	308	304	10	—	—
商务英语	20	323	304	20	—	—
应用英语	10	311	304	10	—	—
商务日语	11	317	304	11	—	—

2019年在江苏招生的普通高校艺术类专业录取情况

高校、专业名称	录取数	最高分	最低分	平行志愿	征求志愿	服从志愿
以下为使用省美术类专业统考成绩录取的院校，下列表中的“最高分（最低分）”为文化分+专业分，院校必测科目等级要求为4合格						

续表

高校、专业名称	录取数	最高分	最低分	平行志愿	征求志愿	服从志愿
1270 苏州职业大学	149	477	436	149	—	—
视觉传播设计与制作	70	466	438	70	—	—
室内艺术设计	44	463	437	44	—	—
环境艺术设计	25	465	440	25	—	—
工艺美术品设计	10	477	436	10	—	—
以下为使用省音乐类专业统考成绩录取的院校（主试类型为声乐），下列表中的“最高分（最低分）”为专业分，院校必测科目等级要求为4合格						
1270 苏州职业大学	35	188	160	35	—	—
表演艺术	35	188	160	35	—	—
以下为使用省音乐类专业统考成绩录取的院校（主试类型为器乐），下列表中的“最高分（最低分）”为专业分，院校必测科目等级要求为4合格						
1270 苏州职业大学	32	189	140	32	—	—
表演艺术	32	189	140	32	—	—

2019年在江苏招生的普通高校体育类专业录取情况

高校、专业名称	录取数	最高分	最低分	平行志愿	征求志愿	服从志愿
以下为使用省体育类专业统考成绩录取的院校，下列表中的“最高分（最低分）”为文化分+专业分，院校必测科目等级要求为4合格						
体育类高职（专科）院校						
1270 苏州职业大学	35	417	358	35	—	—
体育教育（师范）	35	417	358	35	—	—

2019年在江苏招生的普通高校文科类、理科类专业录取情况

高校、专业名称	录取数	最高分	最低分	平行志愿	征求志愿	服从志愿
文科类高职（专科）院校						
1470 苏州职业大学 选测科目等级要求：CC	45	315	285	45	—	—
文秘	45	315	285	45	—	—
理科类高职（专科）院校						
1470 苏州职业大学 选测科目等级要求：CC	45	331	312	45	—	—
电气自动化技术	45	331	312	45	—	—

2019年在江苏招生的普通高校文科类、理科类专业录取情况

高校、专业名称	录取数	最高分	最低分	平行志愿	征求志愿	服从志愿
文科类高职（专科）院校						
1675 苏州职业大学 选测科目等级要求：DD	3	260	239	3	—	—
财务会计类（中外合作办学）（会计）	3	260	239	3	—	—
教育类（中外合作办学）（学前教育）	24	272	226	24	—	—
理科类高职（专科）院校						
1675 苏州职业大学 选测科目等级要求：DD	29	302	266	29	—	—
财务会计类（中外合作办学）（会计）	10	296	268	10	—	—

续表

高校、专业名称	录取数	最高分	最低分	平行志愿	征求志愿	服从志愿
教育类(中外合作办学)(学前教育)	19	302	266	19	—	—

2019年苏州市职业大学外省录取情况

省份	美术		文史	理工	说明
	(文)	(理)			
福建	498/471	470/452	457/427	395/364	美术分按综合分
河北	—		485/470	414/389	—
吉林	—		455/424	435/329	—
安徽	737/713		517/505	440/424	美术分按综合分
河南	610/514	564/548	489/438	468/365	美术分=文化分+专业分
广西	566/538	559/536	429/334	410/185	美术分按综合分
重庆	248/224		454/409	452/388	美术分按专业分
四川	249/243		493/446	475/401	美术分按专业分
山东	541/521	519/508	518/500	464/442	美术分按综合分
江西	—		525/429	461/356	—
山西	243/220		474/310	419/292	美术分按专业分
湖北	557/477		494/404	393/369	美术分按综合分
湖南	282/278	264/256	510/488	432/407	美术分按综合分
贵州	241/225		459/432	403/349	美术分按专业分
甘肃	191/181		470/404	431/376	美术分按综合分
新疆	—		396/376	351/310	—
西藏	172/113		298/291	264/260	美术分按专业分
云南	228/244		503/461	451/399	美术分按专业分
陕西	—		499/456	408/368	—
广东	475/474		465/457	396/387	美术分按综合分
浙江	—		551/481		文史类选考科目不限，理工类选考科目物理、化学、生物或技术中任意一科

注：1.“/”左侧分数为最高分，右侧为最低分。

2.2019年山西、贵州、重庆、四川、西藏、云南等省、自治区、直辖市，美术类专业按文化分、专业分均达到省控制分数线，然后按专业分进行录取；其余省、自治区、直辖市美术类专业按文化分、专业分均达到省、自治区、直辖市控制分数线，然后按综合分进行录取（综合分计算方法按照各省、自治区、直辖市公布的美术类专业录取规则）。

2019年苏州市职业大学录取人数统计表

科类	合计	文科	理科	艺体	文理兼招
合计	5749	1134	1813	569	2233
江苏普通	1437	435	751	251	—
江苏本专科	90	45	45	—	—
江苏中外	32	3	29	—	—
提前招生	1350	—	—	55	1295
对口单招	1022	—	—	139	883
山西	227	87	126	14	—
安徽	120	43	69	8	—
河南	320	118	183	19	—
贵州	100	33	60	7	—

续表

科类	合计	文科	理科	艺体	文理兼招
甘肃	110	40	61	9	—
浙江	55	—	—	—	55
山东	65	21	38	6	—
湖南	40	17	19	4	—
广东	10	4	4	2	—
广西	248	97	136	15	—
重庆	40	13	19	8	—
四川	185	68	107	10	—
云南	49	19	24	6	—
江西	90	38	52	—	—
西藏	7	2	2	3	—
湖北	37	14	19	4	—
陕西	10	5	5	—	—
福建	40	12	19	9	—
河北	30	8	22	—	—
吉林	10	4	6	—	—
新疆	25	8	17	—	—

注：2019年提前招生录取数中含中外合作办学专业96人。中外合作办学专业实际录取总数为128人。

在校生人数情况

2019年苏州市职业大学各类在校生人数统计表

类别	普通全日制专科生	成人教育专科生		
		计	函授	业余
合计	14583	5901	—	5901

就业情况

2018年苏州市职业大学普通全日制学生就业情况统计表

毕业人数	就业人数	就业率
4070	3946	96.95%

办学质量

专业建设

苏州市职业大学专业建设情况一览表

类别	专业名称	所属学院（部）	批文及建设周期	说明
国家级教改试点专业	应用电子技术	电子信息工程学院	教高司〔2001〕195号	—
国家重点专业建设	机电一体化技术	机电工程学院	教职成厅函〔2011〕71号	通过验收
	通信技术	电子信息工程学院	教职成厅函〔2011〕71号	通过验收
省重点专业群	机械制造与自动化专业群	机电工程学院	苏教高〔2012〕23号	—
	会计专业群	商学院	苏教高〔2012〕23号	—
	电子技术专业群	电子信息工程学院	苏教高〔2012〕23号	—

续表

类别	专业名称	所属学院(部)	批文及建设周期	说明
省级品牌专业	应用电子技术	电子信息工程学院	苏教高〔2003〕62号 2003.12—2005.12	通过验收
	电气自动化技术	电子信息工程学院	苏教高〔2006〕14号 2006.5—2008.12	通过验收
	机电一体化技术	机电工程学院	苏教高〔2006〕14号 2010.5—2012.5	通过验收
省级品牌专业建设工程项目	电气自动化技术	电子信息工程学院	苏教高〔2015〕11号 2015.5—	建设中
省级特色专业	机械设计制造及自动化	机电工程学院	苏教高〔2003〕62号 2003.12—2005.12	通过验收
	秘书	管理学院	苏教高〔2003〕62号 2003.12—2005.12	通过验收
	计算机应用技术	计算机工程学院	苏教高〔2003〕62号 2003.12—2005.12	通过验收
	商务日语	外国语学院	苏教高〔2003〕62号 2003.12—2005.12	通过验收
	数控技术	机电工程学院	苏教高〔2008〕32号 2007.12—2009.12	通过验收
	会计	商学院	苏教高〔2008〕32号 2007.12—2009.12	通过验收
省骨干专业建设项目	机电一体化技术	机电工程学院	苏教高〔2017〕17号 2017.9—2020.8	建设中
	应用电子技术	电子信息工程学院	苏教高〔2017〕17号 2017.9—2020.8	建设中
	会计	商学院	苏教高〔2017〕17号 2017.9—2020.8	建设中

课程建设

苏州市职业大学课程建设情况一览表

类别	课程名称	所属学院(部)	批文及建设周期	说明
省级优秀课程	机械原理	机电工程学院	2000获批	—
	机械零件	机电工程学院	2000获批	—
	机械工程基础	机电工程学院	2002获批	二类精品课程
省级精品(优秀)课程群	机械设计与制造系列课程群	机电工程学院	苏教高〔2004〕19号	—
省级优秀课程	检测与变换技术	机电工程学院	苏教高〔2004〕19号	二类精品课程
省级精品课程	应用文写作	管理学院	苏教高〔2006〕25号	二类精品课程
	应用文写作	管理学院	苏教高〔2008〕33号	—
	电路分析基础	电子信息工程学院	苏教高〔2008〕33号	—
省在线开放课程	线路板CAD	电子信息工程学院	苏教高函〔2017〕13号	—
	文学:生命之旅	教育与人文学院	苏教高函〔2017〕13号	—

教材建设

苏州市职业大学教材建设情况一览表

类别	教材名称	所属学院（部）	编写者	说明
国家级规划教材	秘书实训	管理学院	徐　静	2003
	高等数学	数理部	钱椿林	2004
	数据结构	计算机工程学院	陈　雁	2005
	创新学	管理学院	吴维亚	2008
	财经应用文写作（第二版）	管理学院	王敏杰　徐　静	2010
	电子产品营销与服务	电子信息工程学院	陈伟元	教职成函〔2014〕12号
	电子行业认知与新技术	电子信息工程学院	祁春清	教职成函〔2014〕12号
	电子信息专业英语（第二版）	电子信息工程学院	祁春清	教职成函〔2014〕12号
	秘书实训（第三版）	管理学院	徐　静	教职成函〔2014〕12号
	财经应用文写作（第三版）	管理学院	王敏杰	教职成函〔2014〕12号
	高等数学（第四版）	数理部	钱椿林	教职成函〔2014〕12号
	线性代数（第四版）	数理部	钱椿林	教职成函〔2014〕12号
	移动通信网络工程管理与实践	电子信息工程学院	范海健　刘　韬	教职成函〔2014〕12号
	JavaScript程序设计案例教程（第二版）	计算机工程学院	许　旻	教职成函〔2015〕11号
	电子产品营销与技术服务（第二版）	电子信息工程学院	陈伟元	教职成函〔2015〕11号
	经济学课堂实验实训	商学院	戴　明	教职成函〔2015〕11号
省级精品教材	数据结构	计算机工程学院	陈　雁	2005.10
	秘书实训	管理学院	徐　静	2005.10
	吴文化概论	管理学院	吴恩培	2007.6
	电力电子技术基础	电子信息工程学院	曹丰文	苏教高〔2009〕29号
	电气控制与PLC应用	机电工程学院	陶亦亦	苏教高〔2011〕27号
	多媒体制作技术	计算机工程学院	周德富	苏教高〔2011〕27号
	企业纳税实务实训教程	商学院	顾瑞鹏	苏教高〔2011〕27号
省级立项教材	电力电子技术基础	电子信息工程学院	曹丰文	2005
	机床电气控制与PLC应用	机电工程学院	陶亦亦	苏教高〔2007〕23号
	电路技术	电子信息工程学院	刘　科	苏教高〔2009〕29号
	逆向工程与快速成型应用项目教程	机电工程学院	孙春华	苏教高〔2009〕29号
省级重点教材	电气控制与PLC应用	机电工程学院	陶亦亦　吴　倩	苏教高〔2013〕15号
	物联网应用开发	计算机工程学院	李金祥　方立刚	苏教高〔2013〕15号
	逆向工程与快速成型技术应用	机电工程学院	陈雪芳	苏教高〔2014〕11号
	多媒体制作技术	计算机工程学院	周德富	苏教高〔2014〕11号
	数据结构	计算机工程学院	曾　海　尚鲜莲	苏教高〔2015〕18号
	企业纳税实务实训教程	商学院	顾瑞鹏	苏教高〔2015〕18号
	数控车床实训项目化教程	机电工程学院	朱学超　刘　旭	苏教高〔2015〕18号
	大学生体质健康管理与健康促进指南	体育部	王俪燕　吴恒晔　徐建国	苏教高函〔2019〕10号
	机器学习及应用	机电工程学院	李克清	苏教高函〔2019〕10号
	机器视觉及其应用技术	电子信息工程学院	刘　韬	苏教高函〔2019〕10号
	企业成本核算实务	商学院	汤　泉　刘淑春	苏高教会〔2019〕35号
	电路与模拟电子技术	电子信息工程学院	陈伟元	苏高教会〔2019〕35号
	PLC应用技术（双语教程）	机电工程学院	陆春元　金　芬	苏高教会〔2019〕35号

实验(实训)基地建设

苏州市职业大学实验实训基地建设情况一览表

类别	名称	所属(挂靠)学院(部)	说明
国家级职业教育实训基地	物联网技术综合实训基地	计算机工程学院	—
省级高职实训基地	数字化设计与先进制造技术实验实训基地	机电工程学院	苏教高〔2009〕28号
	电子信息与智能控制实验实训基地	电子信息工程学院 计算机工程学院	苏教高〔2009〕28号
	数字媒体与软件技术综合实训基地	计算机工程学院	苏教高〔2012〕24号
省级人才培养模式创新基地	面向中小企业的财经类人才"校地合作"培养模式创新实验基地	商学院	苏教高〔2010〕25号
省级高等职业教育产教深度融合实训平台	工业自动化与智能控制产教融合实训平台	电子信息工程学院	苏教高〔2016〕19号
江苏省高等职业教育产教融合集成平台	智能+高端装备制造产教融合集成平台	机电工程学院 电子信息工程学院 计算机工程学院	苏教高〔2016〕26号

国家职业技能培训、鉴定机构

苏州市职业大学国家职业技能培训、鉴定机构情况一览表

序号	机构名称	培训(鉴定)项目	等级
1	Adobe中国教育管理考试认证中心考点	Adobe软件技能资格	中级、高级
2	CAD水平考试考点	全国CAD应用培训网络水平证书CAD	中级
3	CAD水平考试考点	全国CAD应用培训网络水平证书PRO/E	中级
4	CAD水平考试考点	全国CAD应用培训网络水平证书UG	中级
5	高技能人才培训中心	单机自动化应用	中级
6	全国国际商务英语培训认证考试点	全国国际商务英语证书	一级、二级
7	全国计算机等级考试苏州市职业大学考试点	全国计算机等级证书	一级、二级
8	全国计算机信息高新技术苏州市职业大学考试站	应用程序编制C #.NET平台	四级
9	全国计算机信息高新技术苏州市职业大学考试站	网页制作MacromediaMX平台	三级
10	全国外贸单证员岗位专业考点	全国外贸单证员岗位专业证书	—
11	全国外贸跟单员考点	全国外贸跟单员证书	—
12	全国外贸业务员考点	全国外贸业务员证书	—
13	苏州市职业大学国家职业技能鉴定所	食品检验工	四级
14	苏州市职业大学国家职业技能鉴定所	化学检验工	四级
15	苏州市职业大学国家职业技能鉴定所	餐厅服务员	四级
16	苏州市职业大学国家职业技能鉴定所	数控车床工	四级
17	苏州市职业大学国家职业技能鉴定所	无线电调试工	四级
18	苏州市职业大学国家职业技能鉴定所	企业人力资源管理师	四级
19	苏州市职业大学国家职业技能鉴定所	秘书	四级
20	苏州市职业大学国家职业技能鉴定所	助理物流师	三级
21	苏州市职业大学国家职业技能鉴定所	助理电子商务师	三级
22	苏州市职业大学国家职业技能鉴定所	计算机操作员	三级
23	苏州市职业大学国家职业技能鉴定所	计算机硬件维修工	四级
24	苏州市职业大学国家职业技能鉴定所	计算机网络管理员	四级
25	苏州市职业大学国家职业技能鉴定所	计算机程序设计员	四级
26	苏州学园汽车驾驶技术服务中心	中华人民共和国机动车驾驶证	C1
27	全国CAD应用培训网络水平证书	电子CAD	中级

续表

序号	机构名称	培训（鉴定）项目	等级
28	全国CAD应用培训网络水平证书	Auto CAD	中级
29	全国跨境电商岗位专业培训与考试中心	全国跨境电商操作专员岗位专业证书	—

教学团队建设

苏州市职业大学教学团队建设情况一览表

奖项	类别	所在学院（部）	批文号及日期
省级优秀教学团队	电子电工类课程	电子信息工程学院	苏教高〔2009〕42号、2009.12.22

教育教学改革成果获奖情况

苏州市职业大学教学改革成果获奖情况一览表

奖项	项目名称	获奖等级	负责人	获奖时间
省级教学成果	学以致用的秘书实训教学模式的构建与实施	二等奖	徐　静	2004.12
	高职高专应用电子技术专业实践教学体系构建与实践	二等奖	曹丰文	2004.12
	以“吴文化”教育为基础，构建全方位、多层次、多形式的文化素质教育模式	二等奖	吴恩培	2007.12
	多校联建，资源共享的大学生文化素质教育模式改革与创新	特等奖	程宜康	2009.3
	高职机械类专业校企导学制高技能人才培养模式改革与实践	二等奖	陶亦亦	2011.9
	基于“产品、流程、系统”的实践教学体系构建	二等奖	陈　雁	2013.10
	高职计算机类专业毕业设计改革实践	二等奖	李金祥	2013.10
	基于多态同构的“六化并举”柔性适应人才培养模式探索与实践	一等奖	张　欣	2017.7
	基于职业素养养成的会计职业能力训练体系构建与实践	二等奖	倪爱东	2017.7
	基于“三维统整课程观”的高职院校人文素质教育校本课程研究与实践	二等奖	傅小芳	2017.7

各类考试通过率

2019年苏州市职业大学英语等级考试通过情况统计表

考试时间	考试等级	报考人数	实考人数	缺考人数	合格人数	合格率	优秀人数	优秀率
2019.5	口语	694	484	210	398	82.23%	7	1.45%
2019.6	A级	1101	1005	96	625	62.19%	47	4.68%
2019.6	B级	585	552	33	274	49.64%	18	3.26%
2019.11	口语	875	690	185	543	78.70%	31	4.49%
2019.12	A级	3077	2939	138	2479	84.35%	449	15.28%
2019.12	B级	1137	1087	50	786	72.31%	74	6.81%

2019年苏州市职业大学计算机等级考试通过情况统计表

考试时间	考试等级	报考人数	实考人数	缺考人数	合格人数	合格率	优秀人数	优秀率
2019.3	省一级	2314	2019	295	984	48.74%	35	1.73%
2019.3	国一级	1534	1464	70	1074	73.36%	30	2.05%
2019.9	国一级	2372	2173	199	1008	46.39%	30	1.38%
2019.10	省一级	702	565	137	381	67.43%	9	1.59%

编辑：许立莺　盛　婷　颜丙通

第九章　学术科研

科研机构

获政府主管部门批准建设研究平台情况

苏州市职业大学获政府主管部门批准建设研究平台情况一览表

序号	名称	级别	批准时间	主管部门	说明
1	太湖众创·苏州市大学生众创空间	国家级	2017.11	中华人民共和国科学技术部	—
2	江苏省3C产品智能制造工程技术研究开发中心	省　级	2018.12	江苏省教育厅	苏教科〔2018〕10号
3	吴文化传承与创新研究中心 江苏省高校哲学社会科学重点建设研究基地	省　级	2018.7	江苏省教育厅	苏教社政函〔2018〕19号
4	江苏省光伏发电工程技术研究开发中心	省　级	2010.9	江苏省教育厅	苏教办科〔2010〕8号
5	江苏省现代企业信息化应用支撑软件工程技术研究开发中心	省　级	2007.9	江苏省教育厅	苏教科〔2007〕6号
6	苏州石湖智库	市　级	2018.4	苏州市哲学社会科学界联合会	苏政民管〔2018〕30号
7	苏州市丝绸功能技术试验及检测公共服务平台	市　级	2016.6	苏州市工业和信息化局	—
8	苏州市LTE智能终端测试验证公共服务平台	市　级	2013.6	苏州市科学技术局	—
9	苏州市云计算智能信息处理高技术研究重点实验室	市　级	2012.6	苏州市科学技术局	—
10	苏州市基于SaaS的智慧旅游地理信息公共服务平台	市　级	2011.6	苏州市科学技术局	—
11	苏州市数字化设计与制造技术重点实验室	市　级	2010.6	苏州市科学技术局	—
12	苏州市企业信息化应用支撑软件开发平台	市　级	2007.9	苏州市科学技术局	—

与协会、学会共建研究平台情况

苏州市职业大学与协会、学会共建研究平台情况一览表

序号	名称	共建单位	共建时间	说明
1	江苏省中华成语研究会教学科研实践基地	江苏省中华成语研究会	2018.6	苏成会〔2018〕3号
2	智能水下机器人研究与应用创新公共服务平台	江苏省计算机学会	2018.6	—
3	中国丝绸产品技术创新与应用公共服务平台	中国纺织品商业协会	2018.3	—
4	江苏省作家协会儿童文学创研基地	江苏省作家协会	2013.5	苏作函字〔2013〕1号
5	江苏省丝绸织绣产品功能检测试验基地	江苏省丝绸行业协会	2012.12	苏丝协字〔2012〕7号
6	中国明式家具研究所	中国家具协会	2008.6	苏艺协函〔2008〕12号

与地方政府、研究机构共建协同创新中心情况

苏州市职业大学与地方政府、研究机构共建协同创新中心情况一览表

序号	名称	共建单位	共建时间
1	中国可再生能源高效电能变换协同创新中心	中国可再生能源学会	2019.5
2	新材料与光伏应用技术协同创新中心	中北大学材料科学与工程学院	2019.5
3	阳澄湖镇企业协同创新中心	苏州相城区阳澄湖镇	2019.5
4	互联网+非遗文化保护创新研究与公共服务平台	苏州吴中区香山街道	2019.5
5	苏州丝绸技术创新协同中心	苏州市丝绸行业协会	2019.4

校级科研机构情况

苏州市职业大学校级科研机构情况一览表

序号	名称	挂靠部门或学院（部）	负责人	成立日期	说明
1	劳动与职业教育研究所	教务处	傅小芳	2019.3	苏职大政〔2019〕109号
2	新型功能材料及其智能测试仪器研究中心	机电工程学院	周正存	2018.12	苏职大政〔2018〕109号
3	智慧能源装备与电能变换协同创新中心	电子信息工程学院、江苏省现代企业信息化应用支撑软件工程技术研发中心	汪义旺	2018.12	苏职大政〔2018〕109号
4	物联网可信智能计算协同创新中心	计算机工程学院	方立刚	2018.12	苏职大政〔2018〕109号
5	智能计算与知识学习研究中心	电子信息工程学院	尚　丽	2018.12	苏职大政〔2018〕109号
6	数字经济研究中心	管理学院	孙学文	2018.12	苏职大政〔2018〕109号
7	智能电梯新技术实验室	机电工程学院	陆春元	2018.12	苏职大政〔2018〕109号
8	功率超声与振动研究中心	机电工程学院	汪红兵	2018.12	苏职大政〔2018〕109号
9	智能交通大数据协同创新中心	计算机工程学院	陈　珂	2018.12	苏职大政〔2018〕109号
10	食品安全与营养研究中心	教育与人文学院	张　丽	2018.12	苏职大政〔2018〕109号
11	人工智能数据研究中心	数理部	俞祚明	2018.12	苏职大政〔2018〕109号
12	外国语语言文化研究中心	外国语学院	卞浩宇	2018.12	苏职大政〔2018〕109号
13	云计算智能信息处理高技术研究重点实验室	计算机工程学院	李金祥	2013.12	苏职大政〔2013〕44号
14	儿童文学研究所	教育与人文学院	王一梅	2013.5	苏职大政〔2013〕33号
15	丝绸应用技术研究所	教育与人文学院	李世超	2007.6	苏职大政〔2007〕48号
16	现代集成制造技术重点实验室	机电工程学院	孙春华	2006.12	—
17	数字技术重点实验室	电子信息工程学院	刘　韬	2006.12	—
18	计算机软件技术重点实验室	计算机工程学院	李金祥	2006.12	—
19	苏州制造业信息化研究室	机电工程学院	郭彩芬	2006.12	—
20	汉达工业自动化技术研究所	电子信息工程学院	刘　韬	2006.12	苏职大政〔2006〕64号
21	高等教育研究所	高等教育研究所	黄　萍	2006.9	苏职大委〔2006〕69号
22	东吴法治研究所	商学院	吴庆荣	2005.4	苏职大政〔2005〕23号

重要科研机构简介

苏州石湖智库

◎概　况

苏州市职业大学苏州石湖智库成立于2018年4月，是在苏高职院校中首家以“智库”形式注册登记、具有独立法人资格的非营利性社会组织。自成立以来，智库以“政府政策研究、应用理论创新、江南文化传承”为发展方向，立足地方优秀传统文化的研究与创新，着力打造特色鲜明的江南文化品牌，开展有针对性的学术研究和理论探讨。

苏州石湖智库以文化研究服务地方为理念，努力探索历经三千年淘洗涤荡的吴文化所蕴含的现代性因素，致力于推动苏州特有的传统文化与现代文明有机结合，通过平台搭建，整合学校内外的优质资源，积极为名城苏州在新时代彰显城市个性，提升城市品位，增强城市竞争力和影响力献计献策。

智库拥有一批业务能力精干的专兼职研究人员，主要涉及文化、社会、管理、经济、工程等学科领域。作为尚处于培育成长期的新型智库，苏州石湖智库的发展目标是紧密依靠各方人才，通过多种合作方式，立足本土文化，放眼全国战略，创新组织协调机制、多元对接机制、支撑服务机制，积极开展品牌打造、建议建言、调研咨询等各方面工作。经过3~5年的成果积累，使之成为苏州市重点智库，真正为学校创建一流品质院校提升自主创新能力和社会影响力，为苏州区域经济社会创新发展提供智力支持。

◎科研学术

在学校党委的领导下，在苏州市社科联的具体指导下，在2018年成立机构、明确功能、建章立制的基础上，2019年石湖智库主要做了以下工作：

一、打造品牌　石湖智库定期举办“智汇苏州”系列学术沙龙，作为智库的高端学术活动品牌，为苏州城市建设、文化传承提供智力支持。2019年分别以“文化江南、包容苏州：长三角一体化与江南文化高地建设”“苏州文旅融合发展的顶层设计与资源整合”“彰显江南城市魅力，重振苏州商业街区”“智慧城市：智融苏城，慧享生活”为主题，举办了4期学术沙龙，邀请了来自北京、上海、南京、深圳及本市的专家、学者在论坛上做专题报告。同时，围绕社会热点问题做专题研究，先后在《苏州日报》四次推出“智库纵览”专版4个版面。还通过举办学术论坛、学术讲座、研讨会等形式活跃智库的学术氛围。

二、社会效益　沙龙的推出，受到苏州市委宣传部、苏州市社科联以及相关部门主要领导的充分肯定，《中国社会科学报》《中国科学报》《扬子晚报》、苏州市电视台、《苏州日报》《姑苏晚报》以及各大自媒体、新媒体网络平台纷纷报道。《苏州日报》“智库纵览”连续三期专版刊出沙龙专家的全文观点。同时，专家提出的相关建议建言被苏州市社科联《决策参阅》、苏州市委研究室《决策参考》、苏州市政府研究室《调研通报》等收录。

在推出学术沙龙的同时，产生了一批衍生产品。首先，与苏州日报社联合开展江南文化调研，在《苏州日报》的《智库观潮》栏目整版探讨“传承江南文脉，如何展示‘最苏州’？”，在社会上取得很好的反响。再次，基于“智汇苏州”学术沙龙取得的成果，石湖智库专家共有六项成果在苏州市第四届社科应用精品评奖中获奖，其中二等奖五项，三等奖一项。学校老师以石湖智库为申请单位，一批科研课题被苏州市科协、市社科联和市科技局立项。

经苏州市新型智库建设办公室评审，认定石湖智库为首批苏州市新型智库（全市共6家）。

三、建议建言　石湖智库聘请校内外特约研究员，对接苏州市委、市政府研究室、市社科联等，为市委、市政府建言献策并提供决策咨询参考。智库特约研究员2019年分别在苏州市委、市政府、市政协、市社科联、市委党校等内参刊物先刊发了16篇建议建言文章，其中有6篇得到市委、市政府、市政协主要领导批示。

四、宣传推介　主动与苏州市委、市政府、市社科联等部门加强沟通、汇报，智库研究成果通过各种方式和渠道，推介到政府有关部门和服务领域。加强智库与校外智库开展交流合作，筹办苏州石湖智库通讯（已出5期）、微信公众号平台，建设智库网站（已开通），举办“智汇苏州”学术沙龙、石湖智库学术研讨会，打造新型智库研究成果发布品牌，扩展智库研究成果应用的途径。

五、合作交流　2019年12月与华中师范大学合作，成立了华中师范大学国家文化产业研究中心苏州研究中心，将在文化产业研究和学术交流等方面开展更加深入的合作。打造由文化产业研究中心和苏州研究中心科研人员组成的高水平联合团队，立足苏州，助力发展，使苏州研究中心尽快发展成为地方新型智库，充分发挥文化引领作用，整合集聚苏州的文化研究资源，积极提供条件和创新体制，把文化产业品牌做大做强。

江苏省3C产品智能制造工程技术研究开发中心

◎概　况

江苏省3C产品智能制造工程技术研究开发中心（以下简称“技术开发中心”）是2018年经江苏省教育厅批准，以苏州市职业大学为依托单位，以苏州凡特斯测控科技有限公司为合作单位设立的省级工程技术研发中心。

技术开发中心主要开展3C产品的模具快速设计与制造、智能制造装备与系统、智能检测与控制、工业互联网等关键共性技术研发与应用；同时，搭建行业协同创新平台，服务行业企业技术升级，推进行业技术进步，服务地方经济发展，有效推进江

苏省特别是苏州市的现代企业智能化工程建设。

技术开发中心现有固定研究人员40人，其中正高6人、副高14人，具有博士学位的研究人员17人；有省市级优秀教学团队2个；省级各类高层次人才及培养对象10名。技术开发中心新建及改建共计1800余平方米的3C产品智能制造研究开发基地，开展3C产品关键技术开发并实现成果转化。

◎科研学术

2019年，3C中心科研团队在相关领域承担国家及省、市项目6项，其中国家自然科学基金项目“基于拓扑控制的无线传感器网络时间同步理论与技术研究”、江苏省自然基金项目“电动辅助转向系统用行星磁齿轮复合电机及控制系统研究”、江苏省人才项目“稀疏表示及其在低分辨率图像处理中的应用研究”等研究工作均按计划执行，取得了预期成果。截至2019年底，技术开发中心在国内外核心以上期刊发表论文16篇，获得专利23项。

◎社会服务

技术开发中心除对理论研究成果推广应用外，还对企事业单位急需解决的技术问题和3C产品智能制造系统进行了研究开发和技术服务。截至2019年底，签订企业横向技术服务合同14项，实现专利转让4项。每年培养培训相关人才500~800名，历年来学生参加各类职业技能大赛竞赛获奖6项。

江苏省现代企业信息化应用支撑软件工程技术研究开发中心

◎概　况

江苏省现代企业信息化应用支撑软件工程技术研究开发中心（以下简称“技术开发中心”）是于2007年经江苏省教育厅批准，以苏州市职业大学为依托单位，以苏州固锝电子股份有限公司为合作单位设立的省级工程技术研发中心。按照《江苏省高等职业技术院校工程技术研究开发中心管理办法（试行）》中有关技术开发中心建立独立建制管理制度的要求，技术开发中心于2007年12月经苏州市编制委员会和苏州市人事局批准建成独立核算事业法人单位。

技术开发中心主要以智能处理为特征的企业信息化应用支撑软件系统平台，以企业信息与软件项目管理技术、智能信息搜索及数据挖掘、智能图像处理和云计算关键技术等为研究方向。结合国家在信息化建设方面的重大需求，旨在构建以“产学研一体化”为基本特征的科技创新示范平台，提高企业在全球经济一体化市场环境中的核心竞争力，有效推进江苏省，特别是苏州市的现代企业信息化工程建设。

技术开发中心现有固定研究人员36人，其中正高13人、副高17人、具有博士学位的研究人员6人。另外有10余位国内著名高校的研究人员在技术开发中心进行客座研究。技术开发中心现有用房共计600余平方米，其中独立研究和开发室500余平方米。

◎科研学术

2019年技术开发中心研发人员开展了国家自然科学基金项目“基于拓扑控制的无线传感器网络时间同步理论与技术研究”“大规模RFID系统标签的自适应高效准确识别策略研究”的研究工作，工作按计划执行，取得了预期成果，相关项目的研发为企业取得了较大的经济效益和社会效益。研发人员在省级以上刊物上公开发表学术论文10余篇，其中被SCI检索5篇。研发人员新获授权发明专利3项，申请发明专利10项，获软件著作权16项。

◎社会服务

技术开发中心除对理论研究成果推广应用外，

还对企事业单位急需解决的技术问题和信息系统进行了研究开发和技术服务。2019年先后与5家企事业单位开展产学研合作，为企业开展技术研发和技术服务、解决相关技术问题提供了解决方案。这些项目的实施和完成为企事业单位带来巨大的经济效益。

中国明式家具研究所

◎概　况

中国明式家具研究所成立于2006年10月，是以明式家具研究保护和开发利用为目的的研究机构。研究所以"产、学、研"基地创建、传统工艺与现代科技结合研究为重点，充分发挥高校教学、科研的优势，努力吸取明式家具的文化元素，探求一条符合明式家具传承保护、开发利用、创新发展之路，将传统工艺与现代工业制造结合、艺术学与工学结合，为培养中国家具制造亟须的人才做学科建设。研究所现有工作人员1人。

◎科研学术

近五年，参与出版学术专著1部，校企合作项目2项，发表学术论文20余篇，著有《〈中国家具设计〉教材编写思路探索》《〈鲁班经〉为明代家具研究提供的重要信息》《中国传统室内装饰艺术的形式特点及其启示》《中西人文差异探析——以欧洲文艺复兴绘画与中国明式家具为例》《谈"木作"架构的"苏式"美》《黄花梨家具的艺术品质与古代文人审美趣味》《浅谈古代书房与文人园林》《黄花梨家具的木工艺概要》《谈明式家具艺术的文化继承和科学创新》《浅谈数字艺术人才培养》《谈对两种明式书桌的品赏》等。

◎社会服务

主持设计多项地方政府举办的文化会馆项目，如常熟市人民政府主办的"中国苏作家具博物馆"、常熟市海虞镇人民政府主办的"常熟海虞当代苏作家具展示馆"、苏州市园林和绿化管理局"天平山庄展示设计""山塘街'传德堂'园林厅堂展示设计""苏州桃花坞文化片区唐寅故居陈设设计"等。与常熟市欣佳红木家具有限公司、常熟市耀龙红木家具厂建立校企合作，由企业为教学提供家具实物等，双方共建学生专业实践基地。

◎重要事项

2018年10月开展苏州市吴中区明式家具乡土技能人才项目调研。

江苏省光伏发电工程技术研究开发中心

◎概　况

江苏省光伏发电工程技术研究开发中心（以下简称"中心"）是2010年由江苏省教育厅批准重点支持建设的省级工程技术研究中心，2014年12月顺利通过验收。中心主要研究新型高效光伏薄膜太阳能电池技术、新能源发电系统能量变换技术、新能源发电系统及工程化应用，并开展新能源创新人才培养及新能源产品技术服务。现有研发人员18人，副高及以上人员14人，其中教授3人，博士5人，博士在读2人，省"333高层次人才培养工程"培养对象1人，省高校"青蓝工程"学科带头人1人，省高校"青蓝工程"中青年骨干教师2人，市劳模1人。省优秀教学团队1个，依托中心建成省高校"青蓝工程"创新团队1个，市大师工作室1个，市劳模工作室1个。

近年来，中心获省科技技术二等奖1项，吴文俊人工智能科技进步三等奖2项，江苏省高校科技成果三等奖1项，苏州市科技进步二、三等奖各1项，苏州市高技能人才重点研发课题一、三等奖各1项。主编出版"十二五"职业教育国家规划教材3部。

◎科研学术

近年来，主持完成各级科研项目近50项，其中，国家自然科学基金项目2项、省教育厅科技成果转化项目4项、苏州市科技计划项目13项、江苏省教育厅重点教改课题1项。发表论文50余篇，获授权的发明专利28项。本中心科研团队主持的项目“中小功率光伏逆变电源系统关键技术及应用”于2019年获江苏省科学技术二等奖。

2018年度江苏省科学技术奖
证　书
为表彰江苏省科学技术奖获得者，特颁发此证书。
项目名称：中小功率光伏逆变电源系统关键技术及应用
奖励等级：二　等
获 奖 者：汪义旺
江苏省人民政府
2019年3月20日
证书号：2018-2-20-R1

◎社会服务

先后与苏州计量科学研究院、苏州电气科学研究院、江苏固德威、阿特斯等单位建立紧密的合作关系，并开展光伏发电系统及工程化应用项目14项。其中，光伏电池片四探针测试台知识产权已转让企业生产；江苏省教育厅科研成果产业化推进项目开发的“高性能中小功率光伏独立/并网双模式逆变器”已由企业投产，实现产值800余万元。

◎学生创新创业培养

利用中心在工程化应用的优势和强大的师资队伍支撑下，建立“省光伏中心创新工程训练中心”，探索创新创业一体化训练的创新人才培养模式，已体现出成效，成为学校的特色。

中心培养的学生每年获国家、省级奖励均在30人次以上。其中，获全国职业技能大赛二等奖1项，江苏省职业技能大赛一等奖2项，“挑战杯”全国大学生创新创业大赛省级一等奖1项，连续六届获全国“发明杯”大学生创新创业大赛一等奖等。

江苏省丝绸织绣产品功能检测试验基地

◎概　况

“江苏省丝绸织绣产品功能检测试验基地建设项目”是根据苏州市《2013年度苏州市振兴丝绸产业专项导向资金扶持项目资金计划通知》文件的精神，由苏州市财政局和苏州市经济和信息化委员会于2013年底立项并下达市级扶持资金的。同时，经学校申请和江苏省丝绸协会认定，江苏省丝绸织绣产品功能检测试验基地（以下简称“试验基地”）正式授牌并进行运作。

试验基地依托学校“工业分析与检测”专业及丝绸应用技术研究所的教学和科研力量，形成了一支由10人组成的层次合理、学科交叉的创新团队，其中研究员级高级工程师2人、教授1人、副教授2人，博士4人、硕士4人。

通过学校近些年不断地投入和建设，试验基地持续为行业企业提供高质量的丝绸功能研究和专业检测服务。试验基地先后获得第三届苏州创博会“优秀丝绸创意产品奖”、苏州市教育局“苏州高职高专院校优秀科技创新服务团队”称号、中国纺织品商业协会茧丝绸公共服务体系“丝绸中国”杰出贡献奖等荣誉及奖励。

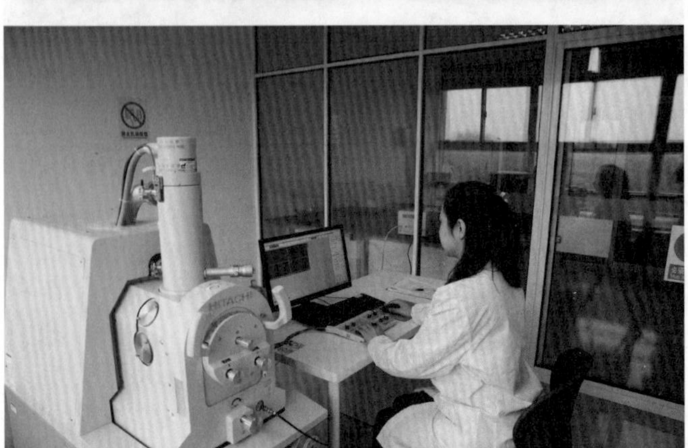

◎科研学术

近五年，试验基地成员主持和完成江苏省科技计划项目2项、苏州市科技计划项目2项、苏州市科协软课题1项、国家茧丝绸专项1项、省级新产品项目3项、中国纺织品商业协会调研项目1项，与企业签订横向项目6项，发表期刊论文26篇，授权国家发明专利16项、实用新型专利3项，新增转让发明专利2项。2018年度获得苏州市自然科学优秀学术论文三等奖、江苏省教育教学与研究成果奖（高校自然科学研究类）三等奖。2019年度获“全国高职院校技术研发与应用成果展优秀成果奖”及“中国轻工业联合会科学技术发明奖”三等奖。

◎社会服务

近五年，试验基地与苏州江枫丝绸有限公司合作完成活性/直喷数字印花新技术新产品，与苏州工业园区仁和织绣工艺品有限公司合作开发了三防功能绎丝新产品，为苏州吴绫丝绸精品有限公司开发了丝绸产品分形设计技术，为苏州绣艳天下工艺品有限公司开发了刺绣产品防霉抗菌处理技术，为浙江蚕缘家纺有限公司开发了负离子功能蚕丝被新产品，与苏州太湖雪丝绸股份有限公司合作开发了“防踢智能蚕丝被”新产品，与苏州英泰时尚服饰（苏州）有限公司合作开发了“药用型植物染英奈尔绡围巾”新产品，与苏州绣艳天下刺绣工艺有限公司合作开发了“防毛刺绣系列产品”新产品。此外，试验基地还累计为南通金太阳纺织科技股份有限公司、苏州吴绫丝绸精品有限公司、苏大艺术学院、英泰时尚服饰（苏州）有限公司、江苏华佳丝绸股份有限公司等企事业单位提供丝绸织绣产品功能检测试验服务76批（次）。

◎重要事项

2018年试验基地获评中国纺织品商业协会“中国纺织品商业协会丝绸产品技术创新与应用公共服务平台”，2018年试验基地“丝绸织绣功能技术及保护应用研究”系列成果获江苏省教育教学与研究成果奖（高校自然科学研究类）三等奖。2019年度获“全国高职院校技术研发与应用成果展优秀成果奖”及“中国轻工业联合会科学技术发明奖”三等奖。

江苏省作家协会儿童文学创研基地

◎概　况

江苏省作家协会儿童文学创研基地（以下简称“创研基地”）成立于2013年5月，是由江苏省作家协会批准，苏州市职业大学和苏州市文联主管的文学创作和研究平台，苏州市委宣传部批准的苏州市阅读指导站也挂牌并入其中，为江苏儿童文学工作者的文学创作、儿童文学教学、对外交流、儿童阅读推广做了有益的探索。创研基地由苏州市职业大学和苏州市委宣传部共同拨款运行。

创研基地成员由苏州市职业大学儿童文学研究和教学人员、苏州市作家协会儿童文学创作者共同组成。在创作、教学研究、对外交流以及阅读推广四个方面均有专业人员，形成“小而美”的创新团队。其中，一级作家1人、副教授2人，博士1人、硕士4人。

近五年来，学校不断改善创研基地硬件条件，苏州市文明办不断添置设备和图书，创研基地具备进行儿童文学创作研究、教学研究以及为社会提供阅读服务的能力。创研基地连续五年获得苏州市阅读节优秀活动奖，并获得江苏省和苏州市“五个一”工程奖，以及江苏省作家协会优秀阅读推广人等荣誉奖项。

◎科研学术

近五年，创研基地成员主持和完成苏州市委宣传部项目2项、校级项目1项，与企业签订横向项目2项，出版图书50余册。

◎社会服务

近五年，创研基地进行了“四个一”建设。苏州市委、市人大常委会、市政府、市政协等领导对南环少儿阅读馆进行了视察，充分肯定了创研基地的工作。

一个研究基地：创研基地搬迁至苏州市职业大学干将路校区，为进一步服务苏州市民提供了优质的地理环境；邀请上海师范大学博士生导师、著名作家梅子涵，美国旧金山州立大学刘英博士等做讲座，并把创研基地研究成果带到美国旧金山州立大学，便于进行学术交流。

一个实践基地：成立苏州市吴门桥南环少儿阅读馆，占地500平方米；与苏州市图书馆共建苏州市第一个绘本图书分馆，图书由苏州市图书馆提供，全市通借通还。

一支团队：以苏州市职业大学师范生为主的故事姐姐、故事哥哥团队，在南环少儿阅读馆和苏州市吴中区新华书店、外来务工人员学校等场所进行常年不间断的阅读活动；每年举办近100场公益活动，为家庭困难儿童以及文学爱好者家庭带去高质量的阅读服务。

一套教材：研发教材《儿童文学经典赏读100例》，为阅读推广奠定了内容基础。

◎重要事项

2013年5月，江苏省作家协会儿童文学创研基地挂牌；2015年5月，南环少儿阅读馆成立，并挂牌为创研基地的实践基地；2017年8月，创研基地迁至学校干将路校区。

吴文化传承与创新研究中心

◎概　况

吴文化传承与创新研究中心（以下简称“研究中心”）2018年获批江苏高校哲学社会科学重点建设基地（批准号：2018ZDJD-B018），是整合学校吴文化研究团队形成的跨院（部）、多学科合作的科研机构，研究涉及吴地社会历史、经济发展、大运河文化带苏州段研究、吴地廉政文化、吴地工匠精神、江南文脉等诸多领域；其主要科学研究任务是围绕当代苏州社会经济发展战略，聚焦吴地历史文化，聚焦吴地优秀传统文化助推苏州城市建设和经济发展的重大理论和现实问题，凝练研究方向，创新运行机制，集中研究力量，优化资源配置。研究中心现有校内外研究员共40人，其中校外研究员5人，教授8人，博士14人。

研究中心还立足科研，服务教学。在开展系列科学研究的同时，推动学校文化育人工作的建设。研究中心将最新的科研成果转化为教学内容，依托国家级大学生文化素质教育基地——吴文化园，开展各项以吴文化为专题的“挑战杯”哲学社会科学项目、研究性课程、江苏省大学生实践创新训练项目，并助推学校特色课程“吴文化”的建设发展。

自研究中心获批以来，研究团队坚持对吴地优秀传统文化进行研究与传承，着力打造吴文化特色品牌，成果丰硕。2018年，主持、参与并完成各类教科研项目10余项，其中江苏省文化科研课题1项，江苏省社会科学基金重大项目子课题1项，苏州市各级课题8项。发表学术论文21篇，其中CSSCI2篇，出版学术专著1部。

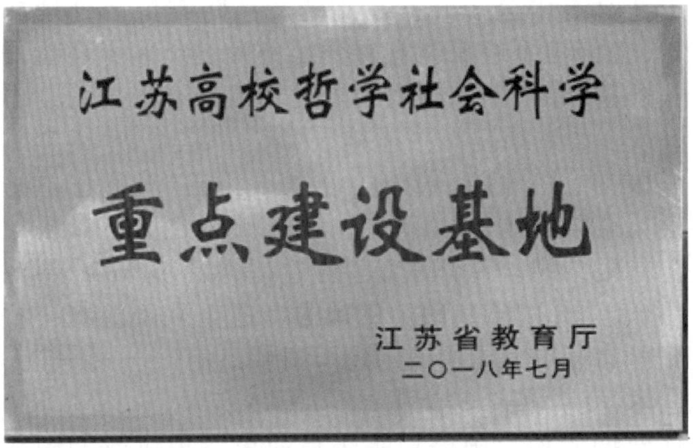

◎科研学术

2018年，研究中心团队获批苏州市政府重点项目“苏州茶业经济研究”等市厅级科研课题10项；编撰《苏州廉政文化读本》等著作，发表学术论文21篇。围绕江南文脉主题，在《苏州日报》上发表《传承工匠精神　促进制造业高质量发展》《发挥好江南核心区域的文化引领作用》等文章4篇。

◎社会服务

2018年，在苏州市社科联、苏州市政府研究室内参发表决策性文章《大运河苏州段“水韵”“书香”特色人文标识建设的建议和对策》等3篇，为苏州地方社会经济发展建言献策。

科研立项

国家级项目

2019年苏州市职业大学教职工获国家级科研项目立项情况一览表

序号	项目名称	项目批准号	负责人	所在学院（部）、部门	经费（万元）	立项批文日期
1	大运河流域体育文化产业创新发展研究	19BTY051	李　勇	体育部	20	2019.7.15

省部级项目

2019年苏州市职业大学教职工获省部级科研项目立项情况一览表

序号	项目名称	项目批准号	负责人	所在学院（部）、部门	经费（万元）	立项批文日期
1	江苏民歌史	19WMB015	陈　璇	管理学院	6	2019.2.22
2	新时代大学生互联网金融风险认知、风险偏好与投资行为研究	19YJCZH272	周　雷	商学院	8	教社科司函〔2019〕54号 2019.3.15
3	当前基层意识形态工作面临的形势、问题与对策研究	19MLD007	刘　敏	思想政治理论教学研究部	—	2019.10.18
*4	稀疏表示及其在低分辨率图像处理中的应用研究	—	尚　丽	电子信息工程学院	5	苏人才办〔2018〕34号 2018.4.1

注："*"为补录数据。

市厅级项目

2019年苏州市职业大学教职工获市厅级科研项目立项情况一览表

序号	项目名称	项目批准号	负责人	所在学院（部）、部门	经费（万元）	立项批文日期
1	苏州打造先导产业创新集聚区的对策研究	Y2019LX052	方向阳	教育与人文学院	1	苏社科字〔2019〕5号 2019.5.16
2	东京都市圈的演化发展及对苏州融入长三角一体	Y2019LX053	徐舟涟	外国语学院	1	苏社科字〔2019〕5号 2019.5.16
3	"一带一路"倡议下苏州中小企业国际化发展对策研究	Y2019LX054	李　华	学术期刊中心	1	苏社科字〔2019〕5号 2019.5.16
4	苏州打造先导产业创新集聚区的对策与路径研究	Y2019LX055	杨德山	思想政治理论教学研究部	—	苏社科字〔2019〕5号 2019.5.16
5	协同大数据服务政府精准决策	Y2019LX056	顾才东	计算机工程学院	1	苏社科字〔2019〕5号 2019.5.16
6	以苏州小众旅游资源开发带动本地旅游经济发展路径探究	Y2019LX057	张　贺	思想政治理论教学研究部	—	苏社科字〔2019〕5号 2019.5.16
7	产教融合视角下苏州地区校企合作创新研究	Y2019LX058	沈萍萍	计算机工程学院	—	苏社科字〔2019〕5号 2019.5.16
8	苏州推广生活垃圾分类处置的路径与对策	Y2019LX059	张　军	商学院	—	苏社科字〔2019〕5号 2019.5.16
9	苏州市儿童早期家庭教育现状与社会支持研究	Y2019LX060	王　平	教育与人文学院	1	苏社科字〔2019〕5号 2019.5.16

续表

序号	项目名称	项目批准号	负责人	所在学院（部）、部门	经费（万元）	立项批文日期
10	促进苏州房地产市场平稳健康发展的长效机制研究—基于“长效”视角	Y2019LX061	姜能涛	管理学院	—	苏社科字〔2019〕5号 2019.5.16
11	“健康中国”战略下的苏州健康管理模式研究	Y2019LX062	石阶瑶	思想政治理论教学研究部	1	苏社科字〔2019〕5号 2019.5.16
12	苏州推动建立环太湖跨区域生态补偿机制的思考与建议	Y2019LX063	祖国峰	管理学院	1	苏社科字〔2019〕5号 2019.5.16
13	“一带一路”背景下苏州市体育赛事发展的机遇、挑战与策略	Y2019LX064	孟祥波	体育部	—	苏社科字〔2019〕5号 2019.5.16
14	苏州高校教师科研环境满意度现状、影响因素及对策研究	Y2019LX065	张学梅	图书馆	—	苏社科字〔2019〕5号 2019.5.16
15	加快苏州中小企业技术创新对策研究	Y2019LX066	孙　丹	外国语学院	1	苏社科字〔2019〕5号 2019.5.16
16	苏州深化“放管服”改革、构建一流营商环境的对策建议	Y2019LX067	王敏杰	管理学院	5	苏社科字〔2019〕5号 2019.5.16
17	新时代传承弘扬吴文化当代价值与世界影响的对策研究	Y2019LX068	曹慧芳	图书馆	—	苏社科字〔2019〕5号 2019.5.16
18	大数据教学案例开发	2019-AFCEC-065	陈　珂	计算机工程学院	—	2019.5.20
19	信息化环境下多元融合教学资源建设的探究	2019-AFCEC-066	华　英	计算机工程学院	—	2019.5.20
20	基于LK200视觉飞行平台的无人机空地协同系统的教学研究	2019-AFCEC-067	罗　伟	电子信息工程学院	0.2	2019.5.20
21	基于智能信息化教学的物联网应用技术专业课程建设与研究	2019-AFCEC-068	谭方勇	计算机工程学院	—	2019.5.20
22	物联网系统的测试自动化研究	KFKT2019B24	陆公正	计算机工程学院	1.5	2019.6
23	教育方针指引下的新时代高职院校劳动教育方略研究	2019SJZDA090	傅小芳	教务处	10	苏教社政函〔2019〕15号 2019.6.29
24	“一带一路”倡议下我国中小企业国际化发展的经营策略研究	—	李　华	学术期刊中心	0.1	九三苏发〔2019〕21号 2019.7.2
25	混合所有制视角下产教融合共建学院	19SYB-088	姜能涛	管理学院	0.3	苏社联发〔2019〕75号 2019.8.6
26	濒危非遗项目江南船拳品牌建设研究	19SYC-163	顾　莉 吴文祖	体育部	—	苏社联发〔2019〕75号 2019.8.6
27	江苏打造国际一流营商环境研究——以苏州开发区为例	19SYC-199	王敏杰	管理学院	—	苏社联发〔2019〕75号 2019.8.6
28	基于群体优化的无线传感网低功耗安全数据采集方法研究	19KJB520056	刘　刚	计算机工程学院	3	2019.9.5
29	基于LF-NMR牛肉干燥过程中品质监测及水分迁移机制研究	19KJB550011	朱莹莹	教育与人文学院	3	2019.9.5
30	电动辅助转向系统用行星磁齿轮复合电机及控制系统研究	19KJD470005	杨益飞	机电工程学院	—	2019.9.5
31	高职院校大学生诚信教育及管理对策研究	2019SJB504	张敬客	商学院	—	苏教社政函〔2019〕22号 2019.9.5
32	系统工程思想下的高校就业管理体系研究	2019SJB505	王爱霞	机电工程学院	—	苏教社政函〔2019〕22号 2019.9.5
33	基于校地合作的创新创业人才培养模式研究	2019SJB506	张　芬	校地合作办公室	—	苏教社政函〔2019〕22号 2019.9.5

续表

序号	项目名称	项目批准号	负责人	所在学院（部）、部门	经费（万元）	立项批文日期
34	基于“互联网+”的高职院校学生党建体验式教育路径探索与实践	2019SJB507	颜　娟	计算机工程学院	—	苏教社政函〔2019〕22号 2019.9.5
35	新高考背景下高职院校大学生职业生涯规划教育创新研究	2019SJB508	张国良	学生工作处	—	苏教社政函〔2019〕22号 2019.9.5
36	高职院校思想政治理论课教师队伍建设研究	2019SJB509	金　雯	组织人事部	—	苏教社政函〔2019〕22号 2019.9.5
37	高校新工科学生思想政治教育与创新创业教育融合研究	2019SJB510	杨静波	计算机工程学院	—	苏教社政函〔2019〕22号 2019.9.5
38	新媒体视野下高校网络思政工作平台建设实践与创新	2019SJB511	王大纲	宣传统战部	—	苏教社政函〔2019〕22号 2019.9.5
39	新时代高职院校基层党风廉政建设发展路径研究	2019SJB978	俞建伟	纪检监察室	—	苏教社政函〔2019〕22号 2019.9.5
40	多模态视域下高职英语口语混合式教学实证研究	2019SJB994	顾　韵	外国语学院	—	苏教社政函〔2019〕22号 2019.9.5
41	“放管服”背景下管理会计在高校财务管理中的实践与创新研究	2019SJB9692	陈乳燕	财务处	—	苏教社政函〔2019〕22号 2019.9.5
42	基于优化营商环境的信用监管制度研究	2019SJA1321	吕伟建	商学院	—	苏教社政函〔2019〕23号 2019.9.5
43	长三角科创一体化苏州电子信息产业集群创新升级路径研究	2019SJA1322	张春梅	商学院	—	苏教社政函〔2019〕23号 2019.9.5
44	大数据在高职院校教学质量评价体系中的运用研究	2019SJA1323	严　莉	教务处	—	苏教社政函〔2019〕23号 2019.9.5
45	苏州市老年教育现状与社会支持研究	2019SJA1324	张文明	教育与人文学院	—	苏教社政函〔2019〕23号 2019.9.5
46	高职院校“一带一路”来华留学生在华学习及文化适应研究	2019SJA1325	汤晓军	外事办公室	—	苏教社政函〔2019〕23号 2019.9.5
47	带有信用风险的衍生产品的定价	2019SJA1326	徐亚娟	数理部	—	苏教社政函〔2019〕23号 2019.9.5
48	社会生态学模型下学龄前儿童体力活动状况及影响因素研究	2019SJA1327	徐　芳	体育部	—	苏教社政函〔2019〕23号 2019.9.5
49	新时代数字视域下苏州桃花坞年画“活化”路径研究	2019SJA1329	刘媛霞	计算机工程学院	—	苏教社政函〔2019〕23号 2019.9.5
50	吴文化海外研究与传播	2019SJA1330	孟祥德	外国语学院	—	苏教社政函〔2019〕23号 2019.9.5
51	文旅融合下高校图书馆研学旅行研究	2019SJA1328	幸　娅	图书馆	—	苏教社政函〔2019〕23号 2019.9.5
52	大数据视角下高校智慧学工建设路径探索	19SZC-003	王　琼 蒋君毅	学生工作处	—	2019.9.9
53	基于LF-NMR研究太湖银鱼干加工工艺及质量评价方法	SNG201910	朱莹莹	教育与人文学院	5	苏科资〔2019〕46号 2019.9.16
54	苏绣文物霉斑去除、色彩修复与防霉技术应用研究	SS2019032	黄阳阳	教育与人文学院	5	苏科资〔2019〕47号 2019.9.16
55	电动辅助转向系统用行星磁齿轮复合电机关键技术开发	SYG201939	杨益飞	机电工程学院	5	2019.9.16
56	基于云计算的安全用药模式和评估研究	SYSD2019164	刘　畅	计算机工程学院	—	苏科资〔2019〕63号 2019.10.28

续表

序号	项目名称	项目批准号	负责人	所在学院（部）、部门	经费（万元）	立项批文日期
57	江苏运河城市历代民歌整理与研究	DYH19ZD03	陈　璇	管理学院	5	2019.11.25
58	长三角一体化中沪苏同城化发展的研究	SR201929	孙春华	机电工程学院	3	苏科资〔2019〕75号 2019.11.28
59	互联网+视域下苏州物流服务业智慧物流发展对策研究	SR201928	郑丽娟	管理学院	3	苏科资〔2019〕75号 2019.11.28
60	苏州装备制造类科技型中小企业创新能力提升路径与策略研究	SR201930	陈伟元	电子信息工程学院	3	苏科资〔2019〕75号 2019.11.28
61	依托长三角一体化发展战略打造苏州市专利运营生态圈	SR201966	李文丽	管理学院	3	苏科资〔2019〕75号 2019.11.28
62	标准化背景下国内外民宿发展对苏州的启示研究	SR201934	缪启军	商学院	—	苏科资〔2019〕75号 2019.11.28
63	苏州选择及发展未来产业的对策研究	SR201931	方向阳	教育与人文学院	3	苏科资〔2019〕75号 2019.11.28

科研成果

出版科研著作情况

2019年苏州市职业大学教职工出版科研著作情况一览表

序号	类别	作者	著作名称	出版社	出版/修订日期	所在学院（部）、部门
1	通俗读物	王一梅	合欢街	江苏少年儿童出版社	2019.3.10	教育与人文学院
2	通俗读物	王一梅	你是千瓣莲	江苏少年儿童出版社	2019.6.20	教育与人文学院
3	专著	王　怡	英语文学阅读互动体验的认知诗学研究	苏州大学出版社	2019.9.10	外国语学院
4	专著	童李君	近现代弹词通论	山西出版传媒集团	2019.11.15	教育与人文学院
*5	主编	刘　丹	探微知著　继古开今——吴文化研究论集	江苏凤凰教育出版社	2018.10.15	校党委、校行政
*6	专著	吴佩华	中国红十字外交（1949—2014）	合肥工业大学出版社	2018.12.12	科技处
*7	主编	刘　丹	探幽发微　开拓时空　重构史观——中国现代通俗文学研究论集	江苏凤凰教育出版社	2018.12.15	校党委、校行政
*8	通俗读物	徐　静	图说吴地文化三千年	古吴轩出版社	2018.12.25	管理学院

注："*"为补录数据。

发表科研论文情况

2019年苏州市职业大学教职工在核心期刊发表科研论文情况一览表

序号	类别	作者	论文名称	期刊名称	发表时间（刊期）	所在学院（部）、部门
1	SCI	周正存	烧结β型 Ti-Nb 合金中由间隙原子引起的 Snoek 弛豫	物理学报	2019.3.31	机电工程学院
2	SCI	梁　淼	Optimal Ternary Constant-Composition Codes with Weight Four and Distance Three	*Discrete Mathematics*	2019.4.30	数理部
3	SCI	方立刚	Measuring Surface Water Salinity of PRE by MODIS-250m Imageries	*Journal of Environmental Biology*	2019.5.8	计算机工程学院

续表

序号	类别	作者	论文名称	期刊名称	发表时间（刊期）	所在学院（部）、部门
4	SCI	谭方勇	Realization of the Detection of Hidden Channels in Industrial Control Netulti-scale Modeling Theory of Clinical Pharmacokinetics	*Basic&Clinical armacology&Toxicology*	2019.5.22	计算机工程学院
5	SCI	张进峰	Internal Friction Behavior Associated with Martensitic Decomposition in Low-carbon Dual-phase Steel	*ISIJ International*	2019.7.5	电子信息工程学院
6	SCI	张　量	Demand-Side Management Optimization In Electric Vehicles Battery SwApping Service	*IEEE Access*	2019.7.12	计算机工程学院
7	SCI	梁　淼	On (t, L)-fold Perfect Authentication and Secrecy Codes with Arbitration	*Designs, Codes and Cryptography*	2019.8.30	数理部
8	SCIE	陆公正	软件定义网络中竞争侦测的预测性分析	*SCIENCE CHINA Information Sciences*	2019.6.1	计算机工程学院
9	SCIE	徐　兰	The Stability of Hausdorff Dimension for the Level Sets Under the Perturbation of Conformal Repeller	*Journal of Applied Analysis and Computation*	2019.6.1	数理部
10	SCIE	徐　峰	Pricing of Perpetual American Put Option with Sub-mixed Fractional Brownian Motton	*Fractional Calculus and Applied Analysis*	2019.9.6	商学院
11	EI	李邦玉	Study on Polyvinyl Alcohol Finishing Silk	*2018 2nd International Workshop on Materials Science and Mechanical Engineering*	2019.3.1	教育与人文学院
12	EI	杨元峰	Attribute-Based Transfer Learning for Behavior Recognition with Structural Information	*IEEE IAEAC 2018*	2019.3.5	计算机工程学院
13	EI	钱国林	全息光栅干涉条纹三维锁定系统的设计	光学学报	2019.4.20	电子信息工程学院
14	EI	汪红兵	Development of An Altrasonic Drilling Machine with Portability	*Jorunal of Applied Science and Engineering*	2019.6.4	机电工程学院
15	EI	尚　丽	Palm Recognition Using the Adaptive LWT Based Sparse Representation Method	*Lecture Notes in Computer Science*	2019.8.3	电子信息工程学院
16	EI	黄小萃	Analysis of Natural Mordant to B.mori Silk Fabrics Dyeing with Tea Extract	*IOP Publishing*	2019.8.13	教育与人文学院
17	EI	刘昭斌	Adaptive Coupling Model of Time Synchronization and Topology Control in Large-Scale Wireless Sensor	*BIGCOM 2018*	2019.10.10	计算机工程学院
18	EI	周正存	Development of the Snoek Anelastic Relaxation Correlated with Oxygen in β-Ti Alloys	*Solid State Phenomena*	2019.10.19	机电工程学院
19	EI	周　娜	浅谈心理健康教育对高校创新人才的影响	科技视界	2019.10.25	电子信息工程学院
20	EI	张　燕	Cloud Computing Resources Scheduling Optimisation Based on Improved Bat Algorithm Via Wavelet Pertur	*International Journal of High Performance Systems Architecture*	2019.11.11	计算机工程学院
21	EI	杨益飞	Chaotic Search Optimal Design and Modeling of Permanent Magnet Synchronous Linear Motor	*IOP Conference series: Materials Science and Engineering*	2019.12.12	机电工程学院

续表

序号	类别	作者	论文名称	期刊名称	发表时间（刊期）	所在学院（部）、部门
22	CSSCI（C）	石　娟	何以流行，如何经典？——市场运作视角下中国近现代通俗文学媒介价值评估功能初探	文艺理论研究	2019.2.25	教育与人文学院
23	CSSCI（C）	石　娟	中国现代通俗文学出版的“助产士”——以沈知方、沈骏声的文学出版活动为中心	当代文坛	2019.3.25	教育与人文学院
24	CSSCI（C）	童李君	论《子虚记》对女作家弹词“女扮男装”写作模式的突破	明清小说研究	2019.4.15	教育与人文学院
25	CSSCI（C）	石　娟	朱联保《在上海世界书局工作的回忆》的三次发表——兼及世界书局通俗文学出版的再评价	现代出版	2019.4.25	教育与人文学院
26	CSSCI（C）	石　娟	当下武侠小说阅读关键词分析——以2014、2018年武侠小说阅读调查为中心	西南大学学报（社会科学版）	2019.8.25	教育与人文学院
27	CSSCI（C）	齐　红	残酷青春背后的人性审判	扬子江评论	2019.9.1	教育与人文学院
28	CSCD（E）	张　波	降压型DC/DC变换实训装置的开发设计	高原科学研究	2019.6.15	电子信息工程学院
29	国外期刊	张若男	Corporate Social Responsibility Disclosure, Financing Constraints and Investment-Cash Flow Sensitivi	*East Asian Journal of Business Management*	2019.1.5	商学院
30	国外期刊	孙春华	On Piezoelectric Energy Harvesting from Human Motion	*Journal of Power and Energy Engineering*	2019.1.20	机电工程学院
31	国外期刊	殷　红	The Nature of Controlling Shareholders,Political Background andCorporate Anti-Corruption Practice D	*Journal of Asian Finance,Economics and Business*	2019.2.11	商学院
32	国外期刊	汪红兵	Research Status and Development Direction of Piezoelectric Wind Energy Harvesting Technology	*Journal of Power and Energy Engineering*	2019.3.4	机电工程学院
33	国外期刊	殷　红	Determinants of Corporate Anti-Corruption Practice Disclosure: Evidence from Chinese Firms	*International Journal of Industrial Distribution & Business*	2019.3.31	商学院
34	国外期刊	李建康	Synthesis and Characterization of Bi-Fe-O Amorphous Nanoparticles for Photocatalysis by Sol-Gel Method	*Integrated Ferroelectrics*	2019.9.4	电子信息工程学院
35	国外期刊	孙春华	Multi-Direction Piezoelectric Energy Harvesting Techniques	*Journal of Power and Energy Engineering*	2019.10.20	机电工程学院
36	国外期刊	俞祚明	Accuracy of AApproximation Operors During Covering Evolutions	*International Journal of Approximate Reasoning*	2019.10.31	数理部
37	核心期刊	刘　旭	典型轴类配合零件数控加工工艺研究	煤矿机械	2019.1.15	机电工程学院
38	核心期刊	刘　旭	曲轴斜油孔检测量规设计与实现	制造技术与机床	2019.2.2	机电工程学院
39	核心期刊	李耀辉	翼子板安装支架冲压工艺及模具设计	制造技术与机床	2019.2.10	机电工程学院
40	核心期刊	赵海燕	基于EMSworks采煤机电磁离合器有限元仿真	煤矿机械	2019.2.10	机电工程学院
41	核心期刊	祖国峰	电商专业服务黑龙江民族地区精准扶贫精准脱贫的探索与实践	黑龙江民族丛刊	2019.2.15	管理学院
42	核心期刊	李亚琴	依托高校开放实验室的创客空间建设探究	实验室研究与探索	2019.2.15	计算机工程学院
43	核心期刊	殷　红	企业研发支出影响审计收费吗?	中国注册会计师	2019.2.15	商学院

续表

序号	类别	作者	论文名称	期刊名称	发表时间（刊期）	所在学院（部）、部门
44	核心期刊	陈祥林	提高行星架同轴度、圆跳动和平行度的应用研究	现代制造工程	2019.2.18	总务处
45	核心期刊	张　健	基于悉尼协议的创新教育研究与实践	职业技术教育	2019.3.10	校党委、校行政
46	核心期刊	张　丽	实时直接分析质谱法对碧螺春红茶香气物质的快速鉴别	食品研究与开发	2019.3.15	教育与人文学院
47	核心期刊	黄丹荔	物联网金融：缓解中小企业融资约束的新契机	求是学刊	2019.3.15	商学院
48	核心期刊	李邦玉	水溶性聚合物整理丝绸研究	丝绸	2019.3.20	教育与人文学院
49	核心期刊	练稳山	含不定式做主语的主系表结构的句型转换	中小学英语教学与研究	2019.3.20	外国语学院
50	核心期刊	颜丙通	基于跨平台信息资源融合共享的档案实体分类探析	档案与建设	2019.3.31	党委办公室
51	核心期刊	陈祥林	齿轮马达边盖的加工工艺研究	制造技术与机床	2019.4.2	总务处
52	核心期刊	顾丽亚	典型减速器壳体零件加工工艺分析及铣夹具设计	煤矿机械	2019.4.5	机电工程学院
53	核心期刊	周　雷	互联网金融风险认知、风险偏好与投资行为：新时代大学生的新特征	金融理论与实践	2019.4.10	商学院
54	核心期刊	朱学超	激光选区熔化成形S136模具钢热处理组织和性能研究	粉末冶金技术	2019.4.27	机电工程学院
55	核心期刊	陈祥林	粗波分复用器金属基座的加工工艺研究	机床与液压	2019.4.28	总务处
56	核心期刊	傅小芳	常态化系统推进：区域劳动教育的苏州探索	中小学管理	2019.5.5	教务处
57	核心期刊	朱学超	AISI420与S136模具钢SLM成形组织及性能	特种铸造及有色合金	2019.5.20	机电工程学院
58	核心期刊	贺文斌	佛洛依德的油画艺术	吉首大学学报	2019.6.30	艺术学院
59	核心期刊	陈祥林	小微型工件多工位夹具的优化设计	制造技术与机床	2019.7.2	总务处
60	核心期刊	汪义旺	基于SiC变换电路的高效快速光伏MPPT技术	电源技术	2019.7.20	电子信息工程学院
61	核心期刊	杨德山	高职院校人文教育的缺失与回归	中国职业技术教育	2019.8.1	思想政治理论教学研究部
62	核心期刊	姚琴芳	昆剧视觉语言在文创产品开发创新中的探索——以青春版《牡丹亭》为例	美术大观	2019.8.1	艺术学院
63	核心期刊	缪启军	业财融合时代借贷记账法新解	财会月刊	2019.8.15	商学院
64	核心期刊	刘　旭	立式可旋转自行车存取装置的设计	实验室研究与探索	2019.9.15	机电工程学院
65	核心期刊	李亚琴	基于三维动画权重参数和Jordan变换的水印算法	计算机应用与软件	2019.9.15	计算机工程学院
66	核心期刊	殷　红	机构投资者异质性与公司社会责任信息披露	财会通讯	2019.9.20	商学院
67	核心期刊	熊贵营	区域高等职业院校协同发展的实践——以苏州高职高专院校联席会议为例	职业技术教育	2019.10.10	校党委、校行政
68	核心期刊	尚　丽	使用不同频率域残差和K-SVD模型的图像消噪方法	实验技术与管理	2019.10.15	电子信息工程学院
69	核心期刊	练稳山	例说“系动词+形容词”	中小学英语教学与研究	2019.10.20	外国语学院
70	核心期刊	李亚琴	基于三维动画镜头数据和Cholesky分解的水印算法	计算机应用与软件	2019.11.15	计算机工程学院
71	核心期刊	周　雷	综合金融服务平台服务实体经济高质量发展研究——以苏州市小微企业数字征信实验区为例	征信	2019.12.20	商学院

续表

序号	类别	作者	论文名称	期刊名称	发表时间（刊期）	所在学院（部）、部门
72	报刊	时　新	迈步建构中国特色艺术美学之路——金学智先生六十年学术人生小记	新华日报	2019.2.15	学术期刊中心
73	报刊	曹毓民	推动高职院校与城市深度互动	新华日报	2019.8.13	校党委、校行政
*74	SCI	俞祚明	Axiomatization of Covering-based Approximation Operators Generated by General or Irreducible Coverings	*International Journal of Approximate Reasoning*	2018.10.16	数理部
*75	SCI	汪义旺	An Advanced Maximum Power Point Tracking Method for Photovoltaic Systems by Using Variable Universe Fuzzy Logic Control Considering Temperature Variability	*Electronics*	2018.11.26	电子信息工程学院
*76	SCI	顾成喜	Fuzzy Clustering Algorithm of Interactive Multi-sensor Probabilistic Data	*Joural of Intelligent &Fuzzy Systems*	2018.12.1	科技处
*77	EI	鲜学丰	Deep Web Entity Identification Method with Unique Constraint	*International Journal of Performability Engineering*	2018.10	科技处
*78	EI	汪义旺	Design a Modified Bi-Directional Converter for Solar LED Lighting System	*IEEE-ECCE*	2018.12.3	电子信息工程学院
*79	CSCD（C）	朱学超	激光选区烧结多孔堇青石/碳纤维复合材料的工艺及性能研究	激光与光电子学进展	2018.12.10	机电工程学院
*80	CSSCI（C）	童李君	范雪君版《秋海棠弹词》的编演过程	新文学史料	2018.11.22	教育与人文学院
*81	CSSCI（E）	包金龙	服务主导逻辑视阈下的O2O电商模式及应用研究	科技管理研究	2018.8.20	管理学院
*82	EI	周　燕	Research on Speech Separation Technology Based on Deep Learning	*Cluster Computing*	2018.2.14	电子信息工程学院
*83	EI	梁　淼	Splitting Balanced Incomplete Block Designs with Block Size 2X5	*Journal of Combinatorial Mathematics and Combinatorial Computing*	2018.5.30	数理部
*84	国外期刊	孙春华	Research Status of Wind Energy Piezoelectric Generator	*Energy and Power Engineering*	2018.12.21	机电工程学院
*85	港台刊物	陈　璇	从早期《申报》所载咏物诗词看近代报刊文人心态的变迁	人文中国学报	2018.12.30	管理学院
*86	核心期刊	殷　红	“互联网+”人工智能环境下会计师事务所智力资本信息披露研究	中国注册会计师	2018.11.15	商学院
*87	核心期刊	徐　峰	次分数跳—扩散过程下交换期权的定价	数学的实践与认识	2018.12.23	商学院
*88	核心期刊	李　勇	江苏区域公共体育服务财政支出效率及影响因素实证研究	体育学研究	2018.12.31	体育部
*89	核心期刊	李　勇	基于“互联网+”的高职体育教学模式探讨	职业技术教育	2018.9.10	体育部
*90	核心期刊	朱学超	激光选区熔化成形S136模具钢的显微组织及性能	应用激光	2018.12.15	机电工程学院

注：“*”为补录数据。

科研成果获奖

省部级奖项

2019年苏州市职业大学教职工科研成果获省部级奖项情况一览表

序号	奖项	获奖等级	项目名称	主要完成单位	主要完成人
1	2018年度江苏省科学技术奖	二等奖	中小功率光伏逆变电源系统关键技术及应用	苏州市职业大学	汪义旺

市厅级奖项

2019年苏州市职业大学教职工科研成果获市厅级情况一览表

序号	奖项	获奖等级	项目名称	主要完成单位	主要完成人
1	第四届“苏州市社科应用研究精品工程”优秀成果奖	二等奖	关于把苏州大运河文化带建设成为样板区和示范段的战略思路和对策举措研究	苏州市职业大学	陈　璇
2	第四届“苏州市社科应用研究精品工程”优秀成果奖	二等奖	发挥苏州市老科协、老专家协会智源优势的几点建议	苏州市职业大学	张　健
3	第四届“苏州市社科应用研究精品工程”优秀成果奖	二等奖	关于促进苏州房地产市场平稳健康发展的几点建议	苏州市职业大学	孙学文
4	第四届“苏州市社科应用研究精品工程”优秀成果奖	二等奖	全域旅游背景下苏州住宿业发展定位及对策研究	苏州市职业大学	方向阳
5	第四届“苏州市社科应用研究精品工程”优秀成果奖	二等奖	供需双方的认知对分级诊疗实施的影响及对策	苏州市职业大学	石阶瑶
6	第四届“苏州市社科应用研究精品工程”优秀成果奖	二等奖	临湖汽车零部件配套相关产业基础及发展调研报告	苏州市职业大学	陈伟元
7	第四届“苏州市社科应用研究精品工程”优秀成果奖	二等奖	在长三角一体化中推进沪苏同城化的思考与建议	苏州市职业大学	孙春华
8	第四届“苏州市社科应用研究精品工程”优秀成果奖	三等奖	文旅融合视角下大运河苏州段建设现状及对策研究	苏州市职业大学	陶　莉
9	第四届“苏州市社科应用研究精品工程”优秀成果奖	三等奖	苏州推动装备制造业向智能化发展的思路与对策研究报告	苏州市职业大学	姜能涛
10	第四届“苏州市社科应用研究精品工程”优秀成果奖	三等奖	苏州加强新时代青少年劳动教育的对策建议	苏州市职业大学	傅小芳
11	江苏省哲学社会科学界第十三届学术大会优秀论文	二等奖	晚清英文史料中的“苏州形象”研究——以《教务杂志》为中心	苏州市职业大学	卞浩宇
12	江苏省哲学社会科学界第十三届学术大会优秀论文	二等奖	综合金融服务平台服务实体经济高质量发展研究	苏州市职业大学	周　雷
13	江苏省哲学社会科学界第十三届学术大会优秀论文	三等奖	东京都市圈的演化发展及对苏州融入长三角一体化功能定位的启示	苏州市职业大学	徐舟涟
14	2018—2019年度苏州市“高技能人才培养研发”课题获奖	二等奖	新能源领域技能领军人才培养与建设	苏州市职业大学	汪义旺
15	2018—2019年度苏州市“高技能人才培养研发”课题获奖	三等奖	对接特色小镇：高职模具专业创新创业高技能人才培养模式的研究与探索	苏州市职业大学	宋秦中
16	2018—2019年度苏州市“高技能人才培养研发”课题获奖	三等奖	学徒制视域下工学融合推进企业职业培训探索	苏州市职业大学	沈萍萍
*17	江苏省哲学社会科学界第十二届学术大会优秀论文	二等奖	互联网金融风险认知、风险偏好与投资行为：新时代大学生的新特征	苏州市职业大学	周　雷

注：“*”为补录数据。

发明专利授权

2019年苏州市职业大学教职工获发明专利授权情况一览表

序号	专利号	专利名称	第一发明人	授权公告日	所在学院(部)/部门
1	ZL201611199139.9	一种用于加固丝绸纹样的网状支架的制造方法	李世超	2019.1.4	教育与人文学院
2	ZL201610259967.0	一种安全联轴器	郭彩芬	2019.1.8	机电工程学院
3	ZL201611177318.2	一种寒冻天保护电线的装置	董　志	2019.2.1	机电工程学院
4	ZL201611250907.9	一种带有辅助支撑装置的钻模	郭彩芬	2019.2.26	机电工程学院
5	ZL201610060051.2	一种可手控升降折叠式货运车	李振兴	2019.2.26	机电工程学院
6	ZL201510981823.1	位置感知订阅、发布系统的top-k订阅查阅匹配方法	方立刚	2019.3.5	计算机工程学院
7	ZL201611197967.9	一种用于加固丝绸纹样的支架的制作方法及使用方法	李世超	2019.4.16	教育与人文学院
8	ZL201610505159.8	基于主题模型的订阅发布匹配方法及装置	鲜学丰	2019.4.19	科技处
9	ZL201611139087.6	一种机械式自动螺丝刀	郭彩芬	2019.5.17	机电工程学院
10	ZL201610207097.2	一种基于WLAN的半监督定位方法	李克清	2019.5.21	机电工程学院
11	ZL201611178030.7	一种内六角扳手	董　志	2019.6.14	机电工程学院
12	ZL201611159882.1	一种绳子锁紧装置	董　志	2019.7.26	机电工程学院
13	ZL201710199614.0	一种新能源发电用双向变换电路及控制方法	汪义旺	2019.10.1	电子信息工程学院
*14	ZL201611176624.4	一种内张锁紧螺丝	董　志	2018.11.2	机电工程学院
*15	ZL201610956321.8	一种手腕锻炼器	董　志	2018.11.13	机电工程学院
*16	ZL201610496945.6	一种夹紧装置	王　锋	2018.11.13	机电工程学院
*17	ZL201611121791.9	一种刺绣防毛整理剂及其使用方法	黄阳阳	2018.12.8	教育与人文学院

注："*"为补录数据。

学术交流

2019年苏州市职业大学学术交流情况一览表

序号	主讲人	主题	单位/职务	日期	承办单位	主办单位
1	戴　毅	基于"互联网+"的科技创新与创业实践	深圳市讯方技术股份有限公司/董事长、总裁	2019.3.27	计算机学院	科技处
2	夏　娜	北斗/GPS高精度测量新思路、新方法	合肥工业大学/教授	2019.4.9	电子信息学院	科技处
3	孙智强	艺术设计学科教学成果的转换与应用	南京艺术学院、常州感动文化创意有限公司/教授、创意总监	2019.4.10	艺术学院	科技处
4	Matthias Wellers	汽车设计未来趋势和挑战——电气化和无人驾驶	李斯特内燃机及测试设备公司/AVL英国总经理、教授	2019.4.16	机电工程学院	科技处
5	木　斋	红楼梦作者破译研究	吉林大学/教授、博导	2019.5.5	教育人文学院	科技处
6	沈建东	中国传统节日——端午的文化启示	苏州博物馆/研究馆员	2019.5.15	管理学院	科技处
7	张西平	中国古代文化典籍西传研究方法论初探	北京外国语大学/教授、博导	2019.5.27	外国语学院	科技处

续表

序号	主讲人	主题	单位/职务	日期	承办单位	主办单位
8	贾立恒	大数据技术与应用专业人才培训与企业人才需求	上海育创网络科技股份有限公司/数据分析组负责人	2019.6.5	数理部	科技处
9	杨　凌	昼夜节律的数学建模	苏州大学数学学院、系统生物学中心/教授、博导	2019.6.12	数理部	科技处
10	陈来生	研学旅行与旅游经济	苏州科技大学/教授	2019.6.20	教育人文学院	科技处
11	孙彦敏	室内新材料应用与设计趋势	苏州金螳螂/选材中心负责人、中级工程师	2019.6.21	艺术学院	科技处
12	宋子千	聚焦苏式生活，深化文旅融合	中国旅游研究院/研究员	2019.6.27	教育人文学院	科技处
13	谭金土	苏州摄影简史	著名老照片收藏家、摄影史研究专家	2019.9.6	吴文化传承与创新研究中心	科技处
14	王家伦	泰伯文化简介	苏州市教育学会语文教学研究会/副理事长	2019.9.18	吴文化传承与创新研究中心	科技处
15	秦炜炜	教学成果奖的培育和申报	苏州大学教育技术系/系主任、副教授、硕导	2019.9.25	数理部	科技处
16	杨　荃	在线无损检测和机器感知——助力智能无人化未来梦工厂	北京科技大学/教授、博导	2019.10.10	机电工程学院 江苏省3C工程中心	科技处
17	许英杰	复合材料热压罐成型全流程仿真建模技术	西北工业大学/教授、博导	2019.10.18	机电工程学院 江苏省3C工程中心	科技处
18	葛　芳	文学点亮人生	吴中作家协会、吴中区少年文学院/主席、院长	2019.10.28	吴文化传承与创新研究中心	科技处
19	甘志星	钙钛矿半导体的非平衡态载流子弛豫	南京师范大学物理科学与技术学院/副教授	2019.11.1	机电工程学院 新型功能材料及其智能测试仪器研究中心	科技处
20	刘逢秋	“读读《论语》，挺好！”	苏州碑刻博物馆/宣教部主任	2019.11.22	思想政治理论教学研究部	科技处
21	程东亚	一些广义二维风险模型中破产概率的渐近性	苏州大学数学科学学院/教授	2019.12.5	数理部	科技处

（赵　苏）

编辑：许立莺　颜丙通

SUZHOU VOCATIONAL UNIVERSITY

第十章　国际交流与合作

外籍教师聘用

2019年苏州市职业大学在聘外籍教师（长期）情况一览表

序号	姓名	性别	国籍	受聘院（部）	聘期	说明
1	贾真由美	女	日本	外国语学院	2019全年	续聘
2	Liu Shunpin	女	加拿大	外国语学院	2019全年	续聘
3	Wu Wei	女	加拿大	艺术学院	2019全年	续聘
4	筱原惇也	男	日本	外国语学院	2019全年	续聘
5	Bogisch Ronja	女	德国	外国语学院	2019全年	续聘
6	Glen Jay Clifford	男	新西兰	外国语学院	2019.7.1—2019.12.31	新聘

出国（境）考察

2019年苏州市职业大学因公出国（境）情况一览表

序号	姓名	所在院（部）、部门、职务	目的地	外出时间
1	顾苏怡	机电工程学院教师	美国	2018.11.20—2019.5.19
2	董晓兰	机电工程学院教师	美国	2019.1.15—2019.8.31
3	尚　丽	电子信息工程学院教师	英国	2019.3.23—2019.3.29
4	杨晓华	教务处副处长	澳大利亚	2019.5.6—2019.5.20
5	黄晨曦	体育部教师	加拿大	2019.6.18—2019.6.23
6	易　飚	机电工程学院教师	澳大利亚	2019.8.11—2019.8.31
7	张　良	机电工程学院教师	澳大利亚	2019.8.11—2019.8.31
8	徐培炘	机电工程学院教师	澳大利亚	2019.8.11—2019.8.31
9	张亚琴	机电工程学院教师	澳大利亚	2019.8.11—2019.8.31
10	徐　峰	商学院金融系主任	澳大利亚	2019.8.11—2019.8.31
11	管文娟	管理学院教师	澳大利亚	2019.8.11—2019.8.31
12	孟祥波	体育部教师	澳大利亚	2019.8.11—2019.8.31
13	孟祥德	外国语学院教师	澳大利亚	2019.8.11—2019.8.31
14	吴广珠	外国语学院教师	澳大利亚	2019.8.11—2019.8.31
15	李　冬	教育与人文学院教师	澳大利亚	2019.8.11—2019.8.31
16	刘昌雪	教育与人文学院教师	澳大利亚	2019.8.11—2019.8.31
17	金　益	计算机工程学院教师	澳大利亚	2019.8.11—2019.8.31
18	刘昭斌	计算机工程学院教授	澳大利亚	2019.8.12—2019.8.25
19	刘文芝	计算机工程学院副教授	澳大利亚	2019.8.12—2019.8.25
20	镇　浩	外事办公室外事科科长	意大利	2019.8.28—2019.9.4
21	李继鑫	体育部教师	意大利	2019.8.28—2019.9.4
22	熊贵营	副校长	英国、德国	2019.9.15—2019.9.22
23	沈新艺	离退休干部处处长、艺术学院院长	英国、德国	2019.9.15—2019.9.22
24	张红兵	发展与评估办公室副主任	英国、德国	2019.9.15—2019.9.22

续表

序号	姓名	所在院（部）、部门、职务	目的地	外出时间
25	吴悦茜	外国语学院教师	英国、德国	2019.9.15—2019.9.22
26	孙学文	教务处处长	俄罗斯、芬兰	2019.9.23—2019.9.30
27	陈　洁	机电工程学院院长	俄罗斯、芬兰	2019.9.23—2019.9.30
28	孟利琴	管理学院党总支书记	俄罗斯、芬兰	2019.9.23—2019.9.30
29	孙　赢	党委办公室副主任	俄罗斯、芬兰	2019.9.23—2019.9.30
30	王　艳	外事办公室教师	俄罗斯、芬兰	2019.9.23—2019.9.30

到校交流、访问

2019年苏州市职业大学到校交流、访问情况一览表

序号	到访单位	到访人数	事由	日期
1	澳大利亚启思蒙学院、澳大利亚坎根职业技术学院	1	雅思教学	2019.3.1—2019.6.10
2	澳大利亚国际酒店管理学院	1	英凯睿智国际旅游管理学院与澳大利亚国际酒店管理学院举行签约仪式	2019.3.26—2019.3.26
3	澳大利亚启思蒙学院	1	机电一体化专业教学	2019.3.31—2019.4.21
4	澳大利亚坎根职业技术学院	1	学前教育专业实习检查	2019.4.8—2019.4.16
5	英国阿斯顿大学	2	电子信息工程学院学术交流	2019.4.15—2019.4.16
6	李斯特内燃机及测试设备公司	1	机电工程学院学术讲座	2019.4.16—2019.4.16
7	澳大利亚启思蒙学院电力学院	2	机电一体化专业评估	2019.4.25—2019.4.26
8	印度尼西亚高等教育代表团	16	中国—印尼高等教育合作研讨会	2019.4.28—2019.5.1
9	南非高教部代表团	1	交流访问	2019.5.23—2019.5.23
10	澳大利亚坎根职业技术学院	1	学前教育专业教学	2019.5.26—2019.6.22
11	澳大利亚启思蒙学院	2	合作办学专业毕业典礼	2019.6.19—2019.6.19
12	刚果共和国黑角市政府代表团	5	交流访问	2019.6.27—2019.6.27
13	澳大利亚启思蒙学院	2	会计专业评估	2019.6.28—2019.6.28
14	澳大利亚启思蒙学院	1	会计专业教学	2019.9.2—2019.9.20
15	澳大利亚启思蒙学院	1	TAE四级证书培训	2019.9.9—2019.9.29
16	刚果共和国黑角市政府代表团	4	交流访问及留学生入学	2019.9.9—2019.9.9
17	芬兰赫尔辛基商学院	6	交流访问	2019.9.17—2019.9.17
18	澳大利亚启思蒙学院	1	学前教育专业教学	2019.10.8—2019.11.5
19	澳大利亚坎根职业技术学院	1	机电一体化专业教学	2019.10.8—2019.10.25
20	南非高等教育与培训部文化艺术旅游体育培训署	3	交流访问	2019.10.10—2019.10.13
21	澳门科技大学	3	学生交换项目回访	2019.10.14—2019.10.14
22	英国纽汉学院代表团	5	交流访问	2019.10.25—2019.10.25
23	马来西亚文化交流协会	14	参加东南亚协同育人产教融合大会	2019.10.27—2019.10.30
24	南非职业教育与培训交流代表团	12	参加南非新生开学典礼	2019.10.30—2019.11.1
25	俄罗斯圣彼得堡彼得大帝理工大学	2	交流访问	2019.11.1—2019.11.1
26	澳大利亚启思蒙学院	1	会计专业教学	2019.11.29—2019.12.20
27	马尔代夫青年代表团	15	交流访问	2019.12.2—2019.12.2
28	澳大利亚坎根职业技术学院	1	学前教育专业教学	2019.12.7—2019.12.20

中外合作办学

2019年苏州市职业大学中外合作办学情况一览表

序号	国家（地区）	合作学校	协议内容	协议期限
1	澳大利亚	启思蒙职业技术学院	合作举办会计专业高等专科项目	2012.2—2023.12
2	澳大利亚	坎根学院	合作举办学前教育专业高等专科项目	2016.2—2023.12
3	澳大利亚	启思蒙职业技术学院	合作举办机电一体化专业高等专科项目	2017.4—2025.12
4	马来西亚	大同韩新学院	工业机器人技术学历留学生项目	2019.5—2025.4

外国留学生

2019年苏州市职业大学外国留学生情况统计表

单位：人

类别	巴基斯坦	白俄罗斯	布隆迪	刚果共和国	老挝	加纳	南非	越南	马来西亚	合计
长期生	57	1	1	4	3	6	93	1	6	172

（王乃寒）

编辑：盛　婷　颜丙通

SUZHOU VOCATIONAL UNIVERSITY

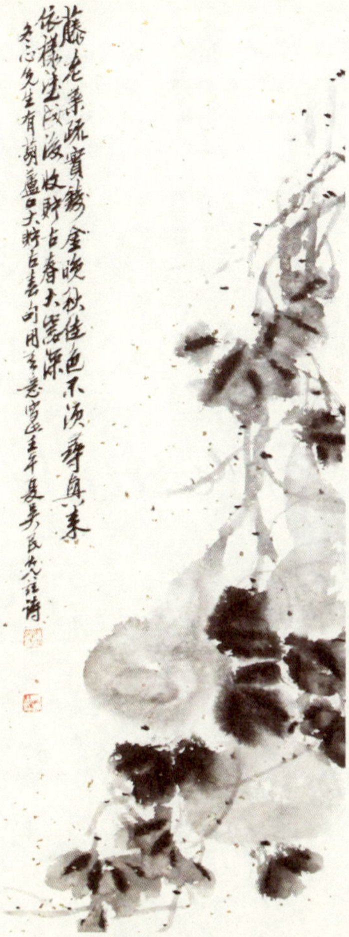

第十一章 校园文体活动

校园文化宣传

宣传统战部积极开展校园文化宣传工作，加强思想引领，深化理想信念教育，加强环境宣传，推进阵地建设，管理用好新媒体，积极传播正能量，树标兵立楷模，加强师德建设，打造丰富多彩的校园文化活动。

加强精神文明建设和校园文化氛围建设。在获评2015—2017年度苏州市文明校园的基础上，认真对照高校文明校园标准，积极准备2016—2018年度江苏省文明校园的各项申报材料，及时维护精神文明网站，获评2016—2018年度江苏省文明校园。通过精心设计，在学校重点位置布置相关内容，营造校园宣传环境，体现社会主义核心价值导向。利用传统纪念日，如学雷锋日、五四运动、全国法制宣传日、校园廉洁文化周、禁毒宣传等重大活动日，营造良好的校园文化环境。开展社会主义核心价值观"一月一主题一项目"活动，选树宣传一批践行社会主义核心价值观先进典型。

开展以庆祝新中国成立70周年为主题的主旋律教育系列活动。如："礼赞新时代"——庆祝新中国成立70周年征文比赛、"庆祝新中国成立70周年　我看祖国大变化"微征文活动、"不忘初心、牢记使命"专题教育展等。制定《苏州市职业大学庆祝新中国成立70周年主题宣传教育活动实施方案》。组织200余名师生参加在南京举办的庆祝中华人民共和国成立70周年成就展等。将中国特色社会主义与中国梦宣传教育、社会主义核心价值观宣传教育、革命精神宣传教育结合起来。

创新宣传载体，探索特色宣传思政工作。践行党委提出思政"三结合"目标，突出校园宣传载体建设，将宣传教育与文化载体教育交相融合。完成思政文化墙，综合反映学校思政工作整体建设情况，与学校抗挫折教育体验馆、应急救护体验中心相呼应，共同发挥育人功能；将校园分成春、夏、秋、冬四个区域，导入范成大《四时田园杂兴》加以阐释；沿越来溪建成"健身步道—人文长廊"，纵横勾连贯通南北千米，构成"我运动　我健康""印象苏州""师生心语"和"诗与远方"四个主题，展示学校人才培养、科学研究、服务社会、文化传承创新成果，融文化小品、知识介绍、校园活动、成长故事为一体，同时与网络思政载体"遇见丨苏职大"微信公众号联结，促进新媒体延伸教育。健身步道入口设计安全通道廊桥宣传长廊，融入艺术学院师生手绘的校园风景及社会主义核心价值观长卷。与惠和楼党建思政廉政长廊一致，创新思政教育载体，打通了"线上"和"线下"，将"有形载体"与"无形渗透"相结合，拓展了思政教育工作的平台。

完善思政新媒体平台建设。不断丰富平台推送内容，不断增强平台用户黏度，持续彰显学校育人特色，提升学校品牌形象。截至目前，"遇见丨苏职大"微信公众号发布图文101篇，其中原创图文87篇，转载14篇，累计阅读人数达48754人次，总用户数突破22000人。

积极开展校园普法教育工作。组织学生参加江苏省苏锡常镇通片高校学生法治知识竞赛和"学宪法讲宪法"演讲比赛，共获得三等奖2项。整合学校普法大队与商学院法律协会，指导相关活动的开展，在"校园之声"广播台、"遇见丨苏职大"微信公众号等平台开设大学生普法用法学习专栏；在12月4日"国家宪法宣传日暨全国法制宣传日"前后开展了横幅签名、演讲比赛、观影等系列活动。

形成具有特色的校园文化。围绕学校中心工作，加强学校、学院、单位部门的特色文化建设，努力建设融合吴文化、职业文化、产业文化、企业文化和校园文化教育为一体的质量文化育人体系。

（朱海祥）

校园阅读节

石湖岸边识东吴 越来溪畔阅姑苏

校园阅读节作为校园文化建设体系中的重要组成部分，承担着地方文化传承与发扬的重要任务。2019年，图书馆充分利用学校地处吴文化发源地的优势，以吴文化作为各类活动设计的主线，将阅读作为切入点，深挖苏州地域文化，着力构建全方位多维度的立体深度阅读模式，形成四个特色鲜明、内容丰富、形式新颖的阅读系列活动，取得良好的活动成效。

一、“穿越回姑苏”行走阅读系列

以“非遗”项目作为切入点，开展了主题展示、专题书展、主题影展、文化之旅等4个子系列的活动。2019年度，举办5场苏州传统水墨技艺绘画展、1场苏州市井生活主题摄影作品展、1场大运河苏州段专题知识展、1场“不负春光不负书”师生书评影评展；配合主题展示的内容，完成“不负春光不负书”师生推荐的100种好书书展、“礼赞新时代”主题电子书与纸质书展览及大运河主题书展；开展“苏州故事”系列主题影展：围绕苏州特色及文化选取《小小得月楼》《钟鸣寒山寺》《美食家》等12部影视作品于每周六晚在图书馆210悦·空间观影室进行轮播，并针对其中4部特色影片，开展“声动苏州”之微影评征集活动，共收到投稿作品36篇；继续开展“阅读非遗”系列文化之旅活动，带领读者走进苏州博物馆，了解苏州文化的发展传承与变革创新，组织读者亲身体验文庙孔子祭礼活动，加深读者对尊师重教的深刻理解。

二、“玩转越来溪”特色阅读系列

以趣味比赛、竞技游戏为载体，融入苏州传统文化内容，在寓教于乐中激发读者的阅读热情和深入了解地方文化的兴趣。

2019年度，图书馆举办了第三届“手绘图书馆”系列活动之“我的美丽校园”校园手绘地图活动，活动持续5个月，共收到69幅作品，经过评选，37幅作品获奖，比赛所有获奖作品原件均已被图书馆珍藏。组织读者参加第二届江苏省高校“云舟杯”共读一本书比赛，在图书馆张慧婷老师的积极组织与引导下，参赛的200余名读者建立了苏职大共读分享群，大家在群里分享阅读感悟，坚持阅读打卡，顺利完成了为期60天的比赛，并取得了良好的成绩。

10月16日、10月23日，第三届超星杯“Readers来挑战”教师组、学生组比赛在图书馆悦空间开赛。针对师生读者群的不同特点，比赛设计了不同的比拼项目。在学生组比赛中，更加强调比赛的趣味性与竞技性，以此激发新生利用图书馆的热情，加深新生对图书馆纸本馆藏分布及馆藏电子资源情况的了解，引导其正确、高效地利用图书馆各类资源，提升信息获取能力。在教师组的比赛中，侧重于宣传图书馆现有数字资源，并在此基础上，收集老师们对图书馆数字资源的实际需求，为以后数字资源的采购提供了有益参考。

开展了“声动苏州”——用声音让你“看见”苏州活动，首次尝试征集声音作品，征集声音作品44份。结合了新时代读者频繁的手机使用习惯，征集活动有效地吸引了读者的目光。

承办苏州地区高校图书馆“万方数据杯”信息检索大赛决赛及颁奖大会。精心指导学生参加第二届江苏省高职院校大学生信息检索技能大赛，经过层层选拔，学校陶育明与周天承同学，张学梅老师均以优异的成绩冲入全国决赛。张学梅老师在全国说课现场赛上发挥出色，荣获全国二等奖。

三、“悦读在石湖”经典阅读系列

保持与专业教师的深度合作，共建图书馆经典阅读推广品牌基地——融融堂，在教育与人文学院顾梅老师的引导下，读者围绕孔子、王阳明、陶行知先生与钱穆先生等教育家的教育理念与经典著作开展研习与阅读分享，全年共完成32场次分享活动。

围绕中国传统文化与苏州地方文化主题共推出32期馨阅书虫联盟月光书房节目；在微信公众平台每周二固定栏目《文化苏州》中推出40期苏州地方文化方面的推文；开设“图书馆一小时系列讲座”及新生入馆教育培训；开展馆刊《阅溪》出版三周年系列活动；成功举办《别做那只迷途的候鸟》刘同新书校园分享会；举办第五届“午间‘识’堂”活动和“E资源超市”电子资源宣传与展示活动，推出新的线上借购平台“芸台购”，得到读者广泛好评。

图书馆两大学生阅读社团——读书吧与宸冰阅读社充分发挥出了学生社团在阅读推广工作中的积极作用，开展了丰富多彩的阅读活动。读书吧定期开展的“书香苏职大”阅读分享系列活动，全年共开展10次，来自各个学院的50余名同学走上这个平台，以书会友；举办留学生文化交流活动，通过文化交流碰撞出思想的火花，全年共举办2场，赢得了同学们的一致好评；举办读书吧成立10周年庆典茶话会，回顾读书吧十年的发展历程，展望未来读书吧发展的方向。宸冰阅读社以线上活动为主线下活动为辅的方式引导社团成员养成阅读习惯，学会分享思想，社团3名指导老师亲身加入阅读分享的行列，每天进行原创读后感的撰写与发布，起到了良好的示范引领作用，极大地激发了社团成员阅读的积极性；为体现社团“读书，读人，读世界”的理念，社团举办参观校吴文化园的活动，并在吴文化园内对苏州地方传统文献进行了阅读评述；组织读者观看由名著改编的电影，并就改编部分与原著进行对比讨论；组织社团成员在新年开始时制订全年阅读计划，在年末对全年阅读情况进行总结。

四、“科技与创新”创客阅读系列

图书馆与创新创业学院、机电工程学院、太湖众创·大学生众创空间联合组织“苏州市职业大学第二届3D打印大赛”，比赛分为艺术类和科技类两组，得到学校广大3D技术爱好者的积极响应。此次活动旨在推动学校3D打印技术的普及，进一步培养学生创新意识，提升学生创新热情和实践能力，积极发挥图书馆创新意识培养作用。

通过创新形式、有序组织、积极宣传，图书馆阅读节中各类阅读活动吸引了学校及周边院校4万余人次读者的积极参与，取得了良好成效，在苏州国际教育园内营造出浓厚的书香氛围，彰显了大学校园阅读活动的独特风采。吴地文化的融入对学校苏州地方院校特色校园文化的建设起到了良好的推动作用。

苏州市职业大学第十四届阅读节活动情况一览表

活动安排	活动内容	参与对象	举办时间	举办地点
一、“穿越回姑苏”行走阅读系列				
文化之旅系列活动	组织学生走出学校，走进博物馆，通过“行走阅读”的方式，与吴地文化零距离亲密接触。同学们在潜移默化中被吴地文化所浸润，深入体会了吴文化的持久影响力	苏州市职业大学全体师生	6月6日至9月28日	苏州博物馆 苏州碑刻博物馆
文化专题展示系列活动	利用图书馆一楼展示区，定期开展文化主题展览，全年共举办8场风格各异的校园文化主题展览活动	共享院校全体师生	1月1日至12月31日	苏州市职业大学图书馆（苏州国际教育园图文信息中心）
文化专题书展系列活动	根据文化沙龙活动的主题内容，将图书馆内对应馆藏图书整理在一起进行集中展示与推广	共享院校全体师生	3月1日至12月31日	
文化沙龙系列活动	邀请业界专家为大家开展文化交流与普及类文化沙龙活动，与留学生开展现场互动，推动中外文化碰撞	苏州市职业大学全体师生	3月14日至12月20日	
“苏城故事”电影展播	利用图书馆210影视厅每周播放精选的12部展现苏州地方文化特色的影视作品	共享院校全体师生	3月至11月	
亲子活动	联合工会举办悦·暑假亲子活动，面向教职工子女开展吴地文化传承教育与科技创新意识培育	苏州市职业大学教职工子女	6月26日	
二、“玩转越来溪”特色阅读系列				
手绘图书馆之“我的美丽校园”手绘校园地图比赛	通过手绘形式，展现读者眼中校园的美丽。比赛优秀作品将由图书馆收藏，并颁发收藏证书	共享院校全体师生	3月至9月	苏州市职业大学图书馆（苏州国际教育园图文信息中心）
第二届江苏省高校“云舟杯”共读一本书比赛	利用学习通软件终端，连续60天，阅读指定的30种电子图书，并坚持将每天阅读的感受记录下来	苏州市职业大学全体师生	4月至6月	
首届全国高职院校大学生信息检索大赛决赛	根据江苏省高校图书馆工作委员会统一安排，完成校级初赛，省级复赛，最终晋级全国高职院校大学生信息检索大赛决赛	全省42所高职院校参赛师生代表	10月至12月	
第三届“Readers来挑战”图书馆馆藏利用大赛	根据图书馆地形图，结合图书馆馆藏资源，打造读者通关比赛，包括书籍查询、资源检索、场所识别等游戏环节	共享院校全体师生	11月14日	

续表

活动安排	活动内容	参与对象	举办时间	举办地点
三、“悦读在石湖”经典阅读系列				
馨阅书虫联盟的月光书房	馨阅书虫联盟与校园之声广播台合作推出“馨阅书虫联盟的月光书房”系列广播节目，所有音频与文字内容上传至图书馆主页——阅读在职大——《月光书房》栏目	共享院校全体师生	每周二下午17:00	苏州市职业大学图书馆（苏州国际教育园图文信息中心）
馆刊《阅溪》	馆刊《阅溪》挑选大家名作、经典诗词、原创好文等，收录于《疏香坊》《惠和驿》《奎文轩》等栏目	共享院校全体师生	1月1日至12月31日	
“融融堂”经典阅读与传统文化推广系列活动	“融融堂”由图书馆和教育与人文学院顾梅老师共同创建，旨在通过每周进行阅读分享推动经典读物的深入阅读	共享院校全体师生	1月1日至12月31日	
午间“识”堂	将图书馆的馆藏搬运到校教工食堂门口，为读者办理图书借还手续，同时开展数字资源推广、读者问卷调查等一系列活动	共享院校全体师生	5月9日至5月31日	校教工食堂门口
四、“科技与创新”创客阅读系列				
苏州市职业大学第二届3D打印大赛	图书馆与创新创业学院共同主办，机电工程学院、太湖众创·大学生众创空间协办，以大赛为推手，辅以各类3D技术主题讲座，激发学生了解、学习3D技术的兴趣与热情	苏州市职业大学全体师生	5月至12月	苏州市职业大学图书馆（苏州国际教育园图文信息中心）悦·空间

注：1.主办单位：苏州市职业大学；承办单位：苏州市职业大学图书馆、宣传统战部、校团委、“太湖众创”；协办单位：苏州工业职业技术学院、苏州旅游与财经高等职业技术学校、苏州建设交通高等职业技术学校。

2.共享院校：苏州市职业大学、苏州工业职业技术学院、苏州旅游与财经高等职业技术学校、苏州建设交通高等职业技术学校。

（杨　雪）

校园文艺活动

2019年，校团委坚持以文化育人为导向，抓牢"第二课堂"载体，加强"第二课堂"课程项目供给，以重大纪念活动、重要节庆为节点，不断丰富校园文化艺术活动内涵，提升校园文化生活整体氛围。

举行"青春心向党　建功新时代"社团巡礼，展示社团魅力风采。为纪念五四运动100周年，为学生社团搭建发展自我、展示自我的舞台，5月29日晚，由校团委主办、校学生社团联合会承办的2019年"青春心向党　建功新时代"社团巡礼在图书馆剧场举行。社团巡礼分为"正青春""勇创新""当奋斗"3个篇章。社团巡礼活动期间，80个学生社团持续开展特色社团活动，为丰富学生大学生活、提升综合素质搭建平台，积极推动社团文化和校园文化建设。

举办2019年校园十佳歌手大赛决赛，为伟大祖国庆生。为庆祝新中国成立70周年，歌颂祖国，展示学校青年学子文艺风采，6月5日晚，由校团委主办、校学生会承办的"青春颂祖国　逐梦新时代"2019年校园十佳歌手大赛决赛在图书馆剧场举行。决赛现场分为"你好青春""拥抱梦想""我爱祖国"3个篇章，深情的朗诵、优美的舞蹈、浑厚的嗓音、唯美的灯光，成就一台视听盛宴。学生们用一首首动听的歌曲向新中国七十华诞献礼，唱出了苏职大学子奋进的姿态和浓浓爱国情，表达对青春的赞美，对祖国的爱恋。

举办新生才艺大赛，让青春绽放光彩。12月3日晚，由校团委、校公共艺术中心主办的"青春展风采　逐梦新时代"新生才艺大赛决赛在图书馆剧场举行。比赛经院部初赛、校级复赛，历时两个多月，最终共有17组选手从200余组选手中脱颖而出，登上决赛舞台，通过选手们的精彩表演呈现一场唯美的视听盛宴。新生才艺大赛历经3年，已成为我校校园文化的品牌活动，为青年学生展示风采、提升素质搭建了舞台。大赛的成功举办，展示了学校青年学生多才多艺的文化素养和积极向上的精神风貌，丰富了校园文化生活，营造了健康向上的校园文化氛围。

2019年，校团委紧扣为师生提供丰富多彩的文艺活动为目标，加强"第二课堂"活动供给，举办才艺大赛、主持人大赛、十佳歌手大赛、定向越野大赛、校园辩论赛、社团巡礼等品牌校园文化活动。

苏州市职业大学2019年度文艺活动情况一览表

活动名称	活动内容	参与对象	举办时间	举办地点
社团巡礼	苏州市职业大学2019年"青春心向党　建功新时代"社团巡礼	全校师生代表600人	5月29日　18:00	图书馆剧场
校园十佳歌手大赛	"青春颂祖国　逐梦新时代"2019年校园十佳歌手大赛决赛	全校师生代表600人	6月5日　18:00	图书馆剧场
新生才艺大赛	"青春展风采　逐梦新时代"新生才艺大赛	全校师生代表600人	12月3日　18:00	图书馆剧场

（周　赐）

校园体育竞赛

苏州市职业大学2019年田径运动会

组织机构

竞赛委员会

主　任：钮雪林、曹毓民

副主任：刘丹、熊贵营、陶亦亦、张健、蔡晓平

委　员：张军、韩承敏、吴建英、张成、孙学文、王琼、姚金凤、李羽、丁虎、黄炜、王俪燕、杨立群、朱炎、张震、王亚、孟利琴、曹继平、苏涛、季宇平、吴隽、郎建华、汤晓军

大会工作机构及负责人名单

综合协调组

组　长：张军

副组长：王俪燕

成　员：各职能部门负责人、各学院（部）副书记

竞赛组

组　长：王俪燕

副组长：叶捍军

成　员：体育部全体教职员工、体育教育专业班学生、各学院（部）辅导员代表

宣传广播组

组　长：韩承敏

副组长：张成

成　员：宣传部、团委相关人员

安全保障组

组　长：丁虎

副组长：杨惠兴、李亦工

成　员：保卫处相关人员

总务（后勤）医护组

主　任：黄炜

副主任：周传勇、陈祥林

委　员：总务、医务室及后勤服务公司相关人员

资格审查委员会、仲裁委员会

主　任：陶亦亦

副主任：王俪燕

委　员：团委学生工作处主要负责人、各学院（部）书记、总裁判长

裁判员名单

总指挥：王俪燕

总裁判长：叶捍军

副总裁判长：金彤、周建明

径赛主裁判：周建明

检录组主裁判：钟建春

检录组裁判员：岳群英、梁辉、施康、许亚宁、黄佳杨、李宪波

发令员：罗晨、吴英建、刘瑞、罗继洲、林苏钰
计时主裁判：周建明
计时裁判员：侯笑、吕素文、任珂瑶、徐舟涟、张辰婕、吴育青、谢雯静、庄雨云、郭瞳瞳、胡立诚、李善文、刘康、王小康、肖旭辉、徐肖鹏、朱守振、苏国平、戴苏、李佳慧
终点主裁判：姚巧泉
终点裁判员：李刘虎、张颖、刘文浩、周陶发、周帏嗣、谢志杰、张守印、王展
终点记录员：邵文燕、马佳佳、周静静
田赛主裁判：金彤
跳高主裁判：吴恒晔
跳高裁判员：徐建国、史朝杰、汤鼎杰、仝鑫、刘子佩、梁林
跳远主裁判：许晓部
跳远裁判员：周正、李良桃、王家功、王琪民、徐晓东、周才华、王瑞国、庄严
掷部主裁判：王玉国
掷部裁判员：邢伟、徐扬、许帅、晏昆鹏、杨顺、杨钰健、余发良、翟军
竞赛秘书组主裁判：叶捍军
竞赛秘书组裁判员：黄晨曦、何畅、孟祥波、谭吟月、顾莉亚、王勤宏、曾佳佳、于蔓蔓
颁奖组：仲慧慧、曹湘、顾莉
场地器材（音响）：张远、顾莉、李继鑫、张东方、张虎成、周发、周磊、张艺帆、张志强

比赛成绩

田径记录

苏州市职业大学田径记录（至2019年）

项目	成绩	创造者	单位	时间
男子				
100米	11"4	钱佳琪	商学院（原经贸系）	2010.4
200米	23"6	陆相旭	商学院	2013.4
400米	54"6	徐刘阳	电子信息工程学院	2014.4
800米	2'08"4	韦井龙	电子信息工程学院（原电子信息工程系）	2011.4
1500米	4'40"6	韦井龙	电子信息工程学院（原电子信息工程系）	2007.4
5000米	17'50"4	孙承翔	电子信息工程学院	2013.4
110米栏	16"9	徐　斌	机电工程学院（原机电工程系）	2007.4
4×100米接力	47"1	—	苏州开放大学管理委员会（干将路校区）	2007.4
4×400米接力	3'50"5	—	机电工程学院（原机电工程系）	2011.4
跳高	1.81米	张　朋	外国语学院	2014.4
跳远	6.13米	顾　嘉	苏州开放大学管理委员会（干将路校区）	2009.4
三级跳远	12.85米	殷福盛	机电工程学院（原机电工程系）	2007.4
铅球（7.26KG）	12.05米	刘　桐	计算机工程学院（原计算机工程系）	2010.4
铁饼（2KG）	28.29米	王　颖	机电工程学院（原机电工程系）	2010.4
标枪（800K）	45.10米	刘　桐	计算机工程学院（原计算机工程系）	2009.4
女子				
100米	13"9	邵羽玲	苏州开放大学管理委员会（干将路校区）	2009.4
200米	29"8	邵羽玲	苏州开放大学管理委员会（干将路校区）	2009.4
400米	1'08"8	刘丽静	电子信息工程学院（原电子信息工程系）	2012.4
800米	2'52"7	朱丽君	电子信息工程学院（原电子信息工程系）	2007.4

续表

项目	成绩	创造者	单位	时间
1500米	6'04	宋　寒	管理学院（原管理工程系）	2008.4
3000米	13'32"9	汤春梅	机电工程学院（原机电工程系）	2012.4
100米栏	21"2	陆　娟	机电工程学院（原机电工程系）	2007.4
4×100米接力	57"4	—	苏州开放大学管理委员会（干将路校区）	2007.4
4×400米接力	4'57"	—	苏州开放大学管理委员会（干将路校区）	2007.4
跳高	1.34米	沈应明	艺术学院（原艺术与设计系）	2007.4
跳远	4.55米	王　帆	教育与人文学院（原教育与人文科学系）	2009.4
铅球（4KG）	8.50米	王晓丹	管理学院（原管理系）	2007.4
铁饼（1KG）	22.56米	杨兆倩	教育与人文学院	2013.4
标枪（600K）	28.28米	马露洁	教育与人文学院（原教育与人文科学系）	2009.4
实心球（2KG）	11.58米	刘佳敬	教育与人文学院	2019.10

决赛成绩表

2019年苏州市职业大学田径运动会决赛成绩表

男子100米	名次	一	二	三	四	五	六	七	八
	姓名	曹　胜	施开元	金佳乐	郑　宇	程　冬	代浩杰	苏乾坤	KaleemDad
	单位	机电工程学院	机电工程学院	艺术学院	计算机工程学院	机电工程学院	电子信息工程学院	电子信息工程学院	国际学院
	成绩	11′ 60″	12′ 10″	12′ 20″	12′ 20″	12′ 30″	12′ 40″	12′ 80″	—
女子100米	名次	一	二	三	四	五	六	七	八
	姓名	林青蓉	李馨怡	杨晨瑜	季浩楠	徐　莹	陈梦婷	陈梦洁	陈善璐
	单位	机电工程学院	管理学院	电子信息工程学院	计算机工程学院	商学院	管理学院	电子信息工程学院	商学院
	成绩	14′ 70″	15′ 10″	15′ 10″	15′ 80″	16′ 00″	16′ 00″	16′ 40″	16′ 50″
男子200米	名次	一	二	三	四	五	六	七	八
	姓名	曹　胜	姜永镇	石小龙	唐　靖	曾成龙	陈伟杰	唐嘉宇	王志豪
	单位	机电工程学院	计算机工程学院	机电工程学院	电子信息工程学院	电子信息工程学院	管理学院	管理学院	商学院
	成绩	24′ 20″	25′ 60″	25′ 80″	26′ 40″	26′ 70″	26′ 70″	26′ 90″	28′ 30″
女子200米	名次	一	二	三	四	五	六	七	八
	姓名	林青蓉	李馨怡	杨晨瑜	许　悦	覃宏连	王　月	许慧茹	闫晓莹
	单位	机电工程学院	管理学院	电子信息工程学院	商学院	管理学院	教育与人文学院	电子信息工程学院	机电工程学院
	成绩	31′ 40″	32′ 20″	32′ 40″	34′ 00″	34′ 10″	35′ 30″	35′ 30″	40′ 20″
男子400米	名次	一	二	三	四	五	六	七	八
	姓名	黄　浩	李　昊	易艾俊	苏乾坤	裴启威	颜建达	蒙朝华	曾成龙
	单位	机电工程学院	电子信息工程学院	计算机工程学院	电子信息工程学院	管理学院	教育与人文学院	管理学院	机电工程学院
	成绩	57″ 00	0′ 58″ 70	1′ 02″ 00	1′ 01″ 04	1′ 01″ 80	1′ 02″ 90	1′ 03″ 70	1′ 04″ 20
女子400米	名次	一	二	三	四	五	六	七	八
	姓名	刘雨茜	严　微	宋朱倩	程丽萍	朱雯倩	胡振海	王　乐	张文影
	单位	外国语学院	管理学院	电子信息工程学院	艺术学院	艺术学院	电子信息工程学院	教育与人文学院	外国语学院
	成绩	1′ 18″ 17	1′ 20″ 00	1′ 22″ 10	1′ 24″ 60	1′ 25″ 70	1′ 26″ 80	1′ 30″ 50	—

续表

男子800米	名次	一	二	三	四	五	六	七	八
	姓名	周海洋	张　坤	田梦海	康佩佩	鲁书昊	蒋忠德	李　超	周嘉伟
	单位	电子信息工程学院	机电工程学院	商学院	电子信息工程学院	电子信息工程学院	电子信息工程学院	教育与人文学院	计算机工程学院
	成绩	2′19″60	2′23″07	2′24″30	2′26″00	2′26″10	2′26″40	2′27″20	2′27″40
女子800米	名次	一	二	三	四	五	六	七	八
	姓名	孙　靓	陈　霞	王　月	张凌敏	贾苗艺	仓　颖	魏静怡	马怡文
	单位	机电工程学院	管理学院	教育与人文学院	教育与人文学院	电子信息工程学院	外国语学院	管理学院	机电工程学院
	成绩	3′10″80	3′11″60	3′14″50	3′15″50	3′16″40	3′17″40	3′19″90	3′23″40
男子1500米	名次	一	二	三	四	五	六	七	八
	姓名	周海洋	覃荣帅	管　锐	李　昊	董中元	张　坤	王俊杰	金云鹏
	单位	电子信息工程学院	机电工程学院	机电工程学院	电子信息工程学院	商学院	机电工程学院	商学院	电子信息工程学院
	成绩	4′56″06	4′59″04	5′00″07	5′05″04	5′07″02	5′11″08	5′15″04	5′16″05
女子1500米	名次	一	二	三	四	五	六	七	八
	姓名	毛成敏	黄肖敏	卢晨蕾	刘梦雪	孙　靓	朱思格	张思学	奚　烨
	单位	机电工程学院	电子信息工程学院	外国语学院	商学院	机电工程学院	教育与人文学院	外国语学院	管理学院
	成绩	6′06″09	6′10″05	6′23″00	6′27″01	6′34″05	6′46″05	6′48″02	6′54″00
男子5000米	名次	一	二	三	四	五	六	七	八
	姓名	曾　鹏	丁　雨	田梦海	王俊杰	杨绍誉	贾辰程	金云鹏	束　浩
	单位	机电工程学院	管理学院	商学院	商学院	机电工程学院	电子信息工程学院	电子信息工程学院	计算机工程学院
	成绩	19'52"03	20'06"40	20'09"00	20'15"20	20'15"90	20'18"10	20'20"09	20'31"50
女子3000米	名次	一	二	三	四	五	六	七	八
	姓名	黄肖敏	毛成敏	孙嘉晨	韦丁方	王梦霞	苏水娇	唐晓雨	沙春兰
	单位	电子信息工程学院	机电工程学院	管理学院	管理学院	机电工程学院	电子信息工程学院	外国语学院	外国语学院
	成绩	13′42″30	13′51″50	14′27″80	14′49″12	14′50″80	15′03″40	15′13″50	15′14″00
男子4×100米接力	名次	一	二	三	四	五	六	七	八
	单位	机电工程学院	电子信息工程学院	计算机工程学院	教育与人文学院	管理学院	艺术学院	商学院	外国语学院
	成绩	47″60	49″60	51″70	51″90	52″00	53″30	53″50	54″90
女子4×100米接力	名次	一	二	三	四	五	六	七	八
	单位	机电工程学院	管理学院	商学院	电子信息工程学院	教育与人文学院	艺术学院	计算机工程学院	外国语学院
	成绩	1′02″10	1′03″80	1′04″00	1′04″40	1′04″80	1′06″00	1′06″80	1′07″90
男子4×400米接力	名次	一	二	三	四	五	六	七	八
	单位	电子信息工程学院	机电工程学院	计算机工程学院	教育与人文学院	艺术学院	管理学院	商学院	外国语学院
	成绩	3′55″80	3′56″00	4′04″00	4′10″80	4′19″50	4′23″00	4′23″50	4′32″10
女子4×400米接力	名次	一	二	三	四	五	六	七	八
	单位	外国语学院	教育与人文学院	艺术学院	电子信息工程学院	商学院	管理学院	机电工程学院	计算机工程学院
	成绩	5′24″90	5′33″10	5′34″90	5′42″40	5′45″50	5′48″70	5′56″80	6′02″70

续表

男子铅球	名次	一	二	三	四	五	六	七	八
	姓名	许方涌	周　凯	夏　磊	葛　勇	黄　金	杨　鑫	张永辉	陈皇昊
	单位	电子信息工程学院	商学院	教育与人文学院	机电工程学院	机电工程学院	机电工程学院	管理学院	电子信息工程学院
	成绩	9.12米	9.11米	8.85米	8.65米	8.56米	8.53米	8.51米	8.51米
女子铅球	名次	一	二	三	四	五	六	七	八
	姓名	黄贵琪	邵莹钰	陈梅玲	朱慧瑶	王江杨	闫冰珂	袁　霄	张文影
	单位	机电工程学院	教育与人文学院	计算机工程学院	教育与人文学院	机电工程学院	外国语学院	教育与人文学院	外国语学院
	成绩	8.27米	7.99米	7.84米	7.69米	7.61米	6.91米	6.66米	6.58米
男子实心球	名次	一	二	三	四	五	六	七	八
	姓名	杨　鑫	徐　腾	林志阳	王笠玮	扈臣杰	陈天宇	司新建	陆嘉伟
	单位	机电工程学院	电子信息工程学院	电子信息工程学院	艺术学院	电子信息工程学院	管理学院	机电工程学院	计算机工程学院
	成绩	17.31米	16.59米	16.00米	15.87米	15.70米	15.66米	14.34米	13.38米
女子实心球	名次	一	二	三	四	五	六	七	八
	姓名	刘佳敬	黄贵琪	叶文嘉	王至灵	刘雪莲	顾家慧	郑　杨	陈韵琪
	单位	教育与人文学院	机电工程学院	教育与人文学院	艺术学院	电子信息工程学院	电子信息工程学院	教育与人文学院	商学院
	成绩	11.58米	11.46米	8.72米	8.48米	8.38米	8.37米	8.17米	8.07米
男子跳高	名次	一	二	三	四	五	六	七	八
	姓名	吴　逸	张　雨	李　坤	张广乾	李　想	陈　峰	王旭鹏	彭　翔
	单位	电子信息工程学院	管理学院	机电工程学院	电子信息工程学院	机电工程学院	教育与人文学院	机电工程学院	管理学院
	成绩	1.64米	1.64米	1.60米	1.58米	1.54米	1.49米	1.49米	1.46米
女子跳高	名次	一	二	三	四	五	六	七	八
	姓名	缪雪蕾	程诗琪	朱戈莹	莫雪云	张慧影	程丽萍	刘　程	王艺豫
	单位	机电工程学院	商学院	外国语学院	教育与人文学院	管理学院	艺术学院	电子信息工程学院	艺术学院
	成绩	1.30米	1.17米	1.17米	1.14米	1.14米	1.11米	1.11米	1.08米
男子跳远	名次	一	二	三	四	五	六	七	八
	姓名	王星雨	施开元	金佳乐	朱青松	黄英发	何庆江	李　坤	陈　峰
	单位	计算机工程学院	机电工程学院	艺术学院	电子信息工程学院	机电工程学院	艺术学院	机电工程学院	教育与人文学院
	成绩	5.75米	5.72米	5.68米	5.54米	5.52米	5.39米	5.35米	5.32米
女子跳远	名次	一	二	三	四	五	六	七	八
	姓名	缪雪蕾	郑　杨	仓　颖	袁杨花	李思琦	韩国玉	周英杰	曹　琳
	单位	机电工程学院	教育与人文学院	外国语学院	教育与人文学院	管理学院	商学院	教育与人文学院	电子信息工程学院
	成绩	4.05米	3.71米	3.66米	3.64米	3.56米	3.50米	3.50米	3.46米
男子三级跳远	名次	一	二	三	四	五	六	七	八
	姓名	郑　宇	吴　逸	黄永炜	石晓龙	程　冬	茅津箐	金　峰	唐　靖
	单位	计算机工程学院	电子信息工程学院	机电工程学院	机电工程学院	机电工程学院	计算机工程学院	电子信息工程学院	电子信息工程学院
	成绩	11.70米	11.57米	11.30米	10.92米	10.90米	10.87米	10.79米	10.61米

（张　远）

编辑：许立莺　陆怡静

SUZHOU VOCATIONAL UNIVERSITY

【第十二章 团学教育与学生管理】

团学教育

2019年，校团委围绕学校中心工作，聚焦内涵质量建设和共青团主责主业，扎实推进青年思想引领、青年素质提升、基层基础建设，学校共青团的组织力和引领力进一步提升，各项工作取得新进展。

一、强化思想政治引领，激发青年成长新动能

1.扎实开展“青年大学习”行动。以庆祝新中国成立70周年、纪念五四运动100周年等重大历史节点为契机，开展“青年心向党　建功新时代”“我与祖国共奋进——国旗下的演讲”“领航·开学第一课”等主题教育活动，通过“沉浸式”的仪式教育，激励和引导广大青年大力弘扬以爱国主义为核心的伟大民族精神，与祖国共命运，与时代共奋进。组织团员广泛参与“青年大学习”网上主题团课学习34期，参与青年超5万人次；加强对“青年学习社”指导，常态化开展专题学习会、主题演讲、主题征文、党团知识竞赛等活动，坚持不懈用习近平新时代中国特色社会主义思想构筑团员青年精神支柱，引领青年学生坚定理想信念，升华爱国情怀，勇担时代责任。

2.深入实施“信仰公开课”计划。以思想政治引领为核心，统筹开展好校院两级“新思想公开课”“素养公开课”“梦想公开课”“青马公开课”4个类别课程，坚持不懈地以马克思主义中国化的最新成果武装广大青年、指导团学工作实践。全年累计开展校级“信仰公开课”10场，覆盖人群5200余人次。深入推进“青年马克思主义者培养工程”，举办校第五期“青马工程”骨干培训班，培训学员140名。通过理论学习、志愿服务、团日活动、交流研讨、素质拓展等教育环节，进一步提升学校学生骨干的思想政治素质、志愿实践能力、组织协调能力和责任担当意识。

3.着力强化先进典型选树。认真开展团的主题教育活动和团员教育评议活动，评选表彰46名优秀团干部和121名团员。开展新时代苏州共青团奋斗精神主题大讨论，组织“三新新创”好青年和最美职教生寻访活动，机电工程学院团委、2016级国际经济与贸易2班团支部获评苏州市“三敢三勇”团组织，汪义旺、韦婷婷获评“三新四创”好青年，陈文静同学获评苏州市“最美职校生”。邀请优秀青年教师、青年学生走进“新思想公开课”“梦想公开课”课堂，传播青年好声音，弘扬青春正能量，引导广大青年以奋斗的姿态致敬新时代，做努力奔跑的追梦人。于立佳同学获“中国大学生自强之星”称号。

4.切实提升网络思想引导实效。以校团委新媒体中心平台建设和队伍建设为抓手，开展争做文明守法好网民、争做网络文明志愿者活动，营造清朗网络空间、传播青春正能量；在优质内容供给上下功夫，充分调动青年学生的积极性、创造性，抓住重要契机，聚焦优秀榜样，策划推出“青年大学习”“青年榜样”“职大青年说”等特色系列活动。“苏职大团委”微信公众号全年发布推文316篇，有关注用户2.2万人，总浏览量31.4万人次，强化了团委新媒体中心“青年友”角色，提高了网络思想引领影响力。

二、推动“第二课堂”建设，取得实践创新新突破

5.有效推动“第二课堂成绩单”制度建设。认真落实校“第二课堂成绩单”制度三年行动计划建设，完善“第二课堂”课程项目库和PU平台建设，制定出台《苏州市职业大学“第二课堂成绩单”制度实施办法（试行）》，在2019级新生中全面推行。加强学校、学院、班级团支部“第二课堂”三级工作队伍建设，成立校第二课堂素质拓展中心，有序推进活动发布、日常管理和技术服务。加强“第二课堂”课程项目供给，举办才艺大赛、主持人大赛、十佳歌手大赛、定向越野大赛、校园辩论赛、社团巡礼等品牌校园文化活动。自2019年9月以来，各学院、职能部门和班级团支部依托PU平台累计发起各类活动995次，参加活动总人数76412人次。PU平台的应用提高了“第二课堂”活动的有效覆盖面和组织管理水平，提升了“第二课堂”的育人成效。

6.积极推进创新创业工作。围绕学校内涵质量建设，加强与创新创业学院协作，统筹推进“挑战杯”竞赛的组织工作。系统化推动“挑战杯”系列竞赛的培育立项、专题辅导和组织参赛工作，启动2020年“挑战杯——彩虹人生”江苏省职业学校

创新创效创业竞赛项目培育，举办校第三届“挑战杯——彩虹人生”创新创效创业竞赛、校第二届大学生创新创意作品大赛，着力构建学生实践创新能力培养的“第二课堂”。组织参加第十六届“挑战杯”全国大学生课外学术科技作品竞赛江苏省选拔赛，获特等奖1项，二等奖1项，三等奖2项，取得了学校“挑战杯”竞赛历史最好成绩，实现了新的突破。

7.深入开展社会实践活动。以“青春心向党　建功新时代”为主题，深入开展2019年度大学生暑期“三下乡”社会实践活动。统筹做好学校社会实践活动的宣传动员、团队组建、专题培训、组织协调和安全保障工作。组建校级重点团队10个、院级重点团队26个，5个团队获评省级重点团队。“运河拾遗”暑期社会实践项目获江苏省大学生“力行杯”社会实践项目大赛三等奖、团队获评江苏省社会实践优秀团队，陈璇老师获省暑期“三下乡”社会实践“先进工作者”称号，孟庆文同学获“先进个人”称号，吴中区红庄社区爱心小屋社会实践基地获评省优秀社会实践基地。

8.着力深化志愿服务工作。扎实开展“青春建功新时代　七彩志愿社区行”行动，组织22支志愿服务队伍深入社区开展志愿服务活动。校青年志愿者参与苏州市各类大型赛会志愿服务3000余人次。组织大学生志愿者参与苏州湾国际马拉松等大型赛会志愿服务，获得组委会优秀合作单位称号。3个禁毒宣传项目获苏州市禁毒宣传教育“青盾计划”立项支持，1个志愿服务项目获苏州市百个重点志愿服务立项支持，推进了志愿服务的品牌化建设。以世界红十字日、全国防灾减灾日为契机，发挥应急救护培训基地师资和志愿者优势，走进社区及中小学普及应急救护知识，服务大型赛会应急救援，强化社会服务，全年培训红十字初级救护员600名，校志愿服务获苏州市“博爱青春”暑期志愿服务项目二等奖。校应急救护培训基地获评江苏省优秀红十字志愿服务组织，校团委获“苏州市青年志愿者10周年突出贡献奖”。

三、加强基层基础建设，促进组织育人新发展

9.扎实推进团的基层建设。认真落实团中央《关于加强新时代团的基层建设　着力提升团的组织力的意见》《中国共产主义青年团支部工作条例（试行）》等文件精神，强化党建带团建，做好“推优”和团员发展工作；推进“智慧团建”系统应用，依托平台做好团员信息的录入、团员团组织关系转接和日常管理，实现“学社衔接”率100%完成。推动团支部工作规范化建设，印发团支部工作台账，指导团支部按时按要求进行换届选举，严格“三会两制一课”开展，加强团员的教育管理，开展团支部工作专项督查。深入实施基层团支部“活力提升”工程，组织“魅力团支书　活力团支部”展评活动，有效提升了基层团组织的组织力和引领力。学校团支部建设成效明显，2016级文秘2班团支部获评苏州市“五四红旗团支部”，商学院2016级国际经济与贸易2班团支部获评江苏省“活力团支部”，姜雨婷同学获评江苏省“十佳团支书”。

10.切实加强团干部队伍建设。认真落实学校党委关于开展“不忘初心、牢记使命”主题教育的实施方案精神，召开共青团工作学习会，组织全体团干部，校院两级学生会、学生社团联合会等学生组织和学生骨干学习习近平总书记关于青年工作的重要论述精神，开展作风建设专题教育；组织团干部开展“不忘初心跟党走　牢记使命勇担当”专题培训，赴中共一大会址、团中央机关旧址参观学习，强化责任担当，激发奋进力量。指导全校团支部进行换届，严格选拔标准，规范选拔流程，配强工作队伍；组织开展2019级新生团支部书记培训班，切实提升新生团支部书记的政策理论水平和团务工作能力，推动基层团支部各项工作的有效开展。重视学生兼职团干部的选拔、使用和培养，通过公开招聘选拔2名学生兼职团委副书记。

11.着力强化服务型学生会组织建设。指导校院两级学生会组织持续深化学生会组织改革，积极构建“一心双环”团学组织格局。规范学生代表大会的召开，代表和维护学生的正当权益。健全学生干部选拔制度，规范学生干部的选拔、培养和考核，举行校级学生组织学生干部岗前培训，加强学生干部作风建设，提升学生干部的理论水平和工作能力。召开学生社团规范化管理专题会议，对社团的制度建设、思想引领、社员管理、活动开展进行指导。开展社团规范化建设专项整顿行动和社团建设专题调研，编印社团工作台账，加强学生会对社团工作的指导，提高社团管理水平。指导各级社团成立临时团支部，加强学校共青团基层组织建设和组织延伸，有效发挥学生社团在加强青年学生思想政治引领、服务青年学生素质拓展方面的作用。

（周　赐）

学工指导

2019年，学生工作处在学校党委和行政的正确领导下，在各职能部门的大力支持和帮助下，在全体学工人员的共同努力下，以习近平新时代中国特色社会主义思想为指导，全面学习贯彻落实全国教育大会精神，紧扣立德树人根本任务，围绕学校2019年工作要点，不断完善学生教育管理服务工作体系，夯基础、抓重点、求突破，努力推进学生工作高质量发展。

一、日常学生思政工作扎实推进

核心价值观教育深入开展。发动全校学生以多种方式收看庆祝中华人民共和国成立70周年大会；组建20支学生宣传大使队伍赴江苏、福建、江西等省开展暑期学生资助政策宣讲；组织28名学生赴澳门科大开展国际交流学习夏令营活动，让学生感受祖国变化与成就；开展诚信教育主题月活动，进行社会主义核心价值观教育，增强“四个自信”认同。

新生入学教育创新开展。精心谋划校级新生入学教育实现形式，通过“聆听—职大故事”“寻芳—昆曲艺术”“觉悟—青春教育”“明道—生涯规划”“筑梦—奋斗青春”5个篇章，组织学生体会学习校训百年之传承、欣赏苏州传统艺术之美、专业解决成长之惑、思考三年学涯之路、感受校园榜样之力，活动深受新生欢迎，5场活动现场参与人数合计近4000人，受到《苏州日报》融媒体“引力播”等报道。

日常思政工作深化实施。公平公正开展各级各类奖学金、先进个人评选工作。精心组织2019年新生开学典礼、毕业典礼和学生表彰大会。多渠道开展“校园之星暨大学生年度人物”“国家奖学金获奖学生风采录”“就创业典型案例”等宣传展示活动；依靠智慧学工系统平台建设，辅导员工作手册电子化，在“第二课堂”深入开展辅导员听课、宿舍走访、谈心谈话活动，5个月合计记录980条数据；探索将学生事务审核与日常思想政治教育工作结合，试行受资助学生在线提交收获与反思，记录数据2612条；学生事务办理审核反馈不仅说明审核结果、异议反馈、联系方式及地点，同时起到温馨提醒学生勤奋学习、以实际行动回报社会的励志感恩责任教育，将日常思想政治教育工作落细、落小、落实。

心理健康进一步护航成长。3月20日，大学生抗挫折教育体验馆正式开馆并投入使用。多次接待各级领导的参观指导，组织校外同行和校内各学院（部）心理辅导站参观学习，开展9场团体心理辅导、14场青春健康同伴教育，承办吴中区计生协生命安全教育师资培训活动。9月，场馆的二期建设工作进一步稳步推进。充分发挥三级网络预警作用，及时处理学生心理危机事件，共成功干预各类心理危机事件26起。全面开展新生心理普查、建档、回访、干预工作，利用“苏心”App心理自助系统组织全校5346名2019级新生进行心理健康普查，并建立心理档案。根据普查结果，组织专兼职心理咨询教师及学院（部）心理辅导员对有可能存在心理危机和适应问题的624名学生进行访谈、评估、干预和随访，积极预防心理危机事件的发生。全年共接待咨询学生601人次，开展心理副站长团体辅导6场、各学院新生心理委员团体辅导9场。共组织8次校内督导，组织、参与16次国际教育园六校督导和苏南大学生心理健康教育中心专业督导，安排专兼职心理咨询师20人次参加省厅组织的各类专业培训。对128名2019级新任班级心理委员进行为期一个月的岗前培训，对114名2018级班级心理委员进行为期一周的强化培训。继续实行心理站长、副站长例会制度，加强班级心理委员的管理与考核。通过活动、社团、课堂等多维平台，保持心理健康宣传力度，以“坚韧之美，你我同行”为主题开展校园心理剧大赛、心理图文比赛、心理健康讲座、广场宣传活动等一系列“3·20”“5·25”心理健康节宣传活动，宣传心理健康知识。积极参与苏南基地组织的苏锡常地区“5·25”心理健康节手语操大赛，获团体三等奖。继续引领心理协会、同伴教育社社团的全面建设与发展，举办青春健康同伴教育主持人大赛培养主持人队伍，指导同伴教育社在全校范围组织开展128场青春健康同伴教育活动，举办各类心理健康、生殖健康、防治艾滋病等知识讲座6场，面向全体新生普及艾滋病防护知识。针对“9·26”世界避孕日、“12·1”世界艾滋病日开展多场广场宣传活动。指导校心理协会做好大学生抗挫折教育体验馆的日常管理维护工作，积极参与在苏高校的校际比赛与联谊，获2019年“迷失象牙塔”心理剧比赛三等奖。

二、学风促进支持体系建设得到加强

学风制度建设进一步完善。完成《苏州市职业大学学生考勤与请销假管理办法》修订，辅之以电子化申请审批模式，从开学到放假全时段覆盖，实时掌握学生状态，彻底解决学生日常管理中请、销假过程“学生找不到老师，老师找不到学生”顽疾，学生行为得到进一步规范，正常教育教学秩序得到维护，自4月运行以来共计完成申请审批29716次、驳回3404次；出台《苏州市职业大学学生国际交流奖学金实施暂行办法》，设立专项奖学金，支持28名学生赴澳门科技大学交流学习，拓展国际视野，培养跨区域、跨文化交流能力，提高综合素质与竞争力。2019年专转本考试报名1788人，录取955人。

学风榜样引领作用成效明显。以“不忘初心、牢记使命——筑梦奋斗青春”为主题，开展国家奖学金、校园之星暨学生年度人物、文明标兵班级、文明标兵宿舍等系列评审评选答辩活动，实施以学为主学风建设行动，强化文明宿舍、文明班级评选的学业要求，树立学生个人及集体典型榜样。充分发挥学生主观能动性，通过PU平台抢票形式，组织2019和2018级学生深度参与观摩学习答辩活动，并组织场外图文直播，变“要你参加”为“我要参加”，帮助学生树立目标进行自我教育、自我管理和自我服务，推动“新时代·新担当·新作为”和“青春梦·中国梦”主题教育。4场活动合计现场观摩学生达到1700人；国家奖学金评审图文直播收看学生有8000余人，被《扬子晚报》旗下的“紫牛新闻”报道；校园之星暨学生年度人物评选通过学校官微图文直播覆盖全校14000余名学生，被《苏州日报》融媒体“引力播”报道。

三、资助育人工作进一步巩固提高

困难申请认定手续简化。基于信任管理、诚信承诺、惩戒告知和量化测评原则完成《苏州市职业大学家庭经济困难认定办法》修订，取消“学生及家庭情况调查表”及其他证明材料提供要求，简化困难认定手续；在线设计“苏州市职业大学学生家庭经济情况调查问卷”，系统自动生成分数给出认定建议，最大限度做到根据学生实际情况进行困难认定。截至10月底，完成2734名学生申请审核，认定家庭经济困难学生2646人。

资助实施实现透明可视。完成《苏州市职业大学学生勤工助学管理办法》修订。学生资助服务管理系统平台进一步优化，业务处理实现全流程电子化、信息化和无纸化；运用大数据技术为精准资助提供数据支撑，针对不同困难程度学生制定个性化针对资助方案和项目实施方案进行差异化资助，通过资格限制器设置申请条件，资助精准化水平提高；针对资助实施提供流程跟踪和审核日志，学生申请、审核公示、结果反馈、获助类型全程清晰可见，审核意见一键直达学生本人；学生以前获助情况同步共享，避免过度资助和资助不到位情形。全年累计奖励资助超过1.3万人次，金额超过2414万元。14512名参加大学生居民医保，53名学生在社区申报或参加城镇医保，60名学生放弃自行参加户籍所在地医保。

资助育人活动多元开展。以寄送一次喜报传佳音、给予一份返乡补助暖家途、开展一次学生慰问送关心、走访一户困难学生家庭话心语和进行一次安全教育送温馨为方式，“暖心·见行——五个一”活动，走访江苏省内9市100户家庭，喜报寄送700余份，与学生家长共同分享学生在校期间成长过程中的收获与喜悦，得到家长好评；举行暑期社会实践资助宣讲及澳门科技大学暑期国际交流学习夏令营分享会、国家奖学金评审答辩会，开展资助育人书法绘画作品征集等活动，并评选177幅优秀书法绘画作品，推动“发展型资助的育人行动计划”和“家庭经济困难学生能力素养培育计划”落地生根。国家奖学金评审模式被“江苏学生资助”宣传推广，励志感恩强能筑梦行动获苏州市优秀学生资助项目二等奖。开展2019学生资助成效系列宣传暨励志感恩责任主题教育、2019诚信教育主题月、第六届助学筑梦铸人主题教育等活动；完成2734名家庭经济困难学生认定、1573名生源地助学贷款毕业确认、314名学生学费减免、456人次学生实践创新奖励、2098名优秀学生奖学金评审、18名新生奖学金评审等，完成265名军训优秀学员、1647人次校级先进个人、158名校级先进集体评选；办理生源地助学贷款1573人次，金额1173.754万元；截至11月30日，累计奖励、资助学生1.3万人次，金额2400万元。

四、招生就业工作收获佳绩

招生工作顺利完成计划。为增强招生宣传效果，2019年拍摄更新招生宣传片，改版学校招生网站，参加江苏省广电总台等多场高考志愿填报咨询直播节目。提前招生阶段，组织125名教职工分赴江苏省各地开展招生咨询宣传活动，进中学102所，参加江苏省招就中心组织的大型咨询会21场；于1月举行2次“校园开放日”活动，吸引来自苏州市相关中学600余名师生参加。普高招生阶段，参加江苏省内19场招生咨询会，安排工作人员赴河南、广西、四川3个外省参加招生咨询会。通过这些举措，扩大了学校影响力和知名度，22个省市50个专业录取新生5749人，其中苏州生源682人，圆满完成2019年招生工作；参加第二批江苏省社会招生工作，顺利完成学前教育、机电一体化两个专业录取任务，并积累了宝贵经验。

就业信息精准高效反馈。针对上级部门就业信息填报高质量要求，将就业数据核查从“重点抽查”改为“全面核查”，从“数据月报”改为“数据周报”。截至8月31日，经江苏省高校招生就业指导服务中心核查确认，学校毕业生4069人初次就业3775人，初次就业率92.77%。截至12月10日，就业率为96.02%。2019年质量年报结构更完善、内涵更丰富，展现了薪酬待遇、就业率等“冷”指标下的毕业生就业“暖”体验，彰显了就业质量报告的人性化“温度”。

就创业服务纵深推进。3—6月，开展以“规划人生·赢职未来”为主题的第十三届职业生涯节，包括了大学生职业生涯规划大赛、“互联网+”创新创业大赛、大学生职业生涯测评、“朝阳讲堂”名家讲座、创新创业训练营、就创业知识竞赛、毕业生基层就业案例征集等系列活动，共3000余人次参与生涯节活动。“武进人才”杯江苏省第十四届大学生职业规划大赛中，学校3093名同学提交作品、热情参与。2019年江苏省高校就业创业指导公益巡讲“许自己一个未来——设计我的职业规划”主题团辅活动火热开展。2019年共举办15场校级招聘会，其中包括针对2020届毕业生的秋冬季大型校园综合招聘会2场（含人才中心专场1场）、吴中经济开发区用人单位专场招聘会、院部专场招聘会11场，针对2019届毕业生的春季大型校园综合招聘会。用人单位合计646家，共提供13700个就业岗位，毕业生共计近9000人次参加，现场收到5165份简历，现场达成就业意向3271人，当场签约230人。截至2019年末，校大学生就业实习基地共226家，新增了包括江苏永鼎光电子技术有限公司、莱克电气股份有限公司、快捷半导体（苏州）有限公司等21家知名企业。就业基地共吸纳2019届毕业生264人。

五、“互联网+”智慧学工建设成效显现

移动互联的全场景学工服务平台基本建成。在信息中心支持下，“招小助”上线试运行，集招生、就业、思政、心理和事务管理为一体的学生管理服务平台基本建成，学工域PC端上线应用36个、移动端上线应用15个，覆盖学生从入学报到至毕业离校整个生命周期全场景应用，实现业务处理全域信息化、电子化、数据化和无纸化，数据沉淀超过10万条，大大减少办公成本，为学生画像和学生工作精准开展提供丰富数据来源，高效支撑学生管理服务工作开展和效率提升。

数据驱动的学生日常管理协同系统投入使用。基于双向传递和一键直达的思路，覆盖学生请销假、工作通知、活动报名、定点签到、信息收集、宿舍查寝、工作日志、学生报告的学生工作人员日常管理协同服务系统——辅导猫，全面投入使用，满足班主任、辅导员、分管书记和职能部门工作人员日常学生管理工作需要，推进学生工作由学生被动转为学生主动，有力推动学生自我管理、自我教育和自我服务活动开展，激发了学生内在动力，彻底解决宿舍查寝、重大节假日离返校管理、活动报名、事务通知等日常工作长期低效问题。

六、赋能队伍建设取得新进展

队伍赋能培训学习研究持续推进。结合“不忘初心、牢记使命”主题教育活动，深入学院（部）开展工作调研，了解一线学工人员的需求与困惑，完成《苏州市职业大学辅导员队伍建设实施细则》初步方案。以培训—科研—竞赛相结合方式提升队伍工作能力，开展政治理论素养、谈心谈话、案例分析、班主任业务4次专题培训，参与人数达220人次，组织选送校外培训62人次，其中省“学工干部领雁行动”培训9人次；开展辅导员工作案例、辅导员队伍立项课题7项，发表科研论文25篇，市级以上获奖13项，评选优秀辅导员14名、优秀班主任65名，引导更多的教师把育人内化为一种自觉行动。

辅导员工作室试点建设进展顺利。率先在在苏高职院校中推进辅导员工作室建设，获批立项4个。职涯PLUS辅导员工作室面向新生开展“学在职大”生涯团辅周活动；知行辅导员工作室立足优秀传统文化教育，践行知行哲学观，开展“传统文化+思政”课题研讨和专题昆曲文化学习活动，广泛开展礼仪文化教育，指导礼仪讲解队开展校史馆礼仪讲解活动50余场；载梦之舟辅导员工作室开展励志成才分享活动。

2019届毕业生就业情况

◎总体去向

学校2019届年终毕业生数为4070人，截至2019年8月31日，学校2019届毕业生初次就业率为92.77%。截至2019年12月末，学校2019届毕业生的年终就业率为96.95%。

2019届毕业生分院（部）去向分布

学院（部）	就业	自主创业*	灵活就业	升学	待就业	合计
电子信息工程学院	49.13%	0.00%	0.00%	49.78%	1.09%	100.00%
管理学院	62.79%	0.00%	0.00%	35.75%	1.45%	100.00%
机电工程学院	67.65%	0.16%	0.00%	30.23%	1.96%	100.00%
计算机工程学院	52.91%	0.00%	0.00%	47.09%	0.00%	100.00%
教育与人文学院	54.35%	0.00%	19.08%	23.67%	2.90%	100.00%
商学院	62.16%	0.00%	0.00%	36.88%	0.97%	100.00%
体育部	0.00%	0.00%	92.59%	7.41%	0.00%	100.00%
外国语学院	60.19%	0.00%	0.00%	37.86%	1.94%	100.00%
艺术学院	53.98%	0.26%	0.00%	26.99%	18.77%	100.00%
本校平均	58.08%	0.05%	2.56%	36.27%	3.05%	100.00%

注："自主创业"指已取得工商营业执照，且机构法人代表为该毕业生的创业情形。

◎就业地区

2019届就业（不含升学）的毕业生中，有89.17%的毕业生在江苏省内就业，10.83%的毕业生在江苏以外地区就业。江苏省外就业主要分布在上海（5.07%）、浙江（1.31%）、广东（0.74%）、山东（0.65%）、北京（0.61%）、安徽（0.41%）等。

2019届毕业生就业地区省内外分布

地区	比例
江苏省内	89.17%
江苏省外	10.83%
全校合计	100.00%

2019届毕业生江苏省内城市就业分布

城市	比例
常州市	1.51%
淮安市	0.61%
连云港市	1.27%
南京市	2.94%
南通市	2.29%
苏州市	69.06%
宿迁市	1.47%
泰州市	1.31%
无锡市	3.88%
徐州市	0.82%
盐城市	1.02%
扬州市	1.88%
镇江市	1.10%
江苏省内合计	89.17%

◎就业行业分布

学校2019届毕业生就业量较大的行业为制造业（23.78%）、批发和零售业（13.04%）、租赁和商务服务业（11.24%）。

2019届毕业生就业行业分布

奖助学工作

2019年苏州市职业大学学生获各类奖（助）学金情况统计表（全日制）

序号	类别	人数	奖金	合计	总计	说明
1	国家奖学金	15	8000	120000	120000	—
2	国家励志奖学金	507	2535000	2535000	2535000	—
3	校优秀学生奖学金	301	2000	602000	1943000	一等奖学金
		218	1500	327000		二等奖学金
		449	1000	449000		三等奖学金
		1130	500	565000		单项奖学金
4	肇锳奖学金	11	5000	55000	55000	—
5	国家助学金（春季）	752	2000	1504000	3331500	一档
		889	1500	1333500		二档
		494	1000	494000		三档
	国家助学金（秋季）	527	2150	1133050	3765300	一档
		469	1650	773850		二档
		1616	1150	1858400		三档
6	春季扩面国家助学金	253	—	290950	290950	—
7	春季提标国家助学金	1470	—	286550	286550	—
8	新生奖学金	3	5000	15000	60000	校长奖学金
		15	3000	45000		院长奖学金
9	开元奖学金	168	—	200000	200000	—
10	天翼奖学金	75	—	50000	50000	—
11	美特奖助学金	20	—	20000	20000	—
12	圣保利助学奖学金	10	1000	10000	10000	—
13	安森美半导体奖学金	30	1000	30000	30000	—
14	张继馨艺术奖学金	10	—	31800	31800	—
15	镒升—菱麦奖学金	13	1000	13000	13000	—
16	安防奖学金	16	—	15000	15000	—
17	东吴餐饮励学金	50	2000	100000	100000	—
18	江达奖学金	28	—	30000	30000	—
19	党员关爱助学金	80	1000	80000	80000	—
20	关工委助学金	18	1000	18000	18000	—
21	诚善A计划助学金	30	5000	150000	150000	—
22	校设助学金	400	1000	400000	400000	—
23	圆梦助学资助	3	5000	15000	15000	—
24	学生竞赛实践创新奖学金	456	—	420000	420000	—
25	优秀毕业生奖励	451	500	225500	225500	—
26	国际交流奖学金	28	5000	140000	140000	—
27	求职创业补贴	449	1500	673500	673500	—
28	伙食补贴	3631	—	137494	137494	—
29	困难补助	885	—	302770	302770	—
30	残疾学生学费减免	18	—	97700	97700	—

续表

序号	类别	人数	奖金	合计	总计	说明
31	学费减免	314	—	1220300	1220300	—
32	生源地助学贷款	1573	—	11737540	11737540	—
33	入伍国家资助	96	—	1104900	1104900	—
34	勤工助学	1951	—	597112	597112	—
35	绿色通道	668	—	167560	167560	—

（王　彤）

编辑：许立莺　盛　婷

SUZHOU VOCATIONAL UNIVERSITY

第十三章 表彰与奖励

学校获校外单位表彰、奖励情况

2019年苏州市职业大学获校外单位表彰、奖励情况一览表

序号	被授予的荣誉称号	表彰单位	批文号及日期
1	江苏省暑期“三下乡”社会实践活动先进单位	中共江苏省委宣传部、江苏省文明办、江苏省教育厅、共青团江苏省委、江苏省学生联合会	团苏委联〔2019〕2号 2019.1.7
2	2018年高等职业院校教学资源50强	全国高职高专校长联席会议	2019.11
3	2016—2018年度江苏省文明校园	江苏省精神文明建设指导委员会	苏文明委〔2019〕15号 2019.12
*4	2017年高等职业院校教学资源50强	全国高职高专校长联席会议	2018.12

注：“*”为补录数据。

学校各部门获学校及校外单位表彰、奖励情况

2019年苏州市职业大学各部门获学校及校外单位表彰、奖励情况一览表

序号	受表彰的部门	被授予的荣誉称号	表彰单位	批文号及日期
1	管理学院工商管理系、商学院国贸系、机电工程学院实验与实训中心、计算机工程学院物联网技术系、电子信息工程学院综合办公室、教育与人文学院旅游与文化传播系、外国语学院英语系、艺术学院视觉传达设计系、党委办公室、工会、组织人事部、财务处、学生工作处	2018年度先进集体	苏州市职业大学	苏职大政〔2019〕11号 2019.1.16
2	艺术学院党总支	第十三届“先锋论坛”优秀组织奖	中共苏州市职业大学委员会	苏职大委〔2019〕47号 2019.6.27
3	机电工程学院党总支、电子信息工程学院党总支、计算机工程学院党总支、商学院党总支、管理学院党总支、教育与人文学院党总支、外国语学院党总支、思政数理体育联合党总支、机关党总支、继续教育学院党总支、图书馆直属党支部	第十三届“先锋论坛”组织奖	中共苏州市职业大学委员会	苏职大委〔2019〕47号 2019.6.27
4	苏州市职业大学团委	2018年度苏州共青团工作先进单位标兵	共青团苏州市委员会	2019.1
5	苏州市职业大学团委	2018年度江苏省青年志愿服务行动组织奖	共青团江苏省委 江苏省志愿者协会	2019.4
6	苏州市职业大学保卫处	集体二等功	江苏省公安厅	苏公厅〔2019〕587号 2019.10.30
*7	苏州市职业大学图书馆	2017年全民阅读先进单位	中国图书馆学会	中图学字〔2018〕104号 2018.12.4

注：“*”为补录数据。

学校教职工获学校及校外单位表彰、奖励情况

2019年苏州市职业大学教职工获学校及校外单位表彰、奖励情况一览表

序号	姓名	被授予的荣誉称号	表彰单位	批文号及日期
1	包金龙 吴蕴慧 张艳军 郑丽娟 孟利琴 赵艳玲 姜能涛 丁　俊 朱晓玮 李东华 杨　娟 吴文英 汪月忠 张　军 张明雷 陈　韬 钱丽娟 徐　峰 王　锋 田　菲 朱学超 杜　洁 李建蓉 张永康 陈　琪 尚广庆 赵宏平 赵海燕 钟　鸣 俞美香 路　冰 王会燕 王　磊 王德鹏 刘　畅 刘昭斌 李金祥 吴文庆 吴彩燕 张　苏 张　量 张　燕 陆公正 徐卫英 邓建平 史斌斌 朱彩红 孙加存 杨　静 汪义旺 陈永强 罗　伟 赵中琦 赵　成 俞兴明 薛知言 瞿　敏 刘昌雪 苏　涛 李邦玉 李　杨 张　丽 张磊玲 俞　莉 俞　晟 黄阳阳 童李君 蔡　斌 马　亮 马黎明 王莎莉 王　峻 陆　雷 金亚芝 练稳山 顾史佳 钱　鑫 徐舟涟 蔡　骏 裴素华 戴　莉 王静娟 朱元吉 任　静 芮晓光 李　莹 沈罗兰 姚琴芳 黄新羽 建　毅 雷兴武 廖一鹿 薛伟明 王志刚 石阶瑶 叶捍军 张　远 张　贺 张静芳 陈　民 陈　敏 周建明 徐　芳 翁世有 黄振明 曹　湘 邬晓明 吴　红 吴献峰 郭　峰 谢华荣 戴涵莘 王大纲 王　喆 汤晓军 宗惠芳 胡　珏 顾慧琴 许　吉 杨晓华 居丽英 赵志强 尤钟华 刘卓青 林休休 金　霁 徐爱芳 刘　刚 杨卫东 汪　清 黄　达 葛春燕 祁春清 杨　讴 宋现山 张　眉 陈齐康 周建伟 赵　苏 顾莹华 曹慧芳 宿瑞芳 谢　艳 许如祥 严　方 张红琴 张惠娟 周传勇 徐　磊	2018年度先进个人	苏州市职业大学	苏职大政〔2019〕11号 2019.1.16
2	王　亚 朱　洁 孙　丹 李亚琴 李宝多 陆　英 陈　欢 陈祥林 孟秀红 潘荣英	2017—2018年度优秀党务工作者	中共苏州市职业大学委员会	苏职大委〔2019〕31号 2019.3.28
3	丁　虎 万长东 马丁良 王　亚 王志刚 王　莉 王　敏 王　磊 石阶瑶 叶红萍 刑艳玲 朱苏男 朱　洁 朱海祥 朱逸冰 邬丽娜 刘　刚 刘　伟 刘诗琪 汤文生 汤　剑 许　华 许凌雯 孙　丹 孙　文 孙　赢 芮晓光 严立艳 杜美萍 李少坤 李亚琴 李宏丽 李宝多 李　璐 李耀华 杨　娟 吴云奇 吴　玥 吴　玲 吴　湘 吴满华 沈效良 沈　琳 沈新艺 张　军 张红琴 张进峰 张　丽（自动化系党支部） 张　丽（食品与检测系党支部） 张辰婕 张　贺 张晓芳 张雅晖 张　量 张磊玲 陆　英 陆建康 陆　峰 陆雪元 陆锋明 陈永强 陈光红 陈　欢 陈乳燕 陈　钰 陈祥林 邵文燕 邵嫣嫣 罗　伟 金莉萍 孟利琴 赵　卉 赵　阳 赵彦闻 胡　宾 钟卫铭 姚文贤 顾　伟 顾瑞鹏 顾　嘉 黄　震 曹　湘 蒋君毅 蒋　奇 焦　燕 童李君 廖　萍 颜丙通 潘荣英 薛　铭 曾珠亚岚	2018年度优秀共产党员	中共苏州市职业大学委员会	苏职大委〔2019〕31号 2019.3.28
4	张明雷 吕华芹 杨　静 鲁　岳 严立艳 龙　蕊	2018年度优秀团干部	共青团苏州市职业大学委员会	苏职大团〔2019〕5号 2019.4.9
5	王　亚	2019年度全省高校优秀党务工作者	中共江苏省委教育工委	苏委教组〔2019〕40号 2019.6.20

（李继鑫）

学生集体获校外单位表彰、奖励情况

2019年苏州市职业大学学生集体获校外单位表彰、奖励情况一览表

序号	受表彰的集体	被授予的荣誉称号	表彰单位	批文号及日期
1	2017计算机应用技术3（对）	江苏省先进班集体	江苏省教育厅、共青团江苏省委员会	苏教学〔2019〕3号 2019.4.28
2	2016服装设计与工艺1			
3	2016学前教育1			
4	2016商务英语2			

学生个人获校外单位表彰、奖励情况

2019年苏州市职业大学学生个人获校外单位表彰、奖励情况一览表

序号	学生姓名	获奖名称	颁奖单位	获奖时间
1	伏梦杰	《典型轴类配合零件数控加工工艺研究》	《煤矿机械》	2019.1.15
2	伏梦杰	《曲轴斜油孔检测量规设计与实现》	《制造技术与机床》	2019.2.2
3	丁若丹　常　源　赵宝平	“北测教育杯”全国移动融媒体应用技术高等职业院校技能大赛二等奖	全国高等院校计算机基础教育研究会	2019.2.23
4	朱　玉	《互联网金融风险认知、风险偏好与投资行为：新时代大学生的新特征》	《金融理论与实践》	2019.4.3
5	于蔓蔓	2019年中华龙舟大赛（长沙芙蓉站）青少年女子100米直道竞速二等奖	中华龙舟大赛组委会	2019.4.21
6		2019年中华龙舟大赛（长沙芙蓉站）青少年女子200米直道竞速二等奖		
7		2019年中华龙舟大赛（长沙芙蓉站）青少年女子500米直道竞速三等奖		
8		2019年中华龙舟大赛（盐城站）青少年女子100米直道竞速三等奖		2019.5.19
9		2019年中华龙舟大赛（盐城站）青少年女子200米直道竞速三等奖		
10	经　雅　花如梦	“诚海·慧文杯”第九届全国商务秘书职业技能大赛团体二等奖	中国对外贸易经济合作企业协会	2019.5.19
11	胡云燕　徐　浩	“诚海·慧文杯”第九届全国商务秘书职业技能大赛个人三等奖		
12	曾子涵	第十届蓝桥杯全国软件和信息技术专业人才大赛全国总决赛“C/C++程序设计大学C组”比赛科目二等奖	中国软件行业协会、中国电子商会、中国电子学会、中国半导体行业协会、工业化信息化部人才交流中心、蓝桥杯全国软件和信息技术专业人才大赛组委会	2019.5.25
13	张　馨	国青杯第三届艺术设计大赛二等奖（作品《伶猫》）	中国人生科学学会、国青杯第三届艺术设计大赛组委会	2019.6.1
14	王怀鑫	国青杯第三届艺术设计大赛三等奖（作品《树皮》）		

续表

序号	学生姓名	获奖名称	颁奖单位	获奖时间
15	孙晓雯　金　旻　邱　野	2019年全国职业院校技能大赛（高职组）“虚拟现实（VR）设计与制作”赛项团体一等奖	全国职业院校技能大赛组织委员会	2019.6.1
16	周浩鹏　周星禹　邱文轩	第九届全国大学生计算机应用能力与信息素养大赛全国总决赛（高职组）“人工智能技术与应用”赛项一等奖	全国大学生计算机应用能力与信息素养大赛组委会、全国高等院校计算机基础教育研究会	2019.6.2
17	高宁宁　高思嘉　桂迁芮　韩思纪　刘佳敬　刘玉萍　杨　洋	2019全国高校商业精英挑战赛经贸物流实践竞赛总决赛一等奖	中国国际贸易促进委员会商业行业委员会、中国国际商会商业行业商会、（国资委）商业国际交流合作培训中心、中国会展经济研究会	2019.6.3
18	王炜炜　李鑫龙	2019年全国职业院校技能大赛（高职组）“计算机网络应用”赛项二等奖	全国职业院校技能大赛组织委员会	2019.6.16
19	熊紫青　裘虹萍	2019年“中慧杯”全国高等职业院校Web前端开发技能竞赛一等奖	全国高等院校计算机基础教育研究会	2019.6.18
20	侯　笑	2019年中国高等职业院校“DMS冠军杯”健身健美锦标赛一等奖	中国大学生体育协会	2019.7.1
21	周　莉	2019年中国高等职业院校“DMS冠军杯”健身健美锦标赛三等奖	中国大学生体育协会	2019.7.1
22	王佩璋　包翰才	2019一带一路暨金砖国家技能发展与技术创新大赛—第三届3D打印造型技术大赛团体三等奖	金砖国家技能发展与技术创新大赛组委会、一带一路暨金砖国家技能发展国际联盟、中国发明协会、教育部中外人文交流中心	2019.7.9
23	包翰才	2019一带一路暨金砖国家技能发展与技术创新大赛—第三届3D打印造型技术大赛国外赛区三等奖	金砖国家技能发展与技术创新大赛组委会、一带一路暨金砖国家技能发展国际联盟、中国发明协会、教育部中外人文交流中心	2019.7.9
24	周语欣　石梦娇　陈嘉琳　林文文	《微信公众号对大学生原创及策划能力的提升——以苏州市职业大学iContest公众号为例》	《教育现代化》	2019.7.12
25	赵文杰　顾　圆	2019年度机械行业职业教育技能大赛“康尼杯”风光互补能源管理及应用技能竞赛三等奖	全国机械职业教育教学指导委员会、机械工业教育发展中心	2019.8.11
26	周　铃	《金融科技助力实体经济高质量发展的作用机理研究》	《浙江金融》	2019.8.15
27	包翰才	2019一带一路暨金砖国家技能发展与技术创新大赛—首届逆向工程技能大赛一等奖	金砖国家技能发展与技术创新大赛组委会、一带一路暨金砖国家技能发展国际联盟、中国发明协会、教育部中外人文交流中心	2019.9.9
28	李焱鑫　阮晨阳　蔡开霞　张家翠　叶嘉伟	第十四届全国高等职业院校“发明杯”大学生创新创业大赛一等奖	中国发明协会、山东省教育厅、山东省人力资源和社会保障厅、山东省科学技术厅、山东省市场监督管理局、山东省科学技术协会	2019.9.22
29	李　杨　韩绪凯　李　发	第十四届全国高等职业院校“发明杯”大学生创新创业大赛二等奖	中国发明协会、山东省教育厅、山东省人力资源和社会保障厅、山东省科学技术厅、山东省市场监督管理局、山东省科学技术协会	2019.9.22
30	谈佳豪　陆　伟　常维康	2019年全国职业院校信息技术技能大赛（高职组）“工业互联网实践与应用”赛项一等奖	中国职业技术教育学会信息化工作委员会	2019.10.19
31	江静雯　陆运顺　王泽龙　李佳志	第八届全国高等职业院校日语技能竞赛团体赛项三等奖	一般社团法人中日职业教育联盟	2019.10.26
32	韩士杰	2019年度机械行业职业教育技能大赛“南戈特杯”机电设备安装与调试技术技能竞赛二等奖	全国机械职业教育教学指导委员会、机械工业教育发展中心	2019.10.27
33	包翰才	2019一带一路暨第三届金砖国家技能发展与技术创新大赛—俄罗斯欧亚公开赛“逆向工程”赛项二等奖	俄罗斯世界大赛组委会	2019.10.29
34	丁　玥　黄天宇　韩仲洋	2019年“高教社杯”全国大学生数学建模竞赛（专科组）二等奖	中国工业与应用数学学会、全国大学生数学建模竞赛组织委员会	2019.11.1

续表

序号	学生姓名	获奖名称	颁奖单位	获奖时间
35	陈洁	第九届全国大学生外贸跟单（纺织）+跨境电商职业能力大赛（高职组）个人二等奖	全国纺织服装职业教育教学指导委员会、中国纺织服装教育学会	2019.11.2
36	高秀芹　吕梦娇	第九届全国大学生外贸跟单（纺织）+跨境电商职业能力大赛（高职组）个人三等奖		
37	陈洁　高秀芹　吕梦娇	第九届全国大学生外贸跟单（纺织）+跨境电商职业能力大赛（高职组）团体三等奖		
38	周星禹　曹钱生　吴旭东	2019一带一路暨金砖国家技能发展与技术创新大赛—佛山未来技术技能国际挑战赛“人工智能技术与应用”赛项三等奖	金砖国家技能发展与技术创新大赛组委会	2019.11.10
39	包翰才　杨海	2019年度机械行业职业教育技能大赛“太尔时代—三维天下”产品创意设计与快速成型技术大赛（高职组）二等奖	全国机械职业教育教学指导委员会、机械工业教育发展中心	2019.11.17
40	刘睿	《综合金融服务体系服务实体经济高质量发展研究——以苏州市小微企业数字征信实验区为例》	《征信》	2019.11.18
41	黄方宇	2019年“语通杯”第四届全国百万大学生外语听说大赛全国二等奖	北京全球语通教育科技有限公司	2019.11.20
42	张永辉　蔡淑婷　白月飞	粤港澳大湾区“怡亚通杯”首届供应链大数据分析与应用技能大赛全国邀请赛一等奖	广东省采购与供应链协会	2019.11.30
43	张睿　方霞　高经纬	2019全国大学生软件测试大赛（高职组）总决赛“移动应用测试”赛项二等奖	中国软件测评机构联盟	2019.12.1
44	唐先焕	2019全国大学生软件测试大赛（高职组）总决赛“移动应用测试”赛项三等奖		
45	马彩梅　秦思奇	2019全国大学生软件测试大赛（高职组）总决赛“自主可控测试”赛项三等奖		
46	黄华林　王怀鑫	国青杯第三届艺术设计大赛一等奖	中国人生科学学会、国青杯第三届艺术设计大赛组委会	2019.12.1
47	王怀鑫	国青杯第三届艺术设计大赛二等奖		
48	张馨	国青杯第三届艺术设计大赛三等奖		
49	戴思佳　顾士杰　冯晓薇	2019年“畅想杯”全国新商科技能大赛跨境电子商务技能竞赛团体三等奖	中国商业联合会	2019.12.7
50	杨欣玉　姚俊丰　赵志威　郁雨杰　沙彦佑　孟鹏飞	2019年信息技术新工科产学研联盟“5G技术及应用大赛”（高职组）三等奖	中国软件行业协会、信息技术新工科产学研联盟大学生竞赛工作委员会	2019.12.8
51	包翰才　陆晨熙	全国三维数字化创新设计大赛全国总决赛三等奖	全国三维数字化创新设计大赛组委会、国家制造业信息化培训中心、光华设计发展基金会、全国3D技术推广服务与教育培训联盟	2019.12.9
52	杨丰源　张馨　冯智文　王欣月　龙梦菲　吴宇航　王怀鑫　相传兵　殷其轩　汤培	第十二届全国美育教学成果展评一等奖	中国美育网专家委员会、中华优秀传统文化教育研究课题组、中国音乐家协会、中国美育联盟、全国美育成果展组织委员会	2019.12.9
53	邱阳　党娜娜　李俊汝　张馨　朱心慧　武晓转　贺银红　王欣月　龚怡　郭嘉丽　吴宇航　王怀鑫	第十二届全国美育教学成果展评二等奖		
54	党娜娜　杨丰源　李俊汝　侯静	第十二届全国美育教学成果展评三等奖		

续表

序号	学生姓名	获奖名称	颁奖单位	获奖时间
55	刘　艳	第三届BETT全国商务英语翻译大赛（专科组）初赛“笔译”赛项二等奖	全国商务外语考试办公室、全国商务外语专业委员会	2019.12.11
56	吴　杰	一种快速准确的RFID识别装置（实用新型专利ZL 2018 2 1171845.7）	中华人民共和国国家知识产权局	2019.1.11
57	洛沈皓	一种可单车存取的立体自行车停车库（实用新型专利ZL 2018 2 0566942.X）		2019.2.1
58	王佩璋	一种钢筋卷自动包装机（实用新型专利ZL 2018 2 0897719.3）		2019.2.1
59	陈艳军	一种便携式水果包装机（实用新型专利ZL 2018 2 0816431.9）		2019.2.1
60	吴　杰　王　成	太阳能嵌入式供电的应急报警引导装置（实用新型专利 ZL 2018 2 1124805.7）		2019.2.15
61	袁　涛	一种公共自行车双层租赁停车箱（实用新型专利ZL 2018 2 0734157.0）		2019.2.15
62	钟佳营	一种吊扇除灰装置（发明专利ZL 2018 2 0866606.7）		2019.3.5
63	李欣鹏	一种可防止行李滑落的扶梯辅助装置（发明专利ZL 2018 2 0774359.8）		2019.3.5
64	许少康	一种汽车车位智能管理系统（发明专利ZL 2018 2 1175274.4）		2019.3.15
65	陈艳军	一种便携式往复锯（实用新型专利ZL 2018 2 1198543.9）		2019.3.19
66	张北大	一种取暖风扇一体机（实用新型专利ZL 2018 2 0880719.2）		2019.3.19
67	伏梦杰	一种基于渐开线板锁死抬升框的自行车停放架（实用新型专利ZL 2018 2 1115404.5）		2019.3.29
68	伏梦杰	一种基于脚踩转动存取的自行车停放架（实用新型专利ZL 2018 2 1115408.3）		2019.4.30
69	曹钱生	智能组合机器人系统（Android）V1.0（计算机软件著作权2019SR0934644）		2019.5.1
70	吴旭东	水情检测系统（Android版）V1.0（计算机软件著作权2019SR0979337）		2019.5.10
71	陈文静	一种电动双活动钳口平口钳（实用新型专利ZL 2018 2 1643532.7）		2019.5.10
72	赵祥文	一种自动摘枣器（实用新型专利ZL 2018 2 1561386.3）		2019.6.4
73	赵经纬	一种小型水果自动装箱机（实用新型专利ZL 2018 2 1005684.4）		2019.6.21
74	刘　凯	一种贵重及其仪器设备管理装置（实用新型专利ZL 2019 2 0049089.9）		2019.7.23
75	陈艳军	一种三轴机床加工斜孔的夹具（实用新型专利ZL 2018 2 2065308.0）		2019.8.1

续表

序号	学生姓名	获奖名称	颁奖单位	获奖时间
76	张万里　李津任	一种基于弧形导轨下降的自动立体停车库（实用新型专利ZL 2018 2 1894835.6）	中华人民共和国国家知识产权局	2019.8.23
77		一种基于连杆运动旋转定位的模具（实用新型专利ZL 2018 2 1967795.3）		2019.8.27
78		一种底层自适应中小型车的自动立体停车装置（实用新型专利ZL 2018 2 1967762.9）		
79	李林敏	智能寻物系统（Android版）V1.0（计算机软件著作权2019RS0899268）		2019.8.29
80	陈文静	一种三轴加工中心加工斜面孔的夹具（实用新型专利ZL 2018 2 1762050.3）		2019.8.30
81	陈艳军	一种自适应燃气调压器支撑架（实用新型专利ZL 2019 2 1906406.6）		2019.8.30
82	王修杰	一种钢筋卷卧式包装机（实用新型专利 ZL 2018 2 2073994.6）		2019.9.20
83		一种盘圆钢筋自动包装机（实用新型专利ZL 2018 2 2075466.4）		
84	孔伟国	一种便于转换的扫把和拖把（实用新型专利ZL 2018 2 1748762.X）		2019.10.1
85	张万里　尚同同	一种基于连杆摇摆带动旋转的衣架（实用新型专利ZL 2018 2 2161380.3）		2019.10.1
86	高　冉	一种便于接热水的茶具（实用新型专利ZL 2018 2 1567630.7）		2019.10.1
87	杨博云	一种可避障智能小车（实用新型专利ZL 2019 2 1973097.9）		2019.11.5
88	石　成	一种永磁磁齿轮电机（实用新型专利ZL 2019 2 0551256.X）		2019.11.8
89	张万里	一种自动收刀和解压的鱼头分割装置（实用新型专利ZL 2018 2 1957752.7）		2019.11.12
90	王明亮	一种三通阀体的夹具（实用新型专利ZL2019 2 0618088.1）		2019.12.13
91	孔伟国	一种便于快速切换的扫把和拖把（实用新型专利ZL 2018 2 1658028.4）		2019.12.17
92	王明宇	NB-IOT信号检测仪WEB系统V1.0（计算机软件著作权2020SR0155286）		2019.12.20
93	瞿　伟	NB-IOT信号检测仪AppV1.1.1（计算机软件著作权2020SR0155218）		2019.12.20
94	曾子涵	基于STM32单片机的智能农业大棚探测监控系统软件V1.0（计算机软件著作权2020SR0255648）		2019.12.25
95	赵　豪	一种链式压电陶瓷道路自发电装置（实用新型专利ZL 2017 2 0896171.6）		2019.12.31

注：国家级三等奖（含）以上。

（蒋君毅）

学生获评省级先进个人名单

2019年苏州市职业大学获省级先进个人名单

机电工程学院

李　安　林　帅

计算机工程学院

殷嘉佳

电子信息工程学院

李亚捷　梁　瑞

管理学院

杨　浩

商学院

林婷婷　朱佳雯

教育与人文学院

许　欢

外国语学院

王　宇

艺术学院

刘金鹏

校三好学生名单

2019年苏州市职业大学三好学生名单（全日制）

机电工程学院

常明佳　高林洁　梁　玲　蒋明君　李梦婷　吴战胜　顾佳宁　赵　豪　王惠榕　陈涵雨　沈自然
包翰才　何腾辉　何子阳　张　昊　肖一波　赵凌峰　吕　健　黄迪迪　赵　凯　程艳娟　孙梦晴
颛孙皖萧

计算机工程学院

高丽洁　张梓萱　沈梦娇　金　旻　凌佳玉　蒋梦楠　杜　娟　马汇娟　武佳宇　宗婷婷　左冠楠
周维皓　胡建梅　赵　霆　夏紫薇　张　鹏　张虎林　胥友鹏　史德胜　施佳丽　马晓婷　陈思屹
施银莹　丁海燕　伏　星　陈灵珠　丁灿灿　肖　戎　丁君君　邱　野　顾　晨　陈　睿　陆英健
钱奕璇　熊紫青　蒋瑞萍　李雯吉　单岩石　马荣荣　刘　云　周　敏　李　进　赵　璇　常　源
王　威　周　林　姜舟洲　管勤勤　朱航锋　乔　璐　张　袁　赵芷雪　朱丽华　姚明圆　张士雅
王玲玲　朱志远　贾正华　顾佳妮　管小冬　陶仇丽　孙　影　薛　凡　朱　帅　李雨林　袁华俊
黄胜男　李子龙　王子奇　丰　震　万金鑫

电子信息工程学院

管明杰　赵锦烨　杨　智　张晋铭　李甲可　张俊杰　宋恒宇　马丹华　李昌民　黄　希　邵　凯
苏　硕　李绪贞　曾子涵　姜　超　霍　静　吴　雪　朱泓金　程　阳　裴芳芳　顾　炎　王翊丞

姚颖杰　李　霞　徐钰淳　吴锦娥　梁　钰　陈瑞瑞　魏　啸　余　洋　朱哲诚　李　康　陈　琳
夏　颖　王　艺　陈飞鸿　于静文　刘朝迅

管理学院

徐　萍　郑一鸣　孙庆雯　胡可欣　张晶晶　刘　雨　周　欣　杨佳卉　常　蕊　万春艳　张　菁
徐圣娟　沈佳艺　金沈益　徐　萍　房悦悦　徐　颖　颜啸蓉　左程程　孙丽敏　李雨萱　征琳琳
钮晨怡　花如梦　安丽婧　张唯一　李　春　王晓芳　李　慧　王亚奇　宗　媛　蒋佳惠　顾怿琛
黄　莹　丁　乙　经　雅　张　娟　黄心艺　潘筱怡　戴思佳　田小燕　陈　艳　刘晓燕　熊晓慧
吴艳芳　陈娜娜　孙　静　张　潇　朱佳佳　薛　莹　勾小月　李锦岚　杜　浩　张婉玥　林颖萃
刘星辰　朱利颖　陆　悦　孙梦雅　唐嘉遥　黄家祯　陈　周　朱　蕾　周　舟　李　鑫　李定香
姜楠南　杨　璐　侯继云　于雅楠　吴星星　赵晴雯　胥胜男　白月飞

商学院

刘　倩　韩　雪　马文倩　陈　薏　季小倩　杨　玉　王　莹　黄叶波　邵惠红　胡恒祥　夏　委
薛青卿　乔玉贤　黄玉梅　闫胜男　张远丽　吉玉婷　张赢心　张芝楠　牟　林　卞海丹　陈　杰
陆佳怡　张　燕　李梦蝶　薛心怡　王倩倩　顾美霞　李思佳　王梦姣　王守圆　周玉琳　陈　琳
翁　琳　靳莫新　苏晓琳　沈格亦　王思新　黄　岩　王罗荧　胡瑞瑞　陆雯婧　周璐君　高心意
侯金晶　丁雨晴　赵彩云　袁　楚　姚紫薇　董　洁　朱　璘　宋　霞　余长江　曹舒月　张　淼
宋亦昕　周雅婷　佘陶钰　林仇倩　俞小凡　蒲　雨　王　娟　曹佳豪　颜淑琴　冯爱辰　韩　悦
蔡佩瑶　朱　鋆　张玉林

教育与人文学院

张志强　蔡晓艳　申　雯　罗涵钰　唐　杰　冯媛媛　马婧婧　宋文馨　张吉莹　陈　静　卞文文
陈静怡　郭　悦　李楠欣　彭光兰　贾逸平　王小焕　王　慧　马可贞　高修红　王梦贤　肖咪咪
孙星星　王馨悦　闫贵花　朱文一　张春雨　姜丽萍　陈　英　任爱玲　徐凡轶　陈钟丽　王美丽
张奥博　韩　宇　马经仪　陈志健　王智康　余红娣　孙扬扬　王馨怡　陈羿璇　邹雯倩　庄　玲
王　菲　卫晓露　王　蓉　周彤彤　陈思婷　陈子锐　陈礼俊　庄玉灵　季勤雅　张琳琳　陈爱文
侍宇婷　李　荣　张　静　张文焱　汤　玲　高舒逸　赵佳惠　权姝如　李雨蝶　王小玉　朱思雨
刘施兰　刘秀芹　周玉妍　孙梦杰　王　茹　伏晴晴　曹婉婉　仇文静　马思毓　顾　悦　李　娌
汪婷婷　陆雨露　孙文静　张　妍　袁　欣　简芳娥　刘俏俏　王　进　周丽琴　孟琳冬　仝玉波
谢雯雯　刘景娴　苏梦娜　钟慧云　金　震　褚　楚　马　睿　桑晓慧　赵　玉　黄　雪　王佳莹

外国语学院

冯纪曼　方　慧　刘爱秀　李　雅　吴俣梦　张　可　付　钰　曹亚娟　胡若彤　李　悦　杨　雪
陈思诗　罗素娇　岳畅畅　胡媛媛　邢潟潟　张　彤　于　妤　李　阳　王晨如　陈　雅　吴清雅
陈灿雨　刘昱琪　沈　雷　邱海悦　刘婧婧　徐慧莲　林仕丹　陈礼莹　宋敏青　许淑涵　蒋　昊
王　盈　王竞涵　何　雪　王绘宇　王　怡　沈宝仪　王为艳　罗　涓

艺术学院

杨　磊　董　薇　汤璐菲　张　勤　曹梦丹　刘　娟　戴　美　赵　晴　王映凡　周芳香　陈雨柔
李浩东　张梦宇　何天娇　张吉祥　张睿敏　朱　玥　钟思雨　陈新新　周梦圆　李昙东　冯钟秀
陈　丹　杨　洁　张茹萌　李　鹭　黄津凤　嵇彩玲　周笑林　陆晓娇　许雅慧　刘　娜　张　远
徐　萍　孙　杰　程　静　孙　洁　孟芳宇　沈　霏　崔锦雯　魏　欣　吴雨莲　蒋凌宵　沈　晔
王婷婷　章　琴　刘贝贝　陶　婧　陈　露　苏　逸　张盼弟　王晨阳　姚　敏　徐　颖　李　晨
陈晓玉　李林君　陶雨瑄　王艺豫　周子惠　于　莹　顾冬慧　范嘉莉

体育部

侯　笑　曾佳佳　吕苏雯　张艺帆

校三好标兵名单

2019年苏州市职业大学三好标兵名单（全日制）

机电工程学院

陈梦婷　王静茹　苗康宁　严沙徐　陈文静　陈艳军　化飞龙　李晓静　靳赛赛　孙　靓　周心怡
许嘉杰　徐雪峰　管　锐

计算机工程学院

郭　宇　陈　婧　陈　云　李慧敏　王宝玲　孙晓雯　孙海燕　李鑫龙　戴　越　陈　培　刘梦娇
王欣颖　张　宇　葛一丹　杨　旺　彭喜钰　王　松　黄娴渭　王　超　缪明晖　孙艺纱　许方干
周　铟　瞿　伟　李　伟　陆瑶瑶　候瑞林　于文苏　陈倩倩　李　双　何　瑾　孙　恒　李怀东
李　英　黄　鹏　李前昱　郑盈盈　魏超男　任雨梦　刘会泽　宋伟钰　施　婧　童洛萌　陶　玥
马彩梅　祁子桐　董广涛

电子信息工程学院

周仕伟　姚宇阳　蔡英健　蔡冬玉　杨博云　李　可　徐传旭　张　翔　陈小波　张　嵘　潘晓雪
韩　政　王　成　赵舒畅　赵亚州　刘浩义　颜　鹏　裔金晶　穆加顾　杨　刚　李明睿　郁麟枫
罗　芳　闫　菲　徐叶甜　陈　奔　朱丽丽　陈庚彪　李红宏　卫元芳　李敬铮　邓文静　丁　帆
周浩鹏　张意焜　周星禹　赵天宝　樊倩慧　王钰森　李焱鑫　邱文轩　韦婷婷　蔡敏婕　沈文超
张　晖　田林叶　李　杨　崔祥硕　秦丁丁　周　月　宋朱倩　庄　森　段舒馨　李蒙恩　孙蔺行
史嘉诚　吴　杰　邓宏振　张家乐　吴尚然　李伟伟　白文海　鹿维维　杨一鸣　李　婕　庄婷婷
吴　明　韩仲洋　张云昊　黄天宇　丁　玥

管理学院

林夏青　郑　娟　严秀华　张明达　孙网珠　张玉蝶　李睿智　陈蓓蓓　马嘉谣　刘紫慧　刘　婷
郭艳强　李佳玲　徐嘉禛　骆心怡　于欣言　瞿欣华　邵明珠

商学院

楼旭甄　赵腊梅　谢　楠　武以婷　邓雅婷　高丽洋　吴　田　张雅茹　施郁颉　徐芳婷　郭洁欣
史成东　王思懿　陈丽萍　梁心悦　刘雨洁　吴　芳　陈心如　康　倩　邹小宇　赵雯雯　高雨杰
刘　云　齐亚男　耿琳琳　王　寅　印鑫玉　朱美铃　刘新雨　李婷怡　许艳华　周晨瑜　张欢欢
袁冬愉　叶　俊　张钰也　李　颖　滕凯莉　黄　婷　华星月　管倩兰　程　蓉　徐志立　金妍村
王　静　严佳雪　丁莉晶　方依群　黄梦丹　朱佳琦　许艳红　沈厚甜　李　雪　卞　琳　季　华
方　媛　费文婷　周金枝　武韶波　邱思佳　陈心怡　张岚茜　李芳雨　刘　蕊　陆丽丹　游晓婷
卢　辰　孙　妍　佘思琪　程靖雯　王梓璇　薛洁茹　崔庆昕　钱钰琳　李佳佳　化明朵　蒋林君
陆页晓　姜　欣　吴　璇　徐一旗　伍昱锦　刘　敏

教育与人文学院

刘佳敬　韩思纪　桂迁芮　王　鹏　高宁宁　原舒雅　高思嘉　黄倩凤　赵佩佩　朱　虹　曹文珺
陈素雅　练　楠　杨春蕾　李玟玟　范月秀　董晶晶　吴昊敏　范海琳　徐梦凡　何　茜　丁　文
郭　冉　周玉霞　孙思源　李　恬　范昱娜　王媛慧　张嘉璐　何玉娇　祝子晰

外国语学院

童雨可　陈子仪　杨慧霖　沈　怡　宋宇宁　余慧敏　曹佳欣　许紫薇　庄　杰　陈家星　周丹丹
崔　红　冯　煜　耿小娟　范甜甜　陈　鑫　侯子艺　缪汶倩　秦　缘　任苗苗　雷卉晴　汪建君
陈　敏　韦雪萌　张妩焕　周子泱　邬　仪　梅海燕　朱宇婷　谌　梦　刘梦霞　林文文　陈嘉琳
丁文静　谢仁婷　吴　怡　曾紫烟　范思佳　柏寅松　袁　媛　高明辉　林新宇　何亚萍　江静雯

郭金程　李佳志　徐雪婷　石陈丽　笈文雅　王　菲　何斯凡　宋梦娟　林佳顺　敬　英　李　萍
李倩倩　盛　倩

艺术学院

史梦茹　卜　霜　杨　澜　方　芳　俞　晓　刘　颖　潘园园　陈梦蝶　常　倩　王　鑫　嵇蓉蓉
张晨敏　孙　菁　徐可欣　刘　琰　李佳佳　刘光辉　刘乐乐　毕　馨　杨天思　齐媛媛　申晓青
刘来创　张惠娴　赵丹宁　张　颖　杨英桦　陆　婧　张　静　周　颖　许　良　陈思奇　刘　玄
沈苏婉　陈　云　单　丹　杨　婷　王议曼　徐欣婷　王　兵　梁玉燕　张昕蕾　吴寿兰　徐不号
位绪绪　郝玮琪　戴海艳　蒋甜甜　陈　诚　李　阳　刘　婷　郁靓倩　杏夏添　吴　迪　吕　珂
屈佳丽　张慧涵　沈佳和　王鸣轩　朱　苗　王腾腾　於敏燕　袁如玉　张艳丽　陈丽娟　赵艳丽
黄欣欣　李俊汝　黄梦玲

校优秀学生干部名单

2019年苏州市职业大学优秀学生干部名单（全日制）

机电工程学院

陈梦婷　卢思楠　靖超琼　贾以宁　高林洁　常明佳　邵　通　王静茹　梁　玲　蒋明君　苗康宁
李梦婷　孙　旭　王绪仕　梁　颖　李达鑫　王　苏　顾佳宁　陈梅鹏　毛成敏　苗文涛　陈艳军
陈文静　赵　豪　李晓静　王佩璋　王修杰　袁　丽　杨　杰　靳赛赛　陈东升　蔡兵兵　汪国强
王　旭　王明亮　包翰才　刘慧慧　何子阳　张　伟　崔佳能　孙　靓　肖一波　盛俊杰　刘文静
于东云　赵　凯　惠　浩　张　琪　管　锐　杨洪亮　孙梦晴　李　慧　陈婉秀　杨克旺　余文炯
钱颖涓　颛孙皖萧

计算机工程学院

李慧敏　赵立升　陈　婧　周鹏程　武佳宇　张克凡　徐　添　蒋梦楠　陈　云　郭　宇　朱倩华
易杭飞　左冠楠　宗婷婷　孙晓雯　周维皓　夏紫薇　姜云峰　孙海燕　胡文龙　李鑫龙　王欣颖
葛一丹　李建莹　孙家楠　汪天祥　彭喜钰　朱媛汝　秦晗阳　殷勇斌　马晓婷　孙艺纱　王　松
顾淑燕　王　超　丁海燕　施银莹　李　昂　黄娴渭　陈思屹　缪明晖　吴小玲　周晓钦　戴　鑫
李佳琪　陈　胜　刘　泽　张　硕　邵泽瑞　邱　野　顾　晨　杜　瑶　周立旭　陈　颖　熊紫青
向　川　钱奕璇　张　宇　周　钿　张　睿　瞿　伟　蒋瑞萍　李晨晨　李　进　孙金凤　李　伟
单岩石　吴潇晴　于文苏　候瑞林　朱正军　黄　鹏　姜舟洲　李　英　张　袁　魏超男　李前昱
姜烽英　陈欣瑶　郑盈盈　杨秀强　郝建源　朱丽华　李善迪　陈　畅　尤丽娟　郭长虹　单　刚
刘会泽　张士雅　王俊杰　邹　彤　姚子凡　施晓慧　李　敏　唐晓昊　孟令康　丁　雨　徐蓉蓉
张　洋　钱丹丽　陶　晖　孙鹤飞　吴熙萌　赵丽成　陶仇丽　王星辰　陆雯慧　厉雄挥　陶　玥
陆　慧　方　霞　王梦男　王　琪　朱　帅　贾文艳　王星雨　林　颖　刘　锋　马建圆　王　凤
李子龙　王子奇　耿　娇　丰　震

电子信息工程学院

蔡冬玉　杨博云　王浩田　朱向伟　管明杰　姚宇阳　周仕伟　王家辉　张晋铭　陈小波　李　可
赵锦烨　韩　政　赵亚州　刘浩义　张俊杰　赵舒畅　陈玄艳　周桂林　冯英彪　李　敏　杨　刚
吴江澳　李明睿　马丹华　王录红　颜　鹏　王家乐　穆加顾　裔金晶　曹长猛　马　赛　邓明玉
周敏烨　孙国慧　黄　希　李绪贞　陈庚彪　石星虎　李红宏　苏　硕　陈　奔　王晓娇　黄　涛
单　旭　邓文静　曾子涵　姜　超　吴　雪　丁　帆　霍　静　周星禹　张启昂　穆旭梅　张意焜
王国栋　孙娟妮　樊倩慧　任慧敏　李焱鑫　陈　颖　周寅萃　张金枝　赵文杰　沈文超　薛　宇
邓佳玲　张　晖　田林叶　朱宏治　李　杨　庄　森　李蒙恩　顾　炎　崔祥硕　秦丁丁　段舒馨

周月 宋朱倩 孙蔺行 张洋 刘铮 徐钰淳 倪良志 刘备 孙扬博 闫瑞君 史嘉诚
程心雨 吴杰 吴尚然 朱哲诚 鹿维维 樊继克 杨一鸣 白文海 陈瑞瑞 程梅语 李杰
李伟伟 魏啸 邓宏振 顾紫青 田宇 倪靖怡 冯奥妮 李婕 徐妃燕 李康 李柏
常川云 晋峰 夏颖 柏立森 丁玥 黄天宇 郭静媛 刘朝迅 张云昊 吴明 韩仲洋

管理学院

郑娟 颜蕊 杨胜男 林夏青 刘雅倩 张颖 赵慧媛 郑一鸣 姚砚秋 徐飒 王彩凤
王善俊 谢泓荟 吴一纳 刘婷玉 胡可欣 董玉平 马佳美 严秀华 周欣 季佳盈 陈瑶瑶
张菁 张明达 李林林 黄小蓉 马捷 常蕊 刘轩 马淑莉 佟志伟 陈星星 江雯雯
肖婷 刘诗宇 单文静 李雨萱 陈萌萌 王亚奇 闻宇敏 王晓芳 征琳琳 宋轶 闫兴伦
宗媛 张唯一 蒋乐涵 孙浩 张姗姗 林梦琪 钮晨怡 沈琦 李玉玲 花如梦 李睿智
李春 孙丽娜 郑晓雨 陈玉 孟彦伶 熊兰丽 安丽婧 孟庆文 董莹莹 周文 经雅
范迎来 丁佳琦 陈蓓蓓 李颖 马嘉谣 王伦 蒋佳惠 刘佳惠 蒋诗静 张娟 杜媛媛
朱欣桐 靳轩 黄心艺 陈雅迪 戴思佳 高雅 陈艳 刘婷 陆远国 刘紫慧 孙晓艳
钱蕾 李剑花 许晨 严晓怡 石恩新 刘晓燕 孔文华 姜海洋 曹亚薇 严钰慧 陈思
任琛 高靖 还佳雯 吴艳芳 张桐 孙静 朱鑫鑫 张志伟 沈高阳 丁雨 顾慧
陈娜娜 韩晓兵 朱佳佳 邢家豪 刘义炀 任缝缝 赵思师 王倩雯 周涛涛 徐伟 程语
李小悦 尹颖 李洁 邢喆 杜浩 黄璨 郭艳强 倪思维 龚佩云 瞿欣华 陈周
唐嘉遥 吴福玲 杨璐 程苏园 张婧言 吴靓 周国燕 李定香 崔安琪 吴思 胥胜男
徐以成 杨景文 陈娟 沈灿 高源 屠诗铭 陈诗怡 白月飞 王金鹏 王希 邵明珠
田子祎

商学院

楼旭甄 王海月 吴馨怡 廖秋怡 赵腊梅 孙雨雪 晋晓冬 姜凯怡 刘金梅 陆雯雯 薛青卿
胡恒祥 夏委 乔玉贤 史成东 吴慧莉 吕梦娇 陈心如 刘雨洁 赵雯雯 张远丽 栾柘蕾
康倩 王天宇 周瑜 高雨杰 刘新雨 王彦彦 陈优美 张钰也 陈紫薇 顾美霞 陈帅全
张红梅 高晓青 沈厚甜 方依群 程蓉 陈瑶 孙怡婷 陈琳 武韶波 翁琳 汤龙君
吴凤娟 李垒 徐鸣尉 张明珠 杨璇 林枭 赵一璇 崔庆昕 程康 倪倩 董岩
向莹莹 曹舒月 赵袁渊 佘陶钰 冒婷婷 张舒佳 陈枫 陆页晓 曹佳豪 陆诗颖 李念
范文慧

教育与人文学院

蔡晓艳 桂迁芮 高思嘉 唐杰 刘佳敬 马婧婧 张志强 杨玉洁 申雯 杨周 原舒雅
韩思纪 王鹏 单超云 陈静怡 郭悦 卞文文 柯汗 俞雯雯 彭光兰 贾逸平 高修红
吴颖 孙星星 杜燕 姜丽萍 李玉静 王馨悦 陈岩 陈英 韩小炜 韩宇 宋苏豫
王智康 伏天慧 陈志健 张奥博 曹文珺 练楠 陈素雅 董晶晶 陈羿璇 王菲 李玟玟
朱晗 陈礼俊 陈思婷 范家登 吴颖 庄玉灵 周玉霞 汤玲 高舒逸 王倩 周敏
沈怡婷 王丽敏 倪其敏 唐婷 刘丹丹 方静 孙宇佳 马思毓 李禹 伏晴晴 李菊香
闻格格 石亮丽 郭紫琼 陆雨露 秦婷轩 李恬 张文青 袁欣 张妍 孙莹颖 王从健
李倩 许诺 孙文静 宋涛娜 王媛慧 范昱娜 雷思雨 张嘉璐 刘俏俏 刘景娴 黄程婕
徐洪勤 钟慧云 许诗怡 严婷 祝子晰 褚楚 赵玉 黄雪 葛迅

外国语学院

杨慧霖 冯纪曼 董淑玢 方慧 沈梦飞 刘爱秀 汪建君 秦缘 孙星 宗长月 何丽娜
耿小娟 陈鑫 周子泱 孙彩蓉 许雄伟 谌梦 胡若彤 李悦 邢潞潞 吴新月 丁文静
于妤 于曼丽 梁娜 高若涵 王晨如 张雅琴 王春燕 关娟 高佳丽 柏寅松 林新宇
刘璇 高明辉 周志昊 江静雯 盛斐涵 刘婧婧 徐雪婷 徐慧莲 翟青青 石陈丽 林佳顺
陈礼莹 王菲 宋敏青 敬英 盛倩 李倩倩 王怡

艺术学院

唐　妍　卜　霜　黄　迎　史梦茹　杨　磊　张　勤　蒋　锐　李佳佳　王　鑫　徐可欣　孙　菁
赵　晴　刘乐乐　刘　琰　曹梦丹　嵇蓉蓉　张晨敏　毕　馨　常　倩　高　冉　陈　静　卞玉飞
申晓青　何天娇　陆　宇　魏林瑞　刘来创　孙晟凯　王魏东　冯钟秀　赵丹宁　洪　楠　张　颖
陆静漪　李　鹭　周晓婕　杨　洁　张　静　杨英桦　陆　婧　黄津凤　周　颖　丁宇娇　嵇彩玲
刘　玄　陆晓娇　刘　娜　孟芳宇　王议曼　张昕蕾　沈　霏　孙　洁　杨　婷　张星星　周春秀
王　璐　徐不号　魏　欣　郝玮琪　蒋甜甜　张慧涵　李　阳　吴　迪　杏夏添　沈佳和　王秋寒
蒋凌宵　傅方璇　马　强　吴朝旭　郑　雨　成恩琪　赵艳丽　姚　敏　王晨阳　袁如玉　高佳敏
於敏燕　章　琴　陈丽娟　陶　婧　杨丰源　陈晓玉　邵梦萱　瞿梦露　张雅婷　朱梦雅　张梦梦
姜若楠　陶雨瑄　李馨乐　周子惠　戴　明　于　莹　卞经纬　皮子芮　严　霞　苏千彤　顾冬慧
殷丁淇　范嘉莉

体育部

侯　笑

校优秀毕业生名单

2019年苏州市职业大学优秀毕业生名单（全日制）

机电工程学院

葛有力　马千鹏　袁　涛　周春阳　濮海祥　李大臣　张北大　赵祥文　唐珊珊　孔伟国　张　跃
严军军　蔡越猛　王　飞　陆建峰　张万里

计算机工程学院

李梦圆　孙依婷　章安乐　周　爽　高梦霞　谢淑婷　李　凡　周凤婷　夏振新　刘　茜　周　浩
笪凌蕙　丁若丹　吴旭迈　徐　苗　王　雪　仝梦奇　李海丽　谢　宁　张雨琼　陈　鑫　朱明星
宋海平　梁富晓　乔一凡　刘　砥　王宗树　高思齐　王　瑞　郭在旭　周诗家　曹　忍　孙　霄
孙天宇　朱镇祥　杨　敏　尹慧星　刘瀚骏　张　颖　刘孟茹　周　颖　陆佳兰　王　翠　班成燕
王园园　孙　诚　刘　莹　殷嘉佳　何　仪　陈丹丹　陶鑫琦　郭　晶　王缓缓　杨晓昶　朱　训
张梦露　刘成志　薛　含　邱　晓　朱莉桦　赵佳豪

电子信息工程学院

张志强　李亚捷　王慧敏　冯　振　张　猛　王　胜　石培峰　唐文正　沈　磊　高　举　杜志虎
陈小峰　浦文昊　王云凯　王朗齐　郭寅虎　孟令辉　张　文　周　畅　王奥杰　陈　建　周有为
陈秋阳　代现成　杜　琳　刘树杰　李材祥　梁　瑞　赵明豪　于　愿　马　亮　郏小康　张梦奇
郭　笑　袁　潇　刘泽亮　黄　芬　王言伟　丁雯丽　徐廷宽　刘淑慧　裴晓雨　白　雪　于立佳
王　景　董　森　常金龙　胡令帅　叶　蓉　邱　悦　黄鹏壬　胡欣怡　储海燕　黄志坚　张彬彬
史长宇　郑江湖　王　成

管理学院

陈越钦　昝　磊　张　赛　荀　鹏　韩　云　戚荣芳　卞蓝蓝　沈红艺　叶　柳　王　涵　张芸楠
谢　晋　蒋东茹　罗　凤　齐淑敏　潘　婷　刘东芹　仇文婕　阮　爽　严　庭　胡　怡　周媛媛
江依雯　花　淼　史金慧　祁　硕　洪文慧　唐　琦　陈　杨　李逸雯　唐紫琪　王滢悦　吴彩云
李仁会　许子良　刘　媛　潘　娉　陈彦顺　姜雨婷　温思豪　王　梦　李飞洋　花　薇　王恒惠
郭琪成　戴建敏

商学院

王志鹏　史羽婷　王永霞　蒋志其　黄栩妍　邢雪姣　施凉凉　裔　晴　李金凝　朱玉姣　王海玲

傅　莹　刘迎迎　姜怡妍　程　婷　陆宜文　殷长旭　余　扬　倪　萍　吴小荣　赵　敏　马星怡
沈夏玲　吴佳炜　卜　瑾　王　阳　魏双燕　刘桂尧　张　玮　姚佳乐　黄　燕　胡蒙蒙　尹　丹
刘　瑶　赵冬晨　倪晨丽　施冬青　林婷婷　刘佳周　刘　静　朱佳雯　王　茹　方明珠　潘丽荣
刘梦婷　施恒翠　马媛媛　周兰兰　董　聪　葛书华　王　雪　朱雪婷　申郑菁　王　益　刘芸秀
李佳维　万　进　朱亚莉　黄园园　包　晨　岑　枫　徐　敏　王　萍

教育与人文学院

蒋心雨　蒋　悦　蔡莹莹　方丹丹　贾惠羽　杨雨佳　江雨欣　姚　兰　华竹语　谭丽丽　闫　震
胡文艳　林晓慧　李雨晴　杨　逸　夏　琴　王　婷　许　欢　李婉莹　李晨曦　袁月月　赵舒婷
管云云　郭鑫雨　董育云　周　欢　张远娇　翟康娣　孟羽茜　杨　晔　赵晓云　肖媛媛　朱荣荣
周　莉　杨　云　陈　楠　李倩倩　裴　徐　王　慧　王钰清　沈依婷　黄晓红　刘　梦　宋路遥
李　乐　曹新艳　何雨亭　马洪鑫　汪　彧　王依宁　张　咪　李梦宇　赵　楠　姜迎巧　徐文艳
刘　慧　沈　芳　柏佳筠　祝若宁　李雨晨

外国语学院

岳劭东　吴雨晴　徐淑婷　徐家盈　叶莹莹　郑丽娜　王亚南　张　烨　宋双双　孙宇红　万云琳
汪臣培　花　珊　王秦玮　蒋慧芝　华志霞　叶盼盼　王燕红　葛克丽　季　婷　臧　清　朱孙金
温草雨　胡若瑜　刘志翔　朱莹莹　张忠瑞　练鹏雯　刘　妍　陆立钰　朱　洁　汪本月　孙　华
邓红玲　潘　蓉　潘子衿　张玉婷　陈江伟　刘雨轩　伍玲慧　李心敏　王　宇　李艳秋　陆　璐
薛苏云　付金梅　叶盼盼　袁念翠　周　敏　张郁敏　郭海静　张梦琦　丁惠敏　张　陈　王琪璇
王　颖　潘　琴　顾雅婷　赵瑞敏　王星星　杨　婧　史正月　翁颖颖　李苗苗　王田霞　徐葳然
张　秀　张　露

艺术学院

万宇琪　杨　玲　张　蒙　韩雨童　陆婉丽　李玉玲　桑　语　宋　洁　邹　玥　顾　静　陈　丽
曾莹慧　史心逸　朱夏秋　张悦阳　王　丽　赵　丹　沈　晗　白湘湘　徐　瑜　浦俊杰　杨青华
董　泽　邹　悦　陆星月　李　健　袁　烨　陈佳佳　王雪纯　耿　李　赵慧莹　刘　芸　杨　雨
王紫月　夏梦琪　汪漫漫　许延妍　王　新　徐昕宇　周海蓉　冯清玲　薛　钧　夏　玮　徐懿暄
赵　盟　陶　晨　陈嘉玲　袁佳丽　李　果　周　倩　尚珂宇　黄　猛　奴　靖　刘　畅　张露露
谢卓霖　马　倩　戴岑岑　王梦琪　徐平秀　刘金鹏　胡天琪　姚兴沂　王晓娜　朱佳敏　郭宁俐
屠新婷　费宗梅　牟宗礼　王　瑞　秦晓涵　皇甫苏东

体育部

王恋恋　胡立诚　吉佳敏　朱守振　陈殿玉　叶　胜　谢雯静

（蒋君毅）

校优秀团干部名单

2019年苏州市职业大学优秀团干部名单（全日制）

机电工程学院

耿泽阳　刘学富　朱晓萌　程家明

计算机工程学院

郭博文　詹开富　刘　泽

电子信息工程学院

陈　颖　李绪贞　王浩田　赵元瑞　郭　琦　谈佳豪　蔡冬玉　樊倩慧

管理学院

徐　飒　宗　媛　谢泓荟　顾怿琛　陈曦娅　黄　莹

商学院

楼旭甄　郭　政　夏　委　黄雪莲　史心怡

教育与人文学院

王　鹏　俞雯雯　桂迁芮　崔学会　郭　悦　王智康　陈紫萌

外国语学院

花　珊　何丽娜　魏　伟

艺术学院

刘光辉　高　冉

体育部

吕苏雯

校优秀团员名单

2019年苏州市职业大学优秀团员名单（全日制）

机电工程学院

倪庆安　邱　亮　刘　恒　周张象　王明亮　刘西亚　曾成龙　郭镇宇　李　坤　蒋明君　常明佳
陈梦婷　高　逸　戴灵宇　侯筱萍　朱俊杰　杨亮亮　王静茹　徐雪峰

计算机工程学院

蒋梦楠　金　旻　成　露　刘　瑶　陈　培　葛一丹　黄嘉洁　黄志越　王　松　王明宇　张　硕
李佳琪　王婉婷　褚　翔　李　伟　单岩石　吴　笛　陆文达

电子信息工程学院

张启昂　张意焜　王国栋　韩　晨　郭志铖　韦婷婷　王浩田　张　翔　赵舒畅　李敬铮　姜　超
杨　刚　宋庆祥　段舒馨　赵智轩

管理学院

张　颖　张　玲　陈觐欣　陈曦娅　崔石磊　顾怿琛　黄思凡　黄　莹　李思宏　骆心怡　唐嘉遥
汪　梦　严秀华　张　旭　周国燕　何引英　陶　锐　肖　雯

商学院

周慧娟　吉玉婷　吴　芳　张远丽　高雨杰　管倩兰　王彦彦　张钰也　朱佳琦　程　蓉　吴益凡
金妍村　沈厚甜　关　悦　薛萌萌　卞　琳　徐　景　朱妍雯　陈　琳　张雨秋　高家琦　朱倩倩
陆诗颖　沈　彤

教育与人文学院

杨春蕾　陈素雅　杨　莹　张琳琳　李楠欣　王　杰　朱　婷　沈心煜　宋苏豫　王　菲　陈羿璇
顾文怡　啜琪茹　孙莹颖　王语言

外国语学院

谌　梦　李　晨　刘颖妮　佟　瑞　张　可　赵雨昕　范琳娜　关　娟　王　林　杨慧霖　周语欣
周子泱

艺术学院

常　倩　陈雨柔　李　涛　李　阳　刘乐乐　王志文　魏　欣　吴艳彤　徐雨萱　张　睿　周　颖
朱奕波

体育部
侯　笑

（周　赐）

校军训优秀学员名单

2019年苏州市职业大学学生军训优秀学员名单

机电工程学院
朱　顶　李庆俞　刘琦龙　余蓉蓉　张国强　周　峰　程宇明　王海洋　朱志高　张宏伟　江　跃
刘铠彧　李　润　梁　箫　张利成　牛鑫焱　杜尚浩　陈艺坤　王子腾　吉湘雯　王　善　毛越洋
闫　妍　唐广淇　张少杰　刘旭冉　仕景元　赵一航　唐笳杰　祝天巍　许　瑞　张壮壮　陈　侠
刘元纪　徐　克　吴　昊　施　翔　吴建龙　陆亚楠

计算机工程学院
陶昕宇　陈　烨　高军芸　钟　玲　洪　圆　丁　明　张　政　彭金龙　丁维恒　姚　颖　丁　涛
石　芳　巩海杰　曹　泓　洪　图　周慧凝　周俊超　杨安然　季浩楠　卢峙奇　何佳慧　冯家齐
武佳丽　胡少贤　杨一搏　罗紫琳　安云浩　史梦娜　孔德婷　谭振东　于浩淼　李晨辉　王雪莲
张　迪　魏　笑　陈彦任　易艾俊　胡云婷　仇舒婷　王若岚　庄　帅　洪蓓蕾　金　欣　陆　俊
张　进

电子信息工程学院
李文选　姜　洋　李国政　孙世杰　路晨光　陈　杰　赵亚楠　张瀚中　张　淑　王寒寒　朱　栋
王强东　陈　涛　杜永雯　陈　坤　姚连武　曹孟孟　李雨嵘　张　嵘　吉　茹　梁双江　蔡　涛
凌浩东　郑丁豪　刘　帼　李康轩　相淮洪　宋　琦　张天翔　孙孟杰　王　鹏　陈王瑜　陈　众
李青林　朱金鹏　赵博奥　瞿　盟　孙　毅　仲伟丰　夏梦怡

管理学院
黄　涛　覃宏连　李思琦　戴梦婷　曾　浩　王　静　孙雨恬　仲佳佳　李　丹　代真杰　耿凌燕
徐达雯　江　博　邢兴兴　和焕格　魏静怡　徐　婷　陈雯萱　张　雨　匡婷婷　白丽娟　安　宁
蒲晓静　张　庭　吕晓意　张慧影　梁峻豪　冯　卫　兰梦梦　端木叶文

商学院
徐　琰　祁　琦　韩国玉　叶仪婷　宗朝飞　袁　舜　徐旭琪　严　冉　张文静　李雨佳　胡　玥
文鑫月　赵　宇　唐雯情　朱浩田　顾依琳　吕雪芹　梁路平　邵婕妤　周莎莎　夏熠舟　朱凌宇
张杨怡　张　晶　陈　娇　庄新鑫　陈韵琪　陶　乐　孙月璐　许　悦　杨　茹　李媛媛　姜佳琪
何建华　徐诗雨

教育与人文学院
邢紫淳　陈隆祥　黄　静　杨雅慧　朱耘娴　邱雨薇　刘　妍　高　晶　贺炫垊　袁　霄　邹飞扬
韦　轩　孙金典　王银冰　刘乐英　杜欣悦　邵莹钰　李　洁　陈世风　孙　妮　闫　佩　马　靖
杨　瑞　夏　淼　张　璇　李梦洁

外国语学院
马雨童　耿　榕　王亚萍　谢　诃　刘雨茜　王婉廷　蓝淑蕾　于江星　张玥琪　谢金龙　崔若曦
钮　约　李星润　程　珍　贾　凯　李文雪　肖　倩　崔汉宇　王美辰　甘　冰　刘梦真　张思学
陈　琛　张子恒

艺术学院
吴雨晴　李　悦　江　薇　李　娜　徐一谌　司乐懿　李亚伦　常　健　张　颖　刘静竹　马志文

施袁帅　林昊伟　范昕怡　张千一　唐澳华　卞　乙　邓昕昕　沈文艺　袁　彤　陈　帆　王英伟
史方敏　徐　贺　张瑞莎

体育部

李廷辉

校园之星名单

2019年苏州市职业大学校园之星名单

机电工程学院

陈文静　毛成敏　陈艳军

计算机工程学院

李鑫龙

电子信息工程学院

段舒馨　韦婷婷　曾子涵　刘浩义

管理学院

马嘉谣　顾怿琛

商学院

吴　芳

教育与人文学院

桂迁芮

外国语学院

林新宇

艺术学院

庞聪聪　刘乐乐

（蒋君毅）

获各类奖（助）学金学生名单

2019年苏州市职业大学学生获各类奖学金名单（全日制）

国家奖学金

2019年苏州市职业大学学生获国家奖学金名单

机电工程学院

陈文静

计算机工程学院

于文苏　李鑫龙　周　钿

电子信息工程学院

韦婷婷　段舒馨　刘浩义

管理学院

马嘉谣

商学院

吴芳　卞琳

教育与人文学院

韩思纪　曹文珺

外国语学院

杨慧霖　林新宇

艺术学院

刘乐乐

国家励志奖学金

2019年苏州市职业大学学生获国家励志奖学金名单

机电工程学院

吴战胜　梁颖　左海亮　王湘　苗文涛　王聿杰　凡顺刚　陈艳军　化飞龙　张启敏　王惠榕
王佩璋　王山文　李晓静　沈自然　袁丽　段伟军　卫建　汪国强　靳赛赛　侍磊　唐传月
王炳杰　宋莉莉　贾以宁　卢思楠　吴淑雯　衡亚南　杜佳琦　陈梦婷　靖超琼　王静茹　常明佳
邵通　高林洁　梁玲　黄迪迪　张礼浩　陈学良　于东云　张琪　唐苏洋　刘明明　汤洁
杨洪亮　孙梦晴　王晋　朱奕　王媛　薛翔　李慧　张昊　张丹　陈尘　李玲
朱明星　张永康　肖一波

计算机工程学院

丁灿灿　邵泽瑞　黄丽　易佳　顾晨　钱奕璇　张宇　向川　张睿　赵立升　陈云
蒋梦楠　武佳宇　刘开旺　刘瑶　马河鹏　陆瑶瑶　候瑞林　常源　李双　王威　孙恒
刘梦晴　刘兴　孙家楠　周文猛　王超　陈思屹　丁海燕　王松　黄娴渭　孙艺纱　夏紫薇
姜云峰　张晓　王菲　戴越　刘梦娇　张虎林　蒋瑞萍　瞿伟　单岩石　李晨晨　刘云
李伟　孙影　刘倩池　仇荣芳　杨文杰　尤丽娟　张士雅　陈畅　郭长虹　贾正华　宋祎梦
陆慧　刘巧　马彩梅　董自豪　朱帅　唐成澳　贾文艳　许宇鹏　钱丹丽　张洋　管小冬
马建圆　朱江　管勤勤　任雨梦　余勇　姚明圆　吕盼兴　杨秀强　任碧琼　李晶晶　耿娇
刘宇芳　王玲　丰震

电子信息工程学院

朱向伟　胡宇　蔡冬玉　管明杰　姜钱　王义洪　张翔　张嵘　赵舒畅　潘晓雪　韩政
庄森　周世豪　李蒙恩　王录红　裔金晶　穆加顾　周敏烨　孙国慧　穆旭梅　张意焜　李发
张金凤　李林敏　李龙　李焱鑫　张金枝　朱宏治　罗泾源　石星虎　徐叶甜　苏硕　曹盼
王晓娇　黄涛　李敬铮　闫菲　朱丽丽　姜超　邓文静　霍静　胡天池　孙蔺行　孙扬博
倪良志　李霞　吴杰　程心雨　鹿维维　白文海　赵魏　吴尚然　田宇　倪靖怡　祁文静
周艳慧　庄婷婷　夏颖　蒋璐月　黄砚秋　于静文　刘华龙　张云昊　吴明

管理学院

刘轩　孙梦婷　江雯雯　孙丽敏　刘诗宇　单文静　王倩霞　郑娟　杨胜男　刘雅倩　颜蕊
赵慧媛　孙庆雯　郑一鸣　卢娴娴　贾必艳　张娟　潘茴玲　张兴霞　万春艳　穆如峰　张明达
周欣　郑晓雨　张玉蝶　李玉玲　宋轶　陈萌萌　孙丽娜　张唯一　王亚奇　闫兴伦　王晓芳
熊兰丽　张姗姗　蒋佳惠　范迎来　胡云燕　葛友路　王洪运　朱佳佳　薛莹　程语　勾小月
潘筱怡　靳轩　高雅　冯晓薇　刘婷　孙晓艳　张廷廷　胡威　陈娟　李雪　田子祎
白月飞　邵明珠　吴艳芳　孔文华　刘晓燕　高靖　朱鑫鑫　魏礼娟　张桐　张志伟　荣丽娟
裴明　王媛　陈娜娜　赵颖　尹颖　周君晨　倪思维　唐治学　周梦宇　盛杰　周舟
杨璐　瞿欣华　姜楠南　唐嘉遥　李定香

商学院

杜　倩　张远丽　张海燕　赵雯雯　高雨杰　王天宇　齐亚男　刘　云　耿琳琳　张赢心　王　静
程　蓉　顾美霞　许艳红　沈厚甜　王倩倩　王梦姣　王康敏　武以婷　邵惠红　刘金梅　明凯婷
靳莫新　褚梦涵　季　华　付文丽　闫胜男　高秀芹　黄玉梅　吕梦娇　史成东　曾虹雨　夏　委
王思新　赵金玲　汤龙君　王浩远　吕冉冉　胡瑞瑞　李忻月　刘　蕊　张芬芬　沈如意　周　晨
周璐君　黄茹苑　李燕美　王　辉　陈小慧　沈　婷　徐苗苗　张　玉　杨婉婷　侯　秀　向　雪
林　枭　王宇凤　严　悦　董　洁　朱　璘　程靖雯　耿佳节　佘思琪　王　韩　刘雅露　殷碧玉
范文慧　仲许诺　颜淑琴　陈玉晶　王　娟　韩悦悦

教育与人文学院

吴　颖　王梦贤　王　慧　王小焕　韩秀丽　陈　岩　王馨悦　李玉静　肖咪咪　陈　英　高　淳
王美丽　任爱玲　郝亚妮　卞文文　陈　静　单超云　郭　悦　李楠欣　彭光兰　马安霞　范月秀
李玟玟　李　杰　汤　玲　侍宇婷　范海琳　卜奎翔　王智康　杨春蕾　刘佳敬　罗涵钰　桂迁芮
高宁宁　马婧婧　申　雯　仇文静　李福云　孙梦杰　刘丹丹　宋晴琳　仝玉波　周丽琴　何玉娇
刘俏俏　徐洪勤　董　琴　钟慧云　周　敏　刘秀芹　姚媛媛　金　震　孙文静　张　妍　简芳娥
王媛慧　宋涛娜　胡　婷

外国语学院

缪汶倩　王　鑫　孙　星　郑又珍　孙彩蓉　杨　雪　林文文　徐　爽　梁　娜　谢仁婷　张婷婷
王春燕　刘　璇　高明辉　吕文泰　董淑玢　陈子仪　曹佳欣　冯纪曼　陈家星　刘　江　庄　杰
周丹丹　沈梦飞　李　阳　王绘宇　王　盈　王为艳　沈宝仪　罗　涓　钟昕辰　张晓玲　盛　倩
薛燚涵　石陈丽　翟青青　李艳华　敬　英　宋敏青

艺术学院

张　燕　周梦圆　冯钟秀　靳　雪　张　颖　陆晓娇　许　良　单　丹　陈思奇　高艳霞　陈　云
周　颖　嵇彩玲　蒋骄阳　刘来创　李浩东　张梦宇　申晓青　高　冉　郑涵丹　毕　馨　刘　娟
陈梦蝶　刘光辉　方　芳　曹梦丹　张昕蕾　吴寿兰　孙梦梦　徐不号　王秋寒　吴　迪　卜　霜
史梦茹　唐　妍　袁若馨　蒲兆慧　黄　欣　朱梦雅　张梦梦　赵卢穗　周子惠　戴　明　苏　逸
王腾腾　章　琴　张盼弟　陈丽娟　王一华　高佳敏　葛莹莹　皮子芮　张　科

体育部

张艺帆

国家助学金

2019年苏州市职业大学学生获国家助学金名单

机电工程学院

丁加瑞　高　逸　胡江华　嵇浩祥　刘　恒　汪允天　吴建远　许晨阳　杨　光　张子健　周张象
左惠明　梁　颖　董前程　高　猛　吴战胜　严　威　杨志明　周　浩　王　湘　袁海琴　陈　磊
印　杰　翟雨林　左海亮　陈　雨　冯阳阳　苗文涛　王赛龙　孙瑞梅　陈艳军　凡顺刚　化飞龙
李健良　李雅斌　林国平　尚教松　帅锡红　王聿杰　王惠榕　张启敏　范智豪　郭新旺　吕　涛
彭浩然　石　建　王富祥　徐　权　杨安磊　张文博　仲崇乐　李晓静　杜茂壮　雷　震　李明钢
李玉镯　任思笃　王佩璋　王山文　叶　铖　禹日强　仲晓祥　朱博晖　马鸽鸽　袁　丽　段伟军
李虎军　李志钧　刘圣贤　沈自然　朱　慧　崔丁红　江维波　景云飞　刘兖虎　汪国强　卫　建
肖科旭　张安吉　王海运　陈星月　姜　杰　蒋海峰　唐程晨　汪泽楷　王　浩　杨志祥　俞刘英
曹　伟　胡　腾　石宸宇　靳赛赛　侍　磊　张　权　张万锋　朱永静　曹亚星　董统一　杜祥雨
唐传月　王炳杰　王梦祥　魏荣良　杜武全　贺　晨　季天明　李奎呈　刘长琪　沈炳善　谢银鹏
熊　风　徐同州　杨亮亮　张健玮　朱雨飞　卞　阳　陈梦婷　衡亚南　贾以宁　靖超琼　卢思楠
宋莉莉　吴淑雯　陈志伟　杜佳琦　付金泉　黄　磊　李青荣　张宏飞　赵效一　常明佳　高林洁

侯筱萍 蒋明君 梁玲 王静茹 范宇辉 郭孟坤 胡宏峰 李秋播 梁旭 林政安 邵通
黄迪迪 陈学良 张礼浩 张睿 刘毅 于东云 孙明勇 金孝峰 张琪 汪晓龙 于惟
马之辉 张康晨 刘冰冰 唐苏洋 李向雨 潘毅 耿友才 王治伟 曾敏 汤洁 丁刚露
孙梦晴 郭雪成 黄永炜 杨洪亮 吴显志 苏鹏鹏 谢菩亮 王文全 曹旭 冯航 周丽鹏
陈沛驰 刘彦云 史浩东 刘明明 朱奕 王晋 郭志恒 魏志强 魏雪峰 徐森楠 李启亮
陈星宇 秦冬 唐露 王福瑞 陆苏楠 顾禧彤 王媛 范洪庆 杨海 薛翔 毛登坤
王雷 沈振华 李慧 杨遥 王军 刘霖 高祥恩 姜启 刘陈杰 杨闯 秦乐
赵帅 李玲 张丹 沈思彤 张昊 谭浩玮 刘骐嘉 朱明星 彭延璨 张欣 陈尘
徐毅 陈子龙 奚思成 石玉 缪秋琪 郭佳龙 黄佳成 李臻 肖一波 张永康 石成
高将 李其俊 盛俊翔 杨大帅 段文豪 郑江南 施开元 黄金 周凡 郭冬琴 尚崇庆
潘荣亮 罗遵贵 朱伦 游璇 田玉祥 邵亚军 王旭东 邓茜茜 王心潇 李赛 王鹏
耿鹏飞 李欣益 王东道 陈金博 熊恩慧 梁智华 缑春旺 裴钰浩 杨雪峰 陶玉昌 吴鹏翔
孙长江 陈志超 张昊 张澳 崔井志 李靖龙 武亚斌 于朝阳 曹轩豪 唐子赟 程传友
顿志川 蒲玉燕 吴柯鑫 赵南 郭云泉 徐大雨 丁辛峰 史健军 张慕康 李宗堂 卢世康
刘红玉 张凯 刘凌云 朱先创 彭开明 徐永梁 李智勇 李瑞龙 程闯 杨嘉宇 高兴武
韩季宏 王加升 陆虎 刘懿慷 孙大瑞 宋闯威 王海洋 李松涛 武星凯 沈澎湃 王世强
何飞龙 李强 庄馨宇 谢江颖 顾海澄 丁盛 张志飞 王焕 王雪珍 陈青红 秦覃欣
赵亚洲 赵佳乐 李豪祯 熊昊天 魏建业 王善 曹颖 闫晓莹 王梦霞 张冰莹 王震
陶玮 夏远 符立伸 王旭鹏 翟瑞宏 吴函郦 嵇玉龙 葛勇 丁代宇 王浩宇 王远方
程澳来 刘宇洋 李润 赖红润 姚生宝 陈乐 朱慧 严亚军 戴梁辉 葛一江 许林军
温子祥 梁箫 景祥祥 丁琳权 李志愿 于江波 葛超杰 坚文博 凌智鹏 常跟亚 刘开江
孙丽 杜新成 陈凯歌 鲁荣辉 高关炳 史鹏程 薛浩天 闫宇 张成 陈侠 王子骄
郎玉林 曹文俊 张宇 王金军 黄雨 潘婷婷 王冰洁 管涛 单长春 张洋 李胜林
张洪鸣 张朝亮 郝润泽 张润璞 李鸿飞 杨修远 皇甫天赐 扎西措姆

计算机工程学院

丁灿灿 胡琳伟 张哲君 陈心想 范智琰 莫立程 邵泽瑞 沈志东 顾晨 黄丽 李颖
吴妤玲 易佳 刁进 李成 申鑫 孙昇 侍亚男 张雷 朱承朋 李秋月 钱奕璇
张丹丹 张宇 韩振业 向川 张睿 陈云 蒋梦楠 马汇娟 孙莹莹 武佳宇 许爽爽
张梦琪 赵悦 郭凯东 刘开旺 马超 赵立升 刘瑶 马河鹏 水丞 李凌霄 刘丹
陆瑶瑶 宋玉童 杨青 于文苏 常鹏超 侯瑞林 吴震 李双 张利芳 常源 冯祺
黄泽昌 陆典 孙恒 王威 吴笛 张伟 赵宝平 刘梦晴 刘兴 董阵阵 王玉龙
吴贺 谢成宝 叶旭辉 张昌健 葛菲璠 姜广宇 孙家楠 周文猛 钱落雁 丁海燕 黄娴渭
孙艺纱 王璇 张梅 陈金晶 陈思屹 陈云辉 宋健 王超 王松 夏紫薇 于方旋
张晓 姜云峰 李鑫龙 马尚 茆海强 戴越 刘梦娇 王菲 杨悦 袁玉玲 赵勋
李书杰 马守祥 王亦凡 张虎林 瞿伟 丰秀成 蔡兰婷 董悦 蒋瑞萍 李晨晨 李伟
刘云 孙金凤 王知心 单岩石 刘倩池 李素素 仇荣芳 孙影 陈梅玲 胡明宽 张钰珩
孙晨茜 魏艳琴 李正文 宁巍巍 杨庆 张明秋 陶恩洲 张士雅 杨文杰 张建 陈畅
郭长虹 尤丽娟 谭本发 张光彪 刘亚龙 王默 任彬彬 许世娇 宋祎梦 贾正华 仲振辉
吴远 李梦雪 祁颖 陆慧 孙洁 曹悦 张天琦 贺忠贤 李刚 徐家乐 刘巧
刘英 马彩梅 陈怡爽 张念杰 王鑫鑫 李金龙 祁凡凡 冒钧亿 李星雨 陈旭 曹俊
温瑞 孙金胜 曹娟娟 高志政 朱帅 屈凯 董自豪 徐秩斌 唐成澳 陈红平 刘洋
张福娜 刘佩 祁怡 张鑫鑫 范莹格 贾文艳 陈松 吴海峰 许宇鹏 赵岩岩 张洋
钱丹丽 华佳豪 董雨荣 刘毛毛 管小冬 杨梓行 杨宇航 吴琼 杨尚云 董志威 张棒棒
熊传奇 徐虎 王赛楠 侯婷婷 朱雪宇 孙硕 周游 张楠 王成 朱江 陈妍

叶小素	马建圆	季佳伟	程耀煌	李 明	尹晓龙	周 琨	郁亚滨	管勤勤	李富祥	曹泽龙
朱云洁	姚明圆	任雨梦	任碧琼	牛亚鑫	李晶晶	乐贝琳	吕盼兴	周 旭	钟 元	李虹嶙
周俊璇	余 勇	王明月	杨安平	杨秀强	任祥荣	耿 娇	谢凯智	谭佳龙	董志豪	尚立鹏
张 婷	吕文娟	常 瑞	杨艺虹	刘宇芳	王 玲	丰 震	赫文飞	程思童	郭国静	刘晨宁
王志权	杨鹏玉	刘亚文	白慧芝	童大丛	蒋银芳	朱珺珺	刘 云	徐浪子	范士纪	秦玉祥
周建强	李文杰	高瑞昕	周圆林	程莎艳	张 静	陈 丽	邓 滢	徐海兰	张樱铧	王凤婷
杨 茜	祝家凯	郭 浩	刘飞宇	覃维坤	邸龙龙	王 蒙	姜二丫	胡彩凤	魏 娟	李心如
柏盈盈	吴辰龙	李浩然	姚 超	杨 诚	潘中宇	师笑拓	王跟悦	邓 璐	潘 芹	郭淇汶
孙 硕	李家强	贾明旺	陈 洁	颜跃萍	顾 凡	缪嘉磊	蒋子豪	林立祥	王莹莹	王鑫蕾
卓子惠	史佳雨	李金玲	李春雨	姚德龙	陈子豪	李 睿	冯 妍	沈 娟	何 静	刘银凤
贾雪晴	任 梦	张春宁	王 雪	王雪莲	曹 娣	柳 浪	陈田田	王 艳	李 姗	汤 丽
刘 赟	马 琴	黄佳云	梁辰雨	杨海芹	殷雨阳	杨安然	李彦茹	胡雨佳	仲 昕	王 杰
陆 成	沈云鹤	杨煜辉	郭 毅	郑桢谨	唐 宇	方文龙	王 悦	颜梦言	戴文剑	丁思凤
王 鸿	马芬芬	周壮壮	花国庆	陈政宇	吴泽昊	罗 柳	曾金秀	王 旺	赵坤豪	何星星
贾怡冰	张 敏	潘治章	刘 涛	江纪鹏	徐龙鑫	徐铁宇	左煜杰	张家杰	魏 迪	刘天凤
郭 蒙	权静静	赵 凡	封加敏	金 欣	宋祥龙	张俊涛	张 黎	史美诗	杨 新	刘 战
张浩熔	李佳晨	王小娜	陈小娥	张 俊	李志强	肖文博	张明明	赵桃桃	张金蓉	武璐瑜
王 丽	张海烟	胡展源	金 旺	杨 荣	梁代玉	张韦翔	李 太	王 磊	刘嘉怡	姜丹丹
宁 楠	郭冰倩	曹康康	邓 垚	尹 力	徐雪雨	刘梦雨	王 佳	朱 琳	张 微	唐秋霞
苏韦玲	侯玉凤	王佳欢	王 捷	杨业壮	刘佳彤	姚小勇	宋晓宇			

电子信息工程学院

蔡冬玉	高敏成	管明杰	胡 宇	钱 勇	张多多	张 笑	朱向伟	姜 钱	胡伟成	王义洪
张 翔	张志强	朱宇航	潘晓雪	韩 政	姬子鹤	林 勇	强 威	韦 天	张 嵘	赵舒畅
周 壮	李蒙恩	陈南阳	徐 勇	闫志超	周世豪	庄 森	王录红	裔金晶	戴广泽	江 聪
吕恒杰	穆加顾	瞿绍禹	徐 振	于梦圆	张鸿飞	张开元	孙国慧	周敏烨	李景文	李世昌
马 翔	宋庆祥	穆旭梅	张金凤	陈志麒	郭 琦	李 发	罗昭洪	倪志超	苏仁灯	孙益鑫
王贵洲	王 欢	武贤东	张意焜	周 雷	李林敏	谢寿凤	李成龙	李 龙	刘振乾	宋传浩
王家亮	周宫民	蔡开霞	房 袁	李焱鑫	李 园	张金枝	韦婷婷	韩绪凯	钱 刚	朱宏治
曹 盼	罗泾源	王晓娇	徐叶甜	闫 菲	朱丽丽	陈 奔	杜长飞	黄 涛	李敬铮	石星虎
苏 硕	邓文静	霍 静	陈东柱	韩宗俊	姜 超	李 鹏	秦文斌	王金伟	仲伟凯	李 霞
孙扬博	胡天池	倪良志	孙蔺行	张 童	韩永春	陈 康	吕德飞	李 逍	吕森森	金 宝
朱勇成	李兴旺	杜继锋	樊 荣	王青健	程心雨	吴 杰	白文海	吴尚然	鹿维维	何金城
单枫清	赵 魏	李仁龙	李岩松	李忠政	薛斌斌	周紫阳	杨 帆	冯 江	姜丙洲	卞俊龙
朱春龙	孟 东	徐元龙	田 宇	常维康	张 旭	仇子延	陈明仁	刘 旭	徐文杰	靳 部
刘方琪	宋 彪	程 祥	高雪琪	黄凯奇	倪靖怡	孙 悦	祁文静	彭震东	王 普	张宇晨
张诗琪	杨玉巧	钱泽宇	刘 帅	耿文昌	王忠辉	霍召龙	张 闯	张海滨	张雪丽	闻洪林
彭继红	常国杰	骆新琦	张忍奎	安凯凯	袁佳慧	周艳慧	曹钱生	周海洋	蒋璐月	庄婷婷
夏 颖	李业健	田 雷	孟 婷	王雅琪	李子文	刘 娅	李露茜	房硕涛	杨欣玉	卢明汤
顾小龙	蔡 威	赵志威	孟鹏飞	黄砚秋	苏水娇	白菱草	蔡苏兰	李琳莹	张佳伟	徐海富
陕鸿楠	李 刚	李 帅	胡建斌	王 伟	赵梦诗	张 娟	于静文	刘华龙	张德民	谭 涛
宋文轩	马 凯	晏帅杰	白 鑫	王以勇	吴 明	张云昊	郭静媛	徐 宸	王益涛	莫 林
田迎迎	马鑫源	徐 慧	徐秀子	谌跃龙	李佳宸	张 印	张 威	李 涛	冯金科	杨明远
强建忠	赵大飞	梁 宇	张 旭	孟 涛	刘 乾	王留留	胡天霖	王 闯	张帅涛	冯 博
濮正辉	梁双江	朱子旋	陈友前	胡清元	潘芝曲	杨国威	刘才花	王 洋	朱 栋	汪宝龙

夏亮　杜佳洋　陈涛　武鑫宇　马强　任怡林　朱永福　陈欣　张嵘　刘亚妹　吴瑾
郎佳辉　谢金旭　史星威　张明旭　张远东　曹琳　解美玲　茆成龙　王艺恒　郭泰润　陆小莉
邱慧琴　徐良　李文超　金锋　王家安　李亚鹏　孙梦如　贾苗艺　钱俊豪　刘涛　徐荣富
张赓赓　赵志飞　桑圣荣　侍情　杜永雯　王燕　宋佳琪　杨小雨　许东升　雷凯铄　杨安伦
龙海涛　李运颖　王艺潘　赵凯文　李亚明　张龙　陶浩　赵康　李蒙　蒋丹丹　杨照红
胡潘豪　王赛　陈坤　衡伟伟　李金卫　马国庆　陈亮亮　刘世奥　李明乐　路晨光　叶松岭
巩建东　王锦汇　邹振凤　韩静　刘艳霞　朱玉婷　赵亚楠　姚颖颖　胡津源　仲伟丰　康佩佩
周雅宁　畅子凡　刘和坪　刘学智　唐静　王静　钱程　甘玲　邓浩淇　赵新锋　闻凯华
杨银昌　范永龙　文国杰　王强东　田培正　史森培　王晋博　侯文长昊

管理学院

房悦悦　刘轩　吴新婷　肖树云　周雪婷　陈雪　丁容容　方萱萱　付俊莉　李慧然　余梦婷
张锦芸　张梦莹　朱启芹　江雯雯　陆依涵　孟露露　孙梦婷　单文静　李秀华　刘诗宇　钱文雅
孙丽敏　王禹含　杨晓　郑蒙　刘雅倩　王慧　王倩霞　徐萍　颜蕊　杨胜男　张群浩
张雪莲　郑娟　朱迪　李易泽　杜梦君　刘运芳　彭程娣　孙庆雯　汪婷婷　王露　王甜
赵慧媛　郑一鸣　丁传安　孙高融　丁文芳　胡洁　贾必艳　李晓榕　卢娴娴　马学茹　陈瑞峰
郭平衡　陈征　戴娣　贾雪丽　孟玉萍　王凡　杨露　张婕　张晓艳　曹赛南　单野
陆宝宇　王士威　刘文　潘茴玲　唐思雨　王凤雨　张娟　张兴霞　周朝霞　郑安健　李鑫
万春艳　英超　张贝贝　朱鑫鑫　左如　穆如峰　张明达　刘佳佳　祁康宁　颜子涵　周欣
朱晚婷　朱延朝　陈萌萌　顾远慧　李玉玲　石冰艳　宋铁　孙丽娜　王晓芳　王亚奇　熊兰丽
杨媛媛　张姗姗　张唯一　张玉蝶　郑晓雨　刘玮轩　闫兴伦　范迎来　胡云燕　蒋佳惠　王洪运
葛友路　赵智晟　陈秋玉　蒋黄玲　李雪莉　李月　覃黎黎　王瑞娥　谢美娜　许静　杨艳菊
黄鑫　梁乾龙　张有前　肖雯　朱佳佳　薛莹　吴晓莲　孙浩　张婉婷　王苏荣　王静
李红琴　葛保利　李磊　戴明萱　张玉洁　吴迪　陈云　王银月　程语　勾小月　赵淼
郭丽霞　高红清　卫龙博　武玉龙　曹春燕　褚莹　吴佳爱　赵宇婷　周瑞　沈子涵　谢蕊
赵雨　高格　潘筱怡　李加亮　靳轩　蒋洪燕　付家威　朱筱筱　邓婕　高雅　冯晓薇
朱元宝　王秋生　李丁　张国浩　王阳阳　朱悦悦　孙晓艳　李丹　刘婷　张廷廷　谢岳桐
甘立媛　杨文玉　郑文　郭壮壮　陈浩　陆德让　胡威　包勇军　李雪　陈明娜　张青
陈娟　李沛龙　徐辰　邵明珠　杨甜甜　杨弯弯　蔡淑婷　范雅逸　季程南　田子祎　万海峰
杨扬　李凯　刘盼　白月飞　陈洁　独梦婷　秦美娜　李林　吴艳芳　阚仁香　还佳雯
刘晓燕　孔文华　王银霞　高靖　周思友　李苏磊　朱鑫鑫　王媛　孙静　张志伟　魏礼娟
荣丽娟　裴明　柳玉　沙慧　张桐　陈娜娜　王驰　刘鹏　张艺露　李格格　席亚丽
武明会　倪思维　廉曼曼　王迪　尹颖　张梦婷　赵颖　周君晨　李文洁　瞿欣华　唐嘉遥
唐治学　周舟　杨璐　李定香　盛杰　姜楠南　周梦宇　贺梦梦　郭媛媛　陈格伊　李立娜
马艳杰　丁梦　王缜缜　吴慧琳　张月珍　姜寿春　王元元　蒋勤勤　司晓洁　陶梦桔　刘佩
张鹏娣　黄玉洁　徐达雯　韦丁芳　温宇　宋宇飞　牛欣瑶　秦瑶昕　仇新如　康雅姝　封其赵
何嘉恒　李毅　赫鹏祥　颜少玺　李向玉　李颖　邵梦凡　张芯诺　王萌萌　邓雨　杨新纪
唐思婷　张萌　张敏　周悦　金立　周紫怡　何艳　穆雨汐　朱尹　张欣茹　蔡璐
章新宇　彭洒洒　黄星栩　李虹　胡芸　钟露　徐营飞　李昭　陆倩倩　周李玲　白丽娟
刘薇　李志军　孙佳鑫　李雨涵　姜春梅　张慧影　李佳静　郝婷婷　刘心雨　李瑞　林妍
杨婷　邹芳华　傅观艳　李远荧　陈东阳　周慧洁　何俊霖　王佳怡　顾丹　张颖　刘海芹
张蕊　贾苗苗　李楠　莫钦兰　张成　赵萌娜　赵迪　张義　韦生　刘雨森　田文玉
陈盼　龚燕　张国鑫　岳梦奎　张文静　张枫凡　沈长敏　黄雨薇　覃宏连　李孔兰　王飞
陈贝贝　沈海燕　卢丽丽　朱雨婷　戴梦露　张娇娇　周凤琳　東琰　李丹　卜紫霞　陈海艳
印肖　王芊芊　柳丽丽　扎西旺拉

商学院

杜　倩　胡　娟　王元元　吴　芳　张海燕　张书云　张远丽　赵雯雯　周慧娟　赵　琪　高雨杰
耿琳琳　刘　云　齐亚男　徐玉文　严　亚　张赢心　胡　鑫　王天宇　滕凯莉　王彦彦　程　蓉
顾美霞　李春苗　沈厚甜　王　静　王倩倩　许艳红　郭　政　钱忠伟　王康敏　王梦姣　徐　衍
崔　娇　武以婷　刘　业　侍　继　刘金梅　邵惠红　褚梦涵　邓　萌　高　媛　郭　曼　靳莫新
明凯婷　杨文婷　鲍宜钰　卞　琳　王依宁　辛晓彤　董振宇　季　华　梁启婧　马春雪　钱　芩
王　颖　吴　婕　付文丽　高琪琪　李石秀　杨小可　袁文迪　张　亲　王有顺　高秀芹　黄　玲
黄玉梅　李静怡　吕梦娇　韦思敏　闫胜男　周　姣　周云莉　史成东　曾虹雨　陈　峰　胡婷锶
梁洁恩　熊艳琳　张唯伟　朱雾莎　王　旗　卜萌萌　陈悦欣　高雅祺　苗雨晨　闵　慧　夏　委
杨慧敏　韩　江　吕宗虎　褚子微　郝　静　马皓若　王　慧　王雨晴　孙　莹　陈雨涵　陈慧颖
汤龙君　赵金玲　吕冉冉　王思新　刘尊超　宋卫星　王佳强　唐　一　朱翔宇　王浩远　高家琦
李　垒　朱倩倩　薛婷婷　李鑫鑫　刘　蕊　李芳雨　吴凤娟　张芬芬　张钰尧　韩明君　李忻月
郭丽芬　胡瑞瑞　潘功关　魏心意　周璐君　周　晨　沈如意　黄茹苑　王雯绘　尹中一　王　雪
王繁繁　董莹莹　冯　晗　王　辉　邱晓云　李燕美　陈小慧　沈　婷　张桂兰　李佳莹　张　玉
王　琪　徐苗苗　张　园　喻如华　郭雯雯　仲召文　吴　碟　封　娜　徐荣邦　张　鑫　贾沈瑞
侯　秀　李保清　石义秀　张　恒　路小兰　赵　兰　向　雪　赵丹丹　吕会玲　伏芸芸　何　菁
李曙灿　李　琪　杨婉婷　丁　琦　林　枭　田梦海　张敏龙　张震寰　王宇皎　王宇凤　夏香音
徐　颖　王文静　程靖雯　佘思琪　耿佳节　董　洁　朱　璘　严　悦　郑斯玮　姜　尧　葛　韧
李　丹　谢　婧　吴盼安　马　敏　陈文静　殷碧玉　刘雅露　陈　枫　胡金莎　班丝丝　王　韩
钟熔岩　刘　迪　程诗琪　范文慧　刘言言　熊兰芳　仲甜蜜　仲许诺　陈　宇　高恩典　张　壮
沈邈邈　葛　烁　盛智超　梁　晨　董　帅　陈玉晶　张发玲　常晶晶　田义源　颜淑琴　王　娟
李　伟　云　康　张书贤　陈　晨　唐安艳　蒋　莉　韩悦悦　吴娜娜　王艳梅　王振威　周丹倩
张　潇　周莎莎　王海艳　王明敏　陈小唱　陈赛楠　李申奥　陈雨婷　陈　成　张子杰　汤小雨
谢浩冉　王　培　张　怡　高　远　汪玉婷　苏　磊　王晓倩　张明松　陶苏芸　黄石巧　李燕凤
张雅洁　许梦佳　董中元　王　淼　魏昭君　韩馨婕　陈雅靓　罗妹金　肖　轻　罗鲜艳　刘彤彤
崔雅萱　高馨月　黄朗婷　李　兰　张慧芳　王春艳　沈宝臣　赵嘉男　韩国玉　刘　璇　周海云
闫梦丽　马凯颂　潘佩兰　杨　菁　杨　爽　鲁潇潇　谢晓缘　苏丽容　高林凤　王支乐　李文慧
张泽玲　孙悦悦　孙月璐　马树芳　邢文龙　徐珊珊　王璐璐　王国凤　张婷玉　周　政　周　悦
顾彩文　李　娜　纪班庭　赵星珍　刘丽娟　汪　雨　吕雪芹　徐　溢　庄　伟　王雨和　陶振希
刘欣慧　房梦仪　王斯文　刘　前　纪　妍　葛莹莹　李紫婵　兰馨羽　张新悦　杲昱彤　叶　曼
吴碧波　范文静　孙学峰　靳舒媛　曹玉蝶　陈发燕　黄礼丽　周亚丽　赵倩倩　李海艳　张晓荣
赵　娟　索朗玉珍　索朗达娃

教育与人文学院

蔡汉娟　韩秀丽　解宁馨　刘秋霞　卢琼琼　王　慧　王梦贤　王小焕　吴　颖　张　芸　仲涵玉
李亚康　周加豪　杜　燕　姜丽萍　李玉静　刘姝欲　罗福芬　孟子艳　邵　晴　孙星星　王　慧
王秋梅　王馨悦　肖咪咪　闫贵花　印学芳　张春雨　张梦迪　赵佩佩　陈　岩　何　灿　王二帅
陈　英　高　淳　苟　馨　韩小炜　黄　静　康慧敏　刘　佳　任爱玲　王美丽　张一男　杜昌锦
刘国兵　杨新民　卞文文　陈　静　成健华　单超云　郭　悦　郝亚妮　施涵文　徐菊芳　周志明
陈益平　耿奕璇　李楠欣　徐明月　朱红翠　朱艳婷　李丽萍　马安霞　彭光兰　杨圣娇　张月影
王　杰　范月秀　李玟玟　卫晓露　杜媛媛　范海琳　高舒逸　龚　莉　何　茜　李　杰　李　荣
李征征　侍宇婷　汤　玲　庄玉灵　赵　妍　卜奎翔　杨春蕾　余红娣　张译漩　王智康　蔡晓艳
戴海燕　高宁宁　桂迁芮　韩思纪　刘佳敬　刘诗羽　罗涵钰　马婧婧　申　雯　宋文馨　唐　杰
吴丽霞　杨玲馨　杨玉洁　杨　周　原舒雅　赵　敏　主慧林　史林鹏　王　鹏　张志强　仇文静
孙梦杰　李福云　邱海丽　李菊香　魏玉金　孔玉娴　陈荣昕　姜　翼　李富娇　马娟丽　张凌敏

杨　梅　潘梦诗　李　然　郭世龙　宋晴琳　刘雨婷　刘丹丹　叶家慧　吴彬连　梁秋芗　史　瑞
周贵娟　杨　杰　李　骞　曹金锁　顾成慧　周丽琴　刘俏俏　程静芝　刘景娴　仝玉波　孟琳冬
何玉娇　英　语　龚　芹　赵　纹　吴巧巧　范天宇　张鹏宇　王　颖　徐洪勤　孙建圆　钟慧云
陈　洁　董　琴　姚程月　杨权勇　刘秀芹　姚媛媛　白小凤　李晨晨　覃佳欣　周　敏　许子玉
颉雪芳　仓　拉　吴　健　马爽爽　赵浃辰　卢润发　金　震　顾冲冲　彭宗英　孙文静　张　妍
李　倩　王　冰　周　旺　王鹏轩　王媛慧　余梦茹　宋涛娜　王雨露　李毓彤　黄宝怡　胡　婷
简芳娥　涂田田　董春光　林斯琦　穆少枫　樊慧杰　李朝兴　代金超　马　萁　朱振国　石嘉伟
张云福

外国语学院

黄胜青　缪汶倩　孙　星　张音音　郑又珍　王　鑫　陈　宁　陈永平　何肖肖　刘方静　孙彩蓉
邱雯霞　谢　玲　杨　雪　朱李凤　林文文　刘雨晴　徐　爽　张效雅　赵柱梅　徐　皓　何克琳
梁　娜　刘艳菊　潘　菲　左丽娜　廖祎琳　陆开珍　申先艳　王春燕　韦金玉　谢仁婷　杨晓雨
张婷婷　杜丽丽　高明辉　林新宇　刘　璇　马亚琪　宁榆茜　吕文泰　王　旭　安红玮　曹佳欣
陈子仪　董淑玢　冯纪曼　刘忠玲　齐婉芹　杨慧霖　党娇艳　沈梦飞　唐志金　周丹丹　庄　杰
陈家星　李一凡　刘　江　李　阳　沈亚玲　张慧腾　王绘宇　邢思思　王　盈　熊长青　沈宝仪
张晓娟　张宣宣　陈云亭　孙婉婷　王为艳　苗肖云　曹宁宁　刘慧杨　杨维清　刘善义　黄清梅
冯　敬　罗　涓　钟昕辰　张光菊　张小娟　张瑞婷　何秀秀　张　宁　张馨予　李晓燕　成　虹
鲜佳佳　赵仕芬　邹纯朋　赵晗宇　周　瑶　赵成伟　盛　倩　张晓玲　刘　畅　王健苏　钱晓丽
张梦真　张梦柯　孙尧怡　薛燚涵　何　静　翟青青　孙桂梅　崔付敏　黄建宇　石陈丽　章　苗
吉阳丽　张颖颖　刘铎翔　李艳华　王瑞雪　张茂袁　罗雪艳　黄梦真　覃淼连　王春华　敬　英
陆慧玲　张　娟　石芝好　王俊玲　曾桂英　宋敏青　王　敏　漆振东　张　雨　殷　悦　夏　婷
王泽龙　张晓雨　李博雅　林　茜　石红周　马　融　罗振财　孟安慧　易　娜　李秋爽　葛　璇
刘　肖　鲁刘燕　冯廷芳　李　庆　鲜　灵　陈　敏　王招娣　周文雅　陆林燕　黄一平　陈春梅
骆媛芹　沈　洋　苏好茹　张欧妍　高婉莹　刘芮含　夏蓓蓓　靳雅茹　董晋沙　朱子卿　张文影
吴燕红　徐天娇　金　彤　董　娟　曹楠楠　李素丽　喻　珊　谢东杰　蒲龙菲　吴　燕　吴丽民
何　渤　谭芊芊　陈靖雯　杨利红　侯　佳　孙　飞　冯桂珍　朱刘洋　何佳靖　李国燕　张晓英
郑　月　杨小雨　张亚男　徐　倩　黄　敏　徐文慧　赵秋阳　周　静　李泠熠　王维欢　罗　娜
谢舒雅　吴兵宜　庞世华　蒙瑞颖　李静艾　张煜婷　杨雪婷　叶琼英　马雨童　李　溪　梁海霞
杨玉珍　史善强　杨灿旭　文林玉洁　赵韩文淇

艺术学院

宁玉欣　屠梦雪　张　燕　戴海帆　冯钟秀　靳　雪　许阿倩　张　颖　周梦圆　陈进南　徐佳辉
陈思奇　陈亚南　陈　云　单　丹　高艳霞　李乔乔　陆晓娇　吴　佳　许　良　杨英桦　嵇彩玲
李　晴　杨梦圆　周　颖　蒋骄阳　坚　蓉　申晓青　张梦宇　高　冉　黄华林　李浩东　刘来创
郑涵丹　陈　实　杜天佑　林青龙　毕　馨　曹梦丹　陈梦蝶　方　芳　刘　娟　刘乐乐　刘光辉
张昕蕾　石瑞雪　孙梦梦　吴寿兰　徐不号　李　成　刘雪情　徐　邓　孟庆金　王秋寒　吴　迪
卜　霜　史梦茹　宋笑笑　唐　妍　王　静　戚志琛　黄　敏　戚继园　薛林坤　孟　娇　涂永娟
袁若馨　许　豆　李冬月　蒲兆慧　韩　莹　张芳敏　刘　迪　吴千明　张梦梦　朱梦雅　闫　缓
黄海敏　黄　欣　王　静　李孟蓉　甄　乐　刘士凡　姚　颖　陈佩伦　赵卢穗　周子惠　戴　明
钱喜蒙　郑　雨　吴朝旭　仇　艺　谷海荣　郑元帅　伍欣悦　仲崇洋　刘格格　陈　硕　周子贺
党娜娜　武晓转　王欣月　陈　凤　郭嘉丽　蒲朝永　汤　培　相传兵　朱佳雪　王思源　王红梅
南　芮　张远想　严　婷　王腾腾　杨　静　张盼弟　陈丽娟　高佳敏　苏　逸　章　琴　王一华
陈奇石　李　静　葛莹莹　颜　艺　何文琦　刘梦梦　柏琳淇　徐维维　孙兴浩　王　飞　皮子芮
伍幸子　韩园园　温昌颖　刘　汝　黄单单　王建康　柴　景　孙家赞　张　科　董凯琦　秦婉琪
李亚伦　周　明　张海艳　陈　渊　何庆江　靳　博　于雨涵　盛　骞　李紫月　李　娜　霍星凌

熊景怡　王梓洁　姚　毅　安书铸　谷逸凡　陈　馨　李　娜　苏　琳　夏少天　殷秀明　胡青青
罗　霞　吴梦欣　李泳艳　廖贵燕　陆思怡　宋婉玲　朱荣欣　樊俊豪　陈　晴　甄永存　成璐芹
李　雯　戚紫玲　曹巧伟　杨玉祝　李润民　廖景涛　林昊伟　王新语　李沅瑾　陈志萍　郭　慧
王　巍　刘思怡　刘苗苗　张　颖　冯桂中　王　菲　徐秋语　陈婉欣　任苏云　仲昱晓　殷　悦
蒋玉晨　曹慧蓉　刘焰焰　刘仕艳　李思贤　江宜求　许　博　于夕尧　尼玛顿珠　巴桑罗布
普布扎西　加永拉姆

体育部

于蔓蔓　余发良　翟　军　张艺帆　张宇朦　杨斯淳　孙淑雨　孙健康　徐浩鑫　王　威　王　展
李刘虎　刘子佩　陈玉桂　刘圆圆　张　怡　童长华　李　阳　陶胜彬　王　言

2019年苏州市职业大学学生获春季扩面国家助学金名单

机电工程学院

蒋明君　梁　玲　王静茹　王　暖　郭孟坤　孔　浩　梁　旭　林政安　嵇浩祥　吴建远　黄贤杰
李首利　钱智溧　王伟豪　周　浩　王赛龙　孙瑞梅　化飞龙　李雅斌　林国平　尚教松　王聿杰
张启敏　郭新旺　鞠少杰　李　明　原　凯　李晓静　雷　震　李明钢　鲁　超　王佩璋　高恒祥
张程扬　邱祥冲　杜祥雨　高兴旺　李炯轩　王炳杰　魏荣良　武伟嘉　许康正　季天明　李奎呈
徐同州　景云飞　潘　煜　姜　杰　蒋海峰　曹　伟　洛沈皓

计算机工程学院

陈　云　蒋梦楠　武佳宇　焦　悦　李鑫龙　刘梦娇　丁海燕　孙艺纱　陈思屹　王　超　王　松
丁灿灿　邵泽瑞　李　颖　范　伟　瞿　伟　李　伟　刘　云　王　巽　于文苏　侯瑞林　李　双
马彩梅　孙金胜

电子信息工程学院

胡　宇　蔡双晶　潘晓雪　韩　政　刘浩义　周桂林　毕发祥　幸陈成　周敏烨　陈宗昇　徐叶甜
苏　硕　张意焜　李　营　庄　森　吕德飞　景登敏　房硕涛　徐海富　李佳宸　冯金科

管理学院

郑　娟　汪婷婷　王　露　赵慧媛　卢娴娴　张永婷　张　婕　朱培培　刘南诗　仲　岑　张明达
张锦芸　李玉玲　石冰艳　孙丽娜　张唯一　张玉蝶　闫兴伦　蒋佳惠　王洪运　刘亦婷　潘茴玲
张　娟　李　鑫　段明亮　还佳雯　柳　玉　张玉洁

商学院

武以婷　卜萌萌　王　洁　夏　委　杨小可　高秀芹　闫胜男　史成东　吴　芳　张远丽　周慧娟
高雨杰　耿琳琳　刘　云　齐亚男　张赢心　王天宇　程　蓉　许艳红　卞　琳　季　华　李思桦
董莹莹

教育与人文学院

杜　娟　桂迁芮　韩思纪　罗涵钰　马婧婧　杨　洋　赵　敏　王　鹏　卞文文　郭　悦　郝亚妮
唐珊珊　徐菊芳　黄剑超　周志明　陈益平　李楠欣　朱艳婷　彭光兰　杨圣娇　王　杰　韩秀丽
解宁馨　刘秋霞　王　慧　王梦贤　王小焕　李亚康　杨鑫宇　周加豪　姜丽萍　罗福芬　孟子艳
肖咪咪　闫贵花　赵佩佩　何　灿　李　东　王二帅　郑晶莹　杜昌锦　华佳乐　刘国兵　王智康
崔文文　李玟玟　赵　妍　范海琳　汤　玲

外国语学院

李　琳　李一凡　谢　玲　林文文　肖　剑　何克琳　潘　菲　土　登　聂　莹　杨晓雨　张晓东
吕文泰　王　旭　张　雨　孙桂梅　蔡文秀　胡晓菲　叶新冉　宋敏青　漆振东　张彤彤　张晓玲
司雨婷　裴青青　朱金星　王宏胜　勾志帅　张晓娟　苗肖云　黎　煜　冯　敬　张瑞婷　杨　敏
李丹丹　宋美荣

艺术学院

史梦茹　段书婷　林青龙　毕　馨　陈梦蝶　刘乐乐　刘光辉　黄华林　刘来创　宁玉欣　张　燕
戴海帆　冯钟秀　张　颖　周梦圆　杨梦圆　单　丹　高艳霞　陆晓娇　徐不号　孟庆金

体育部

于蔓蔓

2019年苏州市职业大学学生获春季提标国家助学金名单

机电工程学院

卞　阳　衡亚南　靖超琼　卢思楠　宋莉莉　王　梦　吴淑雯　陈伟康　陈文鹏　杜佳琦　付金泉
黄　磊　李青荣　刘　涛　张宏飞　常明佳　高林洁　侯筱萍　胡宏峰　李秋播　邵　通　周　超
丁加瑞　高　逸　耿泽阳　胡江华　刘　恒　汪允天　许晨阳　杨　光　周张象　左惠明　梁　颖
董前程　高　猛　吴战胜　严　威　王　湘　袁海琴　印　杰　翟雨林　左海亮　陈　雨　冯阳阳
苗文涛　陈艳军　凡顺刚　封天赐　李健良　帅锡红　王　波　范智豪　吕　涛　彭浩然　石　建
王富祥　谢宝杰　徐　权　杨安磊　张文博　仲崇乐　杜茂壮　王山文　叶　铖　禹日强　赵　坤
仲晓祥　朱博晖　马鸽鸽　袁　丽　段伟军　李虎军　李　坤　李志钧　刘圣贤　沈自然　王　忠
杨　杰　朱海潮　靳赛赛　卢俊杰　袁旭旭　张　权　张万锋　朱永静　曹亚星　丁　扬　董统一
唐传月　王梦祥　戴灵宇　杜武全　贺　晨　刘长琪　沈炳善　谢银鹏　熊　风　杨亮亮　张健玮
朱雨飞　朱　慧　崔丁红　江维波　刘兖虎　倪庆安　汪国强　卫　建　肖科旭　张安吉　王海运
陈星月　杨志祥　俞刘英　贺庆忠　胡　腾　石宸宇　孙　杰　万斯文　邓茜茜　王心潇　王　鹏
耿鹏飞　李欣益　王东逍　陈金博　熊恩慧　梁智华　陆　涛　缑春旺　裴钰浩　杨雪峰　陶玉昌
吴鹏翔　孙长江　张　欣　魏　海　陈　尘　徐　毅　奚思成　石　玉　缪秋琪　郭佳龙　黄佳成
李　臻　肖一波　张永康　石　成　杨思考　何洪瑞　刘　荣　黄迪迪　陈学良　张礼浩　张　睿
刘　毅　于东云　金孝峰　张　琪　汪晓龙　于　惟　马之辉　张康晨　刘冰冰　唐苏洋　李向雨
耿友才　夏昌茂　曾　敏　孙梦晴　郭雪成　黄永炜　付星友　杨洪亮　吴显志　张克琪　王文全
曹　旭　冯　航　周丽鹏　刘彦云　史浩东　刘明明　李　慧　王　军　刘　霖　高祥恩　姜启亮
杨　闯　秦　乐　赵　帅　李其俊　孙　研　盛俊翔　杨大帅　郑江南　施开元　黄　金　郭冬琴
潘荣亮　罗遵贵　朱　伦　冯文杰　田玉祥　孙文祺　邵亚军　王旭东　朱　奕　王　晋　郭志恒
魏雪峰　徐森楠　李启亮　韦　洋　陈星宇　秦　冬　唐　露　王福瑞　顾禧彤　王　媛　范洪庆
杨　海　曹　宇　薛　翔　毛登坤　王　雷　沈振华　陈　利　扎西措姆　尼玛见参　皇甫天赐

计算机工程学院

马汇娟　孙莹莹　许爽爽　张梦琪　赵　悦　郭凯东　刘开旺　马　超　赵立升　刘　瑶　郭彦涛
孙海燕　夏紫薇　于方旋　张　晓　姜云峰　马　尚　茆海强　辛春兴　郁安强　戴　越　司天慧
王　菲　杨　悦　袁玉玲　赵　勋　李书杰　马守祥　张虎林　陈笑虹　葛菲璠　姜广宇　焦天鑫
孙家楠　薛玉盛　张　斌　张海东　赵华传　周文猛　钟会香　朱小虎　黄娴渭　王　璇　张　梅
陈云辉　胡琳伟　张哲君　陈心想　范智琰　莫立程　沈志东　韦涛涛　顾　晨　吴妤玲　易　佳
刁　进　李　成　申　鑫　孙　昇　夏汉清　李　晴　孙笑颜　陈　召　丁正杰　侍亚男　王志超
张　雷　朱承朋　李秋月　钱奕璇　张丹丹　韩振业　江　超　王明浩　王亚辉　向　川　张　睿
王　清　丰秀成　蔡兰婷　董　悦　蒋瑞萍　戴　盼　刘　浩　李晨晨　王知心　单岩石　李凌霄
刘　丹　陆瑶瑶　杨　青　常鹏超　尚豫帅　吴　震　张　洋　吕倩茹　张利芳　冯　祺　胡阳光
黄泽昌　孙　恒　王　威　吴　笛　张　伟　赵宝平　周　博　刘　兴　董阵阵　孙庆宇　王玉龙
吴　贺　谢成宝　叶旭辉　张昌健　张业久　管勤勤　李富祥　曹泽龙　高立强　姚明圆　任雨梦
任碧琼　牛亚鑫　李晶晶　乐贝琳　钟　元　李虹嶙　周俊璇　余　勇　王明月　杨安平　杨秀强
张钰珩　孙晨茜　李正文　宁巍巍　杨　庆　张明秋　陶恩洲　徐文素　张士雅　杨文杰　张　建
尤丽娟　刘　成　范文斌　谭本发　张光彪　刘亚龙　王　默　任彬彬　许世娇　吴　远　张　洋
钱丹丽　王天来　华佳豪　管小冬　杨梓行　杨宇航　刘倩池　李素素　仇荣芳　陈梅玲　刘邦义

胡明宽 祁颖 陆慧 徐梦雨 贺忠贤 李刚 徐家乐 刘巧 刘英 陈怡爽 王鑫鑫
李金龙 祁凡凡 冒钧亿 李星雨 陈旭 曹俊 温瑞 曹娟娟 李笑笑 高志政 朱帅
屈凯 秦思奇 董自豪 徐秩斌 陈红平 刘洋 张福娜 刘佩 祁怡 张鑫鑫 贾文艳
陈松 吴海峰 许宇鹏 赵岩岩 代雨 吴琼 杨尚云 董志威 张棒棒 刘赛 熊传奇
徐虎 王赛楠 侯婷婷 刘文静 朱雪宇 周游 张楠 王成 刘鑫 朱江 陈妍
季佳伟 程耀煌 李明 尹晓龙 周琨 郁亚滨 耿娇 唐愫 王婧 谢凯智 谭佳龙
董志豪 张婷 吕文娟 常瑞 杨艺虹 刘宇芳 赫文飞 程思童 郭国静 刘晨宁 王志权
杨鹏玉

电子信息工程学院

高敏成 管明杰 钱勇 张多多 张笑 朱向伟 姜钱 陈庚 付伦 王义洪 张光甫
张翔 张志强 朱宇航 姬子鹤 林勇 强威 韦天 赵舒畅 周壮 王录红 裔金晶
陈志铭 戴广泽 江聪 吕恒杰 马芝洋 穆加顾 瞿绍禹 王家乐 徐振 于梦圆 张鸿飞
张开元 邓明玉 孙国慧 蔡超锐 李景文 李世昌 马翔 宋庆祥 曹盼 罗泾源 王晓娇
闫菲 朱丽丽 杜长飞 黄涛 石星虎 王琦 霍静 陈东柱 韩宗俊 姜超 李鹏
秦文斌 王金伟 穆旭梅 张金凤 陈志麒 郭琦 罗昭洪 倪志超 苏仁灯 孙益鑫 王贵洲
王欢 武贤东 李林敏 谢寿凤 李成龙 李龙 宋传浩 王家亮 严智 杨珺睿 周宫民
蔡开霞 房袁 黄爱华 李焱鑫 李园 张金枝 韦婷婷 韩绪凯 钱刚 朱宏治 邓帆帆
胡正海 李蒙恩 陈南阳 徐勇 闫志超 周世豪 李霞 孙扬博 胡天池 靳晶晶 孙蔺行
韩永 陈康 李逍 吕森森 金宝 朱勇成 李兴旺 杜继锋 樊荣 王青健 白文海
吴尚然 鹿维维 何金城 单枫清 赵魏 李仁龙 李岩松 李忠政 薛斌斌 户亚龙 周紫阳
卞俊龙 孟东 徐元龙 常维康 张旭 陈明仁 刘旭 徐文杰 靳部 刘方琪 程祥
高雪琪 倪靖怡 祁文静 彭震东 王普 孟婷 杨欣玉 卢明汤 顾小龙 蔡威 赵志威
张子豪 王振 苏水娇 白菱草 李琳莹 李刚 李帅 胡建斌 王伟 张宇晨 张诗琪
崔晓 钱泽宇 刘帅 耿文昌 王忠辉 霍召龙 王胜楠 张闯 张雪丽 彭继红 常国杰
李光根 骆新琦 张忍奎 安凯凯 李家兴 曹钱生 周海洋 蒋璐月 夏颖 李业健 田雷
田迎迎 徐秀子 谌跃龙 张威 李涛 杨明远 强建忠 赵梦诗 张娟 朱丹丹 于静文
刘华龙 张志恒 张兆源 张德民 马凯 晏帅杰 刘高靖 吴明 周兵兵

管理学院

王慧 王倩霞 朱迪 李易泽 丁静 杜梦君 彭程娣 孙庆雯 丁传安 孙高融 丁文芳
胡洁 贾必艳 李晓榕 陈瑞峰 郭平衡 戴娣 孟玉萍 曹赛南 单野 陆宝宇 王士威
陈秋玉 董杨琳 蒋黄玲 李雪莉 李月 覃黎黎 王瑞娥 谢美娜 朱玉婷 黄鑫 梁乾龙
马海洋 张有前 刘佳佳 祁康宁 颜子涵 朱延朝 万春艳 英超 张贝贝 朱鑫鑫 左如
穆如峰 曹季伟 房悦悦 吴新婷 肖树云 周雪婷 陈雪 丁容容 方萱萱 付俊莉 李慧然
余梦婷 张梦莹 朱启芹 江雯雯 陆依涵 孟露露 孙梦婷 单文静 刘诗宇 钱文雅 孙丽敏
谭秋萍 王禹含 杨晓 郑蒙 陈萌萌 宋轶 王晓芳 熊兰丽 张姗姗 郑晓雨 刘玮轩
范迎来 胡云燕 葛友路 赵智晟 刘文 唐思雨 王风雨 张兴霞 周朝霞 钱新科 王朝辉
郑安健 赵宇婷 沈子涵 赵雨 高格 潘筱怡 张隆朕 靳轩 徐世纪 王硕 吴茂臻
蒋洪燕 付家威 朱筱筱 胡俏俏 李丁 张国浩 王阳阳 张凤 朱悦悦 孙晓艳 刘婷
张廷廷 廖双双 谢岳桐 杨文玉 郑文 郭壮壮 陈浩 陆德让 胡威 包勇军 贺梦梦
郭媛媛 陈格伊 李立娜 陈洁 独梦婷 李林 吴艳芳 阚仁香 刘晓燕 孔文华 周思友
朱鑫鑫 王媛 张志伟 魏礼娟 荣丽娟 张桐 王驰 刘鹏 朱佳佳 薛莹 孙浩
张婉婷 李红琴 葛保利 何雅洁 戴明萱 吴迪 陈云 王银月 程语 勾小月 赵淼
郭丽霞 高红清 卫龙博 武玉龙 曹春燕 蒋佳荣 褚莹 吴佳爱 张艺露 李格格 席亚丽
武明会 廉曼曼 王迪 尹颖 张梦婷 赵颖 李文洁 瞿欣华 唐嘉遥 唐治学 周舟

李定香 盛 杰 姜楠南 周梦宇 李 雪 陈明娜 陈 娟 李沛龙 邵明珠 杨甜甜 杨弯弯
蔡淑婷 季程南 田子祎 万海峰 杨 扬 李 凯 刘 盼 白月飞 扎西旺拉

商学院

曾虹雨 陈 峰 胡婷锶 梁洁恩 熊艳琳 张唯伟 朱雾莎 王 旗 闫 红 刘 业 侍 继
王石豪 刘金梅 邵惠红 陈慧娟 陈悦欣 高雅祺 苗雨晨 杨慧敏 付 杰 韩 江 吕宗虎
付文丽 高琪琪 李石秀 李小丽 吕红梅 魏俊平 张 亲 王有顺 段育芬 黄 玲 黄玉梅
李静怡 韦思敏 周云莉 杜 倩 胡 娟 王元元 张海燕 张书云 赵雯雯 赵 琪 何 月
徐玉文 严 亚 胡 鑫 江 瑜 滕凯莉 王 璐 王彦彦 张 朦 朱彩琴 顾美霞 李春苗
李梦蝶 王 静 王倩倩 郭 政 钱忠伟 王梦姣 徐 衍 崔 娇 郝胤恒 王依宁 辛晓彤
董振宇 梁启婧 马春雪 吴 婕 褚梦涵 邓 萌 高 媛 郭 曼 靳莫新 苗思琪 明凯婷
王 敏 王星晨 杨文婷 袁 瑶 鲍宜钰 程双双 戚 凛 褚子微 郝 静 马皓若 王 慧
孙 莹 陈雨涵 陈慧颖 赵金玲 吕冉冉 王思新 刘尊超 宋卫星 王佳强 朱翔宇 李江南
王浩远 高家琦 朱倩倩 刘 蕊 张芬芬 张钰尧 李忻月 吴林泽 魏心意 周 晨 沈如意
王宇皎 王宇凤 夏香音 徐 颖 王文静 程靖雯 佘思琪 耿佳节 朱 璘 严 悦 郑斯玮
姜 尧 李佳莹 张 玉 王 琪 徐苗苗 仲召文 吴 碟 封 娜 魏思梦 贾沈瑞 侯 秀
荣可可 李保清 石义秀 张 恒 路小兰 赵 兰 向 雪 赵丹丹 吕会玲 伏芸芸 李曙灿
李 琪 杨婉婷 林 枭 田梦海 张敏龙 田 敏 张震寰 黄茹苑 王雯绘 尹中一 卜令娟
王 雪 王繁繁 戴 吉 周天智 王 辉 邱晓云 李燕美 陈小慧 沈 婷 张桂兰 董 岩
李 丹 谢 婧 吴盼安 马 敏 陈文静 殷碧玉 刘雅露 胡金莎 班丝丝 王 韩 钟熔岩
沈邈邈 盛智超 董 帅 陈玉晶 张发玲 常晶晶 田义源 颜淑琴 王 娟 李 伟 陈 晨
唐安艳 蒋 莉 韩悦悦 吴娜娜 王艳梅 王振威 刘 迪 程诗琪 吉婷婷 董怡君 刘言言
仲甜蜜 仲许诺 陈 宇 高恩典 石 创 张 壮

教育与人文学院

蔡晓艳 戴海燕 高宁宁 刘佳敬 刘诗羽 吴丽霞 杨玲馨 杨玉洁 杨 周 史林鹏 张志强
陈 静 成健华 单超云 郝美丽 李 倩 莫永凤 周弘瑾 耿奕璇 徐明月 章若彤 朱红翠
李丽萍 马安霞 张月影 蔡汉娟 卢琼琼 张 芸 仲涵玉 杜 燕 李玉静 刘姝欲 邵 晴
王 慧 王秋梅 王馨悦 印学芳 张春雨 张梦迪 陈 岩 陈 英 高 淳 黄 静 康慧敏
王美丽 张一男 郭保鑫 吴 科 杨新民 余红娣 张译漩 范月秀 卫晓露 卜奎翔 杜媛媛
丁 文 高舒逸 龚 莉 何 茜 李 荣 李征征 侍宇婷 王晓晨 朱南舒 庄玉灵 白小凤
李晨晨 覃佳欣 周 敏 许子玉 颉雪芳 仓 拉 程 琳 啜琪茹 丁 恒 吴 健 宋晴琳
刘雨婷 陈华敏 刘丹丹 张文莉 叶家慧 吴彬连 梁秋芗 史 瑞 周贵娟 孙习文 杨 杰
李 骞 曹金锁 顾成慧 伏晴晴 骆园园 王 茹 黄梦欣 王阳阳 张梦娟 孙梦杰 李福云
李菊香 孔玉娴 姜 翼 李富娇 马娟丽 张凌敏 杨 梅 潘梦诗 郭世龙 彭宗英 孙文静
张 妍 李 倩 王 冰 周 旺 王鹏轩 王媛慧 宋涛娜 王雨露 李毓彤 胡 婷 简芳娥
涂田田 董春光 林斯琦 穆少枫 樊慧杰 代金超 马 萁 石嘉伟 张云福 李 发 石苏克
周丽琴 刘俏俏 程静芝 刘景娴 仝玉波 何玉娇 英 语 龚 芹 赵 纹 吴巧巧 吴 玥
范天宇 刘 柳 徐洪勤 孙建圆 钟慧云 朱凡苏 董 琴 杨权勇 马爽爽 赵浃辰 卢润发
金 震 顾冲冲

外国语学院

曹佳欣 陈子仪 董淑玢 冯纪曼 刘忠玲 齐婉芹 杨慧霖 党娇艳 沈梦飞 唐志金 易文沁
周丹丹 庄 杰 刘 江 黄胜青 缪汶倩 孙 星 詹 雅 张慧婷 张音音 郑又珍 王 鑫
陈 宁 陈永平 何肖肖 刘方静 孙彩蓉 邱雯霞 杨 雪 朱李凤 李 阳 沈亚玲 梁 娜
刘艳菊 左丽娜 廖祎琳 陆开珍 申先艳 王春燕 韦金玉 谢仁婷 张婷婷 杜丽丽 林新宇

刘璇 马亚琪 宁榆茜 孙秀丽 姚敏 王泽龙 兰丽芬 林茜 石红周 马融 罗振财
钱晓丽 张梦真 魏硕池 薛燚涵 何静 田静 崔付敏 黄建宇 章苗 吉阳丽 张颖颖
刘铎翔 张茂袁 罗雪艳 黄梦真 覃淼连 王春华 陆慧玲 张娟 王俊玲 曾桂英 赵成伟
盛倩 王健苏 张慧腾 王绘宇 邢思思 王盈 熊长青 沈宝仪 张宣宣 陈云亭 孙婉婷
曹宁宁 李真真 杨维清 刘善义 黄清梅 张光菊 张小娟 何秀秀 张宁 张馨予 李昕然
李晓燕 侯国荣 成虹 鲜佳佳 王煜灵 周遵美 赵仕芬 邹纯朋 李涛 赵晗宇 文林玉洁

艺术学院

卜霜 宋笑笑 唐妍 王静 黄敏 戚继园 祖益凡 薛林坤 郑涵丹 陈实 杜天佑
刘娟 叶杰 坚蓉 张梦宇 高冉 李浩东 雒焕奎 霍亚婷 屠梦雪 胡家瑞 靳雪
许阿倩 陈进南 李永刚 徐佳辉 嵇彩玲 李晴 周颖 蒋骄阳 李乔乔 吴佳 刘玄
梁玉燕 孙洁 石瑞雪 孙梦梦 吴寿兰 刘雪情 尚雅静 徐邓 吴迪 钱喜蒙 仇艺
谷海荣 袁美洲 伍欣悦 周安琪 仲崇洋 刘格格 陈硕 周子贺 朱佳雪 张彩云 王思源
周静雯 王红梅 南芮 王腾腾 张盼弟 陈丽娟 高佳敏 黄欣欣 苏逸 章琴 王一华
陈奇石 党娜娜 朱心慧 武晓转 王欣月 陈凤 龚小娜 侯静 郭嘉丽 蒲朝永 汤培
相传兵 孟娇 涂永娟 许豆 李冬月 蒲兆慧 韩莹 张芳敏 刘迪 吴千明 邹昌浩
张梦梦 闫缓 杜滐伶 黄海敏 杨微 黄欣 王静 李孟蓉 甄乐 杨正标 刘士凡
刘大山 孔垂鹏 姚颖 陈佩伦 赵卢穗 周子惠 戴明 李静 葛莹莹 颜艺 何文琦
刘梦梦 王立碧 孙兴浩 王飞 皮子芮 伍幸子 韩园园 刘汝 黄单单 王建康 柴景
孙家赞 张科 巴桑次仁 加永拉姆 洛桑平措 贡日多吉

体育部

侯笑 余发良 张宇朦 徐世威 王展 李刘虎 张颖 刘子佩

校优秀学生奖学金

2019年苏州市职业大学学生获校优秀学生奖学金名单（全日制）

机电工程学院

一等奖学金

陈梦婷 王静茹 严沙徐 化飞龙 陈文静 李晓静 靳赛赛 周心怡 许嘉杰 徐雪峰 管锐

二等奖学金

苗康宁 陈艳军 孙靓

三等奖学金

常明佳 高林洁 梁玲 蒋明君 李梦婷 顾佳宁 吴战胜 赵豪 王惠榕 陈涵雨 沈自然
包翰才 何腾辉 何子阳 张昊 赵凌峰 肖一波 吕健 程艳娟 赵凯 黄迪迪 颛孙皖萧

单项奖学金

王梦 宋莉莉 卢思楠 李粤丰 孙永昌 衡亚南 贾以宁 杜佳琦 吴淑雯 靖超琼 邵通
王绪仕 孙旭 张广平 周国健 王苏 梁颖 周大成 李达鑫 左海亮 汪祥 陈梅鹏
曹修锋 秦海波 王湘 许鹏宇 毛成敏 苗文涛 陈延杰 凡顺刚 王聿杰 张立浩 张启敏
王山文 王修杰 王佩璋 王强 王洋 袁丽 杨杰 段伟军 侍磊 陈东升 唐传月
朱睿 邱琰 王炳杰 蔡兵兵 汪国强 卫建 潘煜 钟程 王明亮 王旭 马也
顾欢 贺喜 陈尘 刘慧慧 李玲 朱明星 张丹 豆魏 王羽婷 韩士杰 张伟
陈黄生 陆煜彬 崔佳能 张永康 杨思考 皮庆伟 宁烨新 盛俊杰 张凡笑 夏可 张嘉帅
于东云 惠浩 张礼浩 徐可 刘文静 宋雅鹏 陈学良 鲁彬 张琪 唐苏洋 杨洪亮
刘明明 顾长征 汤洁 梅玲 李慧 李舟 陈婉秀 胡睿 杨克旺 王晋 朱奕
王一劼 余文炯 钱颖涓 杨杰 薛翔 何磊 王泽宇 王媛 徐兴滨 葛晓飞

计算机工程学院

一等奖学金

陈　云　郭　宇　金　旻　武佳宇　严陈成　李慧敏　孙晓雯　王宝玲　李鑫龙　夏紫薇　刘梦娇
张　宇　葛一丹　陈　培　王欣颖　张　鹏　戴　越　彭喜钰　王　超　黄娴渭　王　松　孙艺纱
李荣标　许方干　周　钿　瞿　伟　刘　云　李　伟　候瑞林　于文苏　黄　鹏　周　林　姜舟洲
李　英　魏超男　赵芷雪　乔　璐　管勤勤　陈虹羽　刘会泽　陶　玥

二等奖学金

陈　婧　张梓萱　李　雯　马河鹏　左冠楠　孙海燕　杨　旺　周文猛　史德胜　马晓婷　缪明晖
钱奕璇　马荣荣　陆瑶瑶　陈倩倩　孙　恒　李　双　李怀东　何　瑾　李前昱　朱航锋　张　袁
郑盈盈　任雨梦　宋伟钰　施　婧　童洛萌　孙　影

三等奖学金

蒋梦楠　凌佳玉　周维皓　刘　瑶　宗婷婷　胡建梅　胥友鹏　张虎林　陈　磊　施佳丽　施银莹
陈思屹　丁海燕　丁灿灿　陆英健　丁君君　邱　野　顾　晨　周　浩　熊紫青　蒋瑞萍　李雯吉
李　进　单岩石　周　敏　赵　璇　王　威　常　源　苗一平　姚明圆　朱丽华　戚广生　黄　涛
张士雅　王玲玲　朱志远　贾正华　顾佳妮　陶仇丽　管小冬

单项奖学金

周鹏程　陈　凯　徐　添　张克凡　朱倩华　易杭飞　刘开旺　赵立升　丁　尹　张　慧　张　晓
姜云峰　胡文龙　王　菲　梅秀玲　瞿　慧　孙　杰　司天慧　汪天祥　孙家楠　王志艳　徐同硕
李建莹　秦晗阳　朱媛汝　殷勇斌　吴小玲　顾淑燕　李　昂　周晓钦　戴　鑫　王明宇　李佳琪
张　硕　邵泽瑞　裘虹萍　陈　胜　杨　波　易　佳　黄　丽　刘学涉　郭　娟　曾纪明　钱俊杰
安骞骞　陈苏黔　杜　瑶　朱承朋　殷豪琦　周立旭　向　川　张　宇　陈　颖　张　睿　李晨晨
张　卓　朱正军　吴潇晴　吴昕研　刘孟瑶　宋　宇　刘　兴　刘梦晴　姜烽英　朱娇娇　陈欣瑶
赵鑫洋　马晴晴　王凌严　尹晓悦　陈　静　余　勇　郑　义　任碧琼　曾文静　吕盼兴　郝建源
潘　豪　李善迪　杨秀强　李晶晶　徐　欢　袁亦范　尤丽娟　陈　畅　王海燕　杨文杰　郭长虹
单　刚　王俊杰　李　敏　夏梦姚　宋祎梦　姚子凡　唐晓昊　申梦佳　邹　彤　施晓慧　陈王泷
沈心怡　李艳丹　夏逸晨　丁　雨　陶　晖　徐蓉蓉　张　洋　孟令康　孙鹤飞　钱丹丽　赵丽成
吴熙萌　陆雯慧　王星辰　陈　静　刘毛毛　吴强盛　夏梦婷　袁　文　颜　洁　仇荣芳　徐永丽
秦雪芹　刘倩池　陆　慧　厉雄挥　刘　巧　王梦男　汤玮雯　方　霞　高经纬　杨　浩　董自豪
王　琪　唐成澳　唐先焕　许宇鹏　贾文艳　王星雨　林　颖　周亚伦　朱　江　马建圆　刘　锋
王　凤　耿　娇　刘宇芳　王　凯　王　玲　黄琮琪

电子信息工程学院

一等奖学金

周仕伟　蔡英健　杨博云　姚宇阳　蔡冬玉　李　可　徐传旭　赵舒畅　潘晓雪　赵亚州　王　成
韩　政　刘浩义　杨　刚　裔金晶　李明睿　颜　鹏　郁麟枫　卫元芳　陈庚彪　朱丽丽　邓文静
丁　帆　李林敏　赵天宝　王钰森　李焱鑫　张　晖　李　杨　邱文轩　韦婷婷　沈文超　庄　森
李蒙恩　崔祥硕　周　月　宋朱倩　段舒馨　秦丁丁　徐　腾　史嘉诚　吴尚然　杨一鸣　李伟伟
邓宏振　张云昊　韩仲洋

二等奖学金

陈小波　张　翔　张　嵘　宋恒宇　穆加顾　罗　芳　李红宏　李敬铮　徐叶甜　陈　奔　闫　菲
周星禹　张意焜　周浩鹏　樊倩慧　程　阳　蔡敏婕　田林叶　孙蔺行　吴　杰　张家乐　鹿维维
白文海　赵　魏　李　婕　庄婷婷　吴　明　丁　玥　黄天宇

三等奖学金

管明杰　王晨阳　张晋铭　王义洪　杨　智　赵锦烨　张俊杰　季佩斯　李甲可　马丹华　黄　希
李绪贞　苏　硕　邵　凯　曹　盼　姜　超　曾子涵　吴　雪　霍　静　李怡睿　李　龙　朱泓金

魏军 周世豪 朱超 顾炎 朱赛辉 姚颖杰 徐钰淳 李霞 吴锦娥 王仔臣 梁钰
余洋 朱哲诚 陈瑞瑞 魏啸 张子晨 李康 王艺 陈琳 夏颖 陈飞鸿 于静文
刘朝迅

单项奖学金

杨婷 王浩田 王家辉 胡宇 朱向伟 姜钱 刘伟建 王亮 陈明官 王嘉陆 周桂林
吴江澳 王家乐 王录红 冯英彪 李敏 陈玄艳 马赛 孙国慧 曹长猛 周敏烨 邓明玉
黄涛 谭偲偲 石星虎 王晓娇 单旭 罗泾源 张雨 李发 杜祥 王先德 穆旭梅
张启昂 沈淼 张金凤 杨文卓 孙娟妮 王国栋 陈梦洁 任慧敏 陈颖 赵文杰 张金枝
周寅萃 邓佳玲 薛宇 朱宏治 曹敏杰 陈浩 胡正海 周文 李营 吴旻 郭鑫鑫
林名宇 刘铮 胡天池 刘备 倪良志 孙扬博 张洋 闫瑞君 程心雨 熊瑶 程梅语
樊继克 李杰 顾紫青 田宇 霍永新 祁文静 马志瑜 倪靖怡 贲慰 沙彦佑 黄砚秋
姚俊丰 潘雨雪 周天承 冯奥妮 徐妃燕 李超 周艳慧 晋峰 李柏 常川云 张安琪
蒋璐月 吴丹丹 朱思雨 马兴鹏 刘华龙 郭静媛

管理学院

一等奖学金

郑娟 郑一鸣 张明达 孙网珠 李睿智 张玉蝶 马嘉谣 陈蓓蓓 黄莹 顾怿琛 刘晓燕
陆悦 瞿欣华 骆心怡 李佳玲

二等奖学金

林夏青 严秀华 花如梦 宗媛 李春 征琳琳 丁乙 刘紫慧 刘婷 熊晓慧 张潇
郭艳强 林颖萃 刘星辰 朱利颖 徐嘉禛 于欣言 周舟 吴星星 邵明珠

三等奖学金

孙庆雯 胡可欣 张晶晶 周欣 刘雨 杨佳卉 徐圣娟 沈佳艺 常蕊 金沈益 万春艳
徐萍 张菁 张静璇 左程程 孙丽敏 周颖怡 郭佳 钮晨怡 李雨萱 李慧 安丽婧
张唯一 王晓芳 王亚奇 经雅 朱文星 蒋佳惠 涂煜 彭思维 张娟 金澜 潘筱怡
黄心艺 戴思佳 陈艳 田小燕 吴艳芳 陈娜娜 孙静 朱佳佳 薛莹 勾小月 李锦岚
张婉玥 杜浩 陈周 黄佳雯 姜楠南 黄家祯 李鑫 余芮萱 孙梦雅 朱蕾 杨璐
唐嘉遥 李定香 于雅楠 胥胜男 白月飞

单项奖学金

王倩霞 成佃金 杨胜男 刘雅倩 颜蕊 张颖 赵慧媛 姚砚秋 江宏玉 张丹 徐飒
周苏玥 王彩凤 王善俊 贾必艳 卢娴娴 谢泓荟 吴一纳 徐海燕 刘婷玉 董玉平 杨霞
吴珊 李梦 季抒禹 张旋 马佳美 袁月 辛玥儒 季佳盈 翟亚文 孙玲玲 刘芮
李林林 陈瑶瑶 刘婉莹 马捷 孙萌 李苏蕾 周涛 穆如峰 黄小蓉 刘轩 马淑莉
佟志伟 王波澜 汤娇娇 顾春尚 彭霞 孙梦婷 邵梦 肖婷 江雯雯 陈星星 黄鑫
刘诗宇 单文静 韦雪芹 嵇明慧 孟彦伶 陈玉 宋轶 林梦琪 董莹莹 蒋乐涵 周文
孙浩 董文莉 李玉玲 陈佳乐 孟庆文 张姗姗 郑晓雨 沈琦 孙丽娜 熊兰丽 侯文静
冷晨颖 陈萌萌 闻宇敏 闫兴伦 胡云燕 邹索波 梁欣 钟俊琰 汪雨露 李文意 蒋诗静
杨平 刘佳惠 姜晨晨 陆艺 顾秋彤 王洪运 吴雨莲 李颖 江秋煜 葛友路 丁佳琦
范迎来 王伦 孟凡惠 潘茴玲 张兴霞 蔡诗敏 陈紫萌 魏歆然 杜媛媛 靳轩 陈雅迪
吴丹青 黄悦 李思凡 朱欣桐 李雨彤 杭美琪 冯晓薇 王雪凤 高雅 许晨 刘莹
孙晓艳 李剑花 陆远国 胡威 马洁洁 张如丹 张廷廷 钱蕾 石恩新 严晓怡 徐建颖
厉心雨 严钰慧 任琛 姜海洋 唐红 孔文华 还佳雯 陈思 高靖 李房玺 杨晶
曹亚薇 王媛 韩丽艳 沈高阳 章雲 王子颜 肖玉娟 李心彤 黄雨亭 韩晓兵 程莹莹
裴明 朱鑫鑫 荣丽娟 付燕 曹浴 顾慧 张桐 丁雨 张志伟 魏礼娟 刘义炀
任缝缝 邢家豪 张玉洁 王倩雯 翁浩男 吴星妤 周涛涛 赵思师 徐伟 程语 李小悦

刘珊　姜思梦　金粉兰　黄璨　李洁　陈心月　陈觐欣　解雪莹　赵颖　邢喆　尹颖
倪思维　朱海娟　杨皖苏　陈瑶　王方园　黄思凡　盛杰　唐冶学　龚佩云　程苏园　杨婷
陈暨阳　周国燕　吴靓　马玥　张婧言　吴福玲　周梦宇　孙孟丹　沈灿　吴思　陈莹莹
杨景文　陈娟　赵登艳　崔安琪　袁晓月　李雪　赵晴雯　朱智慧　侯继云　焦悦　殷明涛
宗诚璐　赵诗佳　徐以成　段绮音　高源　屠诗铭　陈诗怡　王金鹏　王希　田子祎　谢澳梅

商学院

一等奖学金

赵腊梅　徐芳婷　施郁颉　郭洁欣　邓雅婷　高丽洋　史成东　陈丽萍　刘雨洁　陈心如　康倩
吴芳　赵雯雯　耿琳琳　齐亚男　刘云　高雨杰　王寅　华星月　管倩兰　周晨瑜　李婷怡
许艳华　袁冬愉　张欢欢　印鑫玉　张钰也　滕凯莉　叶俊　李颖　朱佳琦　许艳红　沈厚甜
黄梦丹　徐志立　严佳雪　李雪　金妍村　卞琳　邱思佳　张岚茜　陈心怡　李芳雨　卢辰
陆丽丹　王梓璇　薛洁茹　崔庆昕　化明朵　蒋林君　吴璇　伍昱锦

二等奖学金

楼旭甄　武以婷　谢楠　吴田　张雅茹　王思懿　梁心悦　邹小宇　黄婷　刘新雨　朱美铃
方依群　丁莉晶　程蓉　王静　费文婷　方媛　季华　武韶波　周金枝　刘蕊　孙妍
游晓婷　佘思琪　程靖雯　钱钰琳　李佳佳　姜欣　陆页晓　刘敏　徐一旗

三等奖学金

刘倩　韩雪　马文倩　黄叶波　王莹　季小倩　杨玉　陈薏　邵惠红　胡恒祥　薛青卿
夏委　乔玉贤　闫胜男　黄玉梅　吉玉婷　张远丽　张芝楠　张赢心　陈杰　牟林　卞海丹
陆佳怡　薛心怡　王倩倩　顾美霞　李梦蝶　张燕　李思佳　王梦姣　王守圆　周玉琳　陈琳
翁琳　靳莫新　沈格亦　王思新　苏晓琳　王罗荧　胡瑞瑞　黄岩　袁楚　丁雨晴　赵彩云
姚紫薇　周璐君　高心意　侯金晶　陆雯婧　董洁　朱璘　宋霞　余长江　周雅婷　张淼
曹舒月　宋亦昕　林仇倩　俞小凡　佘陶钰　蒲雨　王娟　颜淑琴　曹佳豪　蔡佩瑶　张玉林
朱鋆　韩悦悦　冯爱辰

单项奖学金

张丹丹　方婷婷　王海月　刘楠　姜晓函　廖秋怡　吴馨怡　王玲　曾虹雨　孙雨雪　张薇
栾欣语　谢颖儿　蒋云　陈彧　张银波　刘金梅　陆雯雯　晋晓冬　姜凯怡　沈丹妮　朱心悦
顾容嘉　刘玉琦　戴铭卿　张敏　陈洁　薛萌萌　付文丽　刘华　茅袁鸣　周扬　彭晶晶
陈妍　吴慧莉　高秀芹　刘珍妮　吕梦娇　代佳月　李婷　马乐乐　张海燕　曹林丽　杜倩
栾柘蕾　刘欣悦　陈佳敏　张莹　韦璐瑶　汤婷婷　宗月　王天宇　曹娇　刘旭　陈颖茹
何月　周瑜　周寒　王彦彦　陈优美　严慧慧　张晨怡　唐嘉裕　顾佳伟　刘益锋　苏晓娟
宋洁　唐钰婧　高晓青　张玲玲　张佳铭　陈帅全　张红梅　刘嘉欣　马艳娇　陈紫薇　胡雨涵
赵娟　袁佳钦　纪晨雨　殷铭静　陈瑶　王欣欣　王康敏　毛欣枫　孙怡婷　徐景　周倩
权雯静　王语晗　周梦凡　明凯婷　褚梦涵　温敏　李江南　吕冉冉　王浩远　汤龙君　李宇驰
杨喻乔　赵金玲　沙勐娟　竺芝俊　李忻月　高海虹　李晓　沈康宇　赵晴　李垒　房海燕
顾欣欣　高静　张芬芬　严晨涛　周君雨　吴凤娟　周晨　赵颖　徐鸣尉　张明珠　朱娜娜
朱江飞　马开颜　彭宇欣　姚太平　沈如意　彭梦玲　瞿美玲　黄玉洁　朱星晨　耿佳节　梅竹君
严悦　郁婷婷　王宇凤　张玉　丁佳蕾　徐苗苗　杨璇　周梦莹　向雪　林枭　侯秀
杨婉婷　赵一璇　龚青青　肖琴　王祎玲　吴琼　黄茹苑　倪倩　姚敏　陈小慧　杨兰
王辉　李燕美　陈海霞　黄素　孙悦　程康　沈婷　董岩　赵袁渊　唐心蕊　许敏娟
向莹莹　王诗韵　殷碧玉　冒婷婷　陈佳敏　周钰　陈海彤　陆星宇　陈枫　徐佳玲　张舒佳
姜元月　霍兴梦　杨念琪　袁一榕　葛佳燕　王韩　刘雅露　顾霏　陆鑫　陈珊珊　陆诗颖
陈玉晶　朱妍妍　杨星如　鲍怡颖　李念　傅杰　陈红莹　张梦洁　金晟　肖红　邹建辉
张欢　石慈萱　仲许诺　范文慧　周思仪　程子彤

教育与人文学院

一等奖学金

张吉莹　刘诗羽　刘佳敬　韩思纪　高思嘉　罗涵钰　申　雯　蔡晓艳　马婧婧　高宁宁　宋文馨
杨　洋　桂迁芮　马可贞　赵佩佩　孙扬扬　陈素雅　王智康　曹文珺　杨春蕾　李玟玟　陈羿璇
王　菲　范月秀　董晶晶　张琳琳　丁　文　范海琳　张文焱　张　静　侍宇婷　吴昊敏　徐梦凡
李雨蝶　孙文静　王媛慧　范昱娜　张嘉璐　谢雯雯　仝玉波　黄　雪　祝子晰

二等奖学金

黄倩凤　原舒雅　刘玉萍　唐　杰　张志强　王　鹏　彭光兰　高修红　陈　英　陈钟丽　朱　虹
练　楠　王　寅　杨　阳　周彤彤　王启蒙　李征征　程梅梅　郭　冉　周玉霞　何　茜　李　荣
姚晴雨　朱思雨　赵佳惠　孙思源　马思毓　李　恬　顾　悦　何玉娇　周丽琴　王　进　管雨迪
赵　玉

三等奖学金

冯媛媛　宋敏欣　赵　敏　卞文文　陈静怡　郭　悦　陈　静　李楠欣　贾逸平　蔡汉娟　王小焕
王　慧　王梦贤　张春雨　王馨悦　闫贵花　肖咪咪　朱文一　孙星星　刘姝欲　姜丽萍　吕梦婷
王美丽　任爱玲　徐凡轶　孟　凡　陈志健　张奥博　张　倩　韩　宇　伏天慧　杨舒羽　余红娣
马经仪　王馨怡　崔文文　刘梦晨　卫晓露　邹雯倩　沈佳漪　郭鸿燕　顾燕瑜　陈子锐　顾思凡
陈礼俊　陈思婷　陈爱文　刘梦婷　汤　玲　勤　雅　李　杰　孙小涵　王雅婷　许言琦　高舒逸
庄玉灵　权姝如　刘施兰　刘秀芹　王小玉　周玉妍　曹婉婉　孙梦杰　仇文静　伏晴晴　俞　晨
陆雨露　袁　欣　张　妍　李　娌　汪婷婷　简芳娥　苏梦娜　刘俏俏　刘景娴　孟琳冬　钟慧云
王佳莹　褚　楚　马　睿　金　震　杨　娟

单项奖学金

杨　周　杨玉洁　吴丽霞　韩　欣　卢梦萍　单超云　茆训楠　郝美丽　郝亚妮　马　莉　柯　汗
俞雯雯　马安霞　张婷婷　任　静　杨　帆　顾冰馨　仲涵玉　韩秀丽　孙　涵　吴　颖　卢琼琼
张　芸　李玉静　孟子艳　陈　岩　王秋梅　邱启洋　龚　艳　邵　晴　杜　燕　苟　馨　刘紫艳
颜旭梅　高　淳　韩小炜　刘文珊　王　欢　宋苏豫　郭　诚　邵安萍　朱　晗　吴　颖　吴凌波
范家登　卜奎翔　黄欣瑜　张贵婷　王　慧　龚　莉　田欣雨　王　倩　周　敏　程　琳　姚媛媛
陈　怡　倪其敏　刘丹丹　唐　婷　沈怡婷　王丽敏　宋晴琳　朱登连　周笑洁　夏咸潇　方　静
李　禹　孙宇佳　曹叶婷　周俊秀　汪　祺　窦文婧　王　怡　张冬玲　张梦娟　李福云　石亮丽
闻格格　郭紫琼　李菊香　彭宗英　季徐红　蔡孙晴　王从健　王语言　谭晓龙　王羽佳　马玉蓉
李　倩　秦婷轩　陈　奇　张文青　王　冰　孙莹颖　许　诺　任晓晖　李鸿河　范永俐　张　缘
宋涛娜　胡　婷　马　萁　周　雪　吴　玥　程静芝　顾永娟　龚　芹　雷思雨　陈　欣　胡雪盈
孙建圆　孙丽雯　徐洪勤　王　颖　赵梦雅　黄程婕　董　琴　史中勤　招　琳　俞兆懿　许诗怡
葛　迅　李泳潼　孙明珠　严　婷

外国语学院

一等奖学金

陈子仪　童雨可　曹佳欣　沈　怡　杨慧霖　宋宇宁　许紫薇　余慧敏　庄　杰　耿小娟　冯　煜
缪汶倩　雷卉晴　侯子艺　陈　鑫　汪建君　范甜甜　秦　缘　张妩焕　韦雪萌　罗素娇　邬　仪
朱宇婷　梅海燕　陈嘉琳　林文文　丁文静　谢仁婷　柏寅松　曾紫烟　吴　怡　范思佳　林新宇
袁　媛　李昱葶　高明辉　李佳志　徐雪婷　何斯凡　杜淑华　李　萍

二等奖学金

陈家星　周丹丹　任苗苗　陈　敏　崔　红　周子泱　谌　梦　张　端　刘梦霞　杨　雪　江静雯
郭金程　石陈丽　宋梦娟　林佳顺　王　菲　笈文雅　敬　英　盛　倩　何雪洁　胡婉妮　李　晶
李倩倩　王竞涵

三等奖学金

冯纪曼 方慧 刘爱秀 吴俣梦 李雅 张可 曹亚娟 付钰 胡若彤 陈思诗 薛晗
岳畅畅 李悦 邢渴渴 胡媛媛 李阳 张彤 于妤 王晨如 戴颖 吴清雅 陈雅
赵文萱 韩双双 陈灿雨 胡名昭 邱海悦 沈雷 刘昱琪 薛燚涵 刘婧婧 徐慧莲 邓淮木
陈礼莹 林仕丹 叶新冉 宋敏青 蒋昊 杨依琳 许淑涵 何雪 王怡 王绘宇 王盈
沈宝仪 王为艳 罗涓

单项奖学金

董淑玢 刘江 沈梦飞 赵婕 易文沁 孙星 袁丽莉 郑又珍 宗长月 张慧婷 王鑫
安梓岩 杨静一 何丽娜 周月芳 朱倩 刘璐 熊瑶 孙彩蓉 许雄伟 汪杰杰 窦慧慧
张力予 赵雨昕 施文涛 何玥 刘津润 景佳蕊 朱明慧 徐爽 姚熠馨 张林 郝云梦
渠文亚 石梦娇 张慧 吴新月 张苏婷 梁娜 张雅琴 高若涵 于曼丽 蒋海艳 关娟
张婷婷 王春燕 高佳丽 刘璇 吕文泰 何亚萍 周志昊 钱叶晨 洪岩 陈轶雯 冯陈辰
陈若妮 黎美玲 陈权心 滕远颖 盛斐涵 马月暄 娄萱 翟青青 王楠 秦鑫 郭可可
何倩倩 陈贤 祁悦 王静 池蒙恩 李艳华 陈露 夏国聪 刘亚萍 赵妮 曾蔚
张彤彤 张南 刘昕钰 冯雨欣 张晓玲 张迎年 杨欣怡 刘嘉欣 冯添添 袁怡洁 郭彤彤
申晓云 汤丽雯 高佳佳 徐佳茜 李梦亭 闻宇华 宋微 李欣欣 鲜洁燕 钟昕辰

艺术学院

一等奖学金

俞晓 刘颖 张晨敏 戴美 嵇蓉蓉 刘乐乐 王鑫 杨天思 齐媛媛 孙菁 刘琰
毕馨 陈梦蝶 刘光辉 李佳佳 陈雨柔 王映凡 赵晴 张惠娴 刘来创 申晓青 陈静
刘雪琴 赵成程 张颖 陆婧 张静 庞聪聪 徐雨萱 刘玄 单丹 陈云 徐欣婷
王议曼 杨婷 徐不号 郝玮琪 廖治瑛 蒋甜甜 吴迪 刘婷 张慧涵 王鸣轩 杏夏添
吕珂 李阳 郁靓蒨 朱苗 袁如玉 唐璐悦 李俊汝 顾冬慧

二等奖学金

卜霜 杨澜 史梦茄 周芳香 徐可欣 方芳 潘园园 常倩 薛静 张燕 赵丹宁
靳雪 杨英桦 朱天姿 马庆艳 刘锡烨 周颖 许良 沈苏婉 王志文 陈思奇 徐佳佳
梁玉燕 沈霏 张昕蕾 王兵 吴寿兰 位绪绪 戴海艳 陈诚 屈佳丽 沈佳和 陈婷
陈丽娟 高云萍 王腾腾 於敏燕 张艳丽 黄欣欣 赵艳丽 孟艳 顾瞿薇 黄梦玲

三等奖学金

杨磊 韩越 董薇 张睿 汤璐菲 张勤 曹梦丹 刘娟 张睿敏 张吉祥 朱玥
何天娇 卞玉飞 李浩东 张梦宇 钟思雨 徐甜 陈佳琪 许阿倩 陈新新 周梦圆 冯钟秀
张茹萌 杨洁 范敏 李鹭 蒋骄阳 黄津凤 胡玥 嵇彩玲 杨晨 刘娜 高艳霞
金佳乐 陆晓娇 孟芳宇 孙洁 吴金凤 蒲东恒 程静 王璐 刘笑辉 凤澄莹 孙梦梦
崔锦雯 张星星 魏欣 吴雨莲 王婷婷 王秋寒 沈晔辉 李文瑜 蒋凌宵 徐颖 姚敏
刘贝贝 张盼弟 苏逸 陶婧 章琴 王晨阳 李林君 陈晓玉 李晨 陶雨瑄 王艺豫
周子惠 于莹 李君桐 陈程宁 林佳祺 方逸凡 范嘉莉

单项奖学金

杨丽丽 黄迎 王静 张亚萍 唐妍 张舒婷 王园园 陈秀文 叶芹 郑涵丹 张乐乐
蒋锐 魏林瑞 高冉 陆宇 吴艳彤 田明月 孙晟凯 王玉琪 华阳 吴明月 刘丹
陆静漪 洪楠 王魏东 夏永娜 周晓婕 祁莹莹 丁宇娇 徐文海 张心如 樊善来 任欣钰
侯成 郭政宇 李宽新 李涛 刘海红 石瑞雪 方正 周春秀 孙冰茹 龙大伟 徐邓
李成 刘雪情 周梦婷 任杨勇 毛威 卢颖颖 黄春燕 傅方璇 郑雨 吴朝旭 马强
轩梦 严卉卉 王广瑾 王文静 成恩琪 刘娣 周静雯 徐静 张凌飞 李梅 王一华

高佳敏　杨丰源　张思琪　郭嘉丽　邵梦萱　李子晴　于艳雯　袁若馨　陈璐瑶　张娜娜　沈文静
蒲兆慧　瞿梦露　张梦梦　黄　欣　朱梦雅　张雅婷　李馨乐　何佳敏　王燕萍　王浩丞　顾　妍
姜若楠　陈秦安　李　雯　赵李娇　赵卢穗　施佳倩　戴　明　卞经纬　李新迪　郭　晓　朱　颖
黄　笑　刘文静　陆婧叶　葛莹莹　皮子芮　葛袁霞　胡咏红　董婷婷　陆锦倩　李金平　张　科
苏千彤　严　霞　陈　磊　柯碧涵　薛智颖　王至灵　丁　丁　殷丁淇　陆婷婷　郭欣怡

校设助学金

2019年苏州市职业大学学生获校设助学金名单

机电工程学院

丁加瑞　吴建远　许晨阳　高　猛　钱智溧　周　浩　王赛龙　陈艳军　凡顺刚　石　建　徐　权
王佩璋　禹日强　段伟军　李虎军　汪国强　张安吉　蒋海峰　洛沈皓　张万锋　朱永静　杜祥雨
魏荣良　武伟嘉　季天明　徐同州　衡亚南　卢思楠　杜佳琦　常明佳　梁　玲　刘　毅　金孝峰
于　惟　马之辉　刘冰冰　唐苏洋　杨洪亮　王文全　曹　旭　朱　奕　徐森楠　唐　露　王福瑞
顾禧彤　范洪庆　曹　宇　王　雷　王　军　刘　霖　赵　帅　张　欣　陈　尘　奚思成　石　玉
李　臻　肖一波　何洪瑞　郑江南　潘荣亮　田玉祥　邓茜茜　王　鹏　吴鹏翔　孙长江

计算机工程学院

莫立程　邵泽瑞　顾　晨　易　佳　刁　进　孙　昇　张　雷　李秋月　陈　云　蒋梦楠　孙莹莹
刘开旺　常鹏超　候瑞林　张利芳　黄泽昌　王玉龙　谢成宝　张昌健　姜广宇　薛玉盛　张　斌
丁海燕　张　梅　夏紫薇　李鑫龙　刘梦娇　王　菲　蒋瑞萍　李　伟　刘　云　单岩石　仇荣芳
胡明宽　宁巍巍　徐文素　刘　成　王　默　吴　远　祁　颖　马彩梅　陈　旭　高志政　朱　帅
陈红平　刘　洋　张福娜　刘　佩　吴海峰　许宇鹏　杨宇航　陈　妍　季佳伟　郁亚滨　管勤勤
李富祥　周　旭　余　勇　程思童　刘晨宁　王志权　杨鹏玉

电子信息工程学院

王录红　张开元　周敏烨　陈宗昇　陈志麒　郭　琦　罗昭洪　倪志超　王　欢　刘振乾　李　鹏
李　霞　孙蔺行　吕德飞　吕森森　李兴旺　杜继锋　樊　荣　吴　杰　鹿维维　单枫清　赵　魏
周紫阳　常维康　吴佳军　陈明仁　刘　旭　程　祥　彭震东　杨玉巧　耿文昌　霍召龙　张忍奎
安凯凯　曹钱生　周海洋　夏　颖　刘　娅　房硕涛　白菱草　李琳莹　徐海富　李　帅　赵梦诗
张　娟　于静文　刘华龙　张德民　李佳宸　冯金科

管理学院

吴新婷　周雪婷　付俊莉　张锦芸　孙丽敏　郑　娟　彭程娣　丁传安　胡　洁　李晓榕　孟玉萍
曹赛南　唐思雨　周朝霞　英　超　穆如峰　刘佳佳　颜子涵　石冰艳　刘玮轩　王洪运　赵智晟
陈秋玉　董杨琳　李雪莉　薛　莹　李红琴　戴明萱　勾小月　曹春燕　褚　莹　赵宇婷　沈子涵
蒋洪燕　张国浩　张廷廷　胡　威　陈　娟　李沛龙　蔡淑婷　吴艳芳　阚仁香　荣丽娟　张　桐
席亚丽　武明会　周　舟　周梦宇　贺梦梦　扎西旺拉

商学院

吴　芳　张远丽　高雨杰　耿琳琳　王彦彦　朱彩琴　程　蓉　许艳红　钱忠伟　王梦姣　徐　衍
武以婷　侍　继　刘金梅　邵惠红　邓　萌　靳莫新　卞　琳　董振宇　季　华　吴　婕　杨小可
袁文迪　闫胜男　史成东　陈　峰　梁洁恩　卜萌萌　夏　委　褚子微　赵金玲　刘　蕊　张芬芬
周　晨　沈如意　黄茹苑　卜令娟　张桂兰　董　岩　张　玉　徐苗苗　吕会玲　杨婉婷　耿佳节
朱　璘　李　丹　谢　婧　殷碧玉　刘雅露　刘言言　高恩典　沈邈邈　董　帅　颜淑琴　王　娟
韩悦悦　吴娜娜

教育与人文学院

王梦贤　王小焕　李亚康　李玉静　张梦迪　康慧敏　王美丽　成健华　周志明　耿腊花　李楠欣

李丽萍 王 杰 范月秀 卫晓露 范海琳 李 荣 赵 妍 卜奎翔 张译漩 王智康 高宁宁
桂迁芮 孙梦杰 李福云 李菊香 陈荣昕 张凌敏 叶家慧 杨 杰 曹金锁 顾成慧 刘景娴
何玉娇 吴巧巧 徐洪勤 钟慧云 朱凡苏 李晨晨 覃佳欣 仓 拉 卢润发 金 震 周 旺
王鹏轩 王雨露 李 发

外国语学院

陈 宁 陆开珍 申先艳 王春燕 林新宇 张晓东 冯纪曼 李 琳 沈梦飞 刘 江 张慧腾
王绘宇 王宏胜 曹宁宁 李真真 杨维清 刘善义 黄清梅 张小娟 张瑞婷 侯国荣 周遵美
赵晗宇 钱晓丽 何 静 田 静 崔付敏 章 苗 张颖颖 罗雪艳 张 娟 宋敏青 林 茜
罗振财 文林玉洁

艺术学院

宁玉欣 张 燕 靳 雪 周梦圆 单 丹 高艳霞 郑涵丹 陈 实 陈梦蝶 刘 娟 刘乐乐
叶 杰 吴寿兰 祖益凡 薛林坤 孟 娇 李冬月 蒲兆慧 吴千明 张梦梦 杜滢伶 黄 欣
孔垂鹏 陈 硕 朱佳雪 王红梅 高佳敏 黄欣欣 章 琴 颜 艺 何文琦 刘梦梦

体育部

张宇朦 王 展

开元奖学金

2019年苏州市职业大学学生获开元奖学金名单

机电工程学院

陈文静 许嘉杰 管 锐 吴战胜 黄迪迪 徐雪峰 孙梦晴 孙 靓 肖一波 周心怡

计算机工程学院

葛一丹 周 钿 黄 鹏 孙晓雯 于文苏 李鑫龙 瞿 伟 李 伟 陶 玥 赵芷雪 陈虹羽

电子信息工程学院

韩仲洋 陈小波 吴 明 樊倩慧 曾子涵 刘 备 徐钰淳 徐 腾 史嘉诚 李 康 晋 峰

管理学院

陈蓓蓓 黄 莹 李佳玲 郑 娟 郑一鸣 张明达 于雅楠 骆心怡 瞿欣华

商学院

华星月 印鑫玉 薛洁茹 滕凯莉 朱佳琦 李 雪 李梦蝶 陈心怡 董 岩 伍昱锦

教育与人文学院

陈弈璇 杨春蕾 陈素雅 孙星星 李楠欣 王 菲 周彤彤 王智康 刘佳敬

外国语学院

杜淑华 雷卉晴 何亚萍 刘显峰 谢仁婷 庄 杰 王绘宇 沈宝仪 盛 倩 徐慧莲 宋敏青

艺术学院

刘光辉 张 颖 徐雨萱 靳 雪 刘 玄 申晓青 徐不号 李 阳 吴 迪 戴 明 周子惠

体育部

吕苏雯 侯 笑

新生奖学金

2019年苏州市职业大学学生获新生奖学金名单

校长奖学金

杨文康 陈 蕙 高 远

院长奖学金

机电工程学院

李 润

计算机工程学院
何小蝶　杨　聪　唐品佳
电子信息工程学院
赵　凡
管理学院
何　娟
商学院
张明松　蒋佳宁
教育与人文学院
陈梅
外国语学院
陈新如　黄弈辰
艺术学院
李　雪　郝凡睿　王玉石
体育部
陈佳秀

（蒋君毅）

诚善A计划助学金

2019年苏州市职业大学学生获诚善A计划助学金名单

机电工程学院
邓茜茜　符立伸　吴函郦　景祥祥　扎西措姆
计算机工程学院
陈田田　仲　昕　马芬芬　王　旺　江纪鹏　杨　荣
电子信息工程学院
陈　欣　桑圣荣　马国庆　刘艳霞　胡津源
管理学院
孙　静　张月珍　赵　迪
商学院
罗星玥　马树芳　索朗玉珍　索朗达娃
教育与人文学院
李瑞云　彭雪晴　殷瑞敏
外国语学院
葛　璇　马雨童
艺术学院
李沅瑾　于夕尧

党员关爱助学金

2019年苏州市职业大学学生获党员关爱助学金名单

机电工程学院
刘长琪　郭雪成　陈沛驰　罗遵贵　陈志超　刘凌云　陆　虎　庄馨宇　丁　盛　张志飞　张　宇
单长春
计算机工程学院
张　雷　李秋月　许爽爽　黄泽昌　赵宝平　张　梅　祁　颖　王赛楠　侯婷婷　陈　妍　季佳伟

曾金秀　何星星
电子信息工程学院
宋庆祥　王金伟　常维康　杨玉巧　耿文昌　常国杰　潘芝曲　杜佳洋　茆成龙　许东升　王　赛
管理学院
杨　晓　李雪莉　蒋勤勤　李　颖　李　虹　陆倩倩　陈东阳　贾苗苗　张文静　张枫凡　黄雨薇
商学院
褚子微　王　慧　邱晓云　张　园　贾沈瑞　董　帅　田义源　王振威　肖　轻　周海云
教育与人文学院
杜昌锦　杨　周　王安琪　何丽丽　葛田甜　赵芸琴　赵梦姣　张　欣　普布次松
外国语学院
唐志金　鲜　灵　骆媛芹　靳雅茹　李素丽　杨小雨　徐　倩
艺术学院
戚志琛　涂永娟　刘　迪　陈　馨　陈志萍　许　博
体育部
刘圆圆

关工委助学金

2019年苏州市职业大学学生获关工委助学金名单

机电工程学院
吴战胜　唐苏洋
计算机工程学院
夏紫薇　李鑫龙
电子信息工程学院
李琳莹　刘华龙
管理学院
吴艳芳　阚仁香
商学院
林　枭　程诗琪
教育与人文学院
仓　拉　简芳娥
外国语学院
杨维清　罗雪艳
艺术学院
张　颖　汤　培
体育部
余发良　孙淑雨

（王　彤）

圣保利奖助学金

2019年苏州市职业大学学生获圣保利奖助学金名单

机电工程学院
许　伟　张万里　蔡成燚　姜陈陈　马千鹏　王彦錡　吴战胜　王聿杰　李雅斌　张启敏

美特奖助学金

2019年苏州市职业大学学生获美特奖助学金名单

机电工程学院

陆建峰　赵祥文　葛有力　陈文静　李大臣　尹　星　李祥鑫　季肖军　高　翔　孔伟国

电子信息工程学院

刘浩义　邓明玉　田林叶　韦婷婷　姚宇阳　蔡英健　张晋铭　韩　政　庄　森　王雪纯

东吴餐饮励学金

2019年苏州市职业大学学生获东吴餐饮励学金名单

计算机工程学院

季佳伟　陈　妍　董　悦　蔡兰婷　瞿　伟　单岩石　李　伟　刘　云　王　芳　李晨晨　管勤勤
余　勇　陈　云　刘开旺　马汇娟　孙莹莹　武佳宇　许爽爽　赵立升　焦　悦

商学院

谢　婧　朱彩琴　程　蓉　许艳红　赵雯雯　吴　芳　张书云　张远丽　高雨杰　耿琳琳　何　月
刘　云　齐亚男　张赢心　王天宇　周慧娟　陈小慧　张芬芬　刘　蕊　武以婷

教育与人文学院

张梦娟　郭世龙　闫贵花　蔡汉娟　韩秀丽　王梦贤　肖咪咪　赵佩佩　王美丽　于碧芸

天翼奖学金

2019年苏州市职业大学学生获天翼奖学金名单

机电工程学院

李　安　沈文昌　李令铎　苗康宁　田华宇　袁　涛　冯本成　张慎法　许　康　张　跃

计算机工程学院

丁若丹　高思齐　荣　欣　沈佳颖　夏振新　黄娴渭　周　颖　王　雪　仇　思

电子信息工程学院

李亚捷　梁　瑞　杨博云　朱大伟　吴洲阳　陈庚彪　罗　芳　秦丁丁　谈佳豪

管理学院

黄　莹　韩　云　顾雅楠　陈越钦　刘东芹　严秀华　顾怿琛　林夏青　成佃金

商学院

施冬青　楼旭甄　沈夏玲　朱佳雯　杲　灿　胡恒祥　赵　玲　张　玮　苏凡凡　王　跃

教育与人文学院

陈　诺　刘　梦　曹文珺　孙星星　孙扬扬　周　莉　陈　楠　赵晓云　朱荣荣

外国语学院

林文文　周子泱　王　林　王晨如　于　妤　谌　梦　雷卉晴　赵雨昕　何丽娜

艺术学院

沈　涛　黄　猛　牟宗礼　刘家凡　王晓娜　杨青华　覃俗珺　郑玲玲　陶　洁

体育部

吴育青

肇英奖学金

2019年苏州市职业大学学生获肇英奖学金名单

机电工程学院

张北大　韩盼盼　丁　琳　蔡越猛　严军军

安防奖学金

2019年苏州市职业大学学生获安防奖学金名单

计算机工程学院

李鑫龙　瞿　伟　李　伟　葛一丹　刘会泽　黄　涛　王子奇　贾正华　周亚伦　王星雨　陈　培
夏紫薇　刘　云　蒋瑞萍　戚广生　张士雅

张继馨艺术奖学金

2019年苏州市职业大学学生获张继馨艺术奖学金名单

艺术学院

王议曼　单　丹　朱　苗　王　鑫　庞聪聪　蒋甜甜　申晓青　张　静　孙　菁　张慧涵

江达奖学金

2019年苏州市职业大学学生获江达奖学金名单

机电工程学院

胡炳彦　刘　叶　王新林　陈　宏　唐珊珊　赵等宏　张坤仑　袁帅帅　孔伟国　伏梦杰　张文豪
贾雄荃　曹　敏　陈佳孚　梁浩宇　曹　庆　濮海祥　熊　博　黄　安　李　昂　李　安　王　飞
严承铭　潘明亮　化飞龙　李晓静　王炳杰　王静茹

镒升—菱麦奖学金

2019年苏州市职业大学学生获镒升—菱麦奖学金名单

电子信息工程学院

张晋铭　李　可　张　翔　王义洪　刘　爽　段舒馨　周　文　宋朱倩　张　雨　王浩田　朱向伟
庄　森　郭鑫鑫

安森美半导体奖学金

2019年苏州市职业大学学生获安森美半导体奖学金名单

机电工程学院

严沙徐　苗康宁　赵　豪　李梦婷　顾佳宁　陈涵雨　凡顺刚　李达鑫　张启敏　梁　颖　陈延杰
王佩璋　王　湘　左海亮　孙　旭　王修杰　杨　杰　毛成敏　秦海波　王绪仕　王　苏　周国健
苗文涛　许鹏宇　王山文　王　洋　张广平　张立浩　段伟军

（蒋君毅）

编辑：许立莺　陆怡静　盛　婷

SUZHOU VOCATIONAL UNIVERSITY

第十四章 大事记

大事记

1月

1月2日，学校印发执行《苏州市职业大学科技成果转化管理办法（试行）》。（苏职大政〔2019〕1号）

1月3日，学校印发执行《苏州市职业大学2018年度党委领导班子民主生活会实施方案》。（苏职大委〔2019〕1号）

1月3日，学校召开党委会，校党委书记钮雪林同志传达了江苏省委常委、苏州市委书记周乃翔的讲话精神，并提出2019年要以"思想再解放"推动校内管理体制机制再创新。

1月3日，苏州市人大常委会副主任、党组副书记、市老科技工作者协会会长王少东等到校调研。

1月4日，为进一步巩固和深化校内巡审督查工作成果，校党委书记钮雪林对学校2018年下半年巡审督查的计算机工程学院、开放大学管委会（继续教育学院）、商学院领导班子成员进行集体廉政谈话。

1月7日，学校举行第一次党委理论学习中心组会议，学习主题为"以思想再解放推动校内管理体制机制再创新"研讨。

1月7日，学校获评江苏省暑期"三下乡"社会实践活动先进单位。

1月8日，《苏州市职业大学年鉴（2017）》获地方专业和高校年鉴类评比综合奖三等奖，以及全部4个单项三等奖。（中版协鉴字〔2019〕第1号）

1月9日，苏州市公安局教育训练处与苏州开放大学管理委员会共建签约仪式在苏州开放大学举行。

1月10日，学校印发执行《关于召开2018年度组织生活会和开展民主评议党员工作方案》。（苏职大委〔2019〕3号）

1月10日，学校成立妇联组建筹备工作小组，组长刘丹。（苏职大委〔2019〕6号）

1月10日，学校召开2018年度党委领导班子民主生活会。本次会议的主题：强化创新理论武装，树牢"四个意识"，坚定"四个自信"，勇于担当作为，以求真务实作风坚决把党中央决策部署落到实处。校党委书记钮雪林主持会议。

1月11日，学校调整提前招生工作领导小组，组长曹毓民，副组长刘丹、熊贵营、陶亦亦、张健、蔡晓平。（苏职大政〔2019〕5号）

1月15日，由苏州市委办公室和市委研究室主办的《调研与参考》（2019年第7期）刊登石湖智库研究员张焕强和孙春华合力完成的调研报告《在一体化中推进沪苏同城化的思考与建议》，得到苏州市政协副主席徐明批示。

1月16日，学校成立安全管理委员会，主任钮雪林、曹毓民，副主任刘丹、熊贵营、陶亦亦、张健。（苏职大委〔2019〕4号）

1月17日，由学校计算机工程学院主办的"2019年VR应用课程师资培训班"在流韵楼苏州市职业大学、网龙华渔教育联合VR创新中心举行开班仪式，来自全国各地职业院校及应用型本科院校的40余名VR相关专业授课教师及本校专业教师参加本次培训。

1月22日，教育部中外人文交流中心、南非高等教育与培训部工业与制造业培训署联合成立中国—南非职业教育合作联盟，学校当选为中方副理事长单位。

是月，苏州开放大学获江苏省"2018年度社会教育先进集体"称号。（苏社教指〔2018〕53号）

2月

2月15日，苏州市社科联主席刘伯高一行到校调研石湖智库。

2月18日，学校印发执行《苏州市职业大学国际奖学金评审办法》。（苏职大政〔2019〕13号）

2月21日，学校举行第二次党委理论学习中心组会议，主题为学习"第二十六次全省高校党的建设工作会议""2019年全省教育工作会议精神"。

2月21日，学校发布推进"放管服"改革总体要求。（苏职大委〔2019〕8号）

2月21日，群众杂志社副总编李程骅一行到校调研石湖智库。

2月22日，学校调整校期刊编辑委员会，主任委员曹毓民，副主任委员刘丹、陶亦亦。（苏职大政〔2019〕13号）

2月25日，苏州市政协副主席程华国，市人力资源和社会保障局副局长沈伟等一行，到校走访调研。

2月25日，学校举行第六届期刊编辑委员会会议。

2月28日，学校调整部分校领导分工，张健负责学校信息化建设工作，分管信息中心。刘丹不再分管以上工作。校领导其他分工不变。（苏职大委〔2019〕9号）

2月28日，学校印发执行《苏州市职业大学2019年度工作要点》。（苏职大委〔2019〕14号）

2月28日，学校印发执行《苏州市职业大学2019年度党建工作要点》。（苏职大委〔2019〕15号）

2月28日，学校印发执行《苏州市职业大学2019年思想政治、意识形态工作要点》。（苏职大委〔2019〕16号）

2月28日，学校印发执行《苏州市职业大学2019年党风廉政建设工作要点》。（苏职大委〔2019〕17号）

2月28日，学校调整校岗位设置与聘用工作领导小组、岗位聘用工作委员会。校岗位设置与聘用工作领导小组组长钮雪林、曹毓民；岗位聘用工作委员会主任曹毓民，副主任刘丹、熊贵营、陶亦亦、张健。（苏职大委〔2019〕18号）

是月，学校大学生应急救护培训基地获评江苏省优秀红十字志愿服务组织。

3月

3月，学校开始举行以“生涯筑梦·职赢未来”为主题的第十三届大学生职业生涯节。

3月1日，陕西铁路工程职业技术学院党委副书记车绪武一行到校交流。校长曹毓民，校党委副书记、副校长刘丹参加了交流活动。

3月4日，学校印发执行《苏州市职业大学教师岗位设置与聘用实施细则》和《苏州市职业大学其他专业技术岗位设置与聘用实施细则》。（苏职大政〔2019〕18号）

3月6日，学校召开2018年度综合表彰暨科技创新重点建设年总结大会，提出新时代“苏职大发展四问”。

3月6日，学校召开2019年工作部署暨党风廉政建设工作会议。

3月7日，学校举行第三次党委理论学习中心组会议，主题为学习“习近平总书记在庆祝改革开放40周年大会上的讲话”。

3月8日，学校印发执行《苏州市职业大学科研项目专家咨询费实施细则》。（苏职大政〔2019〕20号）

3月8日，学校召开2019年领导干部经济责任审计联席会议。

3月11日，学校印发执行《苏州市职业大学继续教育相关项目酬金发放标准及实施细则》。（苏职大政〔2019〕22号）

3月14日，江苏开放大学副校长吴忠宁等一行到校调研开大系统建设和社会教育工作。

3月15日，苏州市人大常委会代表议案建议工作委员会原主任、传统文化研究会会长、苏州市委宣传部原副部长、社科联主席高志罡和市人大常委会研究室主任李远延等一行到校对吴文化传承与创新研究中心成立以来的各项工作进行调研与指导。

3月18日，江苏省教育厅副巡视员李金泉，体育卫生与艺术教育处处长张鲤鲤、主任科员古恺，调研学校体育卫生艺术与国防教育工作。

3月19日，苏州市政府研究室副主任毛文元一行到学校石湖智库进行调研指导。

3月20日，学校学生事务与发展中心暨抗挫折教育体验馆举行启用仪式。

3月21日，学校举行第四次党委理论学习中心组会议，主题为学习《中国共产党支部工作条例（试行）》。

3月21日，学校印发执行《苏州市职业大学深化创新创业教育改革实施方案》。（苏职大委〔2019〕23号）

3月21日，学校印发执行《苏州市职业大学党支部标准化工作实施办法》。（苏职大委〔2019〕28号）

3月26日，学校英凯睿智国际旅游管理学院与澳大利亚国际酒店管理学院国际合作项目签约仪式在学校举行。

3月28日，学校印发执行《苏州市职业大学2019年度主要工作任务分解方案》。（苏职大委〔2019〕24号）

3月28日，学校印发执行《苏州市职业大学安全管理办法》。（苏职大委〔2019〕25号）

3月28日，学校调整党委理论学习中心组成员，组长钮雪林，副组长曹毓民、刘丹。（苏职大委〔2019〕26号）

3月28日，学校印发执行《2019年学校党委理论学习中心组学习计划》。（苏职大委〔2019〕27号）

3月28日，学校公布党委班子成员联系服务专家、党外代表人士和学生班级的名单。（苏职大委〔2019〕30号）

3月28日，学校公布2019年“基层党组织书记工作室”名单，艺术学院党总支吴隽，管理学院党总支孟利琴，教育与人文学院党总支苏涛。（苏职大委〔2019〕33号）

3月28日，学校印发执行《苏州市职业大学科研创新团队管理暂行办法》。（苏职大政〔2019〕27号）

3月28日，学校印发执行《苏州市职业大学科研平台管理暂行办法》。（苏职大政〔2019〕28号）

3月28日，学校举行第五次党委理论学习中心组会议，主题为学习“习近平总书记在学校思想政治理论课教师座谈会上的重要讲话精神”。

3月29日，学校举行七届二次教职工代表大会。学校全体正式代表、列席代表、特邀代表共120人出席会议。会议由校党委副书记、副校长刘丹主持。校长曹毓民做《思想再解放　发展再创业　推动内涵式高质量建设再上新台阶》工作报告，财务处副处长（主持工作）李羽做财务工作报告。大会通过了《苏州市职业大学第七届教代会第二次会议决议》。校党委书记钮雪林在会上做讲话。

3月29日，电子信息工程学院汪义旺老师主持的“中小功率光伏逆变电源系统关键技术及应用”成果获江苏省科学技术二等奖。（苏政发〔2019〕22号）

3月31日，《中国玉文化概论》首发和捐赠仪式暨分享会在苏州图书馆举行。

是月，由学校牵头，联合湖南汽车工程职业学院、佛山职业技术学院等22所院校和25个行业企业机构共同建设的智能控制技术专业教学资源库正式入选国家级职业教育专业教学资源库。（教职成司函〔2019〕26号）

是月，苏州开放大学被江苏开放大学评为2018年度全省招生先进集体，俞渊被评为招生先进个人。

4月

4月1日，数理部王庆、艺术学院朱元吉2名老师被评为江苏省高校“青蓝工程”优秀青年骨干教师培养对象。

4月1日，学校开始举行主题为“坚韧之美，你我同行”的第十六届大学生心理健康节。

4月4日，学校印发校长曹毓民在七届二次教代会上的工作报告。（苏职大政〔2019〕30号）

4月9日，学校召开中外合作办学高水平示范性建设工程推进会。

4月10日，学校在惠和楼召开2019年安全工作暨平安校园建设工作会议。

4月11日，学校召开智能控制技术专业教学资源库建设工作会议。学校、湖南汽车工程职业学院及佛山职业技术学院参与资源库建设的主要负责人参加了会议。

4月11日，在苏州丝绸博物馆举行的“丝绸苏州2019”媒体通气会上，学校与苏州丝绸行业协会签订协议联合共建“苏州丝绸技术协同创新中心”。

4月13日，“悦动江苏　结谊五洲”——在江苏外国人定向越野大赛中，学校国际学生Karim Baig（巴基斯坦籍）获个人赛项男子组一等奖。

4月17日，学校在吴文化园举行廉石馆开馆暨石湖清波·廉政文化宣传教育“五个一”系列活动启动仪式。

4月18日，学校印发执行《苏州市职业大学专业竞争力提升重点建设年行动方案》。（苏职大委〔2019〕37号）

4月18日，学校举行第六次党委理论学习中心组会议，主题为学习《国家职业教育改革实施方案》《关于实施中国特色高水平高职学校和专业建设计划的意见》。

4月18日，由苏州市政府研究室主办的《调研通报》（2019年第11期）刊登石湖智库研究员孙学文的调研报告《关于促进苏州房地产市场平稳健康发展的几点建议》，得到苏州市委副书记、市长李亚平批示。

4月19日，由苏州市委研究室和市委改革办主办的《决策参考》（2019年第13期）刊登学校副校长、石湖智库理事长张健的调研报告《发挥苏州市老科协、老专家协会智源优势的几点建议》，得到时任苏州市委书记周乃翔批示。

4月22日，学校调整其他系列职称评审委员会人员，主任曹毓民，副主任刘丹、熊贵营、陶亦亦、张健。（苏职大政〔2019〕32号）

4月24日，苏州经贸职业技术学院副院长盛立强等一行到校调研。副校长陶亦亦、科技处处长姚金凤、教务处处长孙学文等参加了座谈交流。

4月26日，2019“智汇苏州”论坛在学校举行，论坛以“文化江南、包容苏州：长三角一体化与江南文化高地建设”为主题。苏州市委常委、宣传部部长金洁，市社科联主席刘伯高，市文旅局局长李杰，校党委书记钮雪林，校党委副书记、校长曹毓民等领导出席活动。

4月29日，印度尼西亚计算机学会主席贝蒂·帕斯帕萨莉女士、玛琅信息与计算机学院校长伊娃·菡德安蒂妮博士、马来西亚国际文化交流中心理事长白妮丝女士等一行到学校访问交流，参加在学校举办的中国—印尼高等教育合作研讨会。

4月29—31日，“2019年陶渊明与吴文化暨园林文化研究”学术研讨会在学校召开。会议主题是探究陶渊明与吴文化暨园林文化关系，以陶渊明研究的视角来观照、研究吴文化和园林文化。来自清华大学、中国人民大学、同济大学、暨南大学等国内40余所高校的近90名专家和学者参加会议。

4月30日，学校2019年学生工作暨“五四”表彰大会在图书馆学术报告厅举行。

4月30日，学校第十次教学工作暨专业竞争力提升重点建设年推进会在图书馆学术报告厅召开。

4月30日，在2019江苏省高职院校技能比赛中，学校获得一等奖3项、二等奖11项、三等奖11项。（苏教高函〔2019〕9号）

是月，学校陆公正博士在中国优秀期刊*SCIENCE CHINA Information Sciences*发表文章，题目为“Predictive analysis for race detection in software-defined networks”。*SCIENCE CHINA Information Sciences*为CCF-B类期刊，学校教师在此刊发表文章尚属首次。

5月

5月6日，学校印发执行《苏州市职业大学学生国际交流奖学金暂行办法》。（苏职大政〔2019〕33号）

5月7日，河北省秦皇岛市教育局副局长韩和平、秦皇岛市广播电视大学副校长杨运洪等一行到校交流调研。校长曹毓民、继续教育学院院长戴涵莘、苏州市教育局民办教育与社会教育处副处长居家洵等热情接待。

5月8日，为深入学习贯彻习近平新时代中国特色社会主义思想和党的十九大精神，提升干部队伍素质能力，推动内涵式高质量发展，学校“发展高质量，担当新作为”专题干部培训班在学术报告厅开班。校党委书记钮雪林做动员讲话和专题辅导报告。全体中层干部、内设科长参加，会议由校党委副书记、副校长刘丹主持。

5月8日，“当前苏州经济社会发展热点话题”学术研讨会在学校吴文化园召开。此次学术研讨会由苏州市政府研究室主办，学校数字经济研究中心承办。研讨会由苏州市政府研究室党组书记、主任卢宁主持，市政府研究室副主任毛文元、综合处处长沈智清、调研处处长谭槊、科研处处长成涛林等参加研讨会。学校党委书记钮雪林、校长曹毓民、副校长张健出席研讨会。

5月8日，学校调整中外合作办学高水平示范性建设工程实施领导小组，组长张健。（苏职大政〔2019〕35号）

5月9日，学校与汇川技术股份有限公司合作共建“汇川（联盟）学院”。

5月13日，学校召开加强与改进“思政课程”与“课程思政”教学工作座谈会。

5月15日，学校举行第七次党委理论学习中心组会议，主题为学习“传承弘扬‘三大法宝’激励担当干事精气神”。

5月15日，2019苏州市全民营养周暨全国学生营养日启动仪式在学校举行。

5月15日，学校召开发展规划委员会工作会议。

5月17日，学校举行第八次党委理论学习中心组会议，主题为学习《中共中央关于加强党的政治建设的意见》《习近平总书记在纪念五四运动100周年大会上的讲话》。

5月17日，学校召开党委会，传达学习全省教育大会精神。校党委副书记、校长曹毓民介绍会议基本情况，重点传达江苏省委书记娄勤俭的讲话精神。

5月17日，苏州市统计学会第六次会员大会在学校召开。学校商学院院长吴文英当选为苏州市统计学会第六届理事会会长，并做《迎接新挑战开创统计学会工作新局面》发言。

5月17日，学校成立党委人才工作领导小组，组长钮雪林，副组长曹毓民、刘丹、陶亦亦。（苏职大委〔2019〕40号）

5月17—19日，在第九届全国商务秘书技能大赛中，学校代表队获专科组团体二等奖，胡云燕和徐浩同学分获个人三等奖。教师陶莉被评为优秀裁判员。

5月18日，在2019年江苏省大学生计算机设计大赛暨2019中国大学生计算机设计大赛江苏省级赛中，计算机工程学院3支代表队在决赛中获得特等奖1项、三等奖1项、优胜奖1项。

5月18—19日，在第十届“外教社杯”全国高校外语教学大赛江苏赛区决赛中，学校参赛团队主讲教师倪婷婷获大赛一等奖，同时还获省教学课件设计二等奖。

5月21日，由学校与古吴轩出版社联合主办的《精致苏州与工匠精神》首发式暨研讨会在学校惠和楼举行，该书由校党委书记钮雪林主编。会议主题为“打造‘精致苏州’城市品牌，助力苏州高质量发展”。校长曹毓民主持会议。江苏省作家协会主席范小青、苏州市社科联主席刘伯高、古吴轩出版社社长钱经纬、苏州市市场监管局调研员曹明华出席会议并讲话。

5月22日，学校成立所属企业体制改革工作领导小组，组长钮雪林、曹毓民，副组长刘丹、熊贵营、陶亦亦、张健、蔡晓平。（苏职大政〔2019〕37号）

5月22日，围绕新时代“苏职大发展四问”，精准落实思政“三结合”，学校2019思想政治工作年会在张家港举行。

5月22日，学校学生参演作品《追梦赤子心》获苏南基地手语操大赛三等奖。

5月24—26日，在第十六届“挑战杯”全国竞赛江苏省选拔赛决赛中，学校获特等奖1项、二等奖1项。

5月25—26日，在第十届蓝桥杯全国软件和信息技术专业人才大赛全国总决赛中，电子信息工程学院曾子涵同学在C/C++程序设计大学C组总决赛中获二等奖，李明睿同学和赵天宝同学在单片机设计与开发大学组总决赛中获三等奖。

5月26日，艺术学院张鸣艳老师入围2019江苏十佳服装设计师终评，获“江苏省技术能手”称号。

5月27日，学校召开高层次人才代表座谈会。

5月28日，学校与三大运营商签署“一张网”项目共建四方协议。

5月29日，学校与深圳市汇川技术股份有限公司合作成立“苏州市职业大学汇川产业联盟学院”。

5月29日，学校召开“双师”工作推进会。校党委书记钮雪林为第二批“双师型”教师培养培训基地授牌，并为教师代表颁发“双师素质”教师证书。

5月30日，学校印发执行《苏州市职业大学校园电动车管理暂行办法（试行）》。（苏职大政〔2019〕44号）

5月30日，学校调整学术委员会组成人员，组长曹毓民，副组长陶亦亦。（苏职大政〔2019〕45号）

5月31日，株洲广播电视大学党委书记、校长罗立林，副校长汤毅、向开文等一行5人到校交流。

是月，在《省教育厅关于公布2018年高等学校重点教材立项建设名单的通知》中，学校共有3部新编教材获批2018年省重点教材立项建设，分别为刘韬主编的《机器视觉及其应用技术》、李克清主编的《机器学习及应用》和王俪燕、吴恒晔等主编的《大学生体质健康管理与健康促进指南》。（苏教高函〔2019〕10号）

是月，图书馆宿瑞芳老师论文《大数据驱动下高校图书馆报告营销现状与策略研究》获“2019高校图书馆发展论坛学术论文及应用案例征集”活动论文一等奖。

是月，顾心怡老师的论文《新时期高等职业教育质量保障体系构建的思考》获江苏省高等教育学会评估委员会优秀论文一等奖。

6月

6月1日，在2019年第四届“踏瑞杯”全国高职高专人力资源管理技能大赛（中部赛区）中，管理学院参赛队获团体二等奖。

6月2日，在第九届全国大学生计算机应用能力与信息素养大赛“人工智能技术与应用”赛项中，电子信息工程学院邱文轩、周浩鹏、周星禹3名同学组成的祥云风火轮队获高职组全国一等奖。

6月3—17日，学校党委连续举行6场系列调研会，分别从教学、科技、组织人事、社会培训、学工、财务等六个领域，分析存在的问题、制约的瓶颈、改革的对策，研究如何将“放管服”改革与高效顺畅的校内体制机制建设结合起来，更好释放体制机制的活力和效力，更好服务基层、服务师生，更好焕发学校创新进取精神，增强学校发展核心竞争力。

6月4日，学校举行第九次党委理论学习中心组学习扩大会，邀请南京审计大学原副校长乔春华教授做“高校内部控制视角下风险管理的思考”的专题讲座。

6月4日，学校印发执行《苏州市职业大学高等教育研究项目管理办法（暂行）》。（苏职大政〔2019〕46号）

6月6日，学校成立党委全面深化改革委员会，主任钮雪林，第一副主任曹毓民，副主任刘丹、熊贵营、陶亦亦、张健、蔡晓平。（苏职大委〔2019〕42号）

6月6日，学校调整思想政治工作领导小组，组长钮雪林，副组长曹毓民、刘丹。（苏职大委〔2019〕44号）

6月12日，学校举行2018级南非留学生结业典礼。

6月13日，学校举行第十次党委理论学习中心组会议暨意识形态工作分析研判会。会议由校党委书记钮雪林主持，党委中心组成员、相关职能部门负责人、各学院（部）党总支书记参加了会议。

6月14日，2019年江苏省高校档案馆馆长论坛在学校举行。本次论坛主题为"高校档案与校园文化建设"，来自南京大学、东南大学等70余所高校的100余名代表出席本次论坛。

6月14日，学校与苏州市吴中区人民政府越溪街道办事处校地合作签约仪式在惠和楼举行。

6月15日，《苏州教育学院学报》《苏州市职业大学学报》被列入国家新闻出版署出版融合发展（武汉）重点实验室"学术期刊融合出版能力提升计划"项目OSID第三批A类项目资助名单。

6月17日，学校调整教学委员会，主任委员陶亦亦，副主任委员孙学文。（苏职大政〔2019〕52号）

6月18日，学校与中国电子科技集团有限公司第三研究所签订校所合作协议。

6月19日，学校2019届全体学生毕业典礼在南区体育馆举行。

6月19日，在2019年全国高等职业院校技能大赛中，计算机工程学院李鑫龙、孙杰、王炜炜等3名同学组队参加计算机网络应用赛项，获国赛二等奖。

6月19日，国家开放大学副校长林宇一行到苏州开放大学检查指导工作。

6月20日，学校印发执行《苏州市职业大学领导干部工作回避制度（试行）》。（苏职大委〔2019〕46号）

6月21日，学校印发执行《苏州市职业大学家庭经济困难学生认定办法》。（苏职大政〔2019〕57号）

6月21日，学校印发执行《苏州市职业大学学生考勤与请销假管理办法》。（苏职大政〔2019〕58号）

6月21日，学校印发执行《苏州市职业大学学生勤工助学管理办法》。（苏职大政〔2019〕59号）

6月21日，学校与施耐德电气（中国）有限公司合作共建"施耐德工业学院"。

6月21日，学校召开2019网络安全与信息化工作会议，会议邀请苏州网警支队大队长张超做网络安全培训。

6月21日，学校校友、中国著名作曲家寄明的女儿吴方方和寄明传记编写作者王丽文一行访问学校。寄明（1917—1997）原名吴亚贞，系江苏省立苏州女子师范（江苏省新苏师范学校前身）1933届毕业生，是中国当代作曲家、钢琴演奏家。

6月24日，南通职业大学党委书记秦志林、副校长戴世明等一行5人，到校进行工作交流。

6月24日，2019年校图书情报工作委员会会议在学校图书馆会议室举行。

6月25日，苏州市职业大学—香山街道校地合作签约暨网上虚拟核雕艺术馆发布会在舟山核雕艺术馆举行。

6月27日，学校印发执行《苏州市职业大学庆祝新中国成立70周年主题宣传教育活动实施方案》。（苏职大委〔2019〕48号）

6月27日，石湖智库"智汇苏州"学术沙龙2019年第2期在学校干将路校区圆桌会议室举行。本次论坛以"苏州文旅融合发展的顶层设计与资源整合"为主题。苏州市文化广电和旅游局局长李杰，市社科联主席刘伯高，市政协研究室主任张焕强，校党委书记钮雪林、校长曹毓民出席学术沙龙。活动由副校长、石湖智库理事长张健主持。

6月27日，刚果共和国黑角市副市长乐维塞尔·米萨图等一行5人，在苏州市政府外事办公室张耐东、华佳等领导陪同下，到学校进行访问交流。

6月28日，为进一步深入学习贯彻习近平新时代中国特色社会主义思想和党的十九大精神，实施人才强校战略，学校召开了2019年度第二次高层次人才代表座谈会。校党委书记钮雪林，校长曹毓民，校党委副书记、副校长刘丹等出席会议。会议由钮雪林主持。

6月28日，学校召开科学技术协会第二次代表大会。

6月28日，学校成立预算工作委员会，主任曹毓民，副主任刘丹、熊贵营、陶亦亦、张健。（苏职大政〔2019〕61号）

7月

7月1日，学校召开纪念建党98周年暨第十三届“先锋论坛”总结表彰大会。

7月1日，江苏省高职院校骨干教师教学能力提升培训班——“机器视觉及其应用技术”在学校顺利开班。来自省内近20所高职院校的30名自动化相关专业骨干教师参加为期11天的培训和研讨。

7月1—4日，在第十四届2019泛珠三角+大学生计算机作品赛总决赛中，计算机工程学院参赛作品作为江苏省队选派作品获高职组三等奖。

7月2日，学校印发执行《苏州市职业大学学生事务与发展中心运行管理暂行办法》。（苏职大政〔2019〕56号）

7月5日，学校印发执行《苏州市职业大学“第二课堂成绩单”制度实施办法（试行）》。（苏职大政〔2019〕60号）

7月5—9日，学校组织49名专业负责人赴清华大学参加“骨干教师教学能力提升高级研修班”学习。

7月6日，首批28名获国际交流奖学金支持的同学赴澳门科技大学交流学习。

7月6—10日，学校近三年新任职的40余名副科职干部赴浙江大学参加学习培训。

7月11—21日，江苏省高等职业院校教师“机器视觉技术及其工业应用”省级培训项目在学校举行，来自省内高职院校的30名骨干教师参加了培训。

7月14—16日，学校组织近30名教学管理人员赴复旦大学参加专题培训。

7月15日，体育部李勇老师主持的“大运河流域体育文化产业创新发展研究”获国家社科基金一般项目立项。

7月15—17日，教育部第十三届“西门子杯”中国智能制造挑战赛初赛华东二赛区比赛在学校举办。学校参赛同学获得特等奖1项、一等奖1项、二等奖7项。

7月17—18日，学校党委书记钮雪林、副校长陶亦亦参加在南通职业大学召开的第五届全国职业大学办学经验交流会。

7月25日，苏州市职业大学—阳澄湖镇校地合作签约仪式在阳澄湖新材料科创园举行。

7月31日，在江苏省职业院校教学大赛（高职组）决赛中，艺术学院雷兴武老师获轻工纺织大类二等奖。

是月，学校与北京大学分两期联合举办“领导干部综合素养提升研修班”，全体中层以上干部参加研修。校党委书记钮雪林，校党委副书记、校长曹毓民分别带队前往。

是月，电子信息工程学院于立佳同学获“中国大学生自强之星”称号。

是月，商学院2016国际经济与贸易2班团支部获评江苏省“活力团支部”，管理学院2016文秘（本）班团支书姜雨婷同学获评江苏省“十佳团支书”和“魅力团支书”。

是月，图书馆陈钰老师获“江苏省高校图书馆先进工作者”称号。

8月

8月7日，学校与苏州智能制造研究院签署校院合作协议。

8月12日，学校党委书记钮雪林、校长曹毓民等在苏州农行总部与苏州农行签订战略合作协议，支持学校智慧校园建设。

8月26日，在2019年全国大学生电子设计竞赛江苏赛区比赛中，电子信息工程学院杨天祥、宋恒宇、李明睿等3名同学所组成的团队获一等奖（A），曾子涵、杨博云、郁麟枫等3名同学及李焱鑫、顾云东、阮晨阳等3名同学所组成的团队分获二等奖。

8月27日，市公安局、市教育工委联合组织在学校召开庆祝新中国成立70周年苏州高校安保工作动员会。

截至8月31日，学校毕业生4069人，初次就业3775人，初次就业率为92.77%。其中，2238人与用人单位签订就业协议书或劳动合同，初次协议就业率为55.00%；104人灵活就业，初次灵活就业率为2.56%；1433人选择升学，初次升学率为35.22%。

是月，在2019年全国大学生物联网设计竞赛（华为杯）华东分赛区决赛中，电子信息工程学院郁麟枫、李明睿、靳鑫鸿、陈欢等4名同学所组成的团队获一等奖。

是月，在2019年江苏省职业院校教学大赛中，学校申报作品获得一等奖1项、二等奖3项、三等奖3项。

是月，九三学社江苏省委《关于2019年参政议政调研课题招标结果的通知》公布了2019年参政议政调研中标课题：九三学社苏州市职业大学支社副主委李华编审提交的课题“‘一带一路’倡议下我国中小企业国际化发展的经营策略研究”，获批2019年参政议政调研中标课题。这是学校民主党派首次获批高级别参政议政调研课题。

是月，在2019年全国机械职业教育教学指导委员会风光互补能源管理技术及应用技能竞赛中，电子信息工程学院顾圆、赵文杰、惠子岩3名同学组成的代表队获三等奖。

9月

9月1日，学校举行第十一次校党委理论学习中心组会议，集中学习《习近平新时代中国特色社会主义思想学习纲要》。

9月1日，学校召开党委会，校党委书记钮雪林、校长曹毓民分别传达了苏州市委十二届八次全会和全市教育大会精神、全省高校领导干部暑期学习培训班有关精神。

9月2日，苏州市档案局、苏州市档案馆公布2017—2019年度全市档案文化精品评选结果（苏档发〔2019〕32号），《苏州市职业大学年鉴（2018）》获三等奖。

9月6日，学校“一张网”工程完成建设，正式启用。

9月7日，在“伊顿·强声杯”2019江苏省服装院校学生（校服）设计大赛决赛中，艺术学院李佳佳同学获本科及高职组银奖。

9月9日，刚果共和国黑角市副市长乐维塞尔·米萨图先生、办公室合作专员齐卡亚先生在苏州市外事办公室副调研员张耐东、欧非处华佳的陪同下，到学校进行访问交流。

9月10日，学校以“我与祖国共成长，争做职大追梦人”为主题，召开庆祝新中国成立70周年暨第35个教师节座谈会。

9月12日，学校印发执行《中共苏州市职业大学委员会关于开展“不忘初心、牢记使命”主题教育的实施方案》。（苏职大委〔2019〕49号）

9月12日，学校成立党委“不忘初心、牢记使命”主题教育领导小组，组长钮雪林，副组长曹毓民、刘丹、熊贵营、陶亦亦、张健、蔡晓平。（苏职大委〔2019〕50号）

9月12日，学校建立党委领导干部“不忘初心、牢记使命”主题教育联系点。（苏职大委〔2019〕51号）

9月12日，学校与赛迪工业和信息化研究院签订合作协议。

9月12—15日，在2019高教社杯全国大学生数学建模竞赛中，学校7个代表队共获得乙组国家二等奖1项，江苏赛区一等奖1项、二等奖1项、三等奖2项。

9月15日，苏州市委研究室主办的《决策参考》（2019年第23期）刊登石湖智库研究员蔡斌的文章《关于苏州塘浦圩低乡水利生态系统申报世界灌溉工程遗产的可行性刍议》，得到苏州市委副书记、市长李亚平和市委副书记朱民批示。

9月15—16日，来自全国22个省、自治区、直辖市的5300余名2019级新同学到校报到。

9月16日，由学校档案馆主办的“庆祝新中国成立70周年·档案馆馆藏珍品展”在函玉楼开展。

9月17日，学校调整网络安全和信息化领导小组成员及分工，组长钮雪林，副组长曹毓民、刘丹、张健。（苏职大委〔2019〕52号）

9月17日，芬兰赫尔辛基商学院代表团到校访问。

9月17日，中关村佳德职业教育创新联盟副理事长兼秘书长蔺琪，中国劳动学会副秘书长、中国劳动和社会保障科学研究院大数据和政策仿真研究室主任及研究员张一名，中国劳动学会理事、教授付丽芬，北京大数据研究院大数据分析专家郑立群，北京精雕科技集团有限公司运营总监于洋等一行6人到校调研。

9月17日，学校召开“不忘初心、牢记使命”主题教育动员部署会。苏州市委主题教育第十巡回指导组组长缪学为、副组长马俊，成员戴永、石洁琳到会指导。校领导、全体中层干部及支部书记代表约150人参加会议，会议由校党委副书记、校长曹毓民主持。

9月17日，学校举行主题教育工作会议。

9月18日，学校组织全校教职工开展“慈善一日捐”活动。捐款人数共计992人，捐款共计58290元。

9月19—24日，按照《中共中央关于在全党开展“不忘初心、牢记使命”主题教育的意见》《中央主题教育领导小组关于开展第二批主题教育的指导意见》以及省、市委具体要求，根据《中共苏州市职业大学委员会关于开展“不忘初心、牢记使命”主题教育的实施方案》《苏州市职业大学领导班子“不忘初心牢记使命”主题教育集中学习研讨计划》安排，校领导班子进行了为期5天的集中学习。

9月23日，吴门花鸟画艺术研究院在学校举办庆祝新中国成立70周年教职工艺术展。

9月25日，学校举行第十二次党委理论学习中心组会议，学习主题为“不忘初心、牢记使命”集中交流。苏州市委主题教育第十巡回指导组组长缪学为、副组长马俊，成员戴永、石洁琳到会指导。

9月25，“华成奖助学金”签约仪式在惠和楼215会议室举行，副校长熊贵营与苏州华成集团有限公司副总裁董占军代表双方签署协议。

9月27日，学校召开网络安全和信息化领导小组工作会议（2019年第2次）。

9月29日，学校2019级新生开学典礼暨军训成果汇报大会在学校南区体育场举行。

9月29日，学校召开“不忘初心、牢记使命”主题教育推进会。

是月，学校组织开展主题为“守初心、知敬畏、扬正气、担使命”的第十三届“校园廉洁文化活动月”活动。

是月，在江苏省高等教育学会组织的2018年度高等教育科学研究优秀成果奖评选中，学校有3篇论文获二等奖。分别是艺术学院周德富老师的《协同创新背景下的区域共享型实训基地建设研究》、外国语学院吴倩老师的《基于“产品、流程、系统”的高职课程模式构建与实践》、商学院周雷老师的《基于任务驱动的高职互联网金融项目化教材建设研究》。

是月，在第十届“外教社杯”全国高校外语教学大赛江苏赛区微课比赛中，外国语学院王怡老师带领的微课制作团队英语微课作品《Office Etiquette》（办公室礼仪）获江苏省赛区一等奖。

是月，以“传承创新　绿色未来”为主题的中国可再生能源科技创新论坛暨学会成立40周年庆祝活动在北京召开，学校成功获批入选全国11家的“中国可再生能源学会科普教育基地”。

是月，在2019年第七届全国高校数字艺术设计大赛中，计算机工程学院参赛同学共获得一等奖1项、二等奖1项、三等奖2项。

是月，图书馆王丽宏老师论文《简述图书馆转型寻求发展的有效路径》获华东地区高校图书馆协作年会第22次会议征文二等奖。

10月

10月8日，为进一步落实“不忘初心、牢记使命”主题教育要求，将学习教育贯穿始终，根据学校党委开展“不忘初心、牢记使命”主题教育安排，校党委书记钮雪林带领校党委班子成员和各学院（部）、各部门主要负责人近50人到苏州革命博物馆、苏州主题教育实践馆开展现场集体学习活动。

10月9日，为深入学习贯彻习近平新时代中国特色社会主义思想，推动“不忘初心、牢记使命”主题教育学深走实，根据学校党委开展“不忘初心、牢记使命”主题教育工作安排，苏州市委组织部党员教育管理处副处长彭冠南和学校思想政治理论教学研究部张贺老师分别为学校党员领导干部做专题辅导报告。

10月10日，学校工业机器人操作与运维、工业机器人应用编程、智能财税3个专业入选职业技能领域1+X证书制度试点院校。（教职所〔2019〕257号）

10月11日，石湖智库“智汇苏州”学术沙龙2019年第3期在学校干将路校区圆桌会议室举行。本次论坛以“彰显江南城市魅力，重振苏州商业街区”为主题。校党委书记钮雪林、校长曹毓民，苏州市社科联副主席王明国出席学术沙龙。活动由校党委副书记、副校长刘丹主持。

10月11日，中科音品（苏州）智能声学科技有限公司总经理魏鹏、技术总监何健、商务经理杨斯淇等一行到校访问。

10月11日，学校召开2019年招生工作总结暨2020年招生工作布置会。

10月11—13日，南非共和国高等教育与培训部文化艺术旅游体育培训署署长Lebaka Keitumetse Perseverance等一行3人，在南非中国文化和国际教育交流中心国内办事处主任周若雨的陪同下到学校访问交流。

10月12日，学校与苏州太湖雪丝绸股份有限公司合作开发的江苏省丝绸新产品“防踢智能蚕丝被”项目鉴定会暨“苏州市职业大学—太湖雪产学研合作”签约仪式，在太湖雪桑蚕文化园会议中心举行。

10月14日，校关工委举行帮困助学金发放仪式，向18名受助学生每人发放1000元助学金。

10月15日，学校印发执行《苏州市职业大学服务性收费管理办法（试行）》。（苏职大政〔2019〕70号）

10月15日，学校印发执行《苏州市职业大学社会服务管理办法（试行）》。（苏职大政〔2019〕71号）

10月15日，学校印发执行《苏州市职业大学预算管理办法》。（苏职大政〔2019〕74号）

10月16日，2019CCF大学生计算机系统与程序设计竞赛总决赛在学校举行。

10月16日，江苏开放大学副校长王玮和校资源建设中心、图书馆、保卫处、设计学院等部门负责人一行到苏州市职业大学（苏州开放大学）开展"不忘初心、牢记使命"主题教育调研。

10月17日，共青团江苏省委、江苏省学生联合会公布了2019年"力行杯"江苏省大学生社会实践项目大赛结果，管理学院"运河拾遗"暑期社会实践服务团获三等奖。

10月18日，全国工业网络技术专业与智能控制技术专业建设研讨会在学校召开，来自全国50余所高职院校及相关企业的专家、骨干教师参加研讨会。

10月19日，2019年全国职业院校信息技术技能大赛"工业互联网实践与应用"赛项在学校举行。来自全国21所高校的21支参赛队伍参加了本次赛事。电子信息工程学院参赛队在大赛中获得一等奖。

10月22日，为深入开展"不忘初心、牢记使命"主题教育活动，校党委书记钮雪林，校党委副书记、副校长刘丹等一行6人赴张家港镇南丰镇开展"六个一"走访调研。

10月22日，学校成立国有资产处置工作小组，组长熊贵营，副组长李羽。（苏职大政〔2019〕79号）

10月23—24日，江苏省社会教育规划课题2017—2019年重点及以上课题评审会在学校举行。

10月24日上午，学校2019年田径运动会在南区体育场举行。

10月25日，英国伦敦纽汉学院院长Paul Stephen、创新学院总监Julia Bollam，伦敦时尚及面料博物馆策展人Dennis Nothdruft、英国新时尚研究院执行院长高焕等一行到校访问。苏州市政协主席周伟强，校长曹毓民，校党委副书记、副校长刘丹参加本次活动。

10月25—27日，在2019年度全国机械行业职业院校技能大赛——"南戈特杯"机电设备安装与调试技术技能大赛中，机电工程学院刘钰、韩士杰同学获高职组二等奖。

10月26—27日，在2019年第十届江苏省大学生机器人大赛中，学校参赛同学获二等奖4项、三等奖1项。

10月26—27日，第十届"外研社杯"全国高等职业院校英语写作大赛江苏赛区比赛在学校举行。

10月28日，学校党委班子召开对照党章党规找差距专题会议。校党委班子全体成员参加会议，会议由校党委书记钮雪林主持。苏州市委主题教育第十巡回指导组副组长马俊、成员石洁琳参加会议。

10月28—29日，学校与马来西亚国际文化交流中心联合举办的东南亚协同育人产教融合大会在学校举行，黎明职业大学、深圳职业信息技术学院等国内40余家院校，马来西亚大同韩新学院、印度尼西亚玛琅岛信息与计算机学院、柬埔寨工业技术学院等国外12家院校，深圳众为兴技术股份有限公司、苏州汇控智能技术有限公司等公司参与本次大会。学校当选为东南亚职业教育联盟理事长单位。

10月29日，学校与赛迪工业和信息化研究院集团（苏州）有限公司战略合作协议签约仪式在学校举行。

10月30日，学校印发执行《苏州市职业大学实物档案管理办法》。（苏职大政〔2019〕80号）

10月30日，学校成立竞赛工作领导小组，组长钮雪林、曹毓民，副组长熊贵营、陶亦亦。（苏职大政〔2019〕81号）

10月30日，学校保卫处荣记江苏省公安厅集体二等功。（苏公厅〔2019〕587号）

10月30日，学校举行2019级国际学生开学典礼。南非高教部工业与制造业培训署署长George Wyne Adams，南非中国文化与国际交流中心主任陆志雷，亨通集团有限公司人力资源管理中心总监杨骏，校党委书记钮雪林、校长曹毓民等领导，教师代表和2019级全体国际学生出席典礼。

10月31日，根据"不忘初心、牢记使命"主题教育工作安排，学校召开主题教育调研成果交流会，深入交流调研成果，研究解决问题措施，提升学校内涵质量发展水平。校党委班子全体成员参加，会议由校党委书记钮雪林主持。苏州市委主题教育第十巡回指导组成员戴永到会指导。

是月，学校"虚拟现实（VR）设计与制作"获全国高职院校技能比赛一等奖，"计算机网络应用"获全国高职院校技能比赛二等奖。（教职成函〔2019〕12号）

是月，商学院徐峰老师以第一作者在国际Top

期刊*Fractional Calculus and Applied Analysis*（分数阶微积分及其应用分析）在线发表论文，这是学校教师首次在FCAA上发表研究论文。

是月，图书馆陈钰老师论文《基于吴文化传承的苏南高职院校图书馆阅读推广策略分析——以苏州市职业大学为例》获“中国高职图书馆发展论坛（2019）论文二等奖”。

11月

11月1日，在俄罗斯赛区叶卡捷琳堡国际会展中心举办的2019第三届金砖国家技能发展与技术创新大赛俄罗斯欧亚公开赛上，机电工程学院包翰才同学获“逆向工程”赛项银牌。

11月1—3日，在第九届全国大学生外贸跟单（纺织）+跨境电商职业能力大赛中，商学院陈洁同学获个人二等奖，高秀芹同学和吕梦娇同学分获个人三等奖，代表队获团体三等奖。

11月1—10日，学校举办创新创业周暨大学生创新创业成果展。

11月3日，在全国高校教师教学创新大赛——第五届外语微课大赛中，外国语学院赵阳老师团队分获国赛三等奖、江苏省一等奖。

11月4日，为加强党员领导干部认真进行“六对标六反思”，查找分析在“知敬畏、存戒惧、守底线”方面存在的差距，根据中央和省、市委部署，按照《中共苏州市职业大学委员会关于开展“不忘初心、牢记使命”主题教育的实施方案》安排，学校中层正职以上干部，在校党委书记钮雪林的带领下，到苏州市党风廉政警示教育基地参观学习。

11月4日，宜春职业技术学院副校长刘江毅等一行到校交流考察。

11月5日，学校与京东教育文化有限公司校企合作协议签约仪式在学校举行。

11月6日，根据中央和省、市委“不忘初心、牢记使命”主题教育部署要求，按照学校党委主题教育工作安排，校党委书记钮雪林围绕“学深悟透照初心、创先争优担使命——创造一个高质量供给人才智力的火热年代”主题，为学校中层以上干部、党支部书记150余人讲授“不忘初心、牢记使命”主题教育专题党课。党课由校党委副书记、校长曹毓民主持，苏州市委主题教育第十巡回指导组副组长马俊和成员石洁琳列席党课。

11月6日，学校第十七届消防运动会在图书馆广场举行。

11月6日，全国工业和信息化职业教育教学指导委员会2019通信专指委工作会议在学校召开。来自全国60余所高职院校及相关企业的领导、专家、骨干教师参加工作会议。

11月6日，学校成立高等教育研究工作委员会，主任钮雪林、曹毓民，副主任熊贵营、陶亦亦、张健。（苏职大政〔2019〕85号）

11月6—7日下午，江苏省百校联动就业活动暨苏州市职业大学2020届毕业生大型校园综合招聘会在学校南区体育馆顺利举行。

11月7日，学校印发执行《苏州市职业大学其他教学辅助单位绩效考核办法（试行）》。（苏职大委〔2019〕59号）

11月7日，学校印发执行《苏州市职业大学中层领导干部考核办法（试行）》。（苏职大委〔2019〕60号）

11月7日，学校印发执行《苏州市职业大学专业人才培养方案制订与实施办法》。（苏职大委〔2019〕63号）

11月7日，学校成立资产清查工作领导小组，组长曹毓民，副组长刘丹、熊贵营、陶亦亦、张健、蔡晓平。（苏职大政〔2019〕88号）

11月7—9日，在第十届“外研社·国才杯”全国英语演讲大赛（高职组）江苏赛区比赛中，外国语学院邓淮木同学获一等奖、王晨茹同学和杨维清同学分获二等奖。

11月8日，学校《企业成本核算实务》《PLC应用技术（双语教程）》《电路与模拟电子技术》3部教材获2019年江苏省高等学校重点教材立项建设。（苏高教会〔2019〕35号）

11月9日，苏州地区高校图书馆“万方数据杯”信息检索大赛决赛及颁奖典礼在学校图书馆举行。

11月10—11日，“2019文化科技创新与文化产业发展高峰论坛”在华中师范大学举行。副校长、苏州石湖智库理事长张健率队参加论坛并出席两校合作办学签署仪式，华中师范大学副校长夏立新为“苏州研究中心”授牌。

11月12日，在江苏省普通高等学校本专科毕业设计（论文）评比中，学校获二等奖2项、三等奖5项、优秀团队毕业设计（论文）2个。（苏教高函〔2019〕25号）

11月13日，为深入学习贯彻党的十九届四中全会精神，学校党委理论学习中心组举行第十三次学习会。

11月13—17日，在2019年度机械行业职业教育技能大赛中，学校获产品创意设计与快速成型技术赛项二等奖。

11月15日，学校“智能+高端装备制造产教融合集成平台”立项为江苏省产教融合集成平台培育项目。（苏教职函〔2019〕26号）

11月15日，苏州工业职业技术学院副院长殷海芳等一行到校参观调研。校长曹毓民，副校长、苏州石湖智库理事长张健热情接待。

11月15日，苏州干部学院副院长叶剑等一行到校调研交流。校党委副书记、副校长刘丹，校组织人事部部长魏影、党委办公室副主任叶军、组织人事部副部长金霁热情接待。

11月15日，学校党委理论学习中心组举行第十四次学习扩大会，邀请江苏省教育科学研究院职业教育与终身教育研究所所长方健华研究员做专题报告。

11月15—17日，机电工程学院汽车工程系与清华大学猛狮车队联合研制的清华智驾、清华紫荆车队完成了第11届“中国智能车未来挑战赛”。清华智驾车队获有卫星导航乡村道路挑战赛第三名、城乡道路比赛第三名，清华紫荆车队获高架道路比赛第六名。

11月18日，学校调整保密工作委员会，主任刘丹，副主任朱剑刚。（苏职大委〔2019〕61号）

11月20日，在2019年江苏省职业院校教学大赛中，学校获一等奖1项、二等奖3项、三等奖3项。（苏教职〔2019〕36号）

11月20日，在第二届“外教社杯”江苏省大学生跨文化能力大赛中，外国语学院刘秋宁同学获高职英语组特等奖。

11月20日，在2019年“领航杯”江苏省教育信息化应用能力大赛中，艺术学院同学分获一等奖、二等奖。

11月21日，由苏州市委研究室主办的《决策参考》（2019年第29期）刊登石湖智库研究员陈来生的文章《关于提升旅游发展质量助推现代国际大都市建设的建议》，得到苏州市委副书记、市长李亚平批示。

11月22日，学校召开党外人士“双月座谈会”。校党委书记钮雪林出席会议。

11月22日，副校长陶亦亦带队参加全国高职高专校长联席会议2019年年会——高职院校技术研发与应用成果展。

11月22日，学校提出并公布企业学院建设实施意见。（苏职大政〔2019〕89号）

11月23日，学校入选“2018年高等职业院校教学资源50强”。

11月27日，学校印发执行《苏州市职业大学学生档案管理办法》。（苏职大政〔2019〕93号）

11月27日，学校召开诊改大数据平台项目推进会。

11月27日，苏州市职业大学思必驰企业学院在学校挂牌成立。

11月28日，学校印发执行《苏州市职业大学党委领导班子“不忘初心、牢记使命”专题民主生活会实施方案》。（苏职大委〔2019〕62号）

11月28日，在“武进人才杯”江苏省第十四届大学生职业规划大赛总决赛中，机电工程学院陈文静同学获大赛专科组总冠军，计算机工程学院王婉婷同学和电子信息工程学院曾子涵同学分获二等奖。

11月28—29日，在江苏省科技期刊学会举办的“第十一届江苏省科技期刊金马奖”评选中，学术期刊中心李华老师获优秀编辑之“优秀论文组稿奖”和“优秀成果奖”，施建平老师获评江苏省科技期刊学会工作“先进个人”，宋现山老师获优秀编辑之“编辑标兵奖”，孙文老师获优秀编辑之“编辑新锐奖”。

11月29日，在2019年江苏省知识竞赛（文科组）中，学校获得二等奖3项、三等奖14项。（苏高教会〔2019〕36号）

11月30日，由学校电子信息工程学院作为重要支持单位，由亨通集团申报的国家级高技能人才培训基地成功获批挂牌，该基地正式成为国家级高技能人才培训基地。

11月30日，在全国机械制造类专业教学改革研讨会暨“精雕杯”教改论文评选、教学设计大赛中，杜洁、赵海燕、郭南初老师团队的“组合体试图的表达与识读”教学设计作品获教学设计大赛一等奖，陆建康、方勇、宋秦中老师团队的“汽车发动机燃料供给系统的结构与检修”教学设计作品获教学设计大赛三等奖，孙春华老师的教改论文《〈机械产品的3D打印〉课程思政的探索与实践》在论文评选中获二等奖。

11月30日，在粤港澳大湾区“怡亚通杯”首届供应链大数据分析与应用技能大赛全国邀请赛上，学校代表队（由白月飞、张永辉、蔡淑婷同学组成）

获团体一等奖。

11月30日，苏州市政协办公室主办的《社情民意》（2019年第45期）刊登石湖智库研究员李世超老师的文章《发挥丝绸在新一轮高质量发展中作用的建议》，得到江苏省委常委、苏州市委书记蓝绍敏批示。

是月，南非高教部工业和制造业培训署授予学校“南非高技能人才培养示范基地”称号。

是月，学校11门课程获2018—2019年江苏省高校在线开放课程建设立项。（苏教高函〔2019〕23号）

是月，学校3部教材获批2019年省重点教材立项建设，分别为商学院汤泉、刘淑春老师主编的《企业成本核算实务》，机电工程学院陆春元、金芬老师主编的《PLC应用技术（双语教程）》，电子信息工程学院陈伟元、索迹老师主编的《电路与模拟电子技术》。（苏高教会〔2019〕35号）

是月，图书馆曹慧芳老师获江苏省文献资源建设“先进个人”称号。

12月

12月1—4日，在2019年度CCF职业教育大会上，计算机工程学院李金祥老师在“新职教、新方法”分论坛做《计算机信息技术课程线上线下混和式分层教学改革实践》专题报告。李金祥老师获优秀职业教育工作者称号，刘昭斌老师的案例《基于〈产教融合&校企合作〉的高职专业人才培养探索与实践》被授予CCF VC产教融合优秀案例奖。

12月3日，按照第二批主题教育单位开好“不忘初心、牢记使命”专题民主生活会的要求，对领导班子进行“守初心、担使命，找差距、抓落实”的政治体检，检验主题教育成效，学校党委班子召开“不忘初心、牢记使命”主题教育专题民主生活会。苏州市委主题教育第十巡回指导组副组长马俊、成员戴永到会指导并点评。

12月3日，由13名马尔代夫青少年组成的代表团在中马文化交流协会副主席Ali Waheed Hassan Manik的带领下访问学校。

12月4—5日，在首届全国高职院校信息素养大赛全国总决赛中，图书馆张学梅老师在说课现场赛中以总分第三名的优异成绩获全国二等奖。

12月5日，学校奋进新时代争做追梦人“梦想公开课”获评省级示范课。

12月5—6日和16—18日，苏州市委巡察办沈永明组长一行到学校开展市委巡察整改专项督查。

12月6日，苏州石湖智库获批苏州市新型智库建设办公室首批“苏州市新型智库”。

12月6—8日，在2019“畅享杯”全国新商科技能大赛跨境电子商务技能竞赛中，管理学院顾士杰、冯晓薇、戴思佳同学获团体三等奖。

12月7日，学校获“2016—2018年度江苏省文明校园”荣誉称号。（苏文明委〔2019〕15号）

12月7日，在江苏省第九届大学生就业创业知识竞赛总决赛中，由计算机工程学院李佳琳、陈灵珠同学，外国语学院柏寅松同学组成的代表队获总决赛二等奖。

12月7—8日，江苏省地域文化研究会第七届年会暨纪念顾野王诞辰1500周年学术研讨会在学校举行。江苏省社科联学会部副主任何国军，江苏省地域文化研究会会长、南京师范大学博士生导师陈书录教授，校长曹毓民等领导、专家出席大会。来自中国社会科学院、华东师范大学、北京师范大学、南京师范大学等高校和科研机构的80多位专家学者参加会议。

12月8日，学校与“中国（苏州）真丝绸面料中心”签订战略合作协议，建立产学研基地。

12月8日，在2019年中国技能大赛——全国新能源汽车关键技术技能大赛中，机电工程学院宋秦中、胡忠文老师获机动车检测工（新能源汽车智能化技术）职工组三等奖。

12月9日，学校与中科院声学所举行合作签约仪式。

12月9日，在2019年江苏省大中专学生志愿者暑期文化科技卫生“三下乡”社会实践活动评选中，学校“运河拾遗”暑期社会实践服务团获评“优秀团队”，吴中区红庄社区爱心小屋社会实践基地获评“优秀社会实践基地”，陈璇老师获评“先进工作者”，孟庆文同学获评“先进个人”。

12月9日，学校与苏州市吴江区七都镇校地战略合作签约仪式在七都镇人民政府举行。

12月11日，江苏省纪委监委十一室主任姚爱山一行到校调研督导。

12月12日，学校举行第十五次党委理论学习中心组会议，主题为学习《中国共产党宣传工作条例》。

12月12日，学校成立“为侨服务工作站”，挂靠党委统战部，站长王大纲。（苏职大委〔2019〕64号）

12月12日，学校印发执行《苏州市职业大学2019年教职工年度考核、绩效考核工作实施方案》。（苏职大委〔2019〕65号）

12月12日，学校成立科技成果转化工作领导小组和知识产权服务中心，组长钮雪林、曹毓民，副组长陶亦亦。（苏职大委〔2019〕66号）

12月12日，学校印发执行《苏州市职业大学党委"不忘初心、牢记使命"主题教育检视问题整改落实实施方案》。（苏职大委〔2019〕69号）

12月12日，艺术学院杨光老师的作品《榫卯立支》获中国设计红星奖。

12月13日，石湖智库"智汇苏州"学术沙龙2019年第4期在学校干将路校区举行。本次论坛以"智慧城市：智融苏城，慧享生活"为主题。校党委书记钮雪林，苏州市社科联副主席王明国，苏州市政协副秘书长、九三学社苏州市副主委谢剑锋等领导，苏州市相关智能制造企业及研发机构的负责同志，在苏部分高校智库负责人，苏州石湖智库成员代表等参加活动。

12月13日，学校召开2019年度综合管理考核工作会，校党委书记钮雪林，校党委副书记、副校长刘丹，党委委员、纪委书记蔡晓平参加会议，管理及教辅部门主要负责人参加会议述职。

12月13日，在全国高等体育职业教育教师技能大赛中，体育部曹湘老师获三等奖。

12月16日，学校召开2019年度党总支书记述党建、思政及意识形态、党风廉政建设工作汇报会。

12月17日，学校召开审计联席会议。

12月18日，学校绿色新能源科普园开园。校党委书记钮雪林、校长曹毓民共同为绿色新能源科普园启用开园，并为"中国可再生能源学会科普教育基地"落园揭牌。

12月18日，江苏省教育考试院自学考试社会助学组织专项督导专家组一行4人到学校商学院检查指导。

12月19日，学校印发执行《苏州市职业大学转专业实施细则》。（苏职大政〔2019〕96号）

12月20日，学校印发执行《苏州市职业大学2019年教职工年度考核、绩效考核工作实施方案》。（苏职大委〔2019〕65号）

12月20日，吴文化、三大法宝与苏州经济社会发展研讨会在学校吴文化园举行。

12月20日，苏州市职业大学、苏州市物联网协会、中国电信股份有限公司苏州分公司翼云电信5G物联网应用联合实验室揭牌仪式在学校举行。

12月20日，在2019江苏省"鼎傲杯"高职院校大学生英语听说大赛决赛中，学校季思齐同学获一等奖，李姗姗、裔苏云、秦玉格同学分获二等奖。

12月20日，苏州市人力资源和社会保障局党委书记、局长朱正，副局长沈伟一行到校调研指导工作。

12月26日，学校印发执行《中共苏州市职业大学委员会会议议事规则》。（苏职大委〔2019〕70号）

12月27日，学校印发执行《苏州市职业大学校长办公会议议事规则》。（苏职大政〔2019〕101号）

12月27日，在2019江苏省文艺大奖·音乐奖器乐比赛中，艺术学院曾珠亚岚老师获扬琴组银奖。

12月30日，学校召开教育发展基金会三届六次理事会会议。基金会全体理事、监事出席会议。会议由理事长钮雪林主持。

12月31日，学校举行第十六次党委理论学习中心组会议，学习贯彻党的十九届四中全会精神市委宣讲团报告会。十九届四中全会精神省委宣讲团和市委宣讲团成员、苏州大学马克思主义学院院长田芝健教授到校做专题报告。

是月，在第五届中国"互联网+"大学生创新创业大赛中，机电工程学院的参赛项目"沃晟夹具——助你钻孔无忧"获国赛铜奖、省赛金奖，机电工程学院"卓越虎钳——虎钳里的能效专家"和电子信息工程学院"智能电动多功能服务小车"分获省赛二等奖，艺术学院"纸间非遗——剪纸姐妹花的'阳光文创助残'之路"获省赛青年红色之旅赛道三等奖。

是月，2019中德智能制造产教融合高峰论坛暨中德智能制造教育联盟2019年工作会议在湖南召开。电子信息工程学院院长张欣分享了《智能制造背景下的产教融合探索与实践》专题报告。

是月，在2019年全省高校微课教学比赛中，学校申报参赛的19个作品，获二等奖3项、三等奖8项。

是月，在2019年江苏省首届高校体育教师教学技能竞赛中，体育部吕延恺老师获乒乓球项目一等奖，李继鑫老师获武术跆拳道项目二等奖，李良桃老师获网球项目三等奖。

是月，学校被授予"2019年度江苏省公共机构能效领跑者”荣誉称号。

截至年末，学校大学生就业实习基地共226家，其中江苏永鼎光电子技术有限公司、莱克电气股份有限公司、快捷半导体（苏州）有限公司等21家知名企业为2019年新增基地。就业实习基地共吸纳2019届毕业生264人。

截至年末，学校2019届毕业生4070人，就业3946人，年终就业率96.95%。其中2364人与用人单位签订协议书或劳动合同，协议就业率58.08%；106人灵活就业率，灵活就业率2.60%；1476人升学或出国，升学出国率为36.27%。

（吴秋冬）

编辑：陆怡静

SUZHOU VOCATIONAL UNIVERSITY

第十五章 附录

规章制度文件目录

2019年苏州市职业大学新增、修订规章制度文件目录（一）

序号	发文单位	发文号	文件标题	发文日期
1	中共苏州市职业大学委员会	苏职大委〔2019〕23号	关于印发《苏州市职业大学深化创新创业教育改革实施方案》的通知	2019.3.29
2	中共苏州市职业大学委员会	苏职大委〔2019〕25号	关于印发《苏州市职业大学安全管理规定》的通知	2019.3.29
3	中共苏州市职业大学委员会	苏职大委〔2019〕28号	关于印发《苏州市职业大学党支部标准化工作实施办法》的通知	2019.4.1
4	中共苏州市职业大学委员会	苏职大委〔2019〕46号	关于印发《苏州市职业大学领导干部工作回避制度（试行）》的通知	2019.6.26
5	中共苏州市职业大学委员会	苏职大委〔2019〕59号	关于印发《苏州市职业大学其他教学辅助单位绩效考核办法（试行）》的通知	2019.11.14
6	中共苏州市职业大学委员会	苏职大委〔2019〕60号	关于印发《苏州市职业大学中层领导干部考核办法（试行）》的通知	2019.11.14
7	中共苏州市职业大学委员会	苏职大委〔2019〕63号	关于印发《苏州市职业大学专业人才培养方案制订与实施办法》的通知	2019.12.2
8	中共苏州市职业大学委员会	苏职大委〔2019〕70号	关于印发《中共苏州市职业大学委员会会议议事规则》的通知	2019.12.26

（谭　飞）

2019年苏州市职业大学新增、修订规章制度文件目录（二）

序号	发文单位	发文号	文件标题	发文日期
1	苏州市职业大学	苏职大政〔2019〕1号	关于印发《苏州市职业大学科技成果转化管理办法（试行）》的通知	2019.1.4
2	苏州市职业大学	苏职大政〔2019〕8号	关于印发《苏州市职业大学劳务酬金发放管理办法（暂行）》的通知	2019.1.23
3	苏州市职业大学	苏职大政〔2019〕13号	关于印发《苏州市职业大学国际学生奖学金评审办法》的通知	2019.2.18
4	苏州市职业大学	苏职大政〔2019〕18号	关于印发苏州市职业大学教师、其他专业技术岗位设置与聘用实施细则的通知	2019.3.4
5	苏州市职业大学	苏职大政〔2019〕20号	关于印发《苏州市职业大学科研项目专家咨询费实施细则》的通知	2019.3.8
6	苏州市职业大学	苏职大政〔2019〕22号	关于印发《苏州市职业大学继续教育相关项目酬金发放标准及实施细则》的通知	2019.3.11
7	苏州市职业大学	苏职大政〔2019〕27号	关于印发《苏州市职业大学科研创新团队管理暂行办法》的通知	2019.3.28
8	苏州市职业大学	苏职大政〔2019〕28号	关于印发《苏州市职业大学科研平台管理暂行办法》的通知	2019.3.28
9	苏州市职业大学	苏职大政〔2019〕33号	关于印发《苏州市职业大学学生国际交流奖学金暂行办法》的通知	2019.4.3
10	苏州市职业大学	苏职大政〔2019〕44号	关于印发《苏州市职业大学校园电动车管理暂行规定（试行）》的通知	2019.5.30
11	苏州市职业大学	苏职大政〔2019〕46号	关于印发《苏州市职业大学高等教育研究项目管理办法（暂行）》的通知	2019.6.4
12	苏州市职业大学	苏职大政〔2019〕56号	关于印发《苏州市职业大学学生事务与发展中心运行管理暂行办法》的通知	2019.7.2
13	苏州市职业大学	苏职大政〔2019〕57号	关于印发《苏州市职业大学家庭经济困难学生认定办法》的通知	2019.6.21
14	苏州市职业大学	苏职大政〔2019〕58号	关于印发《苏州市职业大学学生考勤与请销假管理办法》的通知	2019.6.21
15	苏州市职业大学	苏职大政〔2019〕59号	关于印发《苏州市职业大学学生勤工助学管理办法》的通知	2019.6.21
16	苏州市职业大学	苏职大政〔2019〕60号	关于印发《苏州市职业大学“第二课堂成绩单”制度实施办法（试行）》的通知	2019.7.2
17	苏州市职业大学	苏职大政〔2019〕70号	关于印发《苏州市职业大学服务性收费管理办法（试行）》的通知	2019.10.15
18	苏州市职业大学	苏职大政〔2019〕71号	关于印发《苏州市职业大学社会服务管理办法（试行）》的通知	2019.10.15

续表

序号	发文单位	发文号	文件标题	发文日期
19	苏州市职业大学	苏职大政〔2019〕74号	关于印发《苏州市职业大学预算管理办法》的通知	2019.10.15
20	苏州市职业大学	苏职大政〔2019〕80号	关于印发《苏州市职业大学实物档案管理办法》的通知	2019.10.30
21	苏州市职业大学	苏职大政〔2019〕93号	关于印发《苏州市职业大学学生档案管理办法》的通知	2019.11.27
22	苏州市职业大学	苏职大政〔2019〕96号	关于印发《苏州市职业大学转专业实施细则》的通知	2019.12.19
23	苏州市职业大学	苏职大政〔2019〕101号	关于印发《苏州市职业大学校长办公会议议事规则》的通知	2019.12.27

（宗惠芳）

人事任免文件目录

2019年苏州市职业大学人事任免文件目录（一）

序号	发文单位	发文号	文件标题	发文日期
1	中共苏州市职业大学委员会	苏职大委〔2019〕13号	关于孙学文、傅小芳同志职务调整的通知	2019.3.4
2	中共苏州市职业大学委员会	苏职大委〔2019〕21号	关于孙赢等同志职务任免的通知	2019.3.11
3	中共苏州市职业大学委员会	苏职大委〔2019〕35号	关于张军等同志任职的通知	2019.4.8
4	中共苏州市职业大学委员会	苏职大委〔2019〕38号	关于项闪飞、杨静波同志职务调整的通知	2019.4.25
5	中共苏州市职业大学委员会	苏职大委〔2019〕41号	关于任侃侠等同志职务调整的通知	2019.5.17
6	中共苏州市职业大学委员会	苏职大委〔2019〕45号	关于鲜学丰等同志职务任免的通知	2019.6.13
7	中共苏州市职业大学委员会	苏职大委〔2019〕56号	关于董剑同志职务调整的通知	2019.11.7
8	中共苏州市职业大学委员会	苏职大委〔2019〕67号	关于黄萍等同志职务调整的通知	2019.12.19
9	中共苏州市职业大学委员会	苏职大委〔2019〕71号	关于张欣同志职务调整的通知	2019.12.19

（陈　欢）

2019年苏州市职业大学人事任免文件目录（二）

序号	发文单位	发文号	文件标题	发文日期
1	苏州市职业大学	苏职大政〔2019〕31号	关于张军等同志职务聘任的通知	2019.4.15
2	苏州市职业大学	苏职大政〔2019〕43号	关于万健同志职务聘任的通知	2019.5.23

（李继鑫）

媒体报道汇集

2019年媒体报道苏州市职业大学新闻稿汇总一览表

序号	媒体名称（版面）	标题	日期
1	苏州日报B02版	石湖智库特约研究员文章笔谈献策苏州文化高质量发展	2019.1.8
2	扬眼	写春联、剪窗花、碑拓、包饺子、迎春联欢会　“一带一路”国际学生体验中国传统文化	2019.2.2
3	新华日报第18版	迈步建构中国特色艺术美学之路——金学智先生六十年学术人生小记	2019.2.15
4	职业技术教育	苏州市职业大学信息化建设与教育教学深度融合发展模式	2019.2.17
5	扬眼	“魔砺营”小选手走进吴文化园　体验吴地优秀传统文化魅力	2019.2.28
6	扬子晚报第SZ02版	“魔砺营”小选手走进苏职大吴文化园	2019.3.1
7	扬眼	省高职院校技能大赛　苏职大学子喜获3个一等奖	2019.3.8
8	引力播	市职大斩获江苏省职校技能大赛3个赛项一等奖	2019.3.12
9	苏州日报A11版	打造制造业标志性品牌，苏州要走“专精特新”之路	2019.3.12
10	苏州日报A05版	江苏省职校技能大赛　市职大斩获3个一等奖	2019.3.13

续表

序号	媒体名称（版面）	标题	日期
11	教育部网站	苏州市职业大学充分利用地域资源加强美育工作	2019.3.18
12	苏州日报A02版	习近平总书记在学校思想政治理论课教师座谈会上的重要讲话在苏城大中小学引起热烈反响　让思政课拨动学生心弦	2019.3.20
13	苏州日报A02版	分享青年爱国情怀　深入探讨思政教育　新时代苏州共青团奋斗精神主题大讨论高校学生分享会举行	2019.3.28
14	姑苏晚报A09版	深入挖掘中国玉文化的底蕴内涵　《中国玉文化概论》首发	2019.3.31
15	引力播	夯实科研基础　提供智力支撑　市职大：服务苏州经济高质量发展	2019.4.6
16	扬子晚报网	植根苏州土壤　提供智力支撑　苏州市职业大学积极服务地方经济高质量发展	2019.4.8
17	引力播	夯实科研基础　提供智力支撑　市职大：服务苏州经济高质量发展	2019.4.8
18	引力播	丝绸苏州2019博览会5大亮点展区打造丝绸嘉年华	2019.4.11
19	苏州日报B02版	夯实科研基础，提供智力支撑，苏州市职业大学——服务苏州经济高质量发展	2019.4.15
20	扬眼	吴地廉吏有哪些？苏州市职业大学廉石馆开馆　石湖清波·廉政文化宣传教育“五个一”系列活动启动	2019.4.17
21	引力播	苏州市职业大学“廉石馆”开馆　廉政文化宣传教育系列活动启动	2019.4.17
22	苏州日报A02版	开展吴地廉政文化教育　市职大“廉石馆”揭牌开馆	2019.4.18
23	扬子晚报网	2019“智汇苏州”论坛在苏州市职业大学举行　专家学者为苏州发展把脉献策	2019.4.26
24	交汇点新闻	2019“智汇苏州”论坛在苏州市职业大学举行	2019.4.26
25	引力播	2019“智汇苏州”论坛在苏举行　为苏州贡献多元化高水平的智库力量	2019.4.26
26	苏州电视台	“智汇苏州”首届论坛举行　石湖智库揭牌	2019.4.26
27	引力播	如何抓住机遇培养计算机人才？在苏高校相关专家齐聚论道	2019.4.26
28	扬眼	“计算机专业人才培养与产学研融合论坛”在苏职大举行	2019.4.27
29	姑苏晚报A04版	“智汇苏州”论坛在苏州举行　苏州石湖智库正式揭牌	2019.4.27
30	苏州日报A02版	为苏州发展建设贡献智库力量　2019“智汇苏州”论坛举行	2019.4.27
31	扬眼	“陶渊明与吴文化暨园林文化研究”学术研讨会在苏职大召开	2019.4.29
32	扬眼	“太湖春晓”蒯惠中山水作品画展在苏州市职业大学开展	2019.4.29
33	中国社会科学网	2019“智汇苏州”论坛在苏州市职业大学举行	2019.4.29
34	中国美术报	“太湖春晓”蒯惠中山水画作品展暨兼职教授受聘仪式在苏州市职业大学举办	2019.4.29
35	中古史研究资讯	“陶渊明与吴文化暨园林文化研究”学术研讨会	2019.4.29
36	引力播	“太湖春晓”蒯惠中山水作品画展在苏州市职大开展	2019.4.29
37	引力播	全国近百名专家聚苏研讨“陶渊明”	2019.4.29
38	中国社会科学网	“陶渊明与吴文化暨园林文化研究”学术研讨会在苏州召开	2019.5.8
39	苏州日报A07版	长三角一体化中建设江南文化高地——2019“智汇苏州”论坛在苏州市职业大学举行	2019.5.9
40	扬子晚报网	第十一届在苏高校教职工乒乓球比赛精彩开赛	2019.5.11
41	引力播	13支在苏高校教职工代表队比拼乒乓球技	2019.5.12
42	苏州日报A15版	新时代，精致苏州的品牌该怎么打造？	2019.5.14
43	引力播	助力打造“精致苏州”城市品牌　《精致苏州与工匠精神》首发式暨研讨会举行	2019.5.21
44	姑苏晚报B06版	助力打造“精致苏州”城市品牌　《精致苏州与工匠精神》首发式暨研讨会举行	2019.5.22
45	苏州日报A05版	“精致苏州”展现城市品质　《精致苏州与工匠精神》首发式暨研讨会举行	2019.5.22
46	引力播	苏职大学子斩获江苏省大学生课外学术科技作品竞赛决赛特等奖	2019.5.27
47	扬眼	“挑战杯”全国竞赛江苏省选拔赛决赛　苏职大斩获佳绩实现新突破	2019.5.28
48	扬子晚报网	苏州市职业大学召开“双师”工作推进会　第二批“双师型”教师培养培训基地授牌	2019.5.29
49	中国高校之窗网站	苏州市职业大学成功召开“双师”工作推进会	2019.5.29
50	扬眼	石湖讲坛：创业导师孙天佩教你如何培养创业思维	2019.5.29
51	引力播	市职大召开“双师”工作推进会　第二批9个“双师型”教师培养培训基地授牌	2019.5.29

续表

序号	媒体名称（版面）	标题	日期
52	今日头条	苏州市职业大学召开“双师”工作推进会　第二批“双师型”教师培养培训基地授牌	2019.5.30
53	引力播	第三十八期石湖讲坛开讲　创业导师孙天佩教你如何培养创业思维	2019.5.30
54	姑苏晚报A04版	第三十八期石湖讲坛开讲　创业导师手把手教　如何培养创业思维	2019.5.31
55	引力播	“众说学习·革命文物说”在苏州革命博物馆举行	2019.5.31
56	苏州革命博物馆网站	众说学习·革命文物说 | 用活红色资源，服务思政课堂	2019.5.31
57	扬眼	苏职大获全国职业院校技能大赛“虚拟现实（VR）设计与制作”一等奖	2019.6.2
57	引力播	苏职大斩获全国职校“虚拟现实（VR）设计与制作”一等奖	2019.6.2
58	扬子晚报网	江苏省高校档案馆馆长论坛在苏州市职业大学举行　70多所高校百余名代表聚焦“高校档案与校园文化建设”	2019.6.14
59	扬眼	苏州市职业大学举行2019届毕业典礼　中外合作专业同学获中澳两校毕业证书	2019.6.19
60	引力播	苏州市职业大学举行2019届毕业典礼　4068名毕业生迎毕业	2019.6.19
61	姑苏晚报A03版	苏州市职业大学举行2019届毕业典礼　4068名职大学生迎毕业	2019.6.20
62	扬眼	石湖又聚首　智库再论剑　“智汇苏州”学术沙龙在苏职大举行	2019.6.27
63	引力播	苏州文旅融合如何做好“出彩文章”　苏州职业大学举行“智汇苏州”学术沙龙	2019.6.27
64	苏州日报T70版	构建“校地合作”共同体　奏响“产教融合”交响乐——苏州市职业大学多元办学模式纪实	2019.7.1
65	扬子晚报第SZ04版	苏州市职业大学：青春追梦人　梦想从这里出发	2019.7.2
66	苏州日报A11版	文旅融合，如何赋能高质量发展？——苏州市职业大学“智汇苏州”举办第2期学术沙龙	2019.7.9
67	扬眼	苏州市职业大学代表队喜获威尼斯国际赛艇季军	2019.9.9
68	引力播	苏州市职业大学代表队喜获威尼斯国际赛艇季军	2019.9.9
69	苏州日报A01、A02版	“不忘初心、牢记使命”主题教育在全市党员干部中激起强烈反响　守初心　担使命　强担当	2019.9.13
70	扬子晚报第A08版	百名师生快闪唱响《我和我的祖国》	2019.9.14
71	紫牛新闻	苏州市职业大学举行2019级新生开学典礼暨军训成果汇报大会	2019.9.29
72	紫牛新闻	“智汇苏州”学术沙龙在苏职大举行　聚焦重振苏州传统商业街区	2019.10.11
73	引力播	聚焦苏州传统商业街区　石湖智库“智汇苏州”学术沙龙在苏职大举行	2019.10.11
74	江南都市	苏州职业大学举行2019年国家奖学金评审答辩会	2019.10.12
75	紫牛新闻	苏州市职业大学举行国家奖学金评审答辩会	2019.10.12
76	引力播	苏职大2019年国家奖学金评审答辩会举行	2019.10.12
77	姑苏晚报A08版	激发传统商业街区活力　“智汇苏州”学术沙龙举行	2019.10.12
78	苏州日报A02版	苏州传统商业街区如何激发活力　“智汇苏州”学术沙龙举行	2019.10.12
79	看苏州	苏州的商业街区如何更亮眼？这场“头脑风暴”带你畅想无限可能！	2019.10.12
80	紫牛新闻	苏州市职业大学开展“知校史践校训”主题教育活动	2019.10.17
81	江南都市	苏州职业大学开展“知校史践校训”主题教育活动	2019.10.17
82	引力播	苏职大开展“知校史践校训”主题教育活动	2019.10.17
83	苏州日报B03版	一幅宏伟的吴地历史文化长卷	2019.10.26
84	引力播	第十届“外研社杯”全国高职高专英语写作大赛江苏省赛在市职大举行	2019.10.27
85	艺术百科	归去来兮——吴民先书画艺术展即将开幕	2019.10.30
86	紫牛新闻	东南亚协同育人产教融合大会在苏州市职业大学举行	2019.11.1
87	引力播	东南亚职业教育产教融合联盟在苏州成立	2019.11.1
88	看苏州	精彩！这场学习竞赛太涨姿势了！	2019.11.13
89	引力播	苏职大开展第十四届先锋论坛习近平用典学习竞赛	2019.11.13
90	引力播	苏职大举行第十二届校园之星暨学生年度人物评选活动	2019.11.25

续表

序号	媒体名称（版面）	标题	日期
91	新民都市	苏职大举行第十二届校园之星暨学生年度人物评选活动	2019.11.26
92	江苏省教育厅网站	苏州市职业大学举行校园之星暨学生年度人物评选活动	2019.12.2
93	苏州日报B08版	苏州市职业大学——“成就学生和老师，就是初心与使命”	2019.12.2
94	江南都市	苏州市职业大学举行“吴地廉政文化”微课赛	2019.12.3
95	今日头条	苏职大学子斩获省第十四届大学生职业规划大赛总决赛专科组总冠军	2019.12.3
96	苏州日报B03版	展现传统非遗文化　江南船拳亮相“两博会”	2019.12.3
97	引力播	锤炼思政“金课”　推动“课堂革命”　苏职大“双主体”思政课引学生追捧	2019.12.3
98	引力播	“吴地廉政文化”微课赛在苏职大举办　推进信息技术与党风廉政教育融合	2019.12.3
99	苏州日报A04版	苏职大思政课改革创新出新招　同一个课堂两个老师授课	2019.12.3
100	看苏州	苏职大：双师授课　让高校思政课更有吸引力	2019.12.4
101	苏州日报A07版	打造思政“金课”要多拓宽上课思路	2019.12.6
102	紫牛新闻	江苏省地域文化研究会第七届年会暨纪念顾野王诞辰1500周年学术研讨会苏州召开	2019.12.7
103	引力播	江苏省地域文化研究会第七届年会在苏召开	2019.12.7
104	姑苏晚报A04版	江苏省地域文化研究会第七届年会昨举行　60多位专家学者探讨地域文化	2019.12.8
105	江苏省教育厅网站	苏州市职业大学举办创新创意作品大赛	2019.12.11
106	人民日报海外网	2019年第4期苏州石湖智库“智汇苏州”学术沙龙举行	2019.12.13
107	引力播	打造“智慧苏州”如何找准发力点？	2019.12.13
108	紫牛新闻	聚焦苏州智慧城市建设　苏州市职业大学举行“智汇苏州”学术沙龙	2019.12.14
109	苏州日报B01版	苏州市职业大学创新“专业+思政”双主体课堂　打造学生终身难忘的思政“金课”	2019.12.16
110	学习强国	双师授课　让高校思政课更有吸引力	2019.12.20
111	引力播	吴文化研讨会探索“开放再出发”的文化动力	2019.12.20

（朱海祥）

教职工出版教材目录

2019年苏州市职业大学教职工出版教材情况一览表

序号	著作名称	类别	作者	所在院（部）、部门	出版社	出版/修订日期
1	物联网应用技术概论	主编	谭方勇	计算机工程学院	中国铁道出版社	2019.1
2	UI界面设计	主编	刘媛霞	计算机工程学院	武汉大学出版社	2019.2
3	大学生体质健康管理与健康促进指南	主编	王俪燕　吴恒晔 徐建国	体育部	交通大学出版社	2019.2
4	企业纳税实务（实训）教程（第二版）	主编	顾瑞鹏	商学院	复旦大学出版社	2019.3
5	中文版DaVinci Resolve 14从入门到精通	主编	吴　桢	艺术学院	清华大学出版社	2019.3
6	服装与配饰制作工艺	主编	张鸣艳	艺术学院	化学工业出版社	2019.4
7	机器学习及应用	主编	李克清	机电工程学院	人民邮电出版社	2019.5
8	现代礼仪实训（慕课版）	主编	吴蕴慧	管理学院	江苏大学出版社	2019.6
9	机器视觉及其应用技术	主编	刘　韬	电子信息工程学院	机械工业出版社	2019.7
10	互联网金融理论与应用	主编	周　雷	商学院	人民邮电出版社	2019.9
11	保险公司综合业务实训（第二版）	主编	沈　琳	商学院	中国人民大学出版社	2019.10
*12	多媒体技术与应用	主编	周德富	艺术学院	人民邮电出版社	2018.3
*13	手绘图效果图表现技法	主编	雷兴武	艺术学院	同济大学出版社	2018.8

注：“*”为补录数据。

（许　吉）

全校毕业生名单

苏州市职业大学2019届普通全日制专科毕业生名单

机电工程学院

2014级　机电一体化技术

惠学文　王甜甜　张文博

2015级　机电一体化技术

骆海生　唐　宽　沈益飞　刘玉刚　刘桂成　路厚毅　张　兵　温华董

2016级　机电一体化技术

刘桉铭　黄俊虎　陈屹鹏　路　宸　陆丛林　刘志强　刘　杰　李　琛　蒋　戈　季　杰　胡景成
韩　宇　顾友龙　高　峰　丁　丁　单豪杰　程肖克　陈天阳　陈国军　曹龙清　王文倩　周子阳
赵　鹏　张　阳　闫　镇　徐佳佳　吴　季　卫晓哲　王立江　王　超　孙　浩　宋　灏　沙　浩
齐乃岩　蒋楠航　徐缓缓　郑智良　徐向彪　朱学顺　赵星驰　张　越　张　亮　张晨辉　严加政
魏加洋　滕　俊　苏沛年　佘天宇　邱杜平　潘　杰　马千鹏　陆天之　卢金鹏　刘永存　刘　超
李泽鑫　李　聪　姜陈陈　黄卫明　胡　冶　何　刚　韩孟飞　桂　馨　葛有力　丁　楠　丁　成
成殿佐　曹　庆　严　瑶　纪思宇　孟祥吉　陶依轩　朱喜成　朱天宇　周李俊　周俊仁　征峰兵
赵志聪　张宇轩　张帅宇　张慎法　张森林　俞帅康　熊　博　吴大双　韦金磊　王坤宇　王博文
万佳楠　陶吴家　谭晓东　浦一鸣　陆俊宏　刘凯伦　刘　迪　李小玮　金一田　蒋宇恒　黄沈毅
黄　安　方雨豪　范家豪　樊正康　董高飞　戴　伟　陈　帅　陈铭涛　周明月　杨　玲　侍秋婷
袁　涛　绪　缘　徐大伟　吴　忌　王文举　王　可　田华宇　孙运超　苏　谦　沈　谦　任善金
濮海祥　陆跃跃　刘宇航　刘冬冬　李志伟　李佳鹏　姜盈旺　纪建宏　胡义龙　胡春阳　耿志伟
冯本成　丁成全　戴宝林　陈思哲　岑天松　柏继飞　朱阳康　周春阳　赵志伟　赵家林　张存鹏

2015级　机电一体化技术（中外合作）

王　坡　杨　钰　吴文锐　梁　晶　王家涛　王志威　陈　坤　丁柏宁

2016级　机电一体化技术（中外合作）

于丰硕　韩怀震

2013级　机械制造与自动化

龚　政

2014级　机械制造与自动化

吕培康　蒋学志

2015级　机械制造与自动化

谢天霖　冯雷永　陆　雨　刘　烨　杨　州　龚　健　王　良　冉　韬　陈新川　吴兴泉　郭宇栋

2016级　机械制造与自动化

林　健　张智斌　张　炎　房　柱　毛俊杰　朱　斌　赵祥文　张翔宇　张瑞祥　张国辉　张北大
杨顾颖　许　寅　徐　劲　吴云虎　翁　魁　王　尚　王高飞　万　明　汤明金　孙　峰　施兆龙
任思闯　钱浩冬　潘宇秋　吕天奇　刘远贺　李蓬勃　李怀文　李大臣　季钱栋　胡炳彦　管为杰
顾　国　杜　恒　柏　勇　刘　叶　朱　峰　王海洋　郭敬尧　周鹏辉　章嘉伟　张义勇　张心盛
张士杰　张　纪　张　超　尹立昊　杨通通　宣　阳　徐石磊　武小金　吴　鹏　王新林　王奔奔
唐新虎　孙国瑞　史经铜　散树林　邱　锦　裴　宇　穆加瑞　吕宇童　陆俊猛　刘　俊　林　海
李嘉晨　李　定　贾成智　黄　金　胡定位　顾佩琳　高海晨　费文帅　朵海奇　崔春柏　陈　宏
蔡缙涵　唐珊珊　刘浩腾　郁　文　胡金辰　郭士政　顾少鹏　冯飞超　范宝弛　陈永强　蔡润蕾

王福莉 周世超 赵等宏 张 宇 张仕岩 张坤仑 张德寒 印 强 杨 焱 薛松睿 许 吉
武晓阳 吴胜宝 王 岩 唐 洲 孙文博 史仲巍 沈林瑜 任 浩 祁昌义 马 涛 陆子豪
刘俊远 凌 强 李嘉仁 李飞虎 鞠金朋 姚广鹏 陈泽汝 张宇峰 张 旭 张书虎 张露镪
张东东 袁帅帅 许 康 夏君鑫 吴雪凡 王友鹏 王 龙 王辰寅 陶 鑫 宋雨航 沈思源
任建林 钱 超 马 壮 刘培培 刘昌洋 李欣鹏 李立堃 李福利 孔伟国 纪 亮 顾绍东
高雲锋 丁鹏鹏 张园园 朱全斌 周 祥 赵鸿阳 任可立 刘 魏 朱伟成 周 旭 赵经纬
张 跃 张 岩 张文豪 张庆康 张方元 翟从辉 姚 猛 闫茂松 许 伟 吴优优 魏 烁
王明明 王飞宇 孙悦琛 孙 豹 施英杰 钱 凡 马卓涵 李永超 李佩霖 李 庚 纪 宣
宦 旋 韩欣欣 关济京 伏梦杰 方镇怡 杜卜宇 曹 阳

2015级 模具设计与制造

周 琪 张 帅 陈方舟

2016级 模具设计与制造

白健雄 杜一奇 李欣桐 周文凯 赵东宇 张子龙 张 彭 展志翔 叶鑫权 徐正军 徐青海
王 俊 万鹏展 邵寅生 邵梦林 潘 越 陆智恒 卢金武 刘嘉伟 刘桂成 梁浩宇 李增辉
季肖军 惠浩阳 顾天天 戈海强 高 磊 杜万前 陈佳乎 曹 冰 鲍健航 朱新叶 严 浩
秦紫月 潘 雨 牛诗惠 刘招娣 周 猛

2014级 汽车检测与维修技术

叶建忠

2015级 汽车检测与维修技术

祁明达 王 川 王修至 宋 剑 夏 川 李君峰 刘连超 陈寿龙 王丹奇 张 健

2016级 汽车检测与维修技术

李义猛 吴 闯 苏振驰 沈一丁 陆文龙 刘 帅 刘庚伟 李 昂 韩 健 高 翔 戴忠玮
仇曹权 陈 羽 蔡越猛 吴 琼 陆新灵 朱叶礼 朱忍杰 赵志远 赵 飞 严军军 许 德
徐 凯 徐浩琛 王智远 王 刚 朱 伟 朱成杰 赵啸林 张 超 杨露波 闫怀苍 徐 涛
徐浩然 吴 琪 沙沪渝 潘 浪 闵康尧 刘钰奔 刘海阳 李 浩 嵇 锐 崔翔翔 程宇昊
陈俊杰 曹 宁 包俊杰 唐海莉 朱晓健 朱 锋 赵鑫龙 张晟滔 张敏杰 张晶晶 张朝颖
于 康 严承铭 徐壮壮 吴以成 王田靖 王 如 王 飞 宋彪兵 沈文昌 潘明亮 欧 杰
陆建峰 刘家祥 林 帅 李明辉 李 安 高 峰 杜润浦 丁 禹 戴正兵 程争争 陈雪猛
蔡 俊 王彦錡

2013级 汽车运用技术

顾炜杰 杜洪亮

2015级 汽车运用技术

王 楷 刘 恒 王义文 俞嘉宾 陈 鑫

2016级 汽车运用技术

薛 文

2015级 数控技术

庄泽丰 张林海 仲 浩 李 虎 钱 飞 冒智宇

2016级 数控技术

肖达金 杜 杰 李晓林 徐亚海 徐 虎 吴 斐 唐立斌 彭 昶 麦钰祥 刘 洋 刘伟帅
刘 杰 林星潮 李兴华 李锌霖 贾健宇 黄 聪 郭翼乐 丁贵宇 崔国峰 陈刘阳 陈 恩
曾一城 刘蕊铃 韩盼盼 朱亚博 赵 钧 张子恒 张 桢 张启荣 张金辉 张甫昌 臧梦龙
杨 阳 钮文政 丁柳鸣 班士琦 季 帅 徐 峰 夏 勇 王 磊 孙世龙 施苏环 刘 亚
刘 康 刘 吉 梁河玉 贾雄荃 黄金帅 黄安驹 何铸钊 韩 志 耿 智 陈盛帅 车石宁
张语暄 王亚婷 胡 英 朱佳伟 周新颖 仲 严 赵 恒 张 郑 张万里 张开望 旃 宏

殷海峰　杨奇奇　杨建平　闫贺翔　徐文杰　周　鹏　周　明　郑夏锞　赵　杰　张天恒　袁崎凯
余　杨　尹　星　叶　栋　杨凯俊　薛　贾　徐孟磊　徐　冬　徐安庆　王荣俊　王　帝　施正泉
沈　浩　秦晓涵　倪春瑞　刘　阳　李祥鑫　雷红超　郑旭锋　黄凯强　桂涵宇　程嘉靖　承　鹏
陈　鑫　陈琪元　蔡成燚　薛　倩　肖雅云　黄　敏　丁　琳　曹　敏

计算机工程学院

2013级　动漫设计与制作

李　军

2015级　动漫设计与制作

刘　超　陆旭昇

2016级　动漫制作技术

胡娜娜　刘艳文　刘　茜　李梦圆　李　凡　金彩萍　耿　静　高梦霞　笪凌蕙　陈心怡　周　浩
章安乐　夏振新　屠坤明　苏军宇　施金涛　刘梦业　黄鹏程　封功远　陈　林　曹啸杰　朱　香
周　爽　周凤婷　郑婷婷　张慧玥　薛茜茜　谢淑婷　武　婷　王文静　孙依婷　盛　怡　裴　静
孟　韩　史志奎　沈学渊　居　峰　周　兴　赵　颜　谢贵凯　吴旭迈　王　锐　滕　腾　苏永恒
韩金斗　陈　涛　朱明星　周　芹　周晨雨　赵婷婷　张雨琼　尹伊君　徐　苗　谢　宁　吴　悦
王　雪　仝梦奇　孙安娜　沙　悦　彭梓萌　孟晓晓　刘烨林　刘　欣　林瑜玟　李雪寒　李海丽
郎杨婷　季圆圆　洪思寒　郭　颖　高天秀　丁若丹　陈　鑫

2013级　计算机网络技术

林向阳　李朝燕

2014级　计算机网络技术

蒲阳岗　嵇朝伟　常嘉诚

2015级　计算机网络技术

郭　涛

2016级　计算机网络技术

王志强　张志政　张　旋　张赫楠　尹中涛　杨　赛　熊　杰　吴永正　魏　铭　王　瑞　石茂业
邵燕超　聂　俊　刘　雷　郭在旭　陈　俊　蔡范宇　朱胜男　殷玉梅　谢海敏　王　楠　万大敏
宁　婧　孟珍珠　罗露露　李心茹　何　慢　邓　媛　曹　忍　刘本群　田　宇　刘　昊　梁富晓
姜康伟　顾金顺　高　晨　赵　敏　张喜菊　杨瑞敏　严梦洁　王媛媛　李文娜　何青阳　房苗苗
周诗家　张振满　姚　腾　贾　桦　高思齐　戴哲奇　柴正毅　杨洁茹　王童童　王端阳　吕玉凤
刘　梦　李鑫锐　乔一凡　张浩华　颜霆雷　肖泽凯　吴盼盼　王宗树　王少文　王培鑫　宋海平
沈　柯　陆红军　刘　浩　刘　砥　华文强　郭元浩　白星湚　郑超超　张莎莎　杨小雅　邢　伟
吴　进　孙　婷　穆　青

2014级　计算机信息管理

周怡杨

2016级　计算机信息管理

周笑荣

2015级　计算机应用技术

吴新园　宋光辉　徐大兵　汪志勇　曹一鸣　俞　峰　邵红兵　徐　航　王　硕　杨沉菲　袁　浪
夏晨峰　邹春明

2016级　计算机应用技术

高彩红　朱镇祥　周　闯　张　宇　张　路　杨家飞　晏焱焱　许熙蕴　徐　乐　肖　磊　吴俊杰
魏智超　王　仲　孙天宇　任浩然　倪　博　刘瀚骏　梁江勇　李　剑　蒋　菲　郭子文　高　飞
董川川　蔡凯键　周　颖　张　颖　尹慧星　杨　敏　徐雅晴　王雨婷　王　翠　孙　霄　荣　欣

陆佳兰 刘孟茹 孔纹静 丁悦 陈雪云 曹海童 班成燕 蒋琴 曹磊 金海涛 胡鼎
郭风起 傅国宁 陈杰 祖成飞 周鑫 赵华强 张思伟 张晨辉 晏云鹏 薛翔宇 徐迎虎
徐灏 吴承鹏 王梓聿 王祥瑞 孙宇 史江南 潘浩猛 罗家国 刘飞 李梦达 吴诣
秦涛 朱彦 周娟 张立娟 殷嘉佳 颜钰静 王园园 王菲 陶馨荷 孙诚 彭帅
刘莹 何仪 丁小敏 陈丹丹 包蕾 周冬宇 周成光 谢佳桦 庄俊杰 朱江东 瞿鹏飞
苗伟峰 骆小龙 陆逸斐 刘文昭 郏晨洋 顾文斌 顾鹏源 储皓南 陈松延 陈健华 陈超
赵晨露 张文娟 袁榛蔚 杨新叶 许宁 许梦尧 田雨恒 陶鑫琦 潘清雨 陆哲慧 李媛媛
李凤仙 黄佳燕 胡娟 韩倩 顾圆圆 顾沛琳

2013级 软件技术

刘奇

2015级 软件技术

陈光明

2016级 软件技术

唐一银 殳卫军 李云鹏 雷真 黄嘉伟 胡海全 韩圣 顾建保 杜雨 戴广成 陈雨
朱文静 朱玲 周佳丽 张清荣 张明静 张怀玉 徐媛 徐娇 滕燕 任思艳 蒋应丹
高一帆 曹秀文 蔡中耀 彭冲 潘迪俊 毛加利 林家楠 周凯歌 张建涛 张发 袁邈
于晓飞 杨慧斌 薛虎 徐凯 吴阳 王紫阳 王昀箫 王书点 夏乾坤 王晨 强力
周伟 张亚涛 张清松 张浩 翟墨 杨锐 闫家乐 徐双双 魏校 王振 王旭
宋旭阳 沈井祥 潘思源 孟飞 刘辉 梁鹏 李鹏坤 姜昆 黄宁宁 黄冬林 何俊财
郭晶 谷取民 丁翔桐 陈正燚 邹丽萍 朱铭铭 朱丽彬 张晓芳 张宁 张佳妹 杨城丹
徐珂珂 王静 石桂花 廉苗苗 康慧 贺琳博 曹渲 吴海洋 王子庆 王勇 王胜
唐佳 沈阳 尚修鑫 裴政洋 聂亚雄 马恒 梁学磊 李清 黄强 黄昊 胡海滨
郭俞辰 顾晨鑫 葛振楠 杜晨 程浩东 陈鑫 朱婷 朱玲 张辛茹 张倩 杨佳静
徐苏婷 王雪 石雅宁 潘鹤 李楠楠 季爽 陈圆圆 朱颖 张锐 姚辉 闫世强
熊汉洋 张家华峰

2016级 物联网应用技术

朱训 朱才朋 钟芙林 张忠伟 张俊 翟冬冬 叶鹏 杨家彤 闫宇 许波 徐浩
夏宁 王宇 王凯 唐家杰 汤敦虎 苏志华 沈浩 陆枫 金叶凡 吉中原 高子毅
代宇轩 成研 陈惠民 朱梦雅 周灿 张驰 杨忻怡 王婷 王缓缓 宋晴 钱宝茹
陆铃 刘超华 李丹丹 嵇金莲 封斯文 蔡胜男 杨晓昶 许成 朱豪康 周斌 张子洋
张香岳 张峰 于文文 杨绪 颜亮星 徐漫 夏兆研 汤昊锦 孙博文 史向鑫 钱新宇
莫亚飞 刘成志 李家伟 蒋昊 胡振鹏 戴双楠 程军 陈卫浩 朱舟 朱陈盈 张梦露
于利雯 许佳 王玥 王蓉 涂明明 秦怡娇 缪伟芹 马佳欢 刘苏心 李萍 嵇文
韩颖 仇思琦 朱毅轩 庄志文 蒲皓德 朱虎生 周宇 赵佳豪 张家兴 杨永黎 徐圣威
徐彬 喜耀先 王巍 王皓 汤仁杰 谭春贵 宋周阳 刘光超 李伟 焦旗鑫 黄河清
董智文 储成晟 陈宇 蔡正林 朱莉桦 赵红艳 薛含 文姣 王水银 王彩云 邱晓
潘悦 刘燕 李舒敏 寇慧玲 胡心培 董媛

2016级 移动应用开发

周梦智 沈亚华 崔骋 王思玥 钱蕾 张鑫 姚庆祥 徐志同 徐印杰 刘洋 刘尚
李志远 李靖宇 季增品 房彪 陈乾 钟锦云 殷雅婷 魏小敏 孙静娴 司念 邱宝慧
蒯莹莹 韩银霞 代静俊 朱亚 张智伟 张胜明 许南 徐越 屯国欢 孙梦龙 邵明明
刘尚尚 李晓康 姜兴龙 胡春健 丁坤 陈岳 陈昌浩 张颖 吴娟 王笑笑 孙妍闱
孙佳琪 桑爱兰 茅雨诗 李若娴 黄佳 单紫雨 崔洁贤

电子信息工程学院

2015级　电气自动化技术

孙　奇　环　浩　邹　禹

2016级　电气自动化技术

曹　进　李亚捷　薛　莱　左承磊　朱扬烁　朱富晨　周晓文　郑　昊　赵仁杰　张志强　杨慧泉
徐伟峰　吴　凯　魏锡佳　王新虎　王润泽　王　飞　汤化志　渠海峰　彭　挺　欧国威　陆　臻
刘京华　刘　超　李子龙　李　江　金瑞瑞　季选豪　贺智祺　郭轩诚　顾冬冬　葛　奇　方　成
董　明　陈金坤　仲文君　马成兰　陈思荷　潘金如　乔　斌　左　楠　庄久维　朱桂翔　周　毅
周符华　赵　威　赵后达　张　猛　袁　佺　杨兆海　徐章萌　夏正民　吴朝凡　王业平　王　胜
王鹏伟　汪　旭　石培峰　钱国辉　吕张飞　刘　伟　刘　潮　郦　勋　李聪聪　冀春鑫　黄科融
郭永明　顾以楠　葛　潇　冯　振　董淑环　崔　磊　陈　楠　曹　磊　安政宇　王慧敏　胡迎春
王　煦　孙光杰　姜大钊　贾垚军　丁金鱼　卓泽明　朱居伟　周有为　周立伟　赵志远　赵开环
张元斌　易呈国　闫绍琪　徐　港　吴大帅　王子伟　王　祥　王　琦　王　晨　孙　元　钱许晶
裴存浩　钮浩然　刘　阳　刘冯成　林旭光　李天唱　李佳鑫　蒋文军　黄　冉　何　峰　顾　宇
龚致远　高　田　杜　琳　代现成　陈秋阳　陈　建　蔡海良　张荣荣　蒋谊冉

2016级　电气自动化技术(本专联合)

陈小峰　陈少杰　卜海峰　殷　婧　刘文秀　李　蓉　周　赟　周效威　周　浩　周　畅　张　文
张天翔　张　昆　张丹阳　余洪浩　姚　震　王云凯　王朗齐　王奥杰　唐文正　宋威华　沈　磊
戚　强　浦文昊　潘启峰　孟令辉　刘志远　李峻锐　居泽桐　焦长猛　胡康林　韩　通　郭寅虎
高　举　杜洲源　杜志虎

2016级　电子信息工程技术

郏小康　花　盛　胡延洋　何　松　郭　笑　樊　浩　丁来杰　陈佳杰　蔡　鹏　朱朦朦　张梦奇
于　愿　彭姚瑶　韩　笑　蔡　静　吴京辉　王祥祥　王　凡　石伟淦　沈宏东　任燕飞　乔永健
南　鑫　马　亮　刘树杰　刘潘阳　刘　恋　梁　瑞　李　帅　李俊来　李材祥　蒋　玥　卓　晗
周　威　赵明豪　张　壮　张　硕　张福康　杨　旭　徐星雨　夏斯林　韩濯平　葛燕君　左仁元
朱　锋　郑维聪　张子翔　张允飞　余晓龙　乙永鹏　许竞生　谢伟楠　魏　坤　王　怀　汪照帅
施胜博　沙玉龙　潘强盛　苗晋源　马加富　刘培旋　刘梦宇　刘　凯　梁　叶　李　翔　李　楠
李　恒　焦洁清　姜　涛　黄周龙　胡元恒　杜　涛　陈　雨　陈殿昆　蔡金辉　张雅丽　袁　潇
司琪斤　梁　雪　邓　雨

2015级　通信技术

高　源　纪晓伟　王　栋　何小平　何自强

2016级　通信技术

倪乐年　王　景　王傲然　孙　磊　申　虎　梅建华　刘泽亮　李　飞　黄健鸿　董　森　单中洲
常金龙　朱　彤　于立佳　王　雨　孙慧影　裴晓雨　刘淑慧　李　妍　黄　芬　曹淑婷　白　雪
丁雯丽　左涌志　郑昌宇　张子凯　张龙飞　张大鹏　杨　柳　徐廷宽　肖　熠　王言伟　王　帅
韦达刚　赵祥健　张　迪　游　昕　辛坤亚　王超强　潘晓琦　刘智文　金　浪　杜寅戊　董　超
陈　尧　朱砚薇　张　悦　许亚伟　王红波　乔亚星　刘秀希　梁　娟　黄须亚　葛　蓉　程　鑫
毕苏皖　徐　惠　文兆金　王　涛　王如宪　王　晨　田苏云　孙　科　马移铭　梁寒菲　靖智翔
朱翔翔　赵　笑　胡令帅　韩凯元　董梦磊　谌鹏文　赵梦影　臧惠敏　叶　蓉　邱　阳　吕梦雪
刘晨冉　李鑫鑫　姜　明　黄春桃　邓虹慧　陈　晨　蔡月月　张　毅

2014级　微电子技术

赵启洋

2015级　微电子技术

潘　勇

2016级　微电子技术

赵月阳　吕向阳　刘宗健　刘　路　李　冬　纪大汝　黄鹏壬　胡欣怡　何俊鹏　邱　悦　胡龙珠
顾　瑾

2013级　应用电子技术

黄志坚　林潇远　张生培

2015级　应用电子技术

高志远　徐程超　赵雄飞

2016级　应用电子技术

马晓旭　陈　哲　张　肖　张佳琪　杨俞沣　杨启明　赵　旭　王一霖　万佩鑫　孙晓宇　蒋　演
吉翰文　衡胜权　蔡景情　席文凡　吴婷玉　李　悦　李凌云　高　青　储海燕　李　妮　姚尔康
杨晓辉　肖本超　王子仁　王成磊　谭昱煜　史长宇　任成兵　刘　奇　李乾龙　李　超　姜嘉伟
黄　伟　郭芳全　陈　周　陈琳博　朱蓉蓉　吴雪雪　孙　薇　马宇婷　刘玲玲　姜婷婷　董璇璇
崔　娜　张小康　张建议　张彬彬　陈　平　陈鹏宇　贲小康　周　鑫　袁　佳　徐佚鋆　徐　迅
徐梦婷　翁媛媛　文　娇　王晨晨　唐晶晶　钱梦钰　漆芳婷　栾燕红　高新月　崔凤燕　储呈娟
陈姝羽　朱瑞兵　朱能康　朱海洋　张镇涛　杨　益　谢　天　席德力　魏晨敏　王鑫鑫　王　成
万全新　施鑫宇　施　坤　卢　浩　李庆贺　姜　峰　贾俊峰　季烨辉　黄国庆　高圣东　陈鑫燚
郑江湖　张海良　魏赛赛　李小勇　吉明康　褚　炜

2016级　智能控制技术

郑博文　魏子建　王　严　王士涛　李志祥　王雪纯　王　迪　李思梦　陈志茹　陈梦艳

管理学院

2015级　电子商务

黄瑞银　陈　兰　杨婷婷

2016级　电子商务

乔巍巍　王宇康　杨露露　张雅倩　张姗姗　张　倩　张敬之　昝　磊　杨海霞　谢瑞欣　王新叶
万　瑶　唐蓉蓉　孙雯雯　孙　洁　申　丽　那雨晴　苗　艳　马舒寒　刘　慧　李红梅　姜凯宇
胡天玲　付闯闯　丁　莉　陈越钦　陈　琰　陈　静　蔡蔓莉　朱景豹　张　立　王文海　孙宜港
邵钇杰　马　波　梁会成　蒋　礼　葛　振　丁　丁　陈炯煜　朱馨月　朱　娜　赵倩男　章溶雪
张　倩　张琦琪　王喜强　张　赛　邬晨晖　王利聪　宋林浩　秦志伟　毛伟鹏　刘　逸　李　文
陈　龙　蔡志敏　朱文秀　赵为兰　赵萌欣　张月琴　张廷廷　张寒颖　杨　晶　杨丹丹　吴　悦
唐　杨　孙　正　孙丽怡　苏　月　倪红梅　穆玲鑫　毛心怡　骆祯真　李梦元　兰晓敏　姜昊天
胡林枫　胡白月　顾　旭　崔花艳　陈　颖　陈青云　王　杰　隋　,

2016级　房地产经营与管理

李红梅　韩　云　郭　静　顾雅楠　杜　静　柏珍珍　张轩豪　杨兴宝　荀　鹏　吴昕辉　王忆丰
王冯博　王　东　刘　松　梁　辉　蒋东荣　陈豪杰　鲍　锐　朱成凤　周　馨　周明尧　颜世平
王文艳　沈金丽　任　倩　任敬如　钱　晓　李竹兰　李思彤

2014级　行政管理

周伟峰　缪陆平

2015级　行政管理

何　蓉

2016级　行政管理

姜　燕　张正兴　张允彤　徐　昊　唐春潮　时训川　彭聪聪　周　月　仲　盈　张芸楠　张　媛
张　瑜　张明玉　张　莉　岳美辰　叶　柳　杨白云　羊香廷　徐　莹　徐亚男　谢　晋　王　涵
沈红艺　秦　颖　秦　默　戚荣芳　裴蓝梦　刘　菲　孔晓雯　蒋东茹　胡雯雯　胡金娇　韩　璐
郭诗慧　付　娜　冯俊丽　窦　智　董　盼　陈　茜　蔡飞艳　卞蓝蓝

2016级 人力资源管理

裘 昊 徐智超 朱玉洁 朱瑞凡 朱梦妍 朱封茜 赵雅琪 张琴艳 张 鸣 张曼青 张 静
张 淳 姚雯静 徐庆雯 徐安琪 王 玲 万 磊 谈风娟 苏玮婕 苏豆豆 石 蕊 沈天雪
沈梦雪 齐淑敏 潘 婷 茆雪云 吕菲儿 罗 凤 卢春云 刘 岩 刘东芹 李 丽 胡雯蓉
侯淑美 侯梦雪 高丽鹏 房晓敏 段秋萍 董懿雯 崔沈男 陈 云 陈 静 陈海英 毕山朝
安 楠

2015级 市场营销

马雅倩 靖宁蔚 陆晨玲 陈小青 冯 敏 丁小艳 陈敏明

2016级 市场营销

李歆缘 周 云 唐其雨 钱瑞媇 马伟高 刘成义 靳伟飞 胡 跃 范家辉 陈亚健 曹天培
朱 敏 周 敏 章佳丽 张倩男 张凯莉 杨 雪 杨华飞 薛晓琳 徐晶晶 夏 凡 王姣姣
苏新悦 施 佳 刘 莲 开萌萌 华艾铃 郭清清 冯雅婷 丁慧妹 仇文婕 卞美琳 张 咪
袁慧玲 杨鑫烨 张 谦 袁介平 叶登辉 许 欣 吴 杰 王贵武 郑清锋 李 欢 郭映希
傅小倩 丁景慧 戴桂兰 成晓芳 曹方方 程 荣 曹亚萍 张 岩 杨 杰 邢虎顺 王 宣
毛 磊 罗宝红 孔伟杰 吉立享 高 明 庄美霞 朱 杰 郑新果 张美琴 杨思文 严 庭
向 甜 吴 楠 王运丽 王 茹 田盼盼 唐雯雯 孙晶晶 阮 爽 倪思楠 孟 娜 刘婷婷
李娅南 赵淦成 谈灌辉 樊弋暄 耿笨笨 周宇涵 张令伟 姚振煜 徐梓豪 魏文浩 王 晨
莫 驹 罗 玮 李 强 陈 思 蔡金城 朱 杰 周 亭 周佳云 颜 颖 徐一铭 熊喜媛
吴 燕 王 芝 王苏南 苏席席 孟 宇 陆海颖 李 盼 姜瑶瑶 韩 丽 葛 丹 杜 兰
邓 月 苗 曦 罗 丹 陈 婷 魏上杰 唐亚璐 孙方圆 沈佳雯 任 媛 阙梦佳 明文文
孟思晨 茅嘉怡 陆玲红 芦 燕 林 蒙 李烨倩 孔雯雯 蒋丹彤 黄熙钰 黄倩云 胡 怡
韩 月 顾皓瑜 龚雪婧 高丽丽 高 丹 戴丽娟 陈 露 张宗鑫 张梦成 张吉磊 朱析菲
朱敏敏 朱凯月 周媛媛 赵 敏 赵爱莲 章新捷 袁嘉慧 郁艳萍 叶安然 姚忠园 徐 萍
王 倩 王彩进 万学婷

2013级 市场营销（汽车服务与营销）

吴 伟

2014级 文秘

张艺馨

2016级 文秘

祁 硕 潘 叶 潘 丹 梅 婕 吕雨婷 陆枫艳 林 月 李文玲 李 淑 李蓉蓉 李倩倩
李蕙林 金 鸣 陶 达 朱雪婷 朱欣宇 朱思缘 章 迎 张 滕 张路遥 余 露 叶子阳
杨 敏 杨曼曼 杨佳莹 吴巧燕 卫林燕 王艺娴 王 霞 孙连曼 史金慧 江依雯 季文静
花 淼 葛 敏 冯秀秀 戴 玉 陈 纹 陈 薇 陈林香紫 陈凤霞 曾 娜 曹媛媛

2016级 文秘（本专联合）

郑余庆 杨首于 许子良 温思豪 唐 琦 朱媛媛 朱 婷 周媛媛 掌效瑶 张 鑫 张 琪
张 钶 张 驰 岳晓娟 杨凤勤 徐逸寒 徐星宇 徐丽丽 谢铭洲 夏端玉 吴彩云 王滢悦
汪 梦 唐紫琪 孙 欣 苏东瑞 潘 娉 马倩雯 罗 洁 陆苡萱 刘 媛 刘莹莹 刘 鹭
李逸雯 李诗玙 李仁会 李庆芳 李嘉仪 金 盼 姜雨婷 季盼盼 季 慧 洪文慧 韩思思
顾晨露 丁雪雯 陈 杨 陈彦顺 陈梦雅 毕胜云

2016级 物流管理

赵帅帅 李加雷 张 雨 张文文 张莉君 张佳佳 余 晶 杨梦娇 严雨晴 熊梦涵 魏玉杰
王 杨 王彤彤 王 梦 宋丹丹 史佳颖 沙文华 秦丽花 潘佳钰 孟莉莉 陆 瑶 刘晓芹
李飞洋 黄瑞瑞 何思敏 高清清 冯培培 段繁清 丁 欣 陈兴华 陈莉莉 叶 赛 谢明峰

王培月　唐磊杰　孙静南　秦　露　吕　星　刘以豪　胡　恒　段双洋　戴嘉兴　蔡志贤　朱雪莲
朱芳芳　郑彩云　王鲜涛　任　璐　刘维基　贾进亮　封荣志　杜超进　陈　智　朱月梅　朱茗荟
周静静　张玉琦　张　欣　张曼曼　张　洁　袁友梅　杨冬晴　徐敏婕　魏梦琳　王梦慧　王恒惠
舒建雨　尚晓娟　彭　瑶　潘　红　吕梦琦　李晓阳　姜红芳　花　薇　郭琪成　甘　露　费江南
杜　敏　戴建敏　陈　如　周　政　张　渠　姚勇胜　王　勇　王　朝　孙　逊　施迎忠　马继业
芦犇驰

商学院

2013级　报关与国际货运

王开鑫

2015级　报关与国际货运

曹亚明　邹志浩

2016级　报关与国际货运

陈文波　朱潇涵　张高强　吴荻阳　秦　烁　陆伟亮　何金存　戴　伟　周　阳　周　红　郑安宁
赵　敏　张　润　岳秀莲　叶香丽　杨娇娇　杨爱多　许　蓝　许兰萍　徐璐雯　吴小荣　吴丽琴
王　跃　王　盈　王梦媚　王丽萍　王崇玲　王晨曦　宋一璇　罗宇飞　刘华超　刘丹妮　李子佳
李　涵　江嘉琪　嘉俊霞　嵇　梦　何　萍　韩　月　韩永正　董栗莲　丁相娟　陈美琳　陈慧杰
包　静　邓皓中　陈　明　纪　蓬　高志军

2015级　财务管理

顾旭凯

2016级　财务管理

王　硕　冯　鼎　董　在　陈志卫　朱佳佳　周玉洁　仲灵芝　郑雨诗　张婉婷　张苏莹　杨　琳
薛蓓蓓　项　萍　相露露　武月芳　韦亚静　王雨晴　王永霞　王　旭　王　徽　王　帆　孙苏芹
史羽婷　时伟婷　秦　彤　陆春霞　刘子涵　刘致远　刘　丽　李　萍　鞠　悦　蒋玲玲　黄　俭
韩梦芹　顾　薇　高　静　崔　娜　陈莹莹　陈甜甜　柴志双　蔡秀秀　王志鹏　支心怡　支佳芳
郑梦婷　张子月　翟永杨　臧　武　裔　晴　姚梦洁　邢雪姣　王袁演　王敏慧　施欣彤　施凉凉
沈林桦　芮旭莹　钱静懿　倪海余　李欣越　李　睿　李金凝　李　飞　孔文艺　江桢旭　季天凤
黄栩妍　管丽琴　顾笑旅　顾林琦　龚津宇　革宏玲　冯　霞　董丽芳　丁佳柳　陈　捷　陈佳露
陈泓烨　朱家君　张佳峰　向志伟　钱雨璐　金身强　蒋志其　朱　怡　朱　琳　周馨怡　周松松

2015级　法律事务

杨文艺　汪圣颖

2016级　法律事务

储昕毓　申　鑫　张　乐　殷长旭　项亿石　陆宜文　王萍萍　郭　睿　丁增光　包　进　朱玉姣
周雨婷　周　敏　赵天月　张宗怡　张　也　张雪儿　袁帅敏　袁　晨　余　扬　杨彤彤　杨　芹
吴　阳　吴秋媛　王海玲　孙　弛　沈　贺　倪　萍　毛丹丹　陆佳怡　刘迎迎　李建蓉　金　鑫
姜怡妍　傅　莹　冯艳娟　房海燕　董　静　丁荣荣　程　婷　柏　洁　刘陆一笑

2016级　国际经济与贸易

茆莹莹　杨　晴　杨　晨　徐　杰　吴　静　吴朝仪　王世伟　孙　苏　孙美玲　宋晨晨　沈　玉
沈夏玲　邱　悦　马星怡　刘溪溪　刘露萍　刘　玲　李　月　井　慧　黄笑笑　冯凯丽　杜　蜜
戴　茹　陈其洁　曾佳佳　曹姗姗　柏翠翠　张天笑　张　亮　孙雷雷　陆　俊　李文杰　蒋心怡
郭帅帅　范云港　戴帅康　朱　婷　周文雯　郁豆豆　陈福家　朱柯璇　张童童　于慧佳　杨千姿
徐　倩　夏林林　吴佳炜　王　阳　王秀洁　田　静　孙明惠　孙涵婧　施岷汝　周文滨　张年勇
吴　磊　王　悌　沈逸豪　陆　洲　芦　青　李奕扬　李团结　金建超　何净波　高亚霖　褚家乐
卜　勇　沈小倩　沈佳佳　穆　梦　马振宇　刘小利　刘思佳　刘　露　李　玥　蒋文露　葛雅楠

费荣娟 丁紫薇 陈 瑶 柴诗语 曹袁芷 卜 瑾

2014级 会计

赵雪芹

2015级 会计

胡嘉瑶 孙晓扬

2016级 会计

魏双燕 王雅玲 王婷婷 王明静 宋 琴 盛金帆 秦梦露 马慧慧 陆 云 卢 娟 刘艳文
刘 秒 刘丽飞 刘桂尧 李文慧 李建雨 黄 燕 胡蒙蒙 顾 琴 耿小方 高 婷 封 进
董慧慧 戴庆宁 陈 云 陈丽君 曹晓锐 卜梅莹 刘 静 雷梦娜 张震震 严 昊 边 关
邹伊岑 朱 玲 朱春艳 周凝彤 章雨欣 张 玮 张 勤 尹 丹 姚佳乐 羊烨秋 徐兴雨
徐佳欢 马雯雯 张 驰 王 涛 左姗姗 朱香香 朱玲玲 朱佳娜 周雪飞 周海庆 赵冬晨
张晓娇 张 晴 云凤娇 叶敏萱 杨柯宁 徐 亚 咸玉清 王园园 王 秀 王娜娜 王彩霞
苏凡凡 施冬青 邱梓涵 倪晨丽 罗 云 陆 玲 刘 瑶 刘瑞晨 刘丽娜 刘佳周 林婷婷
李 瑞 黄 月 胡雅男 郭 倩 龚常玮 高 雯 封 云 杜 颖 丁 悦 陈 林 陈 红
蔡婷婷 郑 成 周 冬 张 驿 毕 智 朱雪婷 朱婷婷 朱佳雯 周云霞 周兰兰 赵 扬
张 晴 张佳丽 叶 茹 杨紫寒 薛卓林 徐欣华 高明月 唐英昊 徐慧平 王媛潇 王 雪
王 茹 王 丹 孙 利 施恒翠 申郑菁 潘丽荣 马媛媛 骆昌婷 陆晓凤 刘 雨 刘 妩
刘梦婷 刘 静 林晓琴 李 滕 蒋怡静 华一凡 何 颖 顾 景 葛书华 方明珠 董 聪
陈 彤 陈 蕾 蔡 萧 任永恒 李明亮 许欣羽 肖 妍 韦 珊 左晓柯 朱亚莉 朱 敏
朱佳钰 周雪萧 赵 玲 张淑萍 张 静 张洪成 余 雨 薛 璟 薛冰娴 谢 杨 吴 月
王 益 万 进 唐洋洋 宋雨来 施锦艳 施佳婷 施凤娇 秦隆威 茅帅丹 刘芸秀 刘 清
李佳伟 李佳维 李佳慧 蒋怡玲 蒋 雪 姜诗佳 季泊淞 黄园园 黄天荣 狄晗娇 陈梦媛
陈柯亦 曹新月 曹姝姝 卞月清 徐 熊 茹玉廷 陈宇祥 郁星辰 徐艳婷 武佳妮 王沥园
冷 月 吉轩绚 华梦婷 何 畅 顾佳艺 方昳欣 蔡正斐 杨 阳 王洪泽 何嘉诚 顾寅杰
龚梓鑫 朱绣萍 钟伊晴 张婉欣 俞晓婷 尤芯磊 杨佳成 闫佳妮 徐 菲 吴笑岚 吴梦婷
裘静怡 钱吉颖 马友婷 陆 兰 金 婕 姜春蕾 华 睿 何玲玲

2016级 会计（中外合作）

周东升 朱与天 张轩铭 胥健楠 肖 正 王梓杰 李祥晨 周 玲 赵 梦 张欣涵 张 菁
杨新颖 项子瑜 吴慧颖 王 玥 沈立筠 秦子格 钱仪文 潘子瑜 莫钧铄 李佶柳 焦翠松
侯叶蓓 何宛霖 管宇婷 高 静 傅 菊 丁苗苗 程张慧 徐志翔

2014级 会计与审计

金梦洁

2015级 金融与证券

孙伟伟

2016级 金融与证券

陶 炜

2016级 审计

刘 浏 周 洁 郑 铭 张雅婷 张萌函 于志慧 姚玉婷 姚 成 杨文静 徐芳琳 夏影惠
邬新星 王 云 沈甜甜 秦梦婷 秦军妹 穆诗洁 陆秀梅 刘珍珍 刘菲宇 林小迪 李笑玲
李维莹 李 莎 焦 娟 杲 灿 冯仰鸽 冯 欣 樊 雪 丁莹莹 陈倩茹 陈红梅 陈 晨
常夏蓉 蔡甜甜 周庆威 张凯军 于加然 阴万里 范文贤 曹伟国 朱雨婷 朱聪慧 周园园
周 瑶 周 捷

2015级 投资与理财

刘 洋 张青山 周峥岩 孙 浩

2016级　证券与期货

张　宝　杨金强　许　桐　夏楷文　陶怡诚　史桃虎　李文涛　李　典　朱天凤　周　静　严　玲
肖宜轩　王晴雯　王梦雪　尚甜甜　马佳琳　凌曼曼　纪甜甜　甘　萌　费梦辉　陈佳佳　包　晨
赵思淳　周梦晨　于法江　薛士豪　信　凯　韦　强　王　建　秦　旭　李　帅　李付康　朱心语
杨天南　徐　敏　王雅婷　王　萍　沈妍妍　邱　敏　潘存英　吕　叶　金雅婷　季超越　黄　丹
傅恬滢　陈晓月　岑　枫

教育与人文学院

2016级　会展策划与管理

孙　鑫　胡文艳　高鸿林　柴松玉　蔡莹莹　蔡慧琴　张　驰　薛天缘　夏永锋　王汉卿　荣　政
刘　彭　何　政　周　欣　周嘉麒　张文颖　殷明月　姚　兰　杨　子　杨雨佳　杨　香　闫　震
徐湘苏　徐文静　夏礼芹　王宗苗　王　媛　王先玉　王　宁　王静静　谭丽丽　宋　琴　石紫柳
石嘉蕾　邵可心　李文丽　蒋　悦　蒋心雨　江雨欣　贾惠羽　华竹语　方丹丹　程　品　陈艳红

2013级　旅游管理

蒯　宇

2015级　旅游管理

仲　周　庄金陆　杨招群　任过雨　范宇杰　余雪薇　沈福宇　陆怡芸　袁　悦　杨　毓

2016级　旅游管理

杨成武　权泽生　徐鹏飞　王子曦　韩梦颖　陈　佩　龚雯雯　仲娇娇　赵倩倩　赵　捷　张　婷
张春妮　殷婕妤　杨　逸　薛　孟　许　欢　徐　榕　夏　琴　吴梦洁　王肖清　王　婷　王露婕
汪海娟　汤雨婷　沈　毓　倪庆梅　刘　银　刘文静　林晓慧　李雨晴　李婉莹　李　丹　孔　乔
姜宇亭　胡小慧　韩　晶　房晓晓　董　玉　丁　爽　陈玉倩　陈小春　柏欣怡　费梦雅　毛志君
姜胜民　陈　昊　朱子怡　朱　丽　郑靓娴　赵梦玲　赵非凡　张　娟　袁月月　叶夏寒　严　洁
许园园　徐思月　徐　萌　武　健　王绪平　王婷婷　王　楠　汪玲玲　唐小雨　戚碧旋　茆张霞
刘　妍　刘　倩　廉嘉仪　李维俊　李　静　李晨曦　靳春巧　花娜娜　何东敏　顾城诚　段　悦
丁晓莎　丁爱燕　陈雪娇　曹　颖　周里扬　张广阳　夏正烨　房天龙　房雨佳　鲍　荣　贾成浩
杨　杨　庄雅婷　代虹香　王浩宇　赵舒婷　张　爽　张　静　余安美　杨可天　徐　丹　谢俊俊
吴　晨　王金欣　唐诗瑶　孙　芳　宋施博　罗　晴　罗　娜　陆　源　陆佳未　刘　容　刘晶晶
梁一上　姜　帅　管云云　顾书阳　戴春虹　陈　希　陈　静　陈彩虹　曹　慧　杨　阳　陆宇杰
常智恒　杨　敏　徐　梅　朱琪太瑗

2013级　旅游管理（会展管理）

季登玲　夏　青

2014级　食品营养与检测

王　倩

2015级　食品营养与检测

段守文

2016级　食品营养与检测

朱　娇　周　欢　张远娇　张翼芸　张　雯　张丹丹　应兰岚　杨梦云　闫　芳　徐　苹　谢丽菲
相　也　夏　颖　王　丽　王高玲　汤兰兰　宋雩晨　沈　媛　申梦晨　阮凤琰　倪勇伟　刘芮荣
康　玲　郭鑫雨　董育云　崔欣欣　陈欢欢　曹　聪　叶庆归　薛　彬　谢　雨　钱薪丞　吕道玮
李　巍　付美东　包文霞　季建伟　杨　清　徐晓玲　向文静　线　蓉　席　妍　王国丽　孙琳雨
舒　娟　沈鑫悦　沙宇宙　钱玉荣　毛方方　李　娜　冷　丹　黄芷琪　郭　晓　范春燕　丁楠楠
陈　敏　曹婷婷　蔡　莉　郑开伟　许康凡　钱　森　陆良伟　梁晓帅　丁聪宇　蔡相红　朱新怡
周夕莉　周　恒　张雨涵　张亦秋　翟康娣

2015级 新闻采编与制作
黄 燕
2016级 新闻采编与制作
周 桐 叶明辉 熊佳佳 李袁浦 靳 乐 高 鹏 朱荣荣 朱佳成 郑明明 赵晓云 张夕璠
张 丽 殷 妍 杨 晔 薛赟赟 肖媛媛 王星星 王甜甜 王 娜 唐尧尧 汤 艳 邵 鎏
任嘉敏 祁灿灿 孟羽茜 毛 影 梁 楠 李思怡 顾雨华 葛康妮 冯 譞 杜晓焕 陈思佳
陈开慧 郑佳佳 张 琦 袁 莹 殷李嘉 杨 云 严 妍 徐 颖 闻 雪 王 婷 王世娟
王 娇 唐 娜 沈晓会 阮晓娟 钱 尹 庞雯君 倪雅雯 孟祥芸 马玉华 李 影 李倩倩
顾瑶珈 高 煜 段夫颖 丁风仙 陈 楠 尹 画 徐苏州 吴大伟 黄俊辉 陈希鹏 朱 倩
周 莉
2013级 新闻采编与制作（网络新闻采编与制作）
吴 倩
2015级 学前教育
徐 叶 董 婷 查 欢
2016级 学前教育
刘良冰 陈 诺 朱雨生 赵 曼 徐苗苗 吴加欣 王钰清 王 慧 田秀娟 孙敏慧 宋路遥
沈依婷 裴 徐 马俊玉 陆 娇 刘 梦 李文华 李 乐 姜雪佳 黄晓红 胡 迪 顾 荧
高 颖 董艳如 丁 扬 崔素雅 袁伟伟 于迪迪 薛沁涓 徐 蕾 陈 苗 陈佳敏 曹美丽
周 伟 王依宁 周 凡 赵 楠 张 咪 余文洁 姚 腾 徐文艳 徐丽媛 吴 倩 魏鑫鑫
王 叶 王诗洁 汪晓慧 孙 周 宋宵蒙 潘丹丹 马洪鑫 卢慧玲 刘 慧 李 霞 李梦宇
姜迎巧 贾 佳 吉雷雅 黄书婷 何雨亭 范春雷 丁紫薇 戴菱慧 陈蓉蓉 陈梦婷 曹新艳
汪 彧 赵情思雨
2016级 学前教育（中外合作）
梁 雯 金嘉昊 柏佳� 祝若宁 周梦婷 张玮璐 姚煜芳 严文婷 徐 玥 陶寅瑛 孙佳慧
沈怡静 沈香玉 沈 芳 彭 田 马修娴 刘昕茹 李雨晨 李文倩 李观仪 顾以涵 陈欣怡
陈秋慧 曹微梓 步越洋 卜 雪 皇甫明远
外国语学院
2015级 旅游日语
胡思源
2014级 旅游英语
曾俊豪
2016级 旅游英语
张 宇 张 鑫 岳劭东 吕 灿 梁 韬 李友材 李 超 方万泽 朱许超 尹福旗 叶莹莹
徐淑婷 徐家盈 吴雨晴 吴 勍 王慧娟 田慧慧 潘 珊 潘佳佳 倪娇娇 木瑞杨 罗苗苗
李宛宛 李硕硕 晋朵朵 黄 超 胡雅薇 胡晨冰 郭新枰 陈欣茹 常冬云 卞思敏 卓 嘎
格桑曲珍 次仁德吉
2014级 商务日语
李浩宇 鞠思远
2016级 商务日语
徐 鸿 孙凌云 费政捷 黄思文 江幽函 何嘉祥 朱虹琏 郑丽娜 张燕丹 张晶晶 吴 蓉
王亚南 王晓漫 王秋怡 王 惠 汤超群 孙秀云 沈 芳 彭秋悦 马靓霞 鲁婷婷 刘 琦
梁芷欣 蒋雨婷 韩秀娜 戴媛媛 陈燕红 李雨虹 周振杰 康博辉 朱靖圆 郑雪芳 张 烨
张梦倩 杨 婷 徐 佳 吴 祎 翁肃云 王 漪 王晓琴 王荣耀 王 伶 万云琳 孙宇红
宋双双 满 云 陆思思 刘云雪 刘 露 林 娜 金梓蕾 吉媛媛 黄璐璐 胡苏蕾 邓洛丹

达媛媛 黄 璐 燕旭杰 徐利敏 汪臣培 覃语鑫 苏 雅 邵燕萍 孟维芹 陆 益 刘爱平
梁 敏 李少隶 景 丽 蒋慧芝 黄树阁 花 珊 董青怡 戴 娟 陈 航 翟承杰 李 辉
郝传和 陈瑞海 赵梓汝 张晓婷 吴钰萍 王玉莲 王文静 王秦玮

2013级 商务英语

高科妞

2015级 商务英语

薛银昆 邵希希

2016级 商务英语

雷 雯 周 凯 闫家杭 万 杰 刘题鸣 陈剑宇 朱孙金 周晓雨 张 知 张 莹 张 芹
臧 清 叶盼盼 许爱怡 熊珊珊 肖红红 温草雨 王燕红 王 宁 屠亚文 潘 慧 吕婷婷
鲁兰娟 李子寒 李淑洁 蒋莎莎 季 婷 华志霞 葛克丽 程佳玲 陈倩婷 陈 静 张忠瑞
张永莹 王 滢 樊珊妮 陈 兰 柴瑞雪 杨顺舟 王润虎 刘志翔 姜 义 朱莹莹 朱 洁
周笑雪 张 浩 印志慧 杨 蔚 许 丽 徐 杰 王绍琪 汪本月 孙 华 邵晶晶 潘 蓉
吕亚男 陆立钰 刘 妍 练鹏雯 李亚楠 李晓姗 柯静兰 季钰洁 黄心怡 胡若瑜 郭 昕
顾雨虹 顾光雨 邓红玲 陈瑞颖 刘江浪 李艳秋 潘子衿 倪陈平 陆 璐 刘雨轩 李心敏
贾 汪 霍晶磊 韩佳甜 桂荣燕 顾凯艳 范苏缘 陈尚如 陈 璐 陈江伟 马敦民 鞠 慧
荘庆宜 朱楠楠 周雪英 赵 婷 张玉婷 张茹茹 张 静 郁春叶 杨 雪 薛苏云 徐 静
伍玲慧 王 宇 王杏雨 汪 莹 孙 娇 邵玉茹 胡诗丹 刘 莉 陈 婧 郑 建 孙 浩
李俊杰 陈国虎 朱荣荣 周艳婷 周 敏 张郁敏 张桃思 张梦琦 袁念翠 叶盼盼 薛 媛
徐 敏 席芳玲 王昱枋 王旭颖 王佳佳 覃容竞 苏慧静 祁 航 潘华璐 陆诗婷 卢静秋
李 颖 李 琴 蒋进梦 胡 艳 何 晴 郭海静 顾苏静 付金梅 丁惠敏 陈 杏

2014级 应用德语

高吉鸣

2016级 应用德语

陈新文 赵苏南 王婷婷 石晓雨 邵 妍 葛 楠 李 珂 韩 颖 韩梦薇 郭文鑫 卞 园
张 陈 杨张瑶 郇昱华 徐莹莹 徐潘煜 熊雨欣 王 颖 王 璇 王琪璇 王琪琪 佟 瑞
孙璇璇 鲁继如 刘彦利 刘 俊 李彦锫

2013级 应用英语(国际交流)

徐暖屿

2015级 应用英语

胡 彪

2016级 应用英语

姚淑怡 顾雅婷 闻星宇 汤振祥 仲丽君 赵瑞敏 张雪洁 张婉婷 张 寒 杨树敏 薛倩文
徐 睿 项 瑾 魏守艳 王 玥 王星星 王 琼 王 静 仝巧慧 邵紫薇 秦文静 潘 琴
李子馨 李铜灵 李 晶 黄 琴 胡 玲 范露芳 董爱心 程丽春 陈佳悦 白梦莹 肖梦言
吴佳豪 卓 颖 周永娟 郑丽玲 张莹莹 张 秀 张 璐 张 洁 殷 凌 杨星星 杨 婧
徐葳然 翁颖颖 王中婷 王雪纯 王田霞 王罗艳 汪 琦 史正月 彭晨晨 刘 姝 李 莹
李苗苗 姜一帆 胡蒙蒙 顾泱波 龚铭恬 段晓蓓 戴慧慧 陈田甜 韦小雨 滕 颖 荣苗苗
乔 敏 吕 慧 李 玉 李环环 黄 茜 顾珊珊 范林欢 陈 妍 陈 澄 吴 雷 魏宇恒
蒋 伟 朱梦纹 郑天琪 招海伦 李 弢 张 煦 张 露 张 婕 袁 月 姚 梦 杨浅进
许婧芸 谢梦娇 夏琪琪 王一逸 王文杰 王 擎 王 惠

艺术学院

2015级 表演艺术

李甜甜 王煦净 孙言诚

2016级 表演艺术
张雨霏 顾冬韵 夏家港 吴赵第 漆潇潇 刘子维 李怡人 葛伊蕾 陈德凤 苗金宇 蒋 鑫
周娇娇 张 晴 陶晓欢 钱 倬 马 静 蔡天瑞 王子玉 张 洁 张 弘 沈泽轩 鹿 锋
赵宇轩 章新枝 张安琪 潘莹莹 刘珊珊 李江南 周 颖 章 潇 张逸霏 徐媛媛 文 珊
刘贝贝 李 璇 段丹丹 陈奕霏 金 柳
2014级 产品造型设计
李月明
2015级 雕刻艺术与工艺
方小天 孙 聪 姬瑞镁
2016级 雕刻艺术设计
邹 悦 袁 烨 纪丹丹
2014级 多媒体设计与制作
尹涛涛
2015级 服装制版与工艺
路常雷 吴 超 倪俊慧 周鹏飞
2016级 服装设计与工艺
宋 洁 赵志杰 许志鹏 宋 颖 沈 涛 陈志超 邹 玥 朱夏秋 赵 丹 张悦阳 张 蒙
杨 玲 徐 瑜 温 云 王梦玲 王 丽 万宇琪 史心逸 沈 晗 桑 语 陆婉丽 刘思宇
李玉玲 姜梦凡 黄丽丽 韩园园 韩雨童 顾 静 陈 丽 曾莹慧 白湘湘
2016级 工艺美术品设计
陈海红 黄志英 王雪纯 丁鑫洁 陆星月 李 曼 耿 李 范泽宇 李 健 龚华磊 李 雨
董 泽 陈佳佳 王 杰 浦俊杰 黄宥铭 张书畅 杨青华 徐 颖 朱 涛 冯西桐 尹 诗
严路遥 汪漫漫 谢 衡 万祖航 戈 雷 陈新宇 赵慧莹 杨 雨 许延妍 夏梦琪 王紫月
陶 洁 刘 芸 加永次措 皇甫苏东 赤列曲培 旦增曲措
2015级 环境艺术设计
陆敏豪 王兴旺 相正亚
2016级 环境艺术设计
徐 赛 王恒州 邵生智 费宇坤 方德科 窦雨生 陈子龙 朱妍妍 朱雅倩 朱梦凡 张素秋
岳冠男 于慧敏 徐 佩 谢雨欣 王植慧 王云荣 王晓雯 王晓芳 孙梦晗 沈 艳 乔 云
裴婉琳 郝馨格 郝思曼 葛媛媛 高 锦 姚杜宇 王阳阳 史志超 刘存鑫 葛 立 陈嘉豪
朱 莹 周 璇 张乔洁 袁晓璐 许雨婷 吴鑫丹 王 新 王丽萍 钱天雅 吕鹏峰 郦韦琴
金伊婷 江佩琳 花小兰 封雨晴 崔 燕 陈昭燕 陈 庆 包小翠 任天成 覃俗珺 丛茂春
祝 培 朱安娜 周海蓉 张思佳 张高洁 薛 钧 许文琪 徐昕宇 夏 玮 王宇莹 王梦溪
汪文君 孙丹雯 石捷捷 倪 萍 陆婷婷 林佳新 李 倩 姜雨晴 黄芝薇 胡慧雯 冯清玲
丁 媛 陈子慧 陈心纯 陈佳伊 袁 非 吴恒烨 赵 盟 滕 飞 沈言鼎 黄 凯 符登辉
周 丽 张书绫 张茜雅 袁思琪 许 雯 徐懿暄 夏文敏 王敏婕 王琛琪 陶 晨 苏 晨
彭婷婷 刘诗婷 季艳萌 胡晶晶 韩嘉媛 陈嘉玲 李杨兰
2015级 旅游工艺品设计与制作
张其春 周国庆 韩英东 杨统帅 张梦晨 姜明彪 王承当 罗 妍
2016级 旅游工艺品设计与制作
陈帅君
2014级 视觉传达艺术设计
焦 娇 朱玉碟 胡兆视

2015级　视觉传达艺术设计

夏先圣　王思楠　张兴威　冯王昊

2016级　视觉传播设计与制作

谢卓霖　查天意　殷志杰　王　威　孙　爽　倪振杰　刘虎林　李汉生　黄　猛　周　倩　郑玲玲
张露露　袁佳丽　徐玲玲　王宇婷　王文君　王　晶　尚珂宇　奴　靖　刘彦茹　刘　畅　李　果
黄朝菲　胡佳欣　甘佳欣　陈　妍　陈　瑾　安秀琴　颜　力　唐　鑫　李　蓉　张晓慧　于铭涛
王永康　乔　灿　刘金鹏　李佳鹏　蒋　俊　龚　振　车昌胜　周　霞　郑梦媛　张明月　张安琦
姚兴沂　徐平秀　吴琴瑞　王晓娜　王梦琪　沈盘春　潘　素　马　倩　黄梦晴　胡天琪　陈安妮
何　朗　顾　娟　戴岑岑　陈　琦　曹　越　刘　乐　蒋明飞　徐玉敏　荆凤杰　毛广坚　郭　涛
朱佳敏　周高原　张　祎　张彩琴　吴思慧　王　鑫　王　琪　史良双　潘　颖　马竹清　刘家凡
李雅馨　胡亚兰　何　晴　邓丽萍　陈淑婷　赵　亿　杨景杰　王跃强　周俊杰　张　磊　王腾云
沈枫磊　牟宗礼　刘守威　李尊贤　何欢欢　周雷云　赵芝茹　鱼　森　杨晓蕾　夏斯洁　王　萱
王　瑞　屠新婷　秦晓涵　刘香怡　何双艳　郭宁俐　费宗梅　刘付剑珊

2014级　装饰艺术设计

何硕硕　侯　巍　姜晓杰

2015级　装饰艺术设计

潘宇航　王燕菲　刘汤婷　陆姝含　钱思洁

体育部

2015级　体育教育

刘　石　周　杰　刘　倍

2016级　体育教育

李继东　朱守振　朱　锋　郁俊杰　余　淼　叶　胜　肖旭辉　吴云宏　刘　康　李善文　金　成
胡立诚　郭曈曈　庄雨云　谢雯静　吴育青　王恋恋　缪素燕　吉佳敏　陈殿玉　王小康　郭大伟

苏州市职业大学2019届成人高等教育专科毕业生名单（2019年7月毕业）

报关与国际货运（业余）

顾　勇

电气自动化技术（业余）

曹刘峰　肖　涛　朱敏成　殷煜康　龚敏航　周　斌　何宇轩　陈　辉　王亚东　武　文　王　羽
袁冠举　王金花　徐　伟　王文超　陈　弘　刘瑜亮　陶　韦　王子扬　陆靖辉　张加文　叶　盛
刘永贵　李甜甜　张国庆　蒋斌瑜　邓志元　吴少川　季超宇　肖毅飞　王　骏　张忠源　张一心
邢时明　张春梅　梁　伟　洪　辰　赵奕楠　蒋思聪　王晨毅　马一峰　周　暄　高　超　张耘铭
叶登冲　肖文波　安　阳　朱亦淳　金刘彪　沈奕阳　陆宇豪　赵屹彬　卢　龙　曹　帅　戴　俊
刘　锋　徐大伟　徐博升　李　清　徐晓峰　沈　敏　陆健卫　刘徽权　马俊远　陈鹏翔　吕尧天
夏金涛　李　强　张宇阳　史澄铖　姚　彬　张鸣琦　吴志林　程英俊　张　敏　许　杰　张永翔
卞会强　赵维刚　徐正阳　冯　凯　丁　杨　卢　涛　王叶帆　李中阳　朱　玥　刘志鸿　夏茂成
王明礼　宋方舟　李　帆　严程辉　于士豪　陈　涛　杨祎程　王明杰　夏梦圆　徐晨蕾　任伟华
王　峰　吴文进　邵　健　刘昕礼　郭志强　张涵冰　黄　琪　张明禹　朱凯文　陈　慷　杨俊宇
柴　凯　高雨飞　王逸飞　张俊淳　姚展星　郭　睿　王茂林　肖重天　周子靖　丁嘉伟　黄　博
夏锡明　吴凯文　缪宏清　肖旭东　周　吉　沈子明　万文杰　周舒阳　平　安　傅涵涛　张　波
张　明　钱　阳　陈　天　顾佳宇　吴昊曦　杨蜀周　陈正清　郁晟晨　吴　傲　王新生　沈　杰
王智斌　张凯杰　李博涵　冯志伟　叶烜铖　丁　峰　刘普恒　费晓通　陆奇奇　谭港威　陆振尧
魏文礼　周雨轩　于刘浩文

电子商务（业余）

何鸿艳 陆梦雅 易慧如 唐丽娟 王佳宇 郭柯帆 纪 璇 涂小芳 宁 宁 严雨婷 陈欣怡
顾雯婷 侯 苏 黄 静 吉君晖 陈紫艳 陶 爽 鲍雪雪 高鹏娜 姜 倩 潘 静 聂小倩
夏婕婵 陈 晓 戴溢敏 刘欣怡 陈 缘 王明亮 黄华诚 周学楠 汪前锦 姚文博 阮烨锋
韩 炜 唐 睿 章纪勇 秦 瑞 周俊乐 万广丽 倪金鹤 钟莉莉 马 莉 张思琪 刘川杭
钱佳芸 陈梦婷 杨 淇 金铁星 徐馨怡 周佳怡 刘雅婷 蔡晓静 金徐兰 刘家慧 闫金艳
李彦丽 闫蝶蝶 李晴晴 陈馨悦 熊袁玉 陈希文 吴嘉怡 唐 猛 陈宇鸿 汪兆祥 范豪杰
祝裕程 霍德政 谢攀登 张立德 顾苏缘 顾耀庭 周一鸣 王 琴 孟 铃 陈 凯

工商企业管理（业余）

杨欣宇 俞琴英 王 彬 吴 奇 周艳红 黄 丽 张雪娟 章 敏 陆 洁 马 君 陈红兰
傅鹤波 王玥月 储照红 吴晓东 徐张婷 周 绘 张伟杰 肖 鑫 杨 永 李志琦 陈梅娣
魏晓鹏 马传壮 左 艳 王习习 焦 妮

国际贸易实务（业余）

梁林林

行政管理（业余）

杨振宁 陈 昊 陆余伦

会计（业余）

周 萍 朱艳婷 张海龙 陆文芳 臧雅娟 陈文文 王逸楠 华昱雯 邓 李 顾秋鑫 刘依月
曹又丹 沈文燚 韦霆宇 姜莉丽 王艳秋 朱 慧 张艺阳 冯 羽 顾亚晨 徐雅芬 苏金宜
张盛岚 戴 泽 顾飞祥 姚 俊 俞双霜 余亚婷 王琳萱 纪凤鸣 梅亮亮 张陆婷 吴昱蓉
乔 怡 张思婷 沈宝灿 荣仁杰 李 莉 陈园园 谈丽萍 张莹莉 冯骏祥 陈苗苗 金悦然
顾伊静 王淇歆 葛晟恺 胡建良 孙翁吉 张 洁 周陆怡 金依玲 金 彪 沈逸圆 宣 悦
张 玉 王若名 何纬清 钱晓剑 王心怡 史 雯 李宇洁 周梦佳 潘 冰 林 炜 邹冰倩
周孝梅 瞿吟孜 徐晨磊 戴爱萍 王 晨 李 敏 高梦影 钱冬尔 王吉俐 周 越 沈诗雨
荣思思 汤瑗婷 孙菊明 顾 华 姜丽萍 禹顺馨 邹文静 陆金钰 金杨婷 李亚萍 姜天尧
顾晨婷 朱寅楠 姜观涛 孙时雯 钱雪颖 杨璐璐 王 颖 陶雨昕 高伊依 闻 雯 朱宸宇
高芙蓉 陈 佳 沈 杨 张晴晴 别苏丹 施琪晴 施 雯 周 颖 李佳慧 沈嘉懿 沈迎丰
钟佳宇 陈晓芸 王希学 杨 敏 花慧禛 高 月 李丽萍 袁盈盈 冯 祎 罗雨倩 石浩鹏
罗逸菲 蔡盈洁 杨逍逾 华 娟 黄婷婷 方佳慧 孙 萍 朱雯逸 黎 巧 郭沈婷 张 羽
顾伟秀 沈苏苏 赵欣怡 施亚琴 陈 静 胡梦怡 沈玫嘉 宋茹斐 彭淑婷 陈 烨 卜诗婷
朱佳欣 姚欣妤 戚佳莹 杨飞燕 胡 菁 丁业凯 周妍妍 杨 静 喻 晨 王吟秋 胡文秀
王佩雯 曾紫薇 宋 佳 喻小敏 瞿 琳 张奇尧 陈 茜 冯嘉茜 郑锦玲 陆文静 蒋静雨
王 萌 张钰峰 张希文 戴文静 张晨星 张丰年 顾月清 高丽娜 黄钰婷 王倩倩 曾照敏
汤寒琪 孙 宇 范钊焕 巩文惠 单 瑶 王 杨 李佳清 孙 茜 孔小凤 沈雨微 陶超悦
计子莹 邵 毅 严鸣峰 王依雯 邓怡倩 马世杰 陈 怡 沈 磊 何沈怡 蔡 捷 吴 雪
邵悦莹 叶雯仪 徐俊熠 王婷婷 姜 璐 李炎君 朱苏萍 顾懿婷 李沁怡 王梦怡 范紫俊
金 妍 黄金玉 单素玲 邵子慧 徐敏莹 李 易 王思婕 沈 琦 周 萍 徐蕴逸 陶 浚
寇 冉 孙懿婷 陈 静 成 慧 顾玲莉 张 倩 赵欢欢 沈心怡 吴竹筠 叶莹莹 邹晨懿
袁书文 马 敏 胡锦丽 陆珺珺 王梦溪 王俐益 马薛儿 潘晓宁 孙文秀

机电一体化技术（业余）

薛 强 苏宇鑫 顾宇辉 吴应雄 李 凯 陈添晔 袁恩浩 陈年先 时翊洋 徐伟峰 孙雷雨
谷 浪 孙添豪 顾子誉 谢义力 吕 猛 叶佳晨 查正文 陈相羽 蒋 熙 邹刘安 朱 政
吴 昊 孙 伟 胡志明 徐 滨 顾强安 王 磊 夏沁成 居祖铭 黄天文 刘 创 王新阳
陈帅宇 王从波 黄俊欢 徐 科 张昌庆 吴紫阳 顾菲凡 沈家宜 杨 洋 戈家顺 王周淏

邓梦雅 王奕豪 蒋英杰 徐磊 李涛 马烨峰 卓俊杰 吴雨辰 孙君 朱润泽 赵斌
丁宏蕾 徐一帆 蒋泽林 薛家洛 段琼 沈杰 张颖 张萱 卢鑫 阎春凯 王思远
韩文俊 许立行 金志立 姚焰卿 周艳霜 计志衡 张旭 陈勇 汤佳磊 何胜超 邓志江
金海明 杨佳铭 李桓宇 姚志程 周芹 孙济民 徐正 张懿晨 张业成 姚佳雷 刘佳宇
梁娇 袁佳伟 倪梅 殷凯程 张龙 杨家波 顾舟 沈翰 陶宇 袁志强 陈好行
凌羽 赵志浩 潘杰 张硕 张晟来 王天毅 龚奇 薛茗 林政豪 袁家伟 凌家豪
陆志豪 俞益丰 钱逸晨 张鑫逸 高路勇 沈丹 蒋堂 汪晨洪 周鑫 周晨晖 周高海
潘轲铭 黄道杰 钱逸洋 仲长风 杨卫 吴悦涛 谢海亮 方信 张荣华 朱胜洁 毕乾乾
潘义恒 张巍 邵锡伟 周孝陈 陈兵 侯治君 戴心成 孟芝帆 王乃鑫 任涛 向庭屹
浦伟涵 杜昀程 谈徐杰 朱锦宇 马二伟 史逸飞 闻成杰 房清洋 叶逍遥 周舟 代飞
沈淏 范志浩 王鸣斐 崔红明 殷家辉 沈剑鑫 李康 王涛 赵学柯 庞天 周善同
沈慕琪 傅浩 王奇峰 杜英杰 顾毅强 闵家麒 杜俊杰 杨东 王德培 张嘉诚 林存彪
石宇辉 顾炜豪 吴澄 郭卫兵 苏健 陈永琪 丁翔 杨成翔 张嘉敏 祝涛 白晨生
许建帅 倪康 朱明 章真豪 付文杰 朱诚

计算机多媒体技术（业余）

陈莹莹 赵逸斐 金昳妃 孙婷婷 臧宇航 寿停宇 杨凯燕 邢晶晶 张延冰 徐明 邱逸凡
金晓 朱怡婷 王云 姚磊 孙加恒 周君 王梓萌 钱梦婷 顾夏洁 郑宇鑫 陈雨
卢柯言 朱玉磊 严华熙 刘康 董子轩 王晗 范英男 李相颉 徐娟 樊智伟 徐华韬
王子哲 诸悦婷 濮晓婷 黎强 李晋 邹春兰 孙婷婷 聂祎博 黄荭怡 朱建威 陆奕良
魏苏阳 何春雨 孙雨欣 浦宇峰 顾翌 李雨菲 朱珍妮 杜满堂 宋天韵 曹众众 王子豪
夏磊 费映雪 成佳敏 余朗 陆奕麟 曹露露 王悦苏 葛逸豪 王浩华 周怡帆 蒋静仪
徐姝 刘颖 包希盈 王韫韬 康佳豪 殷施雯 范心怡 黄家涵 张明杰 朱文杰 梅彩霞
徐甜 徐梦娇 陈亚倩 高永清 刘思逸 朱白云 朱凤凤 高国庆 朱鹏程 冉正彦 郁静艳
杨洁 房苏云 钱曾 宋洪朋 陈学玉 石少卿 张欣如 朱利琪 庄曜铭 王鑫 盛世豪
张春娇 陈娟 钱榕

计算机网络技术（业余）

吴鸣琦 闻丽霞 孙颖 周佳雯 赵甜甜 计莺霞 叶雯 高盛桉 王循星 唐日龙 冯强
朱家辰 顾文 袁志刚 朱凯环 王坤 汤鑫成 毕义森 王朱斌 郭浩 刘锦恒 马勇杰
朱晓黎 张帝 刘传扬 陈宇航 范明鑫 钱宇斌 胡晨杰 孙梦杰 蔡慧思 陶欣欣 马继玥
柳旦 顾诚伟 金喆涛 毕艺伟 周丹青 秦伟宸 肖诗晖 李扬 杨忆陆 苏妍 郑田静

计算机信息管理（业余）

朱燕芬 向秀 陆磊 孙天翔 郁佳伟 吴嘉辉 李美娟 高怡雯 王须娟 吴倩苇 黄嫣雯
任静 张梦怡 李湄淇 黄倩倩 黄镜伊 文金华 秦丹丹 赛男 孙一南 王朝 杜秀玮
黄悦 顾旭峰 汪乐 吴悠 唐卉 茹杰 周凯威 王中源 吴静航 曹佳艳 陈晨
陈巧 陈雅婷 戴君丞 董青武 府伟豪 戈文艺 郭赛飞 郭志强 韩培培 江雪儿 姜颖
接传玲 康孟影 刘甜甜 刘雪停 吕婷婷 罗芷雨 潘逗逗 潘先州 彭文凯 沈璇君 苏陈洁
魏鑫 吴立培 吴玥琪 徐萍萍 薛慧 严琴 杨博 杨月仙 姚雨晶 姚雨婷 尤忠凡
张玲 张琦 张昕怡 张欣雨 周乐婷 周晓艳 朱季玮

计算机应用技术（业余）

曹阳 陈禄君 陈双元 陈素静 陈希文 储杰 董颖 高健安 顾梦娇 顾心怡 胡晶晶
胡怡倩 黄雪垠 黄政毓 蒋恩杰 金大中 李舒静 李紫洁 刘青青 刘紫明 毛丹 王晶
钱心仪 沈丽娟 沈天豪 宋丽娇 孙波 孙艺菁 滕华 汪安琪 汪蒙 王晨 王斐
王苏徽 王霞婷 王一帆 魏圣尧 吴瑞瑞 徐迪鹏 薛嘉伟 殷文婷 于霞 张敏政 支方艺
钟健 周佳丽 周梦雅 朱敏 黄仲昊 平亮 梁莹 李霖 赵龙 颜斌斌 陈帅营

李　帅　李小亚　丁维效　金丹燕　薛雪珍　沈培兴　杨青龙　程春枝　蔡晨晨　李士玉　邹　娇
周元冬　张连浩　王依波　胡张镭　雷　刚　浦　涛　王俊杰　杨念振　王胜芳　徐嘉露　马建军

建筑工程技术(业余)

张国成　方　亮　陈　磊　张方超　黄海伦　周建桃　刘明明　阮传征　陶陆顺　张　霄　葛传江
陆　扬　许俊康　孙忠祥　苗逸阳　周思明

旅游管理(业余)

陈苏伟　陈　婷　陈欣怡　陈逸平　高　怡　戈雪东　李子晴　施英喆　孙洪冉　唐蒙蒙　王启晨
张恩惠　朱紫嫣　钱明敏　包苏梅　杨　玉　唐　凤　郁婧恺　李　菊　秦昕茹　郁齐峰　曹佳芸
赵　苏　吴　璇　李　玲　代娜娜　肖　悦　陈思佳　欧思思　金　子　朱　琦　闫　寒　王子延
颜馨怡　项　廉　邵天慧　王苏婷　潘　颖　刘娟娟　蔡杰文　沈　菲　房苏朋　盛明辉　李华江
杨子文　张修齐　周怡月　俞家辰　徐　宸　冯王英倩

模具设计与制造(业余)

颜佳玮　钟华杰　袁梓烨　邵　陈　马欣成　徐嘉奇　马哲伟　陆　顺　陈鑫宇　杨晓平　王思宇
施家宝　毛艺考　沈俊涛　朱嘉豪　卞　涛　张　琦　毛敏琪　柳君天　张　铸　季子强　王　旭
施圣杰　左小虎　柴永杰　程培新　朱子谦　费　荣　宋黎川　朱梦奇　徐邵辉　朱裕航　夏宇航
汤佳铭　陈煜明　王嘉轶　宋鹏程　宋嘉宸　孟宪哲　杨文毅　周家伟　陈　凯　张志杰　汤晨龙
李裕涛　张　诚　于威杰　姚书昊　倪磊烨　傅　森　曹　洋　张国浩　朱　喜　胡子弈　徐正阳
夏庆文　张思诚　李　键　沈　哲　胥金杨　黄兴桦　刘子坤　周隆基　林德源　孙前程　陆依杰
张　旭　陆羿恒　周佳佳　徐卫龙　马君海　卞文龙　孟　周　葛天豪　费家豪　张仲德　佟　臻
张杨苏　刘耀梁　程正永　马　瑞　舒　涛　汤　起　袁靖宗　姜文波　向　伟　顾洋洋

汽车技术服务与营销(业余)

陆资哲　李敏杰　孙东升　朱财如　胡金秋　王　明　陈国峰　严浩宇　沈　琪　孔佳豪　王鑫诚
梁长贝　李旭丰　滕佳斌　朱　帅　胡　洋　王瑞凌　陈　通　颜小杰　吴　斌　李浩男　王溢文
孙　威　李依枭　汪一帆　朱伟杰　贾昊梁　王志嘉　陈益凡　张海航　吴蕊君　柳广远　王朕祺
安朱祥　李逸飞　王家乐　曹　钲　蒋焕成　王志伟　程旭锋　赵江涛　徐晓峰　陆　旦　吴程冠
别海浩　李永杰　王　涛　沈　佳　蒋佳田　吴　超　顾家俊　周洪发　余啸虎　马郭佳　吴晓军
常国浩　李壮壮　王伟彬　曹　斌　刘文杰　吴周灵　李云海　周一帆　庄　艳　潘　熊　吴志刚
陈晓栋　梁鹏飞　肖　磊　曹逸范　吕其正　武　飞　任天逸　朱元琦　蔡旭成　沈　斐　严嘉诚
陈志杰　刘　行　徐苏义　陈文林　马俊浩　徐　诚　桑　欢　陈俊杰　陈嘉成　谭宇飞　晏　斌
仇　豪　刘　周　叶仁成　杜雁南　倪佳成　徐　豪　沈　杰　郭俊杰　陈　帅　陶星雨　杨　晨
单国成　潘　叶　叶义杰　范中恩　牛博锐　杨玉刚　孙中逸　黄锦慈　成　旭　王　东　杨元昊
费翌阳　潘　悦　于利何　冯瑞涛　潘桂锋　姚徐杰　王　江　蒋星月　丁　丁　王广宇　袁永琦
黄光辉　邱宇帆　俞明成　傅　琦　钱　雨　殷成生　王俊杰　金　旭　方　昊　王国锋　张　超
黄明忠　师晨晨　郁雨平　宫亮亮　邵文强　张敏杰　王　康　刘启明　费晓斌　王　皓　张　尧
金佳祥　石郑威　张　岩　顾志晨　申　杰　周步进　王自虎　罗文君　顾　剑　王家俊　张泽远
瞿佳晟　史朝辉　郑国旗　顾志勇　苏银斌　朱辰辉　徐晟杰　罗　月　顾霄思　王笠权　张智豪
赖伟成　宋　浩　周冬冬　杭宇初　王红彬　左同帅　徐　洋　邵　琴　黄志杰　王苏城　周琤佼
周意斌　朱建业　左文杰

汽车运用技术(业余)

贾建威　肖　斌　范　毅　谢炎龙　李　洋　周星宇　金　懿　秦金川　沈志伟　沈宇峰　庞煜斌
王依凡　于　杰　朱静怡　吴梦妍　顾宇浩　杨春颖　马　恺　符鑫萍　高星宇　王从明　宋　勇
张禧龙　王涛涛　李佳琪　孙梦权　阙娇嫣　杨海东　张　畅　王真德　姚天晨　葛政涵　王明奇
毕大玉　龚海明　洪益楠　方宇豪　郑谦益　方　涛　申丙乔　许　涛　毛志伟　谭　天　冯淳宇
骆　润　周观姚　黄丙辰　肖信毅　张　永　胡东东　蔡恩阔

人力资源管理（业余）

张娟娟 张亚丽 王 英 左霄云 张云杏 王雨婷 袁怡玲 陈 昶 李 薇 韦紫依 杨诗雨
李 娜 顾郁英 王 婷 李秋雨 沈 怡 袁尹凡 宋司雨 戴旻雯 王纯瑶 武儆醒 金佳卉
蔡颖祺 宋羽蝶 张 洁 沈子兰 高 倩 蔡 旸 汪嘉怡 张雅娟 冯婷婷 郭芯茹 庄思婷
颜 敏 曹 婷 韩 利 沈紫英 吴嘉玲 孟杨帆 姜 宁 高 伟 周 健 韩昊佳 周思洁
徐 彤 田 慧 顾富霞 朱晓灵 顾晨曦 林 瑜 金 叶 周馨仪 罗梦娟 沈宇静 沈紫薇
徐 菲 陈莉烨 杨 睿 浦陈娇 朱春燕 张 萱 蒋 妍 柴芯怡 焦思佳 王 钰 李 婷
李芯悦 季江涛 周 颖 陈青青 唐文怡 严 清 莫秋慧 金巧莲 余梦怡 钱婉婷 杜彩霞
马晓晴 周丹婷 周佳岑 曹纯丽 闻淑琪 徐晓岚 施星怡 顾逸雯 王少帅 沈 超 胡悦悦
丁 妍

商务日语（业余）

顾钟康

食品营养与检测（业余）

安文劼 邵磊磊 钱秋玲 王 昊 王宇楠 黄 祯 韩守臣 周翔宇 鲁豪杰 梅叶欣 周昊亮
沈宏杰 史玉寅 张 雷 沈昊亮 罗 垒 戴志强 顾天乐 刘 宇 邹 涛 戴逸飞 芦 逸
罗开波

数控技术（业余）

钱耀南 钱宇恒 李敬奇 周 羿 顾希文 朱 杰 马云飞 赵晨晨 储晓光 鲍作苏 张 楠
孙晨祎 顾嘉欢 李 航 刘孝满 金志超 闵建云 田竞成 邓锦超 陈沛东 施文强 蔡懿歆
谈嘉程 高 威 袁开远 李佳炜 王志刚 吴 涛 陈志逸 李佳豪 张 强 葛逸飞 卢雪志
华嘉豪 杨敏科 谭涛斌 胡俊杰 俞盛超 宋盼盼 杨佳诚 金宇玮 朱仁杰 金越峰 张仲楠
倪佳进 陈宇恒 张家威 王永强 张 伟 魏铭峰 何 镇 胡颖佳 钱 澄 张加苏 班广洲
王嘉铭 汤雨文 曹国意 马文欣 沈兆龙 李 健 陆怡杰 林 凯 朱敏超 石文华 郑杰超
吴 扬 荣 静 高鑫剑 毕 尧 王尔营 王建良 辛长春 周健闻 孟 楠 李星宏 胡锦超
陶文卓 马文贤 周星辰 沙明辉 蒋 哲 马跃杰 吴秦慰 骆鑫昱 费承伟 汪 昭 孙 卫
吴 斌 袁子超 陆依诺 肖 峰 吴晨园 周 毅 沈星宇 姚啸风 孙玉龙 冯光鸿 凌 伟
杨志豪 倪 杰 陈 司 李 江 江鉴哲 宋铭章 陈 浩 高 盛 顾志伟 柯善喜 戈正琦
巫佳俊 殷雨倩 张雨峰 钱晓春 顾旭东 夏 晨 潘华阳 殷家辉 张苏徽 胡家冲 任雪凯
倪家楠 黄 珂 盛 璇 吴 翔 沈一凡 李鹏浩 张佳俊 沈雨杰 毛晨琪 陈 杰 赵万民
顾 寅 吴秋懿 汤 贻 胡明敏 刘鑫辉 顾智宏 林子翔 盛煜沁 薛松豪 唐天川 惠超瑜
陶 诚 梅志杰 沈 光 朱 晨 赵 梁 王晓国 王智辉 赵俊贤 梁滔樾 孟雨杭 王 皓

物流管理（业余）

王旭晨 惠奕辰 惠丽娜 高 攀 王罗洁 姚丽琴 杭 萍 张紫琴 潘星星 胡春磊 马 博
朱雨婷 夏 洁 曹雅倩 陈丽芳 顾鋆鋆 许 敏 周丽文 朱 婷 陆小强 顾 宇 潘海涛
唐 超 李君恒 顾俊尧 李之浪 汪 逸 肖永奇 王金亮 朱 正 吴瑞航 徐泽轩 沈 斌
赵景琛 梁启洲 徐静叶 樊梦娇 郑淑娴 苏 洁 杨 林 顾晓琪 周 蒙 俞芸清 王娟娟
陆庆旦 谢 娟 陈霞蔚 张雨清 张晓艺 顾新翊 茅靖懿 项艳玲 傅心怡 李 悦 程 珏
朱 逸 徐 珂 陈晓云 顾泽平 陆梦健 杨君豪 柯 楠 盛子淳 胡弘弢 夏思宏 宋修逸
赵 甬 马俊杰

学前教育（业余）

乔 倩 龚 婷 戚雅玲 吴心怡 肖倩倩 徐洁逸 沈亚萍 张苏薇 陆 晨 孙 莹 蒋雯洁
王家依 俞 玥 朱孙洁 傅玉玲 陆淑亭 汪 晴 顾 玥 常玉婷 孙怡鑫

应用电子技术（业余）

路绍雨

苏州市职业大学2019届结业外国留学生名单

非学历生

语言生

ANOKYE ASANTE MOSES KWAME　NGUYEN THI CAM　NYANOR HARRIET KESSEWA

实习实训生

2018级　汽车检测与维修技术

CAKWEBE SINETHEMBA　DLOTO LUKHANYO　DUBE ISAAC BUTI　LUTHANDO BENTON MADUNA
MAKOFANE TSIMISHI MILTON　MASHEGO SIKHULILE SIZWE MESHACK　MAYEKISA ELLIOT SELLO
VUYISILE HEADMAN NDUMISO　NTSIMBI SIYABONGA ADVOCATE　XOLISANI CHRISTOPHER SALLIE
LOGAN JEANDRE SEPTEMBER　LUVUYO BRIAN SIFANELE　SINGWANE BONGANI
BOLO BABALWA　MABASA ZANELE PRECIOUS　MABOMBO LIZA NOMVELISO
MASEKO MARIA PHINDILE　MKOKELWA NOPUMELELO　MKOKO PHUMZILE PORCIA
TSHETSHA SIBAHLE

2018级　电气自动化技术

MASIYA KATLEGO GIVEN　MATENGANE SIBUSISO THEODORANCE　RWANGU MGCINA
LEBOGANG JOSEPH MHLOLO　YIYO THULE NTOZAKE　NTSONDA ERNEST SBUSISO
SHIRINDA ALLY　SHONGWE MANDLENKOSI　VOMA DAVID VUSI
BONISIWE INNOCENTIA BUTHELEZI　FAIHT GUGULETHU DLOMO　PORTIA TLHOLOHELO MABOTHO
AGNES NELISIWE MAGAMBA　HLANYISEKO MALULEKE　MARAKALALA MOKGAETJI PATRICIA
MHLANGA INNOCENTIA SENAMILE HLOBISILE　IPELENG NOXOLO WINFRED SENYE
NATALIE LERATO TSHESANA　LESEGO FILICIA BOGOTO

全校教职工名单

2019年苏州市职业大学教职工名单（截至2019年12月）

校党委

钮雪林　曹毓民　刘　丹　熊贵营　陶亦亦　张　健　蔡晓平　韩承敏　魏　影

党委办公室

李弈诗　刘　萍　陆怡静　盛　婷　孙　赢　谭　飞　王　喆　许立莺　颜丙通　叶　军　张　莹
朱剑刚

校长办公室（外事办公室）

顾澍嘉　汤晓军　王乃寒　王　艳　王　赟　魏　刚　吴秋东　许晶晶　张　军　镇　浩　宗惠芳

组织人事部

陈　欢　胡　宾　金　霁　林休休　陆　英　魏　影　姚卫东　郑洪静

宣传统战部

陈　越　韩承敏　王大纲　赵京娟　朱海祥

纪检监察室

何佳应　沈密婷　俞建伟

离退休干部处

陈凤群　龚　卫　沈新艺　尤钟华　周　丽

工会

戴海峰　范　政　陆　峰　吴建英

团委

陈　惠　刘诗琪　龙　蕊　张　成　周　赐

教务处

陈明娟　樊　凌　傅小芳　顾心怡　胡　明　居丽英　孙学文　唐　寅　吴　尘　吴　湘　吴　佳
项　丹　许　吉　严　莉　杨　平　杨晓华　袁　江　张　洁　朱敏海　朱苏男

学生工作处

曹　婧　戴丽霞　丁梦扬　傅中山　葛春燕　吉冬梅　蒋君毅　李　平　沈翠莲　汪　清　王　琼
杨卫东　叶红萍　张　芬　张国良　朱敏峰

科技处

顾成喜　顾莹华　黄　震　沈　奇　宋文娟　吴佩华　鲜学丰　姚金凤　于　阳　张　培　赵　苏
赵永刚　周一红

财务处

陈乳燕　戴劲芸　方　毅　胡　慧　黄　鑫　金文捷　李　羽　刘卓青　任琼益　佟京桦　谢丽健
徐爱芳　徐红梅　张羚雪　张　伟　张昕梅　张雅晖

审计处

顾慧琴　蒋莲华　邵美琪

总务处

陈　凯　陈丽珍　陈祥林　丁启辰　高根荣　戈　扬　葛丽萍　郭　军　洪登成　胡洪新　胡敏舫
黄　炜　金　山　冷永华　李　旺　刘　群　刘永红　陆金生　陆秋生　陆雪元　马顺峨　缪志敏
钮庆红　孙荣良　孙筱玮　汪国联　王成岳　王　殿　王新莲　尉迟勤　吴　玥　徐成荣　徐凯静
徐　磊　严　方　姚俊华　张保臣　张红琴　张惠娟　张金康　张晓贤　郑　杰　仲　飙　周传勇

保卫处（人民武装部）

陈玉先　丁　虎　董　冉　黄　达　李亦工　刘　冲　刘　刚　马　骏　潘　斌　钱建华　王建平
吴满华　杨惠兴

图书馆

曹　恒　曹慧芳　陈国霁　陈齐康　陈　伟　陈　钰　程海英　董秋荣　杜美萍　杜彦宾　范浩军
傅　萍　何　琳　何雪芳　胡绍宜　吉春华　江明娟　刘　皓　陆羊燕　陆玉妹　罗金增　潘　丽
祁春清　钱成科　石振维　苏　彪　宿瑞芳　王丽宏　王　轩　吴　莉　吴　敏　吴倩倩　谢　艳
幸　娅　许东亮　杨建芬　杨　雪　于亚莹　张慧婷　张学梅　赵宁燕　周承东　周卫萍

学术期刊中心

黄　萍　李　华　李　平　李　政　刘翔云　施建平　时　新　宋现山　孙　文　吴井泉　张　眉
朱　静

信息中心

董　剑　杜　跃　房晓阳　郭　丽　吕伟春　舒佳根　汤　剑　肖长水　杨静波　周建伟　朱　晖
朱　欣

苏州开放大学管理委员会（干将路校区）

陈惠兰　戴涵莘　丁家振　方建新　高觐悦　郭　峰　郭肇娴　李　果　李海平　李　琦　刘富博
潘　燕　钱　虹　邱　阳　施培根　宋　斌　孙桂英　汤文生　唐云春　王　俭　邬晓明　吴献峰
吴云奇　谢华荣　徐俊驰　薛　铭　严　强　杨立群　叶　芸　於　荣　俞　渊　张乃纪　周良英

校督学室

陈雪芳　董敏芳　沈利平　项闪飞

发展与评估办公室
张红兵
机电工程学院
包枫 陈洁 陈琪 董晓岚 董志 杜建红 杜洁 方勇 付春平 傅珺 盖立武
高颖 顾嘉 顾丽亚 顾苏怡 顾星 郭彩芬 郭南初 胡清 胡忠文 黄海洋 黄解平
金芬 居奇 李洪伟 李建蓉 李克清 李潍 李耀辉 李振兴 刘广 刘杰 刘美娟
刘旭 鲁春艳 陆春元 陆建康 路冰 吕华芹 毛兰斌 茆琦 聂福荣 宁海霞 潘丽敏
任芸丹 宋飞舟 宋秦中 孙春华 孙丽娅 田菲 万长东 汪浩 汪红兵 汪丽群 王爱霞
王锋 王敏 王仁忠 王彤 邢艳玲 徐培炘 许春龙 许海 许正清 严勇健 杨洪
杨益飞 易飚 俞美香 张彩艳 张良 张润良 张文峰 张亚琴 张义平 张永康 张玉姗
赵海燕 赵宏平 赵健 钟鸣 周正存 朱彤 朱晓斌 朱学超 朱炎 邹甲军 左斌
计算机工程学院
陈静 陈珂 陈小英 程媛 戴敏利 丁怡 范广慧 方立刚 傅颖丽 高小惠 葛翔
顾才东 关辉 郭翠珍 过怡 华英 贾震斌 姜真杰 金益 柯健 李爱军 李宏丽
李金祥 李璐 李亚琴 廖黎莉 栗苑 刘畅 刘刚 刘文芝 刘业 刘媛霞 刘昭斌
陆公正 陆侃 罗文煜 牛丽 钱平 羌坚 秦云涛 瞿飞飞 任侃侠 任平 尚鲜连
沈萍萍 沈效良 时贞 姒茂新 宋雅娟 孙逊 谭方勇 滕刚 田凤秋 王德鹏 王芳
王会燕 王磊 王敏 王勤宏 王祥薇 吴彩燕 吴建平 吴伟 吴文庆 熊志勇 徐丽华
徐涛 徐卫英 许璐蕾 许旻 严立艳 颜娟 杨永娟 杨元峰 叶良 游旷喆 于复生
于晓晶 曾海 张国华 张晶 张量 张苏 张晓艳 张燕 张寅 张震 赵敏涯
钟卫铭 周莉 朱敏
电子信息工程学院
陈刚 陈光红 陈继红 陈杰 陈伟元 陈永强 成珏飞 崔鸣 戴桂平 邓建平 丁金林
范海健 范静 高金生 高小荣 古玉年 郭民环 胡峰 胡志峰 淮文军 黄艳 季翼鹏
贾克辉 金小华 李建康 李亮 李晓霞 李艳霞 刘科 刘莉莉 刘淑芬 刘韬 陆春妹
罗伟 吕莉萍 齐美星 钱国林 瞿敏 尚丽 尚广庆 邵怡 沈中彦 史斌斌 宋佳
苏品刚 孙洪 孙加存 孙晓瑞 索迹 陶文林 万嘉懿 汪义旺 王峰 王静怡 王鹏
王茜 王亚 王韵琪 邬丽娜 吴清鑫 相会杰 邢亚从 徐景皓 薛知言 颜廷秦 颜友钧
杨静 姚磊 姚文贤 叶国平 殷伟义 俞兴明 张波 张佳永 张进峰 张晶 张丽
张苏新 张微 张欣 张旭 张愉 张玉学 赵成 赵卉 赵萍萍 赵志强 赵中琦
周昌雄 周娜 周文华 周燕 朱彩红 朱臻
管理学院
包金龙 陈广宇 陈静 陈娟 陈璇 戈凌云 管文娟 何慧 姜能涛 蒋奇 居一方
李宝多 李超逸 李文丽 李耀华 李英 李勇 陆锋明 陆磊华 罗敏怡 孟丽琴 乔俊
秦天程 邵嫣嫣 沈玮楠 沈馨怡 宋桂友 宋平 陶莉 田亦丰 王红梅 王敏杰 王硕亦
王晓东 王晓雪 吴蕴慧 徐伟 许凌雯 颜洁 杨靖 于晓菲 俞海香 张虹 张平
张希文 张艳军 赵睿 赵艳玲 郑丽娟 朱嘉 朱丽 朱书研 朱向华 朱远清 祖国峰
商学院
曹继平 陈建琼 陈婧 陈丽红 陈韬 陈晓娟 程斌 戴明 丁俊 董越 董芸
葛柳燕 苟民华 顾瑞鹏 何鸣 胡珏 黄丹荔 黄东艳 黄鹂 惠钰 焦燕 金莉萍
李东华 李泰山 李文 刘淑春 陆小虎 吕伟建 缪鹤兵 缪岚 缪启军 倪爱东 潘婧
祁丹萌 钱丽娟 沈琳 施嘉逸 孙继云 孙昳昊 汤泉 陶泽荣 万健 汪月忠 王晟岚
王新荣 王玉兰 魏庆 翁雪琴 吴文英 向群 徐峰 许华 许一青 严郁 杨海波
杨娟 杨璐 杨艳玲 姚莉 殷红 张春梅 张敬客 张军 张莉 张明雷 张若男

张　松　赵　扬　郑　淘　周　雷　朱晓玮
教育与人文学院
蔡　斌　曹　非　曹　冉　陈白妹　陈建伟　陈一虎　戴　昕　方向阳　冯　清　冯玉梅　高丽红
顾　梅　顾　伟　郭　丽　韩欣汝　胡武生　黄江燕　黄小萃　黄阳阳　蒋凤娟　冷桂军　李邦玉
李　冬　李士江　李世超　李树斌　李　杨　李易安　刘昌雪　刘　臣　刘　蕾　刘洋洋　刘中文
马丁良　孟丽华　孟秀红　齐　红　邱文颖　任文汇　汝　骅　邵逸民　沈雪华　石　娟　苏　涛
孙宗广　唐　梅　童李君　汪渊之　王海男　王　平　王一珺　王一梅　王毅婧　巫　军　吴家新
伍荣华　谢　逸　宣　强　杨德岗　杨　庆　于　莉　俞　莉　俞　晟　喻满意　张　采　张磊玲
张　丽　张文明　张　翔　张晓芳　张雪明　张延颇　张振威　赵　争　郑红勤　周　俪　周　莉
朱逸冰　朱莹莹　邹　婷
外国语学院
卞桂秋　卞浩宇　蔡　骏　蔡玥琳　常　静　代　荣　戴　莉　狄小虎　冯泉清　府亚琴　顾史佳
顾　韵　何　琳　何美麒　侯红娟　黄洁婷　黄　悦　季宇平　蒋茵佶　金娜莉　金亚芝　李承东
李晓强　李　英　李媛媛　练稳山　梁　萍　廖　萍　林　卉　刘　宁　刘　伟　刘小安　卢　懿
陆　雷　骆碧筠　马黎明　马　亮　马文波　孟祥德　穆连涛　倪婷婷　潘春丹　裴素华　祁贞亚
钱鲍华　钱德明　钱　鑫　任凌云　施　晔　石成舫　时　岚　孙　丹　孙雯丽　孙　娴　王　峻
王　磊　王敏玲　王莎莉　王雅仑　王　怡　王友华　王志刚　邬争艳　吴广珠　吴　敏　吴　倩
吴文洁　吴鑫浩　吴悦茜　徐　冰　徐舟涟　严春姬　严　佳　严　军　杨　丽　杨　昕　杨　雪
余利霞　袁　元　袁　征　张　辉　张　璐　张天惠　张晓惠　赵凤娟　赵　良　赵　阳　朱　明
朱　琦　邹　丽
艺术学院
薄晓光　蔡勇军　蔡振宇　曹　芃　陈海峰　陈　蕾　陈　彤　程　建　范丽芳　范　杨　高　峰
高　勤　郝思震　何园园　贺文斌　胡志栋　黄新羽　蒋艳俐　雷兴武　李丹华　李海燕　李　娜
李险峰　李　莹　廖一鹿　刘　燕　鲁　岳　陆　杨　陆宇澄　罗跃华　吕　伟　浦　江　任　静
任亚地　芮晓光　沈罗兰　沈　维　盛　鲁　孙志达　汪跃进　王　静　王静娟　王　玫　王书立
王　蔚　王亚敏　王占伟　王　政　吴　隽　吴　玲　吴蓉瑛　吴　薇　吴　桢　夏玉兰　肖万忠
谢　丹　徐　军　徐肖梅　薛伟明　严　淑　杨　芳　杨　光　杨海滨　姚琴芳　余　力　曾　毅
张辰婕　张　春　张洁玉　张丽娟　张璐璐　张　萌　张鸣艳　张晓春　张晓坤　张颖娉　张　影
赵卫洪　赵彦闻　钟剑鸿　周德富　周　易　朱　洁　朱元吉　曾珠亚岚
思想政治理论教学研究部
曹文君　陈　民　陈　敏　傅济锋　高　盼　顾燕新　黄　丹　居　茜　李凤云　李　敏　李永恒
刘丁玲　刘　敏　刘　勇　彭　进　綦玉帅　邱淅闻　沈　洁　石阶瑶　孙　涛　王晓菲　王　迅
王　砚　许艳娟　杨德山　杨晓石　张　贺　张静芳　周建民　皇甫志芬
数理部
陈　剑　陈卫忠　黄振明　梁　淼　凌　霞　卢亦平　陆卫丰　潘荣英　钱荣华　孙信秀　王东强
王　珂　王丽华　王　庆　王志刚　尉　强　翁世有　吴　平　吴长男　徐　兰　徐亚娟　俞祚明
赵晓苏　朱　晓
体育部
曹　湘　顾　莉　顾莉亚　何　畅　黄晨曦　金　彤　康厚良　李继鑫　李良桃　李　勇　梁　辉
罗　晨　吕延恺　孟祥波　邵文燕　谭吟月　王俪燕　王玉国　吴恒晔　邢　伟　徐　芳　徐建国
许晓部　许　源　姚巧泉　叶捍军　岳群英　张　远　钟建春　仲慧慧　周建明　周　正
思政、数理、体育联合党总支
范晓鹤　郎建华

人员变动情况

2019年苏州市职业大学教职工调进人员情况一览表

姓名	性别	调进部门、院（部）	调进日期	姓名	性别	调进部门、院（部）	调进日期
陶泽荣	男	商学院	2019.1.2	王乃寒	女	校长办公室（外事办公室）	2019.9.2
高 盼	男	思想政治理论教学研究部	2019.1.2	陆磊华	男	管理学院	2019.9.2
徐培炘	女	机电工程学院	2019.1.2	朱 丽	女	管理学院	2019.9.2
顾 星	男	机电工程学院	2019.1.24	戴 昕	男	教育与人文学院	2019.9.2
缪启军	男	商学院	2019.2.14	吕延恺	男	体育部	2019.9.2
郭民环	男	电子信息工程学院	2019.2.19	何雪芳	女	图书馆	2019.9.2
郭 丽	女	教育与人文学院	2019.5.5	郭 丽	女	信息中心	2019.9.2
吴井泉	男	学术期刊中心	2019.5.5	舒佳根	男	信息中心	2019.9.2
方向阳	男	教育与人文学院	2019.5.5	邵美琪	女	审计处	2019.9.2
王晓菲	女	思想政治理论教学研究部	2019.5.5	赵 健	男	机电工程学院	2019.9.2
张 萌	男	艺术学院	2019.5.5	刘洋洋	男	教育与人文学院	2019.9.2
胡武生	男	教育与人文学院	2019.5.5	施嘉逸	女	商学院	2019.9.2
孙桂英	女	开放大学管理委员会	2019.6.5	吴鑫浩	女	外国语学院	2019.9.2
陆小虎	男	商学院	2019.6.14	许晶晶	女	校长办公室（外事办公室）	2019.9.2
王祥薇	女	计算机工程学院	2019.7.1	许 源	女	体育部	2019.9.2
喻满意	男	教育与人文学院	2019.9.2	于 阳	女	科技处	2019.9.2
陈 娟	女	管理学院	2019.9.2	宋文娟	女	科技处	2019.9.2
张丽娟	女	艺术学院	2019.9.2	孙筱玮	女	总务处	2019.9.2
朱 静	女	学术期刊中心	2019.9.2	王雅仑	女	外国语学院	2019.9.2
陈 伟	男	图书馆	2019.9.2	王一珺	女	教育与人文学院	2019.9.2
张 寅	男	计算机工程学院	2019.9.2	徐俊驰	女	开放大学管理委员会	2019.9.2
王 彤	女	机电工程学院	2019.9.2	颜 洁	女	管理学院	2019.9.2
栗 苑	女	计算机工程学院	2019.9.2	杨 昕	男	外国语学院	2019.9.3
康厚良	男	体育部	2019.9.2	董 冉	男	保卫处（人民武装部）	2019.11.13

2019年苏州市职业大学教职工辞职、离职人员情况一览表

姓名	性别	离校前工作部门、院（部）	离校日期	姓名	性别	离校前工作部门、院（部）	离校日期
杨小银	男	管理学院	2019.6.14	殷 凡	女	计算机工程学院	2019.11.19

2019年苏州市职业大学教职工去世人员情况一览表

姓名	性别	出生年月	生前所在部门、院（部）	原职务/职称	去世日期
吴世杰	男	1943.1	原苏州市职工大学	高级工程师	2019.1.23
濮怒平	女	1937.9	管理学院	副教授	2019.2.4
王 曼	女	1927.2	原苏州工人疗养院	医师	2019.2.26
王根培	男	1945.5	原苏州市职工大学	馆员	2019.5.1
柳金燕	女	1935.3	原苏州工艺职工大学	副校长	2019.6.9
李 丽	女	1933.7	教育与人文学院	高级讲师	2019.7.6
孙荣梅	女	1928.11	原江苏省新苏师范学校	中教一级	2019.8.2
金宗涛	男	1926.11	苏州市职业大学原办公室	副主任	2019.8.22
唐道才	男	1932.6	管理学院	副教授	2019.11.5

续表

姓名	性别	出生年月	生前所在部门、院（部）	原职务/职称	去世日期
徐仲铭	男	1941.9	原苏州市广播电视大学	副教授	2019.11.14
秦子斐	男	1936.8	原苏州市职工大学	工程师	2019.11.28
张渭敏	女	1934.6	原苏州市职工业余大学	—	2019.12.15
胡蔬雪	女	1939.8	原苏州市职工业余大学	高级工程师	2019.12.20

（李继鑫）

离退休人员名单

苏州市职业大学离休人员名单

陈乃焯　陈瑞林　夏锡生　戴培基　陆锡明　顾祥彬　路　兴　施培厚　崔　毅　王玉献　黄雅琴
杨授经　黄岳洲　李光素　汤世忠　马学仁　余士良　邵世贤　陆　玮　朱世德　陈忠一　王文禄

苏州市职业大学2019年退休人员名单

工会
吴彩萍
总务处
龚奇敏　张　梅　许如祥
图书馆
陈　琛　吴继红　杨　讴　毛　雁　凌　萍
学术期刊中心
沈凤英
苏州开放大学管理委员会（干将路校区）
董建强　林福新　吴　红　芦小刚
校督学室
许钰民
机电工程学院
李少坤
商学院
吴庆荣
教育与人文学院
张宝琦
外国语学院
施　红　黄亚萍
艺术学院
葛鸿志
思想政治理论教学研究部
尤士洁　刘哲芬

（陈凤群）

编辑：许立莺　陆怡静　盛　婷

后 记

《苏州市职业大学年鉴(2020)》是一部全面记载2019年学校各项事业发展概况的综合性纪实文献。本书通过翔实的信息汇编,以文字、数据、图表等形式真实反映一年来学校的中心工作、重大事件、发展特色和办学成果,持续推进档案资源开发能力建设,深入拓展信息公开领域和层次,不断提升档案利用服务水平,为学校的事业发展提供决策参考。

《苏州市职业大学年鉴(2020)》采用条目体编撰体例,框架结构保持稳定。根据内容安排,年鉴的类目、条目做如下调整:"第三章　要闻特辑"栏调整为"领导调研""重大活动""教育教学""科研学术""招生就业""校地合作""国内交流""国际交流""文艺体育""荣誉表彰"十个条目;"第四章　专题活动"栏设置三个条目,其中"'不忘初心、牢记使命'主题教育"条目分设"组织领导""工作方案""动员部署""活动总结"四个二级条目,"苏州市职业大学专业竞争力提升重点建设年"条目分设"工作报告""行动方案""工作部署"三个二级条目,"苏州市职业大学2018年度综合表彰暨创新创业重点建设年总结大会"条目分设"表彰决定""项目介绍""总结讲话"三个二级条目;"第五章　组织机构与人员"栏"本校教职工在校外学术机构(团体)任职名单"类目调整为"本校教职工在校外机构(团体)任职名单";"第六章　师资队伍"栏"学校柔性引进、聘请校外专家名单"类目调整为"学校聘请校外专家名单";"第九章　学术科研"栏"科研机构"类目调整为"获政府主管部门批准建设研究平台情况""与协会、学会共建研究平台情况""与地方政府、研究机构共建协同创新中心情况""校级科研机构情况""重要科研机构简介"五个二级条目;"第十五章　附录"栏取消"机构设置文件目录"类目。

本书记载的主要内容和数据截至2019年12月31日,部分数据以统计口径为准。

本书的章节插图出自苏州市职业大学档案馆藏(原苏州教育学院吴民先老师作品)。

学校年鉴工作是编委会与各部门、各单位相互配合、共同努力的结果。在此,我们谨向关心和支持学校年鉴工作的各级领导、全体撰稿人员、年鉴编委会的各位老师、古吴轩出版社,以及在年鉴工作中付出努力的其他单位和个人表示衷心的感谢!

限于我们的编写水平,本书还有许多不足之处,衷心地希望并恳请读者在审阅本书过程中批评指正。

编　者

2020年7月